Kampfplatz Deutschland

Das Buch

Hitlers Feldzug gegen die Sowjetunion war kein Präventivkrieg, wie von Goebbels verbreitet und noch heute zu hören. Es war ein Aggressionskrieg par excellence. Doch wahr ist auch, dass die Sowjetführung unter Stalin seit den zwanziger Jahren, verschärft in den Dreißigern, ein gigantisches Aufrüstungsprogramm verfolgte, um einen Angriffskrieg gegen Westeuropa zu führen. Kaschiert wurde dies durch die Propaganda vom »friedliebenden« Vaterland der Werktätigen.

Was in jenen dramatischen Jahren hinter den Mauern des Kreml vor sich ging, ist immer noch weitgehend unerforscht. Bogdan Musial zählt zu den wenigen westlichen Historikern, die breiten Zugang zu den Moskauer Archiven haben. Als Erster hat er systematisch die einschlägigen Protokolle und Sonderakten der sowjetischen Führung, vor allem des Politbüros und des streng geheimen Verteidigungskomitees, ausgewertet. Lückenlos kann er die klaren Angriffsabsichten der Partei- und Militärführung nachweisen. Erstmals lassen sich auch die brutalen Industrialisierungskampagnen und der stalinistische Terror der dreißiger Jahre, die Millionen von Opfern kosteten, in direkten Zusammenhang mit diesen Kriegsplänen stellen. Musials Buch wirft neues Licht auf die Vorgeschichte des Zweiten Weltkriegs, die erst jetzt vollständig erzählt werden kann.

Der Autor

Bogdan Musial wurde 1960 in Wielopole/Südpolen geboren. 1985 politisches Asyl in der Bundesrepublik, 1992 Einbürgerung. 1990 bis 1998 studierte er Geschichte, Politische Wissenschaften und Soziologie in Hannover und Manchester. 1998 Promotion zum Thema Judenverfolgung im besetzten Polen. Stipendiat der Friedrich-Ebert-Stiftung (1991–1998). 1999 bis 2004 wissenschaftlicher Mitarbeiter am Deutschen Historischen Institut in Warschau. Habilitation 2005. Seit 2007 wissenschaftlicher Mitarbeiter des Instituts des Nationalen Gedenkens in Warschau.

Bogdan Musial

KAMPFPLATZ DEUTSCHLAND

Stalins Kriegspläne gegen den Westen

List Taschenbuch

Besuchen Sie uns im Internet:
www.list-taschenbuch.de

Ungekürzte Ausgabe im List Taschenbuch
List ist ein Verlag der Ullstein Buchverlage GmbH, Berlin
1. Auflage Februar 2010
2. Auflage 2010

Konzeption: semper smile Werbeagentur GmbH, München
Umschlaggestaltung: bürosüd° GmbH, München
(unter Verwendung einer Vorlage von
Morian & Bayer-Eynck, Coesfeld)
Titelabbildung: ullstein bild – Nowosti
Lektorat: Hans-Ulrich Seebohm
Satz: LVD GmbH, Berlin
Gesetzt aus der Aldus
Papier: Munkenprint von Arctic Paper Munkedals AB, Schweden
Druck und Bindearbeiten: CPI – Clausen & Bosse, Leck
Printed in Germany
ISBN 978-3-548-60947-8

Inhalt

Teil II

Stalins Kriegsabsichten und -vorbereitungen

Anhang

Einleitung

Die internationale Forschung ist sich seit Jahrzehnten darüber einig, dass der deutsche Überfall auf die Sowjetunion am 22. Juni 1941 ein ideologisch bedingter Angriffskrieg gewesen ist, geplant und durchgeführt als Vernichtungs- und Lebensraumkrieg. Dafür gibt es ausreichend Beweise, unter anderem Äußerungen von Hitler selbst. Die sowjetische Kriegs- und Nachkriegspropaganda stellte diesen Überfall entsprechend heraus, blendete aber zugleich das fast zwei Jahre währende deutsch-sowjetische Kriegsbündnis und vor allem die eigenen Angriffsabsichten aus.

Die neuesten Aktenfunde in den Moskauer Archiven zeigen nämlich, dass die Sowjetunion ab Ende der 1920er Jahre, besonders intensiv nach dem sogenannten Schwarzen Freitag (Beginn der Weltwirtschaftskrise, 25. Oktober 1929), zum ideologisch bedingten Angriffskrieg gegen den Westen massiv aufrüstete. Im Jahre 1930 entwarf der spätere Marschall Michail Tuchatschewski die Konzeption des Vernichtungskriegs gegen den Westen, die einen massenhaften Einsatz von Panzern (50 000), Flugzeugen (40 000) sowie »massiven Einsatz von chemischen Kampfmitteln« vorsah.

Das Ziel des sowjetischen Angriffskrieges war, die kommunistische Herrschaft in Europa und der Welt mit Waffengewalt zu verbreiten. Deutschland kam in den Plänen der Bolschewiken für die Weltrevolution die Schlüsselrolle zu, und zwar aufgrund seines Industriepotentials, der Stärke seiner Arbeiterschaft, der künftigen disziplinierten Soldaten der Revolution sowie der geopolitischen Lage im Zentrum Europas. Die Bolschewiken betrachteten Deutschland als den Schlüssel zur Beherrschung Europas. Auf dem Weg dahin war allerdings das antikommunistische Polen zu überwinden.

Tuchatschewski gelang es, Stalin für seine Idee des Vernichtungskrieges zu gewinnen, und ab Beginn 1931 wurde die Rote Armee nach dieser Konzeption ausgebaut, umstrukturiert und ausgerüstet. Die gesamte Wirtschaft und Gesellschaft des Landes wurden dem einen Ziel, den massiven Vorbereitungen zum revolutionären Eroberungskrieg, untergeordnet. Um das durchzusetzen, überzogen die sowjetischen Kommunisten das ganze Land mit beispiellosem Massenterror, der sich in erster Linie gegen die Bauern richtete. Die für damalige Zeiten gigantische Aufrüstung verlief jedoch nur selten, wenn überhaupt, nach den beschlossenen Plänen. Immer wieder gab es zum Teil spektakuläre Rückschläge, die Stalin und seine Genossen grundsätzlich als vorsätzliche Sabotage und Schädlingsaktivitäten deuteten.

Die Politik der Vorbereitung zum Angriffskrieg gegen den Westen verfolgte Stalin bis zum 22. Juni 1941, daran änderte auch die Erschießung Tuchatschewskis und seiner engsten Mitarbeiter im Juni 1937 nichts. Der Pakt mit Hitler vom 24. August 1939 bedeutete für Stalin nur ein vorübergehendes Zweckbündnis, genauso wie für Hitler. Stalins Ziel war es, Europa in einen Krieg zu stürzen und die westlichen Länder ausbluten zu lassen, um im geeigneten Moment anzugreifen, wie aus seinen eigenen Aussagen und denen seiner Vertrauten hervorgeht. Der Pakt mit Hitler ermöglichte es Stalin zugleich, die kommunistische Herrschaft über die Grenzen der UdSSR hinaus zu verbreiten. Im September 1939, mit dem Überfall auf Polen, schlug die Sowjetunion den Weg der »offensiven Politik«, das heißt des revolutionären Eroberungskrieges, ein, den die Sowjetunion immer verfolgt hatte, wie Andrej Schdanow, einer der engsten Mitarbeiter Stalins, am 4. Juni 1941 in einer Sitzung im Kreml unmissverständlich formulierte.

Ab Frühjahr 1941 bereitete sich Stalin nun sehr intensiv auf den Angriff auf Deutschland vor, wobei er trotz zahlreicher Warnungen nicht an die unmittelbaren deutschen Kriegsabsichten glaubte. Inmitten dieser Vorbereitungen, am 22. Juni 1941, überfiel Deutschland die Sowjetunion, ohne dass Hitler und seine Generäle von den auf Hochtouren laufenden sowjetischen Kriegsvorbereitungen etwas geahnt hatten. Sie waren vor dem 22. Juni 1941 über den Stand der Kriegsvorbereitungen nicht »im Bilde«, wie es Goebbels am 19. August 1941 in seinem Tagebuch formulierte.

Das vorliegende Buch zeichnet zum ersten Mal, gestützt auf eine Fülle von zeitgenössischen Dokumenten aus den Moskauer Archiven, die Genese und den Verlauf der sowjetischen Kriegsvorbereitungen detailliert nach. Die bisherige Forschung zum Thema ist wenig zufriedenstellend, teilweise spiegelt sie sogar die sowjetische Propaganda von der angeblich defensiven, ja »friedliebenden« Außenpolitik der Sowjetunion wider. Die sowjetische militärische Kriegstaktik wird nach wie vor als »offensive« beziehungsweise »Vorwärtsverteidigung« beschrieben, ein Kunstgriff der sowjetischen Propaganda, auf den zahlreiche westliche Forscher und Autoren hereinfielen, ich selbst nicht ausgenommen.[1] Richard Overy schrieb neulich: »Trotz der vielen Versuche nachzuweisen, daß Stalin in den 1930er und 1940er Jahren revolutionäre Eroberungskriege plante, deutet das Gros der Belege nach wie vor darauf hin, daß er eine defensive, reaktive Haltung einnahm.«[2] Allerdings führte Overy keinen dieser angeblichen Belege für Stalins defensive Haltung an. Erst die umfassende und äußerst spannende Lektüre einschlägiger Dokumente in den Moskauer Archiven hat mich veranlasst, meine durch die westliche Forschung geformte Meinung zu revidieren, weiter zu forschen und schließlich das vorliegende Buch zu verfassen.[3]

Eine quellengestützte ernsthafte Debatte über die Motive und Absichten Stalins fand noch nicht statt. Das liegt einerseits daran, dass dieser Frage nach wie vor eine hohe politisch-ideologische Bedeutung beigemessen wird, was bekanntlich der Forschung und den diesbezüglichen Debatten nie zugute kommt. In solchen Debatten spielen nicht Fakten die entscheidende Rolle, sondern politische Interessen und ideologische Überzeugungen. Zweitens zeichnete sich die bisherige Debatte durch einen Mangel an einschlägigen Quellen aus den russischen Archiven aus, worüber immer wieder geklagt wird. Dies erschwerte den sachlichen Diskurs, ja es machte ihn unmöglich, es wurde zuweilen mehr spekuliert und ideologisiert als analysiert. Drittens wird die Debatte über sowjetische Kriegsvorbereitungen und -absichten durch die ideologisch hoch aufgeladene Auseinandersetzung um die sogenannte Präventivkriegsthese überschattet, wonach Hitler die Sowjetunion überfallen habe, um einem bevorstehenden sowjetischen Angriff zuvorzukommen. In den neunziger Jahren entwickelte sich die Kontroverse über die Präventivkriegsthese »zu einer Art politisch-ideologischem Glaubenskrieg«.[4]

Die Kontroverse über die Präventivkriegsthese wurde Ende der 1980er Jahre durch das Buch *Eisbrecher* von Viktor Suworow (Wladimir Resun) ausgelöst. Suworow hatte keinen Zugang zu den einschlägigen Archivalien und hat ihn bis heute nicht. Als ehemaliger Offizier der Roten Armee und der sowjetischen Militäraufklärung hatte er jedoch das kommunistische System von innen kennengelernt, so auch die ideologischen Ziele des sowjetischen Kommunismus. Suworow stützte seine Aussagen auf veröffentlichte Memoiren, Zeitungsberichte, Heeresinformationen und andere gedruckte Quellen. Während seine Interpretation der Ziele und Absichten Stalins durch heute zugängliche Archivalien weitgehend bestätigt wird, ist seine These von dem im Sommer 1941 bevorstehenden sowjetischen Angriff auf Deutschland nicht zu halten.[5]

Quellenlage

Die Kontroverse über die Präventivkriegsthese und über Stalins Kriegsabsichten kam faktisch ohne die einschlägigen Quellen aus den russischen Archiven aus. Der Streit kreiste um einzelne inzwischen bekannt gewordene Dokumente, darum, ob sie glaubwürdig und wie sie nun zu deuten seien. In den letzten Jahren hat sich jedoch die Quellen- und Forschungslage trotz der insgesamt restriktiven Archivpolitik des heutigen russischen Staates wesentlich gebessert. Die vorliegende Darstellung profitiert davon und stützt sich auf eine Fülle von zeitgenössischen russischsprachigen Dokumenten aus den Moskauer Archiven, der Großteil wurde hier zum ersten Mal erschlossen und ausgewertet.

Um welche Quellen handelt es sich dabei? An erster Stelle sind die geheimen Protokolle des Politbüros, eine der Schlüsselquellen für die Erforschung der sowjetischen Geschichte, zu nennen. Sie sind formal erst seit wenigen Jahren zugänglich, einzelne Protokollpunkte bleiben jedoch nach wie vor gesperrt. In den letzten Jahren werteten einzelne Historiker diese Protokolle unter verschiedenen Fragestellungen aus.[6] Unter dem Gesichtspunkt der Kriegsvorbereitungen wurden diese Protokolle jedoch erst in der vorliegenden Arbeit systematisch erschlossen.

Ein sehr wichtiger Quellenbestand zum Thema sind Unterlagen der einzelnen sowjetischen Anführer, in erster Linie von Stalin. Hinzu kommen Bestände von Wjatscheslaw Molotow, Andrej Schdanow, Anastas Mikojan und Georgi Malenkow, die erst seit kurzem zugänglich sind; ferner von Leo Trotzki, Felix Dserschinski (Gründer der Tscheka), Lenins Sekretariat oder etwa von Kliment Woroschilow. Bedeutsam sind auch Unterlagen von verschiedenen sowjetischen Institutionen wie dem Revolutionären Kriegsrat, dem Politbüro, dem Zentralkomitee oder etwa der Partei- und Staatskontrolle. Eine herausragende Bedeutung für die vorliegende Darstellung hat der Bestand des Komitees für Verteidigung, der ebenfalls bis vor kurzem gesperrt war. Das Komitee für Verteidigung befasste sich ausschließlich mit Kriegsvorbereitungen.

Die entscheidenden Archivalien zum Thema befinden sich im Russischen Archiv für Sozial- und Politikgeschichte in Moskau (RGASPI), dem ehemaligen Parteiarchiv. Dies mag auf den ersten Blick überraschen, denn man hätte solche Unterlagen doch in erster Linie im Militärarchiv vermutet. Erstens handelt es sich jedoch bei der vorliegenden Darstellung keineswegs um eine rein militärhistorische Untersuchung, sondern um eine politisch-historische mit starken Akzenten auf militär-, wirtschafts- und sozialhistorischen Aspekten der sowjetischen Geschichte in den Jahren 1919 bis 1941. In den Unterlagen des Politbüros, des Zentralkomitees, der einzelnen sowjetischen Anführer, die in dem ehemaligen Parteiarchiv aufbewahrt werden, finden sich Schlüsseldokumente zu all den oben erwähnten Fragenkomplexen. Denn die Partei mit Stalin an der Spitze war das

Machtzentrum des kommunistischen Reiches, das über alles bestimmte, darunter auch über militärische Angelegenheiten.

Für das Thema von großer Bedeutung sind darüber hinaus russischsprachige Quellenpublikationen, die in den letzten Jahren zahlreich erschienen sind. Einige von ihnen seien hier genannt, wie die zwei großen mehrbändigen Quelleneditionen zur sowjetischen Dorfpolitik, die sechsbändige Dokumentensammlung zur Geschichte des Gulag, die Dokumentedition des Hauptkriegsrates der Roten Armee, Sitzungsprotokolle des Kriegsrates beim Volkskommissar für Verteidigung von 1937 und 1938, eine Dokumentensammlung über den finnisch-sowjetischen »Winterkrieg«, die Korrespondenz zwischen Stalin und Wjatscheslaw Molotow (lieg auch auf Deutsch vor) sowie zwischen Stalin und Lasar Kaganowitsch oder etwa die mehrbändige Edition von Berichten und Mitteilungen des sowjetischen Geheimdienstes an Stalin. Sehr wichtig sind die auch auf Deutsch erschienenen Tagebücher von Georgi Dimitroff, dem Chef der Komintern, und die heute nicht selten unterschätzten Reden und Beiträge von Lenin und Stalin, die ebenfalls in deutscher Sprache vorliegen.[7]

Die im Rahmen dieser Untersuchung erschlossenen und die inzwischen veröffentlichten Quellen erlauben es, die sowjetische Innen- und Außenpolitik, insbesondere ihre Motive und Ziele, aber auch deren Umsetzung, abseits der kommunistischen Propaganda nachzuzeichnen. Von zentraler Bedeutung erwiesen sich hierbei jene Dokumente, die nicht im Rahmen der üblichen offiziellen Berichterstattung entstanden, sondern die Aufgabe hatten, Probleme, Missstände und Unzulänglichkeiten intern festzuhalten, um sie dann zu korrigieren beziehungsweise zu beheben. Als besonders wertvoll sind verschiedene Denkschriften über den Stand der Kriegsvorbereitungen – der Roten Armee, der Rüstungsindustrie – und andere mit den Kriegsvorbereitungen zusammenhängende Fragen (z. B. Kriegsstrategie, -ideologie) anzusehen, die in erster Linie an Stalin, aber auch an seine engsten Mitarbeiter gerichtet waren. Ähnlich bedeutsam sind zeitgenössische Protokolle, Aufzeichnungen und Notizen von verschiedenen Sitzungen, Beratungen, Gesprächen. In Verbindung mit anderen zeitgenössischen Quellen und Dokumenten ermöglichen sie, die sowjetischen Kriegsvorbereitungen und die Motivation, die hinter diesen Vorbereitungen stand, im Ganzen wie auch in ihren einzelnen Aspekten faktengetreu und detailliert zu rekonstruieren.

Die vorliegende Darstellung konzentriert sich zeitlich auf die Jahre 1919 bis 1941 und ist in zwei große Abschnitte gegliedert. Der erste Abschnitt behandelt die Zeit von 1919 bis zum Sommer 1929. Ohne diese Vorgeschichte sind die Genese und der Verlauf der sowjetischen Kriegsvorbereitungen in den 1930er Jahren nicht zu begreifen. Im ersten Teil wird zunächst die bolschewistische Ideologie der Weltrevolution und die strategische Rolle Deutschlands in den kommunistischen Plänen für die Weltrevolution erörtert. Anschließend wird der polnisch-sowjetische Krieg im Jahre 1920 geschildert, der gescheiterte bolschewistische Durchbruch in das Zentrum Europas, mit schwerwiegenden Folgen für die Innen- und Außenpolitik des ersten kommunistischen Staates.

Nach der Niederlage vor Warschau im Sommer 1920 konzentrierten sich die Bolschewiken auf die Festigung der Macht im Lande und die Niederschlagung des bewaffneten antikommunistischen Widerstandes, insbesondere der Bauernaufstände. Im Jahre 1921 führte Lenin eine neue Wirtschaftspolitik ein, um das Land zu beruhigen und die Wirtschaft aufzubauen. In den Jahren 1921/22 gelang es den Bolschewiken, den bewaffneten antikommunistischen Widerstand weitgehend zu brechen. Wirtschaftlich waren sie jedoch weit weniger erfolgreich. Nach anfänglicher moderater wirtschaftlicher Erholung folgte ab 1924 eine sich immer mehr verschärfende wirtschaftliche und soziale Krise im Lande. In der zweiten Hälfte der 1920er Jahre fürchtete man im Kreml sogar neue Aufstände.

Auch außenpolitisch verzeichnete die Sowjetunion in den 1920er Jahren immer wieder Rückschläge, worauf ausführlich eingegangen wird. Der Versuch, im Herbst 1923 in Deutschland eine Revolution, auf die die bolschewistischen Anführer große Hoffnungen gesetzt hatten, zu entfachen, scheiterte kläglich. Ab 1922/23 begann sich die europäische und die Weltwirtschaft (die deutsche ab 1924) zu erholen, was zur politischen und sozialen Stabilisierung in den einzelnen Ländern beitrug. Dies rückte die Hoffnungen auf eine proletarische Revolution in einzelnen Ländern Europas, insbesondere in Deutschland, in weite Ferne. Zur wirtschaftlichen und sozialen Krise in der Sowjetunion gesellte sich nun die ideologische.

Der Tod Lenins (21. Januar 1924) löste wiederum eine ernsthafte Führungskrise in der Partei aus. Es kam zu heftigen Machtkämpfen um Lenins Nachfolge, aus denen Stalin und seine innerparteilichen Anhänger siegreich hervorgingen. Im Jahre 1927 war Stalins Macht gefestigt, und in den nächsten Jahren baute er sie zu einer uneingeschränkten Diktatur aus. Ab Mitte der 1920er Jahre setzten Stalin und seine Anhänger die Konzeption des Aufbaus des Sozialismus in einem Lande durch. Im Kern ging es darum, die Sowjetunion so aufzurüsten, dass sie imstande sein würde, notfalls selbständig die Revolution mit Waffengewalt über die eigenen Grenzen hinaus zu verbreiten. Dazu mussten in erster Linie die Rote Armee und die Rüstung auf- und ausgebaut werden, um die es in den 1920er Jahren sehr kritisch stand. Eine weitere Voraussetzung war, das eigene, äußerst unsichere Hinterland vor dem künftigen revolutionären Krieg zu »befrieden«, in erster Linie ging es hierbei um die Bauern. Beide Aspekte werden in der vorliegenden Arbeit ausführlich behandelt.

Der erste Teil schließt mit der Bestandsaufnahme der Kriegsvorbereitungen im Juli 1929 ab, der zweite beginnt mit der Weltwirtschaftskrise und deren Folgen für die kapitalistische Welt. Vor diesem Hintergrund werden die Maßnahmen Stalins und seiner Genossen untersucht, die davon ausgingen, dass die Krise bald in einen »imperialistischen Krieg« münden würde. Sie intensivierten nun die massive Aufrüstung und den Aus- und Umbau der Roten Armee, die gigantische Ausmaße annahmen.

Anfang 1930 ließ Stalin auch die Zwangskollektivierung entscheidend beschleunigen und zugleich einen Vernichtungsfeldzug gegen die Bauern beginnen, um den breiten Widerstand gegen die Kollektivierung zu brechen. Es ging darum, sich uneingeschränkten Zugriff auf die bäuerlichen Erträge zu sichern, um damit die gigantische Aufrüstung zu finanzieren. Der Massenterror gegen die Bauern, insbesondere die Massendeportationen, werden hier genauer untersucht. In einem gesonderten Kapitel wird auch die Hungerkatastrophe der Jahre 1932/33 behandelt, welche die sowjetischen Machthaber nachweisbar künstlich hervorgerufen hatten und die viele Millionen Menschenopfer forderte.

Anschließend wird die Konzeption des Vernichtungskrieges gegen den Westen behandelt, die Michail Tuchatschewski im Jahre 1930 entwickelte und für die er Stalin gewann. Es wird gezeigt, wie die sowjetischen Streitkräfte nach dieser Konzeption umstrukturiert, ausgebaut und umgerüstet wurden, mit dem Schwerpunkt auf Panzertruppen und Luftstreitkräften. Auch auf die Rüstungsindustrie wird eingegangen. Ausführlich werden die teilweise spektakulären Rückschläge bei der Aufrüstung und die Reaktionen der sowjetischen Führung darauf behandelt, insbesondere die Jagd nach den Sündenböcken.

Die Weltwirtschaftskrise mündete nicht im »imperialistischen Krieg«, wie Stalin gehofft hatte. In Deutschland kam Adolf Hitler an die Macht, wozu Stalin und die deutschen Kommunisten nicht unwesentlich beitrugen, was zu zeigen sein wird. Hitler baute seine Macht zur Diktatur aus und rüstete Deutschland innerhalb von wenigen Jahren wieder auf. Stalin hielt jedoch die antisowjetische Rhetorik Hitlers für ein Täuschungsmanöver, um Frankreich »einzulullen«, wie er es im Jahre 1935 formulierte. Stalin ging davon aus, dass das vorrangige Ziel Hitlers die Wiedereroberung der nach dem Ersten Weltkrieg verlorenen Gebiete sei. Die Ereignisse der Jahre 1938 und 1939 schienen Stalin recht zu geben. Anschließend werden die Genese des Hitler-Stalin-Paktes und dessen politische, militärische und wirtschaftliche Auswirkungen aus Moskauer Sicht erörtert. In diesem Zusammenhang werden auch der sowjetische Überfall auf Finnland und seine Folgen untersucht. Der sowjetisch-finnische Krieg führte Stalin vor Augen, dass die Rote Armee trotz der jahrelangen Vorbereitungen zum Angriffskrieg gegen einen starken Gegner nicht imstande war.

Ab 1940 wurde die Rote Armee wieder stark umstrukturiert, umgerüstet und ausgebaut, um sie in eine der schlagkräftigsten und mächtigsten Invasionsarmeen der Weltgeschichte zu verwandeln. Ab Ende 1940 und besonders intensiv ab Frühjahr 1941 bereitete Stalin die Rote Armee bereits explizit auf den Angriff gegen Deutschland vor. Inmitten dieser Vorbereitungen wurde er von dem deutschen Überfall am 22. Juni 1941 überrascht. Abschließend wird die Frage erörtert, inwieweit Hitler Kenntnis von den auf Hochtouren laufenden sowjetischen Vorbereitungen zum Angriffskrieg hatte. Vor diesem Hintergrund wird auch die sogenannte Präventivkriegsthese diskutiert.

Zum Schluss noch einige Anmerkungen zur Terminologie und Schreibweise. Im Text verwende ich die Begriffe »sowjetisch« und »kommunistisch« statt »russisch«, wenn von der sowjetischen Politik und sowjetischen Verbrechen die Rede ist. »Russisch« und »sowjetisch« wird im allgemeinen Gebrauch oft synonym verwendet. Die Gründer und Führungsschichten der UdSSR verstanden sich jedoch vor allem als Kommunisten, weshalb die Sowjetunion im engeren Sinn kein russischer Nationalstaat war. Im Übrigen waren nicht nur die ersten, sondern auch die meisten Opfer der Sowjets neben Ukrainern Russen. Russische Nationalisten und Patrioten wurden in den ersten Jahren der kommunistischen Herrschaft systematisch vernichtet, weil sie als Träger des antikommunistischen Widerstandes galten. Daher wäre es inkonsequent und auch falsch, sowjetische Verbrechen, Institutionen und Expansionspolitik als russisch zu bezeichnen. Die sowjetischen Anführer und Täter begingen ihre Verbrechen und betrieben ihre Politik im Namen des Kommunismus, daher werden hier die Begriffe »kommunistisch«, »sowjetisch« und »bolschewistisch« synonym verwendet.

Die in russischer Sprache vorliegenden Quellen sind von mir übersetzt worden, für etwaige Übersetzungsfehler bin ich allein verantwortlich. In die Bibliographie wurden nur solche Werke aufgenommen, die im Buch zitiert worden sind. Sie erhebt keinen Anspruch auf Vollständigkeit.

Viele Personen halfen mir bei meinen intensiven Quellenrecherchen. Insbesondere Archivarinnen und Archivare in Moskau haben mich bei der Materialsuche unterstützt. Jan Szumski und Andrzej Drobyszewski standen mir mit großem Engagement bei den Recherchen zur Seite. Ihre tiefe Kenntnis der sowjetischen Alltagsgeschichte half mir, viele Aspekte dieser Geschichte besser zu begreifen. Jan Szumski entzifferte zahlreiche, teilweise nur schwer lesbare handschriftliche Dokumente. Von Alexander Gogun erhielt ich viele Anregungen, wichtige Tipps und wertvolle Literaturhinweise. Zum Dank bin ich auch der Erich und Erna Kronauer-Stiftung verpflichtet, deren Unterstützung in der Endphase des Projektes sehr wichtig war.

November 2007 *Bogdan Musial*

TEIL I

Hoffnungen, Rückschläge, Festigung der Herrschaft

Der bolschewistische Putsch in Russland. Hauptlosung der Bolschewiki: die »Weltrevolution«

Im Oktober 1917, als sich die Bolschewiki mit Lenin an der Spitze an die Macht geputscht hatten, waren sie davon überzeugt, dass der Brand der Weltrevolution, den sie in Russland entfacht hatten, bald ganz Europa, wenn nicht die ganze Welt erfassen würde. Das Ziel der Bolschewiki in den ersten Monaten nach dem erfolgreichen Putsch war es, die Macht im Inneren zu konsolidieren, sich gegen die inneren Gegner und Feinde durchzusetzen, sie zu vernichten, und all dies zu einem bestimmten Zweck: Russland sollte zum »Herd des sozialistischen Weltbrandes« werden, so Lenin, um die revolutionäre Ideologie über die ganze Welt, zumindest aber in Europa zu verbreiten.[1]

Lenin äußerte sich oft in diesem Sinne. Beispielsweise erklärte er am 6. November 1920 in einer Rede: »Wir wußten damals [1917], daß unser Sieg nur dann von Dauer sein wird, wenn unsere Sache in der ganzen Welt siegt, denn wir hatten ja unser Werk ausschließlich in der Erwartung der Weltrevolution begonnen.«[2] Und in einer Rede am 1. März 1920 führte Lenin rückblickend aus: »Als wir vor mehr als zwei Jahren, noch zu Beginn der russischen Revolution, von dieser herannahenden internationalen Weltrevolution sprachen, da war das Voraussicht und bis zu einem gewissen Grade eine Prophezeiung.«[3]

Lenins Eifer für die Weltrevolution und ihre Ausbreitung blieb sein ganzes Leben ungebrochen, auch der erfolgreiche Oktoberputsch in Russland hatte daran nichts geändert. Robert Service schreibt: »Nur die weit überlegene Macht Deutschlands hatte ihn [Lenin] 1918 aufgehalten, und der Bürgerkrieg hatte ihn daran gehindert, die Rote Armee nach dem Rückzug der Deutschen bei Kriegsende in fremde Länder zu beordern. [...] In vertraulichen Diskussionen nahm er kein Blatt vor den Mund: ›Sobald wir stark genug sind, den Kapitalismus als Ganzes zu erledigen, werden wir ihm an die Gurgel springen.‹ Europa blieb der Schlüssel zu Lenins strategischen Erwägungen.«[4]

Lenin hoffte jedoch zunächst, dass Revolutionen in anderen europäischen Ländern ausbrechen würden, ohne dass das bolschewistische Russland aktiv zu werden brauchte. Er war daher bereit, den revolutionären Prozess mit finanziellen Mitteln, Propagandamaterial und politischen Instruktionen zu unterstützen, und blieb zunächst zuversichtlich, dass auch in anderen europäischen Ländern die Revolution bald siegen würde.[5]

Lenin selbst publizierte nach dem Oktoberputsch 1917 speziell zum Thema revolutionärer Krieg und Weltrevolution wenig, denn die sich überschlagenden Ereignisse verhinderten dies, obwohl er bereits den Plan hatte, eine Schrift über »Die Erfahrungen der russischen Revolutionen von 1905 und 1917« zu verfassen. Am 30. November 1917 schrieb er: »Außer der Überschrift habe ich keine Zeile dieses Kapitels schreiben können: Die politische Krise, der Vorabend der Oktoberrevolution von 1917, ›verhinderte‹ es. Über eine solche ›Verhinderung‹ kann man sich nur freuen. [...] es ist angenehmer und nützlicher, die ›Erfahrungen der Revolution‹ durchzumachen, als über sie zu schreiben.«[6] Drei Jahre später wandte sich Trotzki an Lenin:

> »Bei uns läuft zurzeit in den partei-militärischen Kreisen eine Debatte über die Frage der Kriegsdoktrin. [...] Insbesondere wirft man der Roten Armee vor, dass ihre ›Kriegsdoktrin‹ (um dieses aufgeblasene Wörtchen entbrannte der ganze Streit) die Idee des revolutionären Angriffskrieges nicht beinhaltet. Ich schreibe zurzeit eine Serie von Artikeln oder eine Broschüre, in der ich zusammenfassen möchte, dass die Partei von revolutionären Kriegen in verschiedenen Zeiten sprach – vor und nach dem Oktober. Können Sie mir [...] mitteilen, wo und was Sie dazu geschrieben haben? Hat es dazu nicht eine Resolution gegeben! Ihr Trotzki«[7]

Lenin schrieb postwendend am 23. November 1921 an Trotzki: »Einen speziellen Beitrag, wie es scheint, gab es nicht. Am Rande viel [...], besonders in den Jahren 1914–17.«[8] In den ersten Monaten und Jahren nach dem Oktoberputsch hatten Lenin und die führenden Bolschewiki wenig Zeit, sich mit theoretisch-ideologischen Debatten über Weltrevolution und revolutionäre Angriffskriege zu befassen, denn sie waren dabei, die Weltgeschichte zu gestalten, was ihnen durchaus bewusst war. Lenin, Trotzki, Sinowjew und andere führende Bolschewiken sowie Kommunisten anderer Länder waren jedoch davon überzeugt, dass der Krieg und die darauf folgenden Krisen die Voraussetzungen für die Beseitigung der bürgerlichen Gesellschaft und die Revolution in Europa geschaffen hätten.[9]

Lenin und seine engsten Mitarbeiter betrachteten die Revolution in Russland zugleich als die erste Etappe der Weltrevolution, als den Herd der Revolution. Denn die kommunistische Ideologie erhob für sich den globalen Anspruch auf die Weltherrschaft. Im März 1919 wurde auf Initiative Lenins auf dem Kongress in Moskau (2. bis 6. März) die Dritte Kommunistische Internationale (Komintern) gegründet, die die Aufgabe hatte, zum Leitungszentrum der Weltrevolution zu werden.[10]

Noch im Jahr 1919 schienen die politischen Ereignisse in Europa die Erwartungen von der bevorstehenden Revolution zu bestätigen. So endete der Krieg mit Revolutionen in den Ländern Mitteleuropas, die die österreichische Monarchie und das deutsche Kaiserreich hinwegfegten. Im März 1919 wurde in Ungarn die Räterepublik ausgerufen, was die Hoffnungen der Bolschewiken in die Höhe trieb. Im April 1919 schrieb Grigori Sinowjew:

> »Die Bewegung entwickelt sich mit einer so schwindelerregenden Schnelligkeit, daß man mit Sicherheit behaupten darf: In einem Jahr werden wir zu vergessen beginnen, daß es in Europa einen Kampf um den Kommunismus gab, weil in einem Jahr ganz Europa kommunistisch sein wird. Und der Kampf für den Kommunismus wird nach Amerika übertragen, vielleicht aber auch nach Asien und in andere Teile der Welt.«[11]

Vier Jahre später führte Sinowjew rückblickend aus: »Der Bolschewismus erwartete den Sieg der Weltrevolution unmittelbar nach dem Sieg der proletarischen Revolution in Rußland. Der Kapitalismus erwies sich jedoch als lebensfähiger und flexibler. Was die konkreten Fristen der Weltrevolution betrifft, so hat der Bolschewismus seine partiellen Fehleinschätzungen in diesem Bereich schon längst zugegeben.«[12]

Die Schlüsselrolle Deutschlands – das Herz Europas

Eine besondere Rolle in den Plänen der Bolschewiken für die Weltrevolution spielte von Beginn an Deutschland. Lenin warnte »immer wieder, daß die Sowjetmacht verloren sei, falls ihr der deutsche Arbeiter keine Hilfe brächte: ›... wir werden auf jeden Fall trotz aller denkbaren Peripetien zugrunde gehen, wenn die deutsche Revolution nicht eintritt ...‹«[13] Gemeint war jedoch nicht die militärische Bedrohung für den jungen sowjetischen Staat.

Russland war vor 1914 ein agrarisch geprägtes und rückständiges Land. Der Erste Weltkrieg stürzte es in eine tiefe soziale und wirtschaftliche Krise, welche die Bolschewiken ausnutzten, um die Macht an sich zu reißen. Der bolschewistische Putsch löste wiederum einen blutigen Bürgerkrieg aus, der das Land in eine noch tiefere Krise stieß. Hinzu kam die Blockade der Ententemächte, die die innerrussischen antibolschewistischen Kräfte tatkräftig unterstützten, um den Brand der bolschewistischen Revolution im Keim zu ersticken oder wenigstens einzudämmen. Deutschland lehnte dagegen die Blockade Sowjetrusslands ab.[14]

Die Blockade der Ententemächte zeigte auch ihre Wirkung. Die einzige reale wirtschaftliche Hilfe konnte nur aus Deutschland kommen, dem »am meisten kapitalistisch entwickeltsten [sic!] Lande des Kontinents von Europa«,[15] zumal es die Blockade der Entente abgelehnt hatte. Aber auch in der weltrevolutionären Strategie der Bolschewiken spielte Deutschland mit seinem Industriepotential und der zahlenmäßig stärksten Arbeiterschaft (dem »Hauptkern des internationalen Proletariats«) in der Welt eine zentrale Rolle.[16]

Ähnlich dachten führende deutsche Kommunisten. Am 4. November 1918 sandte Karl Liebknecht an den VI. Allrussischen Außerordentlichen Kongress der Räte ein Telegramm im Namen der deutschen Kommunisten: »In Deutschland schießen gleichzeitig an hunderten Stellen Flammen des heiligen Feuers empor. Die Revolution des deutschen Proletariats hat begonnen. Diese Revolution wird die russische Revolution von allen Schlägen retten und die Grundfesten der kapitalistischen Welt stürzen.«[17]

Daher rührte auch stets der Wunsch nach einer direkten Grenze mit oder wenigstens einem »Korridor« nach Deutschland. Die deutsch-russische Vorkriegsgrenze verlief durch Polen, das im Jahre 1918 nach über 120 Jahren Teilungen wieder entstanden war. Dadurch wurde die nun sowjetische Westgrenze um Hunderte Kilometer nach Osten zurückgedrängt und zugleich die territoriale Verbindung mit Deutschland gekappt.

Polen – die Barriere

Der Wunsch nach der gemeinsamen Grenze mit Deutschland bestimmte die sowjetische Polenpolitik in der Zwischenkriegszeit von Beginn an, denn durch die Wiedergeburt Polens verschwand die deutsch-russische Vorkriegsgrenze, und der bolschewistischen Revolution war der Weg in das Herz Europas, nach Deutschland, versperrt. Schlimmer noch, das neue Polen erwies sich allzu bald als ausgesprochen resistent gegen die kommunistische Ideologie. Kommunistische Parteien und Gruppierungen spielten in Polen eine untergeordnete Rolle. Das neue Polen unterstützte vor allem Frankreich, den Hauptfeind Deutschlands und die kontinentale Großmacht in Europa nach dem Krieg.

Im Frühjahr 1919 waren die Bolschewiki noch nicht imstande, einen erfolgreichen Krieg gegen Polen zu führen, um eine gemeinsame Grenze mit Deutschland herzustellen. Zu diesem Zeitpunkt kämpften die Truppen der Roten Armee im Bürgerkrieg an vielen Fronten. Die Rote Armee unterhielt im Frühjahr 1919 am polnischen Abschnitt relativ geringe Kräfte, die Westarmee, die den Auftrag erhielten, die Linie entlang der Flüsse Niemen (Memel), Szczara (Schtschara) und Pripjet (heute Westweißrussland) zu besetzen und die polnisch-sowjetische Grenze festzulegen.[18]

Die Linie, die die Westarmee als künftige polnisch-sowjetische Grenze zu besetzen hatte, legte der Oberste Sowjet am 3. Dezember 1918 fest.[19] Damit wäre die territoriale Verbindung mit Deutschland (Ostpreußen) faktisch hergestellt gewesen, zumal im Abschnitt Kaunas zu diesem Zeitpunkt Einheiten des deutschen Freikorps operierten.[20] Der Westarmee gelang es aber nicht, den Auftrag zu erfüllen. Im Gegenteil, in den Monaten März und April 1919 stießen Truppen der polnischen Armee, die erst im Entstehen begriffen war, in dieses Territorium vor und besetzten Gebiete, die bis dahin die sowjetische Westarmee kontrolliert hatte.[21]

Im April 1919 vertrieben polnische Soldaten und Freiwillige die bolschewistischen Truppen aus Wilna und dem Wilnagebiet, wo diese gemeinsam mit litauischen Verbänden gekämpft hatten.[22] Denn auch das neu entstandene Litauen beanspruchte diese Gebiete aus historischen Gründen (als Wiege der litauischen Nation) für sich. In der Stadt Wilna und im Wilnagebiet lebten allerdings damals kaum Litauer. Wilna war eine polnisch-jüdische Stadt, und auch im Wilnagebiet dominierte die polnische Bevölkerung, hinzu kamen noch Juden und Weißrussen. Litauer gab es auch hier kaum.

Bis zum Sommer 1919 drängten polnische Verbände die Truppen der Westarmee bis zum Fluss Beresina im heutigen Ostweißrussland. Immer wieder kam es in diesen Gebieten zu kleinen Scharmützeln und Gefechten, aus denen die polnische Seite meistens siegreich hervorging. Die sowjetischen Truppen waren demoralisiert, miserabel bewaffnet und ausgerüstet sowie schlecht versorgt, zu einem Gegenangriff waren sie nicht imstande.[23]

Aber auch die polnischen Verbände stießen bald an ihre Grenzen, denn die sich erst im Aufbau befindende polnische Armee war keineswegs besser, eher sogar schlechter ausgerüstet. Im Gegensatz zu den Einheiten der Roten Armee waren die polnischen Soldaten jedoch motiviert, diszipliniert und auch besser geführt. An einem weiteren Vormarsch nach Osten war allerdings nicht zu denken. Die damalige politische Führung Polens beabsichtigte das auch nicht, denn in Warschau war man mit dem damaligen Verlauf der polnisch-sowjetischen Grenze durchaus zufrieden. Und den russischen General Denikin, der mit seinen Truppen in der Ukraine und Südrussland gegen die Bolschewiken kämpfte, zu unterstützen erschien nicht besonders ratsam, denn dieser bestand auf den russischen Grenzen von 1914, als Warschau und Łódź noch russisch waren.[24]

An den anderen Frontabschnitten war die Rote Armee dagegen viel erfolgreicher und entschied im Laufe des Jahres 1919 die wichtigsten Schlachten für sich. Die Interventionsmächte zogen sich zurück, und die Truppen der Roten Armee besetzten fast das gesamte Russland.[25] Vom 1. November bis zum 1. Dezember 1919 »befreiten« die Truppen der Roten Armee 1 194 600 Quadratwerst (1 359 500 Quadratkilometer) mit 15 880 000 Menschen.[26] Entsprechend wuchs das Selbstbewusstsein der bolschewistischen Anführer wie auch das militärische Potential Sowjetrusslands. Am 5. Dezember 1919 hielt Lenin vor den Delegierten des VII. Gesamtrussischen Kongresses der Räte eine Rede, in der er unter anderem erklärte: »*Die größten Schwierigkeiten liegen bereits hinter uns.* [...] wir [haben] die Periode der Bürgerkriege in der Hauptsache bereits hinter uns.«[27]

Zwei Monate später besserte sich die militärische Lage der Bolschewiki noch, sie gewannen die letzten großen Schlachten des Bürgerkrieges. Am 16. Januar 1920 beschloss der Oberste Rat der Alliierten, die Blockade gegen die Sowjetrepublik aufzuheben. Lenin beurteilte dieses Ereignis wie folgt: »Die Aufhebung der Blockade ist eine wichtige Tatsache von internationaler Bedeutung, die zeigt, daß eine neue Phase der sozialistischen Revolution angebrochen ist. Denn die Blockade war in der Tat die wichtigste und eine wirklich feste Waffe der Imperialisten der ganzen Welt zur Erdrosselung Sowjetrusslands.«[28]

Während Anfang 1920 die Bolschewiki den Bürgerkrieg militärisch für sich entschieden hatten, war die wirtschaftliche Lage des

Landes katastrophal. Lenin verkündete am 1. März 1920: »Der blutige Krieg ist beendet, jetzt führen wir einen unblutigen Krieg gegen Zerstörungen, gegen wirtschaftliche Zerrüttung, Elend und Krankheiten, in die uns vier Jahre imperialistischer Krieg und zwei Jahre Bürgerkrieg hineingetrieben haben. Sie wissen, dass die wirtschaftliche Zerrüttung entsetzlich ist. [...] Mit großer Mühe bekommen wir jetzt Hilfe vom Ausland. [...] Wie sollen wir die Industrie wiederherstellen, wo wir für das Getreide keine Waren geben können, weil wir keine haben?«[29]

Die einzige reale wirtschaftliche Hilfe konnte nur aus Deutschland kommen, dem Land mit der stärksten Industrie Europas, von dem die Sowjetunion jedoch durch das verfeindete Polen getrennt war. Lenin führte in einer Rede am 2. Oktober 1920 aus: »Der Versailler Frieden hat aus Polen einen Pufferstaat gemacht, der Deutschland vor der Berührung mit dem Kommunismus Sowjetrusslands bewahren soll.«[30] Hinzu kam, dass die Bolschewiken hofften, in Deutschland werde auch bald die Revolution ausbrechen, man müsse ihr jedoch von außen nachhelfen. Am 29. März 1920 verkündete Lenin in seiner Eröffnungsrede des IX. Parteitages der RKP(b):

> »International gesehen aber war unsere Lage noch nie so günstig wie jetzt, und was uns besonders mit Freude und Kraft erfüllt, das sind die Nachrichten, die wir jeden Tag aus Deutschland bekommen und die zeigen, daß die proletarische Rätemacht in Deutschland unaufhaltsam heranwächst, wie schwer, unter welchen Schwierigkeiten die sozialistische Revolution geboren wird. [...] [Der Umschwung] bestätigt uns nicht nur von neuem die unbedingte Richtigkeit des Weges, sondern gibt uns auch die Überzeugung, daß die Zeit nicht fern ist, da wir Seite an Seite mit einer deutschen Räteregierung marschieren werden.«[31]

Am selben Tag führte Lenin in seinem Bericht des ZK der RKP(b) aus:

»Die neue Phase, die neue Stufe des revolutionären Aufschwungs in Deutschland [...] beweist eindeutig [...], daß der Kampfwille der Arbeiter immer größer wird. [...] Wir wissen, daß jeder Monat unsere Kräfte ungeheuer stärkt und noch mehr stärken wird. [...] Wir haben ein formelles Friedensangebot von Polen erhalten. [...] Da wir wissen, daß unser Gegner [die polnische Bourgeoisie] sich in einer ungeheuer schweren Lage befindet – ein Gegner, der nicht weiß, was er will, was er morgen tun wird –, so müssen wir uns mit aller Bestimmtheit sagen, daß trotz des Friedensangebots ein Krieg möglich ist.«[32]

Der polnisch-sowjetische Krieg im Jahre 1920 – gescheiterter Durchbruch nach Europa

Nachdem die Bolschewiken nach zwei Jahren blutiger Kämpfe und Massaker den Bürgerkrieg weitgehend für sich entschieden hatten, wandten sie sich der deutsch-polnischen Frage zu. Die bis dahin relativ ruhige sowjetisch-polnische Frontlinie verlief im Norden östlich von Minsk, etwa entlang des Flusses Beresina. Im Süden, in der heutigen Ukraine, setzten sich die Polen gegen die Ukrainer durch, besetzten Gebiete bis etwa 200 km östlich von Lemberg und standen den Verbänden der sowjetischen Südwestfront gegenüber.[1] Somit verliefen die Grenzen Deutschlands aus sowjetischer Sicht mehrere hundert Kilometer westlich, und dazwischen befand sich das antibolschewistische Polen.

Am 8. Dezember 1919 erhielt die Aufklärung der Roten Armee den expliziten Auftrag, Polen und seine Streitkräfte bis ins Detail auszuspionieren.[2] Entscheidende Hilfe dabei leisteten einheimische Kommunisten, die die bolschewistische Führung zum Krieg gegen Polen geradezu aufforderten. Julian Marchlewski,[3] ein führender deutscher Kommunist polnischer Herkunft, wandte sich am 24. Dezember 1919 mit einer Denkschrift an das ZK der RKP(b), in der er die politischen und wirtschaftlichen Verhältnisse sowie den Zustand der polnischen Armee schilderte.[4]

Eingangs stellte Marchlewski fest, dass es in Polen zwei politische Lager gebe, eines um Józef Piłsudski (Staatschef und zugleich Oberkommandierender der Streitkräfte) sowie das Lager der Nationaldemokraten. Piłsudski wolle gegen Sowjetrussland keinen Krieg führen, um die sowjetische Macht zu zerstören und die Weißgardisten zu unterstützen, weil nach seiner Auffassung der Sieg der »Konterrevolution« in Russland die polnische Unabhängigkeit bedrohe. Auf der anderen Seite habe man jedoch Angst vor dem Einfluss des

Kommunismus in Polen. Deshalb wolle Piłsudski Polen von Sowjetrussland mit den »Pufferstaaten« Litauen und Weißrussland abgrenzen. Piłsudski habe die Linie, hinter der die polnische Armee bleiben solle, wie folgt abgesteckt: Fluss Ptitsch, Beresina, Richtung Bobrujsk östlich der Beresina, Beresina-Kanal, Fluss Ulla, westliche Dwina. Eine andere Politik verfolgten dagegen die Nationaldemokraten, so Marchlewski, sie wollten nämlich dem Wunsch der Entente folgen und Denikin unterstützen, sie seien für den Krieg gegen das sowjetische Russland.

Marchlewski berichtete aber auch, dass die finanzielle und wirtschaftliche Lage Polens katastrophal sei. Nicht besser stünde es mit der Bewaffnung und Ausrüstung der polnischen Armee, obwohl ihre Soldaten und insbesondere Offiziere hoch motiviert seien. Dennoch behauptete er, dass sich der Krieg für Polen als der einzige Ausweg aus der Krise erweisen könne: »Deshalb halte ich den Angriff der polnischen Armee in naher Zukunft für möglich.« Marchlewski forderte nun, dass man wenigsten die Westfront stärken solle, denn er, Marchlewski, wisse doch, dass zunächst Denikin besiegt werden müsse, bevor man gegen die polnische Armee vorgehen könne.[5]

Kriegsvorbereitungen gegen Polen

Mit seiner Denkschrift rannte Marchlewski in Moskau offene Türen ein, denn das bolschewistische Regime mit Lenin an der Spitze bereitete sich offenkundig bereits auf den Angriff auf Polen vor. Die Nachrichten über die schwere wirtschaftliche Krise und den schlechten Zustand der polnischen Streitkräfte bestärkten Lenin und seine Genossen nur in dieser Absicht. Anfang 1920 liefen die Vorbereitungen zum Krieg gegen Polen endgültig an.

Im Januar 1920 erarbeitete Boris Schaposchnikow, Chef der Operativen Verwaltung der Roten Armee und ehemaliger zaristischer Stabsoffizier, der nun im Dienste der Bolschewiken stand, einen Plan für den Angriffskrieg gegen Polen.[6] Im Januar 1920 ließ der Revolutionäre Kriegsrat der Republik (RWSR) zwei Divisionen an den polnischen Abschnitt der Westfront verlegen.[7] Am 17. Februar 1920 verschickte das Polnische Büro beim ZK der RKP(b), das sich mit polnischen Angelegenheiten befasste, ein Telegramm an die politischen Abteilungen der Armeen und Fronten mit der Aufforderung, alle politischen Mitarbeiter *(politrabotniki)*, die Polnisch beherrschten, an die Westfront abzukommandieren. Dasselbe galt für polnische Kommunisten in verschiedenen Behörden, sie sollten an das Polnische Büro delegiert werden.[8]

Einen Tag später, am 18. Februar 1920, beteuerte Lenin auf die Frage eines amerikanischen Journalisten, ob Sowjetrussland beabsichtige, Polen und Rumänien zu überfallen: »Nein. Wir haben in feierlicher Form und ganz offiziell [...] unsere friedlichen Absichten verkündet. Leider hetzt die französische kapitalistische Regierung Polen (wahrscheinlich auch Rumänien) auf, uns zu überfallen.«[9] Die sowjetischen Kriegsvorbereitungen liefen dagegen unvermindert weiter. Am 27. Februar 1920 funkte Trotzki von seinem Panzerzug aus ein Telegramm an Lenin, das im Kreml einen Tag später empfangen wurde. Trotzki teilte darin mit:

> »Ich stimme voll mit Ihnen überein, dass es notwendig ist, eine offene Agitation für die Vorbereitungen des Krieges gegen Polen, das uns bedroht, zu führen. Es ist notwendig, ein Manifest an das werktätige Volk [...] mit unseren Motiven und Gegenaktivitäten Polens zu veröffentlichen. [...] Ich werde hier die Freiwilligen aussuchen, mit denen ich mich nach dem Kongress [der Partei] an die Westfront begeben werde. Ich bitte um sofortigen Beschluss des Politbüros.«[10]

Lenin reagierte umgehend. Am 28. Februar tagte unter Lenins Vorsitz das Politbüro. Laut Sitzungsprotokoll betraf Punkt 22 »das Telegramm des Genossen Trotzki und den Vortrag des Genossen [Karl] Radek über Polen«. Das Politbüro beschloss anschließend:

> »22: a) Bestätigt wird der Beschluss des Organisationsbüros über die Delegierung aller Polen-Kommunisten von anderen Fronten und aus den inneren Gouvernements an die Westfront; b) Maß-

nahmen ergreifen, damit Genosse Radek und die von ihm berufene Kommission für die polnischen Angelegenheiten breiten Zugang zu allen Bibliotheken erhält. Sicherstellen, dass Genosse Radek zur Arbeit in der Kommission alle Spezialisten heranziehen kann, die er für notwendig erachtet; c) dem Polnischen Büro beim ZK alle notwendigen materiellen Mittel zur Unterstützung der Bewegung in Polen zur Verfügung zu stellen; [...] g) Genossen Radek die Führung der gesamten Presseagitation und Unterrichtung der öffentlichen Meinung aus der Sicht Russlands und der polnischen Regierung aufzutragen, und zwar so, dass der möglicherweise ausbrechende Krieg mit Polen durch russische und polnische Massen richtig begriffen wird, und zwar als ein Überfall des imperialistischen Polen auf das den Frieden wünschende Sowjetrussland zugunsten der Entente.«[11]

Zeitgleich beteuerte Lenin weiterhin öffentlich, die Sowjetunion wünsche den Frieden mit Polen. Am 1. März 1920 erklärte Lenin: »Und wir sagen ihnen [den Polen], dass wir die Grenze, an der unsere Truppen jetzt stehen [...] niemals überschreiten werden. Wir schlagen einen Frieden auf dieser Grundlage vor.«[12]

Diese angeblichen Friedensvorschläge hatten nur den einen Zweck, Polen und die Weltöffentlichkeit über die wahren Absichten zu täuschen. Am 1. März funkte Trotzki aus dem Panzerzug an Lenin: »Ich denke, dass die letzten Friedensvorschläge an Polen überflüssig waren. Ich stimme mit der Meinung von Litwinow überein, dass sie den Eindruck unserer Schwäche vermitteln. Ich halte es für unbedingt notwendig, eine breite Kampagne im Lande zu führen, die an sich wichtig für die Vorbereitung ist, sie kann aber auch die Polen aufhalten.«[13]

Die bolschewistische Propaganda änderte sich tatsächlich. So erklärte beispielsweise Lenin am 6. März 1920: »Wir [...] müssen unsere militärische Bereitschaft aufrechterhalten, steigern und verstärken, um die Aufgabe zu bewältigen, vor der die Arbeiterklasse steht. Sollten die polnischen Imperialisten [...] Rußland mit Krieg überziehen und sich in dieses militärische Abenteuer stürzen, so müssen und werden sie eine solche Abfuhr erhalten, daß ihr ganzer morscher Kapitalismus und Imperialismus endgültig auseinanderfallen wird.«[14]

Ab Anfang März 1920 liefen die Vorbereitungen zum Krieg gegen Polen auf Hochtouren. Am 8. März 1920 beschloss der Revolutionäre Kriegsrat (RWSR), an der Westfront Brotvorräte für zwei Wochen anzulegen. Einige Tage später, am 14. März, forderte der RWSR, die Anlegung von Lebensmittelvorräten für die Westfront, die für zwei Wochen ausreichen sollten, zu beschleunigen. Eine notwendige Zahl von Loks und Waggons sei zu reparieren und zum Transport von »Marschverpflegung« (!) zur Verfügung zu stellen.[15] In Moskau ging man offenkundig von einem leichten Sieg aus.

Am 12. März 1920 funkte Josef Unszlicht, Mitglied des Kriegsrates der Westfront, an Lenin: »Eiligkeit der Arbeit fordert: 1.) Sofortige Zusendung von Kommunisten – Polen, Weißrussen, Litauern für die Arbeit hinter der Demarkationslinie. 2.) Rote Offiziere für die Kriegsführung der Aufstandsbewegung (dazu habe ich dem ZK am 24. Februar einen Vortrag zugeschickt). 3.) Befehl an die Smolensker Polygrafische Abteilung betreffend die Herstellung von Druckerzeugnissen sofort und ohne Diskussion. 4.) 100 Pud polnische Druckschrift [...] 2000 Pud Zeitungspapier.«[16] Fünf Tage später, am 17. März 1920, besprach das Politbüro die »telegrafische Bitte von Unszlicht« und beschloss, »Unszlicht telegrafisch über die vorgenommen Schritte zu unterrichten«.[17] Unszlicht hatte den Auftrag, im Rücken der polnischen Verbände einen Partisanenkrieg sowie die sowjetische Propaganda in Polen zu organisieren.[18]

Am 19. März ordnete wiederum der RWSR an, die Westfront in kürzester Zeit mit Pferden zu beliefern. Die Reiterarmee solle reorganisiert werden, damit sie sich bei der Verlegung an die Westfront in entsprechender Verfassung befände. Auf Disziplin sei zu achten.[19] Eine Woche später, am 26. März, erklärte der RWSR, die Westfront sei zurzeit die wichtigste Front der Republik und ihre Versorgung mit zweiwöchigen Vorräten äußerst wichtig. Extrazüge seien dafür abzustellen. Darüber hinaus sei die Truppenverlegung an die Westfront zu beschleunigen, denn es gebe Schwierigkeiten mit dem Bahntransport. Es handelte sich dabei um die 29. Schützendivision, die 5. Schützenbrigade aus Ufa, die Ural-Division und -Artilleriegruppe, Kasan-Brigade und -Kavallerieregiment; die Reiterbrigade unter M. L. Murtazin aus Orenburg und drei Schützendivisionen von der kaukasischen Front.[20]

Am 8. April beschloss der RWSR die Verstärkung der Westfront mit einer bedeutenden Anzahl von Kommunisten-Aktivisten, die von anderen Frontabschnitten an die Westfront abzukommandieren seien. Darüber hinaus ordnete der RWSR an, die polnischen Kommandeure an der Westfront zu entlassen, weil »sie möglicherweise in Verbindung mit weißgardistisch-polnischen Elementen stehen können«. An anderen Fronten müsse dasselbe getan werden, so der RWSR.[21] Die bolschewistische Militärführung fürchtete offenkundig, Offiziere der Roten Armee polnischer Herkunft würden im bevorstehenden Krieg gegen Polen auf die polnische Seite überlaufen. Nicht wenige taten das tatsächlich, genauso wie Offiziere russischer Herkunft. Hierbei ist anzumerken, dass die meisten Offiziere der Roten Armee, wie auch Unteroffiziere und Soldaten, zwangsmobilisiert wurden. Für den Fall der Fahnenflucht bzw. des Überlaufens zum Feind verhafteten die Bolschewiki die Familien der Offiziere als Geiseln.[22]

Innerhalb der Reihen der Roten Armee waren es die Sonderabteilungen *(Osobye Otdely)* und – vor allem – politische Kommissare sowie Parteimitglieder und kommunistische Sympathisanten, die die »Konterrevolution« und Fahnenflucht bekämpften und die zwangsrekrutierten Rotarmisten zum Kampf trieben. Am 1. Oktober 1919 gab es in den Reihen der Roten Armee insgesamt 5200 politische Kommissare, davon 3212 in den operierenden Truppen. Die Zahl der Kommunisten und Sympathisanten in den operierenden Truppen belief sich auf 61 681, davon an der Westfront 11 460.[23] Zu diesem Zeitpunkt war die Rote Armee 447 000 Mann stark.[24]

Zeitgleich mit der Konzentration der Truppen an der Westfront zum Angriff auf Polen ordnete das Politbüro an, einen Partisanenkrieg im Rücken der polnischen Verbände zu entfachen. Im Sitzungsprotokoll des Politbüros vom 8. März 1920 heißt es: »Die Entwicklung der Partisanenaktivitäten in Tarybskaja Litva [Litauen in den Grenzen von 1920, ohne Wilna und das Wilnagebiet] und in den Gebieten unter polnischer Besatzung [hier gemeint das Territorium des heutigen West- und Zentralweißrussland] ist äußerst wünschenswert.«[25] Anfang April 1920 begannen bolschewistische Partisanen im polnischen Hinterland, die ersten Aktionen gegen polnische Einrichtungen und Träger der polnischen Herrschaft, Gutsbesitzer und Polizisten, durchzuführen.[26]

Bei ihren Kriegsvorbereitungen gegen Polen beschränkten sich die Bolschewiken aber nicht nur auf militärische Maßnahmen und eine Propagandakampagne, sondern suchten auch nach Verbündeten im Ausland. In erster Linie handelte es sich dabei um Litauen und Deutschland. Litauen war mit Polen wegen Wilna und dem Wilnagebiet im Konflikt, die polnische Einheiten im April 1919 besetzt hatten. Am 8. März 1920 beschloss das Politbüro, »Friedensgespräche« mit Litauen aufzunehmen, und unterband zeitgleich »vorerst« die Vorbereitungen zur Übernahme der Macht durch Kommunisten in Litauen.[27] Ziel war es, das »kapitalistische« Litauen als Verbündeten im Krieg gegen Polen und Teilungspartner der polnischen Gebiete zu gewinnen. Eine bolschewistische Revolution in Litauen selbst mit ungewissem Ausgang war im bevorstehenden Krieg gegen Polen militärisch und politisch nicht wünschenswert.[28]

Mitte April 1920 sondierte Viktor Kopp, der inoffizielle Botschafter in Deutschland, bei dem Russlandreferenten des Auswärtigen Amtes Ago von Maltzan, »ob die Möglichkeit bestünde, eine Kombination zwischen der hiesigen und der Roten Armee zwecks gemeinsamer Bekämpfung Polens zu konstruieren«. Maltzan verwies jedoch auf die gerade ergangenen Aufrufe der Kommunistischen Internationale an die deutschen Arbeiter, sich zu bewaffnen und die deutsche Regierung zu stürzen, und erklärte, dass diese Aufrufe »eine derart weitgehende Verständigung für den Moment doch wohl etwas illusorisch machten«.[29]

Die ab Januar 1920 laufenden Vorbereitungen zum Krieg gegen Polen verliefen jedoch nicht zufriedenstellend und vor allem nicht unbemerkt. Es wurden zwar inzwischen zahlenmäßig starke Truppen an die Westfront verlegt, andere befanden sich jedoch Mitte April noch unterwegs. Am 16. April waren an der Westfront 65 682 Bajonette und 4248 Säbel konzentriert. Weitere 35 700 Rotarmisten (darunter 1000 Reiter) waren unterwegs dorthin, sodass in den nächsten Tagen die Streitkräfte der Westfront auf 100 542 Bajonette und 5248 Säbel anwachsen würden. An der Südwestfront befanden sich dagegen lediglich 17 410 Bajonette und 2200 Säbel, eine Reiterarmee mit 9940 Säbeln war unterwegs dorthin. Ihnen gegenüber standen nach sowjetischen Angaben folgende polnische Kräfte: 63 682 Bajonette und 4188 Säbel an der Westfront und 17 410 Bajonette und 1200 Säbel an der Südwestfront.[30]

Ausschlaggebend war jedoch der Umstand, dass sich die an der Westfront konzentrierten Truppen aus politisch unzuverlässigen Rekruten zusammensetzten, die unwillig waren, für das bolschewistische Regime zu kämpfen, geschweige denn zu sterben. Trotzki alarmierte am 23. April die Partei- und Staatsführung:

> »Die Arbeit beim Aufbau der Westfront verläuft äußerst träge. Die Mobilisierung der Parteiaktivisten für die Westfront zeitigt bisher kaum Ergebnisse. Inzwischen ist die Gefahr außerordentlich groß. Polen unterbrach in dieser Woche die Fernschreibverbindung mit dem Ausland. Offensichtlich finden im Land Verlegungen und Umgruppierungen statt. Wir haben beträchtliche Kräfte an die Westfront verlegt, sie setzen sich aber hauptsächlich aus politisch ungeformter Masse zusammen. Nur rechtzeitige Zuteilung einer beträchtlichen Anzahl von harten Kommunisten an die Truppen der Westfront kann die Stabilität der Front sichern, die in großer Anzahl rohe Auffülltruppen bekommt.«[31]

Trotzki forderte sofortige und entscheidende Maßnahmen, insbesondere so schnell wie möglich Kommunisten an die Westfront zu entsenden. Dieser Alarmruf kam jedoch zu spät. Zwei Tage später, am 25. April 1920, griffen polnische Truppen im ukrainischen Abschnitt der polnisch-sowjetischen Front überraschend an und errangen in den nächsten Wochen bemerkenswerte Erfolge. Bereits am 7. Mai marschierten sie in Kiew ein.

Dieser Angriff wird noch heute in der westlichen und russischen Forschung als ein politisch-militärisches Abenteuer von Piłsudski und Sowjetrussland als Opfer der polnischen Expansionspolitik gedeutet und dargestellt. Erst kürzlich konnten polnische Historiker überzeugend aufzeigen, dass es sich bei diesem Angriff um einen Präventivkrieg handelte. Diese Erkenntnisse sind jedoch noch nicht in der westlichen Forschung angelangt, die auch die welthistorische Bedeutung dieses Krieges meistens völlig unterschätzt.[32]

Die polnische Militärführung besaß nämlich von Anfang an detaillierte Kenntnisse über die laufenden sowjetischen Angriffsvorbereitungen, und zwar in erster Linie dank der Funkaufklärung. So gelang es polnischen Kryptologen bereits im Sommer 1919, die sowjetische Funkchiffre zu entschlüsseln. Seitdem fingen polnische Funkaufklärer Tausende von chiffrierten Telegrammen ab, die von einzelnen Einheiten der Roten Armee verschickt wurden, und entschlüsselten sie problemlos. Somit war die polnische Militärführung sehr gut über den Zustand der Roten Armee, den Verlauf der Kämpfe an den Fronten des Bürgerkrieges und die Verlegung und Konzentrierung der Truppen vor den bevorstehenden Operationen unterrichtet.[33]

Ab Januar 1920 registrierte die polnische Funkaufklärung verstärkte Truppenbewegungen an der West- und Südwestfront. Besonders intensive Bewegungen vermeldeten die Funkaufklärer ab März 1920 an der Westfront. Im April kam die polnische Seite zu der Überzeugung, dass die Rote Armee im Abschnitt der Westfront einen Großangriff vorbereite.[34] Die hier angeführten Quellen bestätigen diese Einschätzung vollends.

Vor diesem Hintergrund entschloss sich Piłsudski, der polnische

Oberbefehlshaber und Staatschef, die Initiative zu ergreifen und nun seinerseits die noch nicht zum Angriff bereiten Verbände der Roten Armee anzugreifen. Es ist hierbei anzumerken, dass die polnischen Streitkräfte sowohl zahlenmäßig als auch in der Ausrüstung der Roten Armee deutlich unterlegen waren. Insbesondere verfügte die polnische Seite kaum über Reserven. Einen längeren Krieg konnte sich Polen unter keinen Umständen leisten, im Gegensatz zur Sowjetunion.

Am 25. April 1920 griffen nun polnische Streitkräfte am südlichen (ukrainischen) Frontabschnitt die völlig überraschten sowjetischen Verbände der 12. Armee an. In Erinnerung sei gerufen, dass Trotzki den Angriff auf Polen am nördlichen (weißrussischen) Abschnitt der Front vorbereitete. Das strategische Ziel der »Kiewer Operation« bestand darin, die bolschewistischen Truppen aus der Zentralukraine hinter den Dnjepr zu vertreiben und der Regierung der Ukrainischen Volksrepublik zu helfen, die Macht zu übernehmen und zu etablieren sowie ukrainische Verbände aufzustellen, die den Kampf gegen Sowjetrussland aufnehmen und damit polnische Verbände entlasten könnten. Ein antibolschewistischer ukrainischer Staat sollte errichtet werden, der dann Verbündeter Polens (»Pufferstaat«) wäre. Der Angriff im nördlichen Abschnitt sollte zu einem späteren Zeitpunkt erfolgen.[35]

Wie bereits erwähnt, marschierten polnische Truppen am 7. Mai 1920 in Kiew ein und überschritten sogar östlich von Kiew den Dnjepr. Die Frontlinie verlief nun von Tschernobyl, nördlich von Kiew, entlang dem Dnjepr bis Tripolje (südlich von Kiew) und von dort westlich des Dnjepr in südwestlicher Richtung östlich Belaja Zerkow (Bila Zerkwa), Wolodarka. An dieser Linie hielten die polnischen Truppen auch an, ohne die zerschlagenen und demoralisierten Einheiten der 12. Armee weiter zu verfolgen.[36]

Piłsudskis Plan sah vor, nach dem Erreichen der strategischen Linie entlang des Dnjepr Teile der polnischen Verbände so schnell wie möglich an den weißrussischen Abschnitt zu verlegen und auch dort die konzentrierten sowjetischen Kräfte anzugreifen. Die leicht errungenen Erfolge an der ukrainischen Front führten dazu, dass die polnische Seite die Stärke der Roten Armee unterschätzte. Piłsudski nahm jedoch richtig an, dass der sowjetische Hauptangriff im weißrussischen Abschnitt erfolgen würde.[37]

Der sowjetische Angriff: Auf nach Deutschland, über Polens Leiche

Die sowjetische politische und militärische Führung verlor nach dem überraschenden Angriff der polnischen Armee nicht die Nerven. Man beschleunigte aber die Verlegung der Truppen in den weißrussischen Abschnitt, um den geplanten Angriff doch noch durchzuführen. Am 14. Mai griffen sowjetische Einheiten der 15. Armee unter Kommando von Michail Tuchatschewski, der die Westfront befehligte, polnische Verbände im nördlichen Abschnitt (zwischen Polozk und Lepel) der weißrussischen Front an. Die polnischen Verbände ließen sich jedoch nicht überrumpeln, bald hatten sie die angreifenden Truppen der Roten Armee gestoppt und warfen sie bis Ende Mai weitgehend auf ihre Ausgangspositionen zurück.[38]

Am 10. Mai übermittelte Trotzki den Vorschlag von Tuchatschewski, die Litauer dazu zu bewegen, Wilna und das Wilnagebiet nicht später als am 18./20. Mai anzugreifen und zu besetzen, um auf diese Weise Teile der polnischen Truppen zu binden. Die Rote Armee hätte dann am 23. Mai einen flankierenden Angriff südlich davon gestartet, um wiederum den Litauern zu helfen.[39] Dieser Vorschlag wurde der litauischen Seite tatsächlich unterbreitet. Die litauische Regierung blieb jedoch vorsichtig und zog es vor, zunächst die weitere Entwicklung abzuwarten.[40]

Die Operation vom 10. Mai hatte den Zweck, Zeit zu gewinnen und die strategische Initiative zu übernehmen, denn die Einheiten der Westfront, insbesondere der 16. Armee, waren trotz der seit Januar laufenden Vorbereitungen zum Hauptangriff noch nicht bereit. So alarmierte Trotzki am 9. Mai: »Die Westfront ist sehr vernachlässigt.« Schuld daran seien die Kommunisten von der Westfront, die sich an das Zivilleben gewöhnt hätten. Trotzki forderte daher, an die

Westfront bessere politische Aktivisten wie Smilga, Pjatakow, Mjasnikow und andere abzukommandieren.[41] Einen Tag später funkte Trotzki: »Kriegsrat der 16. Armee [der wichtigste Verband im polnischen Abschnitt] unzureichend. [...] Notwendig Regimentskommissare, überhaupt politische Aktivisten. 16. Armee selbst im Auflösungszustand, äußerst schwach mit Parteikräften ausgestattet. [...] Sonderabteilung äußerst schwach.«[42]

Eine größere Anzahl von Kommissaren und stärkere Sonderabteilungen reichten aber nach Ansicht von Trotzki noch nicht aus, um die zwangsrekrutierten und unwilligen Rotarmisten zum Kampf anzutreiben. Am 15. Mai rief Trotzki das ZK an: »Abteilungen für die besondere Verwendung und Sperrabteilungen werden annährend dieselbe Rolle [bei der Erhöhung der Kampfbereitschaft der Westfront] spielen. Für die Aufstellung der Sperrabteilungen braucht man jedoch Zeit.«[43]

Sperrabteilungen hatten die Aufgabe, die unwilligen Soldaten, die sich aus »Überläufern, Gefangenen und vor Ort mobilisierten Rekruten« zusammensetzten,[44] zum Kampf zu zwingen und insbesondere die massenhafte Fahnenflucht zu unterbinden. Das Problem der Fahnenflucht an der Westfront war in der Tat sehr akut. Viele Rotarmisten desertierten; nicht wenige von ihnen schlossen sich zu bewaffneten Gruppen zusammen und destabilisierten die rückwärtigen Gebiete der Westfront. Zahlreiche Überfälle hatten auch einen eindeutig politischen – antibolschewistischen – Hintergrund.[45]

Im ukrainischen Abschnitt der polnisch-sowjetischen Front waren die bolschewistischen Truppen dagegen erfolgreicher. Im Juni zwangen sie polnische Einheiten dazu, Kiew zu räumen und sich in westlicher Richtung zurückzuziehen. Bis Ende Juni standen die polnischen Verbände fast wieder auf ihren Ausgangspositionen vom 25. April.[46]

Die von Anfang Mai bis Ende Juni 1920 andauernden Kämpfe im weißrussischen Abschnitt erschöpften die dort operierenden polnischen Kräfte und schwächten zugleich den ukrainischen Abschnitt durch die Verlegung der Truppen an die weißrussische Front. Derweil konzentrierte die bolschewistische Führung immer mehr neue

Verbände an der West- und Südwestfront und ließ die dort operierenden Kräfte disziplinieren, um sie für den Hauptangriff kampfbereit zu machen. Dies zog sich jedoch lange hin und die Zeit drängte.[47]

Noch am 29. Juni funkte Stalin, der den Kriegsrat der Südwestfront anführte, an Lenin und Trotzki: »Bitte mitteilen, wann der Schlag an der Westfront gegen die Polen beabsichtigt ist. Angesichts der möglichen Friedensvorschläge seitens der Polen meine ich, dass dieser Schlag baldmöglichst erfolgen soll.«[48] Sergej Kamenew,[49] Oberkommandierender der Roten Armee, antwortete umgehend, dass Tuchatschewski, der die Verbände der Westfront befehligte, noch etwa eine Woche brauche, daher seien die Operationen an der Südwestfront von großer Bedeutung, denn die führten dazu, dass die Polen von der »Tuchatschewski-Front« ihre Kräfte an den ukrainischen Abschnitt verlegten.[50]

Den Hauptangriff begannen die Truppen der Westfront am 4. Juli und waren diesmal erfolgreich, auch an der Südwestfront gingen sowjetische Truppen wieder zum Angriff über, ebenfalls mit Erfolg.[51] Am 11. Juli funkte deren Kommandeur, Jegorow, an das Oberkommando der Roten Armee: »An der ganzen polnischen Front zieht sich der Gegner vor den Armeen der West- und Südwestfront voll zurück.«[52] Bald kam es für die polnische Seite noch schlimmer, die polnischen Frontlinien brachen nämlich regelrecht zusammen, und nichts schien die vordringenden Truppen der Roten Armee in ihrem Marsch nach Warschau und weiter bis an die deutschen Grenzen aufhalten zu können.

Die polnische Regierung erkannte schnell, wie verzweifelt die Lage war, und bat die Westalliierten um Vermittlung eines Waffenstillstandes. Die englische Regierung erklärte sich bereit zu vermitteln – unter der Voraussetzung, dass Polen die sogenannte Curzon-Linie, benannt nach Lord Curzon, dem damaligen britischen Außenminister, als polnisch-sowjetische Grenze akzeptiere, was die polnische Seite zähneknirschend tat. Die von der britischen Regierung vorgeschlagene Demarkationslinie verlief nördlich und südlich von Brest-Litowsk und im Süden etwa 60 Kilometer östlich von Lemberg.[53] Damit kämen Wilna, das Wilnagebiet und Gebiete um Lida und

Grodno, die mehrheitlich von polnischsprachiger Bevölkerung bewohnt waren, an Sowjetrussland beziehungsweise an Litauen.

Die bolschewistische Führung lehnte jedoch diesen Vorschlag ab, denn ihr ging es nicht um die Festsetzung der polnisch-sowjetischen Grenzen, sondern um die Sowjetisierung Polens und damit die Herstellung einer direkten Grenze mit Deutschland. Am 17. Juli 1920 funkte Trotzki an Stalin (Kriegsrat der Südwestfront) und Smilga (Kriegsrat der Westfront) folgende Richtlinien:

> »Wir haben den Vermittlungsversuch von Curzon [...] abgelehnt. Man muss jetzt mit einer neuen massiven militärischen Hilfe für Polen und Wrangel rechnen und vielleicht auch mit Versuchen, Rumänien, Litauen und Finnland in den Krieg [gegen Sowjetrussland] einzubeziehen. Vor dem Hintergrund der allgemeinen Lage und auch der beschlossenen Entscheidungen stehen vor uns folgende Aufgaben: 1.) Die Truppen der West- und Südwestfront über das Ziel des englischen Manövers und den entscheidenden Charakter des gegenwärtigen Moments aufzuklären. Daher ist es notwendig, nicht nur den Druck nicht zu verringern, sondern ihn zu erhöhen, um das weißgardistische Polen schneller zu zerschlagen und den polnischen Arbeitern und Bauern Hilfe bei der *Errichtung eines sowjetischen Polen* zu leisten. 2.) Die Agitation gegen Chauvinismus ist zu verstärken, grausame Behandlung von gefangenen Arbeitern und Bauern als den künftigen polnischen Rotarmisten ist streng zu bestrafen. 3.) Kommandeure und Kommissare haben für rücksichtsvolle und freundschaftliche Behandlung der örtlichen werktätigen Bevölkerung insgesamt und der polnischen im Besonderen zu sorgen. Wenn Beschlagnahmungen unvermeidlich sind, dann sind sie bei reichen Kulaken vorzunehmen, und sie sind mit den Armen zu teilen. 4.) Mit allen Mitteln ist die Agitation in polnischer Sprache zu verstärken. Insbesondere sind Namen und Biografien von bekannten polnischen Kommunisten (Genossen Dserschinski, Marchlewski, Radek, Unszlicht u. a.) zu popularisieren. [...] Vielleicht ist es zweckmäßig, [...] eine Konferenz der erfahrensten Front- und Armeeaktivisten einzu-

berufen, um agitatorische und organisatorische Maßnahmen für einen schnelleren Vormarsch wie auch für die *Sowjetisierung Polens* zu erarbeiten.«[54]

Am 23. Juli 1920 bestätigte das Politbüro das vorläufige Revolutionskomitee Polens unter Vorsitz von Julian Marchlewski. Anfang August traf die künftige polnisch-sowjetische Regierung in Białystok ein und bereitete sich darauf vor, die Macht in Polen zu übernehmen.[55] Die Verbände der Roten Armee drangen währenddessen immer tiefer in das polnische Territorium ein. In der Nacht vom 9. auf den 10. August räumten die polnischen Einheiten die Linie entlang des Bug, auf der Piłsudski die Verteidigungslinie hatte aufbauen wollen, und konzentrierten sich östlich von Weichsel und Wieprz. Dort beabsichtigte Piłsudski die entscheidende Schlacht zu schlagen. Die Stunden des unabhängigen Polen schienen gezählt.[56]

Lenin glaubte, die Zerschlagung des unabhängigen Polen würde den Weg frei zu der ersehnten Weltrevolution machen: »Bald werden wir Deutschland haben. Wir werden Ungarn zurückerobern. Der Balkan wird sich gegen den Kapitalismus erheben. Italien wird erbeben. Das bürgerliche Europa befindet sich im Sturm und zittert in allen Fugen«, triumphierte Lenin auf dem II. Kominternkongress, der vom 23. Juli bis zum 7. August 1920 in Moskau stattfand.[57]

Vor diesem Hintergrund ist es nachvollziehbar, dass die sowjetische Seite alles tat, um Waffenstillstandsverhandlungen zu torpedieren. Am 30. Juli bestimmte das Politbüro die Voraussetzungen für die nicht gewollten Verhandlungen. Die sowjetische Seite forderte die Entwaffnung Polens bis auf eine Armee von 50 000 Mann, die Auslieferung aller Waffen an Sowjetrussland, Entschädigungszahlungen sowie eine sowjetisch-polnische Grenze, die von Ostpreußen nach Süden bis Przemyśl verlief. Ein wichtiger Punkt war der Transit nach »Zentraleuropa«, das heißt Deutschland.[58] Damit wollte man den Danziger Korridor überbrücken, denn die Grenze mit Ostpreußen wäre mit der geforderten polnisch-sowjetischen Grenzziehung hergestellt.

Die deutsche Frage spielte im Krieg gegen Polen ohne Zweifel die entscheidende Rolle. Am 19. Juli erklärte Lenin in einer internen Parteikonferenz: »Für Russland eröffnet ein Bündnis mit Deutschland, unabhängig davon, ob die Revolution dort siegt oder nicht, riesige wirtschaftliche Perspektiven.«[59] Und am 31. Juli beauftragte das Politbüro Grigori Tschitscherin, eine Friedenskonferenz mit Deutschland vorzubereiten, um die Handelsbeziehungen zu erneuern.[60] Am 5. August funkte Tschitscherin an Adolf Joffe, der sich zu diesem Zeitpunkt in Riga aufhielt: »Es wurde entschieden, Sie zum Führer unserer Delegation für die Konferenz in Berlin über ein Abkommen mit Deutschland zu ernennen, das ist eilig und vorerst geheim.«[61] Diese Vorbereitungen unterstreichen die Beweggründe der Bolschewiki für den Krieg gegen Polen. Nicht Polen als Land mit seinen wirtschaftlichen Ressourcen, die ja eher bescheiden waren, spielte für die Bolschewiki eine Rolle, sondern polnisches Territorium als Brücke nach Deutschland, in das Herz Europas mit seiner Industrie und zahlenmäßig starken Arbeiterklasse.

Dabei setzten die Bolschewiki nicht nur auf Entgegenkommen seitens Deutschlands, sondern sogar auf Hilfe im Krieg gegen Polen. Und das nicht ohne Grund, denn in Deutschland gab es nicht nur eine starke kommunistische Bewegung, sondern es herrschten auch brisante antipolnische Emotionen. Sie resultierten einerseits aus dem Umstand, dass das neue Polen teilweise auf Gebieten entstanden war, die sich Deutschland im 18. Jahrhundert infolge der polnischen Teilungen einverleibt hatte, insbesondere den Danziger Korridor und Gebiete um Posen, aber auch Oberschlesien, das vor den Teilungen nicht zu Polen gehört hatte. Hinzu kamen traditionelle antipolnische Vorurteile, insbesondere in Ostdeutschland.[62]

Die antipolnischen Emotionen waren in Deutschland so stark, dass auch die deutschen Nationalkonservativen in Sowjetrussland den wichtigsten Verbündeten gegen die verachteten Polen sahen. Im Frühjahr 1920 verfasste General von Seeckt, der Chef des Truppenamtes, eine Niederschrift »Deutschland und Russland«, in der er unter anderem festhielt: »Nur im festen Anschluß an ein Groß-Rußland hat Deutschland die Aussicht auf Wiedergewinnung seiner Weltmachtstellung. [...] und ob uns das heutige Rußland in seinem inneren Aufbau gefällt oder nicht, das spielt jetzt keine Rolle. [...] Dieses ist es [Großrussland], was wir gebrauchen, ein einiges, starkes Reich mit breiter Grenze an unserer Seite.« Polen sei dagegen der Todfeind, der altpreußische Länder und Städte an sich gerissen habe.[63]

Die damalige deutsche Militärführung ging davon aus, dass die Vernichtung Polens und die Wiederherstellung der gemeinsamen deutsch-sowjetischen Grenze eine Voraussetzung für die Wiedergewinnung der früheren Machtstellung Deutschland sei.[64] Und die Bolschewiken kalkulierten dies ein. Lenin schlussfolgerte im Sommer 1920, dass »die deutsche Bourgeoisie im Grunde für uns« sei.[65] Anfang August funkte Trotzki an Tschitscherin: »Es ist notwendig, Aufrufe in deutscher Sprache an die Bevölkerung Ostpreußens und Deutschlands insgesamt zu veröffentlichen, in denen unsere Forderungen gegenüber der polnischen Regierung dargestellt werden, mit dem Aufruf an die deutschen Arbeiter, unter keinen Umständen Truppen und Versorgung für Polen durchzulassen. Dieser Aufruf könnte von der Komintern kommen.«[66]

Tatsächlich blockierte Deutschland, aber auch die Tschechoslowakei Waffenlieferungen nach Polen, ohne dass sie dazu von den Bolschewiken aufgefordert worden wären. Im polnischen Hinterland dagegen organisierten Kommunisten Sabotage. In Oberschlesien, in Gleiwitz und Kattowitz, kam es sogar nach dem 16. August 1920 zu antipolnischen Ausschreitungen, an denen sich deutsche Bewohner beteiligten.[67]

In der ersten Augusthälfte 1920 lief aus Sicht von Lenin und Trotzki alles nach Plan. Am 13. August beschloss das Politbüro, auch dieses Mal auf Trotzkis Vorschlag hin, umgehend eine direkte Eisenbahnverbindung mit Deutschland herzustellen, um von dort Waffen zu erhalten und die Rote Armee aufzurüsten.[68] Anfang August fordert ebenfalls Trotzki, dass man deutsche Kommunisten an die Westfront entsenden solle. Am 10. August nahm das Politbüro Stellung dazu und beschloss, »der Komintern aufzutragen, Genossen Bulich, dem etwa 100 deutsche Kommunisten zur Verfügung zu stellen sind, die sowjetische und agitatorische Arbeit führen können, an die deutsche Grenze zu entsenden«.[69]

Zwei Tage später, am 12. August, funkte Iwar Smilga, der die Westfront im Auftrag des Politbüros inspizierte: »Täglich überschreiten unsere Grenze Dutzende von deutschen Arbeitern und Spartakisten, die unterschiedliche Vorschläge unterbreiten.«[70] Und einen Tag später übermittelte Unszlicht per Fernschreiben an Trotzki und das ZK der RKP eine Meldung aus Grodno in derselben Angelegenheit:

> »Täglich überschreiten Dutzende von deutschen Arbeitern die deutsche Grenze, manche ausgestattet mit Papieren der Spartakisten. ... Sie wenden sich an uns mit der Bitte, aus ihnen eine spezielle Brigade zu formieren und sie dann an die deutsche Grenze zu verlegen, damit sie im geeigneten politischen Moment nach Ostpreußen einmarschieren, um dort einen Aufstand zu entfachen. Ein Teil von ihnen kommt mit Waffen, sie beabsichtigen auch, Geschütze herbeizuführen. Ich [der Verfasser der Meldung] glaube, dass man bis 3000 ehemalige Soldaten mit eigenen Offizieren aufsammeln kann.«[71]

Abschließend bat Unszlicht in dem Fernschreiben um »sofortige Direktiven«. Sie kamen auch bald, und am 18. August funkte Unszlicht: »Für die sich neu formierende deutsche Brigade sind unbedingt an den Brigadekommandeur Werchowski in Minsk deutsche Kommunisten oder Kommunisten, die Deutsch beherrschen, wie auch [...] deutsche Parteifunktionäre oder Letten, die Deutsch beherrschen, zu entsenden.«[72]

Diese fieberhaften Aktivitäten zeigen, dass die Bolschewiken mit Lenin und Trotzki an der Spitze Anfang August 1920 fest davon überzeugt waren, dass der ersehnte Anschluss an Deutschland faktisch wiederhergestellt sei. Man traf sogar erste Maßnahmen für die künftige deutsche Revolution beziehungsweise Aufstände, indem man eigens dafür eine deutsche Brigade aufstellte. Nach Auffassung von Lenin gab es im Sommer 1920 durchaus gute Aussichten für eine Revolution in Deutschland. In einer internen Parteirede führte er dazu im September 1920 aus:

»Als sich unsere Truppen Warschau näherten, begann es in ganz Deutschland zu brodeln. Dort zeigte sich ein ähnliches Bild, wie man es bei uns 1905 beobachten konnte, als die Schwarzhunderter die breiten, rückständigen Schichten der Bauernschaft zum politischen Leben erweckten und aufrüttelten, so daß dieselben Bauern, die heute gegen die Bolschewiki marschieren, morgen von den Gutsbesitzern den ganzen Grund und Boden verlangten. Auch in Deutschland haben wir einen solchen widernatürlichen Block von Schwarzhunderten mit den Bolschewiki gesehen. Dort ist der seltsame Typus eines revolutionären Schwarzhunderters aufgetaucht, von der Art jenes unreifen Bauernburschen aus Ostpreußen, der, wie ich dieser Tage in einer nicht bolschewistischen deutschen Zeitung las, gesagt hat, daß man Wilhelm zurückholen müsse, weil keine Ordnung herrsche, daß man aber den Weg der Bolschewiki gehen müsse.«[73]

Am 16. August 1920 begrub jedoch ein überraschender polnischer Gegenangriff die bolschewistischen Träume und Hoffnungen auf die baldige Sowjetisierung Polens und die Weltrevolution, zumindest auf die Revolution in Deutschland als die wichtigste Etappe zur Weltrevolution.

Die Katastrophe an der Weichsel

Anfang August 1920 gingen die Bolschewiki davon aus, dass Warschau in wenigen Tagen – voraussichtlich am 16. August – durch die Truppen der Roten Armee erobert werden würde. Iwar Smilga, Mitglied des Revolutionären Kriegsrates der 7. Armee an der Westfront, inspizierte Anfang August die Truppen der Westfront und unterrichtete Lenin und Trotzki über seine Beobachtungen im Funkschreiben vom 12. August:

»Ich bin von der Inspektion der [West-]Front zurückgekehrt. Die Truppen sind, bedingt durch den immensen Vormarsch, stark aus-

> gedehnt. Die Etappe bleibt furchtbar zurück, der Marsch jenseits der Weichsel wird uns in die Katastrophe stürzen, weil eine starke revolutionäre Bewegung in Polen ausbleibt. Die Moral der Truppe ist so weit gut. In Białystok wurden wir gut empfangen, in den übrigen Gebieten Polens zufriedenstellend oder abwartend. [...] Es besteht eine außerordentlich komplizierte Lage. Weil ich die letzten Entscheidungen überhaupt nicht kenne, ist es für mich jetzt sehr schwierig zu arbeiten. Ich denke, dass man mich noch heute nach Moskau bestellen sollte, damit ich rechtzeitig zu der voraussichtlichen Einnahme Warschaus – am 16. August – zurückkehren kann.«[74]

In der Tat legten die Truppen der Westfront in nur fünf Wochen etwa 700 Kilometer zurück, Tagesmärsche über 40 Kilometer waren keine Seltenheit. Dieser Gewaltmarsch und die andauernden Gefechte und Kämpfe lichteten die Reihen der vordringenden Truppen. In den eroberten Gebieten mussten ja auch Besatzungstruppen zurückgelassen werden. Der Nachschub der Roten Armee schaffte es wegen der gezielt zerstörten Wege, insbesondere Brücken, nicht, den Fronteinheiten zu folgen und sie zu versorgen. Es mangelte insbesondere an Munition, Lebensmittel besorgten sich die Fronteinheiten vor Ort. Hinzu kam, dass die einzelnen Einheiten, bedingt durch die Schwierigkeiten des Vormarsches von einem Frontabschnitt zum anderen, wiederholt verlegt wurden, wobei sie oft die Verbindung zu den jeweiligen Stäben verloren. »Im Endeffekt kam die Armee entkräftet, erschöpft und desorganisiert vor Warschau an.«[75]

Das Oberkommando der Roten Armee wusste um die schwierige Lage und beschloss Anfang August, drei Armeen der Südwestfront an die Westfront zu verlegen, um den Erfolg des Vormarsches Richtung Warschau und dann weiter bis zur deutschen Grenze zu sichern. Diese Umgruppierung während der laufenden Operation war aber kein leichtes Unterfangen, worauf am 8. August Tuchatschewski, der die Westfront befehligte, verwies.[76] Verbände der Südwestfront bewegten sich in westlicher Richtung südlich der Westfront über das Territorium der heutigen Westukraine. Ihr Auftrag war, diese Gebiete einschließlich Lemberg zu besetzen und weiter nach Krakau vorzudringen.

Am 13. August erteilte das Oberkommando der Roten Armee den Befehl, die 12., 14. und die 1. Reiterarmee, die im Verband der Südwestfront operierten, der Westfront zu unterstellen und in nordwestliche Richtung anzugreifen.[77] Es ging darum, die offene südliche Flanke der Westfront vor einem unerwarteten polnischen Angriff abzusichern und insgesamt die Westfront zu stärken, um die Einnahme Warschaus zu gewährleisten. Stalin, der den Revolutionären Kriegsrat der Südwestfront anführte und damit faktisch die Befehlsgewalt ausübte, lehnte es jedoch ab, die entsprechenden Befehle zu unterschreiben. Er argumentierte, es sei unsinnig, die im Angriff auf Lemberg befindlichen Verbände umzugruppieren und sie in nordwestlicher Richtung marschieren zu lassen. Dies hätte man vor drei Tagen tun müssen, so Stalin, als sich die Truppen zum Angriff auf Lemberg vorbereiteten, oder man solle es erst nach der Einnahme von Lemberg tun. Sergej Kamenew, der Oberkommandierende, war ratlos und meldete den Vorfall, die Befehlsverweigerung Stalins, umgehend an Trotzki.[78]

Währenddessen kämpften die Einheiten der Westfront bereits wenige Kilometer vor Warschau gegen polnische Truppen. Piłsudski beschränkte sich jedoch nicht nur auf Verteidigung, sondern gruppierte polnische Kräfte um, um die offenkundig durch die Funkaufklärung bekannte offene Südflanke der Westfront von Süden her anzugreifen. Den Befreiungsschlag starteten polnische Verbände am 16. August, und diesmal waren sie erfolgreich. Die vor Warschau kämpfenden Truppen der Westfront zogen sich eiligst nord- und ostwärts zurück, um nicht von den Nachschublinien abgeschnitten und eingekreist zu werden. Bei Zamość gewannen am 29. August die polnischen Einheiten die Schlacht gegen die 1. Reiterarmee unter Semjon Budjonny, die mit Verspätung der Westfront zu Hilfe eilte. Budjonny entkam mit seinen Reitern nur knapp einer totalen Vernichtung. In nur wenigen Tagen verwandelte sich an der ganzen polnisch-sowjetischen Front der triumphale Vormarsch in eine panikartige Flucht.[79]

Es vergingen jedoch noch einige Tage, bis man in Moskau den Ernst der Lage begriff. Am 19. August tagte das Politbüro; Trotzki und Stalin referierten über die Lage an der polnischen Front. Das Politbüro erklärte in der Sitzung die Wrangel-Front zur Hauptfront der bolschewistischen Republik.[80] Der ehemalige zaristische General Pjotr Wrangel formierte im April 1920 auf der Krim aus den Überresten der zerschlagenen Freiwilligenarmee die Russische Armee und setzte den Kampf gegen die Bolschewiken fort. Ende Juli 1920 starteten Wrangels Truppen eine Offensive in Südrussland (Kuban) und der Südukraine. Stalin vertrat die Auffassung, dass die polnische Front gefährdet sei, solange die Wrangel-Truppen nicht zerschlagen seien.[81]

Am 19. August beschloss das Politbüro auch, dass die Mobilisierung der Weißrussen zu beschleunigen sei sowie eine erneute Mobilisierung von Kommunisten zu erfolgen habe, von denen 55 Prozent an die Wrangel-Front und der Rest an die polnische Front abzukommandieren seien.[82] Einen Tag später, am 20. August, alarmierte Smilga mit einem Fernschreiben Lenin und Trotzki:

»Der Misserfolg [vor Warschau] verwandelt sich in eine große Niederlage. Offenkundig wird der Krieg in wenigen Tagen auf das weißrussische Territorium übergehen. Ich bestehe zum zweiten Mal darauf, dass Danischewski [sowjetischer Verhandlungsführer in den polnisch-sowjetischen Waffenstillstandsverhandlungen] den Polen Waffenstillstand vorschlägt, und wenn sie ihn ablehnen, sind sie zu verjagen. [...] Wir tun alles, um die Lage zu retten.«[83]

Einige Tage später, am 26. August, referierte Karl Radek dem Politbüro über die Lage in Polen.[84] Erst nach und nach begriffen Lenin und seine Gefolgsleute in Moskau, dass sich der triumphale Marsch nach Westen in nur wenigen Tagen in eine große Niederlage verwandelt hatte.

Am 1. September zog das Politbüro Konsequenzen und beschloss Maßnahmen, um das Ausmaß der Niederlage einzuschränken. Über die Kriegslage referierte Trotzki. Das Politbüro bestimmte Adolf

Joffe zum Führer der sowjetischen Delegation bei den Verhandlungen über einen Waffenstillstand mit Polen und akzeptierte Riga als Verhandlungsort, den zuvor die polnische Seite vorgeschlagen hatte. Unter Punkt 12c des Sitzungsprotokolls der Politbürositzung vom 1. September heißt es: »Bestätigen den bestehenden, aber noch nicht festgesetzten Beschluss des Politbüros über den Übergang zur Politik des Versöhnungsfriedens mit Polen, wofür die Zusammensetzung der Delegation [für die Waffenstillstandsverhandlungen] zu ändern ist.« Darüber hinaus beschloss das Politbüro, dass 60 Prozent der mobilisierten Kommunisten und Rekruten an die polnische Front zu entsenden seien.[85]

In der Sitzung am 1. September besprachen die Politbüromitglieder auch die Angelegenheit Stalin. Punkt 19 der Sitzung betraf »die Bitte des Genossen Stalin, ihn von der Kriegsarbeit zu befreien«. Und das Politbüro beschloss: »Genosse Stalin ist von der Funktion des Mitgliedes des Revolutionären Kriegsrates der Republik zu entbinden.«[86] Damit zog das Politbüro offenkundig die Konsequenzen aus Stalins Befehlsverweigerung vom 14. August, als er es abgelehnt hatte, drei Armeen der Südwestfront der Westfront zu unterstellen, welche die Südflanke der Westfront hätten absichern sollten. An diesem Abschnitt fand nur zwei Tage später tatsächlich der erfolgreiche und über den Verlauf des Krieges entscheidende Gegenangriff der polnischen Verbände statt.

Der letzte, 24. Punkt der Politbürositzung vom 1. September betraf folgende Angelegenheit: »Antrag des Genossen Lenin, um Maßnahmen zur Verkomplizierung der Chiffren und zum strengeren Schutz der chiffrierten Meldungen zu ergreifen«. Trotzki bekam den Auftrag, eine Kommission hierfür zu bilden.[87] Offenkundig erst jetzt begann man in Moskau Verdacht zu schöpfen, dass die polnische Seite chiffrierte Meldungen und Befehle womöglich abfange, entziffere und somit über detaillierte Kenntnisse bezüglich der laufenden Operationen der Roten Armee verfüge. Denn die polnischen Gegenangriffe fanden immer an den Frontabschnitten statt, die besonders fragil waren. Die neuesten polnischen Forschungen belegen, dass die außer in Hinsicht auf die Kampfmoral in jeder Beziehung unterlegenen polnischen Streitkräfte nicht zuletzt dank der abgefangenen und entschlüsselten feindlichen Meldungen doch den Sieg davontragen konnten. So wussten sie beispielsweise, dass Stalin den oben erwähnten Befehl verweigert hatte und aus südöstlicher Richtung keine Gefahr für die polnischen Truppen bestand.[88]

Die militärischen Dimensionen der Niederlage vor Warschau

Die militärischen und noch mehr die politischen Dimensionen der Niederlage der Roten Armee in Polen waren enorm und werden doch durch die bisherige Forschung meistens völlig unterbewertet. Doch zunächst zu den militärischen Dimensionen. Juri Pjatakow, Mitglied des Revolutionären Kriegsrates der 16. Armee, verfasste am 4. September 1920 einen Bericht über die Niederlage vor Warschau und ihre Ursachen. Den Bericht schickte er an das ZK der RKP und an Trotzki. Er begann wie folgt: »An der Westfront der Republik ereignete sich eine Katastrophe. Die Armeen der Front sind zerschlagen und die Frontstäbe in Verwirrung. [...] Die Geschichte dieser Katastrophe kann ich hier ausführlich nicht schildern. Ich kann aber eines sagen, die Republik hat Ähnliches noch nicht erlebt.«[89]

Die Westfront wurde in der Tat beinahe vollständig zerschlagen. Beispielsweise setzte sich die 16. Armee am 1. Juli 1920 aus vier Divisionen (2., 8., 10., 17.) mit insgesamt 23 372 Mann zusammen. Vor dem 1. August stieß dazu noch die 27. Division mit 6200 Bajonetten (Infanteristen), damit erhöhte sich die Zahl der Soldaten auf insgesamt 27 872. Das Vorfeld von Warschau erreichten dagegen etwa 11 500 Bajonette, den Rückzug, der sich schnell in panikartige Flucht verwandelte, traten nur noch 7500 Mann an. Das heißt, bis zum 16. August beliefen sich die Verluste der 16. Armee auf etwa 73 Prozent des Ist-Standes vom 1. August.[90] Und nach dem 16. August stiegen die Verluste noch. Die 8., 10. und 17. Division hatten am 15. August noch 7162 Mann in ihren Reihen, 15 Tage später, am 1. September, blieben nur noch 2016.[91]

Ähnliche Zustände herrschten in der 15. Armee der Westfront: »Am 16. August begann der schmähliche panikartige Rückzug, den ich weder im deutsch-sowjetischen Krieg noch im Bürgerkrieg an der Ostfront gesehen habe«, berichtete am 15. September 1920 der bereits abgelöste Chef der politischen Verwaltung der 27. Division.[92] Allein die 27. Division, die Mitte August noch der 16. Armee angehörte, verlor im August über 4000 Soldaten. Anfang September war sie wieder mit Reserven aufgefüllt. Allerdings wollten auch die neu mobilisierten Rotarmisten nicht kämpfen und desertierten noch vor dem Einsatz an der Front, sodass die Division trotz der Auffüllung mit neuen Rekruten nicht kampffähig war.[93] Die Verluste an der Südwestfront waren zwar nicht so vernichtend, allerdings ebenfalls mehr als empfindlich.[94]

Die polnischen Truppen setzten aber ihre Offensive fort, besetzten bis Anfang Oktober Mołodeczno, Pinsk und Lida (heute Westweißrussland) und verdrängten die bolschewistischen Verbände auch aus Ostgalizien. Am 12. Oktober 1920 wurde ein Waffenstillstand vereinbart, und die Friedensverhandlungen in Riga wurden fortgesetzt. Der Friedensvertrag vom 18. März 1921 regelte die polnisch-sowjetische Grenze, die polnische Seite verzichtete auf jegliche Ansprüche östlich der neuen Grenze und Sowjetrussland sowie die sowjetische Ukraine auf Ansprüche westlich der neuen Grenze. Sowjetrussland verpflichtete sich zugleich zur Zahlung von 30 Millionen Goldrubel für die wirtschaftliche Ausbeutung Polens durch das Zarenregime vor 1914 sowie 29 Millionen Goldrubel für die im Ersten Weltkrieg demontierten Industrie- und Bahnanlagen. Darüber hinaus hatte Sowjetrussland alle evakuierten beziehungsweise erbeuteten polnischen Archive, Bibliotheken, Kunstschätze und andere wertvolle Kulturgüter an Polen zurückzugeben.[95]

Die politischen Folgen der Niederlage – Entstehung des Polen-Komplexes

Die militärischen Folgen der Niederlage vor Warschau waren aus der Sicht der Bolschewiken verheerend, die politischen geradezu katastrophal. Die zerschlagenen Armeen und Divisionen konnten schnell mit neuen Rekruten aufgefüllt werden, um sie dann von Kommunisten und Angehörigen der Sonderabteilungen im bolschewistischen Sinne mit Gewalt zu disziplinieren, das heißt, sie zum Kampf für das kommunistische Regime anzutreiben. Im Herbst 1920 zählten allein die Ersatztruppen der Roten Armee 600 000 Mann und die Rote Armee insgesamt 5,3 Millionen Soldaten.[96] Die politischen Folgen der Niederlage waren aus Sicht der Bolschewiken jedoch viel schwerwiegender und beeinflussten entscheidend die sowjetische Außen- und Innenpolitik sowie die Pläne für die Weltrevolution in den nächsten 20 Jahren.

Am 22. September 1920, als die polnisch-sowjetischen Kämpfe noch andauerten, hielt Lenin eine Rede auf der Gesamtrussischen Konferenz der RKP(b), in der er die politischen Dimensionen des polnisch-sowjetischen Krieges erläuterte:

> »Unser Vormarsch auf Warschau [hat] eine so gewaltige Rückwirkung auf Westeuropa und die ganze Weltsituation, daß er das Wechselverhältnis der miteinander ringenden inneren und äußeren politischen Kräfte völlig erschüttet hat. Das Vordringen unserer Armee auf Warschau hat unwiderleglich bewiesen, daß sich irgendwo in der Nähe dieser Stadt *der Angelpunkt des gesamten* auf dem Versailler Vertrag fußenden *imperialistischen Weltsystems* befindet. Polen, *das letzte Bollwerk gegen die Bolschewiki,* das voll und ganz von der Entente beherrscht wird, ist ein so gewaltiger Faktor dieses Systems, daß das ganze System ins Wanken geriet, als die Rote Armee dieses Bollwerk bedrohte.«[97]

Ähnlich bewertete Lenin die internationale Bedeutung des polnisch-sowjetischen Krieges von 1920 einige Tage später, am 2. Oktober 1920:

»Der Versailler Frieden hat aus Polen einen Pufferstaat gemacht, der Deutschland vor der Berührung mit dem Kommunismus Sowjetrußlands bewahren soll und den die Entente als Waffe gegen die Bolschewiki betrachtet. [...] Indem wir in Polen vorrücken, greifen wir die Entente selbst an; indem wir die polnische Armee vernichten, machen wir den Versailler Frieden zunichte, auf dem das ganze System der heutigen internationalen Beziehungen beruht. [...] Die Frage stand so: noch einige Tage siegreichen Vormarsches der Roten Armee, und nicht nur Warschau wäre gefallen *(das wäre nicht so wichtig gewesen)*, sondern auch der Versailler Frieden wäre zunichte gemacht worden. Das also ist die internationale Bedeutung dieses Krieges mit Polen.«[98]

So entstand der sowjetische Polen-Komplex, dessen Hauptbestandteil die Überzeugung war, dass das nach über 120 Jahren wiederauferstandene Polen das Bollwerk gegen den Bolschewismus sei, der Angelpunkt des imperialistischen Weltsystems, den es zu schleifen galt, um den Weg nach Deutschland, in das Herz Europas, zu ebnen. In ähnlichem Sinne äußerte sich Lenin wiederholt.[99] Und ohne Deutschland mit seiner Industrie und Arbeiterklasse schien damals den Bolschewiken die Weltrevolution nicht realisierbar.

Polen hielt nicht nur die bolschewistische Offensive gen Westen auf, sondern stoppte für beinahe zwanzig Jahre die Ausbreitung des sowjetischen Kommunismus mit Waffen. Die bolschewistische Revolution musste in die militärische Defensive übergehen. Bereits am 21. November 1920 sprach Lenin über die »Hinauszögerung der sozialistischen Weltrevolution«, welche die Niederlage vor Warschau nach sich gezogen habe.[100] Nicht anders urteilte Stalin, der am 23. April 1923 auf dem XII. Parteikongress der RKP(b) erklärte:

»Es ist Ihnen bekannt, Genossen, daß wir, als Sowjetföderation, jetzt durch die Fügung der historischen Geschicke den Vortrupp der Weltrevolution darstellen. [...] Es ist Ihnen bekannt, daß wir bei unserem Vormarsch Warschau erreicht hatten, uns aber dann zurückzogen und in Stellungen befestigten, die wir für die solidesten hielten. [...] seit diesem Zeitpunkt haben wir auch die Verlangsamung des Tempos der internationalen revolutionären Bewegung in Rechnung gestellt, seit diesem Zeitpunkt ist unsere Politik nicht mehr offensiv, sondern hat *defensiven Charakter* angenommen.«[101]

Dmitri Manuilski, ein enger Mitarbeiter Stalins, der sich in dessen Auftrag mit Nationalitätenpolitik befasste, erläuterte am 30. Januar 1925 während des Kongresses der Kommunistischen Partei Polens rückblickend die Folgen der Niederlage von Warschau:

»Gegenwärtig ist das imperialistische Polen ein eiternder Auswuchs im Osten, das ist ein Staat, dessen Bestimmung darin besteht, das russische Proletariat von dem deutschen zu trennen und die Entwicklung der Revolution an der Beresina aufzuhalten. [...] Die Niederlage der Roten Armee [vor Warschau] zwang die russische Revolution dazu, in den *Zustand der Verteidigung* überzugehen. Gegenwärtig sind die arbeitenden Massen unserer Union gezwungen, gegen den sie umzingelnden Feind nicht mit Bajonetten im direkten Kampf zu ringen, sondern weiträumig gegen ihn zu manövrieren.«[102]

Noch Jahrzehnte danach sinnierten Kommunisten über die fatalen Folgen der Niederlage vor Warschau für die Weltrevolution. Roman Werfel, ein polnisch-sowjetischer Kommunist jüdischer Herkunft, klagte im Jahre 1983: »Nach der Niederlage vor Warschau musste Russland allein den Sozialismus aufbauen. Bis heute bin ich überzeugt, dass die Geschichte anders verlaufen wäre und wir die furchtbaren Erfahrungen der dreißiger Jahre nicht hätten erleben müssen, ich spreche von Kommunisten, wenn die Rote Armee nach Berlin durchgebrochen wäre.«[103]

Ein wichtiges Element des bolschewistischen Polen-Komplexes oder gar -Traumas stellte die Überzeugung dar, dass eine kommunistische Revolution in Polen und die direkte Sowjetisierung Polens vorerst nicht möglich sei beziehungsweise außerordentlich schwer werden würde, denn der polnische Nationalismus, auch unter den Arbeitern und Bauern, sei zu stark. Im März 1923 schrieb Stalin in der *Prawda* in Bezug auf den Polenkrieg:

> »So lagen die Dinge 1920 während des Krieges gegen die Polen, als wir, die Kraft des nationalen Momentes in Polen unterschätzend und durch den leichten Erfolg eines effektvollen Vormarschs hingerissen, die unsere Kräfte übersteigende Aufgabe auf uns nahmen, *über Warschau nach Europa durchzubrechen*, die gewaltige Mehrheit der polnischen Bevölkerung gegen die Sowjettruppen aufbrachten und dadurch eine Situation schufen, die die Erfolge der Sowjettruppen vor Minsk und Shitomir zunichte machte und dem Prestige der Sowjetmacht im Westen Abbruch tat.«[104]

Und Dmitri Manuilski führte am 30. Januar 1925 in dem bereits zitierten Vortrag über die sowjetische Nationalitätenpolitik aus:

> »Wenn ihr ein historisches Beispiel für Fehler suchen würdet, die wir bei der Unterschätzung des nationalen Momentes in Polen begangen haben, dann würde ich euch auf das Beispiel des Marsches auf Warschau verweisen. [...] [Wir] müssen [...] klar sagen, wenn wir auf den Warschauer Angriff zurückblicken, dass die Ursache der Niederlage der proletarischen Revolution, die im Sommer 1920 nach Westen ging, in der nationalistischen Stimmung der polnischen Bauern begründet lag. [...] Die proletarische Revolution zerschlug der polnische Bauer. Das ist eine unbestreitbare historische Tatsache.«[105]

Die Ursachen für den nach Auffassung der führenden Bolschewiken besonderen polnischen Nationalismus lagen in der Geschichte Polens begründet, in den Teilungen, die für die polnische Nation ein Trauma bedeuteten und über 120 Jahre bestanden hatten. Dmitri Manuilski führte in dem oben erwähnten Vortrag über die Nationalitätenfrage am 31. Januar 1925 aus, dass der Nationalismus in Polen auch unter Bauern und Arbeitern stark sei. Dies sei historisch bedingt, und zwar durch die »furchtbare nationale Unterdrückung in der Vergangenheit«. Manuilski fuhr fort: »Solange polnische Arbeiter und Bauern vom Nationalismus nicht satt werden, so lange wird die Aufgabe der Revolution in Polen unter den gegenwärtigen Bedingungen außerordentlich schwierig.«[106]

Die Niederlage vor Warschau flößte den Bolschewiken auch einen gehörigen Respekt vor der polnischen Armee sowie vor Józef Piłsudski, dem Gründer dieser Armee und dem Sieger vor Warschau, ein. Den Kern der polnischen Streitkräfte bildeten die polnischen Legionen, die unter Józef Piłsudski im Jahre 1914 aufgestellt worden waren. In internen Aufklärungsberichten der Roten Armee verwies man insbesondere auf das Offizierskorps und die relativ hohe Moral der Soldaten, obwohl die Armee insgesamt schlecht ausgerüstet war. Auch wies man auf paramilitärische Verbände in Polen hin, die in Kampfhandlungen auf polnischem Territorium eine wichtige Rolle spielen sollten.[107]

Allerdings resultierte die relativ hohe Schlagkraft der polnischen Streitkräfte in Wirklichkeit eher aus der Schwäche der Roten Armee, worauf noch einzugehen sein wird. Auch dessen waren sich die Bolschewiken bewusst. Die Erfahrung des Jahres 1920 führte den Bolschewiken auch vor Augen, dass Polen jederzeit bereit war, anzugreifen und »mit dem Mut des Verzweifelten« zu kämpfen, falls es sich bedroht fühlen sollte. Grigori Sinowjew führte in einem geheimen Vortrag im September 1923 aus:

> »Der Grund dafür, dass die polnische Bourgeoisie der schlimmste Feind [der deutschen Revolution und somit Sowjetrusslands] sein wird, liegt nicht nur darin, dass der französische Imperialismus dazu neigt, gerade Polen zum Werkzeug seiner konterrevolutionären Ideen zu machen, sondern auch darin, dass die polnische Bourgeoisie die Schwierigkeiten ihrer künftigen Lage zwischen einem sowjetischen Deutschland und einem sowjetischen Russland sehr gut begreift und *mit dem Mut des Verzweifelten* kämpfen wird.«[108]

Deutschland – der »natürliche« Verbündete Sowjetrusslands

Während das »nationalistische« und »kapitalistische« Polen im Jahre 1920 in den Augen der Bolschewiki zum Hauptfeind wurde, verwandelte sich das kapitalistische Deutschland zum »natürlichen« Verbündeten. Die Gründe dafür liegen auf der Hand. Auf der einen Seite bildete Deutschland gemeinsam mit Sowjetrussland eine gemeinsame Front gegen das verachtete beziehungsweise verhasste Polen. Auf der anderen Seite spielte in den bolschewistischen Plänen die deutsche Industrie und Technologie die Hauptrolle, um die ruinierte Wirtschaft Sowjetrusslands wiederherzustellen. Langfristig galt Deutschland ohnehin als unabdingbare Voraussetzung in den Plänen für die künftige Weltrevolution.

Die entscheidende Rolle bei der deutsch-sowjetischen Annäherung spielte die Tatsache, dass aus deutscher Sicht der Versailler Friedensvertrag, den Deutschland gezwungen war zu unterzeichnen, sehr ungerecht gewesen war, zumal man in dem Friedensvertrag Deutschland die alleinige Schuld am Ausbruch des Krieges zugeschrieben hatte. Deutschland wurden auch hohe Reparationszahlungen auferlegt, die Armee musste auf ein Heer von maximal 100 000 Mann reduziert werden, eine Luftwaffe war verboten, die Kriegsmarine auf 15 000 Mann beschränkt, schwere Waffen wie Panzer, U-Boote und Schlachtschiffe waren verboten, auch die deutsche Handelsflotte wurde verkleinert.

Hinzu kamen empfindliche Gebietsverluste, insbesondere zugunsten des neu entstandenen Polen. So gingen an Polen der größere Teil von Oberschlesien, Gebiete um Posen, Teile Westpreußens und auch einige ostpreußische Kreise, Danzig wurde freie Stadt. Diese Gebietsverluste hatten große wirtschaftliche, politische und emotionale Auswirkungen auf die Lage in Deutschland. Auch die im Jahre 1921 gewonnenen Abstimmungen in Kattowitz und anderen wichtigen Industriestädten Oberschlesiens führten nicht zum Verbleib dieser Region in Deutschland. Danzig wurde als freie Stadt umringt von polnischen Territorien, freilich mit Zugang zum Meer.

Dasselbe galt für Ostpreußen, das zwar deutsch blieb, aber den territorialen Anschluss an Deutschland durch den polnischen Korridor verloren hatte und zur Exklave wurde, umringt von Polen und Litauen. Dies alles zusammen barg genug Konfliktpotential für mehrere Kriege, zumal in Deutschland gegenüber Polen ohnehin starke Vorurteile herrschten.

Es ist nachvollziehbar, dass die Bolschewiki nun mit diesen Emotionen und Revanchegefühlen gezielt zu spielen begannen. Am 2. Oktober 1920 sprach Lenin unter anderem über die Folgen des Friedensvertrag von Versailles für Deutschland:

> »Sie wissen, daß die alliierten Imperialisten – Frankreich, England, Amerika und Japan – nach der Niederwerfung Deutschlands den Versailler Vertrag geschlossen haben, der jedenfalls unvergleichlich barbarischer ist als der berüchtigte Brester Frieden [...].Eine grundlegende Tatsache dieses ungeheuerlichen Friedens ist es, daß Polen Deutschland in zwei Teile zerschneidet, da sich das polnische Gebiet bis ans Meer erstreckt. Die Beziehungen zwischen Deutschland und Polen sind gegenwärtig äußerst gespannt. [...] Der Versailler Frieden unterjocht eine Bevölkerung von Hunderten Millionen. Deutschland beraubt er der Kohle [Oberschlesien], nimmt ihm die Milchkühe und hält es in einer unerhörten, nie dagewesenen Sklaverei.«[109]

In ähnlichem Sinne sprach Lenin wiederholt, wobei er stets die wirtschaftliche Bedeutung Deutschlands hervorhob. Am 21. Dezember 1920 führte er aus:

> »Deutschland ist, abgesehen von Amerika, das fortgeschrittenste Land. [...] Und dieses Land befindet sich, geknebelt durch den Versailler Vertrag, in unmöglichen Existenzbedingungen. *Eine solche Lage drängt Deutschland natürlicherweise zu einem Bündnis mit Rußland.* [...] Unsere Außenpolitik besteht, solange wir allein sind und die kapitalistische Welt stark ist, einerseits darin, daß wir Differenzen ausnutzen müssen (alle imperialistische Mächte zu be-

siegen, wäre natürlich das angenehmste, aber wir werden noch ziemlich lange nicht imstande sein, das zu tun). [...] Die deutsche bürgerliche Regierung hegt einen wütenden Haß gegen die Bolschewiki, aber die internationale Lage drängt sie gegen ihren eigenen Willen zum Frieden mit Sowjetrußland.«[110]

Deutschland spielte in den Plänen der Bolschewiken für den wirtschaftlichen Wiederaufbau Sowjetrusslands ebenfalls die Schlüsselrolle. Am 6. Dezember 1920 erläuterte Lenin die wirtschaftliche Bedeutung Deutschlands für Sowjetrussland:

»Deutschland [...] verfügt über ungeheure ökonomische Möglichkeiten. Deutschland ist seiner wirtschaftlichen Entwicklung nach das zweite Land der Welt, wenn man Amerika als das erste betrachtet. Fachleute behaupten sogar, daß die Elektroindustrie Deutschlands höher stehe als die Amerikas. Und sie wissen, was für eine gewaltige Bedeutung die Elektroindustrie hat. Was den Umfang der Anwendung der Elektrizität betrifft, so steht Amerika höher; was die technische Vollendung betrifft, Deutschland. [...] *Mitteleuropa* [Deutschland und Länder der ehemaligen österreichisch-ungarischen Monarchie] *ist ein gewaltiger Block mit riesiger wirtschaftlicher und technischer Macht.* Vom wirtschaftlichen Standpunkt aus sind alle diese Länder zur Wiederherstellung der Weltwirtschaft notwendig. [...] Zur Wiederherstellung der Weltwirtschaft braucht man die russischen Rohstoffe. Man kommt nicht darum herum, auf sie zurückzugreifen, das ist ökonomisch richtig.«[111]

Nur fünf Tage später, am 21. Dezember 1920, erklärte Lenin in einer hier bereits zitierten Rede, dass das Bündnis mit Deutschland »das Fundament der gesamten wirtschaftlichen Lage und unserer Außenpolitik« bilde.[112] Aber auch die Hoffnung auf eine baldige Revolution in Deutschland begruben die Bolschewiken noch lange nicht. Am 6. November 1920 stellte Lenin in einer Rede fest, dass Deutschland das Land sei, »in dem die Chancen auf Revolution am größten sind«.[113] Und im Juli 1924 erläuterte Stalin: »Wenn der revolutionäre Brand an irgendeinem Ende Europas anfängt, so gewiß in Deutschland.«[114]

Für die Bolschewiken wurde Deutschland nach der Niederlage vor Warschau zum strategischen Partner in wirtschaftlicher wie auch außenpolitischer Hinsicht. Mit Hilfe der deutschen Technologie und Industrie hofften die Bolschewiken die ruinierte Wirtschaft Russlands wiederherzustellen und Sowjetrussland in wirtschaftlicher und militärischer Hinsicht für die künftige Weltrevolution aufzurüsten. Hinsichtlich der internationalen Politik waren sich Sowjetrussland und Deutschland einig, dass die Bestimmungen und Folgen des Friedensvertrages von Versailles äußerst ungerecht und katastrophal seien, insbesondere für Deutschland.

Daraus folgte der deutsche und bolschewistische Wunsch, die Nachkriegsordnung in Europa, die sich auf den Versailler Vertrag stützte, so bald wie möglich zu zerstören, freilich aus unterschiedlichen Gründen. Deutschland ging es darum, die frühere Machtposition wenigstens teilweise wiederzuerlangen, Sowjetrussland meinte dagegen die kommunistische Weltrevolution, zumindest jedoch die Revolution in Deutschland. Beide waren sich aber einig, dass das unabhängige Polen der Angelpunkt der europäischen Nachkriegsordnung sei, den es zu vernichten galt. Deutschland wollte die an Polen verlorenen Gebiete zurückerobern, Sowjetrussland dagegen eine direkte Grenze mit und anschließend eine kommunistische Revolution in Deutschland.

Vor diesem Hintergrund verwundert es nicht, dass Deutschland kein Interesse an dem Friedensschluss zwischen Polen und Sowjetrussland hatte und bereits im Herbst 1920 einen gemeinsamen Krieg gegen Polen vorschlug. Viktor Kopp, der informelle sowjetische Botschafter in Deutschland, offiziell sowjetischer Vertreter für Kriegsgefangenenangelegenheiten, schilderte am 6. November 1920 in einem Bericht an Trotzki die angespannten deutsch-polnischen Beziehungen anlässlich der bevorstehenden Abstimmung in Oberschlesien und der nach Auffassung von Kopp bevorstehenden Besetzung Ostoberschlesiens durch polnische Truppen. Kopp war der

Meinung, dass sich dieser Konflikt bald in einen deutsch-polnischen Krieg verwandeln könnte, und berichtete über die deutschen Vorbereitungen zu diesem Krieg. Dabei führte er aus:

»Die erste Frage: Wie sollen wir auf diesen Konflikt reagieren? Vom Standpunkt der Entwicklung der Revolution in Deutschland meine ich, dass dieser Konflikt zum Anstoß wird, der die deutsche Revolution vom toten Punkt bewegt, auch dann, wenn der Konflikt unter dem Vorzeichen des deutschen Nationalismus beginnen wird. Die deutschen Kommunisten beabsichtigen überhaupt nicht, gegen diesen Krieg, wenn er ausbricht, aufzutreten. Ich glaube, dass die richtige Taktik ist, diesen Krieg zur Bewaffnung der Arbeiter und zur Intensivierung der kommunistischen Propaganda in der Armee auszunutzen. Erst in der zweiten Phase, nach der französischen Intervention, sollte das unmittelbare Ziel verfolgt werden, der Sturz der kapitalistischen Regierung und die Machtergreifung. Für uns sollte der deutsch-polnische Konflikt der Anlass sein, endgültig mit dem weißgardistischen Polen abzurechnen. Vor allem sollte man mit Polen bis zur Abstimmung in Oberschlesien keinen Frieden schließen. In dem Fall, dass zwischen Polen und Deutschland tatsächlich ein Konflikt ausbricht, wird es unbedingt notwendig sein, die Initiative wieder zu ergreifen, die wir verloren hatten. Wenn die Rote Armee vor Warschau steht, während sich polnische Truppen aus dem Korridor und Posen zurückziehen, wird das Schicksal von Weißpolen endgültig besiegelt sein.«[115]

Kopp berichtete auch über sein Gespräch mit General von Seeckt, dem Chef der Heeresleitung der Reichswehr, das einige Tage vor dem 6. November 1920 stattgefunden hatte, und Vorschläge, die von Seeckt unterbreitet hatte:

»Der konkrete Vorschlag von Seeckts, der [...] fest überzeugt ist, dass wir den polnisch-deutschen Konflikt militärisch nutzen werden, läuft auf Folgendes hinaus. Der deutsche Stab hält für uns Waffen zur Anschaffung und Ausfuhr aus Deutschland bereit.

> Deutsche Kriegsspezialisten (Flieger, Spezialisten für verschiedene Waffengattungen, Konstrukteure und Kapitäne von U-Booten) sind bereit, zu uns zu kommen und uns zu helfen. Der deutsche Generalstab möchte seine Vertreter zu uns schicken, um Verbindung herzustellen und all diese praktischen Fragen zu regeln. Was den ersten Punkt angeht, werde ich alles Mögliche tun, sobald die notwendigen Geldmittel vorhanden sind. Die vorgeschlagene technische Hilfe ist meiner Meinung nach unbedingt anzunehmen, selbstverständlich mit größter Vorsicht. Genauso würde ich vorschlagen, die Einreise [Oskar] von Niedermayers, von Seeckts persönlichen Adjutanten, zu uns als Militärattaché zu genehmigen.«[116]

Zum deutsch-polnischen Krieg kam es damals noch nicht, zu der durch von Seeckt vorgeschlagenen deutsch-sowjetischen geheimen militärischen Zusammenarbeit dennoch sehr wohl. Sie begann im Jahre 1921 und dauerte vorerst bis 1933, bis zu Hitlers Machtergreifung, an.[117]

Das Gebot des wirtschaftlichen Wiederaufbaus

Der verhinderte Durchbruch nach Europa zwang die Bolschewiken, Veränderungen nicht nur in der Außenpolitik vorzunehmen, das heißt, den ersten ernsthaften Versuch der bewaffneten revolutionären Expansion vorerst aufzugeben, sondern auch in der Innenpolitik. Im Herbst 1920 stand für Lenin und seine Gefolgsleute fest, dass der Krieg gegen Polen erst einmal so bald wie möglich zu beenden sei und die letzten »weißgardistischen« Truppen unter Wrangel zu schlagen seien, um den wirtschaftlichen Wiederaufbau des zerstörten Landes in Angriff zu nehmen.

Sowjetrussland brauchte dringend eine Atempause, um die bolschewistische Herrschaft zu konsolidieren und die ruinierte Wirtschaft wiederherzustellen, um später im geeigneten Moment mit noch größerem Impetus, diesmal erfolgreich, anzugreifen. Denn das wirtschaftlich ruinierte Land war nicht imstande, eine schlagkräftige Armee, die eine siegreiche Offensive gen Westen durchführen könnte, auszurüsten und zu versorgen. Am 2. Oktober 1920 klagte Lenin in einer Rede:

»Unsere Hauptschwierigkeit im gegenwärtigen [polnisch-sowjetischen] Krieg betrifft nicht die Menschen – die haben wir zur Genüge –, sondern die Ausrüstung. Die Hauptschwierigkeit an allen Fronten ist die mangelnde Versorgung, der Mangel an warmen Kleidern und Schuhen. Mäntel und Stiefel – das fehlt unseren Soldaten am meisten, daran sind schon oft Offensiven gescheitert, die durchaus siegreich zu sein versprachen. Das ist die Schwierigkeit, und sie hindert uns, die neuen Einheiten, die wir in genügender Zahl haben, die aber ohne genügende Versorgung nicht in Marsch gesetzt werden können und keine Truppe von nennenswerter

Kampfkraft darstellen, schnell für eine siegreiche Offensive einzusetzen.«[1]

Ende 1920 war die Industrie Sowjetrusslands in der Tat in einem katastrophalen Zustand. Am 6. Dezember 1920 konstatierte Lenin: »Rußlands Industrie ist ruiniert. Im Vergleich zur Vorkriegszeit ist sie auf ein Zehntel, wenn nicht weniger, zurückgegangen.«[2] So betrug die Eisenproduktion 5 Prozent der Vorkriegsproduktion, die der Kohle 30 Prozent. Das Eisenbahnsystem stand kurz vor dem Zusammenbruch. Der akute Kohlemangel führte dazu, dass die Lokomotiven mit Holz beheizt wurden, was ihre Leistung um die Hälfte verringerte. Ein Viertel des Ackerlandes lag brach, im Jahr 1920 erntete man 48 Prozent weniger Getreide als 1913. Der Mangel an Lebensmitteln, Kohle und Industriewaren entvölkerte die Städte, die Stadtbewohner zogen aufs Land, um dort zu überleben. Moskau verlor 700 000 von 1,2 Millionen Einwohnern im Jahre 1914, Petrograd 1,3 von 2 Millionen. Die drei großen Städte Kiew, Odessa und Charkow hatten je kaum noch 250 000 Einwohner.[3]

Um die Wirtschaft aufzubauen, war jedoch Frieden erforderlich. Nach Inkrafttreten des Waffenstillstandes mit Polen am 18. Oktober 1920 starteten Verbände der Roten Armee unter Michail Frunse eine Offensive gegen die Aufständischen unter Wrangel, die sich auf die Halbinsel Krim zurückzogen. Bald ließ Wrangel angesichts der verzweifelten Lage seine Truppen evakuieren; am 16. November 1920 kam das letzte Schiff mit Evakuierten in Istanbul an. Damit hatten die Bolschewiken den russischen Bürgerkrieg endgültig gewonnen, wie die *Prawda,* das bolschewistische Presseorgan, am 15. Dezember 1920 feierlich bekannt gab. Eine Woche später verkündete der VIII. Gesamtrussische Sowjetkongress die Periode der friedlichen sozialistischen Entwicklung und Suche nach einer neuen Wirtschaftspolitik.[4]

Während des VIII. Gesamtrussischen Kongresses beschloss die bolschewistische Führung auch, die Rote Armee stark zu reduzieren, was allerdings nicht bekannt gegeben wurde. Dieser Beschluss weist darauf hin, dass es die bolschewistische Führung mit dem Frieden mit Polen zunächst ernst meinte und den Vorschlag von Seeckts, gemeinsam Krieg gegen Polen zu führen, erst einmal nicht in Betracht zog.

Im Jahre 1920 mobilisierte Sowjetrussland anlässlich des Krieges gegen Polen und des geplanten Marsches nach Westen Millionen von Männern und baute die größte Armee der Welt auf, die im Herbst 1920 die Zahl von 5,3 Millionen Soldaten zählte.[5] Die Rote Armee setzte sich im Dezember 1920 wie folgt zusammen: 55 Infanteriedivisionen – 1 972 000 Mann; 23 Kavalleriedivisionen – 228 000 Reiter, Truppen des Inneren Dienstes (nur im Inneren eingesetzt) – 648 000 Mann; Ersatztruppe – 600 000; Hilfs- und technische Truppen – 187 000; Ausbildungsorgane – 30 000; Ausbildungseinheiten – 115 000; Sanitätstruppe – 500 000; und andere (Verwaltungen, Behörden, Institutionen) – 1 020 000.[6]

Somit war nur etwa die Hälfte der 5,3 Millionen Rotarmisten den operierenden Einheiten zuzurechnen. Aber auch hier überwogen Angehörige und Soldaten der Verwaltungen, Behörden, kurzum der Etappe. Nur ein kleiner Teil dieser Millionenarmee, weniger als zehn Prozent, setzte sich aus tatsächlich kämpfenden beziehungsweise zum Kampf einsatzfähigen Soldaten zusammen. Am 17. November 1920 verfasste der Stabsangehörige der 15. Armee Schtrodach eine Denkschrift über das Problem der Etappe in der Roten Armee. Schtrodach schätzte die operierende Armee auf etwa 50 Divisionen mit etwa einer Million Soldaten und konstatierte: »Eine furchterregende Zahl. Jedoch haben wir in dieser Millionenarmee alles in allem nur etwa 130 000 Bajonette [Soldaten, die am Kampf mit dem Gewehr in der Hand teilnehmen], 213 000 andere Soldaten und etwa 493 000 Etappen-Soldaten (Personen, die am Kampf nicht teilnehmen) bis zur Divisionsebene; in den Armeeapparaten etwa 180 000, das macht insgesamt 673 000 Mann in der Etappe.«[7]

Diese Masse an nichtproduktiven Menschen, die man nicht ausrüsten und im Feldzug für die Weltrevolution einsetzen konnte, war eine enorme Belastung für die ruinierte Wirtschaft. Im Dezember 1920 beschloss daher die bolschewistische Führung, die Rote Armee radikal zu reduzieren und zu reorganisieren. Bis Dezember 1921 war sie in vier Etappen auf 1 370 000 Mann zu verkleinern, darunter 644 228 Mann operative Truppen (Infanterie) mit Kader und 91 200 Mann Kavallerie. Die Übrigen gehörten der Militärverwaltung, Behörden, Ausbildungseinheiten oder etwa dem Sanitätsdienst an.[8]

Das Konzessionsprogramm

Für Lenin und seine Gefolgsleute war klar, dass der wirtschaftliche Wiederaufbau und eine weitere wirtschaftliche Entwicklung ohne Auslandskapital, ausländische Technologie und Anlagen nicht möglich waren. Am 21. Dezember 1920 führte Lenin in einer Rede aus:

> »Wenn wir den Warenaustausch mit dem Ausland wollen – und wir wollen ihn, wir sehen seine Notwendigkeit ein –, so sind wir hauptsächlich daran interessiert, von den kapitalistischen Ländern möglichst schnell diejenigen Produktionsmittel (Lokomotiven, Maschinen, elektrische Apparate) zu erhalten, ohne die wir unsere Industrie halbwegs ernsthaft nicht wiederherstellen können, ja manchmal überhaupt nicht wiederherstellen können, weil die notwendigen Maschinen für unsere Fabriken nicht zu beschaffen sind.«[9]

Voraussetzung für den Warenaustausch mit dem Ausland war die Aufnahme von Handelsbeziehungen mit entwickelten kapitalistischen Ländern wie den USA, Deutschland oder etwa Großbritannien sowie Rohstoffe, die man im Westen verkaufen konnte, und Kredite. Für Lenin und seine Gefolgsleute war klar, dass es sehr schwierig werden würde, wirtschaftliche Hilfe im Westen zu erhalten, zumal Sowjetrussland es ablehnte, die Schulden des Zarenreiches von über 20 Milliarden Goldrubel zu übernehmen und abzubezahlen.

Ende 1920 glaubte Lenin die Lösung in Konzessionen gefunden zu haben. Am 6. Dezember ging er darauf in einer Rede ein: »Man fordert uns auf, mit Getreide zu handeln, wir aber können kein Getreide liefern. Deshalb lösen wir die Aufgabe mittels der *Konzessio-*

nen. [...] Ohne Konzessionen können wir unser Programm und die Elektrifizierung des Landes nicht durchführen; ohne Konzessionen wird die Wiederherstellung unserer Wirtschaft in den nächsten zehn Jahren unmöglich sein. Stellen wir aber die Wirtschaft wieder her, so werden wir für das Kapital unbesiegbar sein.«[10]

Unter anderem hoffte Lenin, mit Konzessionen die Elektrifizierung Sowjetrusslands finanzieren zu können, die er gar als die Voraussetzung für den Aufbau des Kommunismus in Sowjetrussland hielt. Am 22. Dezember 1920 erklärte er in einer Rede: »*Kommunismus – das ist Sowjetmacht plus Elektrifizierung des ganzen Landes.*«[11] Die geschätzten Kosten der Elektrifizierung beliefen sich auf etwa 17 Milliarden Goldrubel, eine enorme Summe für das ruinierte Land.[12]

Die sowjetische Regierung beabsichtigte drei Arten von Konzessionen zu vergeben: Wald-, Getreide- und Bergbaukonzessionen. Die Waldkonzessionen bezogen sich auf die Holzgewinnung in den Wäldern im russischen hohen Norden, und die Getreidekonzessionäre sollten im Norden Russlands gegen Lieferung von Traktoren brachliegendes Ackerland bestellen und Getreide ernten; Bergbaukonzessionen sollten für Bodenschätze in noch nicht erschlossenen Gebieten Sibiriens vergeben werden. Am 23. November 1920 erließ die sowjetische Regierung (der Rat der Volkskommissare) das Dekret über Konzessionen, schuf damit die gesetzliche Grundlage für das Konzessionsprogramm und startete bald darauf eine Informationskampagne hierfür. In Moskau glaubte man die künftigen Konzessionäre mit hohen Profiten locken zu können.[13]

Voraussetzung für die Umsetzung des Konzessionsprogramms war die Aufnahme von Handelsbeziehungen mit wirtschaftlich fortgeschrittenen Ländern. Im Jahre 1921 schloss Sowjetrussland mit den wichtigsten kapitalistischen Ländern Handelsabkommen ab, und zwar mit Großbritannien (16. März 1921), Deutschland (6. Mai 1921), Österreich (7. Dezember 1921), Italien (26. Dezember 1921), Schweden (1. Februar 1922) und der Tschechoslowakei (5. Juli 1922).[14]

Das Ende 1920 groß angekündigte und geplante Konzessionsprogramm erwies sich jedoch bald als Misserfolg. Nachdem die Bolschewiken die russischen und auch ausländischen »Kapitalisten«

enteignet und die Ersteren oft genug ermordet hatten, sofern sie nicht ins Ausland geflohen waren, hielt sich das Interesse an den versprochenen hohen Profiten unter den westlichen »Kapitalisten« in Grenzen. Im Jahr 1922 begann zwar die Firma Junkers mit der Produktion von Flugzeugen in der ehemaligen Autofabrik RBMZ in Filjach in der Nähe von Moskau auf der Grundlage eines Konzessionsvertrages, dies blieb jedoch eine Ausnahme.[15] Auf die meisten Vorschläge der sowjetischen Regierung ging die deutsche Industrie, an die sich das Konzessionsprogramm richtete, nicht ein. Sie war nämlich in erster Linie am stabilen und langfristigen Absatzmarkt für ihre Industriewaren interessiert und nicht am Aufbau von Werken und Fabriken, die vor Ort diese Waren produzieren würden.[16]

Nach zwei Jahren, am 16. Februar 1923, konstatierte der inzwischen desillusionierte Trotzki in einer Denkschrift über die Industrialisierung: »Solange unserer staatlichen Industrie kein ausländisches Kapital zufließt, hängt ihre Entwicklung eng von der Entwicklung der Landwirtschaft ab.« Ferner bezeichnete er die bis dahin unternommenen Versuche und ergriffenen Maßnahmen, die Industrie aufzubauen und zu entwickeln, als »administratives Partisanentum«, das heißt Improvisation ohne jegliche Konzeption und vor allem erfolglos.[17]

Felix Dserschinski bestätigte in seiner Antwort auf die Thesen von Trotzki das Scheitern des Konzessionsprogramms und auch des Wiederaufbaus der sowjetischen Industrie: »Die Hoffnung auf den Zustrom [des ausländischen Kapitals] in die staatliche Industrie ist schwach und ohne jegliche Grundlage.«[18] Zugleich kritisierte er die Einstellung, Konzessionen seien das Allheilmittel für die sowjetische Wirtschaft, die er wie folgt paraphrasierte: »Keine Rettung ohne Konzessionen«. Dserschinski meinte:

> »Diese Einstellung brachte uns unermessliches Elend, sie desorganisierte unsere sowjetische Industrie, gegen sie [die Konzessionen] organisierten sich *alle* ehemaligen Besitzer und Hunderttausende ihrer Handlanger, von denen unsere früheren Hauptkomitees [die einzelne Industriebereiche verwalteten] voll waren und heute un-

sere Trusts und Syndikate voll sind. Ein richtiger Gedanke, falsch umgesetzt, brachte uns Verderben. Ich würde unsere Haltung gegenüber den Konzessionen so formulieren: ›Für uns und für kapitalistische Länder ist die Beteiligung ausländischen Kapitals in Form von Konzessionen und in gemischten Gesellschaften notwendig. Das erfordert beiderseitiges Interesse. Wenn ausländische Länder und Kapitalisten da nicht mitmachen, dann werden wir *selbst* unsere Wirtschaft aufbauen, wenn auch in langsamerem Tempo und für den Preis von großen Opfern.‹«[19]

Die enttäuschenden Ergebnisse des Konzessionsprogramms veranlassten das Politbüro am 25. Februar 1930 dazu, das Programm schrittweise zu beenden. Von einer sofortigen Liquidierung nahm das Politbüro Abstand, um die befürchteten internationalen Konsequenzen wegen Nichterfüllung der inzwischen unterzeichneten und laufenden Konzessionsverträge zu vermeiden.[20]

Die Neue Ökonomische Politik (NÖP)

Das Konzessionsprogramm hatte das Ziel, ausländisches Kapital und moderne Technologie nach Sowjetrussland zu holen, um die zerrüttete Industrie wiederzuherstellen und zu entwickeln. In Sowjetrussland selbst herrschte dagegen seit der Machtergreifung durch die Bolschewiken der Kriegskommunismus, der sich auf eine Ablieferungspflicht der Bauern stützte. Die Bauern hatten den Krieg, auch den Bürgerkrieg, in jeder Hinsicht zu tragen. Sie hatten die Rekruten für die Rote Armee zu stellen sowie die Millionenarmee und die Stadtbevölkerung (Arbeiter und Angestellte samt ihren Familien) zu ernähren. Im Gegenzug erhielten sie nichts, kein Geld und auch keine Industriewaren, denn die Industrie war ja zerrüttet und ohnehin seit 1914 nur auf Rüstung eingestellt.

Es verwundert daher nicht, dass diese Pflichtabgaben von eigens dazu aufgestellten Requirierungskommandos mit Gewalt eingetrieben werden mussten, was auf Plünderung hinauslief. Um nur ein

Beispiel zu nennen, sei hier eine Meldung aus dem Kreis Pugatschew (Gouvernement Samara, Wolgagebiet) vom 18. Januar 1921 angeführt:

> »Die Stimmung der Bevölkerung im Dezember [1920] war in manchen Orten [des Kreises Pugatschew] wegen der Erfüllung der Abgabepflicht angespannt. Beispielsweise war es in den Dörfern Mosty, Tjaglo-Oserskoje und Michailo-Owsjanka zu Frauenaufständen gekommen, die auch liquidiert wurden; die Einstellung gegenüber der örtlichen Macht ist unfreundlich. Der Grund: Saatgetreide wurde nicht zurückgelassen und andere Gegenstände konfisziert wegen Nichterfüllung der Abgabepflicht. Für die raschere Erfüllung der staatlichen Abgabepflicht wurden 36 Mitarbeiter in den Kreis geschickt, und die Beitreibung verläuft im Allgemeinen zufriedenstellend.«[21]

Dies war keine Ausnahme, sondern die Regel im Sowjetrussland dieser Jahre.[22] Die Folgen des Kriegskommunismus, die durch den sowjetisch-polnischen Krieg und den Aufbau einer Massenarmee von über fünf Millionen Mann verschärft wurden, waren für das Land verheerend. Im Winter 1920/21 zeichnete sich in Sowjetrussland eine Hungerkatastrophe ab. Hunger und Hungerkatastrophen, verursacht durch die bolschewistische, später stalinistische Politik, sollten für die nächsten Jahrzehnte ein Charakteristikum der sowjetischen Herrschaft bleiben.

In den Jahren 1921/22 hungerten infolge der bolschewistischen Plünderungspolitik nach zeitgenössischen Schätzungen über 26 Millionen Menschen. Besonders betroffen waren das Wolgagebiet, die Gebiete um den Fluss Kama, der Ural, Baschkirien, die Südukraine, die Krim, das mittlere Dongebiet, Aserbaidschan und Armenien, Teile von Kasachstan und Westsibirien. Im Gouvernement Saratow hungerten im Juli 1921 69 Prozent der Bevölkerung, im Gouvernement Samara nach Angaben vom 1. September 1921 beinahe 90 Prozent. Es wird geschätzt, dass in den Jahren 1921/22 etwa fünf, wenn nicht gar sechs Millionen Menschen verhungert sind.[23]

Der Widerstand gegen die Abgabepflichten nahm massive und unterschiedliche Formen an, von Nichtbestellung der Felder bis hin zu Bauernaufständen, die ganze Landstriche erfassten. Letztendlich zwang dieser Widerstand die bolschewistische Führung, die bisherige Politik des Kriegskommunismus einzustellen und sie durch die Neue Ökonomische Politik (NÖP) zu ersetzen. Die NÖP hatte auch den Zweck, das Konzessionsprogramm überhaupt möglich zu machen. Am 6. Januar 1923 erklärte Lenin in einer Rede: »Und der praktische Zweck unserer Neuen Ökonomischen Politik bestand darin, zu Konzessionen zu gelangen.«[24]

Die NÖP setzte sich aus folgenden Bestandteilen zusammen: eine Naturalsteuer, welche die Abgabepflicht ersetzte, das heißt, einen Teil der Erträge hatten die Bauern an den Staat als Steuer abzuliefern, über den Rest konnten sie frei verfügen und ihn auf dem Markt veräußern. Im Rahmen der NÖP ließ das bolschewistische Regime auch freien Handel und die Verpachtung von Staatsbetrieben an Private zu. Das belebte »die alte ökonomische Gesellschaftsstruktur, den Handel, den Kleinbetrieb, das kleine Unternehmertum, den Kapitalismus«, wie es Lenin formulierte, freilich unter strenger Staatskontrolle.[25]

Die Einführung der NÖP verbesserte die katastrophale Wirtschaftslage, sie stimulierte die Entwicklung der landwirtschaftlichen Betriebe, der kleinen Industrie-, Handwerks- und Handelsbetriebe und insgesamt der Leichtindustrie, die in erster Linie die Dörfer mit Industriewaren belieferte. Die übrigen Wirtschaftszweige, insbesondere die Großindustrie, blieben in Form von Trusts und Syndikaten in staatlichen Händen. Ab 1922 wurden jedoch dem privaten Unternehmertum engere Grenzen gesetzt, und von 1923 bis 1928 erfolgte seine allmähliche Liquidierung. Nichtsdestoweniger erholte sich die Wirtschaft in den nächsten Jahren nach der Einführung der NÖP langsam. Ende 1922 betrug die Produktion in der Landwirtschaft 37 Prozent und die der Industrie 25 Prozent des Jahres 1913. Auch die Lage der Bauern, insbesondere der Mittel- und Großbauern, besserte sich allmählich. Darüber hinaus gehörten Kleinhändler, Handwerker und Unternehmer zu den Gewinnern der NÖP.[26]

Der antikommunistische Widerstand in den ersten Jahren nach dem Bürgerkrieg

Die Einführung der NÖP hatte das Ziel, das sich im sozialen und wirtschaftlichen Aufruhr befindende Land allmählich zu beruhigen und somit zu helfen, den massiven antisowjetischen Widerstand zu brechen. Denn der Sieg im Bürgerkrieg, den die Bolschewiken im Dezember 1920 verkündet hatten, bedeutete noch lange nicht, dass die Nationen, die unter ihre Herrschaft gerieten, Russen, Ukrainer, Weißrussen, kaukasische Völker, Turkvölker und andere, ihren Widerstand aufgegeben hatten. Vielmehr war die sowjetische Herrschaft in den zwanziger und dreißiger Jahren durch einen breiten, ja teilweise massenhaften Widerstand in vielfältigen Formen gekennzeichnet.

Im Jahre 1921 verwandelte sich der antikommunistische Widerstand gar in einen regelrechten Bauernkrieg mit einer Reihe von Bauernaufständen, den die Bolschewiken letztendlich im Blut erstickten. Diese Ereignisse gehören noch heute zu den wenig erforschten Bereichen der sowjetischen Geschichte. Damals erfassten die Bauernaufstände das ganze von den Bolschewiken beherrschte Land, und sie dauerten teilweise bis in die Mitte der zwanziger Jahre an. Aber auch in den Städten kam es zu unzähligen Revolten, Unruhen und Streiks, die ebenfalls mit brutalster Gewalt niedergeschlagen wurden. Lenin selbst bezeichnete diese Ereignisse im November 1922 rückblickend als die größte innenpolitische Krise Sowjetrusslands:

> »Im Jahre 1921 aber, nachdem wir die wichtigste Etappe des Bürgerkrieges schon zurückgelegt, und zwar siegreich zurückgelegt hatten, kam es zu einer großen – ich glaube, der größten – inneren politischen Krise Sowjetrußlands, die dazu führte, daß nicht nur

> ein sehr großer Teil der Bauern unzufrieden war, sondern auch ein großer Teil der Arbeiter. Das war das erste und, ich hoffe, auch das letzte Mal in der Geschichte Sowjetrußlands, dass wir so große Massen der Bauern gegen uns hatten.«[1]

Ende 1920 herrschten besonders kritische Verhältnisse aus der Sicht der Bolschewiken in der Ukraine, der Kornkammer Vorkriegsrusslands. Am 15. Oktober 1920 klagte Lenin: »Wir können auf kein einziges Pud Getreide aus der Ukraine rechnen, weil dort Banditen ihr Unwesen treiben.«[2] Ende Oktober 1920 schätzten die sowjetischen Stellen, dass sich die Gesamtzahl der »Banditen«, die in der Ukraine gegen die kommunistische Macht kämpften, auf 40 000 Mann belief.[3]

Im Dezember 1920 wurde die Kommission zur Bekämpfung des Banditentums in der Ukraine eingerichtet, die Michail Frunse anführte. Mitglieder der Kommission waren unter anderen Felix Dserschinski, Sergej Kamenew, Danilow und Rakowski. Im Kampf gegen die »Banditen« setzten die Bolschewiken Einheiten des Inneren Dienstes und Feldtruppen der Roten Armee, Truppen der Tscheka und alle übrigen bewaffneten Kräfte in der Ukraine ein. So kämpften dort im Jahre 1921 gegen die »Banditen« neben anderen mindestens 35 000 Rotarmisten, darunter eine Kavallerie- und eine Infanteriedivision sowie eine Kavalleriebrigade. Im Winter 1920/21 war die Lage in der Ukraine für die Bolschewiki so schwierig, dass sie gar Partisanenmethoden gegen die Aufständischen, die das flache Land beherrschten, anwenden mussten.[4]

Am 7. Februar 1921 vermeldete Frunse Lenin beachtliche Erfolge im Kampf gegen das »ukrainische Banditentum«. So habe sich die Zahl der 40 000 »Banditen« von Ende Oktober 1920 infolge des entschiedenen Kampfes der sowjetischen Verbände auf 6500 verringert. Trotz dieser »Erfolge« war Frunse nicht besonders zuversichtlich: »Banditentum geht derzeit zurück. Das ist Tatsache. Jedoch im Frühling ist sein Erstarken zu erwarten.«[5] Die Prognose von Frunse sollte sich bewahrheiten.[6]

Noch dramatischer scheint die Lage im Gouvernement Tambow (Wolgagebiet) gewesen zu sein, wo es zum wohl größten Bauernaufstand in der Geschichte der Sowjetunion kam. Der Aufstand nahm seinen Anfang in der Ortschaft Chitorowo, als dort am 19. August 1920 eines der Hunderte kommunistischer Requirierungskommandos wütete. Dabei plünderten die Kommandomitglieder alles, selbst Kissen und Küchengeräte, die sie später unter sich aufteilten. Sie verprügelten alte Männer, weil sie deren fahnenflüchtige Söhne nicht ergreifen konnten. Das beschlagnahmte Getreide brachten sie zum Bahnhof, wo es unter freiem Himmel verdarb. Von Chitorowo aus verbreite sich die Revolte wie ein Lauffeuer.[7]

Bis September 1920 verjagten und erschlugen die inzwischen mehr als 14 000 Aufständischen, die sich meist aus fahnenflüchtigen Männern zusammensetzten, alle sowjetischen Funktionäre und Beamten aus drei Distrikten des Gouvernements Tambow. Unter der Führung von Alexander Antonow entwickelte sich die Revolte zu einem regelrechten Aufstand, an dem sich bis zu 50 000 Aufständische beteiligten. Alexander Antonow war ein Sozialrevolutionär, der bereits im Jahre 1918 mit den Bolschewiki gebrochen hatte und seitdem gegen sie kämpfte. Im Oktober 1920 kontrollierten die Bolschewiki nur noch die Stadt Tambow und wenige andere Städte im Gouvernement. Am 19. Oktober 1920 forderte Lenin Dserschinski auf: »Diese Bewegung ist auf die schnellste und exemplarischste Weise niederzuschlagen. [...] Zeigen Sie mehr Energie.«[8]

Die zunächst eingesetzten Kräfte waren aber zu gering, um den Aufstand niederzuschlagen. Im Gegenteil, Anfang 1921 breitete sich der Aufstand auf weitere Gebiete aus, auf das untere Wolgagebiet und Westsibirien, sodass die Bolschewiki schließlich Verbände von 100 000 Mann gegen die Rebellen einsetzen mussten, darunter auch Einheiten der Roten Armee, die man jedoch im Allgemeinen für den Einsatz gegen Aufständische für wenig zuverlässig hielt. So lösten sich im Winter 1921 im Gebiet von Samara ganze Einheiten der Roten Armee auf. Am 27. April 1921 beauftragte das Politbüro Michail Tuchatschewski, der im August 1920 vor Warschau die verhängnisvolle Niederlage erlitten hatte, den Aufstand im Gebiet Tambow niederzuschlagen.[9]

Tuchatschewski befehligte eine Armee von fast 100 000 Mann,

unterstützt von schwerer Artillerie und Flugzeugen, die den Aufstand mit unvorstellbarer Brutalität im Blut erstickte. Die Methoden, die er anwandte, waren Geiselnahmen, Hinrichtungen, Internierung in Konzentrationslagern und Vernichtung ganzer Dörfer, die man der Bandenunterstützung verdächtigte, Raub und Plünderung. Bis Juli 1921 errichteten die Tscheka und militärische Stellen sieben Konzentrationslager, in denen sie mindestens 50 000 Menschen einsperrten, meistens Frauen, alte Leute und Kinder. Am 12. Juni 1921 befahl Tuchatschewski gar den Giftgaseinsatz: »Die Reste der zerschlagenen Banden und einzelne Banditen versammeln sich weiterhin in den Wäldern. [...] Die Wälder, in denen sich die Banditen verstecken, sind mit Giftgas zu räumen. Alles ist so zu berechnen, dass die Gaswolke in den Wald eindringt und alles, was sich darin versteckt, ausrottet.« Eine Woche später wurde jedoch angesichts des Widerstandes vieler bolschewistischer Parteiführer dieser radikale Befehl zurückgezogen.[10]

Im Kampf gegen aufständische russische Bauern war Tuchatschewski erfolgreicher als gegen reguläre polnische Truppen. Am 16. Juli 1921 berichtete er an Lenin über die Niederschlagung des Aufstandes im Gouvernement Tambow:

»Banditen gab es bis zu 21 000. Der Aufstand begann im September 1920 und die örtliche Bauernbevölkerung und Banditen nennen ihn ihre Revolution. [...] Die Ursachen des Aufstandes sind dieselben wie in der ganzen Russischen Föderation der Sowjetrepubliken, d. h. Unzufriedenheit mit der Ablieferungspflicht und ihre ungeschickte sowie äußerst grausame Umsetzung durch Beschlagnahmungsorgane vor Ort. [...] Plan des Feldzuges. Die bevorstehenden Aktivitäten musste man nicht als eine mehr oder weniger große Operation planen, sondern als einen richtigen Feldzug, wenn nicht gar einen Krieg. Die Zerschlagung der Streitkräfte der Banditen bereitete dank ihrer schwachen Kampfkraft keine größeren Schwierigkeiten. Die Hauptschwierigkeit bestand darin, das Territorium zu erobern, die Gebiete, wo die Banden rekrutiert wurden, zu besetzen und sie zu sowjetisieren. Für die Besetzung wurden hauptsächlich militärische und politische Kräfte eingesetzt und für die operativ-taktischen Operationen lediglich drei Kavalleriebrigaden. […] Infolge der systematisch geführten Operationen wurde innerhalb von 40 Tagen der Bauernaufstand im Gouvernement Tambow liquidiert. […] Die sowjetische Macht wurde überall etabliert. Von 21 000 Banditen blieben bis zum 11. Juli weniger als 1200 Säbel. Die meisten Bandenführer wurden vernichtet.«[11]

Tuchatschewski, der Schlächter von Tambow, wird noch heute als einer der größten sowjetischen Feldherren und Strategen und zugleich unschuldiges Opfer der stalinistischen Säuberungen gefeiert, denn im Jahre 1937 wurde er verhaftet und nach einem Schauprozess hingerichtet. Dabei werden seine Massaker im Bürgerkrieg und insbesondere im Gouvernement Tambow ausgeblendet.

Ähnliche Verhältnisse wie im Wolgagebiet und der Ukraine herrschten im Jahre 1921 in ganz Sowjetrussland.[12] Einheiten der Tscheka und Truppen der Roten Armee wurden gegen Aufständische eingesetzt, ganze Territorien grausam pazifiziert, »Banditen« erschossen, Geiseln hingerichtet, Familien und »Sympathisanten« der »Banditen« verschleppt, besonders aufrührerische Ortschaften dem Boden gleichgemacht, um die übrige Bevölkerung einzuschüchtern und zur Aufgabe des Widerstandes zu bewegen.[13]

Außer zu Bauernaufständen auf dem Lande kam es auch in Städten zu Meutereien, Unruhen, und Streiks. Die Kronstadter Meuterei ist die bekannteste von ihnen. Am 28. Februar 1921 meuterten Marinesoldaten zweier Panzerkreuzer in Kronstadt, einem Marinestützpunkt auf einer Insel vor Petrograd. Den Meuterern schlossen sich auch etwa 2000 Bolschewiken von Kronstadt an, die streikenden Arbeiter in Petrograd sympathisierten mit den Aufständischen wie auch die übrige Stadtbevölkerung. Die Meuterer forderten unter anderem die Beendigung des bolschewistischen Terrors und der Willkür im ganzen Land, Neuwahlen der Räte, Freilassung von politischen Gefangenen. Anfang März führte die Tscheka Massenverhaftungen unter den nicht bewaffneten streikenden Arbeitern in Petrograd durch.[14]

Den Auftrag, den Aufstand in Kronstadt niederzuschlagen, erhielt Michail Tuchatschewski, der spätere Schlächter von Tambow. Am 8. März begann der Sturm auf Kronstadt, Tuchatschewski setzte dabei junge Rekruten der Roten Armee und Truppen der Tscheka ein. Während der erbitterten Kämpfe fielen Tausende auf beiden Seiten. Nach zehn Tagen nahmen bolschewistische Truppen Kronstadt ein. Unmittelbar danach erschossen sie Hunderte von Aufständischen und setzten in den nächsten Monaten den Terror fort. In den Monaten April bis Juni 1921 wurden 2102 Menschen zum Tode und 6459 zu Gefängnis- und Lagerhaft verurteilt. Noch vor der Einnahme von Kronstadt gelang es etwa 8000 Menschen, über die zugefrorene Ostsee nach Finnland zu entkommen.[15]

Wie groß die Dimensionen der Bauernaufstände und Unruhen im Jahre 1921 waren, zeigt folgender Umstand: Im Sommer 1921 setzten die Bolschewiki insgesamt 192 000 Rotarmisten (Infanterie und Kavallerie) gegen Aufständische ein, die laut Truppenreduzierungsplan vom Dezember 1920 eigentlich nach Hause hätten entlassen werden sollen.[16]

Außer den Einheiten der Roten Armee boten die Bolschewiki die Truppen der Tscheka sowie alle waffenfähigen Kommunisten gegen die Rebellen auf. Am 24. März 1921 beschloss das Zentralkomitee, alle Mitglieder und Kandidaten der RKP(b) sowie die Mitglieder des Komsomol (Männer wie Frauen) im Alter von 17 bis 60 Jahren zu mobilisieren und aus ihnen Abteilungen für besondere Verwendung aufzustellen. Von der Mobilisierung waren Parteimitglieder befreit, wenn gesundheitliche Gründe dagegen sprachen, hohe Partei- und Sowjetfunktionäre und auch Frauen aus »familiären Gründen«. Die Parteimitglieder, die bereits in der Roten Armee, Organen der Tscheka, in der Miliz und Feuerwehr dienten, waren innerhalb dieser Formationen zu besonderen Abteilungen zu formieren.[17]

Bis Sommer 1921 erstickten die Bolschewiki die größten Bauernaufstände und Rebellionen blutig und gewannen allmählich die Kontrolle über das Land. Aber noch im August und September 1921 kämpften Tausende von »Banditen«, wobei oft der Hunger die verzweifelten Menschen zum Widerstand zwang. In einem militärischen Bericht über die »Bandenlage« vom 1. September 1921 heißt es: »Die Banden auf dem vom Hunger erfassten Territorium des Kriegsbezirkes Sawolschje [östliches Wolgagebiet] überfallen Sowchosen [landwirtschaftliche Staatsbetriebe], Ablieferungsstellen für Getreide, Eisenbahnanlagen. Sie ermorden Kommunisten und sowjetische Funktionäre, in denen die Bevölkerung, deren Sinne vom Hunger getrübt sind, die Schuldigen für die sie heimsuchende Naturkatastrophe [den Hunger] sieht.«[18]

Noch in der zweiten Augusthälfte 1921 kämpften nach Angaben der Verwaltung Aufklärung der Roten Armee auf dem Territorium des Kriegsbezirkes Westfront (das heutige Ostweißrussland) 1975 »Banditen«, in der damaligen sowjetischen Ukraine 2675, im Kriegsbezirk Sawolschje 2000, in den Gouvernements Tambow 700 und Woronesch 300, im Nordkaukasischen Kriegsbezirk 5165 und in Turkestan 16 745 »Banditen«.[19] Es ist anzumerken, dass es sich dabei um Aufständische handelte, die in Gruppen organisiert waren und mit der Waffe in der Hand gegen die kommunistische Herrschaft kämpften.

Zwei Monate später, am 1. November 1921, sah die »Bandenlage« keineswegs besser aus. In Ostweißrussland kämpften insgesamt 9427 »Banditen«, davon waren 1944 »innere Banditen« und knapp 7500 »Auslandsbanditen«, das heißt solche, die auf polnischem Territorium ihre Versorgungsbasen hatten und von dort über die polnisch-sowjetische Grenze Ausfälle auf das Territorium des sowjetischen Weißrussland unternahmen. In der Ukraine gab es 6752, im Nordkaukasischen Kriegsbezirk 5173 »Banditen«, die meisten von ihnen (4350) waren beritten, im Kriegsbezirk Sawolschje 1460 und in Turkestan 15 240 »Banditen«.[20]

Obwohl Ende 1921 nach sowjetischen Schätzungen noch etwa 40 000 Menschen mit der Waffe in der Hand gegen das bolschewistische Regime kämpften, war das Schlimmste aus Sicht der Bolschewiken doch überstanden. Am 27. Dezember 1921 erstattete Trotzki auf der 9. Sowjetkonferenz Bericht über die Rote Armee und ihren Kampf gegen das »konterrevolutionäre Banditentum« und konstatierte:

»Die erste Hälfte des Berichtsjahres [1921] war die Zeit der nie da gewesenen Entwicklung des Banditentums. Das Jahr begann mit Kronstadt, Tambow, mit der Banditenbewegung in Sibirien, auf dem Kaukasus, in Transkaukasien und in der Ukraine. Die zweite Jahreshälfte brachte radikale, entscheidende Veränderungen dieser Lage. Gewiss gibt es noch jetzt hier und da Banden, nun eben Banden. Banditentum als eine breite soziale Erscheinung, als bewaffnete Abteilungen breiter Kulakenmassen und von Teilen der mittelbäuerlichen Massen, gehört der Vergangenheit an.«[21]

In den nächsten Jahren kämpften noch Tausende von »konterrevolutionären Elementen« mit der Waffe in der Hand, es kam weiterhin zu Aufständen, Unruhen und Streiks, sie erreichten jedoch nie mehr die Dimension des Jahres 1921. Der Schwerpunkt des aktiven und bewaffneten Widerstandes, der im Jahre 1921 in den zentralen Regionen Sowjetrusslands lag, in erster Linie also russische Bauern, verlagerte sich ab der zweiten Hälfte 1921 auf die Randgebiete. Denn dort war der Widerstand wegen der Grenznähe schwieriger zu bekämpfen. Die Aufständischen überschritten nämlich die Grenzen, wenn ihre Lage bedrohlich wurde. Dies gilt insbesondere für Karelien, das sowjetische Weißrussland, die sowjetische Ukraine, Sibirien, Turkmenistan und den Kaukasus (dort begünstigten schwer zugängliche Berge den Partisanenkampf).

Beispielsweise kam es um die Jahreswende 1921/22 in Karelien an der Grenze zu Finnland zu einem Aufstand, an dem sich nach sowjetischen Schätzungen etwa 7000 »Banditen« beteiligten. Im Frühjahr 1922 mussten dort sowjetische Einheiten in der Gegend des Toposero-Sees regelrechte Kämpfe um einzelne Dörfer führen. Jedes Dorf mit 30 bis 40 Höfen stellte eine aufständische Kompanie auf, die sich in Bataillonen und dann zum Regiment zusammengeschlossen hatten.[22] Erst Ende März 1922 entspannte sich die »Bandenlage« in Karelien. In den übrigen Gebieten, dem sowjetischen Weißrussland, der sowjetischen Ukraine oder etwa Turkmenistan, kämpften Aufständische, in kommunistischer Lesart »Banditen«, weiterhin gegen die bolschewistischen Machthaber.[23]

Im August 1922 galt noch in 39 Gouvernements, Oblasten und autonomen Republiken der Kriegszustand. Im Oktober 1922 war die Lage unverändert, und im Dezember 1922 galt der Kriegszustand weiterhin in 38 Gouvernements, Oblasten und autonomen Republiken.[24] Der letzte größere Aufstand, der sogenannte Sasejskoje-Aufstand, fand im Januar 1924 in der Fernöstlichen Region (Dalnewostotschny Kraj) statt.[25]

Die Stabilisierung der sowjetischen Herrschaft

Der Sieg im Bürgerkrieg und die blutige Niederschlagung der Bauernaufstände im Jahre 1921 festigten die bolschewistische Herrschaft in Russland. Mit blutigen Massakern und drakonischen Strafen brachen die Bolschewiki den massenhaften Widerstand der russischen wie der nichtrussischen Bauern. Die Neue Ökonomische Politik brachte zugleich eine allmähliche Besserung der wirtschaftlichen und sozialen Lage der Landbevölkerung, obwohl das Vorkriegsniveau nie erreicht werden sollte. Und die Landwirtschaft und Landbevölkerung spielten die entscheidende Rolle in dem wirtschaftlichen und politischen Leben Sowjetrusslands. Lenin hielt in einer Rede am 13. November 1922 fest:

> »Die Bauernschaft ist in einem Jahr nicht nur mit der Hungersnot fertig geworden, sondern hat auch die Naturalsteuer in solchem Umfang entrichtet, daß wir schon jetzt mehrere hundert Millionen Pud bekommen haben, und zwar fast ohne Anwendung von Zwangsmaßnahmen. Die Bauernaufstände, die früher, bis 1921, sozusagen das allgemeine Bild Rußlands bestimmt haben, sind fast vollständig verschwunden. [...] Daß die Bauernschaft bei uns der entscheidende Faktor ist, das bezweifelt niemand. Diese Bauernschaft befindet sich jetzt in einem solchen Zustand, daß wir von ihrer Seite keinerlei Bewegung gegen uns zu befürchten haben. [...] Die Bauernschaft mag mit unserer Macht in der einen oder anderen Hinsicht unzufrieden sein, sie mag klagen, das ist natürlich und unvermeidlich, weil unser Apparat und unsere staatliche Wirtschaft noch zu schlecht sind, als daß dem vorgebeugt werden könnte, eine ernsthafte Unzufriedenheit der gesamten Bauernschaft mit uns ist aber auf alle Fälle ausgeschlossen.«[1]

Die Industrie hatte in der Tat einen schweren Stand. Das erhoffte ausländische Kapital und der Transfer der modernen Technologie blieben aus. Hinzu kamen die strukturellen Schwächen der staatlich gesteuerten Wirtschaft wie extremer Bürokratismus, ein träger Staatsapparat, Misswirtschaft, Dilettantismus, ein stark ausgeprägter Hang zu fruchtlosen Debatten in unzähligen Kommissionen und Sitzungen, Nepotismus und Korruption.[2] All diese Erscheinungen waren charakteristisch für die sozialistische Planwirtschaft auch in den nächsten Jahrzehnten bis zu ihrem Zusammenbruch.

Vor diesem Hintergrund verwundert es nicht, dass der wirtschaftliche Wiederaufbau langsam und mühsam voranging. Während sich jedoch die Leichtindustrie relativ rasch erholte, kam der Wiederaufbau der Schwerindustrie und somit der Rüstungsindustrie kaum voran. Dies hing damit zusammen, dass die Leichtindustrie von der NÖP profitierte. Viele Betriebe und Werke wurden privatisiert, neue errichtet oder etwa verpachtet, und damit arbeiteten sie auch leistungs- und gewinnorientiert. Auch waren keine besonders großen Investitionen erforderlich, um die Leichtindustrie in Gang zu bringen, im Gegensatz zur Schwerindustrie, die dazu noch staatlich geblieben war. Am 13. November 1922 führte Lenin in einer Rede aus:

> »Die dritte Frage betrifft die Schwerindustrie. Hier muß ich sagen, daß die Lage immer noch schwer ist. […] Die Wirtschaftsgeschichte der kapitalistischen Länder beweist, daß zur Hebung der Schwerindustrie in zurückgebliebenen Ländern nur langfristige Hundertmillionenanleihen in Dollars oder Goldrubel geeignete Mittel wären. Wir hatten keine derartigen Anleihen und haben bisher nichts bekommen. Was man jetzt über Konzessionen und anderes geschrieben hat, ist fast alles auf dem Papier geblieben.«[3]

Die Schwerindustrie und somit die Rüstungsindustrie hatten aber strategische Bedeutung für die kommunistische Staatsführung, um das Land auf den künftigen revolutionären Krieg und die bevorstehende Weltrevolution vorzubereiten. Auch die finanzielle Lage des

Landes blieb sehr angespannt. Große Projekte konnten unter keinen Umständen finanziert und in Angriff genommen werden. Geldmangel und die schlechte wirtschaftliche Lage wirkten sich unmittelbar auf den Zustand der Roten Armee und die sowjetische Rüstungswirtschaft aus.

Die Rote Armee nach 1920

Die Rote Armee wurde als der bewaffnete Arm der russischen Revolution gegründet und gewann für die Bolschewiken den russischen Bürgerkrieg. Im Jahre 1920 scheiterte sie aber daran, die bolschewistische Revolution nach Mitteleuropa mit Waffen zu exportieren. Ende 1920 beschloss die bolschewistische Führung, wie bereits erwähnt, aus wirtschaftlichen Gründen fast vier Millionen Soldaten von den insgesamt 5,3 Millionen innerhalb eines Jahres zu demobilisieren. Die Demobilisierung verlief im Jahre 1921 wegen der Bauernaufstände und der Unruhen in den Städten jedoch nicht wie geplant. So waren im Sommer 1921 insgesamt 192 000 Rotarmisten im Kampf gegen »Banden« eingesetzt, die laut dem Reduzierungsplan vom Dezember 1920 hätten entlassen werden sollen.[1]

Bis Dezember 1921 wurde die Rote Armee auf 1 370 000 Mann reduziert, die schwache Kriegsflotte nicht mitgerechnet. Darunter waren operative Truppen (Infanterie) mit 644 228 Mann und 91 200 Mann der Kavallerie. Der Rest gehörte der Militärverwaltung, Behörden, Ausbildungseinheiten oder etwa dem Sanitätsdienst an.[2] Hinzu kamen die Truppen der Tscheka, Truppen für besondere Verwendung, Wachtruppen sowie Truppen der Kriegsflotte, insgesamt etwa 270 000 Mann.[3] Allein die Truppen der Tscheka/GPU zählten im Frühjahr 1922 126 300 Mann.[4]

Die angespannte finanzielle Lage zwang das bolschewistische Regime jedoch dazu, die Armee weiter zu verkleinern. Am 2. August 1922 beschloss das Zentralkomitee, die Streitkräfte bis Ende 1922 auf 800 000 Mann zu reduzieren, inklusive Kriegsflotte, Truppen für besondere Verwendung und Ausbildungseinheiten. Auch Grenzschutz- und Wachtruppen sowie Truppen der GPU waren zu verkleinern. Zugleich beauftragte das Zentralkomitee Trotzki, einen

Reduzierungsplan der Roten Armee für das Jahr 1923 auszuarbeiten.[5]

Aber bereits im November 1922 beschloss die sowjetische Führung, die Rote Armee noch mehr zu reduzieren, und zwar auf 610 000 Mann, die Kriegsflotte mitgerechnet, dafür aber ohne die GPU-Truppen. Im Mai 1923 zählte die Rote Armee, wie im November 1922 beschlossen, 610 000 Mann, darunter Infanterie: 273 000 Mann; Kavallerie: 63 000, technische Truppen: 76 000, Befestigungen: 11 500, Bildungs- und Ausbildungsanstalten: 79 000, Verwaltung: 23 000, Truppe für besondere Verwendung: 8000, Kriegsflotte: 25 000.[6]

Von den Kürzungen waren auch die GPU-Truppen stark betroffen. Am 22. Juni 1922 beschloss die sowjetische Regierung (der Rat für Arbeit und Verteidigung), die GPU-Truppen von 126 300 auf 56 400 Mann zu reduzieren und Maßnahmen zu erarbeiten, um die »Lage der übrigen Einheiten zu verbessern«.[7] Mit dem 1. Oktober 1922 übernahm die GPU den vollen Schutz der Landes- und Seegrenzen Sowjetrusslands. Eigens dazu wurden die GPU-Grenzschutztruppen (Grenzkorps) aufgestellt mit 50 000 Mann, davon ein Sechstel Kavallerie.[8]

All diese Reduzierungsmaßnahmen waren, wie bereits erwähnt, durch die angespannte finanzielle Lage erzwungen.[9] Man ging dabei so weit, dass man im Juni 1923 im Politbüro vorschlug, die Rote Armee auf 100 000 oder gar 50 000 Mann zu verkleinern. Im August 1923, anlässlich der Krise in Deutschland, beschloss jedoch das Politbüro das Gegenteil – die Vergrößerung der Armee.[10]

Der Zustand der Roten Armee

Trotz dieser Reduzierungen verfügte Sowjetrussland im Jahre 1923 mit seiner 610 000 Mann starken Armee und den GPU-Truppen von über 100 000 Mann weiterhin über die größte Streitmacht der Welt mit Ausnahme des etwa gleichauf liegenden Frankreichs und Chinas, das über 1 370 000 Soldaten im Jahre 1922 und 1 165 000 im Jahre 1924 gebot.[11]

Tab. 1: Streitkräfte anderer Länder in den Jahren 1922 und 1924[12]

Jahr	Polen	Rumänien	Italien	Frankreich	Großbritannien	USA	Japan
1922	254 678	192 063	250 000	802 600	398 566	144 748	300 000
1924	241 800	143 425	250 000	639 000	281 000	135 000	236 000

Deutschland durfte laut Versailler Vertrag nur ein Heer von 100 000 Mann halten. Die Armeen der Nachbarländer wie Finnland (1922: 30 000 Mann, 1924: 28 000), Estland (14 000 Mann), Lettland (1922: 19 500, 1924: 35 000) und Litauen (1922: 45 000, 1924: 35 000) fielen nicht ins Gewicht.[13]

Die zahlenmäßige Stärke der Roten Armee täuscht jedoch in Bezug auf ihre tatsächliche Schlagkraft. Denn in Wirklichkeit befand sich die Rote Armee in beinahe jeder Hinsicht in katastrophalem Zustand. Die Rotarmisten und Kommandeure waren schlecht ausgerüstet, versorgt, untergebracht und zudem unmotiviert. Die Schlagkraft der Roten Armee war nicht einmal ausreichend, um die Bauernaufstände selbständig niederzuschlagen, denn die Rotarmisten, die selbst größtenteils Bauern waren, meuterten und desertierten oft genug. Das bolschewistische Regime setzte dabei in erster Linie auf die Truppen der Tscheka und die mobilisierten Kommunisten.

Sehr schlecht stand es in der Roten Armee um schwere Waffen. Im Jahre 1923 verfügte sie im Durchschnitt über 3,3 Geschütze pro Bataillon. In der französischen Armee betrug das Verhältnis 15,5 Geschütze pro Bataillon, in Polen 11,9, in Rumänien 6,2 und in Deutschland 3,9 (wegen des Versailler Vertrags). Die Luftwaffe war ebenfalls sehr schwach; von den 611 Flugzeugen waren nur 54 Prozent einsatzfähig, während Frankreich über 2000 Flugzeuge verfügte, Polen über 960, Rumänien über 500 und Finnland über 100. Die Rote Armee besaß ganze 59 Panzer, die dazu veraltet und in schlechtem technischen Zustand waren. Hinzu kamen noch 186 Panzerwagen, in ähnlich schlechtem Zustand wie die Panzer.[14]

Nicht viel besser stand es um die Ausrüstung der Infanterie und

Kavallerie. In einem ausführlichen Bericht über den Zustand der Roten Armee vom 17. Mai 1923 heißt es: »Die Infanterietruppen der Roten Armee in den meisten Wehrbezirken sind schlecht bewaffnet. Es gibt viele Mängel: Vorhandene Waffen benötigen Reparaturen, es fehlen Revolver (allgemeine Erscheinung) und es mangelt an Waffen im Allgemeinen.«[15] Hier einige Beispiele von den vielen aus dem Bericht:

> »*Moskauer Wehrbezirk:* In der 14. Division sind Waffen verrostet, weil es an Konservierungsmittel fehlt. [...] Im Regiment 54 der 18. Infanteriedivision sind 50 % der Waffen unbrauchbar. [...] *Petrograder Wehrbezirk:* Mangel an Waffen und Munition im Regiment 32 der 11. Division, im Regiment 166 der 56. Division, in den Regimentern 46 und 47 der 16. Division, und im Regiment 167 der 56. Division fehlen 70 % der Munition. [...] *Ukrainischer Wehrbezirk* [...] Im Regiment 43 der 15. Division benötigen 50 % der Gewehre eine Reparatur. Im Regiment 45 der 45. Division sind von 26 Maschinengewehren 16 schadhaft. [...] *Die Selbständige Kaukasische Armee:* In der 1. Division sind 50 % der Gewehre ganz untauglich, 20 % brauchen eine Reparatur. Von 233 Maschinengewehren sind 33 untauglich, 85 brauchen Reparatur. [...] In der Aserbaidschaner-Division müssen 90 % der Waffen repariert werden. [...] Kavallerie. Kavallerietruppen sind nicht besser bewaffnet als Infanterie. [...] *Nordkaukasischer Wehrbezirk.* In den Einheiten der 4. Division fehlen 704 Gewehre, 6 Maschinengewehre ›Maksim‹ [schwere MG], 1620 Revolver, 1770 Säbel, 625 Piken, 446 Patronengurte für ›Maksim‹ [...]. Im Norddonezker Regiment 33 der 6. Division fehlen Gewehre zu 63 %, Revolver zu 51 %, Säbel 166 Stück, Piken 86 Stück, Maschinengewehre ›Maksim‹ 2, Maschinengewehre ›Ljunsa‹ 11, Gewehrpatronen 28 556 Stück.«[16]

Die taktische Ausbildung und Vorbereitung der Infanterie und Kavallerie waren ebenfalls sehr schlecht. In fatalem technischem Zustand befand sich auch die Artillerie. Es fehlten Schmierstoffe, Ausrüstungs- und Ersatzteile und Artilleriegeschosse. Auch um die taktische Vorbereitung (Schießübungen und -ausbildung) der Artillerietruppen war es nicht besser bestellt als in den Infanterie- und Kavallerieeinheiten.[17]

Die Versorgung mit Lebensmitteln war ebenfalls kritisch, insbesondere mangelte es an Zucker, Käse und Fleisch. Geradezu katastrophal war die Versorgung der Soldaten mit Uniformen, Schuhen und Wäsche. Mit Schuhen war die Rote Armee zu 44 Prozent versorgt, mit Wäsche zu 41 bis 66 Prozent und mit Uniformen zu 78 bis 88 Prozent.[18] In einem anderen Bericht heißt es dazu:

> »Rotarmisten laufen oft barfuß und unbekleidet [ohne Uniformen] herum. Es kommt nicht selten vor, dass Rotarmisten, die die Kasernen verlassen, die Schuhe der in den Kasernen bleibenden Soldaten anziehen. In allen Infanterieeinheiten und anderen Waffengattungen mangelt es akut an Bettwäsche. Insgesamt herrscht dieselbe Lage hinsichtlich der Uniformen in allen anderen Waffengattungen. Man stellt fest, dass viele Kavalleristen mit Halbschuhen anstatt Schaftstiefeln ausgestattet sind. Im Durchschnitt gibt es in den Wehrbezirken 25 % Rotarmisten ohne Uniformen.«[19]

Es kam sogar dazu, dass Rotarmisten wegen der miserablen Versorgung mit Uniformen und Schuhen verspottet wurden. Im Bericht der politischen Verwaltung des Revolutionären Kriegsrates der Republik vom 3. August 1922 heißt es: »Vom Regiment 3 der 1. Grenzdivision wird gemeldet, dass polnische Soldaten Rotarmisten wegen des Mangels an Schuhen und Uniformen verspotten und sie beleidigen, jene nennen die Rotarmisten Landstreicher.«[20]

Drei Wochen später berichtete dieselbe Dienststelle: »Rotarmisten der 1. Grenzdivision betteln an der Verbindungsstelle unserer und der polnischen Eisenbahn bei den durchreisenden Ausländern. Barfüßige und zerlumpte Rotarmisten erscheinen als undisziplinierte Soldaten, Ausländer fotografieren sie und glauben, so sei die ganze Rote Armee.«[21] Sechs Tage später, am 30. August 1922, meldete die politische Verwaltung des Revolutionären Kriegsrates, dass im Petrograder Wehrbezirk 22 Prozent der Rotarmisten keine Uniformen hätten. »Rotarmisten erinnern an typische Landstreicher, und in diesem Zustand werden sie nicht selten von ausländischen Agenten an den Grenzposten fotografiert. Die ausgelieferten Uniformen sind von schlechter Qualität, sie verschleißen schnell und sind der Ursprung von Seuchenkrankheiten.«[22]

Die Unterbringung der Soldaten war nicht besser. Im Jahre 1923 waren nur 55 Prozent von ihnen in Kasernen untergebracht, der Rest in provisorischen Baracken, in privaten Häusern und teilweise, insbesondere die Kavallerie, in Dörfern. Die Kasernen selbst befanden sich in katastrophalem Zustand, nur 10 Prozent der Dächer waren intakt, 75 Prozent notdürftig repariert und 15 Prozent leck. Etwa 30 Prozent der Fenster in den Kasernen waren ohne Fensterscheiben. Die Räume waren ungenügend oder überhaupt nicht beheizt, weil es an Brennstoffen mangelte. Der Sollbestand der Pferde in der Roten Armee belief sich auf 145 000, der Istbestand am 1. Februar 1923 betrug jedoch nur 133 000 Pferde, 12 000 (8,3 Prozent) Pferde fehlten. Hinzu kam, dass die Pferde im Allgemeinen in sehr schlechter Verfassung waren, viele waren alt und schlecht gepflegt, unter anderem wegen Futtermangels.[23]

Am 2. Juli 1923 verfassten mehrere hohe Kommandeure der Roten Armee, darunter Kliment Woroschilow, der zu diesem Zeitpunkt den Nordkaukasischen Wehrbezirk befehligte, eine streng geheime Denkschrift über den Zustand der Roten Armee anlässlich der erneuten Haushaltsmittel-Kürzung. Stalin ließ diesen Bericht an alle Mitglieder und Kandidaten des Zentralkomitees und Mitglieder des Präsidiums der Zentralen Kontrollkomission der Partei verschicken. In der Denkschrift heißt es unter anderem:

> »Kasernen zerfallen. Dächer wurden in den letzten 10 Jahren nicht gestrichen [Dächer mit Metalleindeckung], sie sind durchgerostet und undicht; Wände, Zimmerdecken, Fußböden, Fundamente und Öfen verfallen. Fensterrahmen sind verfault, ohne Fensterscheiben, Aborte überfüllt, Wasserleitungen beschädigt, kein Licht, überall Dunkelheit, Feuchtigkeit und Verfall. Munitionslager und

Lagerräume sind in noch schlechterem Zustand. Explosionen, die sich in den letzten 1–2 Jahren ereignet haben, kosteten den Staat viele Millionen Goldrubel. [...] Die zweite Frage: Mangel an Brennstoffen. Holz und Kohle reichen nicht einmal aus, um Essen und heißes Wasser zu kochen. Unter diesen Umständen (schlecht bekleidet, ohne Bettzeug, kalte, ungeheizte und feuchte Kasernen) kann man sich vorstellen, welche Stimmung und Gefühle gegenüber diesem Klima der NÖP unter den Rotarmisten, Kommandeuren, politischen Arbeitern, Kursanten und ihren Familienangehörigen herrschen.«[24]

In den nächsten Jahren änderte sich im Hinblick auf die materielle und soziale Lage der Rotarmisten nichts. Die politische Verwaltung des Revolutionären Kriegsrates der Republik konstatierte in ihrem Lagebericht für Monat Februar 1924:

»Im vergangenen Monat war die Versorgungslage mit Lebensmitteln in vielen Einheiten anormal. Schlechtes Backen des Brotes und dessen Ausgabe – roh und ranzig – (22. Division, 14. Kavalleriedivision, 19. Division). In manchen Einheiten der 14. Kavalleriedivision ist die Lage bei der Versorgung mit Brot außerordentlich angespannt. [...] *Kasernen:* Mangel an Brennstoffen, Kälte in Kasernen – Mangel an Brennstoffen nahm besonders scharfe Ausmaße an. Selten werden Einheiten mit Brennstoffen voll beliefert. In den meisten Einheiten reichten die Brennstoffe nicht aus. Die Ausgabenorm der Brennstoffe ist unzureichend. Ein Teil der ausgegebenen Brennstoffe hat schlechte Qualität – Holz ist nicht ausgetrocknet und verfault. [...] In vielen Einheiten beträgt die Temperatur in den Kasernen unter 10 Grad [...], in manchen war sie nicht höher als 4–5 Grad, und es gibt Kasernen, in denen die Temperatur unter 0 Grad fiel (Regiment 167 der 56. Division). Diese Zustände zwingen Rotarmisten dazu, sich in der Nacht mit allen ihren Kleidungsstücken zuzudecken, damit sie nicht erfrieren. In vielen Einheiten springen Rotarmisten in der Nacht aus den Betten, laufen durch die Kaserne, um sich aufzuwärmen. In der 4. Kavalleriedivision hörte das Dampfbad, das das Regiment 2 bedient, wegen des Brennstoffmangels zu funktionieren auf, die Wäscherei stellte ihre Arbeit ein, das Wasser friert in den Waschbecken ein. Die Brennstoffversorgung ist besonders in den Einheiten der Westfront angespannt; die 33. Division konnte sich mit Brennstoffen nicht versorgen, weil warme Kleidung fehlte (Filzstiefel u. a.); Rotarmisten suchten nach Holz mit Tränen in den Augen. Es gab Fälle von Erfrierungen. Wegen der Kälte in den Kasernen entwickeln sich Erkältungskrankheiten (27. Division). [...] *Sanitäre Verhältnisse:* [...] In der 44. territorialen Division stellte man fest, dass 80 % der Rotarmisten verlaust waren. Eine der Ursachen dafür liegt darin, dass die Seife für das Waschen der Wäsche nicht ausgegeben wird. Die politische Verwaltung des Leningrader Wehrbezirkes hebt hervor, dass bei genauer Einhaltung der geltenden Vorschriften für die medizinische Musterung beispielsweise in jedem Regiment der 4. Kavalleriedivision nicht mehr als 40–50 Mann zurückgeblieben wären.«[25]

Die ohnehin fatale finanzielle und wirtschaftliche Lage der Roten Armee verschlechterte noch »der massenhafte Diebstahl und die Misswirtschaft«, wie es im Bericht von Genrich Jagoda, damals Chef der Sonderabteilung GPU bei der Roten Armee, vom Mai 1923 heißt. Jagoda stellte unter anderem fest:

»Die Ergebnisse des Kampfes der Sonderabteilung gegen verschiedene Wirtschaftsverbrechen zeigen, dass *diese Verbrechen und die Misswirtschaft nicht selten die hauptsächliche und entscheidende Ursache für materielle Missstände in dem einen oder anderen Lebensbereich der Armee darstellen.* [...] [es folgen mehrere Beispiele für Veruntreuung von Millionenbeträgen]. Ende 1921 (Oktober) wurden in Deutschland über die Firma ›Sablatnik‹ 18 Flugzeuge ›Halberstadt‹ gekauft. [...] Bei der Übernahme waren die Flugzeuge einsatzfähig, ein Teil von ihnen wurde in der Luft erprobt. Nach Eintreffen der Flugzeuge in Petrograd (10 Exemplare) und in Moskau (8 Exemplare) stellte sich heraus, dass die Flugzeuge nicht einsatzfähig sind. Die eingerichtete Kommission stellte im vergangenen Jahr fest, dass alle Flugzeuge nicht einsatzfähig sind und generalüberholt werden müssen. [...] Diese Flugzeuge wurden für 240 000 Goldrubel gekauft; der Schaden der Republik beläuft sich auf 117 320 Goldrubel. [...] Fünf große Explosionen in den Munitionslagern in den Jahren 1919–1922 verursachten der Republik einen Schaden von 150 000 000 Goldrubel [...]. Die erwähnten fünf Explosionen vernichteten Munition von etwa 5000 Waggons – in den Artilleriemunitionslagern befindet sich Munition von 90 000 Waggons.[26]

Jagoda berichtete auch, dass aus den Lagern Kleidungsstücke, Schuhe und andere Gegenstände massenhaft gestohlen und verkauft worden seien. Die dadurch entstandenen Schäden seien in Dutzenden Millionen von Goldrubeln zu schätzen gewesen.

Vor diesem Hintergrund verwundert es kaum, dass die Stimmung und Disziplin in der Roten Armee ebenfalls miserabel waren, zumal Rotarmisten von ihren Vorgesetzten auch sehr schlecht behandelt, teilweise gar misshandelt wurden. In dem bereits oben angeführten Bericht vom 17. Mai 1923 über die Mängel in der Roten Armee, die sich auf ihre Kriegsbereitschaft negativ auswirkten, heißt es dazu:

»Im Petrograder Wehrbezirk kann man die Stimmung unter den Rotarmisten nicht als gut bezeichnen. [...] Die Kluft zwischen den Kommandeuren, Angehörigen des Verwaltungs- und Wirtschaftsapparates einerseits und Rotarmisten andererseits wird immer größer. Die Ursachen dafür sind erstens Arroganz, grober und anmaßender Umgang bis hin zum Prügeln. Zweitens Trunkenheit und Kumpanei unter den Kommandeuren. Drittens Missbrauch der Dienststellung und Diebstahl, die in letzter Zeit das Stadium einer chronischen Krankheit erreichten und sich fatal auf die Stimmung der Massen der Rotarmisten auswirken. Sie zersetzen und stecken die Rotarmisten an sowie untergraben die Autorität der Kommandeure und Angehörigen des politischen Apparates.

> Sibirien: Die materielle Unterversorgung, Grobheit und Isolierung [der Kommandeure] von der Masse der Rotarmisten ruft bei den Letzteren Unzufriedenheit hervor. Dies bietet günstigen Boden für Aktivitäten von Sekten, insbesondere der Baptisten. [...] Diese Faktoren wirken sich schädlich auf die Stimmung unter den Rotarmisten aus.«[27]

In den nächsten Jahren änderte sich die Lage und somit auch die Stimmung unter den Rotarmisten kaum. Im Lagebericht der politischen Verwaltung des Revolutionären Kriegsrates für den Monat Februar 1924 heißt es unter anderem, dass der Sold überhaupt nicht oder mit Verspätung ausbezahlt werde. Briefe aus der Heimat über die schwere Lage wegen der hohen Steuern würden die Rotarmisten sehr aufregen. Auch alle unteren Kommandeure und ein Teil der höheren Kommandeure sind mit ihren materiellen Lebensverhältnissen sehr unzufrieden. »Im vergangenen Monat stellte man in vielen Einheiten Fälle von konterrevolutionärer Agitation fest, die durch verschiedene Ursachen bedingt waren.« Auch die Disziplin litt darunter, Befehle würden nicht ausgeführt, weil keine Filzstiefel vorhanden seien. Es habe auch abnormale Erscheinungen gegeben, wie Trunkenheit unter den Kommandeuren in manchen Einheiten.[28]

Am 29. Februar 1924 berichtete die politische Verwaltung unter anderem über das antisowjetische Verhalten von »Kulakenelementen« in der Roten Armee: »Die Zahl der Kulaken in den einzelnen Einheiten ist ziemlich groß. Im Regiment 90 gibt es 115 Kulaken, das macht 10 % des gesamten Bestandes aus. Die eifrigsten Kulaken schaffen mit ihren störenden ›Rufen‹ und ihrer demagogischen Agitation solche Stimmung, dass sich nur mit großen Schwierigkeiten die Ordnung einhalten lässt.«[29]

Im Dezember 1924 habe sich nach dem Lagebericht der OGPU die Stimmung unter den Rotarmisten verschlechtert. Die Ursache dafür seien die zahlreichen Briefe an Rotarmisten aus ihren Dörfern. Vor diesem Hintergrund aktivierten sich konterrevolutionäre Elemente (Kulaken, Händler, entlassene Studenten) unter den Rotarmisten. Es seien auch Gegensätze zwischen Stadt und Dorf sowie ein Zerfall der Disziplin beobachtet worden. Rotarmisten würden oft über die Unterdrückung der Dorfbevölkerung klagen. »Im Regiment 105 des Sibirischen Wehrbezirkes erklärten manche Rotarmisten: ›Die Sowjetmacht ist keine Macht, sondern Plünderei. Wenn der Krieg kommt, dann werden wir die Kommunisten bekriegen, und wenn sie nicht in den Krieg gehen, dann töten wir sie und werden nicht kämpfen.‹ In der 3. Division agitiert ein Rotarmist, Sohn eines Händlers, unter den Rotarmisten gegen die ›ungerechte‹ Behandlung durch Kommandeure: ›Wir dienen nicht in der Roten Armee, sondern das ist rote Schinderei.‹« Weiter heißt es in dem Bericht: »Unzufriedenheit wegen der schlechten materiellen und Lebensbedingungen herrscht in allen Wehrbezirken.«[30]

Auch im Jahre 1925 änderten sich die wirtschaftlichen und Lebensbedingungen der Rotarmisten kaum, worauf die GPU-Lageberichte über die politische Stimmung in der Sowjetunion, so auch unter den Rotarmisten, hinweisen. Es wurde weiterhin geklagt über Mangel an Uniformen, schlechtes Essen, antisowjetische Stimmung, schlechte Disziplin und Misshandlungen.[31]

Extrem schlechte Stimmung herrschte auch unter den Kommandeuren der Roten Armee, weil sie ebenfalls unter katastrophalen Bedingungen ihren Dienst leisten mussten. Besonders betroffen waren die verheirateten Kommandeure. Hier seien einige Berichte angeführt. Im Lagebericht der politischen Verwaltung der Roten Armee für den Monat Mai 1924 wird auf die niedrige Besoldung der unteren und mittleren Kommandeure verwiesen und auf die unregelmäßige Auszahlung. Aus diesem Grund verschuldeten sich Kommandeure bei Händlern und könnten dann ihre Schulden nicht rechtzeitig begleichen. Auch die katastrophalen Wohnverhältnisse machten den Kommandeuren zu schaffen, vor allem in Turkmenistan. Besonders betroffen davon waren verheiratete Kommandeure, die ihre Familien kaum unterstützen konnten.[32]

Im Lagebericht des Revolutionären Kriegsrates für den Monat April 1924 wird ebenfalls auf die schlechte Besoldung der Kommandeure und die damit verbundene fatale wirtschaftliche Lage von deren Ehefrauen hingewiesen.[33] Im Bericht derselben Dienststelle vom 29. Februar 1924 heißt es, dass die schlechte materielle Lage die Autorität der unteren und mittleren Kommandeure untergrabe.[34] Im Oktober 1925 vermeldete die OGPU, dass die Bereitschaft unter den Kursteilnehmern an den »Bataillonsschulen« (für untere Kommandeure) zum Verbleib in der Armee in allen Wehrbezirken sehr gering wäre. Manche hätten absichtlich Prüfungen nicht bestanden, nur um demobilisiert zu werden. Auch unter den unteren Kommandeuren herrschte der Wunsch vor, demobilisiert zu werden.[35]

Vor diesem Hintergrund verwundert es kaum, dass unter den Kommandeuren die ohnehin hohe Selbstmordrate viel höher als unter den Rotarmisten war. In den Einheiten der 5. Armee gab es nach Angaben der politischen Verwaltung der Roten Armee im Jahre 1923 insgesamt 24 Selbstmordfälle. Die Gründe dafür waren: psychische Störungen (60 %), unheilbare Krankheiten (20 %), Probleme im Dienst (10 %), Angst vor Bestrafung (5 %) und familiäre Probleme (5 %). »Das Verhältnis der Selbstmordfälle unter den Kommandeuren zu dem unter den Rotarmisten [der 5. Armee] beträgt 8 : 1, was zum Teil auf die sehr schwere materielle Lage der Kommandeure hinweist.«[36]

Im Moskauer Wehrbezirk stieg die Selbstmordrate im Jahre 1923 gegenüber dem Jahr 1922 um 250 Prozent, obwohl sich der Personalbestand im Jahre 1923 um 21,3 Prozent verringerte. Insgesamt gab es im Bezirk im Jahre 1923 65 Selbstmordfälle, 67,7 Prozent davon unter den Kommandeuren, Angehörigen des Verwaltungs- und Wirtschaftsapparates sowie Hörern von Militärschulen sowie 32,3 Prozent unter Rotarmisten. Die meisten Selbstmordfälle gingen auf die schlechten materiellen Bedingungen zurück, wie es im Bericht darüber heißt.[37]

Zu all dem kamen noch ethnische Konflikte unter den Soldaten hinzu. In der Roten Armee dienten viele Nationalitäten, die Russen bildeten jedoch die absolute Mehrheit. Im November 1921 setzte sich die Rote Armee wie folgt zusammen: 80,3 % Russen, 10,9 % Ukrainer, 2,6 % Tataren, 1,6 % Juden, 1,1 % Polen, 0,7 % Letten, 0,6 % Deutsche, 0,4 % Baschkiren, 2,8 % andere.[38] Besonders angespannt scheinen das russisch-ukrainische Verhältnis sowie die Beziehungen zwischen nichtjüdischen und jüdischen Soldaten gewesen zu sein.

Im Bericht der politischen Verwaltung der Roten Armee für den Monat Februar 1924 heißt es: »Im vergangenen Monat gab es nicht wenige Fälle von ethnischen Antagonismen zwischen Russen und Juden (21. Division: ›Für die Juden überall Hochachtung, und uns treibt man zum Dienst‹), Russen und Ukrainern (30. Division). Im letzten Fall wurde der Antagonismus durch die chauvinistische Agitation der ›Ukapisten‹ hervorgerufen.«[39] »Ukapisten« waren ukrainische Kommunisten, die für die Selbständigkeit der kommunistischen Ukraine von Sowjetrussland eintraten.[40]

Am 19. Februar 1924 berichtete die politische Verwaltung der Roten Armee, dass sich Angehörige des politischen Apparates der 7. Kavalleriedivision (Westfront) weigerten, politische Propaganda und Ausbildung in ukrainischer Sprache durchzuführen. Dies wurde im Rahmen der Bildung von nationalen Einheiten innerhalb der Roten Armee angeordnet. In der 1. Brigade stellte man dagegen unter den Rotarmisten eine antisemitische Stimmung fest. Dort erklärten Rotarmisten: »›In zivilen Behörden haben sich die Juden breitgemacht, in der Armee aber nicht.‹ In der ersten Eskadron des Regiments 38 antwortete ein Rotarmist auf die Frage ›Welche Pflichten hat ein Rotarmist im Kampf?‹, die während des politischen Unterrichts gestellt worden war, ›Schlage die Juden‹.«[41]

Im Lagebericht für den Monat Mai 1924 vermeldete die politische Verwaltung der Roten Armee: »Der Antisemitismus trat in Erscheinung in einer Reihe von Truppen (Ostseeflotte, Schwarzmeerflotte, Ukrainischer Wehrbezirk), insbesondere in den Truppen der Garnison Charkow, wo einer der Rotarmisten während einer Rayonkonferenz vorschlug, ›den Juden ist der Dienst in der Roten Armee zu verbieten‹. Er begründete dies mit der geringen Zahl der Juden in taktischen Truppenteilen.«[42] Der Antisemitismus scheint in manchen Verbänden so stark verbreitet gewesen zu sein, dass sich die politische Führung der Roten Armee veranlasst sah, Maßnahmen dagegen zu ergreifen. Im Bericht der politischen Verwaltung vom 10. Mai 1924 heißt es dazu: »Vor dem Hintergrund der Steigerung der antisemitischen Stimmung in der Truppe [im Ukrainischen Wehrbezirk] beschloss die politische Konferenz, um gegen diese Erscheinungen zu kämpfen, planmäßige Agitation und eine Umschichtung des politischen Apparates nach ethnischer Herkunft durchzuführen.«[43]

Das Bild der sich in katastrophalem Zustand befindenden Roten Armee rundet die offenkundig nicht bessere Verfassung der obersten Militärführung ab. Michail Tuchatschewski, im Jahre 1924 Kommandeur der Truppen der Westfront, verfasste am 23. Januar 1924 eine alarmierende Denkschrift über den Zustand der Roten Armee und insbesondere über den der obersten Militärführung, die an das Zentralkomitee gerichtet war. Eingangs konstatierte Tuchatschewski: »Die Lage der Roten Armee in vielen Bereichen erscheint, insbesondere in der letzten Zeit, in sehr dunklem Licht. Ich sehe zurzeit keine Umstände, [...] welche die Lage zum Besseren wenden könnten.« Im Einzelnen führte Tuchatschewski aus:

»*Strategische Führung:* Diese gibt es, wenn überhaupt, dann nur in formaler, lebloser Form. [...] Oberkommando und Stab haben keine definierte Vorstellung von operativer Führung. Wir sehen weder Vorbereitungen noch strategische Fragen zum Krieg, noch irgendwelches Training hierfür von verantwortlichen Mitarbeitern. Dies ist besonders wichtig für die verschiedenen Spezialisten. Die Arbeit mancher Fronten in diesem Bereich ruft sogar herablassenden Spott hervor. Meine Meinung: Die Rote Armee befindet sich im Hinblick auf die strategische Vorbereitung in barbarischem Zustand.
Organisations- und Mobilisierungsbereich: Es gibt keine leitende Idee, keinen leitenden Plan. Die Organisationsstrukturen der Armee passen sich ohne irgendwelches System an die dauernden Änderungen des Budgets an. Bestände ändern sich pausenlos. Niemand kennt die gegenwärtige Organisationsstruktur der Armee. [...] Die Ausbildung hinkt hinterher. Wir haben bereits das Jahr 1924 und noch keine Felddienstvorschriften, während es diese bereits seit 1921 in allen ausländischen Armeen gibt (inklusive Polen). [...]

Kriegslehre: Diese ist gestorben, als im Frühjahr 1922 die Verfolgung der wissenschaftlichen Gesinnung begonnen hat. Man erklärte, dass Kriegslehre nicht existiere, dass man die guten ›roten Generäle‹ und ihre Strategie nicht brauche und dass die Hauptaufgabe der Roten Armee im Putzen der Stiefel bestehe. [...]
Kommandeure und Angehörige des politischen Apparates: Am Ende des Bürgerkrieges blieben in der Armee im Allgemeinen die stärksten Kommandeure. Was die Angehörigen des politischen Apparates angeht, [...] hat sich ihre Qualität wesentlich verschlechtert, weil die besseren Kräfte an die wirtschaftliche Front genommen wurden. Diese zwei Umstände führten dazu, dass sich die Beziehungen zwischen Kommandeuren und Angehörigen des politischen Apparates in den Fällen wesentlich verschärften, wenn Kommandeure Kommunisten sind. Und deren Prozentsatz ist sehr hoch.«[44]

Tuchatschewski führte ferner aus, dass die Angehörigen des politischen Apparates in der Armee eine Art Opposition zu den Kommandeuren gebildet hätten. Dies untergrabe das Gebot der einheitlichen Führung in der Armee. »Diese krankhafte Situation wirkt sich unheilvoll auf die Entwicklung der Roten Armee aus.« Daher forderte Tuchatschewski, dass man die einheitliche Führung in der Armee unbedingt durchsetzen müsse. »Ohne diese Maßnahmen werden wir vor der fortschreitenden Zersetzung des Führungsapparates der Roten Armee stehen.« Abschließend schlug Tuchatschewski vor, das oberste Kommando radikal umzuorganisieren, um die Armee für den Krieg vorzubereiten.[45]

Der fatale Zustand der Roten Armee blieb selbstverständlich der obersten Parteiführung nicht verborgen. Die oben zitierten Berichte, Denkschriften und Schreiben waren ja an die obersten Parteiinstanzen gerichtet, in erster Linie an das Politbüro und das Zentralkomitee. Im März 1923 hielt Lew Trotzki im Plenum des ZK eine Rede über den Zustand der Roten Armee, wobei er das Hauptübel in der Fluktuation sah:

»In den letzten 3 ½ Jahren durchlebte die Armee zwei schwerwiegende Prozesse – *ununterbrochene Demobilisierung und Reorganisation.* Aus der Armee musste man Jahr für Jahr ältere Jahrgänge entlassen. [...] Dies alles zusammen mit ständiger Reorganisation führte *zur unglaublichen Fluktuation im Personalbestand der Armee, was sich äußerst schädlich auf den Stand der Ausbildung und Versorgung der Truppen auswirkt.* [...] Die Armee besteht zurzeit aus jungen, schlecht ausgebildeten Soldaten, und *der Uniformierungsplan der Armee scheiterte durch Ausgabe von Bekleidung an Demobilisierte.*[46]

Daraufhin berief das Zentralkomitee am 30. März 1923 eine spezielle Kommission, die einen Verteidigungsplan des Landes zu erarbeiten hatte. Die Kommission setzte sich aus Trotzki, Rykow, Dserschinski, Pjatakow, Bogdanow, Sokolnikow, Frunse und Woroschilow zusammen.[47] Am 3. Mai 1923 trug Trotzki im Politbüro über die Arbeit der Kommission vor, die die Erarbeitung eines fünfjährigen Planes zum Aufbau der Roten Armee vorschlug. Das Politbüro genehmigte dies und beauftragte die Kommission, einen solchen Plan auszuarbeiten und dem Zentralkomitee vorzulegen.[48] Daraus wurde jedoch nichts.

Am 3. Februar 1924 debattierten die Mitglieder des Zentralkomitees wieder einmal über den Zustand der Roten Armee. Unter anderem trug Sergej Gusew, der Chef der politischen Verwaltung der Roten Armee, im Plenum über den Zustand der Roten Armee vor. Er klagte dabei über die Fluktuation, die in der Roten Armee in der Geschichte nicht gekannte Dimensionen angenommen habe, über die Tatsache, dass zaristische Spezialisten nicht durch neue ersetzt würden, und auch über die fatalen Sicherheitsbedingungen in Munitionslagern, in denen es oft zu Explosionen komme.[49] Das Zentralkomitee berief an diesem Tag eine neue Kommission, die Maßnahmen zur Genesung und Stärkung der Armee ausarbeiten sollte. Zum Vorsitzenden der Kommission wurde in der ersten Sitzung der Kommission am 19. Februar 1924 Michail Frunse ernannt.[50]

Die ganze Arbeit all dieser Kommissionen, die Vorschläge und Pläne, die sie erarbeitet hatten, waren jedoch nutzlos, denn der äußerst angespannte Staatshaushalt ließ es nicht zu, die vorgeschlagenen Maßnahmen und Pläne umzusetzen. Am 9. Juli 1924 verfasste Dserschinski eine Denkschrift über die wirtschaftliche Lage, die an das Politbüro gerichtet war, in der er unter anderem feststellte: »Außerdem müssen wir unbedingt unsere Ausgaben für die Rote Armee überprüfen. Sie sind für uns untragbar, sie machen uns in wirtschaftlicher Hinsicht fertig.«[51]

Im Sommer 1924 beantragte der Revolutionäre Kriegsrat der Republik ein Budget für die Rote Armee und Kriegsflotte sowie die Rüstungsindustrie (17 Millionen) in Höhe von 427 Millionen Rubel für das Haushaltsjahr 1924/25. Das Politbüro genehmigte jedoch nur 380 Millionen Rubel. Nach Auffassung des Kriegsrates machte es die Kürzung des Budgets unausweichlich, die Rote Armee wieder zu reduzieren, diesmal um ein Drittel, und er wies darauf hin: »Solch eine um ein Drittel amputierte Armee kann unter keinen Umständen die Aufgabe der Verteidigung des Landes erfüllen, wenn man die realen Kräfte der möglichen Feinde berücksichtigt.«[52]

Die Rote Armee wurde zwar nicht um ein Drittel verkleinert, die Reduzierungen waren aber dennoch erheblich. Vor dem Hintergrund der knappen Mittel schlug Michail Frunse, Chef des Stabes der Roten Armee, am 5. Juli 1924 vor, die Zahl der Divisionen der Roten Armee von 107 auf 90 und die Zahl der Soldaten von 610 000 auf 594 000 zu reduzieren. Damit sollte einerseits die Ausrüstung der übrigen Divisionen mit Gewehren, MG und Patronen (»das Hauptübel«) um 20 Prozent erhöht werden. Andererseits sollte dies die militärische Ausbildung von Rekrutenjahrgängen (etwa 700 000 waffenfähige Rekruten im Jahr) zu etwa 33 Prozent (225 000–250 000 Rekruten) gewährleisten.[53] Im Laufe der nächsten drei Jahre wurde die Rote Armee tatsächlich auf 90 Divisionen verkleinert.[54]

Diese Maßnahmen brachten aber keine wirkliche Besserung des Zustandes der Roten Armee. Im September 1926 ließ die sowjetische Regierung in vier Militärbezirken eine Probemobilmachung durchführen, um die Kriegsbereitschaft des Landes zu testen. An der Übung nahmen fünf Infanterie- und zwei Artillerieregimenter, eine Kavallerieeskadron und eine Nachrichtenkompanie teil. Die Ergebnisse der Probemobilmachung waren in jeder Hinsicht katastrophal. Weder die militärischen noch die zivilen Stellen waren auf eine Mobilmachung vorbereitet, sodass während der Übung Chaos herrschte und der Mobilmachungsplan nicht ausgeführt werden konnte. Die Aktion wurde vorzeitig abgebrochen.[55]

Die im Rahmen der Mobilmachung durchgeführten Übungen offenbarten zum wiederholten Male den desolaten Zustand der Armee. Die Kommandeure waren auf die Führung der Einheiten in Kriegszeiten nicht vorbereitet. Die Reservisten schossen schlecht und waren taktisch unzureichend ausgebildet. Im Nachschub und in der Organisation der rückwärtigen Gebiete herrschten chaotische Zustände. Die bei den Bauern mobilisierten Pferde waren für den Militäreinsatz nicht geeignet, sie waren den Militärdienst nicht gewohnt und auch zu schwach.[56]

Anfang Juli 1926 erarbeitete eine der unzähligen Kommissionen in Sowjetrussland, die OGPU-Kommission der Bevollmächtigten Vertreter unter Vorsitz von Jagoda, die sich aus führenden Angehörigen der OGPU zusammensetzte, eine Liste von Mängeln der sowjetischen Kriegsbereitschaft und einen langen Maßnahmenkatalog zu ihrer Erhöhung. Ein Teil davon betraf die Rote Armee und den Zustand ihrer Kriegsbereitschaft.[57]

Die Kommission stellte unter anderem fest, dass die Organisation der Armee gründlicher Verbesserungen bedürfe. Die Vorbereitungen zur Mobilmachung erforderten dagegen die Beendigung aller Reorganisationen, um ein realistisches Mobilisierungsprogramm erarbeiten zu können, denn zurzeit gebe es keinen realisierbaren Mobilisierungsplan. Die Mobilisierungsvorräte seien unzureichend, in manchen Bereichen (chemische Mittel, Luftwaffe u. Ä.) sei die Lage sogar ernst. Notwendig seien Maßnahmen, um die Parteiorganisationen in der Armee zu stärken und die Kluft zwischen den Kommandeuren und der Masse der Rotarmisten zu beseitigen.[58]

Ferner seien die Disziplin zu stärken und Abweichungen von ihr zu beseitigen, einerseits der übermäßige Demokratismus, andererseits das andere Extrem, der Einsatz des Stockes. Die Verpflegung der Soldaten sei in solch schlechtem Zustand, dass eine weitere Verschlechterung sicherlich zu massenhafter Unzufriedenheit der Rotarmisten führen werde. Es sei daher unbedingt notwendig, die Verpflegung zu verbessern, in erster Linie durch die Qualitätssteigerung der Mitarbeiter des Versorgungsapparates sowie durch den Kampf gegen die Misswirtschaft. Maßnahmen zur Verbesserung der materiellen Lage der Kommandeure der Reserve seien notwendig. Die strengere Bestrafung von politischen Verbrechen in der Armee sei ebenfalls unvermeidbar.[59]

Die Kommission beauftragte die OGPU, insbesondere die Sonderabteilungen, auf die ehemaligen zaristischen Offiziere, »Weißen« und andere aufmerksam zu werden, insbesondere aber auf das Durchsickern der »bäuerlichen Stimmung«, das heißt der antisowjetischen Stimmung, in den Kommandeurbestand. Auch unter den Rotarmisten war »bäuerliche« Stimmung zu beobachten. Die OGPU habe auch entschieden gegen die Misswirtschaft im Versorgungsapparat der Roten Armee zu kämpfen, weil die mangelhafte Versorgung die wichtigste Ursache für die Unzufriedenheit der Rotarmisten sei.[60] Die späteren Berichte vermeldeten tatsächlich, dass sich in die Reihen der Roten Armee die antisowjetische Stimmung der ländlichen Gebiete, die sich ab 1924 kontinuierlich radikalisierte (siehe unten), tatsächlich verbreitete.[61]

Vor dem Hintergrund des katastrophalen Zustandes der Roten Armee erübrigten sich eigentlich jegliche Debatten über die Strategie der Roten Armee und die Verbreitung der Revolution mit Waffengewalt. Die bolschewistischen Anführer taten dies dennoch, worauf noch einzugehen sein wird.

Die Rüstungsindustrie

Anfang Juni 1923 verfasste das Mitglied der ZK-Kommission für die Landesverteidigung Smirnow eine Denkschrift über die Kriegsindustrie und Landesverteidigung, in der er eingangs konstatierte: »Während wir relativ schnell Menschenmassen [...] mobilisieren und sie um den Kern von 600000 Mann organisieren und eine große Armee aufstellen können, steht es um die Bewaffnung dieser Millionen wesentlich schwieriger.« Smirnow verwies dabei auf den Umstand, dass sich Sowjetrussland im künftigen Krieg nur auf eigenes technisches Potential stützen könne, weil man mit der Unterstützung seitens der kapitalistischen Länder nicht rechnen könne.[62]

In der Tat befand sich die sowjetische Rüstungsindustrie Anfang der zwanziger Jahre in einem fatalen Zustand, ähnlich wie die gesamte sowjetrussische Industrie. Im Jahr 1923 erzeugte die sowjetische Industrie lediglich 25 Prozent der Vorkriegsproduktion im Jahre 1914.[63] Während des Bürgerkrieges und danach arbeiteten in Sowjetrussland zwei Rüstungswerke, die Gewehre herstellten, in Tula und Ishewsk. Während sich 1914 die Produktion von Gewehren in Russland auf 525 000 Stück belief, waren es im Jahr 1923 gerade noch 250 000 (48 % der Produktion von 1914), nach 216 688 Stück (41 %) im Jahr 1922, 245 301 Stück 1921 und 426 984 Stück 1920. Diese Produktion reichte bei weitem nicht aus, um im Mobilisierungsfall eine Millionenarmee zu bewaffnen.[64]

Der Bedarf an schweren Maschinengewehren war ebenfalls groß, im Jahre 1923 fehlten der Roten Armee 50 000 Stück. Die Rüstungswerke stellten aber im Jahre 1923 nur 150 MG pro Monat her, obwohl die Produktion höher hätte sein können, nämlich 250 pro Monat. Die Armee verfügte jedoch nicht über ausreichende Mittel, um mehr schwere MG zu bestellen. Der Bedarf an leichten MG war noch höher, schätzungsweise 200 000 Stück, die Produktion betrug jedoch nur 100 leichte MG im Monat.[65]

Im Jahre 1914 wurden in Russland 900 Millionen Schuss Munition hergestellt, im Jahre 1919 waren es gerade noch 350 Millionen, 1922 318 Millionen, und für das Jahr 1923 war die Produktion von 300 Millionen Schuss Munition geplant.[66] Wesentlich besser stand es dagegen um die Herstellung von Geschützen. Zwei Werke in Moskau und Perm befriedigten den laufenden Bedarf der Roten Armee und verfügten gar über noch größere Produktionskapazitäten. Im Jahre 1922 stellten die Moskauer Werke 102 Geschütze her, und im Jahre 1923 waren 165 Geschütze eingeplant; die Werke im

Perm produzierten im Jahr 1922 408 Geschütze und im Jahr 1923 waren 440 Geschütze eingeplant.[67]

Kritisch stand es hingegen um die Herstellung von Sprengstoffen. Nach den im Jahre 1923 geltenden Mobilisierungsplänen war eine Monatsproduktion von 121 000 Pud Trotyl erforderlich. Im Jahre 1923 produzierten die Rüstungswerke in Sowjetrussland aber nur 61 500 Pud Trotyl pro Monat, das heißt nur die Hälfte des Monatsbedarfs.[68] In rudimentärem Zustand befand sich die Luftfahrtindustrie, in der moderne Technologien fehlten. Für das Jahr 1923 war die Produktion von 240 Flugzeugen und 80 Flugzeugmotoren eingeplant, das Aufrüstungsprogramm sah aber die Lieferung von 528 Flugzeugen und 660 Flugzeugmotoren vor. Es fehlten Mittel, um die bestehenden Werke auszubauen und moderne Technologie im Westen einzukaufen. Es mangelte auch an erfahrenen Flugzeugbauspezialisten, die imstande gewesen wären, moderne Flugzeuge zu entwickeln.[69]

Die Kriegsflotte spielte eine untergeordnete Rolle, und nur ein Werk produzierte für ihren Bedarf. Von 60 567 205 Rubel, die im Haushaltsjahr 1922/23 für den Einkauf von Ausrüstung und Waffen bestimmt waren, wurden für die Flotte nur 1 800 000 Rubel (2,97 %) ausgegeben.[70] Eine Panzerindustrie gab es dagegen überhaupt nicht, einzelne Panzer wurden in Werkstätten hergestellt.

Im Sommer 1923 wurde anlässlich der Debatte über den Zustand der Roten Armee ein fünfjähriges Programm der Rüstungsproduktion erarbeitet. Der Plan sah folgende Ausgaben für Bestellungen für die Rote Armee und die Kriegsflotte vor: 1923/24: 339 327 205 Rubel, 1924/25: 382 630 800 Rubel, 1925/26: 429 836 000 Rubel, 1926/27: 463 118 000 Rubel, 1927/28: 463 947 000 Rubel.[71]

Diese Pläne, wie viele andere auch, blieben jedoch auf dem Papier, denn sie waren angesichts der angespannten Haushaltslage nicht realisierbar. Das vom Politbüro bewilligte Gesamtbudget für Rote Armee, Flotte und Rüstungsindustrie betrug beispielsweise im Jahre 1924/25 nur 380 Millionen Rubel.[72] Das waren 2 630 800 Rubel weniger, als das oben erwähnte Rüstungsprogramm nur für die Rüstungsbestellungen vorsah. Am 7. Mai 1924 hielt Trotzki eine Rede in der Militärakademie der Roten Armee und führte dabei aus:

> »Wir versuchten einen Fünfjahresplan, einen Zweijahresplan für den Aufbau [der Roten Armee] zu realisieren, sie [die Pläne] scheiterten jedoch. Versuche gab es bei uns eine ganze Menge, sie scheiterten nicht etwa wegen der inneren Mängel der Pläne, sondern weil diese Pläne unzureichend mit den wirtschaftlichen und finanziellen Plänen unseres Landes abgestimmt waren.[…] Die wirtschaftlichen Pläne unseres Landes […] befanden und befinden sich in rudimentärem Zustand, […] wir sind sehr arm in technischer und vor allem in organisatorischer Hinsicht, daher können wir uns große Aufgaben nur für die Perspektive von vielen Jahren stellen.«[73]

Im Gegensatz zu dem geradezu katastrophalen Zustand der Rüstungsindustrie und der Roten Armee standen die hochtrabenden Debatten über Kriegsstrategie und Verlauf der künftigen Kriege.[74] Dabei ging man grundsätzlich davon aus, dass der künftige Krieg ein langer und zugleich technisch hochgerüsteter Krieg sein würde. Die entscheidende Rolle sollten dabei nach Auffassung von Trotzki die Luftwaffe und die chemischen Waffen spielen. Die modernen Waffensysteme würden den traditionellen Krieg, der sich weitgehend auf verfeindete Armeen beschränkte, beseitigen. Der moderne Krieg werde ein totaler Krieg sein, der den Unterschied zwischen Armee und Zivilbevölkerung beseitigen würde. Trotzki führte am 19. Mai 1924 in einem Vortrag aus:

> »Flugzeuggeschwader von enormer Traglast und Reichweite transportieren [chemische Waffen] in das tiefe rückwärtige Gebiet und vernichten damit nicht nur die [traditionelle] Front, […] sondern heben auch den Unterschied zwischen der Armee und der Zivilbevölkerung auf. Wir haben nicht einmal gesagt, dass im künftigen Krieg nicht nur die Armee kämpfen wird, sondern das ganze Volk.«[75]

Die chemischen Waffen spielten also in den Überlegungen der Bolschewiken über den künftigen Krieg eine Schlüsselrolle. Die sowjetische chemische Industrie war jedoch in sehr schlechtem Zustand, es fehlten Spezialisten, moderne Fabriken, Anlagen und Technologien sowie finanzielle Mittel. Die chemische Industrie spielte aber nicht nur bei der Herstellung von Kampfgasen die entscheidende Rolle, sondern auch in der Produktion von Sprengstoffen, Munition usw. Der Vorsitzende des Rates des Verbandes der chemischen Industrie wandte sich im Jahre 1925 an Felix Dserschinski mit einer Denkschrift über den Zustand der chemischen Industrie, in der er unter anderem feststellte: »Die chemische Industrie zusammen mit anderen wichtigen Industriezweigen gehort zu den am meisten desorganisierten.« Das Hauptproblem, das die Entwicklung der chemischen Industrie behindere, sei das fehlende Kapital.[76]

Am 28. Mai 1926 verfasste Dserschinski an seine engsten Mitarbeiter, Krawal und Stern, ein kurzes Schreiben, in dem er auf den fatalen Zustand der Rüstungsindustrie in allen Bereichen hinwies. Zu den vielen Missständen gehörten unter anderem die unerhörte Aufblähung des Personalbestandes, sowohl der Angestellten als auch der Arbeiter, »lächerliche Arbeitsnormen« oder etwa »äußerst verworrene Finanzen«. Abschließend ordnete er an: »Ich bitte jeden von Euch, Materialien aus Euren Bereichen, die Euch zur Verfügung stehen, zusammenzustellen und mir ein Projekt zur Sanierung der Rüstungsindustrie vorzulegen.«[77]

Die im Jahre 1925 errichtete geheime Kommission für Verteidigung unter dem Vorsitz von Rykow, daher als Rykow-Kommission bezeichnet, gab ebenfalls im Mai oder Juni 1926 den Auftrag, die Arbeit der Verwaltung der Rüstungsindustrie sowie der einzelnen Rüstungsbetriebe zu überprüfen.[78] Die Prüfung führte eine vierköpfige Kommission, die insgesamt 18 Betriebe (die Hälfte aller Rüstungsbetriebe) persönlich kontrollierte. Für den Rest zogen sie Unterlagen aus der Verwaltung der Rüstungsindustrie heran. Die Prüfer stellten zahlreiche schwerwiegende Mängel und Missstände fest. Anlagen und Maschinen waren in schlechtem technischem Zustand, meistens veraltert (teilweise älter als 35 Jahre) und stark verschlissen, nicht selten bis zu 60 Prozent. Die Prüfer bemängelten auch die extrem schlechte Organisation, die sehr schlechte Arbeitsdisziplin und Misswirtschaft in allen Bereichen.[79]

Am 5. Juli 1926 befasste sich die Rykow-Kommission mit dem oben erwähnten Bericht und erarbeitete ein Projekt zur Genesung der Rüstungsindustrie, in dem die Kommission unter anderem feststellte:

»Die Arbeit der Rüstungsbetriebe und der Rüstungsindustrie leidet an kolossalen Defekten sowohl im Bereich der finanziell-ökonomischen Politik als auch im Bereich der Arbeitsorganisation. In Betrieben der Rüstungsindustrie gibt es einen enormen Überschuss an Angestellten und teilweise einen Überschuss an Arbeitern, insbesondere an Hilfsarbeitern. Arbeitsproduktivität, Arbeitsnormen und Disziplin in den Betrieben sind unzureichend, in manchen Fällen gibt es überhaupt keine Disziplin. Man stellt eine unvollständige Auslastung der Betriebe mit Rüstungsaufträgen fest, planmäßige Arbeit bleibt aus. Insbesondere weist die Produktion von zivilen und Rüstungserzeugnissen enorme Mängel im Bereich der Planung und Produktionstechnik auf. Man stellt wesentliche Mängel sowohl bei den zivilen als auch in den Rüstungsprodukten fest, große Rückstände in der Berichterstattung in allen Betrieben, [...] und zum Schluss das Ausbleiben irgendwelcher Organisation des Apparates sowohl im Zentrum als auch vor Ort. All diese oben erwähnten Mängel können teilweise durch objektive Ursachen, welche die Genesung der Arbeit der Rüstungsindustrie und seiner Organe bremsen, erklärt werden. Jedoch könnte ein wesentlicher Teil dieser Mängel behoben werden.«[80]

Die Kommission beschloss nun eine Reorganisation der Verwaltung der Rüstungsindustrie und den Zusammenschluss der Rüstungsbetriebe in fünf Trusts nach den einzelnen Rüstungszweigen mit insgesamt 84 215 Rüstungsarbeitern. Die Zentrale des Verwaltungsapparates der Rüstungsindustrie war dagegen auf 400 Mitarbeiter zu reduzieren. Darüber hinaus ordnete die Kommission eine Reihe von organisatorischen Maßnahmen zur Sanierung der Rüstungsindustrie an.[81]

Am 8. Juli 1926 bestätigte das Politbüro die Maßnahmen der Rykow-Kommission und berief eine weitere, diesmal dreiköpfige Kommission (Dserschinski, Woroschilow und Tomski), die für die Umsetzung dieser Maßnahmen zu sorgen hatte. Zugleich bestätigte das Politbüro die Absetzung von Sharko und Beresin, zweier leitender Funktionäre des Verwaltungsapparates der Rüstungsindustrie, denen die Rykow-Kommission die bestehenden Missstände zur Last gelegt hatte.[82] Es zeigte sich aber bald, dass auch diese Maßnahmen nichts halfen, um die sowjetische Rüstungsindustrie zu sanieren. Darauf wird noch einzugehen sein.

Der Rote Oktober 1923 in Deutschland und die Bolschewiken

Vor dem Hintergrund des katastrophalen Zustandes der Roten Armee und der sowjetischen Rüstungsindustrie in der ersten Hälfte der zwanziger Jahre und darüber hinaus könnte man meinen, dass Sowjetrussland in den ersten Nachkriegsjahren alles unternommen hätte, um den Frieden zu wahren und bewaffnete Konflikte mit relativ starken Nachbarländern zu vermeiden. Die Wirklichkeit sah aber anders aus und lag in der kommunistischen Ideologie begründet.

Die im August 1920 vor Warschau zerplatzten Träume vom Marsch gen Westen und der Weltrevolution bedeuteten nicht, dass sich die bolschewistischen Anführer von dieser Idee verabschiedet hätten. Ganz im Gegenteil, Lenin selbst beurteilte die Niederlage vor Warschau lediglich als eine vorübergehende Verzögerung der Weltrevolution, eine Atempause. Er wollte sie dazu nutzen, um die Macht innerhalb Sowjetrusslands zu konsolidieren und zu festigen, die Wirtschaft des Landes einigermaßen wiederherzustellen, um für die nächste Etappe der Weltrevolution und den nächsten Krieg besser als im Sommer 1920 vorbereitet zu sein. Denn eines der wichtigsten Elemente der kommunistischen Ideologie war außer der Weltrevolution die Überzeugung, dass der Zusammenbruch des kapitalistischen Systems so unvermeidlich sei wie die Kriege unter den kapitalistischen Ländern, dies seien die immanenten Eigenschaften des kapitalistischen Systems. Am 6. März 1920 erklärte beispielsweise Lenin:

> »Der Zusammenbruch der kapitalistischen Regierungen ist unausbleiblich. Denn alle sehen, daß ein neuer, ebensolcher Krieg unvermeidlich ist, wenn Imperialisten und Bourgeoisie an der Macht bleiben. […] *Kriege sind unvermeidlich* auf dem Boden des Privateigentums. Ein Krieg zwischen England, das Kolonien zusam-

mengeraubt hat, und Frankreich, das sich benachteiligt glaubt, ist unvermeidlich. Niemand weiß, wo und wie er ausbrechen wird, aber alle sehen und wissen und sprechen davon, daß es zum Krieg kommen wird und daß man aufs neue zum Kriege rüstet.«[1]

Neun Monate später, am 21. Dezember 1920, stellte Lenin in einer Rede fest: »Das [der Frieden] wird eine vorübergehende Pause sein. Die Erfahrung der Geschichte der Revolutionen, der großen Konflikte lehrt, daß Kriege, daß eine Reihe von Kriegen unvermeidlich ist.«[2] Nicht anders dachte Stalin, der gar vom Gesetz der Unvermeidlichkeit kriegerischer Zusammenstöße sprach.[3] Am 3. Dezember 1927 führte er dazu aus:

»Aus der teilweisen Stabilisierung erwächst eine Verschärfung der Krise des Kapitalismus, die anwachsende Krise legt die Stabilisierung in Trümmer – das ist die Dialektik der Entwicklung des Kapitalismus im gegebenen historischen Moment. [...] Es bleibt für den Kapitalismus ein einziger ›Ausweg‹: eine Neuverteilung der Kolonien und Einflußsphären auf dem Wege der Gewalt, auf dem Wege militärischer Zusammenstöße, auf dem Wege neuer imperialistischer Kriege. Aus der Stabilisierung entspringt das Anwachsen der Krise des Kapitalismus.«[4]

Die zahlreichen politischen, wirtschaftlichen und sozialen Krisen im Nachkriegseuropa und in der Welt schienen die Bolschewiken in ihrer Deutung der Weltgeschichte zu bestätigen. Ihre Strategie bestand darin, die »imperialistischen« Gegensätze zu verschärfen, sie in einen Bürgerkrieg oder einen »imperialistischen« Krieg und endlich im geeigneten Moment in einen revolutionären Krieg zu verwandeln, wie sie das im Jahre 1917 in Russland erfolgreich getan hatten.

Nach wie vor spielte in diesen Plänen und Überlegungen Deutschland die Schlüsselrolle. In Moskau erwartete man, dass dort am ehesten die kommunistische Revolution ausbrechen würde, zumal Deutschland mit seinem Wirtschafts- und Menschenpotential ohnehin die Hauptrolle in den Plänen der Bolschewiki für die künftige Weltrevolution zukam. Im Jahre 1923 schien es so, als ob die revolutionären Träume in Bezug auf Deutschland doch in Erfüllung gehen würden. Am 11. Januar 1923 besetzten französische und belgische Truppen das Ruhrgebiet, vorausgegangen war der Streit um Reparationszahlungen, denen Deutschland nicht rechtzeitig nachgekommen war.

Die Besetzung des Ruhrgebiets erschütterte die deutsche Wirtschaft und Politik. Die Regierung rief zum passiven Widerstand auf, im Mai 1923 kam es zu massenhaften aufstandsähnlichen Streiks, die sich gegen die Besatzer richteten. Im Sommer ergriff die Welle von Unruhen und Streiks ganz Deutschland, sie waren durch Teuerungen, sinkende Reallöhne und steigende Arbeitslosigkeit verursacht. Die ohnehin sehr hohe Inflation verwandelte sich in eine Hyperinflation, von der besonders die Arbeiter betroffen waren. Die Bevölkerung radikalisierte sich. Deutschland befand sich im Jahre 1923 in einer ernsthaften Staatskrise, und die deutschen Kommunisten nutzten das aus. Sie unterstützen den passiven Widerstand im Ruhrgebiet, und der Einfluss der Kommunisten auf die Arbeiter wuchs stark.[5]

Die Ereignisse in Deutschland versetzten die Parteiführung in Moskau in Aufregung. Die so herbeigewünschte deutsche Revolution schien bald bevorzustehen. »Die wichtigste und entscheidende Periode in der Geschichte unserer [bolschewistischen] Revolution« rücke heran, frohlockte Sinowjew am 21. September 1923.[6] Bereits am 31. Juli hatte er an Stalin geschrieben:

> »Die Krise in Deutschland reift sehr schnell heran. Es beginnt ein neues Kapitel der deutschen Revolution. Es wird uns bald vor grandiose Aufgaben stellen. Die NÖP wird neue Perspektiven eröffnen. Das Minimum, das wir vorläufig brauchen, ist die Fragestellung: 1) über die Versorgung deutscher Kommunisten mit einer großen Zahl von Waffen; 2) über die stufenweise Mobilisierung von etwa 50 unserer besten Mitglieder der bewaffneten Arbeitergruppe zur allmählichen Absendung nach Deutschland. Es

naht die Zeit riesiger Ereignisse in Deutschland. Es naht die Zeit, wo wir Entscheidungen von welthistorischer Bedeutung treffen müssen.«[7]

Am 8. August 1923 beschloss das Politbüro, Sinowjew, Trotzki und Bucharin aus dem Urlaub nach Moskau zurückzubeordern, denn die Krise in Deutschland spitzte sich zu. Am 21. August berief das Politbüro eine Kommission, die sich mit der deutschen Frage zu befassen hatte und der Sinowjew, Stalin, Kamenew, Trotzki, Radek und Tschitscherin angehörten. Einen Tag später unterbreitete die Kommission dem Politbüro Vorschläge, die angenommen wurden: »Aufgrund der im ZK vorhandenen Materialien, insbesondere aufgrund der Briefe leitender Genossen der deutschen kommunistischen Partei, befindet das ZK, daß das deutsche Proletariat unmittelbar vor entscheidenden Kämpfen um die Macht steht.«[8]

Am 22. August beschloss das Politbüro: »a) Die werktätigen Massen der [Sowjet-]Republiken sind auf die kommenden Ereignisse vorzubereiten. b) Die Kampfeinheiten der Union sind in den Mobilisierungszustand zu versetzen. [...] c) Die deutschen Arbeiter sind wirtschaftlich zu unterstützen.«[9] Die sowjetischen Regierungsstellen ordneten im September an, 60 Millionen Pud Getreide dringend an die Grenzpunkte und nach St. Petersburg zu transportieren, um damit die deutsche Revolution zu stützen. Ein Reservefonds zur Hilfe bei der deutschen Revolution war ebenfalls zu schaffen. Darüber hinaus seien 20000 sowjetische Kommunisten ausgewählt, die dann in Deutschland eingesetzt werden sollten, schrieb im Jahre 1930 Grigori Bessedowski. Die Rote Armee verlegte neue Einheiten, insbesondere Kavallerietruppen, an die polnische Grenze.[10]

Am 23. August beschloss das Präsidium der Komintern, das vom Politbüro des ZK der RKP(b) gelenkt war, »für spätestens den 20. September in Moskau eine Konferenz zum Thema ›Die deutsche Revolution‹ einzuberufen und hierzu nicht nur Vertreter der KPD, sondern auch Delegationen der französischen, belgischen, tschechoslowakischen und polnischen Partei einzuladen«.[11] Die geheime Konferenz fand am 25. September 1923 in Moskau statt, an der Mitglieder der Exekutive der RKP(b) sowie Delegationen der KPD, der KP Frankreichs und der KP der Tschechoslowakei teilnahmen. Während der Konferenz erklärte Sinowjew, der Vorsitzende der Konferenz: »Die deutsche Revolution ist keine lokale Revolution, sondern der Anfang einer internationalen Revolution, und alle Parteien müssen begreifen, um was es sich handelt.«[12]

Drei Tage zuvor, am 22. September, hatte Sinowjew während des geheimen Plenums des ZK seine »Thesen über die kommende ›deutsche Revolution‹ und die Aufgaben der russischen Kommunisten« vorgetragen und dabei ausgeführt:

> »Es ist gegenwärtig bereits vollkommen deutlich geworden, daß ein proletarischer Umsturz in Deutschland nicht nur unvermeidlich, sondern sehr nahe – äußerst nahe – herangerückt ist. [...] Welche Wunder an Energie die 20 Millionen deutschen Proletarier – der Hauptkern des internationalen Proletariats – entfalten werden, ist derzeit allerdings schwer selbst auch nur vorauszusehen. [...] Die proletarische Revolution in Deutschland gewinnt bereits mit ihren ersten Anfängen noch größere internationale Bedeutung, als dies mit der russischen Revolution der Fall war. Es liegt genau im Zentrum Europas. [...] Deutschland hat ein machtvolles Proletariat, das jedes Gleichgewicht im ganzen restlichen Europa ins Wanken bringen wird, wenn es seine Glieder ausstreckt. [...] Sowjetdeutschland wird bereits von den ersten Tagen seiner Existenz an das engste Bündnis mit der UdSSR schließen. Dieses Bündnis wird den werktätigen Massen sowohl Deutschlands als auch der UdSSR ungezählte Vorteile bringen. Die UdSSR mit ihrer Vorherrschaft in der Landwirtschaft und Deutschland mit seiner Vorherrschaft in der Industrie werden sich gegenseitig bestens ergänzen. Ein Bündnis Sowjetdeutschlands mit der UdSSR wird schon in allernächster Zeit eine mächtige Wirtschaftskraft darstellen. [...] Die Landwirtschaft der UdSSR würde von einem solchen Bündnis in außerordentlichem Maße profitieren, weil unser Dorf zu günstigen Konditionen die notwendigen landwirtschaftlichen Geräte, Düngemittel u. ä. erhalten würde.

Die Großindustrie Sowjetdeutschlands würde in einem nicht geringeren Maße profitieren, weil ihr in bedeutender Menge Rohstoffe und Absatzmärkte gesichert wären. Die gefährlichen Schwachstellen der NÖP in Sowjetrußland würden auf die wirkungsvollste Weise ausgeschaltet werden. Das Bündnis Sowjetrußlands mit Sowjetdeutschland wird eine neue Phase der NÖP in Rußland einleiten, die Entwicklung der sozialistischen Staatsindustrie in der UdSSR beschleunigen und festigen [...]. Die heranrückende [...] proletarische Revolution in Deutschland wird Sowjetrußland helfen, an der entscheidenden Front des sozialistischen Wirtschaftsaufbaus endgültig zu siegen und dadurch eine unerschütterliche Basis für den Sieg der sozialistischen Wirtschaftsform in ganz Europa schaffen. Das Bündnis Sowjetdeutschlands mit der UdSSR wird eine nicht weniger mächtige Militärbasis darstellen. [...] Die kommende deutsche Revolution bringt uns im höchsten Maße der Revolution in Europa und dann auch der Weltrevolution näher. Die Hauptlosung der Bolschewiki, die der ›Weltrevolution‹, nimmt gerade jetzt erstmals eine Gestalt von Fleisch und Blut an.«[13]

Derselben Auffassung waren alle Mitglieder des Politbüros, darunter auch Stalin, der am 20. September 1923 an August Thalheimer, den Redakteur der *Roten Fahne* (Organ der KPD) und Anführer der KPD, schrieb: »Die kommende Revolution in Deutschland ist das wichtigste Weltereignis unserer Tage. Der Sieg der Revolution in Deutschland wird für das Proletariat in Europa und Amerika eine größere Bedeutung haben als der Sieg der russischen Revolution vor sechs Jahren. Der Sieg des deutschen Proletariats wird ohne Zweifel das Zentrum der Weltrevolution aus Moskau nach Berlin versetzen.«[14]

Aus den oben zitierten Thesen von Sinowjew geht auch hervor, dass die bolschewistischen Anführer die deutsche Revolution nicht nur als Auftakt für die Weltrevolution betrachteten, sondern darin auch die Lösung für all die wirtschaftlichen, politischen und sozialen Probleme der Sowjetunion sahen. Sie betrachteten die Revolution in Deutschland gar als die Existenzfrage für die UdSSR, wie es Stalin am 21. August 1923 während der Debatte im Politbüro formulierte:

> »Mir scheint, es ist klar, daß die Hauptfrage, die hier vor uns steht, die *Frage der Existenz unserer Föderation* ist. Entweder scheitert die Revolution in Deutschland und erschlägt uns, oder die Revolution gelingt dort, alles läuft gut und unsere Lage ist abgesichert. Eine andere Wahl gibt es nicht. Wichtig ist die Verhaltensweise der RKP. Und Grundlage der Frage ist eine große Anstrengung unserer militärischen Kräfte.«[15]

Für die Bolschewiken war selbstverständlich klar, dass die deutsche Revolution einen Krieg bedeuten würde, an dem sich die Sowjetunion auf jeden Fall hätte beteiligen müssen. Darauf bereitete man sich vor. Truppen wurden mobilisiert, die Bevölkerung propagandistisch auf den künftigen Krieg eingestimmt, revolutionäre Aktivisten nach Deutschland entsandt. Karl Radek war der Bevollmächtigte des Politbüros in Deutschland.[16]

Die Hauptfrage, vor der die Moskauer Kommunisten im Falle der deutschen Revolution standen, war zunächst die Hilfe mit Waffen und Lebensmitteln für die deutschen Kommunisten und anschließend ein Krieg gegen Polen, denn ein Bündnis mit einem kommunistischen Deutschland war ohne eine gemeinsame Grenze nicht umsetzbar. Am 19. August 1923 schrieb Stalin in seiner Stellungnahme zu den Thesen Sinowjews über die deutsche Revolution, die dieser zum ersten Mal am 15. August im Politbüro vorgetragen hatte:

> »Man muß in den Thesen klar und deutlich sagen, daß die Revolution in Deutschland und unsere Hilfe für die Deutschen in Form von Lebensmitteln, Waffen, Menschen u. ä. den Krieg Rußlands gegen Polen und vielleicht auch andere Pufferstaaten bedeutet, denn es ist klar, daß es uns ohne einen siegreichen Krieg – mindestens mit Polen – weder gelingen wird, Lebensmittel nach Deutschland zu liefern, noch, die Verbindungen mit Deutschland aufrecht-

zuerhalten (darauf zu setzen, daß Polen bei einer Arbeiterrevolution in Deutschland neutral bleibt und uns die Möglichkeit des Transits über den polnischen Korridor über Litauen gibt, heißt, auf ein Wunder zu setzen; dasselbe muß man auch von Lettland sagen, und noch mehr von England, das Lieferungen übers Meer nicht zulassen wird). Ich rede schon gar nicht von anderen Eckpfeilern einer militärischen Unterstützung unsererseits für das revolutionäre Deutschland. Wenn wir den Deutschen wirklich helfen wollen – und wir wollen das und müssen helfen – dann müssen wir uns auf einen Krieg vorbereiten, ernsthaft und allseitig, denn letztendlich wird es um die Existenz der Sowjetföderation und das Schicksal des Weltfriedens für die nächste Zeit gehen.«[17]

Zwei Tage später erklärte Stalin in der Debatte im Politbüro über die internationale Lage: »Für uns ist ein gemeinsames Stückchen Grenze mit Deutschland sehr wichtig und nötig. Man muß einen der bürgerlichen Pufferstaaten niederreißen und einen Korridor nach Deutschland schaffen. Vorbereiten muß man das zum Zeitpunkt der Revolution. Bislang ist unklar, wie das zu machen ist, aber diese Frage muß ausgearbeitet werden.«[18]

Die anderen bolschewistischen Führer waren derselben Auffassung. Das Hauptproblem in dem Krieg gegen Polen bestand aber einerseits in dem geradezu katastrophalen Zustand der Roten Armee, die zwar zahlenmäßig die stärkste Streitkraft in Europa war, die aber miserabel ausgerüstet, ausgebildet, geführt und versorgt war. Hinzu kam die große Unwilligkeit der bäuerlichen Rekruten, für das verhasste kommunistische Regime zu kämpfen. Auf der anderen Seite stand die polnische Armee, die zwar zahlenmäßig deutlich unterlegen, dafür aber besser ausgerüstet, ausgebildet und dazu noch motiviert war. Ein erneuter Frontalangriff auf Polen war zwar in Moskau sehr erwünscht, er schien jedoch nicht realisierbar. Die Erinnerungen an den August 1920 waren noch zu lebendig und zu schmerzlich, man suchte daher nach einer Alternative. So schrieb beispielsweise Sergej Gusew, der Chef der politischen Verwaltung der Roten Armee, an Sinowjew:

»Genosse Sinowjew! Ist es Ihnen nicht in den Sinn gekommen, dass im Falle einer Revolution in Deutschland und unseres Krieges gegen Polen und Rumänien[19] unserem Angriff *[nastuplenie]* auf Ostgalizien [heutige Westukraine und Südostpolen] (wo einen Aufstand anzuzetteln nicht schwierig ist) und unserem ›zufälligen‹ Durchbruch in die Tschechoslowakei eine entscheidende Bedeutung zukommen könnte? Dort [in der Tschechoslowakei] ist bei der starken kommunistischen Partei eine Revolution absolut möglich (bei ›Unterstützung‹ von zwei bis drei unserer Divisionen). Auf diese Weise würden wir uns 1.) im Rücken Polens finden und Polens Schicksal wäre damit besiegelt, 2.) würden wir einen ›Korridor‹ zum sowjetischen Deutschland schaffen, 3.) hätten wir eine tschechoslowakische Rote Armee.«[20]

Stalin hielt wenig von dieser Idee: »Ein bisschen zu früh wird die Frage gestellt, wenn Gusew sie wirklich stellen will. Der Plan ist an sich auch problematisch. Nicht diese Frage ist heute entscheidend, sondern eine andere, und zwar: Unter welchem legalen Vorwand sind Soldaten zu mobilisieren, wie ist dabei der Anschein der Friedensliebe, wenigstens der Verteidigung zu bewahren.«[21] Stalin hatte sich ja im Sommer 1920 im Krieg gegen Polen »verbrannt« und kannte auch den Zustand der Roten Armee nur zu gut.

Nichtsdestoweniger nahm man im Politbüro den Vorschlag von Gusew offenkundig doch ernst, denn man ließ am 18. Oktober 1923 eine Reihe von Maßnahmen ausarbeiten, die darauf hindeuten. Und am 13. November ordnete das Politbüro an, ukrainische illegale bewaffnete Organisationen in Ostgalizien, das zu Polen gehörte, finanziell zu unterstützen und in diese eigene Leute einzuschleusen, um diese Organisationen zu kontrollieren und zu steuern. Darüber hinaus sollten 2000 bis 3000 »Soldaten-Galizier« aus der Tschechoslowakei in die (sowjetische) Ukraine geholt werden, die vor Ort durch die GPU »sorgfältig« zu »filtern« waren. Ferner, so der Beschluss, war die »parteipolitische« und »militärisch-technische« Arbeit in den (polnischen) Gebieten mit der ukrainischen Bevölkerung von Charkow aus nach den allgemeinen Richtlinien aus Moskau zu führen.[22]

Das Politbüro beschränkte sich aber nicht nur auf die Vorbereitungen zum Angriff auf Polen, sondern versuchte zugleich, Polen mit »diplomatischen« Mitteln dazu zu bewegen, den Transit von Waren (Waffen, Lebensmittel) und Menschen und den Durchmarsch von Einheiten der Roten Armee durch polnisches Territorium nach Deutschland doch zuzulassen. Grigori Bessedowski schildert in seinen Erinnerungen diese Verhandlungen, mit denen das Politbüro Viktor Kopp betraut hatte. Kopp war eigens dafür nach Warschau gereist. Bessedowski, der zu diesem Zeitpunkt in der sowjetischen Gesandtschaft arbeitete, schreibt:

> »Die Forderungen der Sowjetseite bestanden darin, daß die polnische Regierung einen freien Durchgangsverkehr auf polnischen Eisenbahnen aus Sowjet-Rußland nach Deutschland gewähren müsse. [...] Außer diesen offiziellen Forderungen mußte Kopp der polnischen Regierung andeuten, daß der Durchmarsch einiger Sowjetkavalleriebrigaden nach Deutschland durch den schmalen Streifen des sogenannten Wilnaer Korridors notwendig werden könnte und daß dieser Durchmarsch keinesfalls als ein feindlicher Akt gegen Polen anzusehen sei.«[23]

Diese Verhandlungen gingen auf das Drängen von Trotzki zurück, der wegen der Untätigkeit in der polnischen Frage ungeduldig geworden war. Stalin hingegen hielt diese Versuche von vornherein für aussichtslos.[24] Am 3. Oktober 1923 wandte sich der genervte Trotzki an die Mitglieder des Politbüros und der ZKK:

> »Wir besprechen jede Woche die Beziehungen mit Polen, wobei diese Besprechungen mit der sakramentalen Formel enden: Abtasten ... ›Abtasten‹ bedeutet, die Initiative des Gegners abzuwarten und ausweichend auf sie zu reagieren [gemeint sind Verhandlungen über die Aufnahme von politischen und wirtschaftlichen Beziehungen]. [...] Ein amerikanischer Senator – und nicht nur er – [...] fragte, ob wir Polen überfallen werden? Das ganze politische Leben in Polen dreht sich um diese Frage. Auch bei uns fra-

gen sich alle: ›Werden wir gegen Polen kämpfen oder nicht?‹ Und wir ›tasten ab‹.«[25]

Trotzki forderte daher in dem Schreiben, die Sowjetunion solle sofort die diplomatische Initiative ergreifen und von Polen militärische Nichteinmischung in die deutschen Angelegenheiten fordern, was für Polen und die UdSSR gelten sollte, sowie den freien Transit für sowjetisches Getreide und deutsche Industrieprodukte, wenn Polen den polnisch-sowjetischen Frieden garantieren wolle. Im Klartext heißt das, dass man Polen zum Nachgeben in der Transitfrage durch eine offene Kriegsdrohung veranlassen sollte.

Am selben Tag, an dem Trotzki das oben zitierte Schreiben verfasste (3. Oktober 1923), debattierte das Politbüro über die polnische Frage, wobei Kopp und Litwinow darüber referierten. Das Politbüro beauftragte tatsächlich das Volkskommissariat für Außenpolitik, gegenüber Polen nachgiebiger zu sein, um die polnisch-sowjetischen Verhandlungen voranzubringen. Darüber hinaus beschloss das Politbüro: »In der Frage der Verpflichtungen, die direkte Verbindung mit den möglichen deutschen Ereignissen haben können, behält sich das Plenum die Entscheidung vor.«[26]

Am 8. und 13. Oktober 1923 sondierte Kopp in Gesprächen mit dem polnischen Gesandten Knoll die Haltung der polnischen Regierung zur deutschen Frage. Insbesondere ging es Kopp um den freien Transit durch polnisches Territorium nach Deutschland im Zusammenhang mit den Ereignissen in Deutschland, wie er offen erklärte. Ferner forderte Kopp von der polnischen Regierung die Nichteinmischung in die deutschen Angelegenheiten, das heißt keine Intervention, wenn die deutsche Revolution ausbrechen werde. Knoll machte deutlich, dass die polnische Regierung dies ablehnen werde, versprach jedoch, Bericht nach Warschau zu erstatten.[27]

Am 18. Oktober 1923 beauftragte das Politbüro Kopp, nach Warschau zu reisen, um dort »vorsichtig« Gespräche zu führen, in dem Rahmen, den das Politbüro in der Sitzung beschloss.[28] Anfang November traf Kopp in Warschau ein. Bessedowski, der zu diesem Zeitpunkt in der sowjetischen Gesandtschaft in Warschau arbeitete, schildert in seinen Erinnerungen den Aufenthalt Kopps in Warschau und berichtet, dass die sowjetische Parteiführung zu weitgehenden Zugeständnissen gegenüber Polen bereit war. Bessedowski: »Als Gegenleistung wurden Polen von der Sowjetseite angeboten [...]: 1.) der freie Durchgangsverkehr polnischer Güter durch das Sowjetgebiet nach dem Nahen und Fernen Osten; 2.) die Zahlung von 30 Millionen Goldrubel, welche als indirekte Kontribution nach dem Vertrag von Riga zu entrichten waren; 3.) ›Bewegungsfreiheit‹ in Ostpreußen.«[29]

Im Klartext bedeute dies, dass die Sowjetunion Polen im Gegenzug für das polnische Entgegenkommen in der Transitfrage Ostpreußen angeboten hatte. Bessedowski, der sich dabei auf Kopp berief, lieferte dazu folgende Erklärung: »Politisch hält man es in Moskau sogar für das zukünftige Sowjet-Deutschland für vorteilhaft, Ostpreußen vorübergehend zu verlieren. Für die erste Zeit des Bestehens der Sowjetmacht in Deutschland würde Ostpreußen nur zur Wiege der Vendée werden. Wenn aber Sowjet-Deutschland erstarkt wäre, so würde die Zurückeroberung Ostpreußens keine großen Schwierigkeiten bereiten.«[30]

Die Ausführungen Bessedowskis in Bezug auf sowjetische »Zugeständnisse« gegenüber Polen, insbesondere bezüglich Ostpreußens, werden durch ein Schreiben von Trotzki an Tschitscherin vom 2. November 1923 bestätigt:

> »Wir hatten ja die Information (von den Genossen Lapinski und Rajewski), dass Polen vorhabe, weder gegen uns noch gegen Deutschland zu kämpfen, andererseits sei Polen nicht abgeneigt, im Geheimen Ostpreußen zu erobern und uns im Gegenzug Transit zu gewähren. [...] Sie [die polnische Regierung] wäre vielleicht bereit, die Abmachung über die Nichteinmischung und den Transit zu unterschreiben mit einer kleinen Ausnahme bezüglich Ostpreußens.«[31]

Die Verhandlungen von Kopp in Warschau, die nach Bessedowski bereits einige Fortschritte erzielt hatten, wurden jedoch durch ein

Telegramm aus Moskau plötzlich abgebrochen, und Kopp wurde nach Moskau zurückbeordert. Der Grund dafür lag darin, dass die revolutionäre Bewegung in Deutschland nachgelassen hatte.[32] Ähnlich wie die Verhandlungen von Kopp in Warschau erwiesen sich im November 1923 alle Maßnahmen als überflüssig, die die bolschewistischen Anführer hinsichtlich der deutschen Revolution in der zweiten Jahreshälfte ergriffen oder geplant hatten.

Im August 1923 formierte sich die neue Reichsregierung unter Gustav Stresemann als Reichskanzler, dem Vorsitzenden der Deutschen Volkspartei, die durch eine große Koalition im Reichstag unterstützt wurde. Am 26. September 1923 erklärte Stresemann die Beendigung des passiven Widerstandes im Ruhrgebiet, was vorerst die innerdeutsche Krise verschärfte. Die Mark stürzte ins Bodenlose, die Arbeitslosigkeit stieg weiter an, und es folgten im Oktober und November mehrere separatistische, kommunistische und rechtsradikale Putschversuche. Der bekannteste ist der dilettantisch vorbereitete und operettenhafte Putschversuch Hitlers vom 9. November 1923 in München, der bekanntlich scheiterte. Die von Stresemann eingeleiteten Maßnahmen, unter anderem die Währungsreform, stabilisierten jedoch allmählich die wirtschaftliche und politische Lage im Lande.[33]

Auch der in Moskau ausgearbeitete kommunistische Aufstandsplan scheiterte kläglich. Am 22. Oktober 1923 überfielen in Hamburg einige kommunistische Gruppen 13 Polizeireviere. Sie erbeuteten dabei etwa 100 Gewehre und errichteten anschließend Barrikaden, die sie mit etwa 120 Aufständischen besetzten. Allerdings folgten die Hamburger Arbeiter dem kommunistischen Aufruf zum Generalstreik nicht. Einen Tag später begann die Hamburger Polizei die Barrikaden zu beschießen, am 24. Oktober folgte ein Angriff, den jedoch die kommunistischen Aufständischen zunächst abwehren konnten. In der Nacht verließen sie jedoch die Barrikaden, weil sie keine Unterstützung unter den Arbeitern fanden.[34]

Über den Verlauf des Aufstandsversuches in Hamburg berichtete am 26. Oktober 1923 Waldemar Rose, der militärische Leiter bei der Zentrale der KPD, der schlussfolgerte: »Da der Kampf keine Massenbewegung bei den Hamburger Arbeitern auslöste, ebenso keine Rückwirkung im Reich, ist es ersichtlich, daß unsere Funktionäre [...] mit ihrer Behauptung, ›daß die Massen *nicht mehr* zu halten sind‹, die Situation falsch einschätzten.«[35]

Es dauerte jedoch noch eine Weile, bis die Moskauer Führung und die Führung der KPD eingestanden, dass die deutsche Revolution gescheitert war, bevor sie überhaupt ausbrach. Bald begann in Moskau die Suche nach den Ursachen für das Scheitern der nicht stattgefundenen Revolution. Fridrich Firsow schreibt dazu:

> »Als Ursache der Niederlage wurden keinesfalls die abenteuerlichen Pläne der Leitung der RKP(b) gesehen, die der Komintern und der KPD aufgezwungen worden waren. Die Spitze der KPD habe gewußt, daß sehr wenig für die Vorbereitung des Aufstandes geschehen sei, doch die Anweisungen Sinowjews und Stalins dienstwillig aufgenommen. In der neuen, offiziellen Lesart galten Nichtbefolgung der Moskauer Direktiven angesichts des Verrats der linken Sozialdemokraten als Hauptursachen für die Niederlage.«[36]

Jahre danach, in der Verbannung, sinnierte Trotzki über die Ursachen des Scheiterns der deutschen Revolution von 1923 und schob die Schuld dafür der Führung der deutschen Kommunisten zu: »Im Jahre 1923 hat Brandler trotz all unserer Warnungen die Kräfte des Faschismus ungeheuerlich überschätzt. Aus dieser falschen Einschätzung des Kräfteverhältnisses erwuchs eine abwartende, ausweichende, defensive und feige Politik. Das hat die Revolution zugrunde gerichtet.«[37]

Aber auch in Moskau entbrannte bald der innenpolitische Streit über die Ursachen der Niederlage in Deutschland, der zwischen der Troika (Stalin – Sinowjew – Kamenew) und Trotzki zusammen mit Pjatakow und Radek ausgetragen wurde. Die Troika beschuldigte die Letzteren, sie hätten diese Niederlage durch ihre Fehler mit zu verantworten. Die Hauptursache wäre aber der angebliche Verrat der deutschen Sozialdemokratie, die dem Aufruf zum deutschen Bürgerkrieg nicht gefolgt wäre, sowie Fehler der Führung der KPD. Aus diesem Streit gingen Stalin und Sinowjew siegreich hervor, denn hinter ihnen stand die Mehrheit im Politbüro und ZK, auch der Parteiapparat befand sich in den Händen von Stalin. »Dies war nicht zuletzt für den Triumph der Interpretation im Sinne der Troika maßgeblich.«[38]

Das Scheitern der deutschen Revolution im Herbst 1923 markiert eine weitere wichtige Zäsur in der Innen- und Außenpolitik der UdSSR. Es festigte sich die Macht der Troika (Stalin – Sinowjew – Kamenew) innerhalb der Partei, die nach dem Tode Lenins im Januar 1924 die Geschicke der Sowjetunion bestimmte. Zugleich schwand der Einfluss von Leo Trotzki, einst der zweite Mann im bolschewistischen Russland, und seinen Anhängern. In Deutschland stabilisierte sich die politische Situation dagegen weiter. Es folgten wirtschaftliche Erholung und gar wirtschaftlicher Aufschwung, die »goldenen zwanziger Jahre« der Weimarer Republik, die bis Ende der 1920er Jahre andauerten.

Die ideologisch-politische Krise nach dem Scheitern der deutschen Revolution und die Suche nach neuen Wegen

Das Scheitern der deutschen Revolution löste eine innerparteiliche und ideologische Krise in den Reihen der Bolschewiken aus. Alle bisherigen Hoffnungen auf die Weltrevolution hingen ja mit der Revolution in Deutschland zusammen. Die Bolschewiken betrachteten die deutsche Revolution gar als das Allheilmittel für all die damaligen wirtschaftlichen, sozialen und politischen Schwierigkeiten der Sowjetunion. Am 19. April 1924 schrieb Trotzki in der *Prawda* über die Ereignisse in Deutschland im Jahre 1923:

> »Und in der zweiten Hälfte des vergangenen Jahres zeichnete sich die deutsche Revolution von Tag zu Tag mehr ab. Darin sahen wir eine grundlegende Tatsache der weltpolitischen Entwicklung. Wenn die deutsche Revolution siegreich verlaufen wäre, hätten sich die Kräfteverhältnisse auf der Erde vollständig verändert. Die Sowjetunion mit ihrer 130 Millionen starken Bevölkerung, mit ihren unzähligen Bodenschätzen auf der einen Seite und Deutschland mit seiner Technik, seiner Kultur und seiner Arbeiterklasse auf der anderen Seite ergäben einen unschlagbaren Block und einen machtvollen Bund, der in kürzester Zeit die Entwicklung in Europa und auf der ganzen Welt beeinflussen würde.«[1]

Es verwundert daher nicht, dass Trotzki im Nachhinein (Juni 1924) das Scheitern der deutschen Revolution als die »deutsche Katastrophe« bezeichnete und dabei ausführte: »Die deutsche Katastrophe des vergangenen Jahres stellte die kommunistische Internationale vor die Frage der Methoden der Organisation der Revolution und insbesondere vor die Frage des revolutionären Aufstandes. Vor diesem Hintergrund gewinnt die Bestimmung des Zeitpunktes der Revolution grundsätzliche Bedeutung«, weil damit alle Fragen der Vorbereitungen für die Revolution zusammenhängen.[2]

Stalin hoffte dagegen noch im Jahre 1924 weiterhin auf die Revolution in Deutschland. Am 3. Juli 1924 konstatierte er in einer Rede: »Wenn der revolutionäre Brand an irgendeinem Ende Europas anfängt, so gewiß in Deutschland.«[3] Einige Monate später, im März 1925, war sich Stalin aber nicht mehr so sicher: »Es steht gleichfalls außer Zweifel, daß im Zentrum Europas, in Deutschland, die Periode des revolutionären Aufschwungs bereits beendet ist.«[4]

Grigori Bessedowski, der damalige sowjetische Gesandte in Warschau, reiste im Sommer 1924 nach Moskau. Fünf Jahre später erinnerte er sich an die Stimmung, die er in Moskau vorgefunden hatte:

> »In Moskau war die Stimmung schlecht. Der Zusammenbruch der deutschen Revolution rief Schwankungen und Pessimismus in weiten Parteikreisen hervor. Alle verstanden, daß der letzte revolutionäre Trumpf einer ganzen historischen Epoche gestochen sei. Man suchte nach Schuldigen am Mißerfolg und schob alles auf Radek, den unglückseligen Hauptemissär der Komintern. In den Kreisen, die Trotzki nahestanden, ging ein geflügeltes Wort um mit dem Inhalt, man habe einfach nicht genügend Mut gehabt, die bereitstehende Rote Kavallerie einzusetzen und in Deutschland einrücken zu lassen. [...] Man merkte, daß in der Partei eine weitgehende Krise heranwuchs und daß man vor neuen heftigen Kämpfen stand.«[5]

In Moskau war man sich nicht mehr so sicher, nicht nur wann, sondern auch wo die Weltrevolution beginnen werde. In seiner Rede vom 7. Mai 1924 vor den Hörern der Militärakademie führte Trotzki aus, dass zwischen der proletarischen Revolution im Westen und der kolonialen Revolution im Osten zu unterscheiden sei. Danach sei auch die Taktik des Bürgerkrieges, der Vorstufe für eine Revolution, entsprechend zu entwickeln. Aus diesem Grund müsse in der Militärakademie die Ostabteilung ausgebaut werden. Denn die Geschichte habe noch nicht entschieden, in welche Richtung die Revolution zunächst gehen werde, in die asiatische oder die europäische. »Sie war nah in Deutschland und scheiterte. Wo sie jetzt in einem oder drei Jahren auftaucht, ob in Europa oder in Asien, diese Frage ist noch nicht entschieden.« Aus diesem Grunde brauche man qualifizierte Aktivisten, die imstande seien, eine Partisanenabteilung aus einheimischer Bevölkerung zu organisieren und sie, wenn nötig, zu führen. Die künftigen Aktivisten, die in der Akademie ausgebildet würden, müssten die Sprache des Landes lernen, in dem sie eingesetzt werden sollten, sowie die Sprache des westlichen Landes, das das Land unterdrücke.[6]

Auch Stalin war sich Ende 1924 bereits fast sicher, dass die nächste Revolution nicht in den Industrieländern Europas ausbrechen würde. Er war in dieser Zeit dabei, seine Macht und seinen Einfluss schrittweise und systematisch auszubauen. Im Dezember 1924 schrieb Stalin im Vorwort zu seinem Buch *Auf dem Weg zum Oktober*, das im Januar 1925 erschien: »Es ist am wahrscheinlichsten, daß die Weltrevolution sich auf dem Wege des revolutionären Ausscheidens einer Reihe *neuer Länder* aus dem imperialistischen Staatensystem entwickeln wird, wobei die Proletarier dieser Länder von dem Proletariat der imperialistischen Staaten unterstützt werden.«[7]

Mit »einer Reihe neuer Länder« meinte Stalin, wobei er Lenin zitierte, den »Osten, Indien, China usw. [...] Ihre Entwicklung hat endgültig die allgemein-europäische kapitalistische Richtung genommen. In diesen Ländern begann die gleiche Gärung wie in ganz Europa. Und es ist jetzt aller Welt klar, daß sie von einer Entwicklung erfaßt sind, die zwangsläufig zu einer Krise des ganzen Weltkapitalismus führen muß.«[8] In den europäischen Industrieländern entstand dagegen nach Auffassung von Stalin, wobei er sich wiederum auf Lenin berief, ein System von internationalen Bedingungen, das zunächst für eine vorübergehende Stabilität sorge.[9] Dabei zitierte Stalin die folgenden Ausführungen Lenins vom März 1923:

> »Es hat sich jetzt ein solches System internationaler Beziehungen herausgebildet, daß in Europa ein Staat von den Siegerstaaten geknechtet ist, nämlich Deutschland. Ferner befinden sich mehrere

Staaten, und zwar die ältesten Staaten des Westens, infolge ihres Sieges in einer Lage, in der sie diesen Sieg dazu benutzen können, ihren unterdrückten Klassen eine Reihe unwesentlicher Zugeständnisse zu machen, Zugeständnisse, die die revolutionäre Bewegung in diesen Ländern immerhin hinauszögern und eine Art ›sozialen Friedens‹ schaffen.«[10]

Stalin äußerte sich wiederholt in ähnlichem Sinne. Am 18. Dezember 1925 führte er aus: »Statt der Periode der ansteigenden revolutionären Flut, die wir in den Jahren der Nachkriegskrise beobachten konnten, sehen wir in Europa jetzt eine Periode der Ebbe. Das bedeutet, daß die Frage der unmittelbaren Eroberung der Macht, der Machtergreifung durch das Proletariat gegenwärtig in Europa nicht auf der Tagesordnung steht.«[11] Einige Monate zuvor, am 22. März 1925, hatte Stalin in der *Prawda* geschrieben: »Es steht außer Zweifel, daß es dem Kapital gelungen ist, aus dem Morast der Nachkriegskrise herauszukommen.« Zugleich verwies er auf »das Anwachsen und die Stärkung der nationalen Befreiungsbewegung in Indien, in China, in Ägypten, in Indonesien, in Nordafrika usw., die das Hinterland des Kapitalismus untergraben.«[12]

Am aktivsten und auch erfolgreich waren die Bolschewiken in China, wo sie sich bereits seit 1920 engagierten und die Gründung der Kommunistischen Partei Chinas am 23. Juli 1921 durchsetzten. Die jahrzehntelangen sowjetischen Aktivitäten in China endeten letztendlich mit dem Aufstieg von Mao Tse-tung und der Gründung der Volksrepublik China im Jahre 1949. Dieses weitere kommunistische Experiment bezahlten etwa 70 Millionen Chinesen mit dem Leben. Dieses tragische Kapitel der chinesischen Geschichte ist dank den Forschungen von Jung Chang und Jon Halliday der breiten westlichen Öffentlichkeit vor kurzem bekannt geworden.[13] Das Hauptschlachtfeld der künftigen Revolution blieb jedoch nach wie vor in Europa. China, Indien oder etwa Nordafrika galten als Hinterland des Kapitalismus.

Polen – das Experimentierfeld der revolutionären Irredenta

Die Weigerung Polens, der Sowjetunion den Durchmarsch von Verbänden der Roten Armee und den Transit nach Deutschland zu gewähren, führte dazu, dass es in den Augen der sowjetischen Anführer seinen Status als Pufferstaat und Hauptfeind der Sowjetunion beibehielt. Dabei spielten nicht nur ideologisch-politische Überlegungen eine Rolle, sondern auch wirtschaftliche. Am 19. Oktober 1923, als man in Moskau jeden Tag den Ausbruch der deutschen Revolution erwartete, hielt Trotzki eine Rede auf der 3. Moskauer Konferenz des Gesamtrussischen Verbandes der Metallarbeiter:

> »Das deutsche Proletariat verfügt über Industriewaren, die wir brauchen. Zwischen Deutschland und der Sowjetunion soll ein Warenaustausch stattfinden. Der geografische Schlüssel zu diesem Warenaustausch liegt in Polens Händen. Polen kann für uns entweder als Brücke oder als Barriere dienen. Im Falle, dass Polen für uns als Transitbrücke dient, werden wir es mit Bargeld bezahlen. Wenn wir unser Getreide für deutsche Arbeiter im Austausch mit notwendigen Industriewaren nicht über Polen transportieren können, *ersticken wir wirtschaftlich*. Daher wird Polen, wenn es sich als Barriere zwischen uns und Deutschland herausstellt, in die Zange genommen. Wir sind bereit, für den Frieden teuer zu bezahlen, wir lassen aber *unseren wirtschaftlichen Tod* und den Hungertod des deutschen Proletariats nicht zu.«[1]

Die Ereignisse vom Herbst 1923 führten den bolschewistischen Anführern noch einmal deutlich vor Augen, dass Polen in der Transitfrage nicht nachgeben werde. In Polen bestand ja ein weitgehender Konsens darüber, dass die Sowjetunion und Deutschland die Hauptfeinde der polnischen Unabhängigkeit seien. Der deutsch-sowjetische Vertrag von Rapallo vom 16. April 1922, der sich in erster Linie gegen Polen richtete, ließ dort kaum Zweifel darüber aufkommen. In dem Vertrag verzichteten beide Seiten gegenseitig auf Kriegsreparationen, schlossen einen Handelsvertrag auf der Grundlage der Meistbegünstigung und vereinbarten die Aufnahme von diplomatischen Beziehungen wie auch eine geheime militärische Zusammenarbeit.[2]

Der damalige Reichskanzler Joseph Karl Wirth rechtfertigte den Abschluss des Rapallo-Vertrages gegenüber Graf Brockdorff-Rantzau, dem späteren deutschen Botschafter in Moskau, wie folgt: »... und eines erkläre ich Ihnen unumwunden: Polen muss erledigt werden. Auf dieses Ziel ist meine Politik eingestellt. [...] Ich schließe keine Verträge, durch die Polen gestärkt werden könnte. [...] Aus diesem Grunde habe ich auch den Rapallovertrag abgeschlossen.«[3] Vor diesem Hintergrund lag es im polnischen Interesse, die beiden Hauptfeinde doch nach Möglichkeit auseinander zu halten und Bündnisse gegen sie zu schließen. Gegen Deutschland war Polens wichtigster militärischer Bündnispartner Frankreich, gegen die Sowjetunion Rumänien.

Im Jahr 1924 verlegten die bolschewistischen Anführer das Hauptfeld ihrer destruktiven Aktivitäten, die das Ziel hatten, einen Bürgerkrieg oder am besten einen europäischen Krieg anzuzetteln, von Deutschland nach Polen. Die Hauptrolle bei den zersetzenden Aktivitäten in Polen hatte die Kommunistische Partei Polens zu spielen, die von Moskau aus finanziert, gesteuert und mit GPU-Agenten durchsetzt war. Am 11. August 1924 wandte sich Pawel Lapitschinski, ein sowjetischer Kommunist, mit einem Schreiben an Felix Dserschinski, in dem er auf die Nachteile für die kommunistische Bewegung in Polen hinwies, die aus der Durchsetzung der Parteistrukturen durch sowjetische Agenten resultierte. Die Letzteren spionierten nicht nur, sondern verübten systematisch Terroranschläge in Polen, wobei sie auf die Organisationsstrukturen der KPP zurückgriffen:

»Breite Parteikreise und sogar Parteifunktionäre werden trotz Richtlinien systematisch zur direkten Arbeit in beiden Bereichen [kommunistische Bewegung und sowjetische Terroranschläge in Polen] herangezogen. In vielen Fällen lässt sich nicht mehr unterscheiden, wann die Strukturen der Partei enden und die unserer Spionageabwehr [sowjetische Agentur] beginnen. [...] Beinahe die gesamte ukrainische Organisation ist wortwörtlich von unten nach oben unzertrennlich mit der Spionageabwehr verwoben.«[4]

Am 28. August 1924 beschloss das Politbüro, die Finanzierung der KPP um 140 000 Goldrubel für die nächsten sechs Monate zu erhöhen, damit sollte auch eine Parteikonferenz der KPP finanziert werden.[5] Diese fand Ende Januar 1925 in Moskau statt. Am 3. Januar 1925 richtete das Politbüro eine Kommission unter der Führung von Sinowjew zur Leitung der »polnischen Parteikonferenz« ein. Die Kommission setzte sich außer aus Sinowjew aus Dserschinski, Unszlicht, Rykow, Stalin und Bucharin zusammen, ein beredtes Zeugnis für die Bedeutung der Konferenz. Die Kommission erhielt vom Politbüro den Auftrag, »alle Angaben über den Stand der [kommunistischen] Bewegung in Polen zu überprüfen, insbesondere an den Rändern Polens, und dem Politbüro des ZK darüber vorzutragen«.[6]

Während der Konferenz erhielten Anführer der KPP Richtlinien wie auch genaue Anweisungen für ihre Aktivitäten in Polen. Mit der Ausarbeitung der Richtlinien für die KPP wurde Dmitri Manuilski betraut, ein enger Mitarbeiter Stalins, der sich in der Partei und im Kominternapparat im Auftrag Stalins mit der Nationalitätenproblematik befasste.[7] Manuilski verfertigte Thesen über die Aufgaben der KPP und trug sie am 30. Januar 1925 den angereisten polnischen Genossen vor:

»Die ursprüngliche Rolle des gegenwärtigen Polen besteht darin, als Barriere zu dienen, die das Verbreiten der kommunistischen Ideen nach Westen verhindert. Das ist die erste und wichtigste Schlussfolgerung bei der Charakterisierung der internationalen Rolle Polens. [...] Daher gehört gegenwärtig die Zerstörung des kapitalistischen bürgerlichen Polen, seine Verwandlung in ein proletarisch-bäuerliches und sowjetisches Polen, zur Aufgabe des gesamten internationalen Proletariats.«[8]

Manuilski ging in seinem Vortrag auch auf die deutsche Frage in Polen ein und kritisierte die bis dahin bestehende Haltung der KPP, die gemeint habe, es gebe keine deutsche Frage in Polen. Manuilski widersprach dieser Auffassung vehement und verwies auf die Abstimmungsergebnisse in Oberschlesien vom 20. März 1921,[9] insbesondere in den Städten Kattowitz und Königshütte, wo die absolute Mehrheit der Stadtbewohner für Deutschland votiert hatte. Die Behauptung der KPP, es gebe in Polen keine deutsche Frage, könne man so deuten, so Manuilski, dass im ZK der KPP der polnische Nationalismus noch nicht beseitigt worden sei.[10]

Die Idee, Polen durch das Schüren von Nationalitätenkonflikten von innen zu destabilisieren und zu zersetzen, war zwar im Jahre 1924 nicht neu, sie kristallisierte sich in den Jahren 1923/24 jedoch als das Hauptkampfmittel gegen Polen heraus. Denn der Zustand der Roten Armee und der sowjetischen Rüstungsindustrie erlaubte einen erfolgreichen direkten Angriff auf Polen noch nicht. Polen wurde in der Zeit der »revolutionären Ebbe« zum Experimentierfeld der sowjetischen Versuche erklärt, die Grundlage der revolutionären Irredenta durch das gezielte Schüren von Nationalitätenkonflikten zu schaffen. Die praktischen Erfahrungen in Polen sollten dann in anderen Ländern Ost- und Südosteuropas, wie etwa in der Tschechoslowakei (Slowaken) oder in Jugoslawien, angewandt werden.

Grigori Sinowjew führte am 20. September 1923 in seinen oben zitierten Thesen über die deutsche Revolution aus, dass »die polnische Bourgeoisie« der Hauptfeind der deutschen und russischen Revolution sei und »mit dem Mut der Verzweifelten« dagegen kämpfen werde. »Jedoch«, so Sinowjew weiter, »darf man die Bedeutung der nationalen Konflikte nicht unterschätzen, die innerhalb Polens ausbrechen werden, sobald es zum Krieg kommt. Das nationale Moment (Ukrainer, Litauer, Weißrussen, Deutsche, Juden) verursacht der herrschenden polnischen Clique enorme Schwierigkeiten.«[11]

Nach den ersten turbulenten Nachkriegsjahren begann sich die europäische Wirtschaft und auch die Weltwirtschaft gerade zu erholen. Polen stellte jedoch eine der wenigen Ausnahmen dar, da es noch immer von innenpolitischen Konflikten und fortdauernden wirtschaftlichen, sozialen und ethnischen Krisen erschüttert wurde. Um die Jahreswende 1925/26 spitzte sich die innenpolitische und wirtschaftliche Krise in Polen zu. Józef Piłsudski, der Gründer des unabhängigen Polen, der sich im Jahre 1922 von der Politik enttäuscht zurückgezogen hatte, sah die Lage Polens als so bedrohlich an, dass er sich Ende 1925 doch zu einer politischen Rückkehr entschloss. Anfang 1926 schien es, als könnte es in Polen zu einem Bürgerkrieg zwischen Piłsudski und seinen Anhängern einerseits und den regierenden Parteien andererseits kommen.[12]

In Moskau verfolgte man aufmerksam und mit großen Hoffnungen die Ereignisse in Polen, denn der Bürgerkrieg könnte mit einer neuen Teilung Polens enden, an der sich die Sowjetunion nur allzu gerne beteiligt hätte, um die ersehnte territoriale Verbindung mit Deutschland herzustellen. Am 25. März 1926 berief das Politbüro eine Kommission für polnische Angelegenheiten, die sich aus Sinowjew (Vorsitzender), Dserschinski, Tschitscherin, Woroschilow und Bogucki (KPP) zusammensetzte.[13] In der Sitzung am 30. März 1926 beauftragte die Kommission Tschitscherin, die Sondierungen im Lager von Piłsudski und anderen politischen Gruppierungen in Polen zu intensivieren.[14] Am 17. April formulierte Dserschinski in einem Schreiben an Bogucki die kommunistischen Ziele in dem sich zuspitzenden innenpolitischen Konflikt in Polen: »Ich bin dafür, dass sich unsere Partei [KPP] im Kampf, der zurzeit zwischen den Nationaldemokraten und Piłsudski tobt, mit der ganzen Front gegen Nationaldemokraten und PPS stellt und Piłsudski unterstützt, um ihn in die linke Richtung zu drängen und eine bäuerliche Revolution zu entfachen.«[15]

Im Mai 1926 kommt es tatsächlich zum Regierungsputsch. Am 12. Mai 1926 marschiert Piłsudski mit ihm gegenüber loyalen Verbänden in Warschau ein. Entsprechend den Richtlinien aus Moskau unterstützte auch die KPP den Putsch. Nach kurzen, aber blutigen

Gefechten (379 Tote) trat am 14. Mai 1926 der polnische Präsident Wojciechowski zurück. Noch am 19. Mai hoffte man in Moskau, dass sich der Piłsudski-Putsch doch in einen Bürgerkrieg verwandeln könnte. Am 19. Mai erarbeitete Sinowjew Richtlinien für die KPP, deren Ziel das »Wachstum der Bewegung in den Massen und [die] Verschärfung des Bürgerkrieges zwischen Piłsudski und seinen Gegnern« war.[16]

Der Rücktritt Wojciechowskis vom 14. Mai bedeutete aber auch das Ende der Kämpfe in Warschau und der politischen Krise in Polen. Eine neue Regierung wurde gewählt, auf die nun Piłsudski entscheidenden Einfluss ausübte. Er selbst übernahm formal nur das Verteidigungsministerium und den Posten des Generalinspekteurs der Streitkräfte, in Wirklichkeit übte er jedoch die eigentliche Macht im Lande aus. Die bestehende Verfassung blieb in Kraft, Piłsudski schränkte aber die Bedeutung des Parlaments ein.[17]

Nur wenige Tage nach dem Putsch, am 20. Mai 1926, stellte das Politbüro fest, dass die Unterstützung Piłsudskis durch die KPP ein »ernsthafter politischer Fehler« war. Später machte Stalin Sinowjew für diesen »politischen Fehler« verantwortlich.[18] Am 20. Mai bestätigte das Politbüro die neue Politik gegenüber Piłsudski, die die polnische Kommission erarbeitet hatte:

> »c) Eine offene entlarvende Kampagne gegen Piłsudski und seine Regierung ist zu beginnen; es ist zu zeigen, dass Piłsudski in Wirklichkeit ein Bündnis mit den Faschisten gegen die Arbeiter und Bauern geschlossen hat. […] e) Kritik, entschlossene Entlarvung und Kampf gegen die Regierung von Piłsudski ist unbedingt sehr breit zu führen, wobei mit besonderem Nachdruck die Friedensangelegenheiten mit allen Nachbarländern hervorzuheben sind.«[19]

Im Klartext hieß dies, dass das Politbüro eine breite diffamierende Propagandakampagne gegen Piłsudski und seine Regierung anordnete, in der er als »Faschist« und »Kriegstreiber« zu denunzieren war. Die Folgen dieser Kampagne sind bis heute in zahlreichen Publikationen festzustellen.[20] Im Juni 1926 gab es in Moskau keine Illusionen mehr in Bezug auf die Machtübernahme Piłsudskis.[21]

Die Machtübernahme Piłsudskis, der hohes Ansehen und breite Unterstützung in Polen genoss, leitete eine politische und wirtschaftliche Stabilisierung in Polen ein.[22] Damit durchkreuzte Piłsudski die kommunistischen Hoffnungen auf einen baldigen Bürgerkrieg und eine »bäuerliche Revolution« in Polen. Die Träume von einer »revolutionären Irredenta« in Polen platzten im Mai 1926 mit dem erfolgreichen Regierungsputsch und der Machtübernahme durch Piłsudski.

Felix Dserschinski, Leiter der GPU, hatte bereits Ende Juni 1926 keine Illusionen in dieser Hinsicht. Am 25. Juni 1926 schrieb er an Jagoda, seinen Stellvertreter: »Der Umsturz von Piłsudski stellt sich, wie mir jetzt klar wird, als das Werk der nationalistischen Kräfte Polens – die voll von England unterstützt werden – heraus, die sich gegen ›Russland‹ richten, das heißt gegen uns. Aus diesem Grund müssen wir unbedingt alle unsere Kräfte für Verteidigungsvorbereitungen einsetzen. Das Ziel ihres Angriffs wird Weißrussland und die Ukraine sein – Minsk und Kiew als die Hauptstädte.«[23] Die angeblichen Kriegsabsichten Piłsudskis von 1926 dienten in den nächsten Jahren als Mittel, um die Partei und die sowjetische Gesellschaft zu mobilisieren. Weder im Jahre 1926 noch später hat Polen jedoch beabsichtigt oder geplant, die Sowjetunion zu überfallen.[24]

Die soziale, wirtschaftliche und ethnische Krise in der Sowjetunion in der Mitte der zwanziger Jahre

Spätestens ab 1922, in Deutschland ab 1924, standen die Vorzeichen in Europa auf wirtschaftliches Wachstum. Die Wirtschaft der europäischen Industrieländer erholte sich nach dem Krieg und den Nachkriegswirren merklich, was zugleich soziale Spannungen entschärfte. Diese Entwicklung registrierte man in Moskau aufmerksam und sie rief unter den bolschewistischen Anführern Frustrationen hervor. Stalin erstattete am 18. Dezember 1925 auf dem XIV. Parteitag (18.–31. 12. 1925) den Rechenschaftsbericht des ZK, wobei er feststellte:

> »Der Kapitalismus ist dabei, aus dem nach dem Krieg eingetretenen Chaos in Produktion, Handel und Finanzen, in das er geraten war, herauszukommen, oder er ist aus diesem Chaos bereits herausgekommen. Die Partei hat dies als teilweise oder zeitweilige Stabilisierung des Kapitalismus bezeichnet. [...] Im wesentlichen geht es, wenn wir Europa als Ganzes nehmen, mit Produktion und Handel voran, allerdings ohne daß bis jetzt die Vorkriegsnorm erreicht worden wäre. [...] Die Kohlenförderung erreicht 1925 in England 90 Prozent, in Frankreich 107 Prozent, in Deutschland 93 Prozent der Vorkriegsmenge. Die Stahlproduktion liegt in England bei 98 Prozent, in Frankreich bei 102 Prozent, in Deutschland bei 78 Prozent des Vorkriegsstandes. Der Baumwollverbrauch hat in England 82 Prozent, in Frankreich 83 Prozent, in Deutschland 81 Prozent der Vorkriegsmenge erreicht. [...] Nehmen wir den europäischen Handel als Ganzes, so lag er 1921 bei 63 Prozent und hat jetzt, im Jahre 1925, 82 Prozent des Vorkriegsstandes erreicht. Der Staatshaushalt wird in diesen Ländern schlecht und recht im Gleichgewicht gehalten, aber das geschieht auf Kosten der Bevölkerung, die furchtbar mit Steuern belastet wird. In einzelnen Län-

dern kommen Währungsschwankungen vor, aber das frühere Chaos ist im allgemeinen nicht mehr zu beobachten. Im allgemeinen ist das Bild so, daß die wirtschaftliche Nachkriegskrise Europas überwunden wird und Produktion und Handel wieder der Vorkriegsnorm zustreben.«[1]

Geradezu blendend stand es um die Wirtschaft der USA, die in den zwanziger Jahren zur führenden Industrieweltmacht aufstiegen.[2] Stalin konstatierte in seinem oben zitierten Rechenschaftsbericht:

»Dieser Staat [die USA] wächst in jeder Beziehung: sowohl was die Produktion als auch was den Handel und die Akkumulation betrifft. Ich will einige Zahlen anführen. Die Erzeugung von Getreide hat in Nordamerika den Vorkriegsstand überschritten; sie ist gleich 104 Prozent im Verhältnis zur Vorkriegsmenge. Die Kohlenförderung hat 90 Prozent der Vorkriegsmenge erreicht, aber dieses Manko wird durch die kolossale Steigerung der Erdölgewinnung ausgeglichen. Es muß gesagt werden, daß Amerikas Erdölförderung 70 Prozent der Weltförderung ausmacht. Die Stahlerzeugung ist auf 147 Prozent gestiegen, sie liegt also um 47 Prozent über dem Vorkriegsstand. Das Volkseinkommen ist gleich 130 Prozent, übersteigt also um 30 Prozent das Vorkriegsniveau. Der Außenhandel hat 143 Prozent des Vorkriegsstandes erreicht und weist einen gewaltigen Aktivsaldo zu Ungunsten der europäischen Länder auf. Von den 9 Milliarden des gesamten Goldvorrats der Welt befinden sich ungefähr 5 Milliarden in Amerika.«[3]

Während sich die europäische und auch die Weltwirtschaft weitgehend erholte, womit sich auch die wirtschaftliche Lage der Bevölkerung besserte, steuerte die Sowjetunion seit 1924 auf eine neue wirtschaftliche, soziale, ethnische und auch ideologisch-politische Krise zu. Sie war in erster Linie durch den fatalen Zustand der gesamten Wirtschaft verursacht. Am 2. März 1923 schrieb Lenin in der *Prawda*:

»Die Klein- und Zwergbauernschaft hält sich, insbesondere unter der NÖP, kraft ökonomischer Notwendigkeit auf einem äußerst niedrigen Niveau der Arbeitsproduktivität. Auch die internationale Lage hat bewirkt, daß Rußland jetzt zurückgeworfen ist, daß die Arbeitsproduktivität des Volkes im großen und ganzen jetzt bei uns beträchtlich geringer ist, als sie vor dem Krieg war. [...] Wir stehen gegenwärtig vor der Frage: Wird es uns gelingen, angesichts unserer klein- und zwergbäuerlichen Produktion, angesichts der Zerrüttung unserer Wirtschaft so lange durchzuhalten, bis die westeuropäischen kapitalistischen Länder ihre Entwicklung zum Sozialismus vollenden werden? Aber sie vollenden die Entwicklung nicht so, wie wir es früher erwartet haben.«[4]

Lenin verwies darauf, dass die Bolschewiken selbst die Klein- und Zwergbauernschaft hervorgebracht hatten, als sie den Großgrundbesitz zerschlugen.[5] Im Oktober 1923 warnte dagegen Trotzki, dass Sowjetrussland dringend auf Industriewaren aus Deutschland angewiesen sei. »Wenn wir unser Getreide für deutsche Arbeiter im Austausch für notwendige Fabrikate nicht über Polen transportieren können, ersticken wir wirtschaftlich.«[6]

Aber selbst wenn Polen bereit gewesen wäre, den deutsch-sowjetischen Warenaustausch ohne größere Hindernisse zuzulassen, hätte das kaum geholfen, denn es gab in Sowjetrussland kaum Getreide, das hätte exportiert werden können. Und Getreide war die einzige Ware, die die Sowjetunion damals auf dem Weltmarkt in größeren Mengen hätte verkaufen können. Während vor dem Krieg durchschnittlich 600–700 Millionen Pud (1 Pud = 16,38 kg), manchmal sogar 900 Millionen Pud ins Ausland verkauft worden waren, führte die Sowjetunion im Jahre 1923 erstmals nach dem Bürgerkrieg wieder 50 Millionen Pud Getreide aus.[7] Ein Jahr später musste man jedoch 83 Millionen Pud Getreide importieren, und zwar wegen Missernte und der darauf folgenden Hungersnot.[8] Im Jahre 1925/26 exportierte die Sowjetunion wieder Getreide, diesmal 123 Millionen Pud, ein Jahr später, 1926/27, waren es schon 153 Millionen, aber 1927/28 nur 27 Millionen Pud.[9]

Die geringen Ausfuhrmengen von Getreide hingen mit der niedrigen Produktivität der sowjetischen Landwirtschaft zusammen, die durch die Zwerg- und Kleinwirtschaften auf dem Lande bedingt war. Und das wiederum war die Folge der bolschewistischen Bodenreform, der Zerschlagung der Gutswirtschaft während des Bürgerkrieges und danach. Es waren eben die großen landwirtschaftlichen Betriebe, die vor dem Krieg Getreide für den Export produziert hatten.[10] Stalin erklärte die niedrige Getreideproduktivität in einer Rede vom 28. Mai 1928 wie folgt:

> »Dies erklärt sich vor allem und hauptsächlich durch die Veränderung, die die Struktur unserer Landwirtschaft im Ergebnis der Oktoberrevolution erfahren hat, durch den Übergang von der gutsherrlichen und kulakischen Großwirtschaft, die die größte Menge an Warengetreide lieferte, zur klein- und mittelbäuerlichen Wirtschaft, die die geringste Menge an Warengetreide liefert. Allein die Tatsache, daß wir *vor dem Kriege 15–16 Millionen individueller Bauernwirtschaften hatten, jetzt hingegen 24–25 Millionen Bauernwirtschaften* haben, schon allein diese Tatsache besagt, daß die Hauptbasis unserer Landwirtschaft gegenwärtig die kleine Bauernwirtschaft ist, die ein Minimum an Warengetreide liefert.[11]

Zu der Zersplitterung in Klein- und gar Zwergwirtschaften kam sowohl »die außerordentliche Rückständigkeit unserer [sowjetischen] landwirtschaftlichen Technik als auch [...] das zu niedrige Kulturniveau des Dorfes«, wie Stalin in einer Rede vom 3. Dezember 1927 konstatierte.[12] Im Jahre 1925 besaßen 32 Prozent aller Wirtschaften kein und 53,4 Prozent nur ein Zugtier.[13]

Vor diesem Hintergrund verwundern die niedrigen Erträge nicht, insbesondere die Getreideerträge. So betrug im Jahre 1928 die Getreideanbaufläche in der UdSSR 95 Prozent der Fläche der Vorkriegszeit, die Getreideerträge erreichten dagegen knapp 50 Prozent der Vorkriegserträge. Die niedrige Getreideproduktivität war der Grund für die niedrigen Exportmengen von Getreide, wie Anastas

Mikojan, der im Jahre 1926 zum Volkskommissar für Innen- und Außenhandel ernannt worden war, im Juni 1928 vor dem Politbüro klagte.[14]

Die Zersplitterung, technische Rückständigkeit, das »niedrige Kulturniveau« sowie die sogenannte »Preisschere« (überteuerte Industrieartikel einerseits und niedrige Preise für landwirtschaftliche Produkte andererseits) bewirkten, dass die landwirtschaftliche Produktivität insgesamt sehr niedrig war. So belief sich die Bruttoproduktion der gesamten russischen Landwirtschaft im Jahre 1913 auf insgesamt 11,79 Milliarden Rubel, im Jahre 1921/22 waren es aber nur 6,9 Milliarden, um erst im Jahre 1926/27 auf 12,775 Milliarden (108,3 % der Vorkriegsproduktion) zu steigen. Die Bruttoproduktion der Industrie belief sich hingegen im Jahre 1913 auf 6,391 Milliarden Rubel, im Jahre 1921/22 auf 1,344 Milliarden, 1924/25 knapp 5 Milliarden Rubel, um erst zwei Jahre später (1926/27) auf knapp über das Vorkriegsniveau (100,9 %) zu steigen.[15]

Noch kritischer stand es um den Außenhandelsumsatz, der sich im Jahre 1924/25 auf 1,282 Milliarden Rubel belief, etwa 27 Prozent des Vorkriegsumsatzes. Im Jahr 1926/27 stieg der Außenhandelsumsatz auf 1,483 Milliarden Rubel, 35,6 Prozent des Vorkriegsbetrages. Der Gesamthaushalt der UdSSR belief sich im Jahre 1925/26 auf 5,024 Milliarden Rubel, 72,4 Prozent des Vorkriegshaushaltes. Im Jahre 1926/27 wuchs der Gesamthaushalt auf knapp 7 Milliarden Rubel (110–112 %) des Vorkriegshaushaltes.[16]

Die niedrige Produktivität der Landwirtschaft war die direkte Folge der bolschewistischen Politik. Nicht anders war es mit der Industrie, die nicht imstande war, die Bauern mit Gebrauchsartikeln in ausreichender Menge zu beliefern. Die Industrie konnte sich dagegen nicht entwickeln, weil es an Kapital fehlte. Es floss kein ausländisches Kapital in die UdSSR, sodass der einzige Ausweg, um das Kapital für den Aufbau und die Entwicklung der Industrie aufzubringen, die Ausfuhr von Rohstoffen und landwirtschaftlichen Produkten blieb, in erster Linie Getreide, wie Trotzki am 3. Juli 1923 in einer Rede erklärte. Dabei ging er davon aus, dass die Getreideproduktion in den nächsten Jahren wachsen werde. Damit wollte man, so Trotzki, die Einfuhr von Anlagen und Maschinen für die sowjetische Industrie finanzieren.[17] Dieser Plan erwies sich schnell als unrealistisch, weil die Getreideproduktion so niedrig war, dass kaum oder nur wenig Getreide exportiert werden konnte. Es entstand ein Teufelskreis.

Felix Dserschinski kritisierte Ende 1925 scharf die Fixierung auf die Getreideausfuhr, um damit den Aufbau der Industrie zu finanzieren. Am 3. Dezember 1925 verfasste er in seiner Funktion als Vorsitzender des Obersten Volkswirtschaftsrates ein Schreiben an Stalin, in dem er über den fatalen Zustand der sowjetischen Industrie klagte. Dserschinski rügte dabei unter anderem: »Fehler des Staatsplanes im Getreidebeschaffungsplan. [...] Es gibt viele andere Möglichkeiten, um den Export von anderen Produkten anstelle des Getreides zu forcieren. Ohne die Forcierung des Exportes wird die Industrie ersticken (ohne Import). [...] Man muss Geld für den Import von Rohstoffen und Anlagen finden, man muss Mittel für die innere Finanzierung unserer Industrie finden.«[18]

Aber nicht nur das fehlende Kapital verhinderte den Aufbau der Industrie, sondern noch eine Reihe von anderen wichtigen Faktoren. In dem oben zitierten Dokument, das er als sein Rücktrittsgesuch von dem Posten des Vorsitzenden des Obersten Volkswirtschaftsrates übermitteln wollte, jedoch nicht abgeschickt hat, führte Dserschinski aus:

> »Vor dem Hintergrund der Zustände, die in der Industrie und dem Obersten Volkswirtschaftsrat herrschen, sehe ich mich gezwungen, das Zentralkomitee um Entlassung zu ersuchen, da eine erfolgreiche Industrialisierung unter den gegebenen Umständen nicht möglich ist. Wir haben weder einen richtigen noch einen einheitlichen Plan für die ganze sowjetische Wirtschaft, noch eine Koordinierung der verschiedenen Industriezweige. Auf diese Weise bewegen wir uns schnellen Schrittes auf Krisen in einzelnen Bereichen zu, die sich weiter ausbreiten werden, die überall um sich greifen werden, die sich folglich in eine ernsthafte Krise verwandeln können, wenn die Partei nicht sofort die notwendigen Maß-

nahmen ergreift. Ich persönlich bin kein Politiker und bin unfähig, die Fragen rechtzeitig so zu stellen, dass sie durch die Partei rechtzeitig erörtert und entschieden werden können (ich hatte sie wiederholt gestellt, und fast immer wurden sie zur weiteren Bearbeitung, Abstimmung usw. weitergeleitet, und im Endergebnis werden diese Fragen bis heute bearbeitet).«[19]

Im Einzelnen verwies Dserschinski auf das allgemein herrschende Chaos im Handel und in der Wirtschaft, den Kampf zwischen leichter Industrie und Handwerk auf der einen und der Schwerindustrie auf der anderen Seite, die ausbleibende Zusammenarbeit zwischen den einzelnen Wirtschaftsapparaten, das Chaos im Kredit- und Finanzwesen. Infolgedessen wuchere der Bürokratismus, denn die verantwortlichen Stellen reagierten auf die unzähligen Schwierigkeiten mit der Errichtung von neuen Institutionen, Behörden, Stellen, Kommissionen, die ohne Abstimmung nichts unternähmen, sie regulierten jeden Schritt und stimmten über alles ab. Damit werde die Initiative und Effektivität der mit Produktion und operativen Angelegenheiten befassten Institutionen immer mehr eingeschränkt. »Auf diese Weise wird unser Apparat immer bürokratischer und lebensfremder.«[20]

Monate später, am 3. Juli 1926, klagte der verzweifelte Dserschinski in einem Schreiben an Walerian Kuibyschew, Präsidiumsmitglied des ZKK, über das System der wirtschaftlichen Steuerung in der UdSSR:

»Wir haben Leute, denen man Verantwortung übertragen könnte. Sie ertrinken jedoch zurzeit in Abstimmungen, Berichten, Papieren, Kommissionen. Die Kapitalisten hatten hingegen eigene Mittel und waren selbst verantwortlich. Bei uns ist jetzt für alles der Rat für Arbeit und Verteidigung und das Politbüro verantwortlich. So kann man mit Privatunternehmern und Kapitalismus nicht konkurrieren. Bei uns gibt es keine Arbeit, sondern reine Tortur. Die bestehenden Kommissariate und ihre Kompetenzen, das ist die Paralyse des Lebens und das Leben des Beamten-Bürokraten.

Aus dieser Paralyse werden wir ohne chirurgischen Eingriff, ohne Mut, ohne Donner nicht herauskommen. Alles erwartet diesen chirurgischen Eingriff. [...] Jetzt stecken wir im Sumpf. Unzufriedenheit und Erwartungen sind überall. [...] Ich persönlich und meine Arbeitsfreunde auch sind unbeschreiblich erschöpft von diesen Zuständen. Totale Ohnmacht. [...] Ich protestiere aus ganzer Seele gegen [diese Zustände] [...]. Ich kämpfe mit allen. Erfolglos. Daher glaube ich, dass nur die Partei und ihre Einheit diese Aufgabe schaffen kann, weil meine Auftritte diejenigen stärken könnten, welche die Partei und das Land mit Sicherheit ins Verderben führen werden, das ist Trotzki, Sinowjew, Pjatakow, Schljachtunow. [...] Ich bin voll davon überzeugt, dass wir mit allen Feinden fertig werden, wenn wir die richtige Linie in der Führung des Staates und der Wirtschaft finden und einschlagen, wenn wir das verlorene Tempo beschleunigen, das heute hinter den Bedürfnissen des Lebens zurückbleibt. Wenn wir diese Linie und dieses Tempo nicht finden und einschlagen, dann wird unsere Opposition wachsen, und auch unser Land wird seinen Diktator-Totengräber der Revolution finden, gleichgültig, wie groß dessen Verdienste für die Revolution sind. Beinahe alle heutigen Diktatoren sind ehemalige Rote – Mussolini, Piłsudski. Auch ich bin von diesen Widersprüchen erschöpft. Ich habe so viele Male um Entlassung gebeten. Ihr müsst schneller entscheiden. Ich kann bei solchen Gedanken und Qualen, von denen ich geplagt werde, nicht Vorsitzender des Obersten Volkswirtschaftsrates bleiben.«[21]

Während einer Sitzung nur wenige Tage vor seinem Tode am 20. Juli 1926 schrieb Dserschinski noch auf einen Zettel: »Ich bin es leid, immer den strengen ›Herrn‹ zu spielen. Ich kann wirklich nicht mehr im WSNCH [Oberster Volkswirtschaftsrat] bleiben. Ich flehe Euch alle an, mich zu entlassen und einen eigenen Mann zu bestimmen, d. h. einen, der nicht mit so viel Widerstand in allen Fragen auf die Probe gestellt wird.«[22]

Am 20. Juli 1926, auf dem gemeinsamen Plenum des ZK und des ZKK, wetterte Dserschinski noch gegen die parteifeindlichen Aktivitäten des »Blocks Trotzki – Sinowjew«. Drei Stunden später, um 16.40 Uhr, starb Dserschinski, Vorsitzender des Obersten Volkswirtschaftsrates und Chef der OGPU, unerwartet.[23] Felix Dserschinski, einer der führenden und zugleich einer der fanatischsten und blutrünstigsten Bolschewiken, der in Russland wie in Weißrussland noch heute verehrt wird, ging offenkundig an dem allgemeinen Chaos, das in der sowjetischen Wirtschaft vorherrschte, und an der sich verschärfenden allgemeinen Krise im Lande zugrunde.

Die Preisschere

Die niedrige Produktivität der Industrie, insbesondere der leichten Industrie, sowie die Preispolitik des sowjetischen Staates, die das Politbüro bestimmte,[24] verursachte die sogenannte »Preisschere«: Auf der einen Seite standen überteuerte Gebrauchsartikel, auf der anderen unterbewertete landwirtschaftliche Produkte. Die Preisschere war durch das bolschewistische Regime gezielt geschaffen worden, sie war eine zusätzliche Steuer, ein Tribut, den die Bauern neben den ohnehin hohen Abgaben und Steuern aufzubringen hatten. Damit wollten die Bolschewiken die Industrie finanzieren. Am 11. Juli 1928 erklärte Stalin in einer Rede im Plenum des ZK der KPdSU(b):

> »Worum ging bei uns gestern die Diskussion? Vor allem um die ›Schere‹ zwischen Stadt und Land. Es war davon die Rede, daß der Bauer immer noch die Industriewaren überbezahlt und für landwirtschaftliche Erzeugnisse unterbezahlt wird. Es war davon die Rede, daß diese Über- und Unterbezahlungen eine Mehrsteuer für die Bauernschaft darstellen, eine Art ›Tribut‹, eine zusätzliche Steuer zugunsten der Industrialisierung, eine Steuer, die wir unbedingt beseitigen müssen, die wir aber nicht jetzt sofort beseitigen können, wenn wir unsere Industrie nicht untergraben und das bestimmte Entwicklungstempo unserer Industrie, die für das ganze Land arbeitet und unsere Volkswirtschaft dem Sozialismus entgegenführt, nicht gefährden wollen. […] Natürlich, die Worte

›Mehrsteuer‹, ›zusätzliche Steuer‹ sind unangenehme Worte, denn sie fallen einem auf die Nerven. Aber erstens geht es nicht um Worte. Zweitens entsprechen diese Worte durchaus der Wirklichkeit.«[25]

Die Preisschere hatte jedoch zur Folge, dass die Bauern wenig geneigt waren, ihre unterbezahlten Produkte zu verkaufen und dafür überteuerte Gebrauchsartikel zu kaufen, wenn es sie überhaupt zu kaufen gab. Unter diesen Umständen zogen Bauern oft genug vor, ihre Produkte selbst zu konsumieren. Angesichts der niedrigen Produktivität der Industrie und der Preisschere verwundert es nicht, dass der Verbrauch von Industrieprodukten deutlich unter dem Vorkriegsniveau lag.

Tab. 2: Verbrauch von Grundartikeln (pro Kopf) in Russland im Jahre 1913 und in der UdSSR in den Jahren 1922/23 und 1924[26] (1 Pud = 16,38 kg, 1 Arschin = 0,71 m)

Pro Kopf	1913	1922/23	1924	% von 1913
Petroleum (in Pud)	0,379	0,116	0,147	39 %
Salz (in Pfund)	28,06	14,93	20,15	72 %
Gusseisen (in Pud)	1,7	0,15	0,24	14 %
Stahl (in Pud)	1,79	0,27	0,4	22 %
Baumwolle (in Arschin)	17,3	5,3	6,8	39 %
Galoschen pro Jahr und 1000 Personen	178	38	52	30 %
Streichhölzer (Schachteln)	31,6	10,4	13,2	61 %
Zucker (in Pfund)	19,3	3,2	6,4	33 %
Tabak (Raucheinheiten)	313	120	147	47 %
Papier (in Pfund)	6,6	1,7	2,4	36 %

Zwei Jahre später, 1926, betrug der Pro-Kopf-Verbrauch von Gebrauchsartikeln 28 Prozent des Verbrauchs von 1913. Im Jahr 1913 gab der durchschnittliche Bauer für Gebrauchsartikel (zusammen mit Wodka) 34 Goldrubel und 22 Kopeken, im Jahre 1926 dagegen nur 16 Rubel und 50 Kopeken (48,2 %) aus, wobei er für die erhaltenen Waren fast doppelt so viel wie im Jahre 1913 bezahlen musste.[27] Es ist hierbei anzumerken, dass im Jahre 1926 die Bauern im staatlichen Handel kaum Wodka kauften, sie brannten Schnaps selbst oder kauften selbst gebrannten Schnaps auf dem Schwarzmarkt, worauf noch einzugehen sein wird.

Der akute Warenhunger verschärfte sich noch in den nächsten Jahren.[28] Der Warenhunger und die Preisschere sowie dadurch bedingte Spekulationen und der Schwarzmarkt waren kennzeichnend für das alltägliche Wirtschaftsleben und die wirtschaftlichen Beziehungen zwischen Dorf und Stadt in der UdSSR bis Ende der zwanziger Jahre und darüber hinaus.[29]

Das Wodka-Monopol zur Finanzierung von Industrieaufbau und Roter Armee

Eine wichtige Methode, Mittel für den Industrieaufbau und die Rote Armee aufzubringen, war die Produktion und der Verkauf von Wodka. Die Einnahmen aus dem Wodkaverkauf wurden mit der Zeit gar zu den Hauptstützen des sowjetischen Staatshaushaltes. Ohne Zweifel hatte der übermäßige Alkoholgenuss im zaristischen Russland eine gewisse Tradition,[30] die Wodkapolitik des kommunistischen Regimes, die sich in den Jahren 1923 bis 1925 herauskristallisierte und die in den nächsten Jahrzehnten fortgesetzt wurde, hatte jedoch fatale Folgen für die sowjetische Gesellschaft, die sich bis heute in Russland auswirken.

Während des Bürgerkrieges und Anfang der zwanziger Jahre nahmen die Produktion und der Konsum des selbst gebrannten Schnapses, des *Samogon,* die auch vor dem Krieg weit verbreitet gewesen waren, enorme Dimensionen an. Dies wirkte sich auch direkt auf die Staatsfinanzen aus. Am 13. Januar 1923 wandte sich Trotzki über Stalin in dieser Angelegenheit an das Politbüro und alarmierte dessen Mitglieder: »Die Samogon-Frage hat eine enorme Bedeutung. Wenn es so weitergeht wie bisher, dann erreichen wir weder eine sozialistische noch eine kapitalistische Akkumulation.« Trotzki forderte einen entschiedenen Kampf gegen den Samogon, um abschließend zu konstatieren: »Die Haushaltsfrage ist auf engste Weise mit der Samogon-Frage verbunden.«[31]

Wie sich konkret der *Samogon* auf die Staatsfinanzen auswirkte, sei hier am Beispiel des Gouvernements Pskow geschildert. Im Bericht der OGPU des Gouvernements Pskow vom 2. September 1924 heißt es, dass die *Samogon*-Produktion auf dem Lande große Ausmaße angenommen habe. In einzelnen Gemeinden würden sich damit gar 35 Prozent der Bevölkerung befassen. »Ihre Ursachen sind historisch, die sogenannte [Preis-]›Schere‹, die niedrigen Preise für Getreide, spielt eine große Rolle in der Entwicklung der Samogon-Industrie.« Die Herstellungskosten eines Eimers *Samogon* betrugen beispielsweise im Kreis Pskow etwa 2 Rubel und der Verkaufspreis 11 Rubel, ähnlich hohe Gewinnspannen und teilweise sogar wesentlich höhere erzielte man in anderen Kreisen des Gouvernements Pskow. Jährlich würden im Gouvernement, so der Bericht, etwa 500 000 Pud Getreide für die Produktion von *Samogon* verbraucht.[32]

Die »Samogon-Industrie« schadete dem sowjetischen Staat in vielerlei Hinsicht. Dem Markt wurde Getreide entzogen, die wichtigste Exportware. Hinzu kam, dass an den hohen Gewinnen bei Herstellung und Verkauf von *Samogon* der Staat in keinerlei Weise beteiligt war, denn den Verkauf von *Samogon* fand ausschließlich auf dem Schwarzmarkt statt. Es dürfen aber auch die fatalen Folgen des hohen Alkoholkonsums auf den Gesundheitszustand der Bevölkerung sowie die hohe Kriminalitätsrate nicht unerwähnt bleiben. In dem oben zitierten Bericht heißt es, dass unter den Insassen der »Besserungsanstalten« des Gouvernements Pskow mehr als 50 Prozent Mörder seien, »wobei in der Regel die Morde vor dem Hintergrund des Samogon[-Konsums] begangen worden waren«. So konstatiert der Bericht: »[…] außer der Vernichtung einer enormen Menge an Getreide wächst im Zusammenhang mit Samogon die Kriminalität, wobei die bedrohlichen Dimensionen der Schäden für die Gesundheit der Bevölkerung unerwähnt bleiben.«[33]

Spätestens im Jahre 1921 begann in den engen Parteikreisen die Debatte über die Wodkapolitik. Es ging allerdings dabei nicht um die negativen Auswirkungen des übermäßigen Alkoholkonsums auf die Gesellschaft, sondern um die Frage, ob man mit dem staatlichen Wodkamonopol den Staatshaushalt sanieren solle. Lenin, der sonst vor blutigem Terror im Namen der Revolution nicht zurückschreckte, sprach sich jedoch entschieden dagegen aus. Am 27. Mai 1921 erklärte er in einer Rede: »Ich glaube, daß wir im Unterschied zu den kapitalistischen Ländern, die Schnaps und sonstige Betäubungsmittel in Umlauf bringen, solche Dinge nicht zulassen werden, weil sie uns, so vorteilhaft sie auch für den Handel sein mögen, zurück zum Kapitalismus führen würden, nicht aber zum Kommunismus.«[34] Zehn Monate später, am 28. März 1922, äußerte sich Lenin in dieser Hinsicht noch kategorischer: »Wenn der Bauer unter den gegenwärtigen Bedingungen und in bestimmtem Umfang den freien Handel braucht, dann müssen wir ihn gewähren lassen, aber das heißt nicht, daß wir erlauben, mit Fusel zu handeln. Das werden wir bestrafen.«[35]

Auch Trotzki war ein entschiedener Gegner des »Wodka-Haushaltes«, wobei er sich auch auf Lenin berief. Am 23. Juli 1923 schrieb er an seinen Freund Pjatakow: »Gerade von Wladimir Iljitsch [Lenin], der gewiss zu abstrakter Moralisierung nicht neigt, habe ich wortwörtlich folgende Formulierung gehört: ›Verstehen Sie, wenn man ein [Alkohol-]Monopol schaffen würde, dann könnte man sich vor dem Defizit retten, jedoch sprechen zu viele moralisch-politische Argumente dagegen.‹«[36]

Aber nicht alle waren in dieser Hinsicht derselben Auffassung wie Lenin und Trotzki. Mit dem krankheitsbedingt schwindenden Einfluss Lenins erstarkte auch die offenkundig von Stalin angeführte Wodka-Fraktion, die sich paradoxerweise auf Lenin berief. Am 13. August 1923 schrieb Trotzki an Nikolai Semaschko, den Volkskommissar für das Gesundheitswesen der RFSR:

»Das Bestehen einer großen und einflussreichen Fraktion, deren Programm darin besteht, das Budget auf Wodka zu stützen, ist eine unverkennbare Tatsache. Diese Fraktion stützt sich dabei auf

Wladimir Iljitsch [Lenin], was meiner Meinung nach nicht richtig ist. Das ist jetzt aber nicht die Frage. Angesichts unseres langsamen und schwächlichen [wirtschaftlichen] Wiederaufbaus gleicht der Versuch, den Haushalt auf Wodka zu stützen, dem Vorgehen eines Hungernden, der seine wichtigsten Muskeln ausschneidet, um den bestehenden Hunger zu stillen. Zurzeit blasen die Anhänger des betrunkenen Haushaltes, wie ich es beurteilen kann, zum Rückzug. Das ist Ergebnis der ersten Reaktion der Partei auf die Gerüchte über die Alkoholisierung des sowjetischen Aufbaus.«[37]

Trotzki meinte in dem Schreiben auch, dass es notwendig sei, eine breite Kampagne gegen den Alkoholismus zu führen, insbesondere gegen den *Samogon,* »und zwar nicht als Konkurrenz zur legalen Trunkenheit, sondern gegen ein akutes soziales Übel«.[38]

Die Feststellung Trotzkis, die Anhänger des »betrunkenen Haushaltes« befänden sich im Rückzug, entsprach jedoch nicht den Tatsachen. Noch am 23. Juli 1923, konstatierte Trotzki in einem Schreiben an Pjatakow, dass sich die lokale Parteibürokratie (»Partei-Sowjet-Sekretär-Bürokratie«) auf Einnahmen aus der »Restaurierung des Alkoholismus« stütze. Ferner klagte Trotzki: »Mir gegenüber wurde die Phrase formuliert, dass wir angeblich keine Romantiker, keine Vegetarier, keine Moralisten, sondern ›nüchterne‹ Realisten seien, daher seien wir für den betrunkenen Haushalt.«[39]

Am selben Tag, dem 23. Juli, erkundigte sich Trotzki schriftlich bei Serebrjakow (Volkskommissariat für Verkehr) nach der laufenden Debatte in der Ukraine über die Einführung des Alkoholmonopols aus fiskalischen Gründen, wobei sich die meisten dafür ausgesprochen hätten.[40] Nur drei Tage später wandte sich der offenkundig aufgebrachte Trotzki schriftlich an Rykow:

»Gestern sagte mir Woroschilow, dass in der südwestlichen Oblast ein 20-prozentiger Wodka verkauft werde, den eine Firma, die dem Obersten Volkswirtschaftsrat untersteht, herstelle. Wissen Sie etwas davon? Wurde diese Frage im ZK erörtert? [...] Ich kann mich gut erinnern, wie im Frühherbst des vergangenen Jahres vorgeschlagen wurde, eine Kommission für die Wodkafrage einzuberufen, und Sie haben zusammen mit mir dagegen gestimmt, diese Frage der Kommission anzutragen, weil man meinte, irgendwelche Schritte in Richtung der Legalisierung von Wodka nicht zulassen zu sollen.«[41]

In dem Schreiben an Rykow klagte Trotzki ferner, dass ihm über eine Entscheidung des Politbüros über den Handel mit Wodka nichts bekannt sei. Es dauerte aber noch fast zwei Jahre, bis sich im Politbüro eine Mehrheit für Wodka zusammenfand. Am 19. März 1925 beschloss das Politbüro unter Punkt 9: »a) Die Frage der Produktion von Wodka und Spiritus ist der vorläufigen Entscheidung des Rates für Arbeit und Verteidigung zu übergeben mit Vortrag gegenüber dem Politbüro; b) die Möglichkeit der Erhöhung der Stärke des Wodka auf 40 % ist einzuräumen; [...] g) der Orientierungspreis für eine Flasche Wodka ist auf 1 Rubel festzulegen.«[42]

Den staatlichen Wodkaverkauf führte man ursprünglich als ein Experiment und zugleich als Methode ein, um mit dem Hauptteil der Gewinne die Industrialisierung zu finanzieren, insbesondere um eine Metallindustrie aufzubauen.[43] Die treibende Kraft hinter dem »Wodka-Haushalt« war offenkundig Stalin, der sich danach immer wieder dazu äußerte und diese Entscheidung rechtfertigte. Am 18. Dezember 1925 führte er im politischen Rechenschaftsbericht aus: »Nebenbei ein paar Worte über eine Reservequelle – den Wodka. Es gibt Leute, die glauben, man könne den Sozialismus in Glacéhandschuhen aufbauen. [...] diejenigen, die [daran] glauben, [...] sind in einem groben Irrtum befangen.«[44]

Im Schreiben vom 20. März 1927 an einen gewissen Schinkewitsch rechtfertigte Stalin die Entscheidung, mit Wodkaverkauf den Industrieaufbau zu finanzieren, als jener in einem Brief an Stalin darauf hinwies, Lenin habe dies ja ausgeschlossen:

»Sie berufen sich auf Lenins Worte gegen den Wodka [...]. Lenins Worte sind dem Zentralkomitee natürlich bekannt. Wenn sich das

ZK der Partei dennoch mit der Zulassung des Wodka einverstanden erklärt hat, so deshalb, weil es dazu das im Jahre 1922 gegebene Einverständnis Lenins hatte. Lenin hielt es nicht für ausgeschlossen, daß es uns, unter bestimmten Opfern unserseits, gelingen könnte, die Verrechnung der Schulden mit den bürgerlichen Staaten zu regeln und eine große Anleihe oder bedeutende langfristige Kredite zu erhalten. Das war seine Meinung zur Zeit der Konferenz von Genua.[45] Hätten die Dinge diesen Lauf genommen, dann hätten wir den Wodka natürlich nicht zuzulassen brauchen. Da aber die Dinge nicht diesen Lauf nahmen und wir für die Industrie kein Geld hatten, da wir aber ohne ein bestimmtes Minimum an finanziellen Mitteln nicht auf eine einigermaßen befriedigende Entwicklung unserer Industrie, von der das Schicksal unserer gesamten Volkswirtschaft abhängt, rechnen konnten, sind wir gemeinsam mit Lenin zu der Schlußfolgerung gekommen, daß man den Wodka wird zulassen müssen. [...] Diese Frage wurde bei uns im Oktober 1924 vom ZK unserer Partei behandelt. Einige ZK-Mitglieder wandten sich gegen die Einführung des Wodkas, ohne jedoch auf irgendwelche Quellen hinweisen zu können, aus denen sich Mittel für die Industrie schöpfen ließen. Als Antwort darauf unterbreiteten 7 ZK-Mitglieder, darunter auch ich, dem Plenum des ZK folgende Erklärung: ›Genosse Lenin erklärte im Sommer 1922 und im Herbst des gleichen Jahres (September) jedem von uns mehrmals, daß es in Anbetracht der Aussichtslosigkeit, im Ausland Anleihen zu bekommen (Scheitern von Genua), notwendig sein wird, das Wodkamonopol einzuführen, daß dies besonders für die Schaffung eines Minimalfonds notwendig ist, um die Währung zu stützen und die Industrie in Gang zu halten. Wir halten es für unsere Pflicht, über all das eine Erklärung abzugeben, in Anbetracht dessen, daß sich einige Genossen auf frühere Erklärungen Lenins zu dieser Frage berufen. Das Plenum des ZK unserer Partei faßte den Beschluß, das Wodkamonopol einzuführen.«[46]

Es bleibt dahingestellt, ob sich Lenin tatsächlich doch einverstanden erklärt hat, mit Alkohol den Staatshaushalt zu sanieren. Immerhin hatte er noch im März 1922 diese Möglichkeit kategorisch ausgeschlossen. Fakt ist auch, dass das Politbüro erst nach Lenins Tod beschloss, mit Einnahmen aus dem Wodkaverkauf die Industrialisierung zu finanzieren.

Stalin selbst sah darin ursprünglich eine vorübergehende Maßnahme, auf die man doch irgendwann verzichten sollte. Am 3. Dezember 1927 führte er in einer Rede aus: »Schließlich haben wir solche Minusposten wie den Wodka im Staatshaushalt [...] Ich glaube, man könnte mit einem allmählichen Abbau der Wodkaerzeugung anfangen und an Stelle des Wodkas solche Einnahmequellen wie Radio und Kino setzen.«[47] Zu Lebzeiten Stalins wurde aber mit dem Abbau der Wodkaerzeugung nicht einmal angefangen, ganz im Gegenteil.

Im November 1927 kritisierte die innerparteiliche Opposition um Trotzki und Sinowjew die Vorgaben des Fünfjahresplanes, die vorsahen, dass die Produktion und der Pro-Kopf-Verbrauch von Wodka um 227 Prozent steigen sollten. »Und das vor dem Hintergrund, dass in den letzten Jahren der Wodkaverbrauch pro Kopf gestiegen ist, von 0,6 Flaschen im Jahre 1924/25 über 2,9 Flaschen im Jahre 1925/26 auf 4,3 Flaschen Wodka im Jahre 1926/27. Die Branntweinindustrie stellt sich laut dem Fünfjahresplan als der ›führende‹ Industriezweig heraus.«[48]

Aber auch die eingeplante Steigerung des Wodkaplanes um 227 Prozent ließ Stalin bald erhöhen. Am 1. September 1930 schrieb er in einem Brief an Molotow über die Notwendigkeit des Ausbaus der Roten Armee von 640 000 auf 700 000 Mann: »Woher das Geld nehmen? Meiner Meinung nach müssen wir die Wodkaproduktion *(so weit wie möglich)* erhöhen. Wir müssen die falsche Scham abwerfen, direkt und offen eine *maximale* Erhöhung der Wodkaproduktion anzustreben, um eine wirklich solide Verteidigung unseres Landes gewährleisten zu können.«[49] Weiter schrieb Stalin in dem hier zitierten Brief, dass diese Vorgabe über die Erhöhung der Wodkaproduktion offiziell in den Staatshaushalt für 1930/1933 aufzunehmen sei.

Wie nicht anders zu erwarten, fasste das Politbüro am 15. September 1930 den Beschluss, »die notwendigen Maßnahmen zur raschen Erhöhung der Wodkaproduktion zu ergreifen. [...] ein Programm für das Brennen von 90 Millionen Eimern Alkohol in den Jahren 1930/1931 ist zu beschließen.«[50] Am 30. Oktober 1930 genehmigte das Politbüro das vorgelegte Programm zur Produktion von 92 Millionen Eimern bis September 1931, wofür unter anderem 596 000 Tonnen Getreide bestimmt wurden.[51] Einige Wochen später, am 10. November 1930, verfügte das Politbüro die Vergrößerung der Roten Armee bis zum 1. Oktober 1931 um 68 000 Soldaten auf 700 000 Mann.[52]

Parallel zu der Einführung des Monopols auf Wodkaproduktion und -verkauf intensivierten die sowjetischen Organe den Kampf gegen die *Samogon*-Industrie, die ja das Staatsmonopol in Frage stellte. Damit befassten sich OGPU-Organe, Miliz und Parteistellen vor Ort. Am 16. September 1924 berichtete die OGPU aus dem Gouvernement Pensa über den Verlauf des Kampfes gegen *Samogon* im Monat Juli. Man habe dabei 7126 Durchsuchungen durchgeführt, 1225 Brennapparate beschlagnahmt, 1783 Personen verhaftet und 2196 Personen vor Gericht gebracht.[53] Aus dem Gouvernement Pskow vermeldete die OGPU ebenfalls am 16. September 1924 ähnliche »Erfolge«: 7803 Durchsuchungen, davon 5345 mit »Ergebnissen« und 2634 beschlagnahmte Brennapparate sowie 920 Eimer *Samogon*.[54]

Der Kampf war allerdings insgesamt wenig erfolgreich. Im Februar 1925 erstattete die OGPU Meldung über die Entwicklung der Schnapsbrennerei und Trunkenheit auf dem Lande, die immer größere Dimensionen annähmen, und zwar im gesamten Sowjetrussland und in der Sowjetukraine, und die örtlichen Organe unternähmen wenig dagegen.[55] Der Kampf gegen das Schnapsbrennen dauerte bis Ende der zwanziger Jahre und darüber hinaus. Im Juni 1928 trug Mikojan, der Volkskommissar für Innen- und Außenhandel, Thesen über die Politik der Getreidebeschaffung vor, die von der Politbürokommission gebilligt wurden. Zu den Maßnahmen, die Mikojan in diesem Zusammenhang vorschlug, gehörte der »Kampf gegen die Schnapsbrennerei«.[56]

Der Kampf gegen die illegale Schnapsbrennerei hatte für den sowjetischen Staat wirtschaftliche Bedeutung in vielerlei Hinsicht. Das dringend benötigte Getreide wurde dann nicht zu illegalem Schnaps verarbeitet, ohne dass dabei der Staat verdient hätte. Man beseitigte die Konkurrenz für den staatlichen Wodkaverkauf, und daran verdiente der Staat ja kräftig. Damit wollte die kommunistische Führung die vermeintlichen »Geldüberschüsse aus dem Dorf abziehen«, wie es Stalin am 13. Februar 1928 formulierte.[57] Erst die gewaltsame Kollektivierung scheint der massenhaften Schnapsbrennerei die wirtschaftliche Grundlage tatsächlich entzogen zu haben.

Während Wodkaverkauf und -verbrauch schnell wuchsen und damit auch die Einnahmen des Staates, waren die negativen Auswirkungen auf die Gesellschaft und die Wirtschaft nicht zu übersehen. Im Bericht der OGPU über die politische Lage in der UdSSR für Oktober 1925 heißt es:

> »Mit dem Verkauf des 40-prozentigen Wodkas lässt sich ein starkes Anwachsen der Trunkenheit unter den Arbeitern verzeichnen. In den ersten Oktobertagen und besonders am Zahltag erreichte die Trunkenheit Massencharakter. Im Zusammenhang mit der Trunkenheit lässt sich ein außergewöhnliches Anwachsen der Arbeitsbummelei und der Fälle des Erscheinens bei der Arbeit im betrunkenen Zustand verzeichnen. In der Fabrik ›Zarjad‹ haben drei Tage nach dem Zahltag 1300 Arbeiter nicht gearbeitet. [...] Ansteigen der Arbeitsbummelei verzeichnet man in vielen Moskauer, Leningrader und anderen Werken. Trunkenheit wird von verschiedenen amoralischen Erscheinungen begleitet: Familienkonflikte und -skandale, Prügeln von Ehefrauen, Rowdytum usw. In den Kreisen des Moskauer Bezirks verprügelten betrunkene Gruppen von Arbeitern Milizangehörige. Wegen der Trunkenheit lässt sich eine starke Verelendung der Arbeiter beobachten (Bezirk Brjansk).«[58]

Besonders die innerparteiliche Opposition um Trotzki und Sinowjew kritisierte immer wieder den »betrunkenen« Haushalt und die daraus resultierenden negativen Folgen für die sowjetische Gesellschaft und Wirtschaft. Am 10. November 1928 verfassten mehrere prominente Anhänger der Opposition eine umfangreiche Schrift, in der sie den Fünfjahresplan scharf kritisierten und dabei auch auf den Wodkaverkauf eingingen:

»Den staatlichen Wodkaverkauf führte man ursprünglich als ein Experiment und als Methode ein, um mit dem Hauptteil der Gewinne die Industrialisierung zu finanzieren, insbesondere um die Metallindustrie aufzubauen. In Wirklichkeit verliert jedoch die Industrialisierung durch den staatlichen Wodkaverkauf lediglich. Das Experiment muss man als sehr misslungen bezeichnen. Im sowjetischen System der Wirtschaft verliert dadurch nicht nur die private Wirtschaft, wie im Zarismus, sondern hauptsächlich die staatliche Wirtschaft. Die Schäden durch Steigerung der Arbeitsbummelei, schlampige Arbeit, Steigerung des Unfugs, Beschädigung von Maschinen, Steigerung bei den Unfällen, Bränden, Schlägereien, Fälle von Körperverletzung usf. werden jährlich in Millionen Rubel gemessen. Die Staatsindustrie verliert durch Wodka nicht weniger, als der Staatshaushalt durch Wodka einnimmt, und vielfach mehr, als die Industrie vom Haushalt bekommt. Eine Reduzierung des Wodkaverkaufs wird automatisch in kurzer Zeit (2–3 Jahre) die materiellen und geistigen Ressourcen der Industrialisierung erhöhen.«[59]

Trotzki selbst, der von Beginn an gegen den »betrunkenen« Haushalt und für den Kampf gegen den übermäßigen Alkoholkonsum auftrat, verwies wiederholt auf die negativen Folgen der staatlichen Förderung der Trunkenheit. Im Manuskript seines nie erschienenen Buches, an dem er im Jahre 1927 arbeitete, ging Trotzki auch auf das Wodka-Problem ein:

»Wodka wurde zur Geißel des industriellen Proletariats, statt zur Waffe gegen den Samogon auf dem Dorf zu werden. Die ›Senkung der Preise‹ [für Wodka] senkt unterdessen das Lebensniveau des

> Arbeiters und verschlechtert seine Ernährung. […] Die Anhänger dieser Theorie [des Aufbaus des Sozialismus in einem Lande] sagen: ›Man darf die Verbesserung der Lage für Arbeiter nicht verlangen, weil es dazu keine Mittel gibt; man darf die schnelle Entwicklung der Industrie und das Wachstum der Gehälter nicht fordern, weil dies die wirtschaftlichen Gefüge in Frage stellen würde; man kann ohne Wodka nicht auskommen, sonst kann man das Budget nicht halten.‹ […] Der Sozialismus fordert die Hebung des kulturellen Niveaus des Proletariats, und der Wodka senkt es.«[60]

Mit dem Sieg Stalins und seiner Anhänger über die innerparteiliche Opposition und der anschließenden Verbannung Trotzkis aus der UdSSR im Jahre 1928 verstummte auch die Kritik an der Wodkapolitik. Die Erlöse aus dem Wodkaverkauf blieben jahrzehntelang eine sehr wichtige Einnahmequelle des ersten kommunistischen Staates der Welt, und der Wodka wurde im Laufe der Zeit nicht nur »zur Geißel des industriellen Proletariats«, sondern der ganzen sowjetischen Gesellschaft, insbesondere der Kolchosbauern. In den Augen Stalins und seiner Anhänger hatte jedoch der Aufbau der Schwerindustrie und die Aufrüstung der Roten Armee absoluten Vorrang.

Soziale Spannungen und die Radikalisierung der antisowjetischen Stimmung

Der katastrophale Zustand der sowjetischen Wirtschaft, die ausbleibenden wirtschaftlichen Erfolge und die Maßnahmen der bolschewistischen Führung, die darauf abzielten, die Schwer- und insbesondere die Rüstungsindustrie auf Kosten der leichten Industrie aufzubauen, riefen in der Bevölkerung immer größere Unzufriedenheit hervor. Zugleich intensivierten sich die antisowjetischen Gefühle, die ohnehin im Lande vorherrschten.

Der Bürgerkrieg mit den unzähligen Massakern an den echten und vermeintlichen Gegnern der Bolschewiki, die darauf folgenden Bauernkriege und das rücksichtslose Vorgehen gegen die Aufständischen und ihre Familien, der bolschewistische Terror, der nie aufgehört hatte, brachen zwar den aktiven, bewaffneten und organisierten Widerstand. Dies bedeutete aber noch lange nicht, dass die Masse der Bevölkerung total resignierte und sich mit dem sowjetischen System widerstandslos abgefunden hätte. Im Gegenteil, die fatale wirtschaftliche Lage, die sowjetische Misswirtschaft, Willkür und kurzsichtige Ausplünderungspolitik förderten die antisowjetische Stimmung und den Widerstand sowohl in der Stadt als auch auf dem Land.

Arbeiter

Im Jahre 1926 waren in der Leicht- und Schwerindustrie etwa 2,5 Millionen Arbeiter beschäftigt, davon 1,545 Millionen in Staatsbetrieben.[61] Die Gesamtbevölkerung belief sich im Jahre 1926 auf 147 Millionen, davon lebten 120,66 Millionen (82 %) auf dem Land und 25,74 Millionen (17,5 %) in der Stadt, die Armee und Grenztruppen der GPU nicht mitgerechnet.[62]

In den zwanziger Jahren verschlechterte sich die wirtschaftliche und soziale Lage der Arbeiter in der Sowjetunion im Vergleich zur Vorkriegszeit erheblich, insbesondere aber im Vergleich zu den anderen europäischen Ländern. Leo Trotzki arbeitete 1927 an einem Buch über die Lage der Arbeiterklasse in der Sowjetunion, das jedoch nie erschienen ist, wobei er auf die wichtigsten Unterlagen, darunter auch die Lageberichte der OGPU, zurückgreifen konnte.[63]

In der Einleitung konstatierte Trotzki: »Zahlreiche Fakten aus der letzten Zeit zeugen von einer *bedeutenden Verschlechterung der Lage der Arbeiter in Staatsbetrieben*. Eine Vertuschung dieser Tatsachen, sie mit Phrasen von der Notwendigkeit des Opferns von Brancheninteressen im Namen der Klasseninteressen zu überdecken, bedeutet nichts anderes als die Verweigerung der Verteidigung der Interessen der Arbeiterklasse.«[64] Das Budget der Arbeiterfamilie habe sich, so Trotzki, im Jahre 1927 im Vergleich zum Vorjahr real um 3,8 Prozent verringert. 22,7 Prozent des Budgets der durchschnittlichen Arbeiterfamilie würden für die Wohnung (mit Nebenkosten) aufgewendet, bis zum Krieg seien das noch 17 Prozent gewesen. In den westlichen Ländern verwende der durchschnittliche Arbeiter für die Wohnung wesentlich weniger von seinem Lohn, beispielsweise in Deutschland weniger als 10 Prozent.[65]

Dies aber nicht genug, sei zugleich auch die Qualität der Arbeiterwohnungen erheblich gesunken. Vor dem Krieg galt als Norm 14 qm pro Person, im Jahre 1923 12,05 qm und 1927 nur noch 11,57 qm. Von der Senkung der Pro-Kopf-Wohnfläche waren vor allem Arbeiterfamilien betroffen. Im Jahre 1925 betrug die Pro-Kopf-Wohnfläche in den Arbeiterfamilien in sechs Großstädten (Rostow am Don, Sewastopol, Armawir, Jaroslawl, Smolensk, Archangelsk, Twer, Pensa) im Jahr 1925 6,3 qm und ein Jahr später 5,2 qm. Bei den Angestelltenfamilien waren es 6,8 qm (1925) und 6,5 qm (1926), bei den Handwerkern 5,7 qm (1925) und 7,6 qm (1926) und bei Freiberuflichen 10,9 qm (1926). In Leningrad kamen in den Arbeiterfamilien im Jahr 1925 6,99 qm Wohnfläche auf eine Person und im Jahr 1926 6,51 qm, in Moskau entsprechend 4,55 qm und 4,46 qm.[66]

Trotzki verwies auch auf die schwierige Lage von Arbeiterinnen und Jugendlichen, die sich ebenfalls verschlechtert habe. Noch kritischer stand es um die Landarbeiter. Trotzki: »Kein Teil der Arbeiterklasse befindet sich in so schlechter Lage wie die Landarbeiter«, von denen es eine Million gab, hinzu kamen noch etwa zwei Millionen »›halbe‹ Landarbeiter« (arme Bauern, die sich auch als Landarbeiter verdingen mussten), insgesamt mehrere Millionen mit Familien. Auch die Zahl der Arbeitslosen stieg an. Im Oktober 1925 waren noch 920 000 Arbeitslose registriert, im Oktober 1926 1,163 Millionen und im April 1927 bereits 1 455 000.[67]

Im Jahre 1926 erhielten die Arbeiter im Durchschnitt 100–102 Prozent des Vorkriegslohnes, allerdings mussten sie mehr von dem verdienten Geld für Wohnung und Lebensmittel ausgeben, die nicht nur teurer, sondern dazu von schlechterer Qualität waren als in der Vorkriegzeit. Zugleich betrug die Produktivität pro Arbeiter nur 16–20 Prozent im Vergleich zur Vorkriegszeit. Diese niedrige Produktivität war jedoch durch die Abnutzung der Anlagen, die Verschlechterung der Rohstoffqualität, aber auch durch schlechte Disziplin, Bürokratie und Misswirtschaft bedingt gewesen.[68]

Vor diesem Hintergrund verwundert es nicht, dass die Arbeiter zunehmend radikaler und immer antisowjetischer wurden. Dies lässt sich unter anderem in den Lageberichten der OGPU aus dieser Zeit ablesen. Im politischen Lagebericht der OGPU für den Monat April 1925 heißt es, dass die Arbeiterfrage an erster Stelle komme. Die Zahl der Arbeitskonflikte wachse. Im April habe es 24 Streiks gegeben, genauso viele wie im März, sie seien jedoch größer und schärfer gewesen. Diese Konflikte seien durch niedrige Löhne, steigende Arbeitsnormen und schlechte Arbeitsbedingungen verursacht.

> »Die Stimmung unter den Arbeitern ist von wachsender Unzufriedenheit gekennzeichnet. [...] Die wachsende Unzufriedenheit wegen der schwierigen wirtschaftlichen Lage und den Druck auf die Erhöhung der Arbeitsproduktivität [...] instrumentalisieren verschiedene antisowjetische Elemente für sich, darunter auch ehemalige Mitglieder der RKP, um die Unzufriedenheit mit der sowjetischen Macht unter den breiten Massen zu verbreiten. Unter den [...] Textilarbeitern sind Gerüchte im Umlauf, dass ausländische Arbeiter besser als sowjetische leben. [...] In einer Nadel- und Leistenfabrik im Bezirk Wolyn agitieren polnische Arbeiter, dass ›in Polen die Arbeiter besser leben, dass sich dort jeder frei fühle. Während es in Polen Grundbesitzer gibt, gebe es doch in Russland Kommunisten, die wie Grundbesitzer sind‹.«[69]

Ähnlich klingende Berichte erstatte die OGPU in den nächsten Jahren.[70] Ein aussagekräftiger Indikator für die wachsende Unzufriedenheit und Radikalisierung der Arbeiter sind Arbeitskonflikte, deren Zahl ab 1924 nach oben schnellte, obwohl die lokalen Behörden sich bemühten, diese gegenüber der Zentrale zu vertuschen.[71]

Im Jahre 1926 gab es anlässlich von Tarifbeschlüssen in den staatliche Betrieben 4999 Konflikte, an denen 4 059 000 Arbeiter beteiligt waren, darunter viele an mehreren Konflikten. Im Jahr zuvor hatte es nur 2357 Konflikte (mit 1 585 000 Arbeitern) gegeben. Somit stieg die Zahl der Konflikte innerhalb eines Jahres um 112 Prozent und die Zahl der daran beteiligten Arbeiter um 156 Prozent. Hinzu kamen noch Arbeitskonflikte wegen der Arbeitsbedingungen, von denen im Jahr 1925/26 19 115 registriert wurden und an denen sich 552 000 Arbeiter beteiligten. Im Jahr zuvor (1924/25) hatte es dagegen noch 6523 solche Konflikte gegeben, die 250 000 Arbeiter erfassten.[72]

Bauern

Anhand der in den letzten Jahren in Russland veröffentlichten, ausgesprochen wertvollen Dokumentensammlungen und heute zugänglichen Quellen lassen sich die wirtschaftliche Lage und die Stimmung auf dem Lande in den zwanziger und dreißiger Jahren relativ gut rekonstruieren. Eine Gesamtdarstellung zu diesem Thema fehlt jedoch nach wie vor. Wie bereits ausgeführt, dominierten unter den Arbeitern in der zweiten Hälfte der zwanziger Jahre eine antikommunistische Stimmung und Unzufriedenheit mit der wirtschaftlichen Lage. Und auf dem Lande war diese antikommunistische Stimmung noch radikaler.

Die OGPU beobachtete die Lage und Stimmung in den Dörfern sehr aufmerksam, ähnlich wie in der Stadt, und berichtete den wichtigsten sowjetischen Anführern, in erster Linie den Politbüromitgliedern, regelmäßig (mindestens monatlich) darüber. Nach der blutigen Niederschlagung der Bauernaufstände in den Jahren 1921/22 und der Stabilisierung der sowjetischen Macht radikalisierte sich der bäuerliche Widerstand gegen die kommunistische Herrschaft seit Ende 1924 zunehmend, wobei er andere Formen annahm als zuvor. Im Jahre 1926 beauftragte die Informationsabteilung der OGPU die lokalen GPU-Stellen, Informationen über die antisowjetischen Erscheinungen im dörflichen Umfeld detailliert zu verzeichnen und darüber der Zentrale zu berichten. Im Jahre 1928 verfasste die Informationsabteilung der OGPU auf der Grundlage der eingegangenen Meldungen einen umfangreichen Bericht über antisowjetische Erscheinungen auf dem Lande in den Jahren 1925–1927.[73]

Eingangs stellten die Verfassers des Berichtes fest, dass ab Ende 1924 auf dem Lande neue Formen des antisowjetischen Widerstandes zu verzeichnen seien. Bis dahin hatte sich die antisowjetische Bewegung auf dem Lande, so der Bericht, in erster Linie durch folgende Formen ausgezeichnet, die es im Jahre 1924 weitgehend nicht mehr gegeben hatte: Aktivitäten antisowjetischer Parteien (Sozialrevolutionäre, Monarchisten und andere), eine breite »Banditenbewegung« sowie Aufstände. Die neuen Formen der antisowjetischen Bewegung auf dem Lande waren dagegen:

> »1.) Konterrevolutionäre Agitation (ihre besonders scharfen Formen sind die defätistische und antisemitische Agitation; 2.) Verbreitung von antisowjetischen Flugblättern; 3.) Agitation für Bauernverbände; 4.) Kulaken- und antisowjetische Gruppierungen; 5.) Kulakenterror und politisches Rowdytum; 6.) Übernahme des unteren Sowjet- und Kooperativapparates durch antisowjetische Elemente; 7.) Massenkundgebungen.«[74]

Die am meisten verbreitete Form der antisowjetischen Aktivitäten auf dem Lande war die »konterrevolutionäre Agitation«, darunter verstand man »private Gespräche in kleinen Bauerngruppen, offene Auftritte in Versammlungen, Konferenzen, Kongressen, Agitation an Orten, wo sich Bauern versammeln (Teestuben, Märkte, Lesestuben usw.)«. Dabei kritisierten »antisowjetische Elemente« das sowjetische System, die hohen Steuern, sie riefen zum Widerstand und gar Aufstand auf, zum Boykott von staatlichen Maßnahmen wie Getreidebeschaffung, Steuern oder etwa Wahlen.[75]

Hinzu kam die antisemitische Agitation, die parallel zur antisowjetischen Stimmung auf dem Lande radikaler geworden sei, so der Bericht, und zwar besonders stark in der Ukraine und Weißrussland, sowie die defätistische Agitation. Damit bezeichneten die Mitarbeiter der OGPU die auf dem Lande vorherrschenden Stimmen, die gegen den Krieg und zu einer Massenflucht zu den »Banden« im Falle der Mobilisierung und des Krieges aufriefen. Es seien dabei folgende Parolen verbreitet worden: »Die Kommunisten und Arbeiter sollen in den Krieg ziehen! – Wofür sollen wir dann kämpfen?«[76] Diese Stimmung entstand vor dem Hintergrund der massiven sowjetischen Propaganda über eine angebliche Kriegsgefahr für die UdSSR seitens der kapitalistischen Länder, insbesondere seitens Polen.[77]

Über die Dimension der »defätistischen« Stimmung auf dem Lande zeugen die 7269 von der OGPU registrierten Fälle »defätistischer Agitation« in den Jahren 1926/27, wobei diese Angaben bei weitem nicht vollständig waren. Etwa 75 Prozent dieser Fälle gingen auf Kulaken zurück, 25 Prozent auf mittelständische und arme Bauern. Unter den 705 registrierten Fällen defätistischer Agitation im Westen (vorwiegend BSSR) kamen 167 auf Polen, im Nordkaukasus fielen 50 Prozent der registrierten 1803 Fälle auf »Kosaken-Kulaken« und 20 Prozent auf Intelligenz und antisowjetische Elemente.[78]

Die Verbreitung von antisowjetischen Flugblättern in der UdSSR war dagegen eher unbedeutend. Die OGPU registrierte in den Jahren 1926/27 insgesamt 246 solcher Fälle, 83 im Jahre 1926 und 163 im Jahre 1927. Nur wenige von ihnen stammten aus dem Ausland. In den Monaten von Januar bis August 1928 registrierten die OGPU-Stellen aber bereits 506 Fälle der Verbreitung von Flugblättern. Die Tatsache, dass es kaum Flugblätter aus dem Ausland gab, ist ein weiterer Hinweise darauf, dass auf die antisowjetische Stimmung auf dem Lande ausländische Agitation keinen Einfluss hatte. Die Flugblätter wurden meist handschriftlich und in wenigen Exemplaren angefertigt, oft schlecht formuliert.[79] Ein weiterer Hinweis auf die Spontaneität auch dieser Form des Widerstandes.

Besonders besorgniserregend fand die OGPU die »Agitation für die Organisation von Bauernverbänden«. Die OGPU deutete dies zum einen als den Versuch, eine Bauernpartei zu gründen, die sich der Diktatur des Proletariats, das heißt der kommunistischen Herrschaft, widersetzen würde. Zum anderen sah man darin den Versuch der aktivsten Elemente unter den Mittelbauern und den Armen, ihre eigene wirtschaftliche und kulturell-soziale Lage zu verbessern, nach dem Vorbild der Gewerkschaften der Arbeiter. Im Bericht der OGPU vom Oktober 1928 über die antisowjetische Bewegung auf dem Lande heißt es:

»*Bauernverbände.* Der Bauernverband ist die verbreitetste und populärste Losung der antisowjetischen Agitation, die beinahe in allen Dorfschichten Resonanz findet. Die Popularität der Idee der Bauernverbände begünstigen sowohl Anführer und Teilnehmer der Agrarbewegung von 1905–1907, die es im Dorf gibt, als auch die Rolle der Bauernverbände, die sie während des Bürgerkriegs als Anführer der aufständischen antisowjetischen Bewegung gespielt hatten.«[80]

Die OGPU stellte in ihrem Bericht fest, dass sich diese Form der Bauernbewegung ab 1924 wieder zu entwickeln begann, wobei die Idee der Bauernverbände sowohl unter russischen als auch nichtrussischen Bauern populär war.[81]

Die OGPU-Stellen registrierten im Jahre 1924 139 Fälle von »Agitation für Bauernverbände«, im Jahre 1925 waren es 543 und 1926 bereits 1676, um im Jahre 1927 die Zahl von 2312 Fällen zu erreichen. Besonders stark war diese Form der Bauernbewegung in Regionen um die starken Industriezentren sowie in den Gebieten mit der produktivsten, am besten entwickelten Landwirtschaft. Die Aufrufe und Initiativen zur Gründung der Bauernverbände hatten teilweise unterschiedliche Zielsetzungen. Mittelständische Bauern und Arme in den Dörfern forderten die Bildung von Bauernverbänden nach dem Vorbild der Gewerkschaften, die sich für ihre wirtschaftlichen und sozialen Interessen (Arbeit in der Industrie, Sozialversicherung u. a.) einsetzen würden. In den rein agrarischen Gebieten waren die »Preisschere« und der Unmut wegen der Eintreibung von landwirtschaftlichen Produkten ausschlaggebend. Man forderte dort sogar direkten Warenaustausch mit dem Ausland. Hier spielten die wohlhabenden Bauern eine entscheidende Rolle.[82]

Nach OGPU-Angaben hatten im Jahre 1927 die Forderungen nach Bauernverbänden folgende Zielsetzungen: 22,6 Prozent als offen politische Organisation (Bauernpartei); 33,1 Prozent Regulierung der Preise für Getreide und Industriewaren; 30,7 Prozent in der Funktion von Gewerkschaften; 11,5 Prozent als Protest gegen die

Steuerpolitik; 0,2 Prozent direkter Warenaustausch mit dem Ausland und andere.[83]

Im Jahre 1926 erfassten die OGPU-Stellen 2207 Personen, die sich für Bauernverbände einsetzten, im Jahre 1927 waren es bereits 2844 Personen. Die Initiatoren der Bauernverbände, unter denen die Mittelbauern überwogen (51,2 % im Jahr 1926 und 52,5 % ein Jahr später), traten dafür in privaten Gesprächen unter Bauerngruppen wie auch während öffentlicher Versammlungen und Konferenzen ein. Die Zahl der öffentlichen Auftritte für Bauernverbände belief sich im Jahre 1926 auf 30 Prozent aller registrierten Fälle und stieg im Jahre 1927 auf 40,9 Prozent.[84]

Die oben angeführten Zahlen deuten auf den steigenden Unmut gegenüber der sowjetischen Dorfpolitik und die Radikalisierung der Bauern hin, wobei davon auch Mittelbauern und Dorfarmut erfasst wurden und nicht nur die wohlhabenden Dorfschichten, wie es die kommunistische Propaganda immer wieder behauptete. Bauern versuchten durch Bildung von Bauernverbänden auf legalem Wege ihre Interesse wahrzunehmen.

Eine andere Form des legalen Widerstandes stellten die Versuche dar, den unteren Sowjetapparat und die unteren öffentlichen Institutionen mittels Wahlen mit »antisowjetischen Elementen« zu besetzen. Insbesondere handelte es sich dabei um Dorfsowjets und Kooperativen. Anfang 1928 überprüften die OGPU-Organe die Zusammensetzung der Dorfsowjets in der Ukraine. Bei 6085 Mitgliedern der Dorfsowjets stellten die OGPU-Stellen fest, dass über sie »kompromittierende Angaben« bei der OGPU vorhanden seien. Es habe sich dabei oft um Personen gehandelt, die in antisowjetische Aktivitäten verwickelt gewesen seien, Personen mit »antisowjetischer« Vergangenheit und Ähnlichem. Ihre Analyse schlossen die Verfasser des Berichtes mit der Feststellung, dass die Säuberung des unteren Sowjetapparates und der unteren öffentlichen Institutionen von antisowjetischen und zersetzenden Elementen eine der Hauptaufgaben der OGPU sei.[85]

Eine verbreitete Form des Widerstandes war die Bildung von »Kulaken- und antisowjetischen Gruppierungen«, wie es im OGPU-Jargon hieß. Es habe sich dabei um illegale kleinere Organisationen gehandelt, deren Zielsetzung darin bestand, Widerstand gegen sowjetische Maßnahmen zu organisieren, gegen die sowjetischen Aktivisten im Dorf zu kämpfen sowie den unteren Sowjetapparat (z. B. Dorfsowjets) mit eigenen Leuten zu besetzen. Die OGPU-Stellen deckten nach eigenen Angaben vom 1. November 1925 bis zum 1. November 1928 insgesamt 2161 solche Gruppierungen auf. Die OGPU verzeichnete auch Gruppierungen, die aufständischen Charakter gehabt hätten, insbesondere in der Ukraine und im Nordkaukasus. Fast alle hätte entweder Verbindungen zur Roten Armee oder bemühten sich, diese herzustellen.[86]

Eine andere in dieser Zeit im Entstehen begriffene Widerstandsform stellten Massenkundgebungen dar. Im Oktober 1928 berichteten die OGPU-Organe von 564 Massenkundgebungen in den Monaten Januar bis August 1928, in den zwei Jahren zuvor (1926/27) aber nur von 63. In 448 Fällen kam es zu Massenkundgebungen vor dem Hintergrund der »Krise in der Versorgung mit Lebensmitteln«, wie es im OGPU-Jargon heißt, in 56 Fällen bei der Eintreibung von Getreideabgaben, in den übrigen bei der Eintreibung von Steuern und Ähnlichem. Die Analyse der Massenkundgebungen schlossen die Verfasser des Berichtes mit der Feststellung, dass »sich unsere Schläge nicht gegen die Hauptmasse der Beteiligten richten sollten, sondern gegen die antisowjetischen Köpfe, die sie organisieren«.[87]

Der bäuerliche Widerstand gegen das kommunistische Regime nahm aber auch gewaltsame Formen an. In erster Linie handelte es sich dabei im OGPU-Jargon um »Kulaken-Terror« und »politisches Rowdytum«. Unter dem Stichwort »Kulakenterror« meldeten die OGPU-Organe Morde, Körperverletzungen, Brandstiftungen, Bedrohungen. Diese Gewaltakte richteten sich gegen sowjetische Aktivisten auf dem Lande, in erster Linie gegen Angehörige des unteren Sowjetapparates sowie Mitglieder der Partei und des Komsomol, die sich an verschiedenen sowjetischen Maßnahmen beteiligten, zum Beispiel an der Eintreibung von Getreideabgaben und Steuern oder an Wahl- und Propagandakampagnen.[88]

Die OGPU meldete ab 1924 eine steigende Anzahl dieser Gewaltakte, 1924: 339, 1925: 902, 1926: 711 und 1927: 901. Im Jahr 1928 stieg die Zahl der Gewaltakte in den ersten sieben Monaten sogar auf 1049. Im Jahr 1926 teilten sich die 711 registrierten Gewaltakte wie folgt auf: Morde 110 (15,5 %), Körperverletzungen 290 (40,8 %), versuchte Morde 240 (38 %) und andere. Im Jahr 1926 richteten sich 33,3 Prozent aller Gewaltakte gegen Angehörige des unteren Sowjetapparates, im Jahre 1927 34,6 Prozent und in den ersten acht Monaten des Jahres 1928 gar 44,9 Prozent. An der zweiten Stelle als Angriffsobjekt standen Mitglieder der Partei und des Komsomol: Im Jahre 1926 richteten sich gegen sie 21,1 Prozent aller Gewaltakte, 1927 29,2 Prozent und in den ersten acht Monaten des Jahres 1928 17,3 Prozent. Auch Dorfkorrespondenten waren häufig das Ziel dieser Übergriffe, im Jahre 1926 8,6 Prozent aller Gewaltakte, 1927 3,1 Prozent. Hinzu kamen noch andere Aktivisten und »Angehörige der Dorfarmut«, die sich aktiv für das sowjetische Regime einsetzten.[89]

Eine andere gewaltsame Form des Widerstandes stellte das »politische Rowdytum« dar. Die OGPU berichtete im Jahre 1928, dass sich ab 1926 das Rowdytum auf dem Lande stark verbreite und zugleich immer mehr einen politischen Charakter annehme. In erster Linie richte sich dieses »politische Rowdytum« gegen die »politische und kulturelle Arbeit unserer Partei auf dem Lande«, das heißt gegen die sowjetische Propaganda. Gruppen von »Rowdys«, die sich vornehmlich aus »Kulaken-Jugend« und »kriminellen Elementen« zusammensetzte, dazu oft im betrunkenen Zustand, störten Versammlungen, beschädigten und zerstörten kulturelle und Bildungseinrichtungen, sie vernichteten auch Bücher, revolutionäre Porträts, Denkmäler usw.[90] Die Zielobjekte dieser Übergriffe zeugen davon, dass es sich hierbei um politisch – und zwar antisowjetisch – motivierte Akte handelte.

Da die meisten Rekruten aus dem Dorf kamen, wurde auch in den Reihen der Roten Armee die antisowjetische Stimmung kontinuierlich radikaler, die man in internen Berichten gar als »bäuerliche Stimmung« bezeichnete. Im Beschluss des Revolutionären Kriegsrates der UdSSR über den politisch-moralischen Zustand der Roten

Armee vom 27. Juni 1928 wurde unter anderem die schlechte Disziplin scharf gerügt: »Zusammen damit muss auch auf die Radikalisierung der ›bäuerlichen Stimmung‹ hingewiesen werden, die mit Getreidebeschaffungsmaßnahmen und mit Brotschwierigkeiten der Jahre 1927/28 sowie mit der Verschärfung des Klassenkampfes im Dorf zusammenhängen.« Diese Aspekte beeinflussten die Stimmung der Soldaten und mündeten in Versuchen der Kulaken, in den Kasernen die Führung zu übernehmen, so der Bericht. Auch wurde darauf hingewiesen, dass sich die aktuelle Politik des Staates langfristig auf diese Stimmung auswirken werde.[91] Zu ähnlichen Schlussfolgerungen bezüglich der Radikalisierung der »bäuerlichen Stimmung« in den Reihen der Roten Armee kam auch die OGPU in ihren Lageberichten.[92]

Die oben dargelegten Fakten und Zahlen zeigen eindrucksvoll, dass sich ab 1924 die antisowjetische Stimmung auf dem Lande kontinuierlich verschärfte. Dies blieb der OGPU und den bolschewistischen Anführern mit Stalin an der Spitze nicht verborgen, da sie die einschlägigen Berichte und Analysen der OGPU stets zur Kenntnis erhielten. Sie hatten keine Illusionen darüber, dass die Bauern in ihrer Mehrheit antikommunistisch waren, trotzdem behaupteten sie in der Propaganda immer wieder das Gegenteil. Stalin selbst erklärte am 9. Juli 1928 in einer Rede über »die Industrialisierung und das Getreideproblem«, die er vor den Mitgliedern des ZK hielt:

> »Die Genossen, die vor mir sprachen, hatten völlig recht, wenn sie sagten, daß der Bauer von heute bereits nicht mehr der ist, der er vor sechs Jahren war, als er fürchtete, den Grund und Boden an den Gutsbesitzer zu verlieren. Den Gutsbesitzer vergißt der Bauer bereits. Jetzt fordert er neue, bessere Lebensbedingungen. Können wir im Falle eines Überfalls der Feinde *Krieg führen* sowohl gegen den äußeren Feind an der Front als auch, um schleunigst Getreide für die Armee zu bekommen, *gegen den Bauern im Hinterland*? Nein, das können und dürfen wir nicht.«[93]

Grigori Bessedowski begab sich im Herbst 1927 in die Ukraine, wo er zahlreiche Gespräche mit Parteifunktionären, aber auch mit Dorfbewohnern führte. Unter anderem unterhielt er sich mit einem Bauern, der sich im Jahre 1917 den Bolschewiken angeschlossen hatte und eine Zeit lang gar ein kommunistischer Funktionär gewesen war, um dann doch aufs Land zurückzukehren. Dort arbeitete er nun als einfacher Bauer und setzte sich zunächst für das sowjetische System ein. Im Gespräch mit Bessedowski erklärte er:

> »Die Bauern fangen schon an, uns zu hassen, ebenso stark, wie sie früher den nächsten Gutsherrn oder den Fürsten K. gehaßt haben. Es wird noch kurze Zeit vergehen und sie werden vergessen haben, daß wir ihnen das Land gaben. Dann wird von neuem Krieg mit der Bauernschaft beginnen. Ich sage ganz offen, daß ich in diesem auf seiten der Bauern stehen werde.«[94]

Bessedowski fährt fort: »Diese Dorfstimmungen waren schon lange in die Distrikt- und Stadtorganisationen der Kommunistischen Partei durchgesickert.«[95]

Für Stalin und seine engsten Vertrauten war klar, dass mit den russischen und nichtrussischen Bauern ein Krieg im Namen der kommunistischen Weltrevolution nicht zu führen war. Vielmehr erhielt die Pazifizierung des eigenen unsicheren, ja feindlichen Hinterlandes, das heißt der Bauernschaft, eine vorrangige Bedeutung. Im Jahre 1927 beauftragte die OGPU ihre lokalen Organe, die »antisowjetischen Elemente« im Dorf systematisch zu erfassen. Darüber hinaus begannen die OGPU-Stellen in einer Reihe von Rayons ihre »operative Arbeit gegen antisowjetische Elemente«.[96] Damit wurden die Weichen für den regelrechten Vernichtungsfeldzug gegen das russische und nichtrussische Dorf gestellt, den die sowjetischen Kommunisten im Januar 1930 mit unvorstellbarer Brutalität begannen.

Das Scheitern der bolschewistischen Nationalitätenpolitik

Die Sowjetunion war, ähnlich wie das Zarenreich, ein Vielvölkerstaat mit über hundert verschiedenen Nationalitäten. Nach der Volkszählung von 1937 lebten in der Sowjetunion knapp 162 Millionen Menschen, darunter knapp 94 Millionen Russen (58 %), 26,4 Millionen Ukrainer (16,3 %), 4,8 Millionen Weißrussen (2,9 %), 4,55 Millionen Usbeken (2,8 %), 2,86 Millionen Kasachen (1,76 %), 2,7 Millionen Juden (1,6 %), 2 Millionen Georgier (1,23 %), 1,15 Millionen Deutsche (0,7 %), 636 220 Polen (0,39 %) und andere.[97]

Allein vor diesem Hintergrund hatte die Nationalitätenpolitik eine große Bedeutung für das bolschewistische Regime. Bereits während des Bürgerkrieges war Josef Stalin als Volkskommissar für Nationalitätenpolitik dafür zuständig. Auch danach war Stalin derjenige, der sie weitgehend gestaltete, wobei er darüber mit dem schwer erkrankten Lenin in Konflikt geriet. Stalin sprach sich im Sommer 1922 für die Einverleibung aller anderen Sowjetrepubliken in die Russische Sozialistische Föderative Sowjetrepublik (RSFSR) aus, und zwar der Ukraine, Weißrusslands, Aserbaidschans, Armeniens und Georgiens. Lenin protestierte energisch dagegen und forderte stattdessen eine Union der Sowjetrepubliken Europas und Asiens. Beide traten jedoch für den multinationalen Einparteien- und Einideologiestaat ein.[98]

Am 31. Dezember 1922 war die neue Verfassung ratifiziert worden, die Anfang 1923 in Kraft trat und die Bildung der Union der Sozialistischen Sowjetrepubliken vorsah. Das föderative System war aber nur eine Fassade, denn das Politbüro der Russischen Kommunistischen Partei entschied über alle wichtigen Fragen der einzelnen Sowjetrepubliken.[99] Dies bedeutete ursprünglich keineswegs Russifizierung der nichtrussischen Sowjetrepubliken wie im Zarenreich, ganz im Gegenteil. Stalin und das Politbüro setzten auf sprachlich-kulturelle Eigenständigkeit der einzelnen Republiken, um das kommunistische System mit einheimischen Kadern in den einzelnen Republiken, an denen es sehr mangelte, zu festigen. Stalin sah sogar eine ernste Gefahr in dem »großrussischen Chauvinismus«, der sich in der Partei breitmachen und die Etablierung des kommunistischen Systems in den einzelnen Republiken gefährden würde.[100]

Im März 1923 erarbeitete Stalin eine Denkschrift über das nationale Moment im Aufbau von Partei und Staat. Darin verwies er darauf, dass es in den nationalen nichtrussischen Sowjetrepubliken wenig beziehungsweise gar keine einheimischen alten Bolschewiken gebe, die die Sprache, die Sitten und die Mentalität des Landes kennen würden. In den zentralen Parteiorganen sowie auch in denen der Republiken dominierten Aktivisten russischer Herkunft, die weder die Nationalsprachen der jeweiligen nichtrussischen Sowjetrepubliken beherrschten noch das Land kannten und teilweise zum »großrussischen Chauvinismus« neigten, so Stalin in der Denkschrift.[101]

Vor diesem Hintergrund schlug Stalin dem Zentralkomitee eine Reihe von Maßnahmen vor, um in den nationalen Republiken junge bolschewistische Kader herauszubilden. Zu diesen Maßnahmen gehörten unter anderem die Bildung marxistischer Zirkel höheren Typs aus den örtlichen Parteiaktivisten in den nationalen Republiken, die Übersetzung und Verbreitung klassischer marxistischer Literatur wie auch der »Parteiliteratur« in der jeweiligen Landesprache, die Stärkung der Universitäten der Ostvölker und ihrer Filialen vor Ort, die Intensivierung der »erzieherischen Parteiarbeit« in den Republiken sowie die Intensivierung der Jugendarbeit in den Republiken.[102]

Im Rahmen der Nationalisierungspolitik wurden innerhalb der Roten Armee nationale Formationen gebildet. Im Juni 1923 schlug Stalin vor, die Rote Armee um nationale Verbände mit insgesamt 30 000 Mann zu vergrößern. Trotzki lehnte jedoch die Vergrößerung der Roten Armee um 30 000 Mann ab, denn man war wegen der finanziellen Schwierigkeiten gerade dabei, Pläne zur Reduzierung der Roten Armee zu erarbeiten und umzusetzen.[103] Unter diesen Umständen wandelte man einzelne bereits bestehende Verbände in nationale Formationen um und führte dort die jeweilige Landessprache als Befehlssprache ein. Im Juli 1924 zählten die nationalen Formationen (u. a. weißrussische, ukrainische, armenische) innerhalb der Roten Armee 13 225 Mann.[104] Vier Jahre später, im Jahre 1928, betrug die Stärke der nationalen Formationen 34054, vorgesehen waren 47876 Mann.[105] Im Juni 1929 stoppte jedoch das Politbüro den weiteren Ausbau der nationalen Formationen, die dann bis Ende der dreißiger Jahren nach und nach aufgelöst wurden.[106]

Ab 1923 bemühte sich das Politbüro auch, Parteiorgane und Staatsorgane in den nationalen Republiken mit Parteifunktionären örtlicher Herkunft zu besetzen. In den jeweiligen Republiken wurden die Nationalsprachen als Amtssprachen eingeführt. In Weißrussland waren beispielsweise neben Weißrussisch noch Russisch, Jüdisch und Polnisch Amtssprachen. Die nationalen Kulturen und Sprachen wurde gezielt gefördert, allerdings nur mit sowjetischen Inhalten. Diese Politik bezeichnete man als die Politik der »Einwurzelung«, die darin bestand, die sowjetische Macht in den jeweiligen Republiken zu stärken, einheimische Parteikräfte heranzubilden, mit ihnen die lokalen Partei- und Staatsinstitutionen zu besetzen. Die Propaganda in den nationalen Sprachen hatte das Ziel, die nichtrussischsprachigen Bevölkerungsteile zu erreichen und sie für das kommunistische System zu gewinnen.

Nach wenigen Jahren stellte sich jedoch heraus, dass diese Politik genau das Gegenteil der erhofften Ergebnisse brachte. Die praktische Umsetzung der Vision von einer mulikulturellen sowjetischen Gesellschaft erwies sich bald als eine Gefahr für die kommunistische Herrschaft, denn sie setzte politische, ethnische, kulturelle und wirtschaftliche Zentrifugalkräfte in den nichtrussischen Republiken und Regionen frei bzw. förderte sie, die den Bestand des sowjetischen Reiches gefährdeten, wie dies am Beispiel der Ukraine darzulegen ist.

Noch im September 1922 meinte Dmitri Manuilski, ein enger Mitarbeiter Stalins, dass sich »der ukrainische Bauer« für Nationalitätenfragen nicht interessiere.[107] Nach sechs Jahren sowjetischer Herrschaft sah die Lage in der Ukraine bereits völlig anders aus. Die Geheimabteilung der OGPU verfasste im Oktober 1928 einen umfassenden Bericht über die antisowjetische Bewegung auf dem Land, wobei sie auch auf die bäuerliche antisowjetische Bewegung in den nationalen Republiken, insbesondere in der Ukraine und in Weißrussland sowie in den Kosakengebieten, einging.

Die Verfasser des Berichtes konstatierten unter anderem, dass insbesondere wohlhabende Schichten auf dem Land »national-chauvinistische Ideen und Losungen« verbreiteten. »Chauvinismus ist die Richtung, in welche die Ideologen und Organisatoren der antisowjetischen Bewegung im Dorf diese zu lenken versuchen«, heißt es umständlich in dem Bericht. Dafür sei in erster Linie die nationale Intelligenz verantwortlich, die im Gegensatz zur russischen enge Verbindung zum Dorf habe, weil sie in ihrer Mehrheit aus dem Dorf komme. Die nationale Intelligenz genieße bei den Bauern und der Kleinbourgeoisie hohes Ansehen und übe auf sie großen Einfluss aus.[108]

In der Ukraine, so der Bericht, träten die Kulaken und Wohlhabenden im Dorf, deren Anteil dort relativ groß sei, am aggressivsten gegen die Sowjetmacht auf. Diese antisowjetische Bewegung im Dorf erfasse auch die Kleinbourgeoisie in der Stadt. »Die Ukrainische Bauernpartei, Bauernverbände, die Organisierung der Zuckerrübengenossenschaft und eine Reihe von anderen Organisationen und Gruppen sind Beispiele für die Aktivitäten der [ukrainischen] nationalen Intelligenz und ihrer Versuche, das Dorf zu organisieren.« Ferner heißt es im Bericht: Die ökonomischen Forderungen und politischen Losungen, die Kulaken und »kapitalistische Elemente« erheben, überdecke die nationale Intelligenz »mit chauvinistischen Phrasen von nationaler Befreiung. Nationale Befreiung, das ist die allgemeine Losung für alle konterrevolutionären Organisationen in der Ukraine und in Weißrussland, sie ist das Bindemittel, das die verschiedenen und manchmal sich fremd gegenüberstehenden Gruppen zum allgemeinen Kampf gegen die Diktatur des Proletariats [d. h. gegen die Bolschewiken] zusammenbringen kann.«[109]

Sowohl in der antisowjetischen Bewegung auf dem Land als auch unter der städtischen antisowjetischen Nationalintelligenz agierten, so der Bericht, viele Mitglieder der ehemaligen nationalen und antisowjetischen Parteien; auch die Aktivitäten der emigrierten Nationalisten spielten darin eine wichtige Rolle. Diese Parteien verfügten über ausgebaute Organisationsstrukturen im Ausland und unterhielten Kontakte in der UdSSR, so der Bericht. Ferner heißt es dort:

»Neben der stark entwickelten antisowjetischen Bewegung im Dorf muss man auf den aufständischen Charakter vieler entstehender Organisationen hinweisen. Aufständische Organisationen, die von lernender Jugend und nationaler Intelligenz gegründet werden, unternehmen auch Versuche, in die Rote Armee einzudringen, um sie über antisowjetische aufständische Organisationen in den Kampf gegen die Sowjetmacht zu verwickeln.«[110]

Zusammenfassend konstatierten die Verfasser des Berichtes die Lage in der Ukraine folgendermaßen:

»Das alles zusammengenommen beweist, dass in der Ukraine die antisowjetische Bewegung im Dorf bereits in ein Stadium übergeht, in dem sie versucht, sich von einer isolierten und unorganisierten Bewegung in eine vereinigte zu verwandeln, die nach einem einheitlichen Ziel und dem bewaffneten Kampf gegen die Sowjetmacht strebt. Die Teilnahme eines wesentlichen Teils der städtischen nationalen Intelligenz an dieser Bewegung, ihre enge Verbindung mit dem Dorf beweist, dass man den Kampf gegen die antisowjetische Bewegung auf dem Lande sowie gegen die antisowjetischen Gruppen und Organisationen in der Stadt, die Letzteren stützen sich ja beinahe ausschließlich auf antisowjetische Aktivitäten des Dorfes, nicht trennen darf. Daher muss der Kampf unserer Organe gegen beide Sektoren der auflebenden Konterrevolution geführt werden, und zwar als eine einheitliche Aufgabe.«[111]

Auch in den Kosakengebieten, im Ural, Sibirien, Fernost und insbesondere im Nordkaukasus, registrierten OGPU-Organe ein starkes Aufleben der antisowjetischen Aktivitäten unter den Kosaken wie auch unter den Nichtkosaken-Kulaken. Die Besonderheit der Kosakenbewegung habe darin bestanden, dass sie für die Interessen der Kosaken und zugleich auch gegen die Nichtkosaken aufträte. Vor diesem Hintergrund sei es zu zahlreichen Konflikten zwischen Kosaken und Nichtkosaken gekommen. In Kuban habe man auch Versuche der antisowjetischen Elemente festgestellt, Verbindung mit antisowjetischen Elementen in der Ukraine herzustellen.[112] Aus Kuban und den Dongebieten berichtete die OGPU auch über die antisowjetische Agitation unter den Kosaken, die sogar die Abtrennung dieser Gebiete von der UdSSR verlangten.[113]

Eine ähnlich antisowjetische und nationale Stimmung herrschte in anderen nationalen Republiken und ethnischen Regionen.[114] Aber auch die russische Bevölkerungsmehrheit, sowohl Bauern wie auch Arbeiter, war mit der bolschewistischen Nationalitätenpolitik sehr unzufrieden, sie fühlten sich in nationaler Hinsicht ebenfalls benachteiligt. Dies fördere den Antisemitismus unter ihnen, heißt es in einem Parteibericht vom August 1926. Insbesondere kritisierte man dabei die bolschewistische Politik, die jüdische Bevölkerung auf dem Land als Bauern anzusiedeln, damit würde man den russischen und auch den ukrainischen Bauern Boden wegnehmen sowie die Präsenz von Juden im sowjetischen Apparat begünstigen. Dies fördere zusätzlich die antisowjetische Stimmung in der russischen Bevölkerungsmehrheit, so der Bericht.[115]

All dies bedeutete das Scheitern der bisherigen sowjetischen Nationalpolitik, für deren Gestaltung in erster Linie Stalin verantwortlich war. Das Ziel dieser Politik bestand darin, durch Herausbildung bolschewistischer Kader einheimischer Herkunft, die die Sprache, Sitten und Mentalität der einheimischen Bevölkerung kennen, und durch die Förderung der nationalen Kulturen und Schulen zwecks Verbreitung der sowjetischen Propaganda das kommunistische System in den nationalen Republiken zu verwurzeln. Stattdessen registrierten die bolschewistischen Machthaber jedoch bald genau das Gegenteil.

Die fatale wirtschaftliche und soziale Lage, die primitive und penetrante kommunistische Propaganda, der bolschewistische Terror und die Unterdrückung förderten die antisowjetische Stimmung und den Wunsch nach nationaler Unabhängigkeit. Im Kreml glaubte man sogar, dass in der Ukraine ein nationaler Aufstand bevorstehe. Hinzu kommt, dass die in die Praxis umgesetzte sowjetische Nationalitätenpolitik die ohnehin bestehenden zwischenethnischen Konflikte verschärfte beziehungsweise sie erst schuf.

Für all das machten die OGPU und Parteiorgane die nationale Intelligenz und die »Kulaken« in den jeweiligen nationalen Republiken verantwortlich. Sie würden in erster Line die antisowjetischen und nationalen Parolen verbreiten, für die die Jugend und die Bauern empfänglich seien. Vor diesem Hintergrund entschlossen sich die bolschewistischen Machthaber mit Stalin an der Spitze, diese aus ihrer Sicht gefährlichen und antisowjetischen Schichten zu vernichten.

»Der Sozialismus in einem Land«: Neue Strategie für die Weltrevolution

Nach den ersten turbulenten Nachkriegsjahren begann sich die europäische Wirtschaft und auch die Weltwirtschaft zu erholen. Auch die sozialen und innenpolitischen Krisen und Unruhen ebbten allmählich ab. Ab 1924 gilt das für Deutschland, das für die bolschewistischen Anführer eine strategische Rolle in den Plänen für die Weltrevolution spielte, wie auch für Polen nach dem Piłsudski-Putsch (Mai 1926). In der Mitte der zwanziger Jahre schien es, dass die Periode der Stabilisierung lang sein werde. Am 9. Mai 1925 erklärte Stalin in einer Rede:

> »Das Neue, das in der letzten Periode in Erscheinung getreten ist und der internationalen Lage seinen Stempel aufgedrückt hat, besteht darin, daß in Europa eine Ebbe der Revolution, eine gewisse Stille eingesetzt hat – das, was wir als zeitweilige Stabilisierung des Kapitalismus bezeichnen. [...] Was bedeutet Ebbe der Revolution, Stille? Ist das nicht der Anfang vom Ende der Weltrevolution, der Beginn der Liquidierung der proletarischen Weltrevolution? [...] Nein, das bedeutet es nicht. Die Epoche der Weltrevolution ist eine neue Etappe der Revolution, eine ganz strategische Periode, die eine ganze Reihe von Jahren, *wahrscheinlich sogar eine Reihe von Jahrzehnten*, umfaßt. Im Verlauf dieser Periode kann und muß es wiederholt Ebbe und Flut der Revolution geben. [...] Nach dem Siege des Oktober sind wir in die *dritte strategische Periode,* in die dritte Etappe der Revolution eingetreten, *die die Überwindung der Bourgeoisie im Weltmaßstab zum Ziel* hat. Wie lange sich diese Periode hinziehen wird, ist schwer zu sagen. *Jedenfalls steht außer Zweifel, daß sie lange dauern wird.*«[1]

Zwei Jahre später, am 1. August 1927, konstatierte Stalin in einer Rede vor dem ZK und der ZKK »das Fehlen jener tiefen revolutionären Krise [in den kapitalistischen Ländern], die die Massen revolutioniert, sie auf die Beine bringt und sie eine jähe Wendung zum Kommunismus machen läßt«.[2]

Während sich die kapitalistische Welt politisch und wirtschaftlich stabilisierte, steuerte die Sowjetunion ab 1924 auf eine ernsthafte wirtschaftliche, soziale und politische Krise zu. In den Städten streikten die Arbeiter immer öfter, auf dem Lande war die Situation noch kritischer, und der Widerstand gegen die bolschewistische Dorfpolitik radikalisierte sich. Die Bolschewiken schlossen erneute antisowjetische Aufstände nicht aus, wovor die OGPU in ihren Lageberichten eindringlich warnte. Und Besserung war nicht in Sicht. Im August 1926 übernahm Anastas Mikojan von Lew Kamenew, einem der bolschewistischen Hauptanführer der ersten Jahre, das Volkskommissariat für Innen- und Außenhandel. Bei der Übernahme erklärte Kamenew Mikojan gegenüber mit dem Hinweis auf die sich verschärfende wirtschaftliche Krise: »Wir steuern auf eine katastrophale Auflösung der Revolution zu.«[3]

Hinzu kamen noch die ideologische und die Führungskrise innerhalb der kommunistischen Partei. Die Führungskrise hing mit der langen Krankheit und dem Tod Lenins zusammen, dem Gründungsvater des ersten kommunistischen Staates. Der im Mai 1922 schwer erkrankte Lenin hinterließ ein Machtvakuum in der Partei, obwohl er immer wieder gegen den Rat der Ärzte versuchte, entscheidenden Einfluss auf die Staatsangelegenheiten zu nehmen. Dabei geriet er in Konflikt mit einigen seiner Weggefährten, in erster Linie mit Stalin, aber auch mit Trotzki. Nach langer Krankheit starb Lenin in Gorki, einem Landsitz in der Nähe von Moskau, am 21. Januar 1924.[4]

Nach der Erkrankung Lenins kristallisierte sich in der bolschewistischen Partei eine kleine Führungsgruppe von Lenins Weggefährten heraus, die den größten Einfluss auf die Partei- und Staatsangelegenheiten erlangte. Zu dieser Gruppe gehörten in erster Linie Stalin, Sinowjew, Trotzki und Kamenew. Insbesondere Stalin vermochte es, seine Macht innerhalb des Parteiapparates seit der Erkrankung Lenins allmählich auszubauen. Am 3. April 1922 wurde Stalin auf Lenins Vorschlag hin zum Generalsekretär der bolschewistischen Partei gewählt. Er nutzte diesen ursprünglich rein administrativen Parteiposten dazu, seine Macht innerhalb der Partei durch geschickte Personalpolitik allmählich zu erweitern und zu festigen.[5]

Stalin baute um sich ein Netzwerk auf, das sich aus ihm gegenüber absolut loyalen Anhängern zusammensetzte, die Spitzenpositionen im Partei- und Staatsapparat sowie der Roten Armee bekleideten. Dazu gehörten in erster Linie Wjatscheslaw Molotow, Sergo Ordschonikidse, Kliment Woroschilow, Semjon Budjonny, Lasar Kaganowitsch, Sergej Kirow und Andrej Andrejew.[6] Stalin setzte dabei auch auf die mittleren Parteikader. Am 7. November 1937, während eines Empfangs im Kreml im Kreise seiner engsten Vertrauten, erklärte Stalin seinen Sieg im Kampf um die Macht in der Sowjetunion rückblickend wie folgt:

> »Warum haben wir Trotzki und die anderen besiegt? Es ist bekannt, daß Tr[otzki] nach Lenin der Populärste in unserem Lande war. Populär waren auch Bucharin, Sinowjew, Rykow, Tomski. Uns hat man kaum gekannt. Mich, Molotow, Wor[oschilow], Kalinin … damals. Wir waren zu Zeiten Lenins die Praktiker, seine Mitkämpfer. Aber uns haben die mittleren Kader unterstützt, sie haben unsere Auffassungen den Massen erklärt … Trotzki hat jedoch diesen Kadern keinerlei Aufmerksamkeit geschenkt.«[7]

Bereits nach dem Tode Lenins galt Stalin als der stärkste Mann in der Sowjetunion. Isaak Lewin, ein westlicher Korrespondent in Moskau, der offenkundig über gute Kontakte in Moskau verfügte, berichtete am 6. September 1924: »Die unbeschränkte Macht Lenins ging auf drei Personen über, die Diktatoren Sowjetrusslands sind. Der stärkste unter ihnen ist Stalin, Sohn eines Schuhmachers.« Er besitze die Lenin'sche Willenskraft, Stärke, Härte, Bescheidenheit, Phantasie und Kühnheit. Die anderen zwei »Diktatoren« seien Sinowjew und Kamenew. Diese drei bildeten eine »Trojka«, die nach dem Tode Lenins in der Sowjetunion herrsche. Lewin schrieb ferner, dass Sinowjew und Kamenew im Gegensatz zu Stalin »weich« seien. Auch hob Lewin die Feindschaft Stalins Trotzki gegenüber hervor, der in den Augen Stalins als Häretiker gegolten habe.[8]

Der Tod Lenins löste einen langjährigen und heftigen innerparteilichen Kampf um die Macht in der Sowjetunion aus. Trotzki, der Gründer der Roten Armee und zweite Mann nach Lenin während des Bürgerkrieges und auch danach und damit der »natürliche« Nachfolger, verlor zusehends an Macht und Einfluss. Stalin hingegen stieg innerhalb von wenigen Jahren zum unbeschränkten und allmächtigen Diktator und Despoten der Sowjetunion auf, der alle seine Gegner innerhalb der Partei entmachtete und demütigte, um sie anschließend ermorden zu lassen.[9]

In diesem innerparteilichen Kampf ging es aber nicht nur um die Machtfrage, sondern auch um die ideologische Strategie, um die Zukunft der Sowjetunion und der Weltrevolution, um die ideologisch-politische Legitimation des kommunistischen Regimes. Denn nach dem Scheitern der Revolution in Deutschland im Oktober 1923 fand sich die bolschewistische Führung in einer politisch-ideologischen Sackgasse wieder. Anastas Mikojan beschrieb dies in seinen in den 60er Jahren aufgezeichneten Erinnerungen wie folgt:

> »In den ersten Jahren der Revolution waren wir überzeugt, dass die Weltrevolution bald siegen würde. Daher haben wir die Frage nicht diskutiert: Was machen wir, wenn die Weltrevolution nicht siegt, schaffen wir es, den Sozialismus aufzubauen? Als die revolutionäre Welle in Europa zurückgegangen war, als die Revolutionen in Ungarn, in Deutschland Niederlagen erlitten hatten, wurde diese Frage aktuell. Zu dieser Zeit trat Trotzki mit der Erklärung auf, dass der Sieg des Sozialismus in einem gesonderten Land, in Russland, nicht möglich sei. Daraus resultierte die Frage, was wir bauen und womit wir uns befassen?«[10]

Diese Frage löste nach dem Oktober 1923 in den Reihen der Bolschewiki in der Tat Ratlosigkeit und die Frage nach dem Sinn der bolschewistischen Herrschaft aus. Grigori Bessedowski, der damals in der sowjetischen Botschaft in Warschau arbeitete, reiste im Sommer 1924 nach Moskau und beschrieb die damals herrschende Stimmung in den Parteikreisen wie folgt: »In Moskau war die Stimmung schlecht. Der Zusammenbruch der deutschen Revolution rief Schwankungen und Pessimismus in weiten Parteikreisen hervor. [...] Man merkte, daß in der Partei eine weitgehende Krise heranwuchs und daß man vor neuen heftigen Kämpfen stand.«[11]

Trotzki und seine Anhänger hielten es für ausgeschlossen, dass es möglich sein sollte, den Sozialismus in einem so rückständigen Land wie der Sowjetunion aufzubauen. Im Jahre 1927 schrieb Trotzki: »Die Theorie des Aufbaus des Sozialismus in einem Land – in der Epoche des Imperialismus, der sich auf Arbeitsteilung stützt – ist eine reaktionäre Utopie. [...] Es ist falsch, dass man den Sozialismus in einem Land ohne den Sieg der Weltrevolution aufbauen kann.«[12]

Dem widersprach Stalin heftig. Am 17. Dezember 1924 schrieb er beispielsweise: »Es ist unzweifelhaft, daß die Universaltheorie des gleichzeitigen Sieges der Revolution in den ausschlaggebenden Ländern Europas, die Theorie der Unmöglichkeit des Sieges des Sozialismus in einem Lande, sich als künstliche, lebensunfähige Theorie erwiesen hat. Die siebenjährige Geschichte der proletarischen Revolution in Rußland spricht nicht für, sondern gegen diese Theorie.«[13]

Stalin und seine Anhänger waren nicht nur der Auffassung, dass es in Russland möglich sei, den Sozialismus aufzubauen, sondern dass dies sogar ihre Pflicht sei, um von Russland aus die inzwischen ins Stocken geratene Weltrevolution doch zu verbreiten. Im Kern ging es darum, ob es möglich sei, in der wirtschaftlich und zivilisatorisch rückständigen Sowjetunion die Rüstungsindustrie und die sowjetischen Streitkräfte so aufzubauen, dass die Sowjetunion im bevorstehenden Revolutionskrieg siegreich werden könnte.

Dass es zu einem imperialistischen Krieg kommen würde, den man dann in einen revolutionären Krieg verwandeln würde, war für die Bolschewiken sicher. Hierbei handelte es sich aus ihrer Sicht um eine Frage der Zeit. Am 3. November 1926 sprach Stalin in einer Rede unter anderem über die zahlreichen und systemimmanenten Gegensätze zwischen »imperialistischen Ländern«, die, so Stalin,

»zwangsläufig zu verstärkten Konflikten und zu gewaltigen Kriegen zwischen den imperialistischen Gruppen führen« müssten.[14]

In der heftigen innerparteilichen Debatte um die Frage, ob der Sozialismus in der Sowjetunion doch aufgebaut werden könne, setzten sich Stalin und seine Anhänger schließlich durch. Dabei half ihnen eine Losung von Lenin aus dem Jahre 1915, die inzwischen vergessen worden war. Mikojan erinnerte sich, dass Bucharin, der damalige Chefredakteur der *Prawda* und Verbündete Stalins, Trotzki heftig widersprochen hatte. Bucharin habe Trotzki nicht nur eine defätistische Ideologie vorgeworfen, sondern auch, dass Trotzki gegen Lenins Linie verstieße.

> »Bucharin führte die bekannte Losung Lenins von 1916 über die Möglichkeit des Sieges in einem einzelnen Land an. Diese Losung haben wir leider vergessen. Viele von uns hatten diese nicht gelesen und kannten sie nicht. Diese großartige, geniale Vorhersage Lenins stellte sich als die große Stütze nicht nur im Streit mit Trotzki heraus, sondern auch bei der Festigung unserer ideologischen Positionen. Und da war noch der Aufsatz Lenins über Genossenschaften (1922), in dem er sagte, dass alles, was man zum Aufbau des Sozialismus in Russland brauche, die sowjetische Macht + Elektrifizierung sowie Genossenschaften seien. Solche Feststellungen von Lenin stellten jede Konzeption von Trotzki in Frage. Auch Stalin trat, wie wir alle, im Geiste der Lenin'schen Richtlinien auf.«[15]

Lenin formulierte den von Mikojan angeführten Leitsatz nicht im Jahre 1916, sondern bereits 1915, und er lautete wie folgt:

> »Die Ungleichmäßigkeit der ökonomischen und politischen Entwicklung ist ein unbedingtes Gesetz des Kapitalismus. Hieraus folgt, daß der Sieg des Sozialismus zunächst in wenigen kapitalistischen Ländern oder sogar in einem einzeln genommenen Lande möglich ist. Das siegreiche Proletariat dieses Landes würde sich nach Enteignung der Kapitalisten und nach Organisierung der sozialistischen Produktion im eigenen Lande der übrigen, der kapitalisti-

schen Welt entgegenstellen, würde die unterdrückten Klassen der anderen Länder auf seine Seite ziehen, in diesen Ländern den Aufstand gegen die Kapitalisten entfachen und notfalls *sogar mit Waffengewalt* gegen die Ausbeuterklassen und ihre Staaten vorgehen.[16]

Die Losung Lenins, dass es möglich sei, den Sozialismus in einem Land aufzubauen, um dann anschließend notfalls mit Waffengewalt gegen die kapitalistischen Staaten vorzugehen, um die Revolution zu verbreiten, wurde zum »grundlegenden Artikel«,[17] zur politischen und ideologischen Leitlinie der bolschewistischen Machthaber nach 1925. Sie galt mindestens bis zum Juni 1941, wie Schdanow, einer der engsten Mitarbeitern Stalins, am 4. Juni 1941 während einer Sitzung des Hauptkriegsrates der Roten Armee erklärte.[18]

Stalin selbst führte wiederholt diesen Leitsatz an und berief sich oft auf ihn.[19] Am 1. November 1926 polemisierte er mit Trotzki und konstatierte dabei: »Lenin [ist] der Ansicht, daß der Sieg des Sozialismus in einem Lande möglich ist, daß das Proletariat nach der Eroberung der Macht diese nicht nur behaupten, sondern noch weitergehen, die Kapitalisten enteignen und die sozialistische Wirtschaft organisieren kann, um den Proletariern der kapitalistischen Länder tatkräftig Hilfe zu leisten.«[20]

Am 7. August 1927 ließ Stalin die Resolution des XV. Parteikongresses über die Opposition in der Partei und den Aufbau des Sozialismus in einem Lande an die Mitglieder und Kandidaten des ZK und die Mitglieder der ZKK verschicken. Die Resolution enthielt scharfe Kritik an der innerparteilichen Opposition und begründete die Notwendigkeit des Aufbaus des Sozialismus in einem Land, in der UdSSR. Es heißt dort unter anderem: »Die Partei geht davon aus, dass unsere Revolution eine sozialistische Revolution ist, dass die Oktoberrevolution nicht nur ein Signal, Anstoß und Ausgangspunkt der sozialistischen Revolution im Westen, sondern daneben, in erster Linie, die Basis für die weitere Entwicklung der Weltrevolution ist.«[21]

Trotzkisten, das heißt die innerparteiliche Opposition, würden dagegen die Auffassung vertreten, so die Resolution, dass die Diktatur des Proletariats in Sowjetrussland verloren sei, falls die sozialistische

Weltrevolution hinausgezögert werde, und zwar infolge der unvermeidlichen Konflikte zwischen den »Arbeitern« und den »Bauern«. Unter den »Arbeitern« sind die Bolschewiken zu verstehen, die behaupten, sie würden die Macht in der Sowjetunion im Namen der Arbeiter ausüben, die sogenannte Diktatur des Proletariats. Um die Trotzkisten zu widerlegen, wurde in der Resolution Lenins Artikel von 1915 angeführt, in dem es um die Möglichkeit ging, den Sozialismus in einem einzelnen Land aufzubauen, um anschließend notfalls mit Waffengewalt gegen kapitalistische Länder vorzugehen. Trotzki sei dagegen der Auffassung gewesen, so die Resolution, dass sich das revolutionäre Russland dem konservativen Europa gegenüber allein nicht behaupten könne, wobei man die diesbezügliche Aussage Trotzkis von August 1917 zitierte.[22]

Ferner heißt es in der erwähnten Resolution: »Die Partei geht davon aus, dass die fortschrittlichen kapitalistischen Länder eine vorübergehende Stabilisierung, im Allgemeinen und im Einzelnen, erleben und dass die aktuelle Zeit die zwischenrevolutionäre Periode ist, die die kommunistischen Parteien zur Vorbereitung des Proletariats auf die künftige Revolution verpflichtet.«[23]

Vor diesem Hintergrund lässt sich die These nicht halten, dass die Losung des Aufbaus des Sozialismus in einem Lande den Verzicht auf den Export der Revolution über die Grenzen der Sowjetunion hinaus bedeute, wie manche Forscher behaupten.[24] Im Gegenteil, der Leitsatz, den Sozialismus in der Sowjetunion selbständig aufzubauen, bedeutet lediglich eine Änderung der Strategie der Weltrevolution. Diese Strategie wurde an die bestehenden Verhältnisse im Westen, an die wirtschaftliche und politische Stabilisierung in den kapitalistischen Ländern, angepasst. Die Sowjetunion sollte in die Basis für die weitere Entfaltung der Weltrevolution verwandelt werden, um die Revolution notfalls mit Waffengewalt selbständig zu verbreiten.

Nach der Niederlage vor Warschau bestand die bolschewistische Strategie der Weltrevolution darin, die Revolution innerhalb der einzelnen Länder mit einheimischen kommunistischen Kräften durchführen zu lassen, die man von der Sowjetunion aus über die OGPU und die Komintern unterstützte und steuerte. Exemplarisch hierfür sind die Ereignisse in Deutschland im Jahre 1923. Dies setzte aber eine wirtschaftliche Krise und soziale Unruhen in den einzelnen Ländern, »die revolutionäre Krise«, voraus. Die wirtschaftliche und politische Stabilisierung in Europa schloss diese Strategie für die nächsten Jahre aus. Man musste nun nach neuen Wegen suchen, um die kommunistische Revolution doch in anderen europäischen Ländern Wirklichkeit werden zu lassen.

Die neue Strategie der Weltrevolution hing unzertrennlich mit der Person von Stalin und seinem Aufstieg zum allmächtigen Herrscher der Sowjetunion zusammen. Um seine neue Strategie der Weltrevolution durchzusetzen und zu legitimieren, instrumentalisierte Stalin die Autorität des im Januar 1924 verstorbenen Lenin. Am 26. Januar 1924 hielt Stalin auf dem II. Sowjetkongress eine Rede zum Tode von Lenin, in der er feierlich einen Schwur ablegte, dessen Vermächtnis zu erfüllen: »*Als Genosse Lenin von uns schied, hinterließ er uns das Vermächtnis, die Union der Republiken zu festigen und zu erweitern. Wir schwören Dir, Genosse Lenin, daß wir auch dieses Dein Gebot in Ehren erfüllen werden!*«[25] Insgesamt sechs Mal wiederholte Stalin feierlich diesen Schwur in der oben zitierten Rede und erklärte auch:

> »Die dritte Grundlage der Diktatur des Proletariats ist unsere Rote Armee und unsere Rote Flotte. Lenin sprach wiederholt davon, daß die Atempause, die wir den kapitalistischen Staaten abgerungen haben, von kurzer Dauer sein kann. Lenin verwies uns wiederholt darauf, daß die Stärkung der Roten Armee und ihre Vervollkommnung eine der wichtigsten Aufgaben unserer Partei ist. […] Schwören wir denn, Genossen, daß wir unsere Kräfte nicht schonen werden, um unsere Rote Armee und unsere Rote Flotte zu stärken!«[26]

Nach dem Tod Lenins begann die bolschewistische Parteiführung damit, Schulen, Fabriken, Straßen und Plätze nach ihm zu benennen. Petrograd, wie St. Petersburg seit 1914 hieß, wo die Revolution begonnen hatte, wurde in Leningrad umbenannt. Der Leichnam Lenins wurde einbalsamiert und in einem extra dazu erbauten Mausoleum auf dem Roten Platz vor dem Kreml zur Schau gestellt. Jörg Baberowski schreibt:

»Lenin erhielt posthum den Status eines Heiligen der Revolution, seine Schriften wurden kanonisiert und sakralisiert. Sie durften zitiert, aber nicht mehr kritisiert werden. Lenin erhielt posthum die Qualität eines Religionsstifters zugewiesen. Wer sich in der Partei zu Gehör bringen wollte, mußte sein Anliegen im Verweis auf die Werke Lenins vortragen. Und es war Stalin, der als Generalsekretär und großer Manipulator am Ende darüber befand, wie und was zu sprechen sei. Jetzt kam die Rede von Leninismus auf. Sie bezeichnete einen Kanon von Glaubenssätzen, dem sich jedes Mitglied der Partei bedingungslos zu unterwerfen hatte. Wer gegen Stalin und seine Anhänger sprach, verstieß gegen das Gebot der Einheit.«[27]

Stalin berief sich in der Tat immer wieder auf das Vermächtnis Lenins, auch in den späteren Jahren und nicht nur bei offiziellen und feierlichen Anlässen. Am 7. November 1940 hielt er auf einem Empfang für enge Mitarbeiter eine längere Ansprache, wobei er sich in Rage redete und seine Vertrauten wüst beschimpfte und bedrohte. Unter anderem sagte er: »Ihr lernt nicht gern, lebt selbstgefällig dahin. Gebt das Erbe Lenins mit beiden Händen aus.«[28]

Vier Monate später, am 4. Februar 1941, als sich Stalins Stimmung zwischenzeitlich gebessert hatte, erhob er während der Geburtstagsfeier von Woroschilow einen Trinkspruch auf Lenin: »Lenin hat uns hervorgebracht, er ist unser Ahnherr. Ihm verdanken wir alles. Sein wie Lenin. Wir sind alle ›Küken‹ im Vergleich zu Lenin.«[29] Und am 22. Juni 1941 am späten Abend, als nach dem deutschen Überfall in Moskau Meldungen über die katastrophale Lage an den Fronten eintrafen und Stalins Stimmung wieder ganz unten war, soll er laut Mikojan, diesmal auch selbstkritisch, erklärt haben: »Lenin hatte uns ein großes Vermächtnis hinterlassen. Wir – seine Erben – haben das alles verkackt!«[30]

Vorbereitungen für den revolutionären Krieg: Das Komitee für Verteidigung

Dass die Losung des Aufbaus des Sozialismus in einem einzelnen Land in Wirklichkeit langfristig angelegte Vorbereitungen zum künftigen revolutionären und zugleich totalen Krieg bedeuteten, belegen nicht nur die oben angeführten Äußerungen Stalins und seiner Anhänger. Auch konkrete Maßnahmen der sowjetischen Führung unter Stalin, die sie in diesem Zusammenhang ergriffen hatte, weisen eindeutig darauf hin. Es handelt sich hierbei in erster Linie um Mobilisierungs- und Aufrüstungsprogramme zur Vorbereitung der Roten Armee und des gesamten Landes auf einen langen und totalen Krieg, die ab 1927 erarbeitet und umgesetzt wurden. Hinzu kamen Maßnahmen zur »Befriedung« des eigenen, äußerst unsicheren »Hinterlandes«, in erster Linie der Kampf gegen die Bauernschaft und andere »unzuverlässige« Bevölkerungsgruppen.

Die entscheidende Rolle bei den Kriegsvorbereitungen spielte ab 1927 bis Ende 1930 die streng geheime Verwaltende Sitzung des Rates für Arbeit und Verteidigung (RS STO) unter Führung von Rykow, die formal dem Rat für Arbeit und Verteidigung unterstand, in Wirklichkeit jedoch dem Politbüro. Am 23. Dezember 1930 löste das Politbüro die RS STO auf und errichtete an ihrer Stelle das Komitee für Verteidigung, das sich aus Stalin, Molotow, Woroschilow, Kuibyschew und Ordschonikidse zusammensetzte.[1] Die RS STO und später das Komitee für Verteidigung hatten den Auftrag, die Kriegsvorbereitungen zentral zu organisieren, zu koordinieren und zu überwachen. Über die Arbeit dieser Einrichtungen ist bis heute wenig bekannt.[2]

Bereits im Frühjahr 1925 errichtete das Politbüro die sehr streng geheime Kommission für Verteidigung, den Vorläufer der RS STO und des Komitees für Verteidigung. Diese Kommission wurde nach ihrem Vorsitzenden auch als Rykow-Kommission bezeichnet. Die Kommission befasste sich in erster Linie mit der Rüstungsindustrie und Kriegsmobilisierung.[3] Bis Ende 1926 erreichte die Rykow-Kommission jedoch wenig, außer dass sie feststellte, dass weder die Rote Armee noch die sowjetische Rüstungsindustrie auf einen Krieg vorbereitet seien. Am 26. Dezember 1926 wurde der politischen Führung des Landes der Bericht des Stabes der Roten Armee über die Verteidigung der UdSSR vorgelegt. Die wichtigsten Feststellungen aus dem Bericht wiederholte am selben Tag der Stabschef der Roten Armee, Tuchatschewski, auf der Sitzung des Politbüros, wo er konstatierte: »Weder die Rote Armee noch das Land sind auf einen Krieg vorbereitet. Unsere kriegsmateriellen Mobilmachungsbestände sind so knapp, dass sie kaum für die erste Phase des Krieges ausreichen.«[4]

Nun ergriff Stalin persönlich die Initiative und beauftragte Woroschilow, einen seiner engsten Vertrauten und zugleich Volkskommissar für Kriegswesen und Flotte, einen »Verteidigungsplan« zu erarbeiten. Am 13. Januar 1927 referierte Stalin darüber in der Politbürositzung, und das Politbüro beschloss daraufhin: »Für die Februarmitte dieses Jahres ist ein Termin für eine geschlossene Sitzung des Politbüros anzuberaumen, um den Vortrag des Genossen Woroschilow über die Kriegsgefahr und den Plan für die Verteidigung für den Fall eines Krieges anzuhören.«[5]

Zugleich löste das Politbüro die Rykow-Kommission auf, um am 24. Februar 1927 eine neue Kommission einzusetzen, die formal beim Rat für Arbeit und Verteidigung (STO) angesiedelt war. Sie wurde bald in die bereits erwähnte Verwaltende Sitzung des Rates für Arbeit und Verteidigung (RS STO) umbenannt. Die RS STO befasste sich in den nächsten Jahren mit den Fragen der Kriegsmobilisierung der Industrie.[6] Im Dezember 1930 wurde die RS STO, wie bereits erwähnt, aufgelöst und an ihrer Stelle das Komitee für Verteidigung errichtet, das sich bis Juni 1941 mit den Kriegsvorbereitungen befasste.[7]

Am 17. März 1927 behandelte das Politbüro den bereits erwähnten »Verteidigungsplan« Woroschilows und beschloss: »Zur Überprüfung des von Genossen Woroschilow vorgelegten Resolutionsprojektes ist eine Kommission einzurichten, die sich aus den Genossen Woroschilow, Rykow, Stalin, Kuibyschew, Ordschonikidse und Tolokonzew zusammensetzt. [...] Der Kommission ist aufzutragen, sich den Woroschilow-Bericht anzuhören und operative Pläne vorzubereiten.«[8]

Bei der Gründung der neuen Kommissionen, die sich nun intensiv mit den Kriegsvorbereitungen zu befassen hatten, vergaßen Stalin und seine Genossen die strengste Geheimhaltung nicht. Es ging darum, dass keine Informationen über die anlaufenden intensiven Kriegsvorbereitungen nach außen, insbesondere ins Ausland, durchsickerten. Immerhin war damals das »kapitalistische« Europa von einer »Pazifismuswelle« erfasst, und es liefen Vorgespräche für Abrüstungsverhandlungen, die Ende 1927 in Genf stattfinden sollten.

Am 7. April 1927 beschloss das Politbüro auf Stalins Vorschlag hin, eine Kommission zu gründen, die »radikale Maßnahmen zu erarbeiten hatte, um maximale Geheimhaltung beim Umgang mit geheimen Dokumenten zu gewährleisten.«[9] Am 5. Mai 1927 bestätigte das Politbüro das von der dafür berufenen Kommission vorgelegte Projekt über den Umgang mit geheimen Dokumenten.[10]

Alle Dokumente, die mit den Kriegsvorbereitungen zu tun hatten, wurden zumindest als »streng geheim« eingestuft und waren nur für die Politbüromitglieder zugänglich, für das ZK als Institution waren sie dagegen gesperrt, obwohl das Politbüro formal dem ZK unterstand. Auch für den Rat der Volkskommissare, die nominelle sowjetische Regierung, waren diese Dokumente tabu. Ferner gingen die Entscheidungen des Politbüros, welche Kriegsvorbereitungen betrafen, an einzelne mit konkreten Fragen befasste Führungspersonen nicht als ganze Dokumente, sondern nur in Auszügen. Damit hatte niemand außer den wenigen Politbüromitgliedern einen Überblick über den Gesamtplan, Verlauf und Stand der Kriegsvorbereitungen. Dies erschwert es auch heute den Historikern, die Gesamtheit der sowjetischen Kriegsvorbereitungen ab 1927 zu erfassen und zu rekonstruieren.[11]

Die im Frühjahr 1927 errichteten Kommissionen bestätigten zum wiederholten Male den fatalen Zustand der sowjetischen Rüstungsindustrie und der Roten Armee. Im April 1927 berichtete Woroschilow über die festgestellten Mängel in der Kriegsbereitschaft der Rüstungsindustrie, insbesondere ging es dabei um den geplanten Kriegsbedarf und die vorhandenen Produktionskapazitäten:[12]

Tab. 3: Der Mobilisierungsbedarf und die Kriegsproduktion im Falle eines Krieges (April 1927)[13]

	Mobilisierungsbedarf	Produktion im 1. Kriegsjahr	Produktion im 2. Kriegsjahr
Gewehre	900 000	50 %	75 %
Maschinengewehre	18 000	30 %	45 %
Schuss Munition	3 250 000 000	29 %	50 %

Diese Tabelle zeigt, dass die sowjetische Rüstungsindustrie auf einen Krieg in der Tat nicht vorbereitet war. Der gravierendste Engpass bestand in der Schießpulverproduktion, nur 41 Prozent des Kriegsbedarfes konnte die Rüstungsindustrie liefern. Eine Panzerproduktion gab es überhaupt nicht, die Luftfahrtindustrie war rückständig und in rudimentärem Zustand, sie konnte der Roten Armee keine modernen Flugzeuge liefern. Ähnlich stand es um die chemischen Waffen.[14] Mit der bestehenden Rüstungsindustrie war an einen revolutionären Krieg nicht zu denken.

Neben dem Beschluss zur Einberufung von verschiedenen neuen Kommissionen ließ das Politbüro ab dem Haushaltsjahr 1925/26 die Aufwendungen für Kriegszwecke stark erhöhen.

Tab. 4: Aufwendungen für Kriegszwecke und das Volkskommissariat für Kriegswesen und Flotte 1923/24 bis 1928/29 (in tausend Rubel)[15]

1923/24	1924/25	1925/26	1926/27	1927/28	1928/29
444 660	471 005	644 829	779 489	1 056 238	1 148 455

Die Rote Armee war zwar weiterhin die zahlenmäßig stärkste Armee in Europa, 607 125 Mann, davon 32 722 bei der Kriegsflotte, und 2,6

Millionen Mann im Mobilisierungsfall (Mai 1927). Diese Streitmacht war allerdings technisch sehr schlecht ausgerüstet. Sie verfügte im Kriegsfall über 1046 Flugzeuge, 90 Panzer (drei Panzerbataillone zu je 30 Panzern), 99 Panzerwagen und 7034 Geschütze. Polen, Rumänien, die baltischen Länder und Finnland, gegen die die Rote Armee zuerst Krieg zu führen hätte, verfügten dagegen nach sowjetischen Schätzungen über insgesamt 3,1 Millionen Soldaten im Mobilisierungsfall, 1190 Flugzeuge, 401 Panzer und 5620 Geschütze.[16]

Die sowjetischen Panzer und Flugzeuge waren allerdings nicht nur gering an Zahl, sondern auch veraltet. Im Jahre 1927 besaß die Rote Armee Panzer, die entweder noch im Bürgerkrieg erbeutet worden waren oder dem im Jahre 1919 erbeuteten französischen Panzer »Reno« nachgebaut worden waren.[17] Auch die sowjetische Luftwaffe war auf ähnlichem technischem Niveau wie die Panzer, sehr schlecht stand es ebenfalls um die chemischen Waffen, eine der »Hauptwaffen« des künftigen Krieges, neben Luftwaffe, Panzern und Artillerie, wie es Woroschilow am 10. Januar 1933 formulierte.[18]

Im Jahr 1927/28 wurde der Fünfjahresplan (1928–1932) für den Ausbau der Roten Armee erarbeitet, insbesondere ging es dabei um die technische Ausrüstung. Der Plan sah die Vergrößerung der Armee im Mobilisierungsfall auf 3,5 Millionen Mann und eine Million Pferde sowie in Friedensstärke auf insgesamt 630 500 Mann vor. Es waren auch Kriegsvorräte an Munition, Ausrüstung, Waffen, Energiestoffen und Lebensmitteln für die erste Kriegsphase von 1,5 Jahren anzulegen. Ferner sollte die gesamte Wirtschaft des Landes so organisiert werden, dass sie innerhalb von 1,5 Jahren den Kriegsbedarf voll decken könnte.[19] Dieser Ausbau sollte schrittweise erfolgen. Am 21. Juli 1927 beschloss das Politbüro, die Friedensstärke der Roten Armee von 612 000 auf 617 000 Mann zu erhöhen. Die Zahl der Panzer sollte dagegen auf 2510 Stück, die der Flugzeuge auf 4522 und die der Geschütze auf 13 650 steigen.[20]

Auch das Problem der künftigen rückwärtigen Gebiete wurde nicht vergessen, wozu man in erster Linie das Territorium der Belorussischen und der Ukrainischen SSR zählte. Von diesen Gebieten aus sollte der künftige Angriff gegen den Westen erfolgen. Bemerkenswert ist aber, welche Aspekte dabei zu berücksichtigen waren: a) die Durchführung der allgemeinen militärischen Mobilisierung, »b) Kampf gegen die Fahnenflucht, c) Kampf gegen das Banditentum und Aufstände«, d) Schutz der Einrichtungen von staatlicher Bedeutung und e) allgemeine Maßnahmen zum Schutz der revolutionären Ordnung. Im Kampf gegen die »Banditen« und Aufstände waren neben der OGPU und den »Truppen für besondere Verwendung«, Miliz, falls es notwendig sein sollte, auch Truppen der Roten Armee einzusetzen.[21] Diese Vorkehrungen zeigen, wie unsicher sich die sowjetischen Machthaber ihrer Untertanen waren. Im Falle eines Krieges gingen sie nicht nur von Fahnenflucht aus, sondern auch von Aufständen im eigenen Hinterland.

Es muss darauf hingewiesen werde, dass diese ehrgeizigen Aufrüstungsprogramme in der Zeit beschlossen wurden, als in Europa die Zeichen auf politische Stabilisierung, wirtschaftliches Wachstum und Frieden standen. Seit 1925 liefen Sondierungsgespräche für eine Abrüstungskonferenz, die dann vom 30. November bis zum 3. Dezember 1927 in Genf auch stattfand. Das Ziel der Konferenz war es, die bestehenden Armeen und die Rüstungsproduktion zu reduzieren, die durch internationale Ausschüsse kontrolliert werden würden. Darauf konnte sich der Kreml unter keinen Umständen einlassen, dies würde die anlaufende Aufrüstung torpedieren.

Am 12. Dezember 1925 erhielt Tschitscherin eine Einladung vom Völkerbund, an den Vorbereitungen zu einer Abrüstungskonferenz teilzunehmen. Am 7. Januar 1926 beschloss das Politbüro zu antworten, dass die UdSSR im Prinzip bereit sei, an diesen Vorgesprächen teilzunehmen.[22] Im folgenden Jahr war das Politbüro bereits viel zurückhaltender. Am 14. Juli 1927 befasste es sich mit der künftigen Abrüstungskonferenz und beschloss, »4 a) keine Initiative in der Frage der Beteiligung der UdSSR an der Abrüstungskonferenz zu ergreifen, keine Sondierungsgespräche in dieser Angelegenheit zu führen; 4b) von der Möglichkeit der Aufforderung der UdSSR durch den Völkerbund ausgehend, das Volkskommissariat für ausländische Angelegenheiten zu beauftragen, Vorbereitungsarbeiten zu führen«.[23]

Am 3. November 1927 sah sich das Politbüro jedoch gezwungen, die Teilnahme an der am 30. November 1927 in Genf beginnenden Abrüstungskonferenz zu bestätigen, beschloss aber zugleich, auf einem »breiten Abrüstungsprogramm bis zur vollständigen Vernichtung der stehenden Armeen« zu bestehen. Zum Leiter der sowjetischen Delegation bestimmte das Politbüro Litwinow.[24] Zwei Wochen später, am 17. November, beschloss es detaillierte Anweisungen an die sowjetische Delegation für die Abrüstungskonferenz. Das Politbüro forderte unter anderem im Punkt über den Abbau von chemischen und bakteriologischen Waffenarsenalen den Eintrag »öffentliche Kontrolle« durch »Arbeiterkontrolle« zu ersetzen.[25]

Die Unterzeichnung der Abrüstungsverträge setzte eine internationale Kontrolle voraus, darauf konnte die Sowjetunion sich nicht einlassen, denn sie war ja dabei, ihre Rüstungsindustrie aufzubauen. Am 28. November 1927 beschloss das Politbüro ein Telegramm folgenden Inhalts an Litwinow zu schicken, der mit der sowjetischen Delegation bereits in Genf weilte:

> »Wir ordnen an, dass Sie mit allen Mitteln auf der vollen Abrüstung bestehen. [...] Bei Abstimmungen gegen praktische Vorschläge, die andere Staaten vorbringen, argumentieren Sie nicht nur mit der Begründung, dass diese Vorschläge mit der vollen Abrüstung nicht übereinstimmen, sondern auch mit sachlichen Einwänden, die zeigen, dass diese Vorschläge keine praktische Bedeutung für die Abrüstung und Friedenserhaltung haben.«[26]

Dieses Telegramm offenbart die wahren Absichten Stalins und seiner Genossen, nämlich die Abrüstungskonferenz zu torpedieren. Am 30. November 1927, während der Eröffnung der IV. Session der Völkerbundkommission in Genf, die die bevorstehende Abrüstungskonferenz vorbereiten sollte, verlas die sowjetische Delegation eine Deklaration, in der beantragt wurde, ein Programm der vollen Abrüstung zu verwirklichen. Das sowjetische Abrüstungsprojekt wurde, wie vom Kreml erwartet, abgelehnt und legte die weiteren Abrüstungsverhandlungen lahm.[27]

Die westliche Presse wertete damals den sowjetischen Abrüstungsvorschlag zu Recht als unaufrichtig.[28] Stalin bezeichnete dagegen diese Verhandlungen abfällig als »Abrüstungsgeschwätz«, »Friedenspredigten« und »pharisäische Friedensphrasen«, die das Ziel hätten, »die Arbeiterklasse einzulullen«.[29]

Während das Politbüro die laufenden Abrüstungsverhandlungen gezielt torpedierte, lief in der Sowjetunion eine breit angelegte Propagandakampagne von der angeblichen Kriegsgefahr, der die Sowjetunion ausgesetzt sei. Die obersten Parteiführer beschworen immer wieder die Kriegsgefahr, die insbesondere seitens Polens drohen würde. Im Land kursierten auch Gerüchte über den baldigen Krieg, Menschen legten Vorräte an, Bauern hielten Getreide zurück, viele hofften dabei, dass der Krieg dem verhassten kommunistischen Regime die Niederlage bringen würde.[30]

Die sowjetische Propaganda einer Kriegsbedrohung spiegelte aber nicht die tatsächlich bestehende Kriegsgefahr wider, ganz im Gegenteil. Der russische Historiker N. S. Simonow schreibt:

> »Internationale Historiker haben überzeugend dargelegt, dass weder Mitte noch Ende der zwanziger Jahre irgendjemand sich darauf vorbereitete, die UdSSR anzugreifen. Die öffentliche Meinung in den Staaten, die als Sieger aus dem Ersten Weltkrieg hervorgegangen waren, war im Allgemeinen pazifistisch. Deutschland, wo eine stark revanchistische Stimmung herrschte, verfügte unter den Bedingungen des Friedensvertrags von Versailles nicht über die für einen Angriffskrieg nötigen Streitkräfte. Die nächsten Nachbarn der UdSSR hatten keine auf Generalstabsebene koordinierten strategischen und operativen Pläne für einen Überrschungsangriff auf den ›ersten sozialistischen Staat in der Welt‹ und dessen Vernichtung.«[31]

Die sowjetische Propaganda von der angeblichen Kriegsgefahr hatte nur einen Zweck gehabt, und zwar die Partei und das Land in der Zeit der sich verschärfenden innenpolitischen Krise zu mobilisieren und zugleich einen Vorwand für die gerade anlaufenden massiven Kriegsvorbereitungen zu liefern. Dies lässt sich mit zahlreichen diesbezüglichen Äußerungen, auch von Stalin persönlich, belegen. Noch im Jahre 1923, als im engen Kreis über Angriffspläne gegen Polen diskutiert wurde, verwies Stalin auf die sehr wichtige Frage: »Unter welchem legalen Vorwand sind Soldaten zu mobilisieren, wie ist dabei der Anschein der Friedensliebe, wenigstens der Verteidigung zu bewahren?«[32]

Gab es einen besseren Vorwand, um das Land massiv aufzurüsten, als die angebliche Kriegsgefahr? Wohl kaum. Am 1. September 1930 schrieb Stalin einen Brief an Wjatscheslaw Molotow, einen seiner engsten Vertrauten: »Die Polen schmieden ganz sicher (wenn sie es nicht schon getan haben) einen Block der baltischen Staaten (Estland, Lettland, Finnland), um Krieg gegen die UdSSR zu führen. Ich denke, solange sie diesen Block noch nicht haben, werden sie keinen Krieg mit der UdSSR anfangen, was bedeutet, *sobald sie den Block haben,* werden sie in den Krieg ziehen (ein Anlaß findet sich).« Diese imaginäre Kriegsgefahr nahm Stalin zum Anlass, die Rote Armee um »mindestens 40 bis 50 Divisionen mehr als nach unseren *gegenwärtigen Richtlinien«* vergrößern zu lassen.[33]

Ähnlich wie Stalin argumentierte Felix Dserschinski kurz vor seinem Tode. Am 11. Juli 1926 schrieb er an Stalin: »Eine ganze Reihe von Hinweisen zeigt ohne Zweifel (für mich) und in voller Deutlichkeit, dass sich Piłsudski auf einen Überfall auf uns vorbereitet, um Weißrussland und die Ukraine von uns zu trennen. [...] Unterdessen herrscht in unserem Land in breiten Kreisen eine völlig sorglose Stimmung.«[34]

Die imaginäre Kriegsgefahr diente nicht nur als Vorwand, um die Kriegsvorbereitungen im Inneren zu rechtfertigen, sondern auch als Disziplinierungsmittel gegen die »sorglose Stimmung« und zugleich als Waffe gegen innenpolitische Gegner. In dem oben zitierten Schreiben behauptete Dserschinski: »Piłsudski betrachtet unsere territorialen Divisionen mit voller Geringschätzung und setzt auf unsere Parteizerrüttung im Zusammenhang mit unserem Konflikt auf dem XIV. Parteikongress. Ich fürchte, dass seine diesbezügliche Auffassung ihn dazu veranlassen kann, früher anzugreifen, als man bei uns denkt (im Revolutionären Kriegsrat sprach man von 1927).«[35]

Die imaginäre Kriegsgefahr instrumentalisierten Stalin und seine Anhänger, um die innerparteiliche Opposition um Trotzki zu diskreditieren und auszuschalten. Im Resolutionsprojekt des vereinigten Plenums des ZK und der ZKK vom 8. August 1927 heißt es: »Im Moment der Kriegsgefahr besteht die zentrale Aufgabe der Partei darin, das eigene Hinterland zu stärken. Und die Hauptvoraussetzung dafür stellen die Erhöhung der Kriegsbereitschaft und die Disziplinierung der Partei dar. Die Opposition verfolgt dagegen ihre eigenen Fraktionsinteressen, zersetzt die Parteidisziplin und fördert damit die Entwicklung der antisowjetischen Kräfte in unserem Land.«[36]

Und ein Jahr später, am 1. August 1928, rief Stalin den Genossen von ZK und ZKK zu: »Genossen! Wir stehen vor zwei Gefahren: der Kriegsgefahr, die zu einer Kriegsdrohung geworden ist, und der Gefahr der Entartung einiger Glieder unserer Partei. Zur Vorbereitung der Verteidigung schreitend, müssen wir eine eiserne Disziplin in unserer Partei schaffen. Ohne diese Disziplin ist eine Verteidigung unmöglich. [...] Nur so, nur auf diese Weise können wir dem Krieg wohl gerüstet begegnen.«[37]

Ähnlich argumentierte Stalin im Sommer 1932, als sich in der Ukraine ein Teil des lokalen Parteiapparates angesichts der furchtbaren Hungerkatastrophe gegen die in Moskau festgelegten Getreideabgaben aussprach. In einem Brief an Kaganowitsch wetterte Stalin gegen den sowjetischen Parteiapparat und auch die GPU in der Ukraine und mahnte: »Wenn wir die Verbesserung der Lage in der Ukraine [durch die Säuberung des Parteiapparates] jetzt nicht in Angriff nehmen, dann können wir die Ukraine verlieren. Vergessen Sie nicht, dass Piłsudski nicht schläft und seine Agentur in der Ukraine stärker ist, als Redens [Chef der OGPU in der Ukraine] und Kosior [Parteichef in der Ukraine] denken.«[38] Die imaginäre Gefahr seitens Polens diente Stalin als Vorwand, um eine neue Terrorwelle in der sowjetischen Ukraine organisieren und rechtfertigen zu lassen.

Die für Propagandazwecke erfundene Kriegsgefahr diente nicht nur dazu, die Kriegsvorbereitungen zu legitimieren und die Partei und Gesellschaft zu disziplinieren, sondern auch dazu, das »eigene Hinterland« zu »befrieden«, das heißt besonders aktive »antisowjetische Elemente« »auszumerzen«, die es reichlich gab, und den wachsenden antisowjetischen Widerstand zu brechen. Ohne »ein starkes revolutionäres Hinterland« war der künftige revolutionäre Krieg unmöglich. Stalin schrieb am 28. Juli 1927 in der *Prawda:*

> »Es läßt sich wohl kaum bezweifeln, daß die grundlegende Frage der Gegenwart die Frage der Gefahr eines neuen imperialistischen Krieges ist. [...] Es handelt sich um die reale und wirkliche Gefahr eines neuen Krieges überhaupt, eines Krieges gegen die UdSSR im besonderen. [...]. Die Aufgabe besteht darin, die Wehrfähigkeit unseres Landes zu erhöhen, unsere Volkswirtschaft zu heben, unsere Industrie, die Kriegsindustrie wie auch die Friedensindustrie, zu verbessern [...]. *Die Aufgabe besteht darin, unser Hinterland zu festigen und von Unrat zu säubern,* ohne uns zu scheuen, mit den ›erlauchten‹ Terroristen und Brandstiftern, die unsere Fabriken und Werke anstecken, kurzen Prozeß zu machen, denn die Verteidigung unseres Landes ist ohne ein starkes revolutionäres Hinterland unmöglich.«[39]

Stalin betrachtete die »Befriedung« des eigenen Hinterlandes, es von »Unrat zu säubern«, stets als die unabdingbare Voraussetzung für die Kriegführung. Im Mai 1920 führte er in einem *Prawda*-Artikel anlässlich des Krieges mit Polen aus:

> »Keine Armee der Welt kann ohne ein stabiles Hinterland siegen (wir sprechen natürlich von einem dauerhaften und festen Sieg). Das Hinterland hat für die Front erstrangige Bedeutung, denn vom Hinterland, und nur vom Hinterland, wird die Front sowohl mit Proviant und Material als auch mit Menschen, das heißt mit Kämpfern, Stimmungen und Ideen gespeist. Ein schwankendes und um so mehr ein feindliches Hinterland verwandelt die allerbeste, geschlossenste Armee unweigerlich in eine schwankende Masse ohne Zusammenhalt.«[40]

Am 3. Dezember 1927 erklärte er in einer Rede auf dem XV. Parteikongress: »Zur Kriegführung genügt nicht das Wachstum der Rüstungen, genügt nicht die Organisierung neuer Koalitionen. *Dazu bedarf es noch der Stärkung des Hinterlands* in den Ländern des Kapitalismus.«[41] Die hier zitierte Aussage Stalins bezog sich zwar auf die »kapitalistischen Länder«, sie galt aber angesichts der vorherrschenden antisowjetischen Stimmung im Lande umso mehr für die Sowjetunion.

Zu Hauptfeinden im eigenen Hinterland erklärten Stalin und seine Genossen vor allem die wohlhabenden Bauern, die Kulaken, die das Dorf in Aufruhr brächten, und die bürgerlichen Spezialisten, die den Aufbau der Industrie sabotieren würden. Am 13. April 1928 rief er die Moskauer Parteigenossen auf: »Der Kampf gegen das Kulakentum darf nicht als eine Kleinigkeit betrachtet werden. Um die Machenschaften der Kulaken und Spekulanten zu zerschlagen, ohne daß daraus irgendwelche Komplikationen im Lande entstehen, muß man eine absolut geschlossene Partei, ein absolut festes Hinterland und eine völlig feste Staatsmacht haben.«[42] In derselben Rede wetterte Stalin auch gegen »bürgerliche Spezialisten«, denen er eine »ökonomische Konterrevolution« und die Absicht anlastete, die sowjetische Industrie zu zerstören.[43]

In der zweiten Hälfte der zwanziger Jahre war das eigene Hinterland aus der Sicht der bolschewistischen Anführer alles andere als gesichert, in manchen Gebieten herrschte gar eine aufständische Stimmung vor. Am 15. Juni 1928 schrieb Moissej Frumkin, der der innerparteilichen Opposition angehörte, einen Brief an das ZK, in dem er ausführte, dass nicht nur die Kulaken, sondern auch die Mehrheit der armen Bewohner der ländlichen Gebiete und der mittelständischen Bauern gegen die Sowjetmacht eingestellt sei, dass »diese Stimmungen bereits auf die Arbeiterzentren überzugreifen beginnen«.[44] Stalin polemisierte zwar heftig gegen Frumkins Thesen, musste zugleich aber zugeben: »Zweifellos ist der Kulak gegen die Sowjetmacht erbost: Es wäre grotesk, vom Kulaken eine freundschaftliche Einstellung zur Sowjetmacht zu verlangen. Zweifellos hat der Kulak Einfluß unter einem gewissen Teil der Dorfarmut und der Mittelbauern.«[45]

Für Stalin stand außer Zweifel, dass das Dorf noch vor dem künftigen revolutionären Krieg »befriedet« werden müsse. Am 23. Oktober 1927 führte er aus: »Was ist aber *Befriedung des Dorfes*? Das ist eine der Grundbedingungen für den Aufbau des Sozialismus. Man kann den Sozialismus nicht aufbauen, wenn es Banditenüberfälle und Bauernaufstände gibt.«[46] Wie bereits ausgeführt, bedeutete der Aufbau des Sozialismus in Wirklichkeit die Vorbereitung zum revolutionären Krieg.

Und am 9. Juli 1928 erklärte Stalin in der Sitzung des Plenums von ZK und ZKK: »Können wir im Falle eines Überfalls der Feinde Krieg führen sowohl gegen den äußeren Feind an der Front als auch, um schleunigst Getreide für die Armee zu bekommen, *gegen den Bauern im Hinterland*? Nein, das können und dürfen wir nicht.«[47] Auf einen Zweifrontenkrieg mochten sich Stalin und seine Genossen nicht einlassen und beschlossen, das Dorf während der Vorbreitungsphase für den revolutionären Krieg zu »befrieden«, darauf wird noch einzugehen sein.

Nicht besser stand es um die Rote Armee, die ja den künftigen revolutionären Krieg zu führen hatte. Auch in den Reihen der Roten Armee stellten die OGPU und die militärischen Stellen »bäuerliche Stimmung« nicht nur unter den Soldaten fest, sondern teilweise auch unter den Kommandeuren. Mit so einer Armee war an einen revolutionären Krieg nicht zu denken, dies war auch Stalin klar. Am 1. August 1927 referierte Stalin vor dem vereinigten Plenum des ZK und der ZKK über die internationale Lage und die Verteidigung der UdSSR, dabei führte er Auszüge aus seiner Rede vom 21. März 1919 an, die sich auf den damaligen Zustand der Roten Armee bezogen:

> »Ich muß sagen, daß die Elemente, die die Mehrheit unserer Armee bilden und keine Arbeiterelemente, sondern Bauern sind, nicht freiwillig für den Sozialismus kämpfen werden. Eine ganze Reihe von Tatsachen weist darauf hin. Mehrere Meutereien im Hinterland und an den Fronten zeigen ebenso wie eine Reihe von Ausschreitungen an den Fronten, daß die nichtproletarischen Elemente, die in unserer Armee die Mehrheit bilden, nicht freiwillig

für den Kommunismus kämpfen wollen. *Daher unsere Aufgabe – diese Elemente im Geiste einer eisernen Disziplin zu erziehen, zu erreichen, dass sie sich nicht nur im Hinterland, sondern auch an den Fronten der Führung des Proletariats anvertrauen, sie zu zwingen, für unsere gemeinsame sozialistische Sache zu kämpfen,* und im Laufe des Krieges den Aufbau einer wirklichen regulären Armee zu vollenden, die allein imstande ist, das Land zu verteidigen.«[48]

Die von Stalin am 1. August 1927 angeführten Feststellungen bezüglich der Roten Armee bezogen sich auf die Zustände im Jahre 1919. Sie verloren aber acht Jahre später nichts von ihrer Gültigkeit. Am 1. April 1926 machten Bauern unter den Mannschaftsgraden der Roten 80,9 Prozent, Arbeiter 14,1 und andere fünf Prozent aus. Auch unter den Kommandeuren, insgesamt 47 822 Mann, überwogen diejenigen mit bäuerlicher Herkunft (50 %), hinzu kamen Kommandeure mit Arbeiterherkunft (22 %) und andere (28 %).[49]

Das Scheitern der Kriegsvorbereitungspläne von 1927/28 und neue Pläne

Die Aufrüstungspläne von 1927/28 sahen in erster Linie die umfassende Modernisierung der Roten Armee vor, die im Vergleich zu anderen europäischen Armeen, den künftigen Gegnern, rückständig war. Auch die polnische Armee, der Hauptgegner im Westen, war technisch besser ausgerüstet. Im Jahre 1929 verfügte die polnische Armee nach sowjetischen Schätzungen über etwa 1000 Flugzeuge und 300 Panzer. Hinzu kam, dass die polnische Armee viel mobiler als die sowjetische war, denn das polnische Eisenbahnwesen und Schienennetz, mit deren Hilfe die Truppen schnell verlegt werden konnten, war viel besser entwickelt als das sowjetische.[1]

Die Militärs, insbesondere Tuchatschewski als Chef des Stabes bis März 1928, forderten ursprünglich nicht nur einen Umbau der Roten Armee in eine moderne mechanisierte Armee, sondern auch die totale Vorbereitung der gesamten Wirtschaft auf den Krieg, eine totale kriegswirtschaftliche Mobilmachung. Tuchatschewski ging von einem langen Krieg aus, ähnlich dem Ersten Weltkrieg. Und darauf war die sowjetische Wirtschaft überhaupt nicht vorbereitet. Die finanziellen und wirtschaftlichen Ressourcen sowie innenpolitischen Gegebenheiten ließen jedoch die Umsetzung eines solchen umfassenden Aufrüstungsprogramms nicht zu.[2]

Bald stellte sich jedoch heraus, dass auch die beschlossenen Aufrüstungs- und Mobilmachungsprogramme des Fünfjahresplanes – unter anderem war geplant, die Rote Armee bis auf 2510 Panzer, 4522 Flugzeuge und 13 650 Geschütze aufzurüsten[3] – nicht erfüllt werden konnten. Die Ursachen dafür waren vielfältig, die wichtigste jedoch war der Zustand der Rüstungsindustrie wie auch der Gesamtwirtschaft, die die Aufträge nicht erfüllen konnten.

Am 27. Juni 1927 ordnete das Politbüro eine Reihe von Maßnahmen an, um die Kriegsbereitschaft herzustellen, darunter auch in der Rüstungsindustrie, womit sich Alexej Rykow zu befassen hatte.[4] Zwei Wochen später, am 11. Juli, beschloss das Politbüro, dass Maßnahmen hierfür die RS STO erarbeiten und umsetzen sollte.[5] Vier Tage später teilte Rykow Molotow in einem Schreiben mit: »Die Vorbereitung zur Verteidigung einer Reihe von größeren Werken und ganzer Industriezweige befindet sich bisher im rudimentären Zustand. Komplexes Verwaltungssystem, viele Zwischeninstanzen, nicht seltener Papierkrieg – sie behindern die schnelle Umsetzung von Maßnahmen, um Werke und Betriebe zur Umstellung auf Kriegsarbeit vorzubereiten.«[6]

Nun wurde, so Rykow in dem zitierten Schreiben, eine spezielle Arbeitsgruppe (»Institut«) errichtet, die sich aus Parteifunktionären zusammensetzte und zunächst sechs Monate zu arbeiten hatte. Ihre Aufgabe bestand darin, Werke mit entscheidender Bedeutung für die Kriegsvorbereitungen, insbesondere die Leningrader Werke, zu inspizieren und sich mit dem Zustand und der Mobilmachungsbereitschaft bekannt zu machen. Sie sollte die Ursachen für die Behinderung der Mobilisierungsvorbereitungen in einzelnen Werken feststellen und diese dann beschleunigen. Auf keinen Fall hatten die Mitglieder der Arbeitsgruppe eine »politische Kampagne« zu führen.[7]

Im Februar 1928 lagen die ersten Ergebnisse der Arbeitsgruppe vor, die Rykow am 9. Februar 1928 zusammenfasste. Die Arbeitsgruppe hatte, so Rykow, eine Reihe von ernsthaften Mängeln bei den Mobilisierungsvorbereitungen festgestellt, und zwar: »Zivile Betriebe wissen oft nicht, welche Produkte sie im Falle der Mobilmachung herstellen sollen. In der Mobilisierungsarbeit gibt es viel Papierkrieg. Man stellte fahrlässigen Umgang mit und fahrlässige Aufbewahrung sowie Lagerung von Anlagen und Mobilmachungsvorräten fest. Der Aufbau der Kriegswerke erfolgt ohne angemessenes Interesse seitens der Leitung der Betriebe und Trusts. Die Leitung ergreift nur selten die Initiative in diesen Fällen.« Aus diesem Grund werde die Arbeit der abkommandierten Genossen um weitere sechs Monate verlängert.[8]

All diese Kommissionen und Arbeitsgruppen erreichten aber wenig. Am 26. März 1929 errichtete die RS STO eine weitere Kommission, die sich mit dem Verlauf und dem Stand der Kriegsvorbereitungen zu befassen hatte. Erst Anfang Juli 1929 lagen die Ergebnisse vor, und sie waren mehr als entmutigend.[9] Am 15. Juli 1929 diskutierte nun das Politbüro über den Zustand der sowjetischen Rüstungsindustrie und konstatierte dabei schwerwiegende Mängel, die sowohl das Aufrüstungsprogramm der Roten Armee als auch die Mobilmachungspläne der Wirtschaft in Frage stellten.[10]

Vor allem wurde bemängelt, dass sich die Mobilisierungskapazitäten der Rüstungsindustrie für den Kriegsfall sogar verringert hätten. Die Rüstungsbetriebe würden 1 bis 1,5 Jahre brauchen, um die vollen Mobilmachungskapazitäten zu erreichen, und dies erfordere wiederum große Mobilmachungsvorräte für den Kriegsfall, um die Armee im Krieg zu versorgen, bis die Rüstungsindustrie ihre volle Mobilmachungskapazitäten erreicht hätte.[11]

Ferner konstatierte das Politbüro zahlreiche Engpässe in der Belieferung von Rüstungsbetrieben, die dazu führten, dass diese ihre Produktionspläne nicht erfüllen konnten. Beispielsweise mangelte es an chemischen Industriestoffen für die Sprengstoffherstellung, was dazu führte, dass nicht genug Munition produziert werden konnte; es mangelte an speziellem Stahl für die Produktion von Geschützen, Gewehren und MG, an elektrischer Energie in den meisten Betrieben und in den chemischen Rüstungsbetrieben auch an Dampfkraftanlagen.

Es stellte sich auch heraus, dass die Rüstungsindustrie nicht imstande war, neue Ausrüstungstypen und Waffenmodelle zu entwickeln und sie serienmäßig zu produzieren, wie zum Beispiel Artillerie, Panzer, aber auch Gewehre. Die Reparatur von Ausrüstung und Waffen für den Kriegsfall war überhaupt nicht gesichert, ebenso wie Ersatzbetriebe im Hinterland auf die Produktion mancher Teile der Artillerieausrüstung nicht vorbereitet waren, denn die Produktion war in »frontnahen Gebieten« (Leningrad, Brjansk und Kiew) konzentriert.[12]

Die vorhandenen Maschinen in den Betrieben waren oft nicht ausgelastet, zugleich wurden aber neue im Ausland eingekauft. Produktionsprozesse waren veraltet und neue wurden nicht eingeführt. Das Politbüro machte auch die Hauptverantwortlichen für diese Missstände aus, und zwar die alten bürgerlichen Spezialisten, die bis 1928/29 in der Rüstungsindustrie bestimmt hatten. Nachdem sie weitgehend »ausgeschaltet« worden seien, denn sie hätten verschiedenen konterrevolutionären Organisationen angehört, befände sich die Rüstungsindustrie in einer kritischen Lage, weil es nun an Spezialisten fehle. Alle diese Missstände führten dazu, dass im Falle eines Krieges die Rote Armee mit Ausrüstung und Waffen, wie schwerer Artillerie, Panzern, Giftgasausrüstungen und anderem, nicht beliefert werden könne.[13]

Um alle diese Missstände in der Rüstungsindustrie so schnell wie möglich zu beheben, beschloss das Politbüro eine Reihe von Maßnahmen. Dazu gehörten die Suche nach Verantwortlichen außer den bürgerlichen Spezialisten, die ja weitgehend beseitigt worden waren, sowie die Gründung einer weiteren Kommission, die die Missstände zu untersuchen hatte. Zu den Maßnahmen gehörte ferner unter anderem die weitere Suche nach »Schädlingen« im Rüstungsbereich, die Entwicklung von neuen Waffen und ihre serienmäßige Produktion, die Belieferung von Rüstungsbetrieben mit Rohstoffen und die optimale Nutzung der bestehenden Produktionskapazitäten. Die RS STO erhielt den Auftrag, sich um die Umsetzung dieser Maßnahmen zu kümmern.[14]

Der katastrophale Zustand der Rüstungsindustrie wirkte sich entsprechend negativ auf die Rote Armee und ihre Kriegsbereitschaft aus, womit sich das Politbüro ebenfalls am 15. Juli 1929 befasste. Woroschilow hatte dazu einen Bericht vorbereitet und diesen Stalin noch am 13. Juli zugeschickt.[15] Zwei Tage später besprachen die Mitglieder des Politbüros den Bericht und beschlossen, ihn als Beschluss des Politbüros anzunehmen.[16] Der Beschluss stellte gravierende Mängel in der Vorbereitung der Roten Armee für die »Verteidigung« fest, und zwar insbesondere:

»a) Die technische Basis der Streitkräfte ist insgesamt noch sehr schwach und steht weit hinter der Technik der modernen bürgerlichen Armeen zurück;

b) die materielle Versorgung der Mobilmachungsarmee ist nach dem bestehenden Mobilmachungsplan insgesamt sehr unbefriedigend;

c) die materiellen Verteidigungsreserven (importierte wie auch einheimische) sind äußerst unzureichend;

d) die Vorbereitung der gesamten Industrie, darunter auch der Rüstungsindustrie, auf die Erfüllung der Frontbedürfnisse ist äußerst unbefriedigend.«[17]

Ferner stellte das Politbüro in dem zitierten Beschluss fest: »Der Fünfjahresplan der Entwicklung der Volkswirtschaft bietet günstige Voraussetzungen an, um die aufgeführten Mängel zu beseitigen und die Verteidigungsbereitschaft der UdSSR in zahlen- und qualitätsmäßiger Hinsicht bedeutend zu erhöhen.«[18]

Das Politbüro beschloss erneut eine Reihe von Maßnahmen, um »eine moderne kriegstechnische Grundlage für die Verteidigung« zu schaffen. Als erstes sollte in der Armee der Anteil der technischen Truppen weiterhin vergrößert und der der Hilfs- und Diensttruppen verkleinert werden. Die Armee selbst sollte bis Ende des Fünfjahresplanes (1932) auf 643 700 Mann vergrößert und zugleich ihre Kriegsbereitschaft und taktische Vorbereitung verbessert werden. Das Politbüro konstatierte auch, dass sich die bestehenden schlechten Wohnverhältnisse (Kasernen und Wohnungen für Kommandeure) negativ auf die Moral und Erziehungsarbeit in der Armee auswirkten. Daher ordnete das Politbüro an, bis Ende 1931 die bestehenden Missstände zu beheben und den Bau von Kasernen (für die Truppe) und Wohnungen (für die Kommandeure) zu forcieren.[19]

Das Politbüro stellte weiter fest, dass die Umsetzung der Pläne für die technische Umrüstung wegen der technischen Rückständigkeit der sowjetischen Industrie auf große Hindernisse gestoßen sei. Insbesondere habe sich dies bei der Artillerie und auf den Panzerbau negativ ausgewirkt, wo die entsprechenden Pläne nicht erfüllt werden konnten. Das Politbüro ordnete nun an, moderne Waffentypen, wie Flak- und schwere Artillerie, großkalibrige Maschinengewehre, chemische Kampfstoffe, Panzer, Panzerwagen usw. beschleunigt zu modernisieren oder neu zu entwickeln, um sie anschließend serienmäßig herzustellen. Dafür sollte auf ausländische Technologie und Hilfe zurückgegriffen werden, besonders notwendige und bewährte Waffentypen sollten auch eingekauft werden.[20]

Ohne westliche Technologie war das ehrgeizige Modernisierungsprogramm nicht zu bewerkstelligen. Wassili Litunowski, ein enger Mitarbeiter von Woroschilow, zuständig für die Modernisierung der Roten Armee, stellte in einem Brief an diesen fest:

> »Für mich ist ganz klar, dass wir nicht imstande sind, unser technisches Programm in dem vorgesehenen Zeitraum umzusetzen. Wir sind dermaßen in technischer Hinsicht zurückgeblieben, Schädlingsaktivitäten haben unsere Kader dermaßen aufgefressen, dass wir erst in den nächsten fünf Jahren neue junge Kräfte heranbilden werden [...]. Wir kommen nicht umhin, ausländische Techniker und Ingenieure heranzuziehen, technische Geheimnisse und erprobte Modelle einzukaufen. Wir können fürs Geld technische Güter zweiter Klasse in Amerika kaufen. Gute, neue Erfindungen und gute Ingenieure können wir jedoch nur in Deutschland kaufen.«[21]

Sehr schlecht stand es auch um »die rote Luftwaffe«, einen der Schwerpunkte des Aufrüstungsprogramms von 1927. »Es muss erwähnt werden, dass die [rote Luftwaffe] im Hinblick auf die Qualität rückständig ist, was sich auf ihre Kampfkraft negativ auswirkt.«[22] In besonders schlechtem Zustand war die Motorherstellung; neue Motor- und Flugzeugtypen wurden nicht produziert, was die Entwicklung der modernen Luftwaffe verhinderte. Die RS STO erhielt vom Politbüro den Auftrag, sich darum besonders intensiv zu kümmern. Dabei sollte auf ausländische Technologie breit zurückgegriffen werden, und zwar durch Heranziehung führender ausländischer Experten und Ankauf von bewährten Flugzeugtypen. Zugleich sollten eigene Forschungs- und Konstruktionskräfte gefördert und entwickelt werden, insbesondere im Bereich der Motorherstellung.[23]

In der Flugfahrtindustrie war die Lage tatsächlich sehr kritisch. Trotz all dieser Beschlüsse, Direktiven und Programme bewege sich in diesem Bereich nichts, klagte Wassil Litunowski in einem Schreiben an Woroschilow am 10. August 1929 und fuhr fort: »In der Konstruktionsarbeit [im Luftwaffenbereich] ist ein entscheidender und radikaler Durchbruch erforderlich. Sonst bleiben alle unsere Beschlüsse und der Fünfjahresplan auf dem Papier. Sonst werden wir irregeführt und, schlimmer noch, wir werden die höheren Organe an der Nase herumführen.«[24]

Am 15. Juli 1929 beschloss das Politbüro auch, die sowjetischen Streitkräfte bis Ende des Fünfjahresplanes in zahlenmäßiger und technischer Hinsicht weiter auszubauen, als dies im Jahre 1927 geplant worden war. Die Kriegsstärke der Armee (Mobilmachungsarmee) sollte bis Ende 1931 von 2,6 Millionen auf 3 Millionen erhöht und die drei wichtigsten Waffentypen, Luftwaffe, Artillerie und Panzer, stark ausgebaut werden. Die Zahl der einsatzbereiten Flugzeuge sollte von den vorhandenen 1032 auf 2000 erhöht werden, und für den Kriegsfall war eine Reserve von weiteren 1000 Flugzeugen zu bilden. Die Artillerie- und Panzerwaffen waren bis Ende 1931 wie folgt auszubauen: 9348 leichte, schwere und Flakgeschütze sowie 3394 kleinkalibrige Geschütze, 1500 einsatzbereite Panzer und weitere 1500 bis 2000 in der Reserve. Auch chemische Kampfmittel waren zu entwickeln. Die Mobilmachungsvorräte waren entsprechend der geplanten Kriegsstärke der Armee anzulegen, darunter auch eine Mobilmachungsreserve von 150 000 bis 160 000 Kraftwagen.[25]

Dieses neue Ausbau- und Modernisierungsprogramm bezog sich auf das Heer und die Luftwaffe, denn der künftige revolutionäre Krieg sollte ja hauptsächlich auf der mitteleuropäischen Ebene (Polen und Deutschland) ausgefochten werden. Das Politbüro ließ am 15. Juli 1929 dagegen das Budget der Kriegsflotte von 284,5 Millionen Rubel auf 200 Millionen kürzen, um mit den Ersparnissen das Ausbau- und das Mechanisierungsprogramm des Heeres mitzufinanzieren.[26] Es sei dabei auch darauf hingewiesen, dass bei der

Aufrüstung der Roten Armee der Schwerpunkt auf Artillerie, Luftwaffe und Panzer gelegt wurde, die als Angriffswaffen galten und gelten.

Dem Transportwesen kam in diesen Plänen ebenfalls eine wichtige Rolle zu. Die Leistungsfähigkeit der Eisenbahn war zu erhöhen, auch der Straßenbau war zu forcieren, »insbesondere in der BSSR und der USSR«, im Aufmarschgebiet für den künftigen revolutionären Krieg. Ferner ordnete das Politbüro den Kampf gegen »negative Erscheinungen« in den Reihen der Roten Armee an, die mit den Schwierigkeiten des »sozialistischen Aufbaus« zusammenhängen würden, wie beispielsweise »Kulaken«-Stimmung, Antisemitismus, schlechte Disziplin, Bürokratismus usw.[27]

»Stärkung des eigenen Hinterlandes«: Jagd auf Schädlinge, Saboteure, Spione und konterrevolutionäre Elemente

Mit der Inangriffnahme der umfassenden Industrialisierungs- und Aufrüstungsprogramme des Fünfjahresplanes begann um die Jahreswende 1927/28 auch eine neue Epoche des kommunistischen Terrors in der Sowjetunion, die Kulturrevolution. Diese richtete sich nicht nur gegen die Religion und ihre Mittler, sondern überhaupt gegen die Angehörigen der alten Führungsschicht, die *bywschie ljudi*. »Zwischen 1928 und 1931 ergoß sich eine Welle der Gewalt über die Institutionen des Landes. Angehörige der alten Eliten wurden zu Tausenden aus den Ministerien, Sowjets, Schulen und Universitäten ausgeschlossen.«[1]

Im Zuge dieser Säuberungen wurden in nur zwei Jahren (1929/30) 164 000 Angestellte aus der staatlichen Verwaltung entlassen, viele von ihnen eingesperrt, deportiert und auch hingerichtet. Auch die Familienangehörigen der »sozial fremden Elemente« waren von dieser Terrorwelle betroffen. Ihre Kinder wurden diskriminiert, sie durften beispielsweise nicht studieren.[2]

Diese Terrorwelle steht im direkten Zusammenhang mit den Kriegsvorbereitungen und der »Befriedung« des eigenen feindlichen Hinterlandes vor dem künftigen revolutionären Krieg. Dafür spricht nicht nur die zeitliche Übereinstimmung mit dem Beginn der Kriegsvorbereitungen, sondern auch eine Reihe von anderen quellenmäßig belegten Maßnahmen der sowjetischen Führung. Es handelt sich dabei unter anderem um die hier bereits erwähnte Verfolgung der »bürgerlichen« Spezialisten in der Rüstungsindustrie, der »Weißgardisten«, der nationalen Intelligenz oder etwa der Kulaken.

Am 3. März 1927 stellte das Politbüro nach einem Vortrag von Wjatscheslaw Menschinski, dem damaligen Chef der OGPU, fest, dass die wichtigsten Rüstungsbetriebe wie auch größere Werke, die große Bedeutung für die »Verteidigung« des Landes hätten, nicht ausreichend geschützt seien. Das Politbüro errichtete daraufhin eine Kommission unter Führung von Menschinski, deren Aufgabe es war, sich mit dieser Angelegenheit zu befassen und Maßnahmen auszuarbeiten, um diese Betriebe vor eventuellen Sprengstoffanschlägen, Brandstiftungen und so weiter zu schützen. Die Kommission hatte auch nach Gründen zu suchen, welche die normale Arbeit der Betriebe behinderten.[3]

Drei Wochen später, am 31. März, legte die Kommission unter Menschinski die Ergebnisse ihrer Arbeit und einen Entwurf des Beschlusses zu dieser Frage dem Politbüro vor. Nach kleinen Korrekturen nahm das Politbüro den Entwurf als eigenen Beschluss an.[4] Der Beschluss ordnete unter anderem die Einrichtung einer ständigen Kommission bei der OGPU an, die den Kampf gegen Brände, Explosionen, Havarien und andere schädliche Akte, die Folge von Sabotage und Fahrlässigkeit der Betriebsleitung seien, zu organisieren und zu führen hatte. Für die Bekämpfung dieser Erscheinungen waren sowohl lokale Parteiorgane als auch Arbeiter in den Betrieben heranzuziehen, die Direktoren hatten persönlich für die Sicherheit in ihren Betrieben zu haften. Rüstungsbetriebe, strategisch wichtige Punkte und Eisenbahnanlagen wie auch besonders wichtige staatliche Anlagen und Fabriken waren unter Bewachung durch Truppen der Roten Armee oder OGPU zu stellen.[5]

Darüber hinaus ordnete das Politbüro an, alle unbefugten Personen auszusiedeln, die auf dem Territorium von staatswichtigen Betrieben und in Munitions- und Bombenlagern lebten. Schlamperei und ungenügende Schutzmaßnahmen waren sowohl durch die OGPU als auch durch die Partei strenger zu bestrafen. Die OGPU erhielt das Recht, diese Handlungen außergerichtlich zu ahnden bis hin zur Todesstrafe mit Veröffentlichung in Zeitungen. Ferner verbot das Politbüro, ausländische Überläufer in Rüstungsbetrieben, Militärdepots, bei der Eisenbahn und in den wichtigsten Unternehmen von Staatsbedeutung anzustellen. Für Überläufer waren Grenzen zu schließen und auch Sperrzonen zu errichten, dazu gehörten unter anderem die Ukraine, Weißrussland, die Leningrader und

Moskauer Wehrbezirke, der Kaukasus sowie die Haupteisenbahnlinien und Industriezentren in den übrigen Gebieten. Nur die OGPU hatte das Recht, Ausnahmegenehmigungen zu erteilen. Das Politbüro ordnete auch an, innerhalb von sechs Monaten die grenznahen Eisenbahnlinien in Weißrussland, in der Ukraine und im Leningrader Wehrbezirk von unerwünschten Elementen zu säubern.[6]

Die beschlossenen Maßnahmen hatten nicht nur das Ziel, die Rüstungsbetriebe und andere kriegswichtige Unternehmen und Anlagen vor Sabotage, Bränden und anderen Akten zu schützen. Sie zielten auch darauf ab, die Geheimhaltung der anlaufenden Kriegsvorbereitungen zu gewährleisten. In diesem Zusammenhang sei daran erinnert, dass das Politbüro beinahe zeitgleich neue strenge Geheimhaltungsvorschriften ausarbeiten und einführen ließ, die dasselbe Ziel hatten.

Am 7. Juni 1927 erschoss in Warschau ein russischer Emigrant den sowjetischen Gesandten in Polen, Pjotr Woikow. Dieser Anschlag diente Stalin als Vorwand, um das eigene Hinterland endgültig von »Monarchisten« und »Weißgardisten« zu säubern. Einen Tag nach dem Anschlag schickte er ein chiffriertes Telegramm an Molotow, das wie folgt schloss: »Die Ermordung von Woikow bietet uns die Gelegenheit, die monarchistischen und weißgardistischen Zellen in der gesamten UdSSR mit allen revolutionären Mitteln zu zerschlagen. Das erfordert von uns die Aufgabe der Stärkung des eigenen Hinterlandes.«[7]

Stalin reagierte schnell, entschlossen und rücksichtslos. Noch am 8. Juni 1927 beschloss das Politbüro eine Reihe von Maßnahmen, die gegen die »Weißgardisten« gerichtet waren. Dazu gehörten eine breit angelegte Propagandakampagne über das »Treiben« und die »Gefährlichkeit« der Weißgardisten wie auch »entschiedene Maßnahmen«, die die OGPU zu ergreifen hatte. Diese erhielt nämlich den Auftrag, massenhafte Durchsuchungen und Verhaftungen von Weißgardisten durchzuführen. Zwanzig bekannte Weißgardisten waren zu erschießen, und diese Erschießungen waren zu veröffentlichen. Die OGPU, die speziell dazu materiell wie auch personell zu stärken war, erhielt das Recht, außergerichtliche Strafen bis hin zur

Erschießung zu verhängen.[8] Um die Terrormaßnahmen gegen die »Weißgardisten« propagandistisch zu rechtfertigen, beschloss das Politbüro am 27. Juni, »einen Aufruf des ZK über die wachsende Kriegsgefahr und die Versuche der Weißgardisten, unser Hinterland zu desorganisieren« zu veröffentlichen.[9]

Die nächste, noch größer angelegte Terrorwelle richtete sich gegen »bürgerliche Spezialisten« in der Industrie, insbesondere im Rüstungsbereich, und in der Verwaltung. Wegen des Mangels an qualifizierten Kräften spielten in den zwanziger Jahren die alten zaristischen Techniker, Ingenieure, Konstrukteure, Wirtschafts- und Verwaltungsfachleute, Professoren oder etwa Juristen nach wie vor eine wichtige Rolle in der Sowjetunion. Mit ihnen waren die allermeisten Führungsstellen in den Betrieben und der Verwaltung besetzt. Die bolschewistischen Machthaber misstrauten ihnen aus ideologischen Gründen und erklärten sie im Jahre 1928 zu Hauptverantwortlichen für all die Schwierigkeiten beim Aufbau des Sozialismus, das heißt bei den Kriegsvorbereitungen.

Die sogenannte Schachty-Affäre lieferte Stalin und seinen Genossen den Vorwand, die Terrorwelle gegen die »bürgerlichen Spezialisten« in Gang zu setzen. Es handelte sich hierbei um die Aufdeckung von enormen Missständen und Misswirtschaft im Steinkohlerevier in der Schachty-Region im Donezbecken. Steinkohle war damals die Grundlage der Energiewirtschaft, diese wiederum die Grundlage der gesamten Wirtschaft, somit auch der Kriegswirtschaft. Insbesondere waren davon das Transportwesen (Eisenbahn) sowie Schwer- und chemische Industrie abhängig, die von strategischer Bedeutung für die anlaufenden Kriegsvorbereitungen waren.

Die Ermittlungen der OGPU, die schnell auf die gesamte Kohleindustrie erweitert wurden, deckten gravierende Missstände und Misswirtschaft auf. Die im Westen eingekauften Maschinen und Anlagen verrotteten unter freiem Himmel, die vorhandenen wurden oft falsch eingesetzt, schlecht gewartet, unzählige Havarien und Unfälle waren die Folge. Die Sicherheitsvorschriften wurden nicht eingehalten, Bergarbeiter drangsaliert bis hin zu Handgreiflichkeiten. Die miserablen Arbeitsverhältnisse waren wiederum die Ursache für zahlreiche Streiks und Ausstände. Infolge dieser Missstände ging die Entwicklung der Steinkohleindustrie nur schleppend voran, die gestellten Pläne konnten nicht erfüllt werden. Dies wirkte sich wiederum äußerst negativ auf die übrigen Wirtschaftsbereiche aus.[10]

Diese Missstände waren gewissermaßen »klassische«, systemimmanente Erscheinungen der sozialistischen Wirtschaft und Verwaltung, die bis zum Zusammenbruch des Kommunismus und teilweise darüber hinaus vorherrschten. Damals, im Jahre 1928, erklärten Stalin und seine Genossen diese Missstände zur »ökonomischen Konterrevolution« der »bürgerlichen Spezialisten«, die mit ausländischen Feinden (insbesondere aus Deutschland und Polen) ihr Unwesen getrieben hätten. Stalin persönlich befasste sich mit der Schachty-Affäre, die er zum Vorwand für eine breit angelegte Terrorwelle gegen bürgerliche Spezialisten im Wirtschafts- und Verwaltungsapparat instrumentalisieren ließ. Zugleich startete Stalin die Kampagne zur Schaffung der »roten Intelligenz«, die die alte zu ersetzen hatte.[11]

Stalin ließ die Suche nach »Schädlingen« und »Saboteuren« und ihre Verfolgung auch auf andere Bereiche erweitern, unter anderem auf die Rüstungsindustrie und das Transportwesen, in denen ebenfalls, wie in den übrigen Wirtschafts- und Verwaltungsbereichen, arge Missstände und Misswirtschaft herrschten.[12] Am 16. Juni 1928 verschickte Stalin an einen kleinen Kreis von Parteiführern einen OGPU-Bericht über die Schädlingstätigkeiten im Eisenbahntransportwesen, und im Begleitschreiben führte er aus:

> »Vor zwei Monaten wurde ein OGPU-Bericht über Schädlingsaktivitäten im Eisenbahntransportwesen erstellt. Jetzt wird der zweite diesbezügliche OGPU-Bericht über Schädlingsaktivitäten im Eisenbahntransportwesen mit neuen Materialien verschickt [...]. Angesichts der besonderen Bedeutung der Frage sowohl im Hinblick auf die Entwicklung unserer Wirtschaft als auch insbesondere im Hinblick auf die Verteidigung unseres Landes, die Bitte, den Bericht *persönlich* durchzulesen und ihn aufzubewahren als ein *äußerst geheimes Dokument.*«[13]

Die oben erwähnten Terrorwellen, wirtschaftlichen Schwierigkeiten und die damit verbundene Kriminalität (Diebstahl, Spekulation usw.) ließen die Zahl der strafrechtlich Verurteilten nach oben schnellen: Im Jahre 1926 waren es noch 578 000, 1927 bereits 709 000, 1928 909 000, im Jahre 1929 1 178 000. In den Gefängnissen gab es aber nur Platz für 150 000 Häftlinge. Um die Gefängnisse zu entlasten, wurde am 26. März 1928 ein Dekret erlassen, das vorsah, die kürzeren Gefängnisstrafen, die für leichtere Vergehen verhängt wurden, durch unbezahlte Arbeit »in Betrieben, auf Baustellen oder in der Waldwirtschaft« zu ersetzen. Diese Arbeit sollte der Umerziehung dienen.[14] Am 27. Juni 1929 beschloss das Politbüro, dass alle Häftlinge, die zu drei und mehr Jahren Freiheitsentzug verurteilt wurden, ihre Strafe in Arbeitererziehungslagern zu verbüßen hätten. Der Beschluss vom 27. Juni 1929 schuf die gesetzliche Grundlage zum Aufbau des berüchtigten Gulagsystems mit seinen Millionen von Häftlingen.[15]

Die Jagd nach »Schädlingen« und »Saboteuren« diente nicht nur dem erklärten Ziel, das »eigene Hinterland« vor dem bevorstehenden revolutionären Krieg von unsicheren und feindlichen Elementen zu säubern und damit das Hinterland zu festigen. Die »Schädlinge«, »Saboteure«, die bürgerlichen Spezialisten, die Angehörigen der alten Intelligenz insgesamt wurden zugleich von Stalin und seinen Genossen zu Sündenböcken für das Scheitern der umfassenden Aufrüstungs- und Industrialisierungsprogramme aus dem Jahre 1927/28 erklärt.

Die »Befriedung« des Dorfes und die Finanzierung der Kriegsvorbereitungen und der Industrialisierung

Die entscheidende Bedeutung bei der Befriedung des eigenen Hinterlandes hatte jedoch das Dorf, wo im Jahre 1927 rund 80 Prozent der Gesamtbevölkerung lebten. Die Dorfbewohner waren in ihrer Mehrheit antisowjetisch, dem kommunistischen Regime gegenüber feindlich eingestellt. In manchen Gebieten, wie beispielsweise in der Ukraine oder den Kosakengebieten, herrschte sogar aufständische Stimmung. Hinzu kommt, dass für die beschlossenen intensiven Kriegsvorbereitungen und die Industrialisierung sehr hohe finanzielle Mittel notwendig waren, die nach Auffassung Stalins und seiner Clique nur das Dorf hatte aufbringen können.

Die umfassenden Kriegsvorbereitungen, die auf einen mehrjährigen Krieg angelegt waren, setzten die Entwicklung der Schwerindustrie voraus, insbesondere des Maschinenbaus, des »Hauptnervs der Industrie« überhaupt.[1] Ohne einen entwickelten Maschinenbau war an eine moderne und leistungsfähige Rüstungsindustrie nicht zu denken. Dies war aber mit enormen Kosten verbunden, wie Stalin am 13. April 1926 in einer Rede erklärte: »Um aber unsere Industrie auf der Grundlage der modernen Technik erneuern zu können, dazu, Genossen, sind große, sehr große Kapitalien erforderlich. Kapitalien aber gibt es, wie Ihnen allen bekannt ist, bei uns wenig.«[2]

Die einzige Möglichkeit, dieses Kapital aufzubringen, war, wie Stalin am 13. April 1926 ausführte, »der Weg eigener Ersparnisse für die Industrie, der Weg der sozialistischen Akkumulation, auf den Genosse Lenin wiederholt als auf den einzigen Weg der Industrialisierung unseres Landes hingewiesen hat.«[3] Zwar gelang es der UdSSR im Jahre 1926, einen deutschen Kredit in Höhe von 300 Millionen Mark für den Einkauf von Industrieanlagen und Maschinen in Deutschland zu erhalten. Der Kredit war jedoch kurzfristig (für zwei und vier Jahre) und auch teuer (bis 9,5 % Effektivzinsen). Hinzu kam, dass deutsche Firmen ihre Maschinen oft überteuert verkauften und nicht immer termingerecht lieferten. In den nächsten Jahren bemühte sich die sowjetische Führung erfolglos um neue Kredite im Ausland, beispielsweise im Jahre 1929 um einen Kredit von 600 Millionen Mark (diesmal für 10 Jahre) in Deutschland.[4]

Der im August 1926 zum Volkskommissar für Außen- und Innenhandel berufene Anastas Mikojan bekam nun den Auftrag, durch Export von Rohstoffen und landwirtschaftlichen Produkten Devisen zum Kauf von Anlagen und Maschinen aufzubringen, insbesondere ging es hierbei um den Aufbau des Maschinenbaus. »Wir exportierten«, so Mikojan, »alle möglichen Nahrungsmittel, die wir selbst brauchten, um den Import zu finanzieren, sibirische Butter, Eier, Schweinefleisch, landwirtschaftliche Rohstoffe wie Leinen, Hanf und andere.« Stalin habe darauf bestanden, so Mikojan, all diese Fragen persönlich zu kontrollieren und zu entscheiden.[5]

In der Gesamtsumme der exportierten Waren spielte das Getreide anfangs eine untergeordnete Rolle. Im dritten Quartal des Haushaltsjahres 1927/28 machten Getreideprodukte 2,5 Prozent (4,766 Millionen Rubel) des Exportes von 187,972 Millionen Rubel aus. Im Haushaltsjahr 1928/29 sollte das Getreide 4,4 Prozent des gesamten Exportes von 910 Millionen Rubel ausmachen. Viel größere Bedeutung im sowjetischen Export hatten damals Produkte wie Holz (20,5 Millionen Rubel im dritten Quartal 1927/28 und 45 Millionen im dritten Quartal 1928/29), Eier jeweils knapp 18 und 20 Millionen Rubel, Butter 10,3 und 15,5 Millionen Rubel, Leinen 4,5 und 14,5 Millionen Rubel.[6] Erst ab 1929 begann das Getreide im sowjetischen Export eine größere Rolle zu spielen, im Haushaltsjahr 1929/30 betrug der Getreideanteil 14,5 Prozent des Gesamtexportes von 895 Millionen Rubel und im Jahre 1930/31 21 Prozent von 1089 Millionen Rubel.[7]

Die entscheidende Rolle bei der »sozialistischen Akkumulation« spielte jedoch in den Plänen von Stalin und seinen Genossen der Getreideexport. Im Juni 1928 erarbeitete Mikojan für das Politbüro eine Denkschrift über die Getreidebeschaffungspolitik, die Stalin persönlich redigierte und am 30. Juni 1928 an einen engen Kreis von Parteiführern verschicken ließ. In der Denkschrift konstatierte Mikojan unter anderem: »Vom Ausmaß des Exportes der landwirtschaftlichen Produkte und insbesondere der Getreideprodukte hängt das Ausmaß der Einfuhr von Produktionsmitteln für die Industrie ab, es schafft eine gewisse Grenze für das Entwicklungstempo der Industrie.«[8]

Ferner wies Mikojan in der Denkschrift darauf hin, dass, obwohl etwa 95 Prozent der Vorkriegsfläche mit Getreide bestellt würden, die Getreideproduktion nur knapp 50 Prozent der Vorkriegsproduktion erreicht habe. Daher falle der Getreideexport fast vollständig aus, der bis zum Krieg 600 bis 700 Millionen Pud jährlich betragen habe. Vor diesem Hintergrund sei es notwendig, den Beschluss des XV. Parteikongresses umzusetzen, kleine individuelle bäuerliche Wirtschaften in große Kollektivwirtschaften umzuwandeln und diese mit neuester Technik auszustatten. Denn nur diese würden die höchste Getreideproduktivität garantieren. Daher seien auch die bestehenden Sowchosen (staatliche landwirtschaftliche Großbetriebe) als »große sozialistische Wirtschaften« auszubauen und neue zu errichten.[9]

Bereits am 3. Dezember 1927, auf dem XV. Parteitag, verkündete Stalin: Der Ausweg, um die Produktivität der Landwirtschaft wesentlich zu erhöhen, liege »im Übergang der kleinen, zersplitterten Bauernwirtschaften zu großen, zusammengeschlossenen Wirtschaften auf der Grundlage der gesellschaftlichen Bodenbestellung, im Übergang zur kollektiven Bodenbestellung auf der Grundlage der modernen, höheren Technik.«[10] Zu diesem Zeitpunkt lieferten die Kollektiv- und Sowjetwirtschaften nur etwa zwei Prozent der landwirtschaftlichen Produktion, so Stalin in der oben zitierten Rede.

Der direkte Auslöser dieser Kollektivierungskampagne war die »Steuerertragskrise« vom Herbst 1927. Im November 1927 verzeichneten die sowjetischen Behörden einen Rückgang der Getreideabgaben, die als Naturalsteuer eingezogen wurden. Im Dezember verschlechterte sich die Situation noch, und dies, obwohl die Ernte gut ausgefallen war. Bis Januar 1928 lieferten die Bauern nur 4,8 Millionen Tonnen Getreide ab, 7,81 Millionen weniger als eingeplant, »was die Gefahr der Krise für die gesamte Volkswirtschaft heraufbeschwor«, stellte Mikojan sechs Monate später fest. Die Gründe dafür waren vielfältig, die niedrigen Preise für das abgelieferte Getreide, die Teuerung der Industrieprodukte (die Preisschere), Kriegsgerüchte, Desorganisation im Steuereinziehungsapparat. Stalin erklärte diese Krise aber zum »Kulakenstreik«.[11]

Vor diesem Hintergrund griffen Stalin und seine Genossen auf Maßnahmen zurück, die sich schon in der Zeit des Kriegskommunismus bewährt hatten. Stalin begab sich im Januar 1928 persönlich nach Sibirien und seine engsten Vertrauten in andere Getreideanbaugebiete. Dort organisierten sie das gewaltsame Eintreiben des Getreides. Das Politbüro ordnete gegenüber den lokalen Behörden an, Kulaken, Spekulanten und alle anderen »Störer des Marktes und der Preispolitik« zu verhaften und zu verurteilen. Tausende von Kommunisten, Komsomolzen und auch durch Propaganda fanatisierte Arbeiter, organisiert in Kommandos, suchten die russischen und nichtrussischen Dörfer heim. Sie durchsuchten Höfe, beschlagnahmten Getreide, Fleisch und auch Haushaltsgegenstände, misshandelten Bauern und ihre Familien und lieferten sie den GPU-Organen und den sowjetischen Justizorganen zur Bestrafung aus. Die Abgaben für wohlhabende Bauern (Kulaken) wurden wiederholt erhöht, sie stiegen innerhalb von zwei Jahren um das Zehnfache. Auch die Märkte wurden geschlossen, um den freien Handel mit landwirtschaftlichen Produkten unmöglich zu machen.[12]

Dies wirkte sich naturgemäß sehr negativ auf die Stimmung im Lande aus, antisowjetische und antistädtische Einstellungen im Dorf wurden radikaler, wie Stalin selbst öffentlich zugeben musste. Am 13. Juli 1928 rechtfertigte er in einer Parteiversammlung in Leningrad die Terrorwelle auf dem Lande vom Frühjahr 1928 mit dem Defizit bei der Eintreibung der Getreidesteuer, wobei er ausführte: »[Es gab] daher erneute Rückfälle in außerordentliche Maßnahmen, administrative Willkür, Verletzung der revolutionären Gesetzlichkeit, Hofrevisionen, ungesetzliche Haussuchungen usw., wodurch die politische Lage des Landes verschlechtert und der Zusammenschluß zwischen Arbeiterklasse und Bauernschaft gefährdet wurde.«[13]

Die Steuerertragskrise von 1927/28 lieferte Stalin den Vorwand, eine groß angelegte systematische Terrorkampagne gegen die Kulaken und andere antisowjetische Elmente im Dorf zu beginnen. Zugleich markiert die Steuerertragskrise den Beginn der massiven Kollektivierungskampagne, um in der Zukunft die »Getreidebeschaffung« nicht mehr gefährdet zu sehen. Im Januar 1928 erklärte Stalin unter anderem:

> »Es gibt aber keine Garantie, daß die Kulaken die Getreidebeschaffung nicht auch im nächsten Jahr sabotieren werden. Mehr noch, man kann mit Sicherheit sagen, daß, solange es Kulaken gibt, auch die Getreidebeschaffung sabotiert werden wird. Um für die Getreidebeschaffung eine mehr oder weniger befriedigende Grundlage zu schaffen, sind andere Maßnahmen notwendig. Was sind das nun für Maßnahmen? Ich meine die Entfaltung des Aufbaus von Kollektivwirtschaften und Sowjetwirtschaften. [...] Wir können unsere Industrie nicht von den Launen der Kulaken abhängig machen. Daher muß erreicht werden, daß im Verlauf der nächsten drei, vier Jahre die Kollektivwirtschaften und Sowjetwirtschaften als Getreidelieferanten dem Staat wenigstens ein Drittel des erforderlichen Getreides liefern können.«[14]

Die Idee bestand darin, auf dem Lande kollektive und staatliche »Getreidefabriken« aufzubauen, so Stalin am 13. April 1928,[15] nach dem Vorbild der großen amerikanischen Getreidefarmen.[16] Auf die Produktion dieser Getreidefabriken hätte der kommunistische Staat direkten Zugriff, ohne dafür bezahlen zu müssen. Auf diese Weise beabsichtigte Stalin, die sehr kostspieligen Kriegsvorbereitungen zu finanzieren. Im Kern ging es hierbei um die erneute Einführung des Kriegskommunismus, dessen Prinzipien Stalin am 5. Juli 1928 in einer Rede wie folgt definierte:

> »Der Kriegskommunismus ist eine durch Kriegssituation und Intervention diktierte Politik der proletarischen Diktatur, darauf berechnet, nicht vermittels des Marktes, sondern unter Ausschluß

> des Marktes, durch Maßnahmen hauptsächlich außerökonomischen und teilweise militärischen Charakters den direkten Produktaustausch zwischen Stadt und Land herzustellen, mit dem Ziel, die Verteilung der Produkte so zu organisieren, daß die Versorgung der revolutionären Armeen an der Front sowie der Arbeiter im Hinterland gewährleistet ist.«[17]

Die massive Propaganda von der angeblichen Kriegsgefahr lieferte innerhalb der Partei und im Land die Rechtfertigung für die Einführung des Kriegskommunismus, die Stalin in den Jahren 1928 bis 1929 durchsetzte. Dies bedeutete zugleich die Beseitigung der NÖP, der Neuen Ökonomischen Politik, die Lenin im Frühjahr 1921 hatte einführen lassen.[18] Die Maßnahmen vom Jahre 1928, um Getreide für den Export gewaltsam einzutreiben, markieren zugleich den faktischen Beginn der Entkulakisierung, der gezielten Vernichtung der wohlhabenden Dorfschichten, die ihren Höhepunkt in den Jahren 1930 und 1932 erreichen sollte.[19]

Die Kollektivierungskampagne des Jahres 1928 zeitigte zunächst wenige Erfolge. Ende 1927 lieferten die Kolchosen und Sowchosen (staatliche landwirtschaftliche Betriebe) nur knapp über zwei Prozent der gesamten landwirtschaftlichen Produktion.[20] Ab 1928 versuchte man nun die Bauern mit administrativen Mitteln (Einschüchterung, hohe Steuern) dazu zu bewegen, doch den Kolchosen beizutreten. Erst ab der zweiten Hälfte 1929 verzeichnete das bolschewistische Regime aus seiner Sicht größere Erfolge bei der Kollektivierung, wobei der Schwerpunkt der Kampagne in den Getreideanbaugebieten lag.[21]

Im Juni 1929 gab es etwa eine Million Kolchosen, deren Zahl sich bis September 1929 jedoch fast verdoppelte. Aus manchen Getreideanbaugebieten meldeten lokale Behörden bemerkenswerte Erfolge, beispielsweise waren im September 1929 im Nordkaukasus 19 Prozent aller bäuerlichen Wirtschaften kollektiviert, im unteren Wolgagebiet 18 Prozent.[22] Im Dezember 1929 gab es in der ganzen UdSSR 124 Rayons (5,3 % aller Rayons), in denen über 70 Prozent der bäuerlichen Betriebe kollektiviert waren, in 1405 Rayons (59,2 %) waren es weniger als 15 Prozent, in 461 Rayons (19,4 %) zwischen 15 und 30 Prozent, in 266 (11,2 %) zwischen 30 und 50 Prozent und in 117 (4,9 %) zwischen 50 und 70 Prozent.[23]

All diese Maßnahmen (gewaltsame Eintreibung von Getreide und Steuern, Kollektivierung und der sonstige Terror) verschärften die antisowjetische Stimmung im Dorf und den bäuerlichen Widerstand, deren Dimensionen sich aus den heute zugänglichen OGPU-Berichten teilweise ablesen lassen. So verzeichnete beispielsweise die OGPU ab Anfang 1928 einen radikalen Anstieg von »Terrorakten« und Massenprotesten:

Tab. 5: »Terrorakte« und Massenproteste auf dem Land 1926–1929[24]

	1926	1927	1928	1929
Terrorakte	711	901	1027	9137
Massenkundgebungen	63[25]		709	1307

Unter den Terrorakten registrierten OGPU-Organe Überfälle (»Morde« und Körperverletzungen) sowie Brandstiftungen, die sich gegen sowjetische Aktivisten (Komsomolzen, Parteimitglieder) und andere Personen richteten, die sich an der gewaltsamen Eintreibung von Getreide und anderen Produkten sowie anderen Terrormaßnahmen gegen das Dorf beteiligten. Zu Massenkundgebungen kam es in den meisten Fällen anlässlich der gewaltsamen Eintreibung von Getreideabgaben, wichtig waren auch religiöse Gründe, wie zum Beispiel die Schließung von Kirchen. Im Jahre 1929 nahmen nach OGPU-Angaben 300 000 Menschen an Massenkundgebungen teil, die Mehrheit davon waren Frauen.[26]

Die Dimensionen des kommunistischen systematischen Terrors gegen die Bauern waren dagegen ungleich größer, zumal der angebliche »Kulaken-Terror« eine Reaktion auf den tatsächlichen kommunistischen Terror war. Im Jahre 1929 verhafteten die OGPU-Organe in den russischen und nichtrussischen Dörfern nach eigenen Angaben 95 208 Personen, denen man Konterrevolution vorwarf.

Die OGPU habe dabei 255 konterrevolutionäre Organisationen, 6769 konterrevolutionäre Gruppierungen und 281 aktive Banden zerschlagen. Sie seien in den meisten Fällen anlässlich der »Getreidebeschaffungskampagnen« gegründet worden und hätten einen »aufständischen Charakter«.[27] Die Terrorwelle von 1928/29 war aber erst der Auftakt zum regelrechten Vernichtungsfeldzug gegen das Dorf, den Stalin und seine Genossen im Januar 1930 begannen.

TEIL II

Stalins Kriegsabsichten und -Vorbereitungen

Die Weltwirtschaftskrise und Stalins Kriegsvorbereitungen

Die hier besprochenen ehrgeizigen Rüstungs- und Industrialisierungsprogramme sowie die gewaltsame »Befriedung« des eigenen Hinterlandes ließen Stalin und seine Genossen in einer Zeit ausarbeiten und in Angriff nehmen, als die »imperialistischen« Länder eine politische Stabilisierung und wirtschaftliche Entwicklung verzeichneten. Diese Stabilisierung zerstreute zunächst die Hoffnungen der Bolschewiken auf eine baldige Revolution im Westen, besonders in Deutschland. Stalin und Genossen gingen jedoch davon aus, dass diese Stabilisierung nur vorübergehender Natur sei und dass sie früher oder später von einer Krise abgelöst werde. Und diese Krise würde sich dann in einen »imperialistischen« Krieg verwandeln, der wiederum die Voraussetzungen für den revolutionären Krieg und somit die Weltrevolution schaffen werde. Für diesen Augenblick rüsteten Stalin und seine Genossen ab 1927/28 massiv auf.

Die kommunistischen Parteien in den einzelnen Ländern hatten hingegen den klaren Auftrag, den künftigen »imperialistischen« Krieg in einen Bürgerkrieg zu verwandeln, um somit die »tiefe revolutionäre Krise« zu schaffen, »die die Massen revolutioniert, sie auf die Beine bringt und sie eine jähe Wendung zum Kommunismus machen läßt.«[1] In Moskau wurde im Jahre 1928 eine Schule eingerichtet, in der zunächst polnische Kommunisten speziell zu diesem Zweck ausgebildet wurden. Am 14. Januar 1929 wandte sich Leon Purman, Vertreter der KPP bei der Komintern, an das Politbüro in folgender Angelegenheit:

»Nach Entscheidung des ZK der KPP soll im Februar dieses Jahres [1929] in Moskau eine Parteischule ihre Arbeit aufnehmen, deren Aufgabe es ist, das theoretische Niveau unseres Parteiaktivs zu erhöhen. Wegen der Kriegsgefahr soll die Schule entsprechend dem Beschluss des VI. Kongresses der Kommunistischen Internationale besondere Aufmerksamkeit all den Fragen widmen, die im Zusammenhang mit dem Kampf gegen angreifende Truppen wie auch mit den Vorbereitungen unseres Parteiaktivs stehen, den imperialistischen Krieg in einen Bürgerkrieg zu verwandeln. Eine solche Schule hat im letzten Jahr [1928] sechs Monate lang gearbeitet.«[2]

Purman bat nun das Politbüro um die Genehmigung für die Eröffnung der Schule. Molotow ließ die Anfrage an Woroschilow (Volkskommissar für Kriegswesen und Flotte) weiterleiten, der diese Idee nachdrücklich befürwortete und Hilfe der militärischen Stellen anbot, denn der Kurs von 1928 hätte gute Ergebnisse gezeitigt. Zugleich wies Woroschilow auf die Notwendigkeit der äußersten Geheimhaltung hin.[3]

Offenkundig durch die positiven Ergebnisse ermutigt, ließ das Politbüro am 25. Oktober 1929 auf Antrag von Josef Unszlicht (damals stellvertretender Volkskommissar für Kriegswesen und Flotte) weitere solche Kurse einrichten, und zwar nicht nur für polnische Kommunisten. Im Sitzungsprotokoll des Politbüros heißt es dazu:

»1) Polnische Instruktionskurse mit einer Ausbildungszeit von 9 Monaten und 30 Teilnehmern sind einzurichten.
2) Für Gruppen Deutsch sprechender Teilnehmer sind Kurse mit einer Ausbildungszeit von 5 Monaten für je 50 Personen einzurichten.
3) Solche Gruppen sind auch aus Französisch sprechenden Teilnehmern, 30 Personen, je 5 Monate, zu bilden.
4) Das Programm der bestehenden Lenin'schen Kurse ist um neue Kriegsdisziplinen zu erweitern.
5) In den sechsmonatigen Kursen der Kommunistischen Internationale der Jugend sind Kriegsdisziplinen einzuführen.
6) Für das nächste Jahr sind englische Gruppen für Großbritannien und die USA vorzubereiten; [...]

c) Bei der Festlegung des Budgets [für diese Schulen] sind vorzusehen:
   1. Für die Ausbildung der Westler in speziellen Kursen 151 750 Rubel, 28 800 US-Dollar;
   2. für die Ausbildung der Ostler [Chinesen, Mongolen] [...] 469 652,70 Rubel, 10 800 US-Dollar;
   3. für die Ausbildung von drei Deutschen in der Militärakademie 10 521,4 Rubel.«[4]

Wie die Verwandlung eines Bürgerkrieges in einen revolutionären Krieg erfolgen sollte, lässt sich durch die sowjetische Politik in der Mandschurei dokumentieren. Am 7. Oktober 1929 schrieb Stalin an Molotow:

> »Ich glaube übrigens, dass es für uns Zeit ist, uns auf die *Organisation* einer *revolutionären* Aufstandsbewegung in der Mandschurei einzustellen. Einzelne Einheiten, die wir zur Erfüllung einzelner Aufgaben episodischer Natur in die Mandschurei schicken, sind natürlich eine gute Sache, aber *nicht das Richtige*. Wir sollten uns jetzt *Größeres* vornehmen. Wir müssen zwei Brigaden aus je zwei Regimentern, die in der Hauptsache aus Chinesen bestehen, organisieren, sie mit allem Notwendigen (Artillerie, Maschinengewehre usw.) ausrüsten und an die Spitze der Brigaden Chinesen stellen. Wir müssen sie mit dem Auftrag in die Mandschurei einschleusen, in den mandschurischen Truppen eine Revolte auszulösen, zuverlässige Soldaten aus diesen Truppen auf ihre Seite zu ziehen (die übrigen nach Hause schicken, nachdem man zuvor ihre Führung beseitigt hat), sie zu Divisionen zusammenzuschließen, Harbin einzunehmen und, wenn man die Kräfte gesammelt hat, Zhang Xueliang für gestürzt zu erklären, die revolutionäre Macht zu errichten (die Gutsbesitzer massakrieren, die Bauern gewinnen, in Städten und Dörfern Sowjets aufbauen usw.).«[5]

Die Auffassung Stalins, dass es früher oder später zu einer Krise des Weltkapitalismus kommen würde, lässt sich durch seine zahlreichen diesbezüglichen Äußerungen belegen. Am 3. Dezember 1927 führte Stalin beispielsweise aus: »Aus der teilweisen Stabilisierung erwächst eine Verschärfung der Krise des Kapitalismus, die anwachsende Krise legt die Stabilisierung in Trümmer – das ist die Dialektik der Entwicklung des Kapitalismus im gegebenen historischen Moment. […] So war es vor dem letzten imperialistischen Krieg, als der Mord in Sarajewo zum Kriege führte. So steht es auch jetzt.«[6] In ähnlichem Sinne äußerte sich Stalin wiederholt, und das war zugleich die offizielle Linie der Komintern, die auch auf Stalin zurückgeht.[7]

Ab 1927 behauptete Stalin auch, dass sich diese ersehnte Krise des Weltkapitalismus nähere. Am 23. Oktober 1927 wetterte er: »Nur Blinde können leugnen, daß die Elemente der Krise des Kapitalismus anwachsen und nicht zurückgehen.«[8] Und am 3. Dezember 1927 führte er aus: »Die Stabilisierung des Kapitalismus wird immer fauler und unsicherer. Konnte und mußte man vor zwei Jahren von einem Abebben der revolutionären Wogen in Europa sprechen, so haben wir jetzt allen Grund zu der Behauptung, daß *Europa eindeutig in die Phase eines neuen revolutionären Aufschwungs* eintritt.«[9]

Grigori Bessedowski, hochrangiger sowjetischer Diplomat mit Beziehungen in die höchsten Parteikreise, behauptete nach seiner Flucht in den Westen im Jahre 1929 (mit der sich das Politbüro am 7. Januar 1930 befasste[10]), dass Stalin der Einzige unter den höchsten Parteiführern gewesen sei, der an die künftige Weltrevolution glaubte und die Krise des Weltkapitalismus geradezu herbeisehnte. Bessedowski im Jahre 1930:

> »Stalin ist der Einzige aus der alten Oktobergarde, der bis jetzt noch an die Weltrevolution glaubt. Das Verderbliche seiner Wirtschaftspolitik im Lande merkt er nicht und sieht es nicht ein. Den Menschen gegenüber ist er schonungslos. Er glaubt fest daran, daß es ihm gelingen wird, den Parteiapparat bis zu dem Tage beizubehalten, wo trotz aller Hindernisse und Hemmungen schließlich die Weltrevolution aufflammt. Wie konnte er diesen Glauben bewahren? Wie kann man trotz der Gegenbeweise glauben? Sein

Glaube wird durch die Vertreter im Auslande und spezielle Emissäre gestärkt. Aus Berlin, aus Tokio, aus Stockholm, aus Rom und selbstverständlich Paris [...] berichten die Gesandten dem Politbüro von der ›unaufhaltsamen Vorwärtsentwicklung des Revolutionsprozesses‹. Lügen ist notwendig. Sollte der Gesandte die Wahrheit sagen, so wird man ihm nicht glauben, ihn einer ›Entfremdung‹ verdächtigen und absetzen. Wenn die Tatsachen der in Moskau ausgearbeiteten ›ideologischen Einstellung‹ nicht entsprechen, desto schlimmer für die Tatsachen. Deshalb sind es jetzt schon sechs Jahre, daß die Gesandtschaften zuerst über die Einstellung Moskaus anfragen und dann erst die Berichte über die politische Lage des betreffenden Landes zusammenstellen. [...] Stalin wird aber nicht nur absichtlich irregeführt, da man seinen Zorn und Ungnade fürchtet. Manchmal geschieht dies unwillkürlich, und die Wirkung solcher ›unwillkürlicher Zeugnisse‹ ist noch schädlicher. Stalin schenkt ihnen mehr Glauben als offiziellen Berichten. [...] Die Sowjetdiktatur hält sich durch den festen Glauben Stalins an die Weltrevolution.«[11]

Dmitri Manuilski, Stalins Vertrauter, der in den Jahren 1929 bis 1934 die Komintern im Auftrag Stalins faktisch leitete, gehörte zu denjenigen, die dessen Glauben an die bald ausbrechende Revolution im Westen nicht nur teilten, sondern ihn darin noch bestärkten.[12]

Schwarzer Freitag – Die Prophezeiung tritt ein

Ende Oktober 1929 trat die von Stalin seit Jahren prophezeite und herbeigesehnte imperialistische Weltkrise ein, die in die Geschichte als »Schwarzer Freitag« (25. Oktober 1929) einging. Die Krise begann eigentlich am 24. Oktober (Donnerstag) mit dem Börsenkrach in New York, als der überbewertete Aktienmarkt der USA zusammenbrach. Daraufhin zogen amerikanische Investoren ihre Gelder, die sie in den Jahren zuvor in anderen Ländern investiert hatten, überstürzt zurück. Der Kreditabzug löste wiederum schwerste wirtschaftliche Krisenerscheinungen in anderen Ländern aus; betroffen waren viele europäische Staaten, aber auch andere Länder der Welt. Die Folgen waren ein massiver Rückgang der industriellen Produktion und des Binnen- und Welthandels, Deflation und Massenarbeitslosigkeit. Die schwerste wirtschaftliche Krise des 20. Jahrhunderts nahm ihren Lauf.

Besonders stark betroffen von der Krise waren die USA und Deutschland. In Deutschland verminderte sich die Industrieproduktion von ihrem 1927/28 erreichten Höchststand bis 1932/33 um 43, das Volkseinkommen von 1929 bis 1932 um 40 Prozent. In den USA war die Lage noch kritischer. Die industrielle Produktion sank im Jahre 1932/33 im Vergleich zu 1927/28 um 47 und das Volkseinkommen um 52 Prozent. Aber auch in anderen europäischen Ländern ging die Industrieproduktion in den Jahren 1929 bis 1932 sehr stark zurück, in Polen um 46 Prozent, in Österreich um 39, in der Tschechoslowakei um 36, in Italien um 33, in Frankreich und Belgien um 31, in Ungarn um 23, in Großbritannien und Finnland um 17 Prozent.[13] Japan blieb dagegen die Krise erspart.

Die empfindlichste Folge der Weltwirtschaftskrise war die Massenarbeitslosigkeit. Ende 1932 gab es in Europa etwa 15 Millionen und in den USA 12,06 Millionen Arbeitslose.[14] In Deutschland wuchs die Arbeitslosenzahl von 1,9 Millionen (9,6 %) im Jahr 1929 auf 3 Millionen (15,7 %) im Jahr 1930, 4,52 Millionen (23,1 %) 1931, 5,575 Millionen (30,8 %) 1932 und 4,804 Millionen (26,3 %) im Jahr 1933.[15] Politische und soziale Spannungen waren die direkte Folge der Wirtschaftskrise. In deutschen Städten kam es zu bürgerkriegsähnlichen Auseinandersetzungen und Straßenschlachten mit Hunderten von Toten und Tausenden von Verletzten. Der Niedergang der Weimarer Republik und die Machtergreifung Hitlers resultierten unmittelbar aus der Wirtschaftskrise und deren katastrophalen sozialen und politischen Folgen.[16]

Die schnell um sich greifende Krise löste in Kreml große Aufregung aus und spornte Stalin und seine Genossen zu noch größerem Aktionismus hinsichtlich der Weltrevolution an, der die bisherigen Aktivitäten in den Schatten stellen sollte. Bereits am 26. Oktober

1929 wandte sich Josif Pjatnizki, ein alter Bolschewik und Kominternfunktionär, an Stalin mit dem Vorschlag, für Februar 1930 ein erweitertes Präsidium der Komintern, das heißt auch mit den Präsidiumsmitgliedern, die sich in ihren Ländern aufhielten, einzuberufen. Es sollten dabei zwei Punkte besprochen werden, und zwar: »1.) die heranrückende internationale Wirtschaftskrise und die Aufgaben der K. I. [Kommunistischen Internationale]; 2.) die Finanzpolitik der Sektionen der K. I.« Manuilski, so Pjatnizki an Stalin, habe noch einen dritten Punkt vorgeschlagen, nämlich die Erfüllung der Beschlüsse des X. Plenums der Komintern durch die Sektionen der K. I. zu erörtern. Dieser Punkt bezog sich auf »Massenkampf und Arbeit in den Fabriken«. Pjatnizki bat nun um die Entscheidung Stalins in dieser Frage.[17]

Stalin genehmigte das erweiterte Plenum der Komintern. Noch am 17. Dezember 1929 fand im Sekretariat der Komintern eine Konferenz zum Thema der Weltwirtschaftskrise statt. Manuilski eröffnete die Konferenz, Eugen Varga (ungarischer Kommunist und Kominternfunktionär) hielt den Hauptvortrag, in dem er die Krise als Explosion der Widersprüche des Kapitalismus bezeichnete und die Prognose aufstellte: »Diese Krise wird durch die Tiefe, Breite und Dimensionen der Arbeitslosigkeit ohne Zweifel alle bisherigen ›Rekorde‹ des Kapitalismus weit übertreffen und in einer heftigen Verschärfung des sozial-politischen Kampfes münden.« Die Konferenz wurde am 22. Dezember fortgesetzt, und viele bekannte sowjetische Wirtschaftsspezialisten und Kominternfunktionäre analysierten die beginnende Krise und ihre möglichen Folgen.[18]

Das von Stalin genehmigte erweiterte Plenum der Komintern fand vom 18. bis 28. Februar 1930 in Moskau statt, und Stalin nahm daran persönlich teil. Noch am 14. Februar hatte er mit seinen engsten Vertrauten die einzelnen Resolutions- und Diskussionspunkte für das geplante Plenum besprochen und festgelegt. Punkt 1 der Resolution des Präsidiums bezog sich auf »die heranreifende Weltwirtschaftskrise, Massenarbeitslosigkeit und Streikkampf«. Was die weltpolitische Lage anbetraf, konstatierte die Resolution die »Beschleunigung der Zerrüttung der kapitalistischen Stabilisation«,

»Vertiefung und Erweiterung der revolutionären Bewegung der Weltarbeiterschaft« sowie die »Heranreifung der antiimperialistischen Revolution in den kolonialen Ländern«. Das Präsidium der Komintern rief auch zur Vorbereitung von Generalstreiks auf.[19]

Für die Vorbereitung von Generalstreiks waren Gewerkschaften in den einzelnen Ländern durch die eingeschleusten kommunistischen Agenten zu instrumentalisieren. Zu diesem Zwecke beschloss das Politbüro am 3. Januar 1930, am Profintern »eine internationale Schule der Gewerkschaftsbewegung« zu organisieren.[20] Profintern (der Rote Internationale Gewerkschaftsbund), offiziell unabhängig, war tatsächlich eine Sektion der Komintern, die unter Führung des Politbüros des ZK der WKP(b) die Aktivitäten des Profintern bestimmte.[21]

Ab Beginn der Weltwirtschaftskrise und ihrer fortschreitenden Verschärfung triumphierte Stalin geradezu. Die seit Jahren von ihm herbeigesehnte und prophezeite Weltkrise trat nun endlich ein. Am 27. Juni 1930 hielt Stalin eine Rede auf dem XVI. Parteitag: »Erinnern Sie sich, wie die Dinge in den kapitalistischen Ländern vor zweieinhalb Jahren lagen. Anwachsen der industriellen Produktion und des Handels in fast allen Ländern des Kapitalismus. Anwachsen der Produktion von Rohstoffen und Lebensmitteln in fast allen Agrarländern. [...] Heute: Wirtschaftskrise in fast allen Industrieländern des Kapitalismus. Heute: landwirtschaftliche Krise in allen Agrarländern.«[22]

Für Stalin stand damals auch außer Frage, dass sich die Weltwirtschaftskrise früher oder später in einen imperialistischen Krieg verwandeln würde. In der oben zitierten Rede führte er aus:

> »Das wichtigste Resultat der Weltwirtschaftskrise ist die Bloßlegung und Verschärfung der dem Weltkapitalismus innewohnenden Gegensätze.
>
> a) Es entblößen und verschärfen sich die Gegensätze zwischen den wichtigsten imperialistischen Ländern, der Kampf um die Absatzmärkte, der Kampf um die Rohstoffe, der Kampf um den Kapitalexport. [...] Die Mittel des Kampfes sind Zollpolitik, bil-

lige Waren, billiger Kredit, Umgruppierung der Kräfte und neue militärisch-politische Bündnisse, zunehmende Rüstungen, Vorbereitung zu neuen imperialistischen Kriegen und schließlich – *der Krieg*. [...]

b) Es entblößen sich und werden sich weiter verschärfen die Gegensätze zwischen den Siegerländern und den besiegten Ländern. Unter den letzteren meine ich insbesondere Deutschland. Unzweifelhaft wird sich im Zusammenhang mit der Krise und der Verschärfung des Problems der Märkte der Druck auf Deutschland verstärken, das nicht nur Schuldner, sondern auch einer der größten Exporteure ist. [...] Zu glauben, daß die deutsche Bourgeoisie imstande sein werde, in den nächsten zehn Jahren 20 Milliarden Mark [als Kriegsschulden] zu zahlen, und daß das unter dem doppelten Joch der ›eigenen‹ und der ›fremden‹ Bourgeoisie lebende deutsche Proletariat sich diese 20 Milliarden ohne ernstliche Kämpfe und Erschütterungen von der deutschen Bourgeoisie abzapfen lassen werde, hieße den Verstand verloren haben.«[23]

Ferner verwies Stalin auf die sich verschärfenden Gegensätze zwischen den imperialistischen Staaten und den kolonialen und abhängigen Ländern sowie die Gegensätze zwischen der Bourgeoisie und den Arbeitern in den kapitalistischen Ländern. Stalin führte aus: »Es ist nicht verwunderlich, daß diese Umstände *die Situation revolutionieren,* den Kampf der Klassen verschärfen und die Arbeiter zu neuen Klassenschlachten drängen.« Anschließend schlussfolgerte er: »Wovon zeugen alle diese Tatsachen? Davon, daß die Stabilisierung des Kapitalismus ihrem Ende entgegengeht. Davon, daß der Aufschwung der revolutionären Massenbewegung mit neuer Kraft weitergehen wird. [...] Das bedeutet [...], daß die Bourgeoisie den Ausweg auf dem Gebiet der Außenpolitik in einem neuen imperialistischen Krieg suchen wird. Das bedeutet schließlich, daß das Proletariat im Kampf gegen die kapitalistische Ausbeutung und *die Kriegsgefahr den Ausweg in der Revolution* suchen wird.«[24]

Vor diesem Hintergrund verwundern die sowjetischen Maßnahmen nicht, die darauf abzielten, die Wirtschaftskrise in den einzelnen Ländern in sozial-politischen Kampf zu verwandeln und zu verschärfen.

Intensivierung der Kriegsvorbereitungen: Totalmobilisierung von Wirtschaft und Gesellschaft

Die fieberhaften Aktivitäten Stalins und seiner Genossen mit dem Beginn der Weltwirtschaftskrise beschränkten sich aber nicht nur auf das Ausland. Vielmehr betrafen sie in erster Linie die UdSSR selbst. Die in der Mitte der zwanziger Jahre erarbeitete Strategie bestand ja darin, im geeigneten Moment die Revolution mit Waffen über die Grenzen der UdSSR hinaus zu verbreiten. Nur auf die inneren Kräfte, die in den einzelnen Ländern die Revolution entfachen und erfolgreich zu Ende bringen würden, mochte sich Stalin nach dem Roten Oktober in Deutschland 1923 nicht mehr verlassen.

Nachdem klar geworden war, dass sich die amerikanische Krise in eine Weltwirtschaftskrise verwandelt hatte, deren Ende nicht abzusehen war, trafen Stalin und seine engsten Vertrauten eine Reihe von Maßnahmen, welche die sowjetischen Kriegsvorbereitungen auf eine neue Stufe stellten. Neue Rüstungspläne wurden in den darauf folgenden Monaten und Jahren ausgearbeitet und in Angriff genommen. Auch der Terror im Rahmen der »Befriedigungsmaßnahmen« erreichte bis dahin unbekannte Dimensionen. Viele Millionen Menschen, vorwiegend Bauern, waren davon betroffen.

Die Rüstungsindustrie und neue Rüstungspläne nach dem Schwarzen Freitag

Wenige Monate vor dem Schwarzen Freitag, in der ersten Julihälfte 1929, befasste sich das Politbüro ausführlich mit der Rüstungsindustrie und den Streitkräften und stellte dabei deren kritischen Zustand und auch das Scheitern der ehrgeizigen Aufrüstungspläne von 1927/28 fest. Am 15. Juli 1929 ordnete das Politbüro an, die bestehenden Missstände schnellstmöglich zu beheben, und beschloss zugleich neue Aufrüstungspläne. Bis Ende Oktober 1929 tat sich jedoch in dieser Hinsicht nichts. Am 5. November 1929 alarmierte die RS STO, die sich mit Kriegsvorbereitungen befasste, Schaposchnikow, den Stabschef der Roten Armee: »Die Frage der Kriegsvorbereitungen bleibt bis heute ungelöst, denn der Stab der Roten Armee legte bis heute seine endgültigen Pläne hierfür noch nicht vor, obwohl er dies im Juli [1929] versprochen hatte.«[25] Auch im Bereich der Rüstungsindustrie geschah wenig.[26]

Nach dem Schwarzen Freitag sah sich nun das Politbüro mit Stalin an der Spitze veranlasst, eine erneute Bestandsaufnahme der bisherigen Kriegsvorbereitungen vorzunehmen, neue Pläne hierfür ausarbeiten zu lassen und radikale Maßnahmen zur Erfüllung dieser Pläne zu ergreifen. Zuerst wandte sich das Politbüro der Panzerproduktion zu. Die Panzer betrachtete man damals als die Hauptangriffswaffe. Am 25. November 1929 richtete das Politbüro eine Kommission unter Vorsitz von Sergo Ordschonikidse ein, einem der engsten Freunde und Vertrauten Stalins, die sich mit dem Zustand der Panzerproduktion zu befassen hatte.[27] Zehn Tage später, am 5. Dezember, legte die Kommission dem Politbüro die Ergebnisse ihrer Arbeit vor, und das Politbüro nahm das von der Kommission ausgearbeitete Projekt als eigenen Beschluss an.[28]

In dem Beschluss konstatierte das Politbüro Folgendes: Die Rote Armee verfüge zurzeit nur über Panzer T-18 mit folgenden Parametern: maximale Geschwindigkeit 12 km/h, Ausrüstung 37-mm-Kanone und zwei MG, Panzerung 16 mm. Die Panzer T-18, die nur in einem Werk (»Bolschewik« in Leningrad) produziert wurden, erfüllten die Anforderungen eines modernen Krieges nicht, so das Politbüro. Ferner rügte der Beschluss, dass der Fünfjahresplan der Traktorenproduktion mit der Panzerproduktion nicht koordiniert sei und dass die Industrie den Bedarf der Armee nach leistungsstarken Traktoren nicht befriedige. Darüber hinaus war weder die Produktion von Panzerung und Motoren gesichert, noch gab es genügend Konstrukteure, um die Panzerproduktion sicherzustellen. Ebenso wenig gab es einen konkreten Plan für den Aufbau von Panzerwerken, um das vom Politbüro am 15. Juli 1929 beschlossene Panzerbauprogramm zu erfüllen.[29]

Vor diesem Hintergrund beschloss das Politbüro am 5. Dezember 1929 eine Reihe von Maßnahmen, und zwar a) die Forcierung der Entwicklung aller Aspekte, die mit der Produktion von Panzern und Traktoren zusammenhängen (Panzerung, Motoren, Stahl usw.), und b) die schnellere Entwicklung von Panzern, die den Anforderungen eines modernen Krieges genügten. Wegen der Schwäche der eigenen Konstruktionskräfte sei spätestens bis zum 20. Dezember 1929 eine Expertenkommission ins Ausland zu entsenden, die bis zum 1. April 1930 folgende Aufgaben zu erfüllen hatte: a) Auswahl und Kauf von Panzermodellen, insbesondere der mittleren und schweren Panzer; b) Prüfung, ob es möglich sei, technische Hilfe und Konstrukteure im Ausland zu erhalten beziehungsweise anzuwerben. Zugleich verfügte das Politbüro, dass das am 15. Juli 1929 beschlossene Panzerproduktionsprogramm bis Ende 1932/33 und der Plan der Panzerproduktion für das Jahr 1929/30 (300 Panzer T-18, 30 Panzer T-12 und 10 Panzerspähwagen) bis Oktober 1930 zu erfüllen sei.[30]

In den Jahren 1930 und 1931 wurden im Ausland tatsächlich zwei Panzermodelle gekauft, die ab 1931 in der Sowjetunion auch serienmäßig produziert und zur Grundlage der sowjetischen Panzerindustrie wurden. Am 15. April 1930 beschloss das Politbüro, in den USA zwei Christie-Panzer und technische Hilfe für ihre Produktion zu erwerben. Sie wurden ab 1931 als BT-Panzer serienmäßig hergestellt. Sieben Monate später, am 5. November 1930, beschloss das Politbüro die Produktion von leichten Panzern des Modells Vickers (entwickelt in Großbritannien), allerdings mit einem Motor der

Firma Ford, im Werk »Bolschewik« in Leningrad. Im Januar 1931 wurde beschlossen, auch den mittleren Panzer Vickers als T-26 zu produzieren.[31]

Noch am 28. November 1929 erhöhte das Politbüro das Kriegsbudget um 22 Millionen Rubel, und zwei Tage später billigte es den Vorschlag Woroschilows, die Rote Armee um 15 000 Mann zu vergrößern.[32] Das Kriegsbudget für das Jahr 1929/30, über das das Volkskommissariat für Kriegswesen und Flotte verfügte, belief sich nun auf 995 Millionen Rubel. Hinzu kamen die Mittel für die OGPU-Truppen (66,85 Millionen), die Verwaltung des Sanitätsdienstes (29 Millionen) und der Rüstungsindustrie (128 Millionen).[33] Drei Monate später, am 1. März 1930, erhöhte die RS STO das Budget des Volkskommissariats für Kriegswesen und Flotte für das Jahr 1929/30 auf 1017 Millionen Rubel.[34] Noch am 15. Dezember 1929 hatte das Politbüro der Verwaltung Aufklärung der Roten Armee für die »spezielle Arbeit« im Ausland 750 000 US-Dollar und 550 000 Rubel für das Jahr 1929/30 bewilligt.[35]

Am 20. Dezember 1929 ordnete das Politbüro an, den geplanten Jahresexport von Getreide um 25 Millionen Pud (1,526 Millionen Tonnen) zu erhöhen, um damit den Import von 8000 bis 10 000 Traktoren bis zum Frühjahr 1930 zu finanzieren. Insgesamt importierte die Sowjetunion vom Januar bis März 1930 21 488 Traktoren. Ebenfalls am 20. Dezember 1929 verfügte das Politbüro, dass in den USA Verhandlungen über technische Hilfe für die Traktorenproduktion aufzunehmen seien, wenn das nicht möglich sein sollte, dann in Kanada, im Notfall auch in Mexiko. Zugleich ordnete das Politbüro an, Verhandlungen mit deutschen Firmen, die Kettentraktoren produzierten, aufzunehmen. Ferner wies es den Obersten Wirtschaftsrat an, Pläne für den Aufbau von Traktorenwerken in der UdSSR erarbeiten zu lassen.[36]

Zweieinhalb Wochen später, am 7. Januar 1930, bestimmte das Politbüro die Zusammensetzung der Expertengruppe unter Führung von Ossinski, die Verhandlungen bezüglich des Einkaufs der Traktorentechnik im Ausland zu führen hatte, wie auch die Richtlinien hierfür. Es ging um den Kauf von Produktionsanlagen, Lizenzen und technischer Hilfe zum Bau von vier Fabriken, Traktorenwerken in Tscheljabinsk und Charkow sowie zwei Mähdrescherwerken. Westliche Ingenieure und Werkmeister sollten die gekauften Anlagen vor Ort aufbauen und die einheimischen Arbeiter zur Bedienung und Wartung der Anlagen ausbilden, bis die Werke ihren Betrieb aufgenommen haben würden.[37]

Es ging hierbei selbstverständlich nicht nur um den Aufbau von Werken zur Produktion der so dringend benötigten landwirtschaftlichen Maschinen, sondern auch, wenn nicht sogar vornehmlich, um die Panzerproduktion. Ganze Panzerwerke im Westen einzukaufen war unmöglich. Keine damalige westliche Regierung hätte dies zugelassen, zumal nur wenige Länder (USA, Frankreich, Italien und Großbritannien) hierbei in Frage kamen.

Am 20. Januar 1930 unterbreitete die Kommission für die Panzerproduktion unter Vorsitz von Ordschonikidse dem Politbüro folgende Maßnahmen und auch Richtlinien für die Expertengruppe, die Verhandlungen bezüglich der Traktorenproduktion im Ausland zu führen hatte: Eingangs konstatierte die Kommission, es sei notwendig, die Produktion von Panzermodellen, die die Bedürfnisse der Roten Armee befriedigten, in Traktoren- und Autowerken zu organisieren. Die Expertengruppe des Genossen Osinski bekomme daher den Auftrag, im Ausland einzelne Exemplare von schnellen Traktoren, Schleppern und Motoren verschiedener Modelle einzukaufen und sich mit der Organisation ihrer Produktion bekannt zu machen. Die Kommission unter Ordschonikidse erhielt dagegen die Aufgabe, Pläne für die Produktion von Panzern in Traktoren- und Autowerken auszuarbeiten.[38]

Diese Pläne sind später auch tatsächlich umgesetzt worden, worauf noch einzugehen sein wird. Stalin und seine Clique befassten sich nach dem Schwarzen Freitag auch sehr intensiv mit der Rüstungsindustrie und den Mobilmachungsvorbereitungen. Am 30. Dezember 1929 berichtete Ordschonikidse in einer Politbürositzung über den Stand der Mobilmachungspläne, und das Politbüro ordnete eine geschlossene Politbürositzung an, bei der die verantwortlichen Stellen darüber ausführlich zu berichten hatten. Ferner erhielt Ordschonikidse den Auftrag, einen Vortrag über den Zustand des Artilleriewesens vorzubereiten und dem Politbüro zu referieren.[39]

Am 15. Januar 1930 fand die Politbürositzung statt, in der die beiden Fragen diskutiert wurden.[40] Das von der RS STO vorbereitete Projekt zur Mobilmachungsbereitschaft der Industrie nahm das Politbüro als eigenen Beschluss an. Eingangs stellte es darin fest, dass ab 1924 bis zum 1. Januar 1930 für den Aufbau der Rüstungsindustrie etwa 600 Millionen Rubel ausgegeben worden seien, um die minimalen Bedürfnisse der Streitkräfte im Kriegsfall zu befriedigen. Jedoch habe bis dato der Oberste Wirtschaftsrat (WSNCh) der UdSSR versäumt, einen realistischen Plan für die Mobilmachung der Industrie auszuarbeiten, sodass, wenn der Krieg bis zum 1. Juli 1930 ausbrechen würde, die Industrie gezwungen wäre, ohne einen Mobilmachungsplan zu arbeiten.[41]

Die bis dahin bestehenden Pläne sahen für das erste Kriegsjahr eine Produktion von 11 Millionen Artilleriegeschossen und 2,2 Milliarden Gewehrpatronen vor. Diese geplante Produktion lag aber unter den Lieferungen von 1915 im zaristischen Russland (11,3 Millionen Artilleriegeschosse), und zwar ohne ausländische Lieferungen, die es damals ebenfalls gegeben hatte. Besonders prekär stand es um die Belieferung der schweren Artillerie mit Geschützen. Vor diesem Hintergrund beschloss das Politbüro folgende Lieferpläne für die Streitkräfte: Im ersten Kriegsjahr (beginnend mit dem 1. Juli 1930) 19 Millionen Artilleriegeschosse, 3 Milliarden Gewehrpatronen, 53 500 leichte und schwere Maschinengewehre sowie eine Zahl an Geschützen, wie sie der Plan der RS STO vom 23. August 1928 vorsah.[42]

Zugleich beschloss das Politbüro eine Reihe von Maßnahmen, um die Mobilmachungsbereitschaft der sowjetischen Industrie schnellstmöglich zu erhöhen. Die im Bau befindlichen Rüstungswerke waren planmäßig fertigzustellen und mit Anlagen sowie nötigen Rohstoffen aus dem Ausland zu beliefern. Für einzelne Bereiche waren Mobilmachungspläne zu erarbeiten. Das Politbüro legte auch großen Wert auf die strengste Geheimhaltung der Mobilmachungsvorbereitungen und bemängelte, dass die Beschlüsse vom Juli 1929 hinsichtlich der Rüstungsindustrie zum großen Teil nicht erfüllt worden seien. Die RS STO erhielt den Auftrag, die Erfüllung all dieser Maßnahmen zu überwachen und gegebenenfalls die Verantwortlichen für ihre Nichterfüllung zur Verantwortung zu ziehen.[43]

Am selben Tag, dem 15. Januar 1930, befasste sich das Politbüro auch speziell mit dem Artilleriewesen, das ebenfalls in kritischem Zustand war. Das Politbüro verpflichte den Revolutionären Kriegsrat, sofortige Maßnahmen zur radikalen Modernisierung und Umrüstung der Armee zu ergreifen. Dazu waren auch geeignete Konstrukteure und technische Hilfe aus dem Westen (Deutsche, Amerikaner, Italiener) heranzuziehen. Und dem Obersten Volkswirtschaftsrat trug das Politbüro auf, die Konstruktionsarbeiten zur Modernisierung der Bewaffnung der Armee zu intensivieren. Der Kriegsrat hatte dem ZK in drei Monaten einen Bericht über die ergriffenen Maßnahmen zu erstatten.[44]

Acht Tage später, am 23. Januar 1930, befasste sich der Revolutionäre Kriegsrat mit der Frage der Modernisierung der Bewaffnung, wofür die Verwaltung für Artilleriewesen zuständig war. Der Kriegsrat konstatierte, dass die Modernisierungspläne vom Januar 1929 gescheitert waren, wofür sowohl die Verwaltung für Artilleriewesen als auch das außergewöhnlich langsame Arbeitstempo der Industrie, die Schwäche der Konstruktionskräfte und ihre Desorganisation verantwortlich zu machen seien. Der Kriegsrat erteilte nun eine Reihe von Befehlen, um eine baldige Modernisierung von einzelnen Waffenmodellen (u. a. des Gewehrs 7,62 mm, des schweren MG »Maxim«, des 76-mm-Geschützes, des Panzers MS-1) sowie der Ausrüstung durchzuführen.[45]

Auch mit der Luftfahrtindustrie und der Luftwaffe befasste sich das Politbüro und richtete eine Kommission ein, die im Januar und Februar 1930 diese Fragen ausführlich behandelte. Auch in diesen Bereichen stellte man gravierende Missstände fest. So besaß die Sowjetunion 1628 Militärflugzeuge, nur Frankreich (2750) und die USA (2040) hatten mehr. Großbritannien hatte dagegen 1440, Italien 1000 und Polen 510 Militärflugzeuge. Die Qualität und Flugeigenschaften der sowjetischen Flugzeuge lagen jedoch im Vergleich zu den ausländischen deutlich zurück. Deswegen sei die sowjetische

Luftwaffe sogar schwächer als die polnische, obwohl diese über dreimal weniger Flugzeuge verfüge. So wiesen die französischen, amerikanischen, italienischen und britischen Jagdflugzeuge folgende Flugeigenschaften auf: Geschwindigkeit 252–280 km/h in 3000 m Flughöhe und 246–280 km/h in 5000 m Flughöhe, die polnischen 230 km/h in 3000 und 225 km/h in 5000 m Flughöhe.[46]

Die sowjetischen Jäger erreichten dagegen lediglich 180–220 km/h in 3000 m Flughöhe, und in 5000 m Flughöhe konnten sie überhaupt keinen Kampf mit ausländischen Kampfflugzeugen aufnehmen. Die sowjetischen Jäger brauchten 25 Minuten, um die Flughöhe von 5000 m zu erreichen, die amerikanischen, italienischen, französischen und britischen 9 bis 13 und die polnischen 13 bis 16 Minuten. Die maximale Flughöhe der sowjetischen Jäger betrug 5700 m, die der amerikanischen, französischen, britischen und italienischen 8000 bis 9000 m und der polnischen 7000 bis 8000 m.[47]

Den hier angeführten Bericht erhielt Ordschonikidse und erarbeitete auf dessen Grundlage einen Beschlussentwurf über den Zustand der Luftfahrtindustrie, den das Politbüro am 5. März 1930 als eigenen Beschluss annahm. Der Beschluss konstatierte im Bereich der Luftfahrtindustrie katastrophale Zustände. Die Pläne der letzten Jahre waren nicht erfüllt, keine modernen Flugzeuge und Flugzeugmotoren entwickelt, obwohl vor eineinhalb Jahren im Westen Lizenzen für moderne Motoren gekauft worden waren. Infolgedessen habe sich die Qualität der produzierten Flugzeuge in der letzten Zeit überhaupt nicht verbessert. Das Politbüro ordnete eine Reihe von Maßnahmen an, um diese Missstände zu beheben: Kommissionen waren zu bilden, neue Motoren und Flugzeuge sollten konstruiert und serienmäßig produziert werden. Ingenieure aus anderen Industriezweigen waren für die Luftfahrtindustrie zu mobilisieren, auch ausländische Fachleute sollten angeworben werden, insbesondere Konstrukteure, Ingenieure und Meister. Ferner waren im Ausland »nicht wenige neuere Flugzeugmotoren« zu kaufen, um dann ihre Produktion in einheimischen Fabriken zu organisieren.[48]

Für all diese Maßnahmen waren dringend Devisen notwendig. Am 25. Januar 1930 debattierte das Politbüro über den Export- und

Importplan für das zweite Quartal des Haushaltsjahres 1929/30 (das Haushaltsjahr ging jeweils von Oktober bis September). Das Politbüro beschloss, den Export von Holz und Mineralölprodukten zu erhöhen. Zugleich war der Import von Produkten, die im Land selbst hergestellt werden konnten, einzuschränken oder gänzlich einzustellen. Dafür sollten notwendige Anlagen und Werkzeugmaschinen aus dem Ausland für den Aufbau der eigenen Industrie eingeführt werden.[49]

Stalin und seine Genossen hofften auch, dass es angesichts der finanziellen Krise im Westen einfacher sein würde, dort günstige Kredite aufzunehmen. Am 25. Januar 1930 erörterte das Politbüro die geplanten Bestellungen in den USA (moderne Anlagen und Maschinen), die die UdSSR mit einem fünfjährigen US-Kredit von 200 Millionen Dollar zu finanzieren beabsichtigte.[50] Das Politbüro hoffte, wegen der Krise in den USA ein günstiges Darlehen bekommen zu können.[51] Am 15. Februar 1930 ordnete das Politbüro Kreditverhandlungen mit Großbritannien an. Auch in diesem Fall ging es in erster Linie um den Einkauf von modernen Industrieanlagen und Maschinen. Auch mit Deutschland führte die UdSSR ab Dezember 1929 Gespräche über Kredite.[52] Diese Verhandlungen verliefen jedoch zunächst erfolglos.

Stalin und seine Genossen befassten sich aber nicht nur mit einer Bestandsaufnahme der Kriegsvorbereitungen, neuen Aufrüstungsplänen und Maßnahmen, um die bestehenden Missstände zu beheben. Sie suchten auch nach Ursachen und Verantwortlichen für das Scheitern der bis dahin beschlossenen Pläne. Die vermeintlich Schuldigen standen schnell fest, es waren die bürgerlichen Spezialisten und angebliche Schädlinge, die die bisherigen Moblimachungs- und Aufrüstungspläne sabotiert hätten. Darauf hatte das Politbüro bereits in dem Beschluss vom 15. Juli 1929 über den Zustand der Rüstungsindustrie verwiesen und eine intensive Suche nach jenen Schädlingen und Saboteuren und ihre Verfolgung angeordnet.

Am 20. Februar 1930 verfasste Kuibyschew einen Bericht für das Politbüro über den Fortgang der Liquidierung der Schädlingstätigkeit in den Rüstungsbetrieben, den das Politbüro mit kleinen Korrekturen als eigenen Beschluss am 25. Februar 1930 annahm.[53] In dem Beschluss heißt es unter anderem:

> »Nach Anhörung des Vortrages der OGPU über die Liquidierung der Folgen der Schädlingstätigkeit in Rüstungsbetrieben stellt das ZK der WKP(b) fest, dass bis heute keine ausreichenden Maßnahmen zur Liquidierung von deren Folgen ergriffen worden sind und dass es bis heute in allen Rüstungsbetrieben zur Auslieferung von militärischen Produkten von schlechter Qualität kommt. Die bestehende *Situation erklärt sich hauptsächlich dadurch, dass die Leiter der Werke, Trusts, GWPU [Hauptverwaltung der Rüstungsindustrie] das gesamte Ausmaß der Zerrüttung der Rüstungsindustrie infolge der Schädlingstätigkeit unterschätzen,* [...]. Schädlingstätigkeit untergrub nicht nur die Versorgungsgrundlage der Roten Armee, sondern fügte auch der Vervollkommnung der Kriegstechnik direkten Schaden zu, sie hemmte die Umrüstung der Roten Armee und verschlechterte die Qualität der Kriegsbestände. *Es sind heroische Anstrengungen notwendig, um diese Versäumnisse nachzuholen.*«[54]

In dem Beschluss rügte das Politbüro, dass die Rüstungsproduktion in beinahe allen Trusts im letzten Quartal 1929 grobe Mängel aufgewiesen habe, dass die Konstrukteursarbeiten noch nicht das erforderliche Niveau erreicht hätten und dass die technischen Kräfte, insbesondere Konstrukteure, weiterhin fehlten. Ferner, so der Beschluss, blieben technische Verbesserungen in Produktionsprozessen aus, was bei der Zerrüttung im technischen Zeichnungs- und Messtechnikwesen und im Werkzeugbau sowie bei dem allgemein niedrigen technischen Niveau zur weiteren Desorganisierung der Rüstungsproduktion führe. *»All dies zeigt, dass die Beschlüsse des Politbüros vom 15. Juli 1929 in der Hauptsache nicht erfüllt worden sind. [...] All dies verpflichtet die Direktoren der Werke, Leiter der Trusts, GWPU und WSNCh dazu, alle möglichen Kräfte und Mittel zu mobilisieren, um die Folgen der Schädlingstätigkeit in der Rüstungsproduktion so schnell wie möglich zu liquidieren.«*[55]

Um die Folgen der Schädlingstätigkeit zu beseitigen und eine entscheidende Verbesserung der Rüstungsproduktion zu erreichen, ordnete das Politbüro wie üblich an, in den Trusts Kommissionen zu bilden. Parteilose und kommunistische Aktivisten waren in die Organisation und Rationalisierung der Produktion wie auch die Behebung der Folgen der Schädlingstätigkeit einzubeziehen. Das gesamte wirtschaftliche Personal hatte seine Wachsamkeit zu erhöhen, um weitere Schädlingsakte aufzudecken, die Leiter der Trusts und Werke der Rüstungsindustrie hafteten nun nicht nur für die allgemeine administrative Leitung der Betriebe, sondern auch für den technischen Bereich. Auch die OGPU hatte ihre Arbeit bei der Verfolgung und Bestrafung von Schädlingen zu intensivieren, und zwar so, dass bis zum Jahr 1930/31 Schädlingstätigkeiten vollständig liquidiert würden.[56]

Auch für den katastrophalen Zustand der Luftfahrtindustrie waren nach Auffassung Stalins und seiner Genossen Schädlinge verantwortlich, die nun liquidiert werden mussten. Die Kommission, die sich seit Anfang 1930 mit der sowjetischen Luftfahrtindustrie und Luftwaffe befasste, stellte in ihrem Abschlussbericht fest: »Diese sehr schwere Lage der Luftwaffe geht auf die Aktivitäten einer großen konterrevolutionären Organisation zurück, die in der Flugzeugindustrie und in der Verwaltung der Luftwaffe der Roten Armee agiert hatte und die von der OGPU bereits aufgedeckt wurde.«[57]

Die angeblichen Schädlinge rekrutierten sich nicht nur aus den alten bürgerlichen Ingenieuren und Technikern, sondern sie seien auch in die Reihen der Arbeiter der Luftfahrtindustrie eingedrungen, so das Politbüro im Beschluss vom 5. März 1930. Hinzu kam, so das Politbüro, der sehr unzureichende Einsatz von ausländischen Spezialisten, von Ingenieuren, Technikern, Meistern und hoch qualifizierten Arbeitskräften.[58] Auch in anderen Bereichen ließ das Politbüro die OGPU nach angeblichen Schädlingen suchen und sie liquidieren.[59]

Der Mangel an qualifizierten Fachkräften in allen Bereichen der Rüstungsindustrie, der ohnehin bestand, aber durch die umfangreichen Säuberungen entscheidend verschärft wurde, war in der Tat sehr akut. Daher ordnete das Politbüro am 25. Februar 1930 an, »entschiedener ausländische Hilfe heran[zu]ziehen (Anwerbung von Messfachkräften in Deutschland)«, Ingenieure aus den zivilen Industriebetrieben für die Rüstungswerke zu mobilisieren, in erster Linie Konstrukteure und Metaller, und die militarisierten technischen Hoch- und Technikerschulen intensiv auszubauen. Das Organisationsbüro des ZK erhielt den Auftrag, innerhalb eines Monats 50 Parteiaktivisten, darunter Ingenieure und Techniker, sowie 20 Militärspezialisten für die Rüstungsindustrie zu mobilisieren. Lokale Behörden hatten vor Ort ebenfalls Parteiaktivisten zu mobilisieren und sie in Rüstungsbetrieben einzusetzen, sie sollten vor Ort die Erfüllung der Beschlüsse sicherstellen.[60]

In den Jahren 1929 bis 1931 kamen tatsächlich mehrere Tausend ausländische Facharbeiter und technische Spezialisten (Ingenieure und Techniker) in die Sowjetunion, vornehmlich aus Deutschland, aber auch aus Österreich und den USA. Auch Wirtschaftler und Künstler ließen sich anwerben. Beispielsweise arbeiteten im hauptstädtischen Elektrokombinat, dem Moskauer Elektrosawod, im Jahre 1932 180 Ausländer, 80 Prozent von ihnen Deutsche. Die ausländischen Spezialisten und Facharbeiter waren entweder Kommunisten oder Anhänger der kommunistischen Bewegung. Die sowjetische Wirklichkeit führte bei den meisten von ihnen jedoch schnell zur Ernüchterung. 1931/32 kam die erste Rückkehrwelle. Die meisten deutschen Facharbeiter und Spezialisten, die bis 1937 nicht ausgereist waren, wurden im Jahre 1937 ausgewiesen, die anderen erschossen oder in Konzentrationslager eingewiesen.[61]

Wie sich der Mangel an qualifizierten Fachkräften negativ auf die Arbeit der Industrie auswirkte, sei hier am Beispiel des Rybinsker Flugzeugwerkes geschildert, das Wassili Litunowski im Sommer 1930 inspizierte, um später Kliment Woroschilow zu berichten:

»Das Rybinsker Werk – ein wunderbares Werk. Man sagt, dass es ein solches Werk in Europa nicht gebe, und nur 1–2 in den USA. [...] Das Werk ist hervorragend ausgerüstet. Und man muss sich nur wundern, warum es bisher nur 30 Motoren hergestellt hat.

> Darauf muss man antworten: Nur wegen unqualifizierter technischer und allgemeiner Führung, nur wegen des Mangels an qualifizierten Arbeitskräften. Ein alter Deutscher, der im Werk arbeitet, sagte dem Genossen Uborewitsch: ›Die Arbeiter taugen nichts, sie arbeiten schlampig, [...]. Gebt dem Werk straffe Führung, gebt ihm viele Techniker und Ingenieure, gebt ihm junge Rotarmisten, die zwar auch nicht qualifiziert, dafür aber diszipliniert sind und die elementare politische Schulung absolviert haben. Und wir werden im nächsten Jahr 875 eigene BMW U1 haben.‹«[62]

Die umfassenden Säuberungen der Betriebe von alten Spezialisten verschlechterten aber die Lage noch. Im Jahre 1931 sahen sich Stalin und seine Genossen sogar gezwungen, einen Teil der inzwischen verurteilten, aber »reumütigen« »Spezialisten-Schädlinge« doch wieder freizulassen, um sie erneut in der Industrie und Wirtschaft einzusetzen.[63] Von Mai bis November 1931 entließ die OGPU insgesamt 1087 zuvor verurteilte Spezialisten aus der Haft und brachte sie in verschiedenen Bereichen der sowjetischen Wirtschaft und Industrie wieder zum Einsatz.[64]

Die führenden Bolschewiken, wie übrigens die meisten kommunistischen Aktivisten, hatten, wenn überhaupt, nur eine vage Vorstellung von der Komplexität der Arbeitsprozesse in der hoch entwickelten Industrie. Stalin und seine Genossen glaubten offenkundig, dass sie mit Beschlüssen und Anordnungen, Terror und Propaganda höchste Arbeitsleistungen erzwingen könnten. Sie unterschätzten völlig die Rolle der positiven Arbeitsmotivation, die sich in erster Linie, wenn auch nicht nur, aus den materiellen Anreizen speist. Die unzureichend mit Lebensmitteln, dafür im Überfluss mit billigem Wodka versorgten und schlecht bezahlten sowjetischen Arbeiter, die dazu mit ihren Familien in erbärmlichen Wohnverhältnissen hausten, konnten kaum motiviert sein, sich in ihrer Arbeit besonders zu engagieren. Die vorherrschenden katastrophalen Arbeits- und Lebensbedingungen und die unvorstellbare Misswirtschaft provozierten geradezu eine schlechte Arbeitsleistung. Besonders demotivierend war die unglaubliche Misswirtschaft der Leitung und Verwaltung der Betriebe, deren Leiter nach politischer Zuverlässigkeit und nicht nach fachlichen Fähigkeiten bestimmt wurden.

Beispielsweise lässt sich Präzisionsarbeit, ohne die der Maschinenbau und somit auch die Rüstungsindustrie undenkbar ist, nicht einfach anordnen. So muss im Werkzeugbau, unerlässlich für den Maschinenbau, Präzisionsarbeit geleistet werden. Dazu braucht man aber nicht nur motivierte, sondern auch hoch qualifizierte Facharbeiter und Techniker, deren Ausbildung jahrelang dauert. Dafür sind jedoch technische Fachschulen und Lehrkräfte die Voraussetzung. Nichts davon gab es damals in der Sowjetunion, genauso wenig wie Werkzeugmaschinen, die man erst für teure Devisen im Ausland kaufen musste. Nachdem diese angeliefert worden waren, fehlte es an qualifizierten Fachkräften, die diese Maschinen sachgerecht bedienen konnten.

Dies alles überstieg offenkundig die Vorstellungskraft Stalins und seiner Genossen. Sie argwöhnten, dass die dabei immer wieder erlittenen Rückschläge Folge mutwilliger Schädlingstätigkeit seien, und radikalisierten den Terror gegen die angeblichen Verantwortlichen. In der Sowjetunion waren lebensfremde, dafür aber rücksichtslose kommunistische Fanatiker an der Macht, die vor keinem Verbrechen zurückschreckten, um ihre Vision von der Weltrevolution zu verwirklichen.

Ein wichtiger Faktor dürfte auch der Umstand gewesen sein, dass für das Scheitern der unrealistischen Rüstungspläne Sündenböcke gefunden werden mussten. Denn Stalin und Genossen waren nicht bereit, selbst für das Scheitern ihrer lebensfremden Pläne die Verantwortung zu übernehmen, sonst hätten sie diese zumindest korrigieren müssen. Im Jahre 1930 war die innerparteiliche Opposition zwar zerschlagen, eine potentielle Gefahr für den Verlust der Macht bestand aber immer.

Der Vernichtungsfeldzug gegen die freie Bauernschaft – die Zwangskollektivierung

Der Schwarze Freitag brachte auch die entscheidende Zäsur im kommunistischen Feldzug gegen die freie Bauernschaft in der Sowjetunion. Dem kommunistischen Regime waren die freien Bauern von Beginn an mehr als nur ein Dorn im Auge, man betrachtete sie gar wegen ihrer Masse als den Hauptfeind des kommunistischen Systems. Am 6. März 1920 wetterte Lenin gegen die russischen Bauern, die sich gegen die gewaltsamen Getreideeintreibungen wehrten, »wenn der Bauer als Eigentümer auftritt, mit Getreideüberschüssen, die er nicht für die eigene Wirtschaft braucht, und uns als Eigentümer gegenübertritt wie der Satte dem Hungrigen – dieser Bauer ist unser Feind, und wir werden ihn mit aller Entschlossenheit und ohne Erbarmen bekämpfen.«[65]

Stalin und seine Genossen beschlossen um die Jahreswende 1929/30 endgültig, die freie Bauernschaft in der Sowjetunion zu vernichten und die Bauern in kommunistische Zwangsarbeiter zu verwandeln, die nicht nur die gigantischen Aufrüstungspläne finanzieren, sondern auch als Kanonenfutter für den künftigen Revolutionskrieg dienen sollten. Die grundlegenden Beschlüsse zur Vernichtung der freien Bauernschaft ließ das Politbüro im Dezember 1929 und Januar 1930 ausarbeiten und in den nächsten Monaten und Jahren umsetzen.

Es gibt genug Belege und Indizien, die darauf hinweisen, dass diese zeitliche Übereinstimmung, der Beginn der Weltwirtschaftskrise und die Eskalierung des Terrors gegen die Bauern, ebenfalls nicht zufälliger Natur war. Aus der Sicht Stalins und seiner Genossen handelte es sich dabei auch um die endgültige Befriedung des eigenen Hinterlandes, denn mit dem steigenden Druck auf die Bauern verfestigte sich auch der bäuerliche Widerstand, der von Anschlägen auf sowjetische Aktivisten, die den Terror im Dorf verbreiteten, bis zu Massenkundgebungen und »Weiberaufständen« reichte. Das bolschewistische Regime mochte solche Zustände angesichts des erwarteten und auch erhofften revolutionären Krieges nicht dulden –

die Dorfpolitik ändern, das heißt die Ausplünderungen und die Kollektivierung, aber auch nicht. Ganz im Gegenteil, wenige Wochen nach dem Schwarzen Freitag beschloss man, das Tempo der Kollektivierung entscheidend zu beschleunigen.

Am 5. Dezember 1929 hörte sich das Politbüro einen Bericht über den Fortgang der Kollektivierung in der Autonomen Republik der Wolgadeutschen an. Die dortigen Parteibehörden vermeldeten im November 1929 große Erfolge bei der Kollektivierung, bis zu 60 Prozent aller kleinen und mittleren Bauernwirtschaften seien bis Ende November an der unteren Wolga kollektiviert worden. Ende November beschloss nun die lokale Parteiführung, im Jahre 1930 das ganze Gebiet vollständig zu kollektivieren. Durch diese »Erfolge« ermutigt, richtete das Politbüro am 5. Dezember 1929 eine Kommission unter Vorsitz von Jakowlew ein, die innerhalb von 14 Tagen Maßnahmen zur Intensivierung der Kollektivierung in verschiedenen Regionen der UdSSR sowie staatliche Hilfe für die Kolchosen zu erarbeiten hatte.[66]

Stalin war über die vermeintlichen Kollektivierungserfolge an der unteren Wolga geradezu begeistert. Noch am 5. Dezember 1929 schrieb er an seinen Freund »Molotstein«, das heißt Molotow: »Die Kolchosbewegung wächst stürmisch. Natürlich mangelt es an Maschinen und Traktoren (wo sollen die auch herkommen!); aber schon die einfache Zusammensetzung der Arbeitsgeräte der Bauern bringt eine kolossale Vergrößerung der Anbaufläche (in einigen Rayons bis zu 50 Prozent!). An der unteren Wolga sind 60 Prozent der Wirtschaften in Kolchosen umgewandelt (bereits umgewandelt!).«[67]

Am 22. Dezember 1929 schickte Jakowlew den Politbüromitgliedern den ersten Beschlussentwurf über den Kolchosaufbau, mit dem Stalin jedoch unzufrieden war. Am 25. Dezember schrieb er an Molotow: »In einigen Tagen wollen wir einen Beschluß über das Tempo des Kolchosaufbaus fassen. Die Jakowlew-Kommission hat einen Entwurf vorgelegt. Der Entwurf ist meiner Meinung nach ungeeignet. Du hast ihn wahrscheinlich schon. Teile mir telegrafisch Deine Meinung mit.«[68] Molotow war selbstverständlich derselben Auffassung wie Stalin und schlug eine Korrektur vor, ohne in Details zu gehen. Stalin freute sich, dass Molotow seine Meinung teilte, und meinte, der Entwurf solle gekürzt und auf operative Anweisungen beschränkt werden.[69]

Am 3. Januar 1930 bearbeitete Stalin zusammen mit Jakowlew den inzwischen wiederholt überarbeiteten Beschlussentwurf zur Kollektivierung. Stalin ließ einige Punkte streichen, andere umschreiben und den Entwurf insgesamt stark kürzen. Einen Tag später ließ Stalin ihn für die bevorstehende Sitzung an die Politbüromitglieder verschicken.[70] Am 5. Januar fand die Sitzung des Politbüros statt, das den von Stalin redigierten Entwurf als Beschluss annahm und ihn einen Tag später veröffentlichen ließ.[71] Der Beschluss sah eine entscheidende Beschleunigung der Kollektivierungskampagne vor. Ursprünglich war geplant, bis Ende des Fünfjahresplanes (Ende 1932) rund 20 Prozent der Getreideanbaugebiete zu kollektivieren. Am 5. Januar 1930 ordnete aber das Politbüro an, das untere und das mittlere Wolgagebiet sowie den Nordkaukasus bis Herbst 1930, spätestens jedoch bis Frühjahr 1931 vollständig und die übrigen Getreideanbaugebiete bis Frühjahr 1931, spätestens jedoch bis Frühjahr 1932, zu kollektivieren.[72]

Im Beschluss vom 5. Januar war keine Rede von Maßnahmen gegen die Kulaken, obwohl die früheren Entwürfe solche Punkte enthalten hatten. Mit dieser Frage hatte sich auch eine Unterkommission von Jakowlews Kommission explizit befasst. Am 14. Dezember 1929 legte diese, angeführt von Karl Bauman, einem lettischen Kommunisten, eine Denkschrift über das Kulakenproblem vor, in der unter anderem stand: »Der Kulak als wirtschaftliche Kategorie ist im kürzesten historischen Termin zur Vernichtung verdammt. Je früher, desto besser. […] Wir können und sollen in den Rayons der vollständigen Kollektivierung die Frage des Kampfes gegen die Kulaken neu stellen.« Die Unterkommission war der Auffassung, dass die vollständige Enteignung aller Kulaken, die sie als Maßnahme voraussetzte, nicht ausreichen würde. Man müsse die Kulaken, die aktiven Widerstand leisteten, auch aussiedeln. Die übrigen sollten als Arbeitskräfte ohne Rechte in den Kolchosen eingesetzt werden und erst nach drei bis fünf Jahren regelrechte Kolchosmitglieder werden dürfen, vorausgesetzt, dass sie sich bewährten, schlug Baumans Unterkommission vor.[73]

Diese Maßnahmen sollten nach Einschätzung der Unterkommission etwa fünf bis sechs Millionen Menschen betreffen. Nach einer anderen Schätzung vom Dezember 1929 gab es in der UdSSR 1,5 Millionen Kulakenhöfe (5 % aller Höfe) mit etwa sieben bis acht und möglicherweise sogar neun Millionen Menschen. Nach OGPU-Angaben gab es am 1. Juli 1930 insgesamt 622 562 Kulakenwirtschaften, wobei bis zu diesem Zeitpunkt uber 300 000 Kulakenhöfe bereits liquidiert worden waren.[74]

Der erste Beschlussentwurf der Jakowlew-Kommission beinhaltete auch Maßnahmen zum Kampf gegen die Kulaken, denn die Erfahrung habe gezeigt, so der Entwurf, dass der Erfolg der Kollektivierung einen entschiedenen und siegreichen Kampf gegen die Kulaken voraussetze. Der Entwurf sah die Verdrängung der Kulaken auf schlechte Böden und ihre Enteignung wie auch die Aussiedlung von besonders resistenten Kulaken vor.[75]

Der Beschluss vom 5. Januar 1930 enthielt diese Passagen nicht mehr, denn er war für die Veröffentlichung bestimmt. Solch verbrecherische Maßnahmen bekannt zu machen, hielt Stalin für nicht zweckmäßig. Das bedeutet aber nicht, dass Stalin von der Vernichtung der Kulaken Abstand genommen hätte, ganz im Gegenteil. Bereits am 11. Januar 1930 wandte sich Genrich Jagoda, damals stellvertretender Vorsitzender der OGPU, an seine engsten Mitarbeiter: »Die Kulakenfrage ist jetzt angesichts der Verschärfung der Lage im Dorf (Klassenkampf beim Umbau der Landwirtschaft) so sehr aktuell, dass es notwendig ist, sofort eine ganze Reihe von Maßnahmen zu ergreifen, um das Dorf vom Kulakenelement vollständig zu säubern. Die Kulaken als Klasse müssen vernichtet werden.«[76]

Ferner schrieb Jagoda, dass der Kulak angesichts der Kollektivierung erbitterten Widerstand leisten werde, »was wir auch im Dorf sehen«. Denn er, der Kulak, wisse, dass die Kollektivierung seinen Niedergang bedeute. Der Widerstand der Kulaken werde von aufständischen Verschwörungen, konterrevolutionären Kulakenorganisationen über Brandstiftungen bis zu Terrorakten reichen. Jagoda fuhr fort:

»Sie [die Kulaken] werden sogar Getreide und Kolchosen in Brand setzen, was sie auch bereits tun, sie ermorden bereits Aktivisten und Vertreter der Macht. Wenn wir den Kulaken nicht einen schnellen, entschlossenen Schlag wie zur Zeit der Getreidebeschaffungsmaßnahmen versetzen, dann werden wir zur Frühjahrsaussaatkampagne eine Reihe von breiten Aufständen und das Scheitern der Kampagne haben. Wir müssen bis zum März/April [1930] mit den Kulaken fertig werden und ihnen ein für alle Male das *Rückgrat brechen.*«[77]

Das »Rückgratbrechen« sollte wie folgt vor sich gehen: Die OGPU-Organe erhielten von Jagoda den Auftrag, die Gebiete zu »bearbeiten«, Kulaken sofort auszusiedeln, zu verhaften oder in Konzentrationslager einzuweisen. Dabei war nach folgendem Schema zu verfahren: »1.) Besonders Böswillige sind in Lager zu verweisen, ihre Familien sind auszusiedeln; 2.) Kulaken, die antisowjetische Agitation betreiben, sind zu deportieren.« Sie waren in die Gebiete des äußersten Nordens, in die Wüstenstädte Kasachstans und in andere unwirtliche Gebiete zu verschleppen.[78]

Jagoda forderte nun von seinen leitenden Mitarbeitern innerhalb von 14 Tagen Angaben über die Zahl der Verhafteten anlässlich der Getreidebeschaffungsmaßnahmen in den letzten sechs Monaten und über besonders gefährliche Rayons. Ferner fragte Jagoda nach der Kapazität der bestehenden Lager und nach Orten, wo man neue Lager errichten könne und wo man Kulaken ohne Überwachung zur Arbeit einsetzen könne.[79] Am selben Tag, dem 11. Januar 1930, versandte die OGPU-Zentrale an alle Stellen der OGPU den Befehl, bis zum 14. Januar zu melden, wie viele von der OGPU erfasste Kulaken-, Weißgardisten- und Banditenelemente es in den einzelnen Rayons gebe. All diese Informationen brauchten Stalin und seine Genossen im Politbüro, um Maßnahmen für den endgültigen Schlag gegen die Kulaken auszuarbeiten. In der Direktive hieß es, »das Zentrum« brauche diese Angaben im Zusammenhang mit der Vorbereitung der ernsthaftesten politischen Frage – des Schlages gegen die Kulaken.[80]

Am 15. Januar 1930 errichtete das Politbüro eine Kommission unter Vorsitz Molotows zur »Erarbeitung von Maßnahmen gegen das Kulakentum«.[81] Die Kommission nahm sofort ihre Arbeit auf, und bereits Ende Januar lag der Beschlussentwurf über »Maßnahmen zur Liquidierung der Kulakenwirtschaften in den Rayons der vollständigen Kollektivierung« vor, den das Politbüro in der Sitzung vom 30. Januar 1930 bestätigte.[82]

Der Beschluss übertraf alle bisherigen Massenverbrechen des kommunistischen Regimes in der UdSSR hinsichtlich Dimension, Rücksichtslosigkeit und verbrecherischer Systematik. Und das war erst der Anfang. Es ging nicht mehr darum, den aktiven und passiven Widerstand zu brechen, sondern um die Vernichtung einer ganzer Bevölkerungsschicht von bis zu neun Millionen Menschen, um die übrige Dorfbevölkerung einzuschüchtern, sie gefügig zu machen und den widerspenstigen Bauern ein für alle Male das Rückgrat zu brechen.

Der Beschluss sah erstens die vollständige Enteignung der Kulaken vor. Alle Arbeitsmittel, Vieh, Wirtschafts- und Wohngebäude, Verarbeitungsbetriebe sowie Futter- und Saatvorräte waren zu konfiszieren. Zweitens waren die Kulaken in drei Kategorien aufzuteilen:

- Die Kulaken der ersten Kategorie – »das konterrevolutionäre Kulakenaktiv« – waren sofort durch die Einweisung in »Konzentrationslager« (sic) zu liquidieren, hieß es in dem Beschluss. Gegenüber den Organisatoren von Terrorakten, konterrevolutionären Versammlungen und aufständischen Organisationen war hingegen die Todesstrafe zu verhängen.
- Die zweite Kategorie, das waren die übrigen Elemente des Kulakenaktivs, insbesondere die Wohlhabenden unter ihnen. Sie waren in entfernte Regionen der UdSSR »auszusiedeln«.
- Die Kulaken der dritten Kategorie, dazu gehörten die übrigen, weniger »gefährlichen«, waren innerhalb der einzelnen Rayons umzusiedeln und sollten zu verschiedenen Arbeiten (Straßenbau, Waldarbeiten) außerhalb der Kolchosen herangezogen werden.[83]

Die Zahl der zu liquidierenden Kulakenwirtschaften der drei Kategorien war in den einzelnen Rayons zu differenzieren, je nach der faktischen Anzahl der Kulakenwirtschaften. Als Orientierungsgröße empfahl das Politbüro drei bis fünf Prozent aller Wirtschaften. Die OGPU erhielt den Auftrag, in den nächsten vier Monaten (Februar bis Mai) 60 000 Kulaken in Konzentrationslager einzuweisen und 150 000 samt Familien zu deportieren, und zwar 70 000 Familien in die Nordregion, 50 000 nach Sibirien, je 20 000 bis 25 000 in den Ural und nach Kasachstan. Die Familien von Rotarmisten und Kommandeuren der Roten Armee waren zu verschonen.[84]

Die Entscheidung, wer in welche Kategorie einzustufen war, trafen für die erste Kategorie die lokalen Stellen der OGPU, für die zweite und dritte Kategorie lokale Parteibehörden. Das Politbüro ordnete auch die Vergrößerung der OGPU um 800 Mann und der Truppen der OGPU um 1000 »Bajonette« und »Säbel« sowie die Mobilisierung von 2500 Parteiaktivisten an, die an dieser groß angelegten Terrormaßnahme mitzuwirken hatten.[85]

Die OGPU und lokale Parteiorgane hatten bereits vor dem 30. Januar Vorbereitungen für diese Aktion begonnen, um sie nach diesem Datum erheblich zu intensivieren. Die OGPU präzisierte und er-weiterte die einzelnen »Kulakenkategorien«, insbesondere der ersten Kategorie, um »Weißgardisten«, »Aufständische«, »ehemalige Banditen«, »ehemalige weiße Offiziere«, kirchliche Aktivisten, Sektenmitglieder. Deren Familienangehörige waren dagegen der zweiten Kategorie (Deportation) zuzuordnen. Ferner ließ die Zentrale der OGPU in den einzelnen Rayons OGPU-Trojkas einrichten, die über das »Strafmaß« der verhafteten Personen der ersten Kategorie zu entscheiden hatten. Die lokalen Parteiorgane erstellten Verzeichnisse mit denjenigen, die enteignet, deportiert oder innerhalb der einzelnen Rayons umgesiedelt werden sollten. Am 2. Februar 1930 erließ Jagoda den operativen Befehl für die Operation, die am 10. Februar beginnen und drei Monate, bis April 1930, andauern sollte.[86]

Aus den Richtlinien an die OGPU-Organe geht hervor, dass sich diese Operation nicht nur gegen die Kulaken, das heißt gegen die wohlhabende Dorfschicht, richtete, sondern gegen die tatsächlich und angeblich aktivsten antisowjetischen Elemente auf dem Lande, inklusive kirchliche Aktivisten, Angehörige von religiösen Sekten, ehemalige Grundbesitzer und zaristische Offiziere samt ihren Familien. Mit diesen Maßnahmen erhofften sich Stalin und seine Genossen, den aktiven und passiven Widerstand der Bauern gegen die Kollektivierung zu brechen. Denn dieser Widerstand radikalisierte sich proportional zu dem Druck auf und Terror gegen die Bauern, damit diese den Kolchosen beitraten.

Die Kollektivierung bedeutete in Wirklichkeit die Enteignung aller Bauern und ihre Verwandlung in Zwangsarbeiter, die faktisch ohne Lohn für den kommunistischen Bürokratieapparat, der über die Früchte ihrer Arbeit verfügte, arbeiten mussten. Jeder Bauer, der einer Kolchose beitrat, musste zugunsten der Kolchose auf sein ganzes Eigentum verzichten, auf den Boden, die Gebäude, landwirtschaftlichen Geräte, Pferde, das gesamte Vieh und die Vorräte. Die Kolchosmitglieder sollten nun gemeinschaftlich unter der Leitung eines Kolchosvorsitzenden, der in der Kolchose über alles bestimmte, den Boden bearbeiten und bewirtschaften.

Die Kolchosvorsitzenden rekrutierten sich oft aus den Arbeitern, Mitgliedern der Kollektivierungsbrigaden, die die Bauern mit Terror in die Kolchosen trieben. Jene hatten meistens nur vage oder gar keine Vorstellungen von der Landwirtschaft. Die lokale Parteibürokratie setzte die Kolchosvorsitzenden ein, kontrollierte sie und erteilte ihnen die Anordnungen. Die Parteibürokratie bestimmte auch über die Erträge der Kolchosen. Somit wurden die Bauern durch die Kollektivierung nicht nur ihres gesamten Eigentums mitsamt dem Boden beraubt, sondern sie wurden faktisch in Zwangsarbeiter, ja Sklaven, verwandelt, mit denen der kommunistische Apparat nach Gutdünken verfuhr.

Vor diesem Hintergrund verwundert es nicht, dass kaum ein Bauer bereit war, freiwillig einer Kolchose beizutreten. Die unteren Parteiorgane mussten eine ganze Palette von Einschüchterungsmaßnahmen bis zum blanken Terror anwenden, um die Bauern doch zum Beitritt zu bewegen. Sie stellten aus lokalen Parteiaktivisten, Komsomolzen und Arbeitern die sogenannten »25 000er«-Kollektivierungsbrigaden auf, die vor Ort Bauern zum Kolchosebeitritt zu bewegen hatten. Sie setzten sich aus freiwilligen, jungen, indoktrinierten, fanatisierten und bewaffneten Arbeitern zusammen.[87] Die »25 000er« wurden für ihren Einsatz entlohnt und spielten später in der Verwaltung der Kolchosen eine wichtige Rolle, nicht selten als deren Vorsitzende.[88]

In einem Bericht der OGPU vom 5. Januar 1930 werden die Aktivitäten einer Kollektivierungsbrigade im Bezirk Usman, nordöstlich von Woronesch, wie folgt geschildert: »Die im Rayon Annenskoje angetroffene Brigade von elf Mann terrorisierte wortwörtlich die Bevölkerung.« Sie trieben die Bauern zu Versammlungen über den Beitritt in die Kolchose zusammen und drohten ihnen mit Repressionen. Als die Bauern Unterschriften für die Befreiung einer zuvor verhafteten Gruppe sammelten, nahmen die Mitglieder der Brigade sieben Personen fest. Im Dorf Beresowke erklärten sie den versammelten Bauern: »Wer gegen die sowjetische Macht ist, für den finden wir Platz in Solowki[89] und dessen Eigentum bekommt die Kolchose.« Anschließend fragten sie: »Wer ist gegen die Kolchose?« Kein Bauer wagte, dagegen zu stimmen, was die Brigade als Einverständnis zum Beitritt in die Kolchose deklarierte. Als am nächsten Tag die Bauern beim Vorsitzenden des Rayon-Exekutivkomitees der Partei dagegen protestierten, drohte dieser ihnen mit Verhaftung, Stricke zum Fesseln hätte man genug, erklärte er.[90]

In zahlreichen Dörfern begann die oben erwähnte Brigade die Kollektivierungskampagne mit Verhaftungen und erklärte anschließend: »Wir sind gekommen, die Kolchose aufzubauen, wer gegen die Kolchose ist, den schicken wir auf den Mond!« Daraufhin verließen die meisten Bauern die Versammlung, und die Übriggebliebenen »stimmten ohne Gegenstimme« für die Kolchose. Anschließend gingen die Angehörigen der Brigade durch die Häuser und erfassten das Eigentum der Bauern, das sie in die Kolchose einbringen sollten. Wenn sich der betroffene Bauer weigerte zu unterschreiben, verhafteten sie ihn. Im gesamten Rayon Annenskoje verhafteten die Kollektivierungsbrigaden vom 24. Dezember 1929 bis zum 5. Januar 1930 nach unvollständigen Angaben 144 Personen, davon 80 Prozent arme und mittlere Bauern. Auf diese Weise stieg der Anteil der kollektivierten Wirtschaften im Rayon innerhalb von 10 Tagen von 26 auf 82,4 Prozent.[91]

Viele Bauern ließen sich durch solche Maßnahmen einschüchtern, viele andere leisteten jedoch teilweise erbitterten Widerstand gegen die Zwangskollektivierung. Anfang Mai 1930 berichtete die OGPU:

> »Ende 1929 – Anfang 1930, besonders die letzten vier Monate, zeichnete sich durch einen starken Anstieg der konterrevolutionären Aktivitäten der Kulaken im Dorf aus. Weißgardisten, Banditen, Sektierer, kirchliche Aktivisten, sozialdemokratische Elemente [...] usw. [...] hatten mit den Kulaken eine einheitliche Front gebildet und führten einen hartnäckigen und erbitterten Kampf gegen die sowjetische Macht und ihre Maßnahmen, besonders gegen die Kollektivierung.«[92]

Dieser Widerstand nahm nicht selten aufständische Formen an, so der oben angeführte Bericht. So registrierten die Organe der OGPU im Jahre 1929 insgesamt 2390 antisowjetische Flugblätter, in den ersten drei Monaten des Jahres 1930 hingegen 2295. Die Zahl der »terroristischen Akte« gegen sowjetische Aktivisten betrug im Jahre 1929 9137, vom 1. Januar bis 10. April 1930 4449. Im Jahre 1929 gab es nach Angaben der OGPU 1307 antisowjetische Massenkundgebungen mit etwa 300000 Teilnehmern, von Januar bis April 1930 hingegen 6117 mit 1755300 Teilnehmern.[93]

Nach eigenen Angaben hat die OGPU von Januar bis April 1930 206 »konterrevolutionäre Organisationen« liquidiert und 8790 Mitglieder dieser Organisationen verhaftet. Hinzu kamen noch 6827 zerschlagene »konterrevolutionäre Gruppierungen« mit 50009 festgenommenen Mitgliedern sowie 229 »Banden (bewaffnete Abteilungen in Kulakenaufständen)« mit 8913 verhafteten »Bandenmitgliedern«. Ferner nahmen die OGPU-Organe 73062 einzelne Personen fest. Insgesamt betrug die Zahl der Verhafteten 140774 Personen, wobei 34270 nach Überprüfung wieder freigelassen wurden. Darüber hinaus wurden 2686 »Anführer und aktive Mitglieder« getötet, 7310 Personen gaben selbst auf. Auch 5533 Feuer- und 2250 blanke Waffen wurden konfisziert.[94]

Wie verbreitet der Widerstand war, zeigt unter anderem die Äußerung eines Parteiaktivisten aus dem Bezirk Gomel, Rayon Wasiljewskaja Terechowka (BSSR). Dieser erklärte in einer öffentlichen Versammlung: »Freiwillig werden unsere Bauern den Kolchosen nicht beitreten. Es ist notwendig, 20 Leute zu erschießen, und erst dann wird unsere Sache [die Kollektivierung] vorangehen.«[95] Auch Stalin und seine Genossen hatten keine Illusionen in dieser Hinsicht und beschlossen die Vernichtung des »Kulakentums«, in Wirklichkeit ging es ja um diejenigen, die den erbittertsten Widerstand gegen die Kollektivierung leisteten beziehungsweise dessen verdächtigt wurden.

Die ausführliche Schilderung des bäuerlichen Widerstandes und des kommunistischen Terrors gegen die Bauern würde den Rahmen dieser Untersuchung sprengen, es werden hier jedoch die wichtigsten Zahlen und Daten aufgeführt, um eine Vorstellung von den Dimensionen dieses beispiellosen Massenverbrechens zu vermitteln. Die erste von mehreren großen Deportationswellen fand von Februar bis April 1930 statt, sie richtete sich gegen die sogenannte zweite Kategorie der Kulaken. Bis Ende April 1930 verschleppten OGPU- und Parteiorgane nach eigenen Angaben 501 290 Personen (98 000 Familien) in nördliche, unwirtliche Gebiete der UdSSR, geplant waren 631 000 Personen (121 900 Familien); die Deportation von 19 945 Personen (3900 Familien) stand demnächst bevor.[96]

Die Deportierten wurden in andere Oblasten (Nordregion, Sibirien, Ural, Kasachstan) verschleppt, die meisten in die Nordregion (230 065 Personen, 46 562 Familien) und die Oblast Ural (85 134 Personen, 17 835 Familien). Die Übrigen wurden innerhalb der Oblasten Ural (66 115 Personen, 13 708 Familien) und Leningrad, der sibirischen (80 305 Personen, 16 061 Familien) und fernöstlichen Regionen sowie Kasachstan »umgesiedelt«.[97] Ende 1930 betrug die Gesamtzahl der Deportierten der zweiten Kategorie 550 558 Personen (112 828 Familien).[98]

Die Verschleppten hatten in der Verbannung Zwangsarbeit zu leisten, die meisten in der Waldwirtschaft (Holzschlag), hinzu kamen Viehhaltung, Fischerei und Arbeit in Gold-, Kohle- und Eisenerzgruben.[99] Einer der Verschleppten in die Nordregion klagte in einem Brief vom Ende Juni 1930: »Unsere Arbeit hier ist schrecklich, viele Menschen wurden von Kiefern erschlagen [beim Holzschlag], viele sind gestorben, und viele Menschen bekommen Ödeme vor Hunger, und viele verlieren ihren Verstand, sodass es furchtbar ist, dies alles anzusehen. Ihr fragt, wie wir ernährt werden – schlechter als ein Hund. Ein guter Wirt füttert seinen Hund besser, als man uns hier füttert.«[100]

Unter den Deportierten überwogen Kinder und Frauen. Die Väter und Ehemänner wurden ja oft als die erste Kategorie in Konzentrationslagern eingesperrt oder gleich erschossen. Einer der Verschleppten schrieb in einem Brief: »Es sind hier viele Invaliden, Witwen und Waisen, der Wald tötet sie und sie sterben auch alleine. Mütter ersticken ihre Kinder, ertränken sich im Fluss mit ihnen, sie sterben vor Hunger wie die Fliegen.«[101] Nach OGPU-Angaben befanden sich unter den 371 645 Deportierten, die im Jahre 1930 in andere Regionen »umgesiedelt« worden waren, 134 185 Kinder (36,1 %), 113 653 Frauen (30,5 %) und 123 807 Männer (33,4 %).[102] Die Verschleppten lebten unter fürchterlichen Bedingungen, in Baracken oder Erdhütten, und mussten hungern. Die Folgen waren Krankheiten und eine sehr hohe Sterberate, besonders betroffen waren die Kinder, insbesondere die jüngsten.

W. Tolmatschew, Volkskommissar für Innere Angelegenheiten der RFSR, verfasste im April 1930 einen Bericht über die Lage der Deportierten in der Nordregion, der am 21. April an Stalin weitergeleitet wurde. Tolmatschew berichtete eingangs, dass in der Nordregion etwa 45 000 »Kulakenfamilien« mit etwa 158 000 Personen eingetroffen seien. Unter den Deportierten befänden sich etwa 25 bis 35 Prozent arme und mittlere Bauern und andere, die »ungesetzlich« verschleppt worden seien. Ein weiterer Hinweis, dass in erster Linie diejenigen verschleppt wurden, die Widerstand geleistet hatten. Unter den Verschleppten waren etwa 36 000 arbeitsfähig, die in verschiedenen Orten eingesetzt wurden, so Tolmatschew. Die Übrigen, etwa 122 000, Frauen, Kinder und andere Arbeitsunfähige, wurden in 750 unbeheizten Baracken entlang der Eisenbahnlinien Wologda–Archangelsk und Wjatka–Kotlas untergebracht. Die Deportierten lebten dort in »unglaublicher Enge«, teilweise auf 0,1 m^2 pro Person, unter anderem war eine Läuseplage die Folge:

> »Das alles zusammen mit den knappen Nahrungsmitteln, viele erhalten überhaupt keine, verursacht sehr viele Krankheiten sowie eine sehr hohe Sterblichkeitsrate unter den Kindern. [...] In der Stadt Archangelsk erkrankten im März und in den ersten 10 Apriltagen von den 8000 Kindern 6007, darunter: Scharlach – 199 Fälle, Masern – 1154, Grippe, Lungenentzündung – 4238, Diphtherie – 21, gestorben sind 587 Kinder. Im Bezirk Sewerodwinsk starben bis zum 12. April 1930 insgesamt 784 Personen, davon 643 Kinder. Im Bezirk Wologda erkrankten vom 29. März bis 15. April 4850 Kinder, 677 von ihnen starben, allein am 12. und 13. April starben 162 Kinder. Der Anteil der erkrankten Kinder beträgt 85 %. Die Sterblichkeit unter den Kindern beträgt 7 bis 8 %. Die Sterblichkeit der erkrankten Kinder beläuft sich auf 24 % (in Bezirk Archangelsk) bis 45,5 % (in der Stadt Archangelsk), wobei in erster Linie die jüngsten Kinder erkranken und sterben.«[103]

Die hohe Sterblichkeitsrate der Kinder blieb in den nächsten Monaten und Jahren bestehen, bis zum 1. Dezember 1930 starben in der Nordregion nach OGPU-Angaben 21 213 Personen, 9,12 Prozent aller Verschleppten. In anderen Regionen war die Sterblichkeitsrate unter den Deportierten ähnlich hoch. Interessanterweise wurden 35 400 in die Nordregion verschleppte Kinder in ihre Heimat zurückgebracht, was wohl auf die Intervention von Tolmatschew zurückgeht. Aber nur 580 Familien (von 1390), die »ungesetzlich« deportiert worden waren, durften in ihre Heimat zurückkehren. 26 500 Personen, die ebenfalls »ungesetzlich« verschleppt worden waren, mussten in der Nordregion bleiben, erhielten aber das Recht, sich innerhalb der Region frei anzusiedeln.[104]

Zu den 550 000 Deportierten der zweiten Kategorie kamen noch 44 990 Familien der dritten Kategorie hinzu (etwa 220 000 Personen, bei einer durchschnittlich fünfköpfigen Familie), das heißt diejenigen, die innerhalb der einzelnen Rayons umgesiedelt wurden. Unter ihnen gab es viele Flüchtlinge, teilweise bis zu 50 Prozent, die ihre Verbannungsorte »illegal« verlassen hatten.[105] Auch unter den Deportierten der zweiten Kategorie gab es viele Flüchtlinge, im Durchschnitt 16,4 Prozent, allerdings wurden 46 Prozent von ihnen wieder ergriffen.[106]

Zu den etwa 780 000 im Jahre 1930 deportierten Bauern (der zweiten und dritten Kategorie) kamen noch die aus kommunistischer Sicht gefährlichsten Kulaken und andere antisowjetische Elemente hinzu, die in die erste Kategorie eingestuft wurden. Sie wurden verhaftet und entweder in Konzentrationslagern eingesperrt oder erschossen. Nach eigenen Angaben verhafteten die Organe der OGPU von Januar bis 15. April 1930 im Rahmen dieser Operation insgesamt 140 724 Personen, darunter 79 330 Kulaken (56,3 %), 5028 kirchliche Aktivisten, 4405 ehemalige Guts- und Fabrikbesitzer und andere sowie 51 961 weitere antisowjetische Elemente. In den nächsten fünfeinhalb Monaten, vom 15. April bis 1. Oktober 1930, nahmen die Organe der OGPU noch einmal 142 993 Personen der ersten Kategorie fest, darunter 45 559 Kulaken (31,9 %) und 97 434 weitere antisowjetische Elemente. Die meisten von ihnen wurden dann in Konzentrationslagern, so der Terminus technicus der Täter, eingewiesen.[107]

Insgesamt verhafteten die Organe der OGPU im Rahmen der »Kulakenoperation« bis zum 1. Oktober 1930 283 717 Personen, davon 44,2 Prozent Kulaken. Dass es bei dieser Operation nicht nur um Kollektivierung, sondern insgesamt um die »Befriedung« des Hinterlandes ging, beweist unter anderem die Tatsache, dass nicht nur »Kulaken«, sondern auch andere antisowjetische Elemente verhaftet wurden. Und die Verhaftungswelle ging weiter. Am 25. Oktober 1930 wies die Führung der OGPU alle lokalen OGPU-Organe an, sämtliche ehemaligen »weißen Offiziere«, die »konterrevolutionär eingestellt« seien, zu erfassen und zu verhaften. Denn es habe sich herausgestellt, dass sie oft ein Verbindungsglied zwischen den Kulaken und der städtischen Intelligenz darstellten und dass die »weißen Offiziere« die meisten aktiven antisowjetischen Organisationen anführten.[108]

Es ist nicht überliefert, wie viele Menschen im Rahmen der »Kulakenoperation« ihr Leben verloren, sei es, dass sie erschossen wurden oder in der Verbannung durch Hunger, Kälte und Krankheiten umkamen. Allein in der Nordregion starben bis zum 1. Dezember 1930 über 21 000 Deportierte. Die »Kulakenoperation« traf direkt mindestens 1,05 Millionen Menschen, darunter größtenteils Kinder (etwa 35 %) und Frauen (etwa 30 %).

Der Massenterror des Jahres 1930 brach aber den bäuerlichen Widerstand noch nicht. Die lokalen Behörden und OGPU-Organe meldeten weiterhin zahlreiche Überfälle auf sowjetische Aktivisten, die den kommunistischen Terror auf dem Lande verbreiteten, Massenkundgebungen gegen Kollektivierung, Brandstiftungen und Ähnliches. Von Januar bis September 1931 verzeichnete die OGPU 1835 Massenkundgebungen mit 242 000 Teilnehmern, 6173 »Terrorakte« und 1704 Fälle von Verbreitung von Flugblättern, teilweise mit Aufrufen zum Aufstand.[109]

Anfang Februar 1931 verfasste die OGPU einen Bericht über die Kulaken-Konterrevolution, das heißt den bäuerlichen Widerstand, und schlussfolgerte darin, dass ein erneuter Schlag gegen die Kulaken unabdingbar sei, um die Kollektivierung voranzubringen.[110] Vor diesem Hintergrund beschloss das Politbüro am 15. März 1931, eine Kommission unter Vorsitz von Andrejew einzurichten, um die zweite große »Kulakenoperation« zu organisieren. Zehn Tage später, am 25. März, legte die Andrejew-Kommission ihren Entwurf vor, der als Beschluss des Politbüros angenommen wurde. Das Politbüro verfügte darin die »Aussiedlung« von 190 000 Kulakenwirtschaften, das heißt Familien, 40 000 davon in die nördlichen Gebiete von Westsibirien und 150 000 nach Kasachstan.[111]

Die erste Etappe der Operation begann bereits am 20. März, fünf Tage vor dem Beschluss des Politbüros, und dauerte bis zum 25. April, die zweite vom 10. Mai bis zum 13. September. Verschleppt wurden dabei insgesamt 787 341 Personen (162 962 Familien). Wie im Jahr zuvor überwogen unter den Verschleppten die Kinder (320 731 = 40,73 %) und Frauen (223 834 = 28,42 %).[112] Hinzu kamen noch 103 208 Familien (469 470 Personen), die innerhalb der jeweiligen Oblasten beziehungsweise Regionen in die unwirtlichen Gebiete »umgesiedelt« wurden. Die Gesamtzahl der Verschleppten belief sich bis Ende September 1931 auf 265 795 Familien oder 1 243 860 Personen.[113]

Die Lage der im Jahre 1931 Deportierten war nicht besser als die der im Jahr zuvor Verschleppten. Sie lebten unter entsetzlichen klimatischen und sanitären Bedingungen, sie erkrankten und starben zu Tausenden an Hunger und Krankheiten. Insbesondere Seuchen wie Fleckfieber, Pocken und andere grassierten unter ihnen. Und wieder litten die Kinder (etwa 40 Prozent aller Deportierten) am meisten, besonders betroffen waren die jüngsten, unter 8 Jahre alten Kinder. Die Sterblichkeit unter ihnen betrug in manchen Regionen 10 Prozent im Monat. Sie starben nicht nur an Krankheiten und Kälte, sondern verhungerten auch.[114]

Am 23. Dezember 1931 beschloss das Politbüro eine Reihe von Maßnahmen, um die hohe Sterblichkeitsrate unter den verschleppten Kindern in Westsibirien (Region Narymsk) einzudämmen. Es waren unter anderem neue Krankenstationen und Krankenhäuser und für kleine Kinder spezielle Ernährungspunkte einzurichten, um sie in den nächsten sechs Monaten mit Nahrungsmitteln zu versorgen. Die Verpflegung der 2000 schwächsten Kinder bis 8 Jahre sollte für acht Monate gesichert werden. Einen Monat später, am 28. Januar 1932, ordnete das Politbüro ähnliche Maßnahmen für die übrigen Verbannungsregionen der UdSSR an.[115]

Die Deportationen wurden inzwischen zur Routine; OGPU und Parteiorgane gingen um die Jahreswende 1931/32 davon aus, dass weitere Deportationen folgen würden, und erfassten bis dahin noch nicht verschleppte angebliche Kulakenfamilien. Am 27. Januar 1932 übermittelte der Chef der geheimpolitischen Abteilung der OGPU seinem Vorgesetzten, Genossen Akulow, die Anfragen einer Reihe lokaler OGPU-Organe, ob eine Aussiedlung von Kulakenwirtschaften stattfinden werde, wenn ja, wann und in welchen Ausmaßen. Denn bis zum 25. Januar erfassten OGPU-Organe in 15 Oblasten der UdSSR noch 145 742 Kulakenwirtschaften, das heißt Familien. Bis zum 10. März 1932 wuchs die Zahl der erfassten Kulakenwirtschaften auf 208 723.[116]

Am 10. April 1932 beschloss das Politbüro, dass im Laufe des Jahres 1932 30 000 bis 35 000 Kulakenfamilien, die von den Kolchosen entfernt oder entkulakisiert worden waren, »auszusiedeln« seien.[117] Die OGPU erarbeitete einen Deportationsplan und legte ihn am 26. April der Politbürokommission vor. Danach sollten bis zum 15. August 1932 38 300 Familien deportiert werden. Das Politbüro genehmigte diesen Plan am 4. Mai.[118] Einige Tage später, am 16. Mai, stoppte jedoch das Politbüro diese Massendeportation und wies die OGPU an, besonders »böswillige« antisowjetische Elemente auf dem Land im Zuge individueller Verhaftungen zu »entfernen«.[119] Im Oktober 1932 nahm die OGPU die massenhaften Deportationen jedoch wieder auf, die bis Mai 1933 andauerten. Insgesamt wurden in dieser Zeit 33 785 Familien, 147 283 Personen, verschleppt.[120]

Wie viele Menschen bei der »Befriedung« des Landes in den Jahren 1931/32 in der Sowjetunion insgesamt eingesperrt oder erschossen wurden, konnte im Rahmen der Untersuchung nicht ermittelt werden. Es waren aber Hunderttausende, wobei die Anzahl der Konzentrationslager und ihrer Insassen ab Januar 1930 schnell anstieg. Am 1. Februar 1929 gab es in der RSFSR insgesamt 76 523 Gefangene, davon 23 924 mit Urteilen von drei und mehr Jahren, die laut Beschluss des Politbüros vom Mai 1929 ihre Strafen in Lagern zu verbüßen hatten. Im Mai 1929 begann die OGPU ein Konzentrationslager in der Region Uchta aufzubauen. Bis dahin funktionierte das Konzentrationslagersystem Solowetzki-Inseln im Weißen Meer, das bereits Ende 1923 auf Betreiben von Dserschinski gegründet worden war. In den Jahren 1928/29 waren dort 21–22 000 Insassen inhaftiert.[121]

Der Politbürobeschluss vom 30. Januar 1930 über die Liquidierung der Kulaken enthält auch die Anordnung, Pläne zum Aufbau neuer zusätzlicher Lager in Sibirien und der Nordregion zu erarbeiten.[122] Darin waren die »Kulaken« der ersten Kategorie einzusperren, die nicht erschossen wurden. Von den im Jahre 1930 über 280 000 verhafteten Kulaken und anderen antisowjetischen Elementen wurden die meisten in die alten und neu errichteten Konzentrationslager eingewiesen. Allein im Konzentrationslagersystem Solowezki-Inseln stieg die Zahl der Lagerinsassen von etwa 22 000 im Jahre 1929 auf 71 363 im Dezember 1930.[123]

Drei Jahre später, am 1. Januar 1934, waren in allen kommunistischen Konzentrationslagern in der UdSSR 510 309 Menschen inhaftiert, zehn Monate später 685 000 und im Jahre 1935 788 675. Hinzu kamen noch 278 848 Häftlinge in Kolonien (Arbeitserziehungslagern für Gefangene mit Freiheitsstrafen bis zu drei Jahren) und 161 142 in den Gefängnissen. Im Mai 1933 waren in allen sowjetischen Gefängnissen etwa 800 000 Menschen inhaftiert, 1935 waren nach offiziellen Angaben insgesamt 1 222 675 Menschen in Lagern und Gefängnissen eingesperrt. Die meisten von ihnen waren Bauern.[124]

Anfang 1933 konstatierten die kommunistischen Anführer in Moskau, dass der aktive bäuerliche Widerstand nun gebrochen sei. Lasar Kaganowitsch verkündete am 11. Januar 1933 auf dem Plenum des ZK und ZKK der WKP(b), das vom 7. bis 12. Januar 1933 tagte, dass die Kulaken als Klasse zerschlagen seien. Zugleich warnte er jedoch, dass die Kulaken noch lebten und wirkten. Sie träten zwar nicht mehr offen auf, maskierten sich aber als Kolchosbauern und zersetzten die Kolchosen von innen. Sie seien für all die Missstände in den Kolchosen (Misswirtschaft, Diebstahl, niedrige Erträge) verantwortlich. So hatte man Kaganowitsch zufolge in den Jahren 1930 und 1931 zwar gute Ergebnisse in der Getreideerfassung erreicht, sie gingen jedoch im Jahre 1932 zurück. Und dies sei die Folge der Sabotage seitens der Kulaken in den Kolchosen. Daher sei es notwendig, weiterhin die Kulaken zu bekämpfen.[125]

Dabei gingen die unteren Partei- und OGPU-Organe davon aus, dass die Massendeportationen fortgesetzt werden würden. Bis April 1933 trafen im Zentralkomitee und Rat der Volkskommissare Anträge auf sofortige Deportation von etwa 100 000 bäuerlichen Familien (etwa 500 000 Menschen) ein. Stalin ließ jedoch diesmal eine Deportation dieses Ausmaßes nicht zu. Am 5. Mai 1933 verschickte er gemeinsam mit Molotow eine Anweisung an alle Partei- und Sowjetfunktionäre sowie an alle Organe der GPU und Justiz (Gerichte und Staatsanwaltschaft), in der er unter anderem konstatierte:

> »Die letzten drei Jahren unsere Arbeit auf dem Lande bedeuteten den Kampf für die Liquidierung des Kulakentums und den Sieg der Kolchosen. In diesen drei Jahren zerschlugen wir unsere Klassenfeinde auf dem Lande und festigten endgültig unsere sowjetisch-sozialistischen Positionen im Dorf. [...] Das Zentralkomitee und der Rat der Volkskommissare meinen, dass dank unserer Erfolge auf dem Lande die Zeit gekommen ist, in der wir die Massenrepressionen nicht mehr benötigen, die bekanntlich nicht nur Kulaken, sondern auch Einzelbauern und einen Teil der Kolchosbauern treffen.«[126]

Vor diesem Hintergrund stellte Stalin ab sofort die Massendeportationen von Bauern ein. Ausgesiedelt werden durften nur die Wirtschaften, deren Häupter einen aktiven Kampf gegen Kolchosen sowie die Saat- und Beschaffungskampagne führen würden, so die Instruktion. Für die ganze Sowjetunion legten Stalin und Molotow für die nächste Zeit ein Kontingent von 12 000 Wirtschaften (Familien) fest, die zu deportieren waren.[127]

Somit ließ Stalin die Massendeportationen von Bauern zwar wesentlich einschränken, nicht aber einstellen. In den Jahren 1933 bis 1935 fanden noch mehrere Deportationen statt, die jedoch nicht mehr die Dimensionen der Jahre 1930/31 erreichten. Der Deportationsplan für die Monate Juni bis August 1933 sah die Verschleppung von 12 000 Familien mit 48 000 Personen vor. Bis Anfang Juli 1933 wurden 8766 Familien (41 875 Personen) deportiert.[128] In der ersten Jahreshälfte 1935 ließen Stalin und seine Genossen weitere 24 541 Familien (etwa 115 000 Personen) verschleppen.[129] Dies war die letzte große Deportationswelle in der Sowjetunion bis zum Ausbruch des Zweiten Weltkrieges.

Im Jahr 1933 verlagerte sich der Schwerpunkt des kommunistischen Terrors auf dem Lande auf die systematische Verfolgung von »ehemaligen Kulaken«, »Schädlingen«, »Saboteuren«, »Dieben« usw., welche die Kolchosen von innen zersetzen würden. Abertausende Kolchosbauern wurden mit ihren Familien unter diesem Vorwand deportiert, in Konzentrationslager eingewiesen oder erschossen. Dieser Terror steigerte sich ab 1933, um im Jahr 1937 seinen Höhepunkt zu erreichen.[130]

Im Jahre 1935 lief die fünfjährige Verbannungszeit für die Deportierten aus 1930 ab. Für die Verschleppten, die im Gold- und Platinabbau Zwangsarbeit leisteten, dauerte die Verbannungszeit hingegen drei Jahre. Danach hätten die Verschleppten formal in ihre Heimat zurückkehren dürfen.[131] Am 17. Januar 1935 wandte sich Jagoda an Stalin und verwies darauf, dass die Rückkehr der Deportierten in ihre Heimat nicht nur wirtschaftlich (Abzug von Arbeitskräften), sondern auch »politisch unerwünscht« sei. Daraufhin verfügte am 25. Januar 1935 das Zentrale Exekutivkomitee der UdSSR, dass die Sondersiedler, die ihre bürgerlichen Rechte wiedergewonnen hatten, ihren Aussiedlungsort nicht verlassen dürften.[132]

Trotz dieses Verbots kehrten Tausende von Verschleppten in ihre Heimat zurück und suchten Beschäftigung in Kolchosen und Betrieben. Abertausende waren auch aus ihren Verbannungsorten geflohen. Aus der Sicht von Stalin und seiner Clique stellten sie eine große Gefahr dar, denn sie verbreiteten antisowjetische Stimmung und »hetzten« die übrige Bevölkerung gegen das kommunistische System auf. Daher ordnete das Politbüro am 2. Juli 1937 an, die zurückgekehrten »Kulaken« und »Kriminellen« zu verhaften und sie durch NKWD-Trojkas aburteilen zu lassen. Die feindlichsten unter ihnen waren zu erschießen und die übrigen in Konzentrationslager einzuweisen.[133]

In den nächsten Wochen legte das Politbüro für einzelne Regionen Kontingente fest, wie viele »antisowjetische Elemente« zu erschießen und wie viele in Konzentrationslager einzuweisen seien.[134] Das NKWD arbeitete einen detaillierten Plan (den operativen Befehl Nr. 00447) für diesen beispiellosen Massenmord aus, der nicht nur, wenn auch hauptsächlich, die vermeintlichen Kulaken, sondern auch alle »antisowjetischen Elemente« erfassen sollte.[135] Im Januar 1938 erstattete das NKWD Bericht über die Erfüllung des operativen Befehls Nr. 00447:

> »Bis zum 1. Januar 1938 wurden insgesamt 555 641 Personen verhaftet. Darüber hinaus verhaftete das UNKWD der Oblast Nowosibirsk und der Altairegion anlässlich der Zerschlagung der konterrevolutionären Organisation ›ROWS‹ 22 108 Personen. Unter den Verhafteten nach dem Befehl Nr. 00447 sind: 248 271 ehemalige Kulaken, 116 506 Kriminelle, 162 594 andere konterrevolutionäre Elemente, zu 28 270 Personen gibt es keine Angaben. [...] Zum 1. Januar 1938 wurden insgesamt 553 362 Personen abgeurteilt. [...] Unter den Verurteilten nach Befehl Nr. 00447 befanden sich:
>
> a) erste Kategorie [Erschießung] 239 352 Personen, darunter ehemalige Kulaken – 105 124, Kriminelle – 75 930, andere konterrevolutionäre Elemente – 78 237, keine Angaben – 19 828.
> b) zweite Kategorie [Konzentrationslager 5 bis 10 Jahre] 314 110, darunter ehemalige Kulaken – 138 588, Kriminelle – 75 930, andere konterrevolutionäre Elemente – 83 591, keine Angaben – 16 001.«[136]

Am 31. Januar 1938 bestätigte das Politbüro den vom NKWD erarbeiteten Zusatzplan für die Repression von ehemaligen Kulaken, Kriminellen und aktiven antisowjetischen Elementen. Danach waren 48 000 Personen nach der ersten Kategorie (Erschießung) und 9700 Personen nach der zweiten Kategorie (Deportation) zu behandeln, wobei das Politbüro für jede Republik und jeden Bezirk ein Kontingent festlegte. Das NKWD hatte diese Aufgabe bis zum 1. April 1938 zu bewältigen.[137] Drei Wochen später, am 17. Februar 1938, erhöhte das Politbüro das Kontingent der zu verhaftenden Kulaken und antisowjetischen Elemente in der Ukraine von 6000 (Entscheidung vom 31. Januar 1938) auf 30 000 [138]

Hinzu kamen noch die sogenannten nationalen Operationen,

denen auch Hunderttausende Menschen zum Opfer fielen, worauf noch zu kommen sein wird. Erst im November 1938 ließ Stalin diesen Massenterror einstellen. Die Bilanz all dieser Operationen ist erschreckend. Es wird geschätzt, dass in den Jahren 1937 und 1938 1 575 000 Menschen vom NKWD verhaftet wurden. 85,4 Prozent von ihnen (1 345 000) wurden verurteilt und mehr als die Hälfte der Verurteilten (681 692 = 51 %) hingerichtet.[139]

Zwangskollektivierung, Getreidebeschaffung und Hungerkatastrophe

All diese Terrormaßnahmen, von Erschießungen, Einsperrung in Konzentrationslager über Verschleppung mit ganzen Familien bis hin zu Misshandlungen, Vergewaltigungen, Plünderung und Einschüchterung, blieben aus kommunistischer Sicht nicht ohne Erfolg. Das Ziel Stalins, die freie Bauernschaft zu liquidieren, das Hauptelement der gewaltsamen »Befriedung« des eigenen Hinterlandes, wurde bis Ende der dreißiger Jahre tatsächlich realisiert. Stalin gab für die Jahre 1929 bis 1933 folgende Zahlen an kollektivierten Bauernhöfen an: für das Jahr 1929 eine Million, 1930 6 Millionen (23,6 %), 1931 13 Millionen (52,7 %), 1932 14,9 Millionen (61,5 %) und 1933 15,2 Millionen (65 %).[140] Zum 1. Juli 1934 stieg der Anteil der kollektivierten Bauernhöfe auf 71,4 Prozent und im Jahre 1937 auf 93 Prozent.[141]

Tab. 6: Prozentsatz der kollektivierten Bauernhöfe in der UdSSR von 1933 bis 1938[142]

	1933	1934	1935	1936	1937	1938
Kollektivierte Bauernhöfe in %	65,6	71,4	83,2	92,5	93,0	93,5
Kollektivierte Saatfläche in %	83,1	87,4	94,1	98,2	99,1	99,2

Nach und nach verwandelten die kommunistischen Machthaber das russische und nichtrussische Dorf in ein gigantisches Zwangsarbeitslagersystem, das sich aus einzelnen Kolchosen zusammensetzte. Die Insassen waren die Kolchosbauern mit ihren Familien (über 70 Millionen).[143] Viele Bauern versuchten nun ihrem Schicksal zu entkommen und eine Arbeit in den Städten zu finden. Um die Landflucht einzudämmen und die Städte von ehemaligen »Kulaken« und anderen antisowjetischen Elementen zu säubern, ordnete das Politbüro am 15. November 1932 die Einführung des Passsystems an. Nur Personen mit einem gültigen Pass durften in den Städten angemeldet werden.[144]

Die Einzel- und Kolchosbauern erhielten keine Pässe,[145] durften somit ihren Wohnort faktisch nicht verlassen und waren damit an die Kolchose beziehungsweise die Scholle gebunden. Die Rückkehr zur Leibeigenschaft war auch formal vollendet. Über das Leben, den Wohnsitz, den Arbeitseinsatz der Kolchosbauern sowie über die Früchte ihrer Arbeit bestimmten allein kommunistische Apparatschiks, die sich nur um ihre Pläne kümmerten, koste es, was es wolle. Und die Bauern zahlten dafür einen furchtbaren Preis.

Wie bereits erwähnt, beabsichtigten Stalin und seine Genossen, ihre gigantischen Aufrüstungspläne und den damit verbundenen Import westlicher Technologie in erster Linie mit Getreideexport zu finanzieren. Die Zwangskollektivierung ermöglichte dem kommunistischen Bürokratieapparat den direkten Zugriff auf landwirtschaftliche Erträge, ohne den Marktpreis bezahlen zu müssen. Die gewaltsamen Eintreibungsmethoden, welche die sowjetischen Kommunisten in den zwanziger und Anfang der dreißiger Jahre anwandten, waren sehr aufwendig, kostspielig und relativ wenig effektiv. In den Kolchosen waren dagegen die enteigneten Bauern, die zu Zwangsarbeitern und Sklaven degradiert worden waren, den kommunistischen Bürokraten schutzlos ausgeliefert.

Manche innerparteilichen Kritiker Stalins und seiner Politik sahen dies nicht anders. Im Herbst 1932 fand die OGPU bei einer Durchsuchung bei Christian Rakowski, einem prominenten Angehörigen der innerparteilichen Opposition, eine Denkschrift eines nicht ermittelten Verfassers mit der Überschrift »Zurück zum Parteiprogramm, zur sowjetischen Verfassung, zum Leninismus«. Darin kritisierte der Verfasser die Politik Stalins, die herrschenden Zustände in der UdSSR, insbesondere in der Ukraine, die verzweifelte Lage der deportierten Kosaken und Kulaken, den Hunger in der Ukraine und stellte unter anderem fest: »Unsere Erklärung [der innerparteilichen Opposition] vom Oktober 1928 [...], dass die Kollektivierung und Industrialisierung, durchgeführt von der Bürokratie, den werktätigen Massen nicht Befreiung, sondern Versklavung bringen würde, hat sich bewahrheitet.«[146]

Es kam aber noch schlimmer. Die Bauern und ihre Familien wurden nicht nur versklavt. Millionen von ihnen starben in den Jahren 1932 und 1933 an Hunger, den Stalin und seine Genossen künstlich herbeiführten. Es handelt sich dabei um das größte Massenverbrechen in Europa im 20. Jahrhundert. Nur Mao, den Stalin an die Macht hievte, sollte später die sowjetischen Kommunisten in dieser Hinsicht übertreffen.

Die Genese, der Verlauf und das Ausmaß dieses Massenverbrechens sind bis heute relativ wenig erforscht und dementsprechend im Westen kaum bekannt.[147] Es hatte seinen Ursprung in dem Bestreben Stalins und seiner Genossen, Getreide einzutreiben und es dann im Ausland zu verkaufen, um dafür moderne westliche Anlagen und Technologien für die Aufrüstung des Landes einzukaufen. Auch große Getreidevorräte für den künftigen Krieg waren anzulegen. Stalin persönlich forcierte massiv die Getreideeintreibung und den Getreideexport. Ende August 1930 schrieb er an seinen Freund Wjatscheslaw Molotow:

> »Uns bleiben noch ein bis eineinhalb Monate für den Getreideexport: Ende Oktober (vielleicht auch früher) kommt amerikanisches Getreide in riesigen Mengen auf den Markt, gegen das wir uns kaum werden halten können. Wenn wir in diesen eineinhalb Monaten nicht 130 bis 150 Millionen Pud Getreide ausführen, dann wird unsere Devisenlage später geradezu verzweifelt sein. Noch einmal: *Der Getreideexport muß mit allen Kräften forciert werden.*«[148]

Am 24. August 1930 schrieb Stalin an Molotow: »Mikojan berichtet, daß die Beschaffung [des Getreides] steigt und wir jeden Tag 1 bis 1,5 Millionen Pud exportieren. Ich denke, das ist *zu wenig*. Die tägliche Ausfuhrquote muß (sofort) auf *mindestens* 3 bis 4 Millionen Pud erhöht werden.«[149] Sechs Tage später, am 30. August 1930, fasste das Politbüro folgenden Beschluss: »Ausgehend von der Notwendigkeit, den Getreideexport unverzüglich und bestmöglich voranzutreiben, wird das Volkskommissariat für Handel beauftragt, im September eine Getreideausfuhr von nicht weniger als 3 bis 4 Millionen Pud täglich zu gewährleisten.«[150]

Für das Jahr 1930/31 war der Export von insgesamt 280 Million Pud (17,1 Millionen Tonnen) Getreide eingeplant, davon 163 Millionen Pud Weizen, je 25 Millionen Pud Roggen und Hafer, 55 Millionen Pud Gerste, je 6 Millionen Pud Mais und Hülsenfrüchte. Der innere Bedarf an Getreide war mit 951 Millionen Pud Getreide veranschlagt gegenüber 673 Millionen Pud im Vorjahr,[151] als die UdSSR lediglich 30,8 Millionen Pud Weizen und Roggen hatte exportieren können.[152]

Bis zum 15. November 1930 gelang es dem sowjetischen Bürokratieapparat, 1073,7 Millionen Pud Getreide der Ernte von 1930 einzutreiben. Das waren 304 Millionen Pud mehr als im Vorjahr und 96,7 Millionen Pud mehr als in der gesamten Kampagne des Jahres 1929/30. Von den 1073,7 Millionen Pud Getreide, die bis zum 15. November 1930 beschafft worden waren, stammten 61,8 Prozent von Einzelhöfen und 36,4 Prozent von Kolchosen. Der Beschaffungsplan für 1930/31 belief sich auf 1503,9 Millionen Pud Getreide und der für das Jahr 1929/30 auf 977 Millionen Pud, wobei der Plan von 1929/30 nur zu 78,8 Prozent erfüllt werden konnte.[153]

Somit brachten die Zwangskollektivierung und der massive Terror gegen die Bauernschaften aus der Sicht Stalins und seiner Genossen zunächst den gewünschten Erfolg: Im Jahre 1930 hatten sie tatsächlich viel mehr Getreide eingetrieben als in den Jahren zuvor. Der massive Import moderner Technologie und ganzer Industrieanlagen, vor allem aus Deutschland und den USA, konnte unter anderem mit dem Getreide (im Jahre 1930/31 zu über 20 %) finanziert werden. Im Jahre 1929/30 importierte die UdSSR 45 Prozent aller Anlagen und Maschinen aus Deutschland, 42,8 aus den USA, 6,5 aus Großbritannien, 3,8 aus Schweden, 1,4 aus Italien und 0,4 Prozent aus Norwegen.[154]

Im Jahr 1929/30 kaufte die UdSSR technische und elektrische Ausrüstung für 538 Millionen Rubel, für das Jahr 1930/31 war die Summe von 547 Millionen Rubel veranschlagt. Insgesamt kaufte die Sowjetunion 1931 technische Ausrüstung im Westen für 571,2 Millionen Rubel, wobei sich der Gesamtimport auf knapp über eine Milliarde Rubel belief.[155] Und dabei haben sich Stalin und seine Genossen offenkundig übernommen. Im Sommer 1931 zeichnete sich in der Sowjetunion eine ernsthafte Finanzkrise ab, die Stalin und Genossen zu radikalen Maßnahmen zwang, unter anderem mussten sie den Import drosseln, von einer Milliarde Rubel im Jahr 1931 auf 386,4 Millionen Rubel 1932.[156]

Die Krise versuchte man mit erhöhtem Getreideexport zu meistern. Am 15. Oktober 1931 beschloss das Politbüro Direktiven für Handelsgespräche in Deutschland, es ging um die Erweiterung des Exports nach Deutschland, um Importe technischer Ausrüstung finanzieren zu können. Das Politbüro strebte den Verkauf von 800 000 Tonnen Getreide (Weizen, Gerste, Mais, Ölfrüchte) aus der Ernte des Jahres 1931/32 und 1,7 Millionen Tonnen aus der Ernte 1932/33 an. Hinzu käme noch die Ausfuhr von Holz, Mineralölprodukten und anderem.[157]

Noch Anfang September 1931 schien es, als sei hinsichtlich der Getreidebeschaffung und somit des Getreideexports alles in bester Ordnung. Am 6. September teilte Lasar Kaganowitsch Stalin in einem Brief mit, dass bis zum 1. September 378 834 000 Pud Getreide beschafft worden seien, 27 Prozent des Jahresplanes und 176 Millionen Pud mehr als im Vorjahr.[158] Am 8. September bestätigte das Politbüro den Beschluss der Devisenkommission über die Lagerung von 560 000 Tonnen Getreide in Häfen als Sicherheit für den Import.[159] Doch bereits am 16. September alarmierte Kaganowitsch Stalin, dass sich in den letzten zehn Tagen das Tempo der Getreidebeschaffung »beängstigend« verlangsamt habe. Zehn Tage später schrieb der besorgte Kaganowitsch, dass das Tempo der Getreibeschaffung weiterhin zurückgehe. Im September 1931 wurden insgesamt 306 Millionen Pud Getreide beschafft, geplant waren aber 450 Millionen Pud.[160]

In den nächsten Monaten verbesserte sich das Tempo der Getreidebeschaffung nicht, in der Ukraine, in Kasachstan und Fernost lag die Beschaffung am weitesten zurück.[161] Trotzdem bestand das Politbüro auf dem geplanten Getreideexport. Am 25. November 1931 erlegte das Politbüro Mikojan, dem Volkskommissar für Versorgung, auf, den Getreideexportplan für November unbedingt einzuhalten.[162] Fünf Tage später, am 1. Dezember, legte das Politbüro den Getreideexport für den Monat Dezember mit 250 000 Tonnen fest. Am 25. Dezember verpflichtete das Politbüro Mikojan persönlich, den Getreideexportplan für Dezember unbedingt zu erfüllen, dazu waren unter anderem noch 500 Tonnen Butter, Holz, 10 000 Tonnen Benzin zu exportieren.[163]

Am 16. Januar 1932 genehmigte das Politbüro den Import-, Devisen- und Exportplan für das Jahr 1932. Es waren Exporteinnahmen in Höhe von 704 Millionen Rubel (davon 168 Millionen Rubel aus dem Getreideexport) und Importausgaben in gleicher Höhe veranschlagt. Einige Tage später, am 28. Januar, ordnete das Politbüro jedoch an, im ersten Quartal 1932 den Getreideexport um 200 000 Tonnen zu erhöhen. Zugleich beschloss es die Verringerung der Lieferung von Weizenmehl für den inneren Verbrauch auf 164 000 Tonnen.[164]

Um das für den Export benötigte Getreide zu beschaffen, griffen Stalin und seine Genossen auf die bewährten Methoden zurück, auf eine breit angelegte und gewaltsame Getreideeintreibungskampagne. Die aus Moskau delegierten Vertrauten Stalins leiteten diese Kampagne vor Ort. Sie mobilisierten den gesamten Sowjet- und Parteiapparat, stellten Eintreibungskommandos zusammen, die in die Dörfer einfielen, ihre Bewohner drangsalierten und oft sämtliche Erträge beschlagnahmten.

Die Ukraine war das wichtigste Getreideanbaugebiet der UdSSR, über ein Drittel des Getreides, das im Jahr 1931/32 laut Plan zu beschaffen war, sollte dorther kommen. Bis zum 25. Dezember 1931 wurden in der Ukraine nur 401 Millionen Pud Getreide eingetrieben, 78,7 Prozent der geplanten 510 Millionen Pud, ein Defizit von 109 Millionen Pud. Der Beschaffungsplan 1931/32 für die gesamte UdSSR belief sich auf 1482 Millionen Pud Getreide.[165]

Am 28. Dezember 1931 begab sich Molotow in die Ukraine und blieb dort bis zum 3. Januar 1932. Sein Auftrag lautete, die Getreideeintreibungskampagne vor Ort zu organisieren. Unmittelbar nach dem Eintreffen in Charkow rief er das Politbüro des ZK der KP(b)U zusammen. Unter seiner Führung erarbeitete es einen generalstabsmäßigen Plan zur Eintreibung des Getreides im Januar 1932.[166]

Der Plan sah die Mobilisierung der zuverlässigsten Aktivisten aus dem Partei- und Sowjetapparat für die Eintreibungskampagne vor. Die Ukraine wurde in sechs Rayongruppen aufgeteilt, in die die einzelnen Politbüromitglieder des ZK der KP(b)U abkommandiert wurden. Ihnen standen 300 mobilisierte führende Aktivisten und Funktionäre der Partei und des Sowjetapparates zur Seite. Darüber hinaus sollten die jeweiligen Verantwortlichen vor Ort weitere Partei-, Komsomol- und Sowjetaktivisten je nach Bedarf mobilisieren. Ihr Auftrag lautete, den »Kampf um Getreide zu führen«. Die jeweiligen operativen Gruppen erhielten detaillierte Anweisungen, in welchem Rayon sie wie viel Getreide einzutreiben hatten.[167] Noch am 30. Dezember wurde der Plan an alle Rayons telegrafiert.[168] Die Eintreibungskampagne lief sofort an.

Molotow begründete diese gewaltsame Eintreibungskampagne vor den in der Ukraine wirkenden Genossen wie folgt:

> »Als wir beschlossen, Metalle, Energiestoffe, Maschinenbau und Transport zur wirtschaftlichen Hauptaufgabe zu erklären, gingen wir davon aus, dass es Getreide bei uns gibt, dass wir Getreide haben werden. Das ist die Voraussetzung, von der wir ausgingen [...], und es scheint mir, dass wir recht hatten; wenn es das Getreide bei uns nicht gibt, dann soll es dieses geben, es muss es geben. [...] Ohne Getreide kann der Fünfjahresplan in vier Jahren nicht erfüllt werden. Mehr noch, Lenin hat gesagt, der Kampf um Getreide bedeutet Kampf um Sozialismus. [...] Es geht um Kol-

chosen, die die Partei lenkt, und nicht die Kulaken; um Kolchosen, die den Plan der staatlichen Getreidebeschaffung erfüllen, und nicht um Kolchosen, die diesen Plan nicht erfüllen und nicht erfüllen wollen. […] Wenn wir wirklich die Verteidigung der UdSSR wollen, wenn wir wirklich dafür sind, dass unsere Rote Armee wirklich unbesiegbar ist, lasse sie [die Rote Armee], Genossen, nicht ohne Getreide, lasse sie nicht in der Lage, in der sich gegenwärtig der sowjetische Staat befindet. Wir erfüllen den Fünfjahresplan in vier Jahren, wir realisieren gewaltige Aufgaben im Metall-, Steinkohle-, Maschinenbau- und Transportbereich. Wenn es jedoch kein Getreide geben wird, wenn wir jetzt nicht unverzüglich Getreide beschaffen, dann zerstören wir unsere Armee, und wenn der Feind uns überfällt, werden wir wehrlos. […] Vergesst nicht, dass unsere Rote Armee eine mächtige Streitmacht ist. Wir beliefern sie jetzt wie niemals zuvor mit Flugzeugen, Maschinengewehren, Geschützen, Geschossen, Chemie. Wir machen in diesem Bereich sehr viel, das wird alles gemacht […], wenn es Getreide gibt. Wenn wir Getreide nach dem Minimalplan nicht haben werden, dann zerstören wir unser Werk, wir untergraben unsere Rote Armee. […] Gewehre müssen schussbereit sein.«[169]

Über den genauen Verlauf der Eintreibungskampagne ist wenig bekannt, fest steht aber, dass ihre Folgen für die ukrainische Bevölkerung katastrophal waren, sie löste die größte Hungerkatastrophe in Europa im 20. Jahrhundert aus. Die Kommandos plünderten nämlich in den Kolchosen und Einzelhöfen auch Saatgetreide, um den im Kreml festgelegten Plan zu erfüllen.

Bald trafen die ersten Meldungen über Hungertote in der Ukraine ein. Anfang April 1932 vermeldete die OGPU: »In einer Reihe von Ortschaften (in den Oblasten Charkow, Kiew, Odessa, Dnjepropetrowsk, Winniza) verzeichnet man eine Versorgungsnotlage und Fälle von Hunger in Kolchosenfamilien. Es wurden nach unvollständigen Angaben 83 Fälle von Hungerödemen registriert, 6 Hungertote, Verzehr von Kadavern in 17 Familien und 4 Fälle von Verlassen der Kinder.«[170] Im März registrierte die OGPU 17 Hungerrevolten.

Größere Menschenmengen (300 bis 500 Personen) überfielen Getreidelager und Spiritusbrennereien, um dort gelagertes Getreide zu »plündern«. Die OGPU verzeichnete auch massenhaftes Verenden von Pferden.[171]

Ähnliche Zustände herrschten in der ganzen UdSSR, besonders betroffen waren jedoch die Hauptgetreideanbaugebiete (außer der Ukraine Südrussland und das Wolgagebiet) und Kasachstan. Dort verzeichnete die OGPU ab Dezember 1931 bis zum 10. März 1932 1219 Hungertote und 4304 Hungerödeme, die meisten der Betroffenen waren Kolchosbauern. Das große Sterben sollte aber erst noch kommen, denn es fehlte Saatgetreide, um die Felder im Frühjahr zu bestellen.[172]

Stanislaw Kosior, der Generalsekretär des ZK der KP(b)U, telegrafierte kurz vor dem 17. März 1932 an das Politbüro mit der Bitte um Saatgetreide für die Ukraine. Das Politbüro genehmigte 10 000 Tonnen Hafer und 100 000 Pud (6105 Tonnen) Gerste als »Saatdarlehen« und zwei Tage später weitere 1,35 Millionen Pud Gerste.[173] Diese Zuteilungen waren aber ein Tropfen auf den heißen Stein, und Kosior sah sich immer wieder veranlasst, das Politbüro zu bitten, weitere Mengen an Saatgetreide freizustellen. Daraufhin genehmigte das Politbüro am 26. März 5000 Tonnen Hafer und 3000 Tonnen Gerste als »Saathilfe«; am 4. April 1932 »ausnahmsweise« weitere 20 000 Tonnen Hafer, einen Tag später ebenfalls »ausnahmsweise« 20 000 Tonnen Weizen und Gerste; am 19. April nochmals »ausnahmsweise« 5000 Tonnen Hirse und 6000 Tonnen Buchweizen sowie 3000 Tonnen Hirse für Kolchosbauern als »Ernährungshilfe«; am 28. April wiederum »ausnahmsweise« 4000 Tonnen Hirse und 5000 Tonnen Buchweizen als »Saatdarlehen«.[174]

Mit ähnlichen Anfragen aus anderen Regionen befasste sich das Politbüro ab März 1932 wiederholt und genehmigte die Ausgabe von geringen Mengen an Saatgetreide.[175] All diese Zuteilungen waren aber viel zu gering, und um die Frühjahrsbestellung 1932 stand es in allen Teilen der UdSSR sehr kritisch, wie die lokalen Behörden warnten.[176] Am 25. Mai richtete das Politbüro »angesichts der kritischen Lage um die Frühjahrsbestellung in der Ukraine« eine

Kommission ein, die am nächsten Tag dorthin reisen sollte mit dem Auftrag, »alle notwendigen Maßnahmen zu ergreifen, um die Frühjahrsbestellung maximal zu erweitern«. Die Kommission setzte sich aus Molotow (Vorsitzender), Mikojan, Jakowlew, Markowitsch und Odinzow zusammen.[177] Ende Mai war aber die Zeit für die »Erweiterung« der Frühjahrsbestellung längst abgelaufen, und die sich ab Frühjahr 1932 abzeichnende Hungerkatastrophe nahm ihren Lauf.

Stalin und seine Genossen, die laufend Meldungen über die katastrophale Lage auf dem Lande erhielten, unternahmen keine ernsthaften Schritte, um die von ihnen hervorgerufene Katastrophe abzuwenden. Stalin lehnte es schlichtweg ab, ausreichende Getreidemengen für die ukrainische Bevölkerung freizustellen. Am 15. Juni 1932 schrieb er an Kaganowitsch: »Nach meiner Meinung hat die Ukraine mehr bekommen, als ihr zusteht. Noch mehr Getreide zu geben ist nutzlos, und woher auch.«[178] Zugleich bestand Stalin auf Getreideexport. So sollten im März 1932 Getreide und Getreideprodukte im Wert von 6,5 Millionen Rubel ins Ausland ausgeführt werden, darunter 30 000 Tonnen Weizen, 70 000 Tonnen Roggen, 20 000 Tonnen Gerste, 50 000 Tonnen Mais und andere.[179]

Für das zweite Quartal 1932 reduzierte das Politbüro den Getreideexport auf 70 000 Tonnen, hinzu kamen, wie in den Jahren zuvor, andere Lebensmittelprodukte wie Eier (2792 Waggons), Butter (14 700 Tonnen), Hühner (25 Waggons), Wild (20 Waggons), Speck und Schweinefleisch (1700 Tonnen), Fisch und Fischprodukte im Wert von 2,166 Millionen Rubel. Im dritten Quartal 1932 war der Export von 15 000 Tonnen Mehl und Speck im Wert von 11 392 Rubel eingeplant. Am 17. August 1932 beschloss das Politbüro den Getreidebeschaffungsplan für die Ukraine um 40 Millionen Pud zu reduzieren. Die geplanten Getreideabgaben für Kolchosen in den »besonders geschädigten« Gebieten waren dabei um die Hälfte und für Einzelbauern um ein Drittel zu senken.[180]

Anstatt den Getreideexport gänzlich einzustellen und die fehlenden Nahrungsmittel zu importieren, um Millionen Menschen vor dem Hungertod zu bewahren, ließen Stalin und seine Genossen den Getreide- und Nahrungsmittelexport lediglich reduzieren. Von dieser Politik wichen sie nicht einmal ab, als täglich Tausende von Menschen einen furchtbaren Hungertod starben. So beschloss das Politbüro am 9. Dezember 1932, auf dem Höhepunkt des Massensterbens, den Export von 100 Millionen Pud (6,1 Millionen Tonnen) Getreide aus der Ernte des Jahres 1932, darunter 49 Millionen Pud Weizen und Roggen. Insgesamt plante das Politbüro die Beschaffung von 1212,2 Millionen Pud Getreide im Jahre 1932/33, 360 Millionen Pud weniger als im Vorjahr.[181] Auch von der Ernte des Jahres 1933 ließ das Politbüro 100 Millionen Pud Getreide im Ausland verkaufen, wobei es den Beschaffungsplan mit 1376,4 Millionen Pud Getreide festlegte. Und am 19. Dezember 1933 beschloss das Politbüro die Erhöhung des Getreideexportes für das erste Halbjahr 1934 von 1,3 auf 1,59 Millionen Tonnen.[182]

Den Verlauf dieses beispiellosen kommunistischen Massenverbrechens hier ausführlich zu schildern würde den Rahmen der vorliegenden Arbeit sprengen. Hierfür sind intensive Literatur- und vor allem Archivforschungen notwendig, eine umfassende, quellengestützte Untersuchung zum Thema liegt noch nicht vor. Hier gilt es erstens, aufzuzeigen, dass es sich dabei um eine durch die kommunistischen Machthaber künstlich hervorgerufene Hungerkatastrophe handelte. Zweitens geht es hier um die Darstellung der Dimensionen dieses Massenverbrechens.

Fest steht, dass trotz der von ihm und seinen Vertrauten hervorgerufenen Hungerkatastrophe Stalin persönlich darauf bestand, dass die Getreidebeschaffung in den Jahren 1932 und 1933 wie im Kreml geplant abliefe. Bitten der kommunistischen Anführer aus der Ukraine (Kosior und Tschubar), Ablieferungspläne und -termine zu verringern beziehungsweise zu verschieben, lehnte Stalin und mit ihm das Politbüro ab. Stalin machte für die Hungerkatastrophe die antisowjetischen Elemente unter den ukrainischen Bauern sowie die schlechte Führung der kommunistischen Partei vor Ort verantwortlich.[183]

Die Ernte des Jahres 1932 brachte der hungernden Bevölkerung keine Entlastung, denn einerseits waren viele Felder mangels Saatgetreide überhaupt nicht bestellt. Andererseits beschlagnahmten die kommunistischen Eintreibungskommandos das Getreide sogleich. Am 22. Oktober 1932 beschloss das Politbüro, zwei Sonderkommissionen in die Ukraine und in den Nordkaukasus zu schicken, um die Getreidebeschaffung zu beschleunigen. Die erste Kommission stand unter Leitung von Molotow, die zweite unter der von Kaganowitsch. Allein im November 1932 wurden 5000 lokale Kommunisten, denen man Sabotage der Eintreibungskampagne vorwarf, und 15 000 Kolchosbauern im nördlichen Kaukasus verhaftet. Im Dezember 1932 begannen dagegen die Massendeportationen, betroffen waren nicht nur Familien, sondern ganze Dörfer. In der Ukraine ergriff Molotow mit seiner Kommission ähnliche Maßnahmen.[184] Am 14. Dezember 1932 ordnete das Politbüro an, bis Ende Januar 1933 den Getreidebeschaffungsplan für das Jahr 1932/33 in der Ukraine, im Nordkaukasus und der Westoblast (westliches Russland) zu erfüllen, wobei die »Kulaken« und auch lokale Kommunisten, die die Getreidebeschaffung »sabotieren« würden, zu deportieren waren.[185]

Infolge der kommunistischen Maßnahmen erreichte die Hungersnot im Winter 1932/33 und Frühjahr 1933 ihren Höhepunkt. Es sei hier einer von vielen OGPU-Berichten über das Massensterben in der Ukraine angeführt, die keineswegs zur Übertreibung neigten.[186] Am 23. Juni 1933 meldete die geheimpolitische Abteilung der OGPU, dass in 58 der insgesamt 64 Rayons der Oblast Charkow »Versorgungsnotlage« herrsche, besonders schwer in 23 Rayons. Auch sei die Zahl der »bettelnden« Elemente und obdachlosen Kinder in der Stadt Charkow sehr stark angestiegen. Allein im Mai seien 11 403 von ihnen aufgegriffen worden, darunter 4439 Erwachsene und 6378 Kinder und Jugendliche. Unter ihnen herrsche eine hohe Sterberate, allein im Mai seien auf den Straßen und Märkten in Charkow 992 Leichen aufgesammelt worden. Bauern aus den Dörfern in der Umgebung setzten ihre Kinder in der Stadt aus, in der Hoffnung, dort würden diese vielleicht überleben.[187]

In Donbas war von der »Versorgungsnotlage« die Region Starobielschtschin besonders betroffen. Dort verhungerten ab dem 1. Januar bis Mitte Juni 1933 in den Rayons Nowo-Pskowsk 5335, Rubeschansk 2211, Starobelsk 2289, Troizk 2130 und Beloduzk etwa

5000 Menschen, insgesamt in nur fünf Rayons 16 965. In der ganzen Region Starobielschtschin verhungerten in dieser Zeit schätzungsweise mehr als 40 000 Menschen.[188]

Zurzeit, so der OGPU-Bericht vom 23. Juni 1933, hungerten in der Ukraine bis zu 50 Prozent der Bevölkerung. Am meisten betroffen waren die Kolchosbauern, aber auch in den Städten verhungerten Menschen. In den Rayons, wo die Hungernot besonders groß war, verzeichnete man Fälle von Kannibalismus sowie des Verzehrs von Leichen und Kadavern. Vom Februar bis zum 15. April 1933 wurden in der Ukraine 206 Fälle von Kannibalismus und 113 von Verzehr von Leichen und vom 15. April bis 1. Juni 1933 gar 315 Fälle von Kannibalismus und 368 von Verzehr von Leichen registriert. In den meisten Fällen waren die Opfer des Kannibalismus Kinder, die man tötete, um sie anschließend aufzuessen, so der Bericht lakonisch. In den Grenzregionen registrierte man »Auswanderungstendenzen«, das heißt, viele Kolchosbauern, auch mit ganzen Familien, versuchten illegal über die Grenze nach Polen zu flüchten.[189]

Die kommunistischen Täter führten keine Statistiken über die an Hunger verstorbenen Menschen, zumindest sind diese bis heute nicht bekannt. Sicher ist aber, dass es sich bei den meisten Opfern um Bauern und ihre Familienangehörigen handelte, besonders betroffen waren wiederum die Kinder und die Alten. Die heutige Forschung ist sich über die Gesamtzahl der Hungertoten nicht einig. Robert Conquest, der sich als erster westlicher Forscher damit eingehend befasste, ging im Jahr 1986 von etwa sieben Millionen Opfern aus, davon fünf Millionen in der Ukraine, eine Million im Nordkaukasus und eine Million in den übrigen Gebieten.[190] Nicolas Werth gab sechs Millionen Hungertote an, davon vier Millionen in der Ukraine, eine Million in Kasachstan sowie eine Million im Nordkaukasus und in den Schwarzerdegebieten (Südrussland).[191]

Die heute zugänglichen demografischen Daten aus den zwanziger und dreißiger Jahren, insbesondere der Volkszählung vom Dezember 1926 und Januar 1937, erlauben inzwischen eine relativ zuverlässige Schätzung der Opferzahlen, die die Dimensionen dieses Massenverbrechens vermitteln.

Tab. 7: Geburten, »natürliche« Sterbefälle und Bevölkerungswachstum in der UdSSR in den Jahren 1927–1939 (in Tausend)[192]

Jahr	Bevölkerungszahl zu Jahresbeginn	Geburten	Sterbefälle	Wachstum	Wachstum in %
1927	148 656	6950	3984	2965	1,97
1928	151 622	6944	3878	3066	2,00
1929	154 687	6876	4132	2745	1,76
1930	157 432	6694	4284	2410	1,52
1931	159 841	6510	4510	2009	1,25
1932	161 851	5837	4786	1051	0,65
1933	162 902	5545	11 450	– 5905	– 3,69
1934	156 787	4780	3410	1369	0,87
1935	158 167	5249	3282	1967	1,24
1936	160 134	5589	3223	2366	1,47
1937	162 500	6549	3557	2992	1,82
1938	165 492	6516	3483	3033	1,82
1939	168 625				

Diese Zahlen zeugen von der größten demografischen Tragödie in Europa in Friedenszeiten seit dem Mittelalter. So betrug in den Jahren 1927/28 und 1937/38 der Bevölkerungszuwachs in der gesamten UdSSR etwa 3 Millionen Menschen jährlich.[193] Wenn dieses Bevölkerungswachstum in den Jahren 1929–1936 erhalten geblieben wäre, hätte die Bevölkerung der UdSSR im Jahre 1937 um 16 Millionen größer sein müssen, etwa 178 Millionen. Diese theoretische Zahl von 16 Millionen Opfern des kommunistischen Terrors beinhaltet allerdings direkte (Tod) und indirekte (weniger Geburten) Bevölkerungsverluste.[194]

Es ist hierbei anzumerken, dass Stalin selbst am 26. Januar 1934 »das Anwachsen der Bevölkerung der Sowjetunion von 160,5 Millionen Ende 1930 auf 168 Millionen Ende 1933« verkündete. Dabei ging er von einem jährlichen Zuwachs von 2,5 Millionen aus.[195] In Wirklichkeit lebten in der UdSSR Anfang 1934 etwa 156,7 Millionen Menschen, 11 Millionen weniger, als Stalin angab.

Fakt ist, dass die Zahl der »natürlichen« Sterbefälle ab Beginn der Zwangskollektivierung im Jahre 1929 kontinuierlich anstieg, was ohne Zweifel mit der Hungersnot in Zusammenhang steht.[196] Im Jahre 1933 erreichte die Sterblichkeit mit registrierten 11 450 000 Sterbefällen ihren Höhepunkt. Dabei ist anzumerken, dass dies keine vollständigen Angaben sind. Wenn man die jährliche durchschnittliche Rate der Sterbefälle mit 3,9 Millionen ansetzt (Durchschnitt der Jahre 1927/28) und den »Überschuss« an Todesfällen ab 1929 (dem Beginn der intensiven Kollektivierungskampagne) bis 1933 summiert, ergibt das 9,62 Millionen Sterbefälle über dem Durchschnitt. Allein in den Jahren 1932 und 1933 gab es 8,436 Millionen Tote mehr als in den Jahren 1927 und 1928. Die niedrigere Sterblichkeitsrate ab 1934 erklärt sich dadurch, dass während der Hungerkatastrophe neben den Kindern in erster Linie die schwachen und älteren Menschen verhungert beziehungsweise an verschiedenen Krankheiten gestorben waren. Es ist davon auszugehen, dass dies die Mindestzahlen sind.[197]

Auch im Jahre 1934 und danach starben Menschen an Hunger und Entkräftung, obwohl nicht mehr so massenhaft.[198] Besonders betroffen waren wie bereits zuvor die kleinen Kinder, wie die angeführten Zahlen zeigen.

Tab. 8: Kindersterblichkeit in der UdSSR in den Jahren 1933–1939[199]

Jahr	Kindersterblichkeit (bis 1 Jahr)	Anteil der Kinder bis 1 Jahr an der gesamten Sterblichkeit
1933	718 700	14,4 %
1934	537 500	20,4 %
1935	706 000	27,5 %
1936	938 100	31,5 %
1937	1 031 300	34,4 %
1938	1 023 300	34,6 %
1939	1 053 600	35,4 %

Wie aus der Tabelle hervorgeht, stieg die Sterblichkeitsrate der kleinsten Kinder nach 1934 sogar. Dies hängt möglicherweise mit der genaueren amtlichen Erfassung der gestorbenen Kinder zusammen. Im Hungerjahr 1932 und 1933 starben viele Kinder in den Hungergebieten wohl gleich nach der Geburt, ohne dass dies amtlich erfasst wurde. Die hohe Sterblichkeit der Kinder nach den großen Hungerjahren war bedingt durch die unzureichende Ernährung und fatale sanitäre Bedingungen.

Während in der UdSSR Hunderttausende Kinder jährlich, auch nach 1933, an Hunger, Unterernährung und damit verbundenen Krankheiten starben, sorgten sich Stalin und seine Genossen um das Schicksal der Kinder in der übrigen Welt, um die sogenannte fortschrittliche westliche Öffentlichkeit zu beeindrucken und zu täuschen. Übrigens mit Erfolg. Beispielsweise beschloss das Politbüro am 23. September 1936 großzügige Hilfe für die unter dem Bürgerkrieg leidenden spanischen Kinder, unter anderem in Form von 500 000 Pud Weizen und Mehl, 100 000 Pud Zucker, 30 000 Pud Butter, 750 000 Dosen mit Konserven und etwa 1000 Kisten Eier.[200] Am 14. Mai 1937 ordnete das Politbüro die Aufnahme von 1000 spanischen Kindern in sowjetische Ferienhäuser (auch in NKWD-Ferienhäuser) an, damit sie sich dort erholen und genesen konnten. Drei Tage später bewilligte das Politbüro 3500 Tonnen Weizen für die bedürftigen spanischen Kinder und Frauen.[201]

Es muss noch darauf hingewiesen werden, dass die oben angeführten Angaben über Hungertote in der UdSSR weder die Todesfälle in Konzentrationslagern, Gefängnissen und unter den Deportierten noch die durch OGPU/ NKWD Erschossenen beinhalten. Es wird geschätzt, dass bis 1937 etwa 1 bis 1,5 Millionen Menschen in Konzentrationslagern, Gefängnissen und in der Verbannung verstarben.[202] Und nach Angaben des NKWD wurden vom 1. Oktober 1936 bis zum 1. November 1938 insgesamt 1 565 041 Menschen verhaftet, von denen 668 305 erschossen und die übrigen in Konzentrationslager eingesperrt wurden. Wie hoch die Zahl der Erschossenen bis zum 1. Oktober 1936 war, konnte nicht ermittelt werden, es handelt sich dabei aber um mindestens Zehntausende.[203]

Somit muss man von mindestens 12 Millionen Opfern des kommunistischen Terrors in den Jahren 1929–1937 in der Sowjetunion ausgehen, wobei die Hungertoten die große Mehrheit darstellten. Die meisten Hungertoten waren in der Ukraine zu verzeichnen, dies bestätigen alle Untersuchungen zu dieser Katastrophe.[204] In den zwanziger Jahren des vorigen Jahrhunderts führte der renommierte ukrainische Demograph M. Ptuch Untersuchungen über natürliche Bevölkerungsbewegungen in der Ukraine durch. Im Jahre 1930 veröffentlichte er eine Arbeit, in der er seine Prognose der demographischen Entwicklung in der ukrainischen Sowjetrepublik vorstellte. Er prognostizierte folgendes Bevölkerungswachstum in der Ukraine in den Jahren 1930–1939:

Tab. 9: Von M. Ptuch prognostiziertes Bevölkerungswachstum in der Ukrainischen Sowjetrepublik für die Jahre 1930–1939 (in Tausend)[205]

1930	1931	1932	1933	1934	1935	1936	1937	1938	1939
30 652	31 127	31 641	32 157	32 689	33 235	33 786	34 333	34 868	35 397

Laut der Prognose von Ptuch hätte die Bevölkerung der USSR im Jahre 1937 34,3 Millionen Menschen umfassen müssen. Die im Januar 1937 durchgeführte Volkszählung wies aber auf dem Territorium der USSR 28,3 Millionen Bewohner auf, sechs Millionen weniger, als Ptuch prognostiziert hatte. Zu Beginn 1927 hatten dort noch knapp 29 Millionen Menschen gelebt. Gegenüber dem Jahr 1927 ging die Bevölkerungszahl in der USSR also um knapp 700 000 Menschen zurück. Dabei ist anzumerken, dass Ende 1933 etwas mehr als 100 000 Kolchosbauern mit ihren Familien aus der BSSR und Russland in die Ukraine umgesiedelt worden waren.[206]

Die Differenz zwischen der Prognose von M. Ptuch für das Jahr 1937 und der tatsächlichen Bevölkerungszahl in der Ukrainischen Sowjetrepublik im Jahre 1937 beträgt, wie erwähnt, rund sechs Millionen Menschen. Einige Hunderttausend von ihnen wurden deportiert, Zehntausende erschossen, aber die Übrigen, weit mehr als fünf Millionen, verhungerten elend, meistens in den Jahren 1932/33. Die meisten Hungeropfer waren unbestreitbar Ukrainer, dies bestätigen auch demographische Erhebungen, wobei sie nicht nur auf dem Territorium der Ukrainischen Sowjetrepublik starben.

Im Dezember 1926 lebten in der gesamten Sowjetunion 31,2 Millionen Menschen ukrainischer Herkunft, 23 Millionen von ihnen in der Ukrainischen Sowjetrepublik, die Übrigen in anderen Regionen der Sowjetunion, hauptsächlich in den russischen Provinzen und Städten. Nach der Volkszählung vom Januar 1937 lebten in der gesamten Sowjetunion 26,4 Millionen Ukrainer, 4,8 Millionen weniger als zehn Jahre zuvor. Wenn man aber die Wachstumsrate von zwei Prozent ansetzt, hätten im Jahre 1937 in der UdSSR etwa 37,5 Millionen Ukrainer leben müssen.[207] Die Differenz zwischen Ist- und Sollstand von etwa 10 Millionen resultiert allerdings nicht nur aus dem Massenterror und dem großen Hunger, sondern war auch die Folge der intensiven Russifizierung in den dreißiger Jahren.[208]

Der große Hunger, die Deportationen, die Erschießungen brachen schließlich den aktiven Widerstand der ukrainischen Bauern gegen die Kollektivierung und die kommunistische Herrschaft, ähnlich wie in den übrigen Territorien der UdSSR. Aus der Ukraine eine Festung der Sowjetunion zu machen, wie es Stalin in einem Brief an Kaganowitsch vom 11. August 1932 formulierte,[209] gelang den sowjetischen Kommunisten aber nie, genauso wenig wie aus den übrigen Regionen des kommunistischen Riesenreiches. Vielmehr wünschten Ende der dreißiger Jahre viele Bauern einen deutschen Überfall auf die Sowjetunion herbei, weil sie in ihrer Verzweiflung hofften, so doch von dem kommunistischen Joch befreit zu werden.[210] Die Zusammenarbeit von Abertausenden Russen, Ukrainern, Weißrussen, Tataren, Tschetschenen und anderen mit den deutschen Besatzern während der Jahre 1941 bis 1944 ist ohne Kenntnis der hier dargestellten kommunistischen Massenverbrechen nicht zu begreifen. In den westlichen Debatten darüber wird dies aber nur selten berücksichtigt.

Die sowjetischen Kommunisten stützten ihre Macht ausschließlich auf Gewalt, Terror, Zwangsarbeit und verdummende Propaganda. Die Kolchosen waren die Einrichtung, um die bäuerliche Bevölkerung zu unterdrücken und auszubeuten, und es dauerte noch Jahre, bis das Kolchossystem gefestigt war. Am 28. Mai 1939 referierte Andrejew, Stalins Mann für die Kollektivierung, auf dem Plenum des ZK über »Maßnahmen zum Schutz des Kolchoslandes vor Verschleuderung«. Dimitroff notierte anschließend in seinem Tagebuch:

»([Andrejew] berichtete anhand zahlreicher Fakten über die Verdrängung von Kolchosen durch individuelle Bauernhöfe). Eine Reihe von Sekretären zeichnete ein ausgesprochen pessimistisches Bild. *J[ossif] W[issarionowitsch] [Stalin] ergriff das Wort. Wies darauf hin, daß die Kolchosordnung gefestigt ist. 60 % der Kolchosbauern sind ehrlich und arbeitsliebend, halten am Kolchos fest. 10 % sind Faulenzer und Spekulanten.* Wenn jetzt Maßnahmen zur Entfernung solcher Elemente aus den Kolchosen ergriffen werden, wird es leichter sein, die Angelegenheit zu korrigieren.«[211]

Viele Bauern versuchten bis zur Einführung der Pässe, in die Städte zu flüchten, in der Hoffnung, dem kommunistischen Terror auf dem Lande zu entkommen und in den Städten Arbeit und Brot zu finden. Von 1928 bis 1932 übersiedelten insgesamt etwa 12 Millionen Menschen vom Land in die Städte.[212]

Aber das Leben der Arbeiter war nicht viel besser als das der Bauern. Die realen Löhne waren niedriger als in den zwanziger Jahren, die Bevölkerung der Städte explodierte geradezu, der Wohnungsbau hielt damit nicht Schritt, woraus katastrophale Wohnverhältnisse resultierten. Und auch Arbeiter wurden, ähnlich wie die Bauern an die Kolchosen, durch drakonische Disziplinargesetze an die Fabriken gebunden.[213] Die Sowjetunion der dreißiger Jahre war ein riesiges Zwangsarbeitslager.

Das ethnische Moment im kommunistischen Massenterror

Wie oben ausgeführt, starteten Stalin, seine Genossen und der gesamte kommunistische Bürokratieapparat den Vernichtungsfeldzug gegen die Bauernschaft im Rahmen der Vorbereitung zum revolutionären Krieg. Es ging darum, das eigene sehr unsichere Hinterland zu »befrieden« und zugleich die Bauern zu Zwangsarbeitern des kommunistischen Bürokratieapparates zu degradieren, um damit die gigantische Aufrüstung zu finanzieren. Der Massenterror richtete sich gegen die freie Bauernschaft und alle anderen angeblichen antisowjetischen Elemente (Geistliche, kirchliche Aktivisten, bürgerliche Spezialisten, ehemalige zaristische Offiziere, Polizisten usw.) gleich welcher ethnischen Herkunft.

Am meisten traf der Massenterror die ukrainische Bevölkerung und russische Bauern der Getreideanbaugebiete in Südrussland. Dort hatten die Bauern am meisten zu verlieren, dort waren auch der Druck auf die Bauern und die kommunistischen Plünderungszüge anlässlich der Getreideeintreibungskampagnen am gewalttätigsten und intensivsten. Der Massenterror der dreißiger Jahre weist aber auch eine klare ethnische Komponente auf, welche die These vom kommunistischen, nicht ethnisch definierten Terror widerlegt, obwohl allein die Massenverbrechen an der ukrainischen Bevölkerung als Beleg gegen diese These ausreichen müssten.

Am 20. Februar 1930 ordnete das Politbüro die Verfolgung von »Kulaken-Aktivisten« aus den asiatischen und kaukasischen Territorien an, die den dort angesiedelten Volksgruppen angehörten. Die besonders »böswilligen« unter ihnen waren zu erschießen: in Dagestan 350 Personen, in Usbekistan 1300, in Turkmenistan 200, in Kirgistan 100, in Georgien und Aserbaidschan je 500, in Armenien 200 und in der Burjat-Mongolei 100 Personen. Ihre Familien waren dagegen zu deportieren, genauso wie die übrigen »Kulaken-Aktivisten«. Die Letzteren sollten entweder außerhalb der jeweiligen Bezirke (2. Kategorie) oder innerhalb der Rayons (3. Kategorie) »umgesiedelt« werden. Insgesamt waren 2–3 Prozent aller Wirtschaften in diesen Gebieten zu dekulakisieren (zu enteignen) und ihre Eigentümer zu deportieren. Das Politbüro befand diese nur vage definierten Bevölkerungsgruppen als besonders störend beim Aufbau der kommunistischen Ordnung und der Kollektivierung. Sie sollten eliminiert werden, um die übrige Bevölkerung einzuschüchtern.[214]

Besonders misstrauten Stalin und seine Genossen der polnischen Minderheit, obwohl im bolschewistischen Apparat nicht wenige hohe Funktionäre polnischer Herkunft tätig waren.[215] Hier sei nur an Felix Dserschinski (Dzierżyński), den Gründer der Tscheka, oder etwa die Brüder Stanislaw (Stanisław) und Josef (Józef) Kosior erinnert. Stanislaw Kosior war der Generalsekretär des ZK der KP(b)U, sein Bruder Josef war im Wirtschaftsapparat tätig, 1932–37 als stellvertretender Volkskommissar für die Schwerindustrie. Jedoch entwickelten, wie bereits ausgeführt, die bolschewistischen Anführer in den zwanziger Jahren einen Polenkomplex, der auf den vor Warschau aufgehaltenen Marsch nach Westen zurückgeht. Daher waren auch die sowjetischen Beziehungen zu Polen in der Zwischenkriegszeit immer belastet, genauso wie das Verhältnis gegenüber der polnischen Minderheit, die zur Geisel der sowjetischen Polenpolitik wurde.

Der Beginn des kommunistischen Vernichtungszuges gegen die Bauern markiert zugleich den Beginn der ethnisch definierten Verfolgung der polnischen Minderheit in der Sowjetunion. Bereits im Jahre 1927 suggerierte Kaganowitsch, der die ukrainisch-polnische Grenzregion besuchte, in einem Bericht die Vertreibung der polnischen Bevölkerung. Er hielt sie für »antisowjetisch« und »defätistisch«. Kaganowitsch sprach es nicht aus, aber sein Bericht ließ keinen Zweifel daran, dass er eine Vertreibung der Polen aus der Grenzregion für wünschenswert hielt.[216]

Das, was Kaganowitsch im Jahre 1927 suggerierte, setzten Stalin und seine Genossen, zu denen auch Kaganowitsch gehörte, ab März 1930 in die Tat um. Sie ließen die gesamte polnische Bevölkerung aus den polnisch-sowjetischen Grenzgebieten verschleppen oder ermorden. Nicht die soziale Herkunft war dabei ausschlaggebend, sondern die ethnische Zugehörigkeit, eine Tatsache, die der bisherigen Forschung unbekannt war. Am 5. März 1930 beschloss das Politbüro, die sowjetisch-polnischen Grenzgebiete (BSSR und USSR) zu depolonisieren, also von den Polen zu säubern. Auch diejenigen Personen und Familien waren aus diesen Gebieten zu »entfernen«, die wegen »Banditentums«, Spionage sowie konterrevolutionären und berufsmäßigen Schmuggelns verurteilt worden waren.[217]

Das Politbüro legte folgende Kontingente fest: für die BSSR 3000 bis 3500 Familien und für die USSR 10 000 bis 15 000 Familien, die als erste und zweite Kategorie deportiert werden sollten. Zur Erinnerung: Die erste Kategorie bedeutete Einsperren in Konzentrationslager oder Erschießung, die zweite Kategorie Deportation in die Tiefe der UdSSR. Hinzu kamen Aussiedlungen von »kleinadligen«, das heißt polnischen Familien, die man innerhalb der BSSR und USSR von der Grenze weg hatte umsiedeln wollen, und zwar gleichgültig, welchen sozialen Status diese hatten, also selbst dann, wenn man diese »adligen Familien« der Kulakenschicht nicht zurechnen konnte, weil sie zu arm waren. Hierfür legte das Politbüro keine konkreten Kontingente fest, es überließ die Entscheidung darüber den lokalen Partei- und GPU-Behörden. All diese Deportationen waren zusätzlich zu den früher (am 30. Januar 1930) festgelegten Kontingenten an zu deportierenden »Kulaken« durchzuführen. Auch der lokale Staatsapparat in den Grenzregionen war von den konterrevolutionären polnischen Elementen zu säubern.[218]

Auch am 5. April 1930 beschloss das Politbüro, die Grenzregionen wirtschaftlich und kulturell besonders zu fördern. Neue Kolchosen waren zu bilden und mit Saatgetreide, landwirtschaftlichen Maschinen und Traktoren auszustatten, auch die soziale und kulturelle Infrastruktur (Krankenhäuser, Schulen, Bibiliotheken) sollte ausgebaut werden. Ferner ordnete das Politbüro an, anstelle der deportierten Polen »rote Partisanen« und demobilisierte Rotarmisten in den Kolchosen der Grenzregion anzusiedeln.[219] Einige Wochen später, am 20. April, befasste sich das Politbüro eingehend mit der Frage der wirtschaftlichen und kulturellen Förderung der Grenzregionen in der BSSR, USSR und auch RSFSR (Oblast Leningrad). Landwirtschaft (Kolchose) und leichte Industrie waren dort besonders zu fördern und zu entwickeln, dafür stellte das Politbüro 26 Millionen Rubel für das Jahr 1930 bereit. Für die Ansiedlung von demobilisierten Rotarmisten in den Grenzgebieten der USSR bestimmte das Politbüro 1,5 Millionen und in der BSSR und RSFSR jeweils 0,5 Millionen Rubel.[220]

Stalin und seine Genossen befürchteten jedoch, dass die geplante Säuberung der Grenzgebiete von »polnischen Kulaken-Elementen« Unruhen hervorrufen und die polnische Regierung diese zur »Einmischung« nutzen könnte. Vor diesem Hintergrund erteilte das Politbüro besondere Direktiven, um etwaige Unruhen zu verhindern. So waren die lokalen Parteiapparate durch Funktionäre aus anderen Regionen zu stärken. Auch die operativen OGPU-Gruppen und -Truppen vor Ort waren mit Personal für die Dauer der Aktion aufzustocken. Die Verhaftungen und Deportationen waren möglichst in kürzester Zeit und »ohne Lärm« durchzuführen, lauteten die Anweisungen. Ferner waren diese Direktiven besonders geheim zu halten und nur Politbüromitgliedern der Parteien in der BSSR und USSR sowie den Chefs der OGPU in der BSSR (Rappoport) und in der USSR (Balizki) zur Kenntnis zu geben.[221]

Vor dem Hintergrund dieser Vorkehrungen verwundert es nicht, dass diese antipolnische Aktion in der bisherigen Forschung unbemerkt geblieben ist, denn der Beschluss des Politbüros vom 3. März 1930 wurde tatsächlich umgesetzt. So meldete am 6. Mai 1930 die operative Gruppe der OGPU die Erfüllung des Beschlusses: Aus der Ukraine wurden 14 894 Einzelpersonen mit »besonderer Bestimmung« (*osobogo nasnatschenija,* wie die verschleppten Polen in internen OGPU-Berichten bezeichnet wurden), darunter 32 Familien, »ausgesiedelt«, und aus der BSSR 3589, darunter 183 Familien. Die Polen aus der USSR wurden in die sibirische Region verschleppt, die aus der BSSR in die fernöstliche Region.[222] Wie viele polnische Familien innerhalb der BSSR und USSR nach dem Beschluss vom 5. März 1930 »umgesiedelt« worden waren, konnte im Rahmen dieser Arbeit nicht ermittelt werden.

Die Verschleppung der polnischen Minderheit aus den sowjetisch-polnischen Grenzgebieten unterstützt die These, dass sich die sowjetischen Machthaber auf einen Angriffskrieg gegen den Westen, so in erster Linie gegen Polen, intensiv vorbereiteten. Sie säuberten das künftige Aufmarschgebiet von unzuverlässigen Elementen, und dazu gehörten die Polen allemal. Diese Operation war keineswegs das Ende der antipolnischen Aktionen, sondern erst der Anfang. Am 30. Oktober 1930 ordnete das Politbüro die Säuberung der Institutionen und Einrichtungen des Eisenbahn- und Straßenwesens in den westlichen Grenzgebieten von Polen und antisowjetischen Elementen an. Auch diese Aktion war unter strengster Geheimhaltung durchzuführen.[223]

Ende 1931 bemängelte das Politbüro jedoch, dass die Maßnahmen zur Festigung der Grenzregionen zu Polen noch nicht die gewünschten Ergebnisse gebracht hätten und die Region politisch noch nicht gefestigt sei. Vor diesem Hintergrund ordnete das Politbüro am 1. Dezember 1931 an, innerhalb der nächsten sechs Monate die Grenzgebiete von Kulaken, antisowjetischen Elementen und Saboteuren sowie Spionen des »faschistischen« Polen zu säubern. Sie waren insbesondere aus dem Sowjet-, Kooperativ- und Kolchosapparat zu entfernen und durch politisch zuverlässige Elemente zu ersetzen. Zugleich beschloss das Politbüro, diese Region in wirtschaftlicher Hinsicht weiter zu stärken. Es seien aber nur Handwerk und leichte Industrie zu entwickeln. Auch Schulen, Krankenhäuser, Kulturhäuser usw. sollten aufgebaut und die nationalen Schulen materiell und personell besser ausgestattet werden.[224]

Ein Jahr später, im März 1933, führte die OGPU erneut eine breit angelegte Säuberungsaktion in den westlichen Grenzgebieten, in der USSR, BSSR und in der Oblast Leningrad, durch. Im Laufe der Aktion nahmen die OGPU-Organe 18 802 Personen fest, 14 391 als angebliche Angehörige von aufständischen und Sabotageorganisationen sowie 4441 Personen als angebliche Spione und deren Verbindungsleute. In den meisten Fällen handelte es sich dabei um angebliche polnische Spione, Saboteure und Aufständische, die sich aus dem »polnischen Kleinadel« und Kulaken rekrutieren sollten. Besonders durchsetzt mit Spionen, Saboteuren und Aufständischen seien die BSSR und USSR gewesen. Im Jahre 1933 meldete die

OGPU auch über die Aktivitäten der Polnischen Militärorganisation (POW), deren Aufgabe es gewesen sei, in der Sowjetunion Spionage- und Saboteuraktivitäten durchzuführen. Die OGPU berichtete in diesem Zusammenhang über zahlreiche Verhaftungen.[225]

Im Jahr 1934 setzten die sowjetischen Organe die Säuberungen der Grenzgebiete zu Polen fort. Am 23. Dezember 1934 berichtete Stanislaw Kosior an Stalin, dass aus den Grenzgebieten in der USSR zwischen 10 000 und 11 000 Familien (etwa 50 000 Personen) von antisowjetischen Elementen ausgesiedelt worden waren. 2000 Familien waren nach Norden verschleppt worden und 8000–9000 Familien in die östlichen Gebiete der UdSSR. Betroffen waren Einzel- und Kolchosbauern, in erster Linie polnischer, aber auch deutscher Herkunft. Zugleich lösten die Parteistellen in der Ukraine die polnischen Dorfräte auf und ersetzten sie durch ukrainische. Dasselbe tat man mit den meisten polnischen Schulen in der Ukraine.[226]

Auch in der ersten Hälfte 1935 führten die OGPU- und Parteiorgane eine weitere breit angelegte Säuberungsaktion der Grenzgebiete durch, diesmal an allen sowjetischen Grenzen. Aus den ukrainischen Grenzgebieten verschleppten die sowjetischen Terrororgane (NKWD und Partei) vom 1. bis zum 9. Februar 1935 2000 Familien von antisowjetischen Elementen, insgesamt 8678 Personen, darunter 615 deutsche, 681 polnische, 589 ukrainische und 115 Familien anderer Ethnien (Tschechen, Moldawier, Bulgaren, Juden). Aus der BSSR sollten vom 1. bis 7. August 1935 2000 Familien verschleppt werden, die meisten wohl wieder polnisch. Die Deportation in der Oblast Leningrad fand vom 6. April bis zum 1. Mai 1935 statt, es wurden 5100 Familien (22 511 Personen) verschleppt. Hinzu kamen 1553 Familien (7857 Personen) aus der Nordkaukasischen Region (u. a. Tschetschenen, Osseten, Dagestaner).[227]

Wie gezeigt, wurde die deutsche Minderheit seit 1934 zum Objekt eines gezielten nicht nur sozial-politisch, sondern ethnisch definierten Terrors. Dies hängt mit der veränderten geopolitischen Lage in Europa nach der Machtergreifung Hitlers zusammen, als Deutschland von einem Verbündeten gegen den polnischen Todfeind zu einem potentiellen Gegner wurde. Die deutsche Minderheit in der Sowjetunion wurde nach 1933 zur Geisel der sowjetischen Außenpolitik, ähnlich wie die polnische zuvor. Eine weitere große Deportation unterstrich diese tragische polnisch-deutsche Schicksalsgemeinschaft. Am 24. April 1936 ordnete das Politbüro die Deportation von 15 000 polnischen und deutschen Familien (45 000 Personen) aus der Ukraine nach Kasachstan an. Polen stellten die Mehrheit (etwa 35 000 Personen) dieser Deportierten dar.[228]

Die ethnisch definierte Verfolgung der polnischen und deutschen Minderheit fand ihren vorläufigen Höhepunkt in der sogenannten »deutschen« und der »polnischen Operation«. Am 20. Juli 1937 erteilte Stalin Nikolai Jeschow den Befehl, alle Deutschen, die in der sowjetischen Rüstungsindustrie arbeiteten, verhaften und deportieren zu lassen. »Jeder, der in Verdacht geriet und für die politische Führung zur Nation der Deutschen gehörte, konnte nunmehr verhaftet, deportiert oder erschossen werden.« Insgesamt 42 000 Menschen kamen im Zuge der »deutschen Operation« ums Leben.[229]

Infolge des kommunistischen Terrors der dreißiger Jahre ging die deutsche Minderheit von 1,23 Millionen im Dezember 1926 auf 1,15 Millionen im Januar 1937 zurück.[230] Bei dem geschätzten Bevölkerungszuwachs von etwa 250 000 (2 % jährlich) ergibt dies eine Opferzahl von 330 000 Personen, und zwar noch vor der »deutschen Operation«.

Die »polnische Operation« verlief wesentlich blutiger. Am 11. August 1937 verschickte Jeschow ein streng geheimes Schreiben über die angeblichen faschistisch-aufständischen, Spionage-, Sabotage-, Zersetzungs- und terroristischen Aktivitäten der polnischen Abwehr in der UdSSR. Jeschow behauptete in dem Schreiben, dass sich die angeblichen polnischen Spione und Saboteure in allen Bereichen des sowjetischen Partei-, Sowjet-, Wirtschafts- und Militärapparates und sogar in den Sicherheitsorganen festgesetzt hätten. Alle diese Elemente hätten der Polnischen Militärorganisation angehört und der Sowjetunion einen großen Schaden zugefügt, unter anderem hätten sie den Marsch nach Warschau im Jahre 1920 sabotiert. Hierin kommt der sowjetische antipolnische Komplex, der auf die Niederlage vor Warschau zurückgeht, zum x-ten Mal zum Vorschein.[231]

Dieses Schreiben war der Auftakt zur »polnischen Operation«. Am 14. September 1937 erstattete Jeschow an Stalin eine Meldung über deren Verlauf, in der er mitteilte, dass 23 216 Personen polnischer Herkunft unter dem Vorwurf der Spionage für den polnischen Staat verhaftet worden seien. Stalin schrieb an den Rand dieses Berichtes: »An Genossen Jeschow. Sehr gut! Treten und beseitigen Sie auch in Zukunft diesen polnischen Spionen-Dreck! Vernichten Sie ihn im Interesse der UdSSR. J. Stalin. 14.IX.37«.[232] Die »polnische Operation« lief selbstverständlich weiter.[233]

Insgesamt wurden im Rahmen der »polnischen Operation« über 150 000 Personen verhaftet, die Hälfte von ihnen anschließend erschossen.[234] Stalin ließ sogar die Kommunistische Partei Polens auflösen und die Mehrheit ihrer Anführer, deren er habhaft werden konnte, erschießen. Paradoxerweise war die KPP die Organisation, die den sowjetischen Terror unterstütze und sich sehr angestrengt hatte, Polen von innen zu zersetzen und es zu sowjetisieren.

Vor dem Hintergrund des sowjetischen Terrors verwundert es nicht, dass sich die polnische Minderheit laut den damaligen sowjetischen Statistiken von 792 000 Personen im Dezember 1926 auf 627 000 im Jahre 1939 verringerte.[235] Bei der geschätzten zweiprozentigen Wachstumsrate jährlich hätte aber die polnische Minderheit im Jahre 1937 etwa eine Million Menschen umfassen müssen. Besonders große Verluste erlitt die polnische Minderheit in der BSSR und der USSR. Es wird geschätzt, dass in der USSR die polnischen Verluste etwa 30 Prozent des Standes vom Ende der zwanziger Jahre betrugen.[236]

In der BSSR wurde die polnische Minderheit hingegen fast vollständig vernichtet. In den zwanziger Jahren bekannten sich in der BSSR noch 300 000 Menschen zu ihrer polnischen Herkunft. Noch am 4. August 1938, als der Massenterror allmählich abflaute, schlug Pantalejmon Ponomarenko, Sekretär des ZK der KP(b)B, Stalin vor, »aus den Grenzgebieten der BSSR Familien der Repressierten [d. h. zuvor Erschossenen oder in KZs Eingesperrten, B. M.], der konterrevolutionären und aufständischen Elemente sowie Personen, die enge familiäre Bindungen nach Polen und Lettland haben« zu deportieren.[237] Stalin war damit offenkundig grundsätzlich einverstanden, und zwei Wochen später, am 18. August, präzisierten sowjetische Stellen in der BSSR in einem Schreiben an Molotow, dass diese Deportation 11 732 Familien erfassen sollte, insgesamt 50 019 Personen, davon 25 000 Kinder. An ihre Stelle sollten demobilisierte Grenzschützer und Rotarmisten in den Kolchosen angesiedelt werden.[238]

Im Rahmen dieser Untersuchung gelang es nicht, zu ermitteln, ob diese Aktion dann durchgeführt worden ist, und wenn ja, wie viele Menschen davon betroffen waren. Aber als die deutschen Truppen im Sommer 1941 in das heutige Ostweißrussland einmarschierten, trafen sie dort nur vereinzelt Polen an. Die 221. Sicherungsdivision, die im September 1941 die südöstlichen Gebiete Weißrusslands »befriedete«, meldete am 19. September 1941: »Die Polen bilden in dem jetzigen Raum der Division eine kaum mehr bemerkbare Minderheit. [...] Auch sind Polen in der Berichtszeit nur ganz vereinzelt in Erscheinung getreten.«[239] Um das Verbrechen an der polnischen Minderheit in der BSSR in den Statistiken zu vertuschen, deklarierten die sowjetischen Behörden gar Weißrussen bzw. Russen als Polen.[240]

Außer der polnischen und deutschen Operation ließen Stalin und seine Genossen vom Sommer 1937 bis November 1938 noch andere ethnische Gruppen in der UdSSR verfolgen, Letten, Chinesen, Kurden, Iraner, Koreaner. Im Zuge der nationalen Operationen verhafteten die NKWD-Organe bis November 1938 über 350 000 Menschen (etwa 150 000 davon im Rahmen der »polnischen Operation«), die meisten von ihnen, etwa 250 000, wurden erschossen.[241]

Die polnische Minderheit war die erste ethnische Gruppe in der UdSSR, die wegen ihrer ethnischen Zugehörigkeit von sowjetischen Kommunisten verfolgt wurde. Ihr Schicksal teilten später die deutsche Minderheit, die Krimtataren, Tschetschenen und andere. Vor diesem Hintergrund verwundert es auch nicht, dass die Katholiken in der UdSSR von allen religiösen Gruppierungen am meisten von dem Terror betroffen waren. In den zwanziger Jahren gab es in der UdSSR etwa 1,6 Millionen Menschen, die sich zum Katholizismus bekannten, ein großer Teil von ihnen waren Polen. Es gab fast 500 Kirchen und 370 Priester. In den dreißiger Jahren wurden die römisch-katholischen Kirchen, ähnlich wie die übrigen, geschlossen und Priester ermordet oder in Konzentrationslager eingesperrt. Ende der dreißiger Jahre waren in der UdSSR nur noch zwei katholische Kirchen in Funktion, eine in Moskau und eine in Leningrad.[242]

Aufbau der Rüstungsindustrie und Ausbau der Roten Armee 1930–1941: gigantische Pläne und spektakuläre Rückschläge

Parallel zur »Befriedung« des eigenen Hinterlandes ließen Stalin und seine Genossen seit Anfang 1930 geradezu gigantische Pläne für den Auf- und Ausbau der Rüstungsindustrie sowie den Aus- und Umbau der Roten Armee ausarbeiten und umsetzen. Ohne Zweifel bedeutet der Schwarze Freitag von Ende Oktober 1929 die Zäsur auch in diesen Bereichen. Wie bereits dargelegt, hatten Stalin und seine Clique im Sommer 1929 festgestellt, dass die ehrgeizigen Aufrüstungspläne von 1927/28 nicht eingehalten werden konnten, ähnlich wie die Pläne für den Aufbau der Rüstungsindustrie. Die am 15. Juli 1929 beschlossenen Maßnahmen wurden aber bis Ende 1929 ebenfalls nicht einmal in Ansätzen umgesetzt. Zu Beginn des Jahres 1930 war die Rote Armee unter keinen Umständen auf den Krieg vorbereitet.

Tab. 10: Friedensstärke der sowjetischen Streitkräfte 1930–1939[1]

Datum	Heer	Luftwaffe	Kriegsflotte	Truppen außer Norm	Insgesamt
01. 01. 1930	567 729	27 297	36 592	–	631 616
01. 01. 1931	567 838	33 030	38 915	–	629 783
15. 01. 1932	675 513	55 178	44 689	–	775 519
01. 03. 1933	835 683		64 229	–	899 912
01. 01. 1934	836 043		71 568	125 959	1 033 570
01. 01. 1935	986 934		98 239	–	1 085 173
01. 01. 1936	868 493	111 157	101 763	137 912	1 219 325
01. 01. 1937	1 145 563	159 603	127 893	212 924	1 645 983
01. 01. 1938	1 232 536	191 702	–	157 829	1 582 057
24. 02. 1939	1 720 296		–	211 666	1 931 962

Der Schwarze Freitag spornte jedoch Stalin und seine Genossen an, neue Pläne auszuarbeiten und zu beschließen sowie Maßnahmen zu ergreifen, um die Rote Armee doch in wenigen Jahren in eine mächtige Angriffsarmee umzuwandeln. Der Ausbau der Rüstungsindustrie, der Einkauf von neuen Technologien und der Aufbau von neuen Werken sollten dies ermöglichen. Zugleich erfolgte ein massiver Aus- und Umbau der Roten Armee. Die heute zugänglichen Daten über die Entwicklung der Roten Armee und der Rüstungsindustrie in den dreißiger Jahren sind erstaunlich und vermitteln den Eindruck, dass Stalin und seine Genossen in dieser Hinsicht sehr erfolgreich gewesen sind.

Tab. 11: Jährliche Produktion von Panzern und Flugzeugen 1930–1940[2]

	1930	1931	1932	1933	1934	1935	1936	1937	1938	1939
Panzer	79	847	2585	3509	3582	3061	3981	1610	2386	3107
Flugzeuge	1149	1489	2490	4116	4354	2529	4270	6039	7727	10 362

Tab. 12: Waffenlieferungen an die Rote Armee in den Jahren 1933–1937 (ohne Panzer und Flugzeuge)[3]

	1933	1934	1935	1936	1937 (Plan)
Geschütze	1797	5164	4895	6923	7073
Gewehre	241 000	319 600	220 603	442 558	553 182
Maschinengewehre	32 700	29 500	29 789	34 496	39 135
Artilleriegeschosse	2 135 000	1 991 000	2 389 000	5 675 000	8 382 000
Gewehrmunition	225 Mio.	259 Mio.	450 Mio.	800 Mio.	1740 Mio.
Bomben (in Tonnen)	284 000	216 000	200 000	600 000	975 000
Flugzeugmotoren	5785	7600	5658	5350	15 675

Tab. 13: Mobilmachungspläne der Roten Armee 1930–1934[4]

	Mob.-Plan Nr. 10 (1930)	Mob.-Plan Nr. 11 (1932)	Mob.-Plan Nr. 15 (Dez. 1932)	Mob.-Plan Nr. 15 (Mai 1933)	Mob.-Plan 1934
Stärke der Streitkräfte	3 175 325	3 536 250	4 710 500	4 467 000	4 800 000
Pferde	1 223 750	1 787 000	1 537 000	1 537 400	
Infanterie-divisionen	105 ½	144	150	150 + 2 Brig.	149
Panzer-truppen		14 Btl.			4 Brig.
Luftwaffe		74 Flieger-staffeln 52 Abtlg.			32 Brig.
Kavallerie	15 ½ Div.	14 Div. 7 Brig.	21 Div.	22 Div. 3 Reg.	22 Div.
Flugzeuge	1420	1923	3515	3740	3500
Panzer	429	1444	4115	8463	9000
Geschütze	6936	11 600	12 000	10 657	

Tab. 14: Mobilmachungsplan für die Rote Armee 1937 und 1938, nach Angaben des Generalstabes vom November 1937[5]

	Mobilmachungsplan 1937	Mobilmachungsplan 1938
Infanterie	2 608 000	4 194 800
Kavallerie	352 000	289 700
Panzertruppen	153 200	230 100
Artillerie	183 300	343 000
Luftwaffe	304 900	387 000
Flotte	215 000	261 000
Gesamt	5 300 000	8 645 000

Die vorstehenden Angaben sind auf den ersten Blick sehr beeindruckend und scheinen von einem großen Aufrüstungserfolg Stalins und seiner Genossen zu zeugen. Die bisherige Forschung führte jedoch diese Angaben und Zahlen an, ohne zu untersuchen, wie es tatsächlich um den Zustand der Kriegsvorbereitungen und der Roten Armee bestellt war. Es wird lediglich gelegentlich darauf hingewiesen, dass die ursprünglichen Pläne beispielsweise in Bezug auf die Panzer- und Flugzeugproduktion viel höher gewesen waren und nur teilweise umgesetzt werden konnten.[6]

Angesichts der Besonderheiten der sowjetischen Berichterstattung, die oft wenig mit der Wirklichkeit gemein hatte, ist es jedoch notwendig, hinter die Fassade der offiziellen Berichterstattung zu blicken. Nur so lassen sich die faktische Umsetzung der beschlossenen Pläne und deren Ergebnisse feststellen. In der vorliegenden Arbeit werden daher zwei Bereiche genauer untersucht, das Panzerbauprogramm mit den Panzertruppen und die Luftwaffe. Beide Waffengattungen hatten eine entscheidende Bedeutung in den Plänen für die Umwandlung der Roten Armee in eine moderne Angriffsstreitmacht gehabt, sie spielten im Zweiten Weltkrieg auch die entscheidende Rolle, insbesondere die Panzer. Doch zunächst zu der Debatte über die Aufrüstungspläne von Michail Tuchatschewski vom Jahre 1930, der wie kein anderer die Entwicklung der Roten Armee in den Jahren 1930 bis 1936 prägte.

Tuchatschewskis Konzeption des Blitz- und Vernichtungskrieges

Der Hauptinitiator der Umrüstung der Roten Armee von einer rückständigen Streitmacht in eine technisch hoch gerüstete Angriffsarmee in den dreißiger Jahren war Michail Tuchatschewski, im Jahre 1930 Kommandierender des Leningrader Kriegsbezirks. Tuchatschewski leitete in den zwanziger Jahren sechs Jahre lang den Fachbereich militärische Strategie an der Militärakademie.[7] Er verfolgte und analysierte die Entwicklung der Kriegstechnik und -strategie in den westlichen Ländern. Ab Sommer 1929 verfasste er eine Reihe von Denkschriften, in denen er sich für eine radikale Umrüstung der Roten Armee und eine Modernisierung der Kriegsstrategie einsetzte.

Eine am 17. August 1929 an Woroschilow, den Volkskommissar für Kriegswesen und Flotte, gerichtete Denkschrift befasste sich mit der Rolle des Transportwesens im modernen Krieg. Angesichts des miserablen Zustandes des Straßenwesens in der UdSSR sollte, so Tuchatschewski, bei der Belieferung der Fronttruppen mit Munition und Ausrüstung im künftigen Krieg der Lufttransport eingesetzt werden. Voraussetzung dafür sei aber der Aufbau einer Transportluftflotte nach amerikanischem Vorbild.[8] Einige Tage später schrieb er an den Flugzeugkonstrukteur Oleg Antonow über die steigende Bedeutung des Lufttransportes im Postwesen. Die für Posttransport konstruierten Flugzeuge könnte man dann im Krieg für militärische Zwecke einsetzen, argumentierte Tuchatschewski.[9]

Zwei Monate später, am 19. Oktober 1929, verfasste Tuchatschewski eine alarmierende Denkschrift über den katastrophalen Zustand des Eisenbahnwesens. Im künftigen Krieg stehe das Eisenbahnwesen vor großen Herausforderungen, wobei er einen offensiven Krieg meinte, wie aus dem Inhalt der Denkschrift hervorgeht. Der heutige Zustand des sowjetischen Eisenbahnwesens erlaube es aber auf keinen Fall, diesen Anforderungen gerecht zu werden. Die radikale Rekonstruktion des Eisenbahnwesens sei daher unumgänglich. Im Sommer 1929 habe er, Tuchatschewski, die Kriegsbereitschaft der Eisenbahnregimenter kontrolliert und dabei festgestellt, dass ihre Anlagen und Ausrüstung um Jahrzehnte veraltet seien. Auch sei der Bau von neuen Eisenbahnbrücken notwendig, wobei der Bau von Brücken und Bahngleisen unbedingt mechanisiert werden müsse.[10]

Seine wichtigste Denkschrift zum Thema des künftigen Krieges verfasste Tuchatschewski am 11. Januar 1930, zu einem Zeitpunkt, als in Moskau fieberhafte Aktivitäten im Zusammenhang mit der Weltwirtschaftskrise anliefen. In der Denkschrift vom 11. Januar forderte er eine radikale Umrüstung und einen massiven Ausbau der Roten Armee. Eingangs stellte Tuchatschewski fest: »Im Fünfjahresplan des Aufbaus der Streitkräfte, den der Stab der Roten Armee auf der Grundlage des staatlichen Fünfjahresplanes der UdSSR erstellt hatte, war darauf hingewiesen worden, dass weder der Stand der Industrie noch die soziale Struktur des Dorfes es zulassen, konstruktiv an die organisatorische Rekonstruktion der Streitkräfte heranzugehen.«[11] Jetzt aber habe sich das geändert, daher lege er ein Projekt zur Reorganisation der Streitkräfte vor.

Tuchatschewski machte in der Denkschrift auch klar, wen er als den künftigen Kriegsgegner ansah: »Das vorliegende Memorandum orientiert sich hauptsächlich gegen unsere westlichen Nachbarn und große Imperialisten Europas, die hinter deren Rücken stehen.« Tuchatschewski fuhr fort:

> »Die Vernichtung der Kulaken als Klasse und die Vergesellschaftung der Produktionsmittel in den Rayons der vollen Kollektivierung erlauben ohne Zweifel, die bäuerlichen Massen für den Krieg einzusetzen, insbesondere durch breite Bildung von territorialen Milizen. Die Letzteren können dank der Mechanisierung der Landwirtschaft nicht nur als Schützen und Kavalleristen ausgebildet werden, sondern auch für den Einsatz in technischen Truppenteilen. [...] Unsere Ressourcen erlauben dank der erfolgreichen Erfüllung des Fünfjahresplans: a) Massenentwicklung unserer Armee; b) Steigerung ihrer Mobilität; c) Erhöhung ihrer offensiven Möglichkeiten.«[12]

Was die Produktionskapazitäten der sowjetischen Rüstungsindustrie angeht, zeigte sich Tuchatschewski sehr optimistisch und meinte, die Entwicklung der Industrie ermögliche laut Fünfjahresplan die Produktion von 122 500 Flugzeugen und 100 000 Panzern. Zugleich klagte er, dass im Jahr 1924 die Rote Armee mangels technischer Ausrüstung hatte reduziert werden müssen und der Fünfjahresplan von 1926 nur einen bescheidenen Zuwachs an Divisionen vorgesehen habe. »Heute erlauben uns die Perspektiven der industriellen Entwicklung, diese Frage so zu regeln, wie dies den Anforderungen des bevorstehenden großen Krieges entspricht.«[13]

Der Um- und Ausbau der Roten Armee sollte laut Tuchatschewski folgende Ziele erreichen: 260 Infanterie- und Kavalleriedivisionen, 50 Divisionen »ARGK [Artilleriereserve des Oberkommandos]« + Artillerie großen Kalibers und Granatwerfer, 225 Bataillone PRGK [MG-Reserve des Oberkommandos], 40 000 kriegsbereite Flugzeuge und 50 000 einsatzbereite Panzer. Dabei argumentierte er, der massenhafte Einsatz von Panzern und Flugzeugen werde einen vernichtenden Angriff von 150 Divisionen zeitgleich auf einem Abschnitt von 450 Kilometern und die totale Vernichtung der gegnerischen Kräfte bis zu einer Tiefe von 100 bis 200 Kilometern ermöglichen, auch unter »massivem Einsatz von chemischen Kampfmitteln« *(massowym primeneniem chimitscheskich sredstw borby)*. Tuchatschewski hegte offenkundig eine gewisse Vorliebe für Giftgas als Kampfwaffe, im Sommer 1921 ließ er sie sogar gegen aufständische russische Bauern im Bezirk Tambow einsetzen (siehe oben, S. 80). Die Tiefe des Angriffs von bis zu 200 Kilometern könne man dagegen durch den Einsatz von Luftlandetruppen im gegnerischen Hinterland erreichen, meinte Tuchatschewski. Dies alles ermögliche die totale Vernichtung der gegnerischen Armee, die technisch den eigenen Kräften unterlegen sei.[14]

Es sei hierbei daran erinnert, dass Tuchatschewski im Sommer 1920 den bolschewistischen Hauptangriff nach Westen über Warschau anführte. Schon damals propagierte er die Idee der »Revolution von außen«, das heißt durch Eroberung und Etablierung der kommunistischen Herrschaft in einzelnen Ländern.[15] Diesmal jedoch wollte Tuchatschewski sichergehen, dass der Durchbruch nach Westen gelang.

Mit seiner Denkschrift vom 11. Januar 1930 entwarf Tuchatschewski wohl den ersten Plan für einen modernen Blitz- und Vernichtungskrieg. Der Hauptfeind war Polen mit seinen Verbündeten, das Ziel Deutschland, das Herz Europas, wie im Sommer 1920. Denn nur für den Krieg gegen Polen brauchte man keine 50 000 Panzer und 40 000 Flugzeuge. Es verfügte im Jahre 1930 nach sowjetischen Angaben zusammen mit seinen potentiellen Kriegsverbündeten (Rumänien, Lettland und Estland) über 1000 Panzer, 2240 Flugzeuge und 3,16 Millionen Soldaten für den Kriegsfall.[16] Auch musste man mit dem militärischen Eingreifen Frankreichs rechnen, das wohl weder der Vernichtung Polens noch der Sowjetisierung Deutschlands tatenlos zusehen würde.

Tuchatschewski legte seinen Plan Woroschilow vor, Kopien erhielten der Stabschef (Schaposchnikow) und der Chef der Bewaffnung der Roten Armee (Uborewitsch). Der letzte Posten wurde erst im November 1929 eingerichtet.[17] Woroschilow befahl Schaposchnikow, eine Stellungnahme zu verfassen, und diese fiel vernichtend aus. Schaposchnikow hielt Tuchatschewskis Plan für unrealistisch, weder die sowjetische Rüstungsindustrie könne solche Mengen an Panzern, Flugzeugen und sonstiger Ausrüstung liefern, noch gebe es ausreichend qualifizierte technische und militärische Kräfte für den Ausbau der Armee und ihrer technischen Truppen.[18] Einige Tage später verfasste der Generalstab eine Stellungnahme zu Tuchatschewskis Denkschrift, die im Wesentlichen auf der Schrift von Schaposchnikow basierte. Man unterstrich, dass das von Tuchatschewski angenommene Industriewachstum unrealistisch sei, es gebe auch zu wenig wehrpflichtige und wehrfähige Rekruten, technische Spezialisten, Kommandeure und Flieger. Insgesamt sei das Projekt wirtschaftlich nicht durchführbar.[19]

Woroschilow leitete am 5. März 1930 die Stellungnahme des Generalstabes zusammen mit Tuchatschewskis Denkschrift mit folgendem Kommentar an Stalin weiter: »Tuchatschewski will originell und ›radikal‹ sein. Schlecht, dass es in der Roten Armee Leute gibt, die diesen Radikalismus für bare Münze nehmen. Ich bitte Sie, die beiden Dokumente durchzulesen und mir Ihre Meinung mitzuteilen.«[20] Stalin las die beiden Schriften tatsächlich, unterstrich darin viel mit seinem blauen Stift und antworte Woroschilow am 23. März 1930. Auch Stalins Urteil fiel vernichtend aus. Er warf Tuchatschewski vor, dass er die wirtschaftlichen, finanziellen und kulturellen Möglichkeiten des Landes nicht berücksichtige. Der Plan sei unrealistisch und phantastisch, und Stalin fragte:

»Wie konnte ein solcher Plan im Kopf eines Marxisten entstehen, der die Schule des Bürgerkrieges durchgemacht hatte? Ich denke, dass der ›Plan‹ des Genossen Tuch-ski [so kürzte Stalin den Namen Tuchatschewski ab] aus der modischen Begeisterung für ›linke‹ Phrasen resultiert, aus der Begeisterung für bürokratischen Kanzleimaximalismus. Daher wurde in dem Plan Analyse durch ›Spiel mit den Zahlen‹ *ersetzt* und marxistische Perspektive der Entwicklung der Roten Armee durch phantastische. Einen solchen ›Plan‹ zu verwirklichen würde die Wirtschaft des Landes und die Armee ganz bestimmt ins Verderben stürzen. Das wäre schlimmer als jede Konterrevolution.«[21]

Der viel gescholtene, aber bezüglich der Kritik zunächst ahnungslose Tuchatschewski engagierte sich weiter und fuhr fort, Denkschriften zu verfassen, um seine Strategie des künftigen Angriffskrieges weiter auszuformulieren. Am 23. Februar 1930, als man im Generalstab über seine Denkschrift vom 11. Januar noch diskutierte, schickte er Woroschilow einen Bericht über die Schwächen der Mobilmachungsvorbereitungen der sowjetischen Industrie. Er kritisierte darin, dass die sowjetische Rüstungsindustrie mit der zivilen Industrie nicht kooperiere und dass diese Vorbereitungen nach dem »Ein-Schuss-Prinzip« verliefen, das heißt, sie beträfen nur die Rüstungsindustrie und seien nicht auf einen langjährigen Krieg ausgerichtet.[22]

Im März 1930 verfasste Tuchatschewski gleich zwei Denkschriften, am 8. März über die Produktion von Geschützen und Artilleriegeschossen sowie über die Entwicklung des Artilleriewesens. Darin führte er aus, dass die Sowjetunion für den künftigen Krieg etwa 20 000 Geschütze brauchen werde, wofür 180 Millionen Artilleriegeschosse für ein Kriegsjahr notwendig seien. Zu diesem Zwecke müsse man die Artillerietruppen, insbesondere die ingenieurtechnischen Kräfte, von gegenwärtig 41 000 auf 131 000 Mann im Jahre 1932/33 erhöhen. Auch die forcierte Entwicklung der chemischen Industrie sei erforderlich, um die notwendigen Sprengstoffe für die Geschosse herstellen zu können.[23]

Am 16. März 1930 folgte die Denkschrift über Pioniertruppen. Deren Aufgaben bestünden darin, so Tuchatschewski, Straßen und Brücken für die vordringenden Verbände aufzubauen, denn es sei davon auszugehen, dass der abziehende Gegner diese massiv zerstören werde. Dies würde »die Aktivitäten der Sturmarmee auf schmalen Frontabschnitten in eine schwierige Transportlage versetzen«. Daher sei der Ausbau der Pioniertruppen notwendig. In der Denkschrift fiel nicht ein Wort darüber, dass eine Aufgabe der Pioniertruppen auch der Bau von Befestigungen sein könnte.[24] Ergänzend dazu erarbeitete Tuchatschewski zwei Monate später eine Denkschrift über provisorische Autowege, die aus vorgefertigten Elementen zusammengebaut werden sollten. Es ging darum, die zerstörten oder in Reparatur befindlichen Straßenabschnitte bei offensiven Operationen zu umgehen.[25]

Erst am 13. April 1930 erfuhr Tuchatschewski von der vernichtenden Kritik des Generalstabes und auch Stalins an seiner Denkschrift vom 11. Januar 1930. An jenem Tag nämlich las Woroschilow die Schelte Stalins an der Denkschrift in der erweiterten Sitzung des Revolutionären Kriegsrates in Anwesenheit Tuchatschewskis vor. Und erst Wochen später bekam er auch die Kritik des Generalstabs zu lesen. Tuchatschewski resignierte jedoch nicht, sondern nahm seinerseits Stellung zu der Kritik und schickte sie am 19. Juni 1930 Stalin mit allen von ihm bis dahin verfassten Denkschriften zu.[26]

In seiner Schrift vom 19. Juni 1930 argumentierte Tuchatschewski, der Generalstab habe in seiner Stellungnahme falsche Zahlen angeführt, die es in seiner Denkschrift gar nicht gebe, sowie Informationen unterdrückt, um seinen Plan zu diskreditieren. Beispielsweise hätte er geschrieben, dass man für ein Kriegsjahr 50 000 einsatzbereite Panzer und 50 000 weitere für Ersatzteile benötige. Darunter sollten aber auch Traktoren sein, die man im Mobilisierungsfall kurzfristig zu Panzern umrüsten und für die zweite und dritte Angriffswelle einsetzen könne, und zwar im Kampf gegen die feindliche Infanterie nach der Vernichtung der Artillerie des Gegners durch die erste Panzerangriffswelle. Ferner solle der Aufbau der Luftwaffe auf der Basis der zivilen Luftfahrt erfolgen, das heißt, die für zivile Zwecke bestimmten Flugzeuge seien so zu konstruieren und zu produzieren, dass sie im Kriegsfall mobilisiert werden könnten. Zugleich wehrte sich Tuchatschewski vehement gegen den Vorwurf des Realitätsverlustes.[27]

Während des XV. Parteitages, der Ende Juni 1930 in Moskau stattfand, unterhielt sich Stalin mit Tuchatschewski über dessen Denkschrift. Dabei gab Stalin zu, dass er sich bei seiner Kritik auf die Stellungnahme des Generalstabs gestützt habe. Zugleich versprach er Tuchatschewski, dessen Stellungnahme und die übrigen beigefügten Denkschriften durchzulesen.[28] Dass Stalin Tuchatschewskis Stellungnahme tatsächlich gelesen hat, geht aus seinen Unterstreichungen und Anmerkungen auf dem Dokument hervor.[29]

Tuchatschewskis Bemühungen blieben nicht ohne Erfolg, und Stalin änderte allmählich seine Meinung über dessen Pläne. Im Herbst 1930 nahm er den Ausbau der Roten Armee tatsächlich in Angriff, jedoch bei weitem noch nicht so, wie sich Tuchatschewski das vorstellte. Am 30. November 1930 ordnete das Politbüro den Ausbau der Roten Armee für den Kriegsfall im Jahre 1931 wie folgt an: 102 Infanteriedivisionen, 29 Korps, 12 Kavalleriedivisionen und 7 Kavalleriebrigaden, 24 Artillerieregimenter, 23 Artilleriebataillone großer Kaliber, 1535 Kampfflugzeuge, 830 Panzer (kleine und mittlere), 400 Panzerspähwagen, 8864 mittlere und großkalibrige sowie 3585 kleinkalibrige Geschütze.[30] Am selben Tag beschloss das Politbüro auch, dass bis zum Frühling 1932 4000 Panzerspähwagen, 13 800 kleine und 2000 mittlere Panzer zu produzieren und an die Rote Armee zu liefern seien.[31]

Am 30. Dezember 1930 schickte Tuchatschewski Stalin eine weitere Denkschrift über das Panzerbauprogramm. Ermutigt dazu hatten ihn die Entscheidungen Stalins über die zivile Luftfahrt und über die Vergrößerung der Armee vom 30. November 1930. Tuchatschewski argumentierte dabei, dass die Entscheidung Stalins über die zivile Luftfahrt sogar weiter ginge, als er sie vorgeschlagen hätte.[32]

Das Jahr 1931 brachte den Durchbruch in der militärischen Karriere Tuchatschewskis. Stalin ließ ihn am 10. Juni 1931 zum Chef der Bewaffnung der Roten Armee sowie zum stellvertretenden Volkskommissar für Kriegswesen und Flotte ernennen. Einen Monat zuvor, am 10. Mai, hatte das Politbüro Schaposchnikow, Tuchatschewskis Hauptkritiker, als Stabschef der Roten Armee entlassen. An seiner Stelle ernannte das Politbüro Ion Jakir, der jedoch zurücktrat, und am 10. Juni Alexander Jegorow zum Stabschef.[33] Tuchatschewski bekleidete seinen Posten bis zum Jahre 1937 und konnte damit seine Pläne für den Blitz- und Vernichtungskrieg in Angriff nehmen, zumal Stalin seine Kritik zurückgenommen hatte, sich gar dafür entschuldigte.

Im Brief vom 7. Mai 1932 an Tuchatschewski, von dem er eine Kopie Woroschilow zukommen ließ, schrieb Stalin: »Heute, nach zwei Jahren, nachdem manche für mich unklare Fragen inzwischen klarer wurden, muss ich zugeben, dass mein Urteil zu scharf war und meine Ausführungen nicht alle richtig.«[34] Er, Stalin, sei aber weiterhin der Auffassung, dass eine Armee von elf Millionen Soldaten, die Tuchatschewski vorgeschlagen habe, unrealistisch sei. Auch eine Armee von acht Millionen Soldaten sei zurzeit nicht realisierbar, höchstens in drei bis vier Jahren. Er, Stalin, sei aber der Auffassung, dass nicht die Zahl der Divisionen die entscheidende Rolle im künftigen Krieg spielen würde, sondern vor allem ihre Qualität, ihre technische Ausrüstung, und er fuhr fort: »Ich denke, Sie werden mit mir einverstanden sein, dass eine Sechs-Millionen-Armee, gut technisch ausgestattet und neu organisiert, völlig ausreichen wird, um die Unabhängigkeit unseres Landes an allen Fronten ohne Ausnahme zu garantieren.«[35] Und das waren die Zielvorgaben an die Entwicklung der Roten Armee, die Tuchatschewski zu realisieren hatte.

Das Panzerbauprogramm und der Aufbau der Panzerverbände

Wie bereits dargelegt, beschloss das Politbüro am 30. November 1930 ein Panzerbauprogramm von 4000 Panzerspähwagen, 13 800 kleinen sowie 2000 mittleren Panzern bis zum Frühjahr 1932.[36] Durch diese Entscheidung ermutigt, erarbeitete Tuchatschewski einen Plan zur Massenherstellung von Panzern und schickte ihn am 30. Dezember 1930 Stalin und Woroschilow zu. Dabei verwies er darauf, dass es sich um die Fortsetzung und Präzisierung seiner Denkschrift vom 11. Januar 1930 handele.[37]

Tuchatschewski argumentierte, dass man für den Panzerkrieg, den er in seiner Denkschrift vom 11. Januar 1930 entworfen hatte, verschiedene Panzertypen brauche. Für die erste Angriffswelle seien Panzer notwendig, die imstande seien, die Front zu durchbrechen. Sie müssten daher den gegnerischen Panzerabwehrkanonen standhalten und somit von der besten Qualität sein. Für die darauf folgenden Angriffswellen benötige man dagegen Panzer, die mit der von der ersten Angriffswelle überrollten gegnerischen Infanterie und ihrem MG-Feuer fertig werden müssten. Aufgabe dieser Panzertruppen, die sich aus zweitklassigen Panzern zusammensetzen würde, wäre, die durchbrochenen Frontlinien von feindlicher Infanterie zu säubern.[38]

Die Produktion von Panzern der ersten Klasse sei teuer und kompliziert und ihre Massenherstellung vorerst nicht realisierbar, argumentierte Tuchatschewski. Die Panzer der zweiten Klasse ließen sich aber aus Autos und Traktoren zusammenbauen, die in Massen produziert würden. So könne man die Zahl der Panzer kolossal steigern und den Panzerbestand nach Angriffswellen und Aufgaben wie folgt diversifizieren: Überwindung von Befestigungsanlagen, Kampf gegen gegnerische Antipanzerartillerie, Überwindung von Schützengräbern, Bekämpfung von MGs. Tuchatschewski wies darauf hin, dass man in den kapitalistischen Ländern mit ähnlichen Überlegungen an den Panzerbau herangehe.

Für die Massenherstellung von Panzern der zweiten Klasse seien die Verwendung des technischen Systems eines geeigneten Autos oder Traktors sowie die Massenherstellung von Panzerrümpfen notwendig. In der UdSSR gebe es bereits solche Panzer, und zwar die Panzer ›Carden-Lloyd‹ und Kleinkampfwagen, die auf der Grundlage der Fordtechnik mit einer Höchstgeschwindigkeit von 40 km/h konstruiert wurden. Aus Traktoren ließen sich dagegen Panzer mit geringer Geschwindigkeit herstellen. Im Leningrader Kriegsbezirk würden bereits die ersten Prototypen hergestellt und getestet, sie seien aber noch zu schwach. Das Werk ›Krasny Putilowez‹ werde aber im März 1931 mit der Produktion von neuen Traktoren beginnen, aus denen sich hervorragende leichte Panzer herstellen ließen. Die Voraussetzung sei jedoch die Massenherstellung von Panzerrümpfen, die man jedoch stanzen könne. Die Werke ›Lenin‹ und ›Stalin‹ in Leningrad verfügten über Produktionskapazitäten und Technik zum massenhaften Stanzen von Panzerrümpfen. Auf diese Art und Weise lasse sich aus jedem Traktor und jedem Auto ein Panzer bauen. Die Produktionsmöglichkeiten von Autos und Traktoren in der UdSSR stiegen aber schnell und würden im Jahre 1933 die Zahl von 203 000 Autos sowie 166 300 Traktoren (zusammen mit dem geplanten Import) erreichen.

Unter der Berücksichtigung all dieser Überlegungen hielt es Tuchatschewski für machbar, im Jahr 1933 eine Armee mit 75 000 Panzern aufzubauen, von denen die meisten mit MGs bewaffnet wären. Kanonen sah Tuchatschewski nur für Panzer der ersten Angriffswelle vor. Die Panzerfahrer für diese Panzerarmee sollten unter den entsprechend ausgebildeten Traktorfahrern mobilisiert werden. Anschließend kritisierte Tuchatschewski den Konservatismus des Generalstabs im strategischen Denken, der durch die Erfahrungen des Ersten Weltkrieges geprägt sei und von einem massiven Einsatz der Artillerie im Stellungskrieg ausgehe. Er, Tuchatschewski, plädiere dagegen für einen Masseneinsatz von Panzern im Bewegungskrieg.[39]

Stalin, der, nach den vielen Unterstreichungen zu urteilen, Tuchatschewskis Denkschrift aufmerksam gelesen hatte, fand offenkundig Gefallen an der Strategie des künftigen Panzerkrieges und der Idee von der Massenherstellung von Panzern. Zum letzten Punkt lagen ohnehin bereits entsprechende Richtlinien des Politbüros vor, das heißt zum Einkauf von Traktorenwerken und Technik, um sie dann für die Panzerproduktion zu adaptieren. Am 10. Januar 1931 richtete Woroschilow eine Kommission ein, die sich mit einem Panzerbauprogramm zu befassen hatte. Tuchatschewski gehörte dieser Kommission an.[40]

Am 20. Februar 1931 bestätigte das Politbüro den Beschluss über das Panzerprogramm, das seinen Ursprung in der Denkschrift Tuchatschewskis vom 30. Dezember 1930 hatte. Es ging dabei im Einzelnen um Folgendes: Der Kleinkampfwagen T-27, der auf der Grundlage der von ihm erwähnten Fordmotoren konstruiert worden war, sollte im Autowerk Nr. 2 in Produktion gehen, im Jahre 1931 sollten 400 Stück produziert werden und in der Kriegszeit 2000 Stück. Die zweite Produktionsstätte für T-27 sollte bei den Autowerken in Nischny Nowgorod erbaut werden. Als leichter Panzer sollte dagegen der T-26 (Vickers) in Produktion gehen. Im Jahre 1931 waren im Werk »Bolschewik« (Leningrad) 400 Stück davon herzustellen, wobei das Werk so ausgebaut werden sollte, dass dort jährlich 1500 Stück vom T-26 zu produzieren waren. Darüber hinaus waren die Traktorenwerke in Stalingrad für die Produktion von 12 000 Stück T-26 pro Jahr auszubauen, die ersten Panzer hätten im Frühjahr 1932 vom Band zu rollen. Als mittlerer Panzer sollte der T-G in Produktion gehen, mit dem Produktionsziel von 2000 Stück pro Jahr. Im Jahr 1931 sollten die ersten 50 bis 75 Stück T-G in den Traktorenwerken Charkow hergestellt werden. Die zweite Produktionsstätte für diese Panzer war im Ural zu bauen.[41]

Ferner ordnete das Politbüro mit dem Beschluss vom 20. Februar 1931 an, die Produktion von Panzern zur Unterstützung der Infanterie auf der Grundlage der Auto- und Traktorindustrie bis 1932/33 zu organisieren. Ihre Produktion, so der Beschluss, ermögliche »die zufriedenstellenden Ergebnisse bei der Assimilierung des Kleinkampfwagens T-27 mit dem Ford AA sowie die vorläufigen Ergebnisse bei der Panzerung und Bewaffnung der Traktoren ›Kommunard‹ und ›Caterpiller‹ und damit ihren Umbau zu Panzern zur Unterstützung der Infanterie«. Darüber hinaus beschloss das Politbüro, die Organisierung der Produktion von Motoren und Panzerstahl für Panzer.[42]

Auch an die entsprechenden Kader dachte das Politbüro und beschloss einige Tage später, am 25. Februar 1931, die Mobilisierung von 7000 Kommunisten zur Ausbildung in militärischen Lehranstalten zu Kommandeuren, und zwar in den Luftwaffen-, Panzer-

und Artillerieschulen. Die Ausbildungszeit war jedoch auf 1 ½ bis 2 Jahre zu kürzen.[43] Und am 5. Juli 1931 konstatierte das Politbüro, dass es notwendig sei, sowohl die politische Festigkeit als auch die kriegstechnische Vorbereitung der Kommandeure, auch der Reserve, zu erhöhen, damit sie mit der modernen Kriegstechnik umgehen könnten.[44]

Aus dem Beschluss des Politbüros vom 20. Februar 1931 geht hervor, dass Stalin und seine Genossen die volle Kriegsbereitschaft des Landes für das Jahr 1933 einplanten und somit den künftigen Krieg für 1933/34 anvisierten. Diese Annahme bestätigt auch der Beschluss des Revolutionären Kriegsrates vom September 1931 über den Aufbau der motorisierten Verbände als »gepanzerte Faust aus motorisierten Truppen« für den künftigen Krieg, der im Jahr 1933/34 beginnen könnte. Bis dahin sollten 10 000 Panzer aller Klassen hergestellt werden, darunter 3000 leichte Panzer, 5000 Kleinkampfwagen und 2000 mittlere Panzer.[45]

Der Plan für die Produktion von 10 000 Panzern im Jahre 1932 wurde am 10. Januar 1932 vom Komitee für Verteidigung auf Antrag von Stalin hin bestätigt. Noch im Juli 1931 wurde unter Vorsitz von Tuchatschewski ein weiteres »großes Panzerprogramm« ausgearbeitet, das ab 1932 umgesetzt werden sollte. Das Programm sah unter anderem den Ausbau der Autowerke in Nischny Nowgorod und der Stalingrader Traktorenwerke vor, sodass die Autowerke in Nischny Nowgorod im Krieg 28 000 bis 35 000 Kleinkampfwagen und die Stalingrader Traktorenwerke 12 000 leichte Panzer (T-26) jährlich produzieren konnten.[46]

Im Frühjahr 1932 befassten sich Stalin und seine engsten Mitarbeiter, Tuchatschewski am aktivsten, sehr intensiv mit dem Ausbau der mechanisierten Verbände der Roten Armee, insbesondere mit dem der Panzertruppen. Am 21. Januar 1932 schrieb Tuchatschewski an Stalin und Woroschilow, dass die geplante Produktion von Panzern die Umwandlung von Infanteriedivisionen, die in den Grenzgebieten der BSSR und USSR stationiert waren, in mechanisierte Brigaden und Korps ermögliche. Diese neuen Formationen wären dann imstande, »tiefe Operationen« (d. h. den Vernichtungs- und

Blitzkrieg) gegen Polen, aber auch gegen Rumänien und Lettland durchzuführen.[47]

Die darauf folgenden Aufrüstungspläne wurden immer gigantischer. Im März 1932 sah der neue Fünfjahresplan (1933 bis 1938) eine Entwicklung der Panzerindustrie vor, die imstande wäre, im Laufe des zweiten Fünfjahresplanes 62 500 Panzer herzustellen, darunter 20 000 Kleinpanzer, 12 000 leichte und 500 schwere Panzer sowie 20 000 Panzer der zweiten Angriffswelle. Es war auch geplant, die Rote Armee im Kriegsfall mit 350 000 Lastkraftwagen und 19 000 Traktoren zu beliefern. Im Mai und Juni 1932 entwickelte Jegorow, der Stabschef der Roten Armee, einen Plan über die Entwicklung der Roten Armee bis 1938, der unter anderem für das Jahr 1938 vorsah: 32 000 Flugzeuge, 40 000 Panzer, 20 000 Kleinkampfwagen, 100 000 Traktoren, 500 000 Lastkraftwagen, 84 500 Geschütze und 75 Millionen Artilleriegeschosse.[48] Damit wäre die Denkschrift von Tuchatschewski vom 11. Januar 1930 in die Tat umgesetzt worden.

Wie sah aber die Umsetzung dieser gigantischen Pläne aus, wenn man die damalige Truppenstärke und technische Ausrüstung anderer Länder berücksichtigt? Am 16. November 1932 erstattete Woroschilow als Volkskommissar für Kriegswesen und Flotte einen ausführlichen Bericht über die Ergebnisse der Kriegsvorbereitungen der Roten Armee in den Jahren 1931/32. Eingangs stellte er fest:

> »Das Jahr 1931/32 war das Jahr des größten organisatorischen Aufbaus der Roten Armee nach dem Bürgerkrieg. Im Laufe dieses Jahres wurden 10 neue Infanteriedivisionen aufgestellt, mit der Aufstellung von 117 Panzer- und mechanisierten Verbänden wurde begonnen; die Aufstellung von 58 Luftwaffenverbänden wurde faktisch beendet; aufgestellt wurden auch zwei große Verbände – Kolchosen- und Eisenbahnkorps usw.«[49]

Für die neuen Verbände wurden 18 000 Kommandeure der Reserve mobilisiert und 13 000 Kommandeure sowie politische Kommissare innerhalb der Truppe versetzt. Kommandeure und politische Kommissare absolvierten zahlreiche Schulungskurse, Soldaten wurden ausgebildet und trainiert. Trotzdem konstatierte Woroschilow: »Die Rote Armee ist noch weit von den Anforderungen entfernt, welche die neue Technik, die neue [...] Organisationsstruktur und der in vielerlei Hinsicht veränderte Charakter des modernen Kampfes und der Operationen nach sich ziehen.«[50]

Die größte Schwäche der Roten Armee sei die Führung der Truppe, so Woroschilow in seinem Bericht. Bis 1930 habe die Rote Armee keine echten Stäbe gehabt. Daher habe man 1932 der Stärkung der Stäbe und der Schulung von Stabskommandeuren viel Aufmerksamkeit gewidmet. Eine der Schwächen der Stäbe sei die Aufklärung, sie seien nämlich nicht imstande, die erhaltenen Informationen und Meldungen auszuwerten und zu analysieren. Besonders schwach sei auch die Vorbereitung der Verwaltung der rückwärtigen Gebiete. Die Feuervorbereitung der Artillerie, Kavallerie und Infanterie sei ebenfalls nicht zufriedenstellend.[51]

Ferner heißt es in dem Bericht, dass die allgemeine Bildung der Kommandeure sehr schwach sei, es gebe viele Kommandeure ohne mittleren Schulabschluss. An den militärischen Akademien sollten im Jahr 1932/33 10 700 und ein Jahr später 17 700 Kommandeure ausgebildet werden. Unter den mittleren militärischen Lehranstalten spielten diejenigen mit technischer Ausrichtung die entscheidende Rolle, im Jahre 1932 lernten dort 34 750 künftige Kommandeure. In den Kavallerie- und Infanterieschulen gebe es dagegen 10 180 Hörer.[52]

Die mechanisierten Verbände waren die jüngste Truppengattung der Roten Armee. Noch im Jahr 1930 gab es lediglich 43 selbständige mechanisierte Formationen, ein Jahr später 79 und 1932 bereits 193. Im Jahr 1932 wurden 200 000 Soldaten zum Dienst in den technischen Verbänden ausgebildet, hinzu kamen 9000 untere Kommandeure, etwa 4000 höhere und über 4000 Mann vom technischen Personal. Trotzdem gab es große Schwierigkeiten, die neuen Formationen mit geeigneten Kadern zu versehen. Die Schwierigkeiten seien noch durch die kurzen Ausbildungszeiten und die unzureichende Anzahl an Kampfmaschinen vergrößert worden, so Woroschilow in seinem Bericht. Die mechanisierten Truppen »charakterisieren sich durch neuartige Organisation und fehlende Erfahrung im Kampfeinsatz der Panzer- und mechanisierten Verbände«. Insgesamt klagte Woroschilow über den Mangel an Kadern und Panzern für die neuen Panzerverbände. Er verwies auch darauf, dass in den bestehenden Formationen die Führung der Maschinen und der taktischen Truppenteile noch nicht beherrscht werde.[53]

Dass der massive Ausbau der Roten Armee in den Jahren 1931 und 1932 auf der Kriegsstrategie basierte, die Tuchatschewski in seinen Denkschriften von 1930 entwickelt hatte, geht auch aus Woroschilows Bericht eindeutig hervor. Er beschrieb nämlich darin die künftige Strategie, die er als »tiefe Taktik« bezeichnet, wie folgt: ein massiver und gleichzeitiger Angriff der Panzerverbände, unterstützt von Luftwaffe, Artillerie und Infanterie auf dem gesamten Abschnitt der gegnerischen Verteidigungslinien. Dies würde einen schnellen Durchbruch und die operative Vernichtung des Gegners ermöglichen. Diese theoretische Strategie habe sich in den Übungen im Jahre 1932 teilweise bewährt, so Woroschilow in seinem Bericht. Zugleich verwies er darauf, dass sich der Einsatz der Artillerie beim Durchbruch der gegnerischen Verteidigungslinien während des Weltkrieges nicht bewährt hätte.[54]

Des Weiteren verwies Woroschilow in seinem Bericht auf Schwierigkeiten bei der Belieferung der neuen Formationen mit Panzern. Diese Schwierigkeiten waren in der Tat sehr ernsthaft, denn bereits im Sommer 1932 war abzusehen, dass das Panzerbauprogramm für das Jahr 1932 (10 000 Panzer) nicht erfüllt werden konnte. Bis August 1932 waren nur 440 Panzer T-26 fertiggestellt, 264 davon bekam die Rote Armee. Im Oktober 1932 wurde das Panzerbauprogramm für das Jahr 1932 auf 4700 Panzer reduziert. Auch dieser Plan konnte nicht eingehalten werden.[55]

Von den vorgesehenen 10 000 Panzern erhielt die Rote Armee im Jahre 1932 lediglich 2585, 25 Prozent der geplanten Menge, wobei nur ein Teil gemäß den vorgesehenen Bauplänen ausgestattet war. Beispielsweise schaffte es die Industrie nicht, für die mittleren Panzer BT Panzertürme zu liefern, die 44-mm-Panzerkanonen tragen konnten. Daraufhin wurden die Panzer BT mit kleineren Panzer-

Tab. 15: Das Panzerbauprogramm für 1932 und seine Umsetzung[56]

Panzertyp und Werke	Plan 1932 (Februar 1932)	Korrigierter Plan (Okt. 1932)	Ausgeliefert an die Rote Armee	Nur zusammengebaut	Davon	
					ohne Panzerturm	ohne Ketten
T-26, leicht, Werk »Woroschilow«	3000	1600	911	1409	500	–
Mittlere BT, Lokwerk Charkow	2000	600	239	600	300	290
T-27 Kleinkampfwagen, Werk Nr. 2 in Moskau	5000	1800	1370	1618	–	–
Werk in Nischny Nowgorod		300	65	87		
zusammen	10 000	4300	2585	3714	800	290

türmen und mit 37-mm-Kanonen ausgestattet. Es war vorgesehen, dass die Panzer BT umgebaut werden würden, sobald die Industrie stärkere Panzertürme liefern könnte.[57]

Die Ursachen für das Scheitern des Planes waren vielfältig. Katastrophale Organisation, nichtplanmäßiger Aufbau von Produktionsstätten, unzureichende Belieferung mit Stahl und Bauteilen. Die Stalingrader Werke konnten ihre Pläne für die Produktion von Panzerrümpfen nicht einhalten, weil von den benötigten 1000 Tonnen Stahl nur 250 Tonnen geliefert worden waren. In den Traktorenwerken in Charkow und in den Werken »Woroschilow« in Leningrad standen mehr als 700 teilweise zusammengebaute Panzer, ihre Fertigstellung war wegen der ausbleibenden Bauteile jedoch nicht möglich. Fabrikhallen und Werkhöfe seien voll mit den dort stehenden, nicht fertiggestellten Panzern, alarmierte Tuchatschewski im Sommer 1933 und wies darauf hin, dass mit dem Herbstwetter viele von ihnen verrotten würden.[58]

In den nächsten Jahren besserte sich die Lage nur wenig. Im Jahr 1933, als bereits der zweite Fünfjahresplan galt, erhielt die Rote Armee von der Rüstungsindustrie 3640 Panzer und Sturmgeschütze, im Jahr 1934 3440, 1935 3061, 1936 3989, und im Jahr 1937 war die Lieferung von 2145 Panzern und Sturmgeschützen geplant.[59] Diese Zahlen machen deutlich, dass das Panzerbauprogramm von 1932 nicht erfüllt werden konnte, weil die verabschiedeten Pläne die Produktionskapazitäten der sowjetischen Rüstungsindustrie bei weitem überstiegen.

Nichtsdestotrotz waren die weit unter Plan gelieferten Panzer sehr zahlreich im Vergleich zu den Panzern, über die die kapitalistischen Länder damals verfügten. Nach sowjetischen Schätzungen hatte Frankreich im Jahr 1933 3500 Panzer, Großbritannien und die USA besaßen je 1000 und Japan 400 bis 500 Stück.[60] Die Rote Armee verfügte bald über weit mehr Panzer.

Tab. 16: Zahl der Panzer in der Roten Armee 1934 bis 1941[61]

1.1.34	1.1.35	1.1.36	1.1.37	1.1.38	1.1.39	1.5.40	1.1.41
7574	10 180	13 339	17 280	18 839	21 110	21 982	23 307

Trotz der spektakulären Rückschläge in der Panzerproduktion verfügte die Sowjetunion im Jahr 1934 über mehr Panzer als alle anderen europäischen Länder zusammen. Allerdings war diese für die damalige Zeit gewaltige Panzerarmee der sprichwörtliche Papiertiger. Am 2. August 1936 berichtete Woroschilow über die Zustände, die in den neu aufgestellten Panzerverbänden in den Jahren 1932 und 1933 herrschten: »Panzer, mit denen man in den Krieg ziehen konnte, gab es nicht.«[62]

Die Ursachen dafür waren folgende: Die sehr schlechte Qualität der ausgelieferten Panzer, intensive Nutzung der Maschinen in der

Truppe, ohne dass sie sachgerecht gewartet wurden, denn es fehlten Reparaturwerkstätten, Ersatzteile und auch Fachkräfte. Am 1. August 1933 verfasste die OGPU einen alarmierenden Sonderbericht über die Auslieferung von defekten Waffen an die Rote Armee, den Stalin, Molotow, Woroschilow und Ordschonikidse zugeschickt bekamen. Über die Panzer stand dort: »Ein großer Teil der an die Rote Armee ausgelieferten Panzer weist sehr grobe Defekte auf, bis hin zur Entdeckung von Fremdgegenständen in Panzermechanismen und Motoren. [...] Diese erwähnten Defekte führen nicht nur zur Senkung der Kampffähigkeit der Panzer, sondern sie schaffen unter dem Personal der motorisierten Truppen eine Atmosphäre des Misstrauens hinsichtlich der Zuverlässigkeit der Panzer.«[63]

Um andere Waffengattungen stand es ähnlich kritisch, wie der Bericht vom 1. August 1933 feststellte. Die Hauptursache für diese Missstände lag laut Bericht in der schlechten Arbeit der Abteilungen für technische Qualitätskontrolle in den Rüstungsbetrieben. Die OGPU witterte auch Sabotage und behauptete, konterrevolutionäre Organisationen in einzelnen Betrieben aufgedeckt zu haben, deren Mitglieder vorsätzlich die defekten Waffen an die Rote Armee ausgeliefert hätten. Die OGPU befahl eine Reihe von Maßnahmen, um die Qualitätskontrolle in den Betrieben zu erhöhen.[64] Dies brachte jedoch wenig, und im November 1933 erließ Molotow als Vorsitzender des Rates für Arbeit und Verteidigung einen Beschluss über die Abnahme der Rüstungsprodukte. Unter anderem wurde die Verwaltung für Abnahme um 50 Ingenieure vergrößert, und Inspekteure für die Qualitätskontrolle in den Rüstungsbetrieben wurden von der Betriebsleitung in dienstlicher und finanzieller Hinsicht unabhängig gemacht.[65]

Mit Amboss und Eisenstangen

Auch diese Maßnahmen brachten aber nicht die erhofften Resultate, und die Auslieferung von mangelhaften Waffen und Ausrüstung blieb in den nächsten Jahren als eines der größten Probleme des sowjetischen Aufrüstungsprogramms bestehen. Die prekäre Lage, die durch die schlechte Qualität der ausgelieferten Panzer verursacht wurde, verschärfte noch der Umstand, dass das Politbüro und die militärischen Stellen mit Tuchatschewski an der Spitze versäumt hatten, für die Panzer und sonstige technische Ausrüstung Reparaturbasen aufbauen zu lassen. Folglich musste man die oft bereits defekt ausgelieferten Panzer in der Truppe notdürftig herrichten, falls das überhaupt möglich war.

Erst im Sommer 1933 wurde ein Plan ausgearbeitet, um die Reparatur von Kampf- und Transportmaschinen sowohl in Friedens- als auch in Kriegszeiten sicherzustellen. In den nächsten Monaten tat sich jedoch in dieser Hinsicht nichts, um den Plan in die Praxis umzusetzen. Am 28. November 1933 beschloss die sowjetische Regierung für das Jahr 1934 einen Reparaturplan für 1300 Panzer und 500 Panzermotoren. Die Rüstungsindustrie unternehme jedoch weiterhin nichts, schlug Chalepski, Chef der Verwaltung für Panzerbewaffnung, am 1. Dezember 1933 Alarm und fuhr fort: »Wenn jetzt keine sofortigen Maßnahmen in dieser Frage ergriffen werden«, dann würden im Laufe des Jahres nur 17 Prozent aller Panzer der Roten Armee einsatzbereit sein. Das Volkskommissariat für Schwerindustrie unternehme aber nichts, so Chalepski, um eine Versorgungsbasis für die Reparatur der Motoren M-5 für den Panzer BT (Christi) aufzubauen und die Lieferung von Ersatzteilen für diese Motoren sicherzustellen. Chalepski forderte Kuibyschew, den stellvertretenden Vorsitzenden des Rates der Volkskommissare der UdSSR, auf, dem Volkskommissariat für Schwerindustrie Anweisungen zu erteilen, Reparaturbasen für Panzer aufzubauen.[66]

Trotz der Aufrufe und Forderungen ging der Ausbau von Reparaturbasen nur schleppend voran. Am 19. August 1934 ordnete der Rat der Volkskommissare an, in der BSSR Basen für die Reparatur von 2995 Kampfwagen und 2800 Lastkraftwagen ›Ford AA‹ aufzubauen. Die BSSR war das Hauptaufmarschgebiet gegen Polen, dies erklärt die Konzentration der Reparaturbasen in der BSSR. Es war geplant, die Arbeiten daran im vierten Quartal 1934 anzufangen. Bis März 1935 tat sich in dieser Hinsicht jedoch nichts.[67]

Im Jahr 1935 verbesserte sich zwar die Lage hinsichtlich der Reparatur von Panzern, sie blieb aber weiterhin hinter den beschlossenen Plänen zurück. In der ersten Jahreshälfte 1935 erfüllten die Rüstungsbetriebe den Plan für die Generalüberholung von Kampfmaschinen zu 71,8 Prozent und von Motoren für Kampfmaschinen zu 33,8 Prozent. Die Belieferung der Reparaturbetriebe mit Ersatzteilen habe sich im Jahre 1935 verbessert, heißt es im einschlägigen Bericht vom 19. Juli 1935. Die Schwachstelle bliebe jedoch die Versorgung mit Kugel- und Rollenlagern, die kaum geliefert würden.[68]

Das Volkskommissariat für Schwerindustrie wurde zwar noch im Jahre 1932 angewiesen, die Produktion von allen Sorten von Kugellagern für Panzer in der Sowjetunion zu organisieren, um deren Import bis 1934 gänzlich einzustellen. Zum 1. November 1936 war aber die Produktion von elf Kugellagersorten für Panzer noch nicht gesichert. Die Produktion der übrigen Kugellager befriedigte dagegen selbst den Friedensbedarf nicht, sodass der Zusammenbau von Panzern T-26 und BT-7 nicht gesichert war. Für die Reparaturbetriebe konnten daher nur geringe Mengen an Kugellagern geliefert werden. Hinzu kam, dass die Qualität der in der Sowjetunion hergestellten Kugellager wesentlich hinter der Qualität der im Ausland produzierten zurückblieb.[69] Kugellager mussten daher weiterhin importiert werden.[70]

Im Jahr 1936 war die Lage hinsichtlich der Reparatur von Panzern ähnlich wie im Vorjahr. Auch die Ursachen für die Nichterfüllung der Pläne waren dieselben wie zuvor, und zwar die fehlenden Ersatzteile ebenso wie die chaotische Arbeitsweise in den einzelnen Reparaturbetrieben.[71] Hinzu kam, dass die Reparaturbetriebe und -werkstätten mit speziellen Reparaturmaschinen sehr schlecht ausgestattet waren. Im einschlägigen Bericht vom 15. April 1936 heißt es dazu: »Die Werke sind mit spezieller Ausrüstung für die Reparatur von Panzern auszustatten, und die Arbeit mit handwerklichen Methoden der Reparatur von Panzern mit ›Amboss‹ und ›Eisenstangen‹ ist zu beenden.«[72] Bis zum Ausbruch des Zweiten Weltkrieges gelang es nicht, das Problem der Reparaturwerke und -werkstätten für Panzer zufriedenstellend zu lösen.[73]

Eine weitere Ursache dafür, dass es in den ersten Jahren kaum kriegseinsatzfähige Panzer gab, war die extensive Nutzung der vorhandenen Panzer für Schulungs- und Übungszwecke. Die in den Jahren 1931 bis 1933 aufgestellten Panzerverbände hatten zwar ihre planmäßige Personalstärke bald erreicht, doch die vorgesehene Zahl an Panzern hatten sie bei weitem nicht geliefert bekommen. Die relativ geringe Zahl an Panzern im Verhältnis zur Truppenstärke führte dazu, dass die vorhandenen Panzer extensiv zu Übungs- und Schulungszwecken in der Truppe genutzt wurden. Die Folge war, dass die Rote Armee im Jahre 1933 über keine kriegseinsatzfähigen Panzer verfügte, berichtete Woroschilow im August 1936.[74]

Vor diesem Hintergrund hatte Woroschilow im Jahr 1933 befohlen, dass 50 Prozent der Kampfmaschinen nicht mehr als 100 Stunden und 50 Prozent nicht mehr als 50 Stunden pro Jahr und Maschine in Betrieb sein dürften. Dieser Befehl habe dazu geführt, dass sich der Anteil der kriegseinsatzfähigen Maschinen auf 40 bis 50 Prozent erhöht habe, behauptete Woroschilow im August 1936. Die Panzer konnten jedoch nicht sachgemäß gewartet und repariert werden, denn es fehlten Reparaturwerkstätten und Ersatzteile, sodass der Anteil der kriegseinsatzfähigen Panzer wieder zurückging. Im Jahre 1935 erließ Woroschilow einen weiteren Befehl, der die jährliche Nutzungsdauer der Panzer weiter einschränkte, und zwar auf 50 Stunden pro Jahr und Maschine für 30 Prozent aller Panzer. Die übrigen 70 Prozent waren zu konservieren und durften nur 15 Stunden pro Jahr und Maschine in Betrieb genommen werden.[75]

Diese Maßnahmen halfen jedoch wenig, und die Sowjetunion war auch im Jahre 1936 auf dem Papier zwar die stärkste Panzermacht der Welt mit über 13 000 Panzern (Stand 1. Januar 1936), von denen aber nur ein kleiner Teil kriegseinsatzfähig war. Nicht viel besser stand es um die Kommandeure und Soldaten der Panzertruppen. Der sichtlich über die in den Panzerverbänden herrschenden Zustände erschütterte Michail Tuchatschewski alarmierte Stalin am 9. Juli 1936:

»Nachdem ich mich mit dem Stand der Kriegsvorbereitung der mechanisierten Verbände bekannt gemacht habe, halte ich es für meine Pflicht, Sie zu informieren, dass der Stand der Vorbereitungen außerordentlich kritisch ist. Angesichts der Mängel in der Organisation des Reparaturwesens und des Fehlens von Ersatzmaschinen lässt sich sogar eine nur wenig zufriedenstellende Ausbildung der Panzerfahrer kaum durchführen. Die taktische Vorbereitung der Panzerverbände bleibt beinahe aus. Beispielsweise wollte ich in dem mechanisierten Korps ›Kalinowski‹ ein Brigademanöver abhalten, dies konnte ich jedoch nicht tun, denn es fehlten Maschinen (sie waren nach der Maiparade in Reparatur usw.). Man musste das Manöver mit je einem Bataillon der dritten und vierten Brigade abhalten. Es stellte sich heraus, dass in den letzten zwei Jahren in den Brigaden keine Bataillonsmanöver abgehalten worden waren. Es hatten nur Kommandeursmanöver stattgefunden, d. h. unter Beteiligung des Panzers des Bataillonskommandeurs und dreier Panzer der Kompaniekommandeure. Selbstverständlich kann unter diesen Umständen von einer zufriedenstellenden Kampfvorbereitung keine Rede sein. Sowohl der Korpskommandeur als auch die Brigadekommandeure meinen, dass es bei der bestehenden Belieferung mit Panzermotoren nicht möglich sei, eine zufriedenstellende Kampfbereitschaft zu erreichen.«[76]

Wegen der beschränkten Reparaturkapazitäten, so Tuchatschewski in dem Schreiben an Stalin, bestanden für Panzer folgende Motorbetriebszeiten: 15 Stunden im Jahr für operative Vorbereitung (für die sogenannte erste Gruppe) und 10 Stunden im Jahr für Paraden. Im Korps ›Kalinowski‹ verbrauchte man aber 20 Stunden pro Panzer und Jahr für Paraden. Dies desorganisiere endgültig die taktische Vorbereitung, konstatierte Tuchatschewski.[77]

Die minimale Betriebszeit der Motoren für die taktische Vorbereitung betrug nach Auffassung von Tuchatschewski hingegen 65 Stunden pro Panzer und Jahr. »Es ist daher äußert wünschenswert, den Einsatz aller Panzertruppen bei Paraden einzuschränken.« Um die jährliche Betriebszeit der Panzer erhöhen zu können, benötige die Rote Armee zusätzliche Kampfmaschinen, und zwar 300 BT-, 900 T-26- und 500 T-38-Panzer. Darüber hinaus müssten noch Panzer geliefert werden, um den Kriegssollbestand der Panzertruppen zu erreichen, und zwar: 800 BT-, 1800 T-26- und 1000 T-38-Panzer. Tuchatschewski schrieb abschließend:

> »All dies zeigt, dass die Zustände, die in den mechanisierten Verbänden herrschen, bedrohlich sind. Erstens kann die Kampfvorbereitung nicht zufriedenstellend sein, und zweitens [...] bereiten die Panzerverbände im Land keine ausreichende Reparaturbasis für die Kriegszeit vor und werden daher nach der ersten Operation außer Gefecht gesetzt.«[78]

Das war das Ergebnis des gigantischen Panzerbauprogramms und des Aufbaus der Panzerverbände zur »gepanzerten Faust« der Sowjetunion und Weltrevolution nach fünf Jahren enormer organisatorischer, finanzieller und wirtschaftlicher Anstrengungen. Dafür mussten Millionen Menschen mit ihrem Leben bezahlen und Dutzende Millionen als moderne kommunistische Sklaven schuften.

Um das Niveau der Ausbildung der Panzertruppe doch noch zu erhöhen, ließ das Komitee für Verteidigung am 9. August 1936 die durchschnittliche Betriebszeit auf 88 Motorstunden pro Jahr und Panzer erhöhen. Am 29. September 1936 erließ der Rat für Arbeit und Verteidigung den Befehl hierzu. Die erhöhte Motorbetriebszeit wirkte sich aber wiederum kritisch auf den Zustand des gesamten Panzerbestandes aus, gab Woroschilow am 9. Juli 1937 Alarm. Um die Kriegsbereitschaft der Panzertruppen aufrechterhalten zu können, schlug er vor, Panzerparks für Schulungszwecke zu bilden, und zwar je 9 Panzer für jedes Panzerbataillon und jedes mechanisierte Regiment und je 4 Panzer für jede Panzerschulungskompanie. Die Betriebszeit für diese Maschinen betrug 225 Motorstunden je Maschine im Jahr. Der Maschinenpark für Schulungszwecke sollte 3618 Panzer zählen, die im Krieg als Vorrat an Ersatzteilen für Kampfpanzer dienen würden. Für die übrigen Panzer, die Kampfpanzer, sollte dagegen eine Betriebszeit von 20 Motorstunden pro Panzer und Jahr gelten.[79]

Die Schwäche der sowjetischen Panzertruppen resultierte aber nicht nur aus der knappen Ausbildungszeit der Panzersoldaten und der niedrigen Betriebszeit der Panzer. Auch um die allgemeinen Kampfeigenschaften der sowjetischen Panzer stand es nicht besonders gut, obwohl sie den westlichen Panzern in Bezug auf Panzerung, Bewaffnung und Geschwindigkeit nach sowjetischen Angaben nicht nachgestanden hätten.[80] Jedoch nicht alle waren mit dieser Einschätzung einverstanden. Der Kommandeur des Kiewer Wehrbezirkes, I. Fedko, ging am 21. November 1937 während der Sitzung des Kriegsrats beim Volkskommissar für Verteidigung, die vom 21. bis 27. November 1937 stattfand, auf den Zustand der Panzerverbände ein:

> »Auch hier hat der Feind ziemlich stark gewirkt. Was sagte der Volksfeind Fesenko in Bezug auf die Vorbereitung der Panzertruppen: ›Panzertruppen sind vollkommen unvorbereitet (hier übertreibt er [so Fedko]), sie schießen schlecht [...] die Panzer fahren nur im ebenen Gelände und überwinden Hindernisse nur mit großer Mühe, wenn das Gelände nur ein bisschen schwieriger wird.‹ Das Letzte stimmt aber vollkommen.«[81]

Beispielsweise bewegten sich die Panzer T-26 im Wüstengelände nur 1,5 bis 2 Kilometer pro Stunde vorwärts, in den Bergen waren T-26 genauso langsam, weil ihre Motoren zu schwach waren. Damit waren die T-26 ein leichtes Ziel für Antipanzerwaffen.[82]

Woroschilow widersprach Fedko in seinem Schlusswort am 27. November 1937 und meinte, dass die Kampfbereitschaft der Panzertruppen auf hohem Niveau sei. Er habe Panzer im Einsatz bei vielen Manövern beobachtet und einen guten Eindruck gewonnen. Er gab jedoch zu, dass die Panzersoldaten und Panzerkommandeure doch sehr schlecht ausgebildet seien. Die Erfahrung in Spanien, wo sowjetische Panzer und Panzersoldaten eingesetzt waren, habe dies auch bestätigt, so Woroschilow. Beispielsweise habe es einen Fall gegeben, wo eine Einheit mit 40 Panzern eingesetzt worden sei, die gleich im ersten Kampf 20 Maschinen, also die Hälfte, verloren habe.[83]

Vor diesem Hintergrund verwundert es nicht, dass sich im Frühjahr 1938 die sowjetische Führung erneut veranlasst sah, eine Bestandsaufnahme des Zustandes der Panzerwaffen vorzunehmen. Im April ordnete der Hauptkriegsrat der Roten Armee zahlreiche Maßnahmen an, um die Panzertruppen schlagkräftiger zu machen. Es ging in erster Linie um die Konstruktion neuer Panzertypen und die Modernisierung der vorhandenen. So sollte bis zum Frühjahr 1939 ein neuer Typ des Durchbruchpanzers konstruiert und zum Testen abgegeben werden, denn die Eigenschaften der vorhandenen hielt man nicht mehr für ausreichend. Die neuen Panzer sollten folgende Parameter haben: Panzerung 60 mm stark, Benzinmotoren M-34 mit der technischen Option für den Austausch gegen Dieselmotoren, Höchstgeschwindigkeit 25 bis 30 km/h, Gewicht bis 55 Tonnen und Abmessungen, die den Transport mit der Eisenbahn ermöglichten.[84]

Die vorhandenen Panzer T-26, BT, T-28, T-35 waren dagegen hinsichtlich Panzerung, Geschwindigkeit und Bewaffnung zu verbessern, die BT waren außerdem mit Dieselmotoren auszustatten. Die Produktion der Panzer T-28 und T-35 war nach der Einführung der neuen Durchbruchpanzer einzustellen. Ferner waren zwei neue schnelle Panzertypen (ein Ketten- und ein Ketten-Rad-Panzer) zu konstruieren, und zwar mit folgenden Parametern: 30 mm starke Panzerung, Dieselmotor, 45-mm-Kanone und drei MGs, Geschwindigkeit 50 bis 60 km/h, Gewicht 13 bis 14 Tonnen (Ketten) und 15 bis 16 Tonnen (Ketten-Rad). Ferner sollten Ketten produziert werden, die für 3000 Kilometer ausreichten, denn die damals produzierten musste man bereits nach 1000 bis 1500 Kilometern auswechseln. Auch neue und schnelle Kleinkampfwagen sowie ein Schwimmpanzer sollten konstruiert und serienmäßig hergestellt werden.[85]

Die Pläne für die Umrüstung der Panzerverbände vom April 1938 sind ein weiteres Indiz, dass sich Stalin und seine Genossen auch im Jahre 1938 auf den Angriff gegen den Westen vorbereiteten. Denn die Durchbruchpanzer und insbesondere die schnellen Panzer konnten nur auf den mitteleuropäischen Ebenen mit dem relativ gut ausgebauten Straßensystem eingesetzt werden.

In den nächsten Monaten wurde unter anderen der schwere Panzer KW (Kliment Woroschilow) als Durchbruchpanzer konstruiert, im August 1939 war das erste Exemplar zusammengebaut, und ab September wurde getestet. Im Dezember 1939 wurde der Panzer KW im Winterkrieg gegen Finnland erprobt, und 1940 sollte er in die serienmäßige Produktion gehen. Am 1. Juni 1941 besaß die Rote Armee 504 Panzer KW. Bis Herbst 1939 wurde auch der Prototyp des neuen mittelschweren Panzers entwickelt, des legendären T-34, der allerdings erst im Frühjahr 1941 in die serienmäßige Produktion ging. Am 1. Januar 1941 verfügte die Rote Armee über 97 und am 1. Juni 1941 über 892 Panzer T-34. Der T-34 war einer der besten, wenn nicht der beste mittelschwere Panzer im Zweiten Weltkrieg.[86]

Im Frühjahr 1941 waren diese für damalige Verhältnisse modernen Panzer jedoch technisch noch nicht ausgereift. Die Panzer KW hatten große Probleme mit Kanonen, die Panzerung war zu schwach, auch die Motoren (Diesel) waren noch nicht leistungsfähig genug.[87] Am 4. April 1941 ordnete das Politbüro an, die Panzerung der Panzer KW an den besonders verwundbaren Stellen nachträglich durch Anbringung von Abschirmungen zu verstärken wie auch neue, stärkere Panzerkanonen einzubauen.[88]

Die serienmäßige Produktion der Panzer KW lief im Frühjahr 1941 erst an. Von Januar bis Juni 1941 war die Produktion von 745 KW-Panzern vorgesehen und für das ganze Jahr eine Anzahl von 1200.[89] Die serienmäßige Produktion der mittelschweren Panzer T-34 lief erst im Mai 1941 an. Für diesen Monat war die Produktion von 200 T-34 vorgesehen, für Juni 230 und Juli 260. Insgesamt ordnete das Politbüro bis Ende 1941 die Produktion von 2800 T-34 an.[90] Die Produktion der Panzer, die in den dreißiger Jahren konstruiert und produziert worden waren, wurde hingegen Ende 1940 eingestellt. Ab Frühjahr 1941 produzierte die sowjetische Panzerindustrie nur vier Panzertypen: KW, T-34 sowie T-40 und T-50, die letzten zwei waren neue, leichte Panzer.[91]

Im Vorfeld des deutschen Überfalls am 22. Juni 1941 waren jedoch die sowjetischen Panzerverbände hauptsächlich noch mit veralteten Panzern ausgerüstet. Hinzu kommt, dass die meisten von ihnen leichte Panzer (T-26 und BT) waren, die modernisiert werden mussten, schrieb M. Dantschenko am 3. August 1940 in einer Denkschrift an Molotow. Er schrieb ferner, dass die Erfahrungen der Kriege im Westen und in Polen gezeigt hätten, dass im modernen Krieg mittelschwere und schwere Panzer die entscheidende Rolle spielten. Sie würden als die »moderne schwere Kavallerie« eingesetzt, so Dantschenko. Er verwies dabei auf die modernen deutschen Panzer, die den französischen an Schnelligkeit und Manövrierfähigkeit weit überlegen wären. Dantschenko plädierte daher nachdrücklich für die weitere Entwicklung und serienmäßige Produktion der Panzer T-34 und KW.[92]

Am 1. Juni 1941 verfügten jedoch die Panzerverbände der Roten Armee vorwiegend über leichte und veraltete Panzer, darunter 10 055 T-26, 7549 BT, 1129 T-28 und 2331 T-38. Diese Panzer machten 82 Prozent (20 974) aller sowjetischen Panzer (25 508 am 1. Juni 1941) aus.[93] Die Panzerung der T-26 und T-28 (mittelschwerer Panzer) war beispielsweise so schwach, dass sogar kleinkalibrige Geschosse sie durchschlagen konnten.[94] Diese Panzer konnten gegen die modernen deutschen Panzer im Sommer 1941 trotz ihrer Masse wenig ausrichten.

Luftwaffe und Flugzeugindustrie

Wenden wir uns jetzt der Luftwaffe zu, sie war neben Panzern und Kampfgasen die wichtigste Waffengattung in der von Tuchatschewski entworfenen Strategie des Blitz- und Vernichtungskrieges vom Januar 1930. Tuchatschewski ging in seiner Denkschrift vom Januar 1930 von 40 000 Kampfflugzeugen aus, die für den geplanten Vernichtungsschlag kriegseinsatzfähig sein sollten.

Im Frühjahr 1930 verfügte die sowjetische Luftwaffe über 1678 Kampfflugzeuge, 1100 davon waren in der Truppe, die übrigen befanden sich in Reparatur oder waren in der Reserve. Zahlenmäßig verfügte die Sowjetunion somit über die drittstärkste Luftwaffe der Welt, nach Frankreich (2750) und den USA (2040). In technischer Hinsicht waren aber die sowjetischen Flugzeuge weit zurückgeblieben, selbst gegenüber den polnischen.[95] Wie bereits dargelegt, ordnete das Politbüro vor diesem Hintergrund im März 1930 eine umfassende Modernisierung und den Ausbau der sowjetischen Luftfahrtindustrie und Luftwaffe an. Dabei war in breitem Umfang auf ausländische Technologie zurückzugreifen.

Ende 1931 erarbeitete eine Kommission unter Vorsitz von Kuibyschew einen gigantisch anmutenden Plan zum Aufbau der Flugzeugindustrie und zum Ausbau der Luftstreitkräfte. Am 11. Januar 1932 nahm der Rat für Arbeit und Verteidigung den Plan an und erließ ihn als Beschluss über »Die Entwicklung der Flugzeugindustrie in den Jahren 1932–1935«. Der Plan sah den Ausbau der Luftstreitkräfte bis Ende 1935 auf 34 300 Flugzeuge vor, darunter 3500 Jagdflugzeuge, 8000 Aufklärer und leichte Bomber, 1800 Sturmflugzeuge, 4000 Schulungsflugzeuge, 12 000 Kleinflugzeuge, 3800 Bomber, 700 Seeflugzeuge und 500 Spezialflugzeuge.[96] Im Sommer 1932 arbeitete Jegorow, Stabschef der Roten Armee, einen Mobilisierungsplan für die Jahre 1933 und 1938 aus. Für das Jahr 1933 sah der Plan 10 400 Kampfflugzeuge vor und für das Jahr 1938 32 000 Stück, davon 5800 Jagdflugzeuge, 8000 schwere und 9500 leichte Bomber.[97]

Am 10. Januar 1933 berichtete Kliment Woroschilow im Plenum des ZK und ZKK der WKP(b) über die angeblich großen Erfolge beim Aufbau der Roten Armee im Rahmen des Fünfjahresplanes (1928–1932). Auch in Bezug auf die Luftwaffe sei der Fünfjahresplan ein großer Erfolg gewesen, behauptete Woroschilow. So hätten sich die technische Qualität und Kampfeigenschaften der Flugzeuge wesentlich verbessert, auch die Anzahl der Flugzeuge sei stark angestiegen, um 277 Prozent gegenüber dem Jahr 1928. Ferner setzte sich im Jahre 1928 die Luftwaffe vorwiegend aus Aufklärungsflugzeugen zusammen, diese stellten 49 Prozent aller Flugzeuge. Hinzu kamen Bomber und Sturmflugzeuge (27 %) und Jäger (24 %). Ende 1932 machten die Bomber und Sturmflugzeuge bereits 43 Prozent aller Flugzeuge aus, Jäger und Aufklärer je 27 Prozent.[98]

Dieser Bericht ist jedoch ein klassischer sowjetischer Erfolgsbericht, der wenig mit der Wirklichkeit zu tun hatte, obwohl die prozentualen Wachstumszahlen von Flugzeugen den Tatsachen entsprochen haben dürften.[99] Entscheidend waren jedoch nicht nur hohe Stückzahlen, sondern auch technische Qualität und Kampfeigenschaften der Flugzeuge, um die es jedoch damals in der Sowjetunion sehr kritisch stand. Auch die festgelegten Produktionspläne wurden nur teilweise, wenn überhaupt, erfüllt.

Beispielsweise berichtete am 25. September 1933 der Chef der Hauptverwaltung für Flugzeugindustrie, Korolew, dass der Produktionsplan für das Jahr 1933 von 4495 Flugzeugen und 7472 Motoren bedroht sei. Bis Ende August seien nur 2852 Flugzeuge und 4172 Motoren, 80,7 beziehungsweise 87,2 Prozent der geplanten Stückzahlen, ausgeliefert worden. Unter den ausgelieferten Flugzeugen überwogen die leichten Aufklärungsflugzeuge R-5 (817 Stück) und Schulungsflugzeuge U-2 (785 Stück). Die Ursachen für die Nichterfüllung der Pläne seien folgende gewesen: Der Mangel an Buntmetallen (insbesondere Blei, Messing und Aluminium), kalibriertem Stahl und Zündmagneten. Auch Mängel und Änderungen in der Konstruktion der Flugzeuge spielten eine wesentliche Rolle.[100]

Einige Tage später, am 9. Oktober 1933, verfasste auch die OGPU einen Bericht über die Flugzeugproduktion im Jahre 1933 und konstatierte ebenfalls ernsthafte Missstände. Der Bericht stellte fest, dass der Produktionsplan für Flugzeuge in den letzten neun Monaten nur zu 80 Prozent erfüllt worden sei. Die OGPU sah die Ursachen aber nicht nur in dem Mangel an Metallen, worauf Korolew in seinem Bericht vom 25. September 1933 hingewiesen hatte, sondern hauptsächlich in der mangelhaften Organisation der Produktion in den Hauptwerken und Zulieferbetrieben. Die OGPU rügte auch die Jagd nach hohen Stückzahlen von hergestellten Flugzeugen für Berichtszwecke, denn darunter würde sehr stark die Qualität der ausgelieferten Maschinen leiden, die viele grobe Produktionsmängel aufwiesen. Es wurden sogar nur teilweise zusammengebaute Maschinen, unter anderem ohne die Innenausstattung, ausgeliefert, um über die Stückzahlen berichten zu können. Im Werk Nr. 1 seien beispielsweise Holzteile, die aus verfaultem Holz hergestellt worden waren, eingebaut worden. Es fehlten auch Bauteile (wie z. B. Kühler, Räder), die gelieferten stellten sich dagegen oft als nicht komplett oder ungeeignet heraus. Auch ausgelieferte Motoren wiesen zahlreiche Produktionsmängel auf.[101]

Am 9. Oktober 1933 befasste sich das Komitee für Verteidigung mit dem kritischen Zustand der Flugzeugindustrie und richtete wie gewohnt eine Kommission ein, die die Ursachen dafür zu ermitteln und die festgestellten Missstände auch zu beheben hatte.[102] Am 25. Oktober 1933 erließ der Rat für Arbeit und Verteidigung (STO) einen Beschluss über Maßnahmen zur Umsetzung des Luftwaffenprogramms für das Jahr 1933, der unter anderen Stalin, Woroschilow und Ordschonikidse zugeschickt wurde. Der Beschluss konstatierte gravierende Missstände in der Luftfahrtindustrie, die den gesamten Plan für 1933 in Frage stellten. So erfüllten die Werke Nr. 1, 29 und 31 ihre Produktionspläne für Flugzeuge und Motoren nicht. Die Produktionspläne für Ersatzteile seien nur zu 68,5 Prozent (für Flugzeuge) und 54 Prozent (für Motoren) erfüllt worden.[103]

Ferner konstatierte der STO in dem Beschluss schwerwiegende Produktionsmängel bei den ausgelieferten Flugzeugen, die teilweise massenhaft auftraten. Die Konstruktion der meisten Flugzeuge sei zu schwer, Kühler und Benzinhähne »massenhaft« leck; Verbindungsteile und -stellen leierten schnell aus; Schrauben in den Zylindern der Motoren N-17 rissen ab; in Gehäusen der Motoren M-34 bildeten sich Risse; in den Motoren M-22 sei der Öldruck bei niedrigen Drehzahlen zu niedrig gewesen.[104]

Weiterhin bemängelte der STO, dass die verbesserten Bremsen an den Fahrwerken noch nicht eingeführt worden seien, obwohl der STO dies wiederholt angeordnet hätte. Ferner gingen der nicht rostende Stahl und verschiedene Legierungen, die zur Erhöhung der Qualität der hergestellten Flugzeuge unabdingbar seien, noch nicht in die Massenproduktion. Vor dem Hintergrund dieser Probleme müsse aus dem Programm für das Jahr 1933 die Produktion von 216 Flugzeugen gestrichen werden. Der STO ordnete in dem Beschluss auch an, dass wegen des schnellen technischen Fortschritts (Fotografie, Radio, Navigation) intensive Arbeiten in diesen Bereichen durchzuführen seien. Darüber hinaus dürfe jedes neue Bauteil erst nach intensiven Tests in die Massenproduktion gehen.[105]

Abgesehen von der schlechten Qualität waren die doch in großen Mengen produzierten sowjetischen Flugzeuge im Vergleich zu den ausländischen technisch rückständig. Und dies, obwohl Stalin und seine Genossen gerade auf die Modernisierung der Flugzeuge und Flugzeugindustrie den größten Wert legten. Am 9. Juni 1934 verfasste ein gewisser Kurtschewski eine Denkschrift über den Zustand der sowjetischen Flugzeugindustrie, die er an Stalin und Ordschonikidse richtete. Stalin ließ eine Abschrift an die Mitglieder des Komitees für Verteidigung (Molotow, Kaganowitsch, Woroschilow, Kuibyschew, Ordschonikidse) sowie an Tuchatschewski und andere mit folgendem Kommentar verschicken: »Ungeachtet des zu kühnen Tones der Denkschrift des Genossen Kurtschewski wäre es meiner Meinung nach notwendig, sich mit den darin dargelegten Vorschlägen auseinanderzusetzen.«[106]

Kurtschewski konstatierte nämlich in der Denkschrift eingangs: »Zurzeit [...] stehen wir vor der Tatsache, dass die Luftwaffe bei der Massenproduktion von Motoren, deren Ausmaß größer als sonstwo auf der Welt ist, mit modernen Flugzeugen nicht ausgestattet ist.« Die Ursache dafür sah Kurtschewski darin, dass die Führung der Luftwaffe keine klar formulierte und leitende »Doktrin« hätte.[107] Wohl die letzte Feststellung hielt Stalin für unangebracht, denn er und sein Freund Sergo Ordschonikidse waren schließlich in erster Linie für diese »Doktrin« verantwortlich.

Kurtschewski kritisierte in erster Linie den Umstand, dass die Werke der Luftfahrtindustrie veraltete Flugzeuge (I-5, I-7, R-5) produzierten und keine Pläne und Ziele für die Arbeit in den Jahren 1934/35 hätten. Motorwerke, wie beispielsweise das Werk 26, würden im Jahr 1935 ihre Motoren M-17 auf Lager produzieren, weil es keine modernen Maschinen gebe, in welche diese Motoren eingebaut werden könnten. Ferner bemängelte Kurtschewski, dass man die Frage der Bewaffnung der Flugzeuge als zweitrangig betrachte. Es müsse aber umgekehrt sein. Darüber hinaus würden die Flugzeuge mit kleinkalibrigen MGs ausgerüstet. Die Zukunft der Luftwaffe seien aber mit Kanonen ausgerüstete Flugzeuge mit großer Reichweite, wie das bereits in den USA und im Westen der Fall sei.

Kurtschewski bemängelte auch, dass die produzierten sowjetischen Flugzeuge sehr leicht abzuschießen seien, und mit dieser Frage befasse sich niemand. Beispielsweise ließen sich die Flugzeuge BT-3 mit einer einzigen Brandkugel aus einem MG Kaliber 7 mm abschießen.[108]

In der Tat produzierte die sowjetische Industrie bis 1935 keine Flugzeuge, die es den technischen Parametern nach mit den westlichen Flugzeugen hätten aufnehmen können. Im Jahre 1933 wurden etwa 4000 Flugzeuge von den geplanten 4423 produziert, 85 Prozent davon (3450 Stück) waren veraltet oder keine Kampfmaschinen (R-5, U-2, I-5, AŠ). Ein Jahr später waren von den 4500 ausgelieferten Flugzeugen 75 Prozent (3150) veraltet beziehungsweise keine Kampfmaschinen (R-5, U-2, I-5, AŠ).[109]

Vor diesem Hintergrund wurde für das Jahr 1934/35 ein umfassender Umrüstungsplan der Luftstreitkräfte ausgearbeitet und beschlossen. Insgesamt 13 neue, moderne Flugzeugtypen sollten Ende 1934 und im Jahr 1935 in serienmäßige Produktion gehen und an die Streitkräfte ausgeliefert werden. Es handelte sich dabei unter anderem um die Jäger I-15 mit Motoren M-25, I-16 mit Motoren M-22 und M-25 sowie IP mit Motoren M-25. Sie wiesen Flugeigenschaften auf, die den zeitgenössischen westlichen Maschinen vergleichbar waren, und zwar: Höchstgeschwindigkeit auf 3000 m Flughöhe 367–455 km/h und auf 5000 m Flughöhe 360–445 km/h; maximale Flughöhe 8000–9800 m. Der Jäger IP war mit Kanonen bewaffnet, die übrigen mit MGs. Im Jahr 1935 sollten bereits 3062 Exemplare der neuen Flugzeugtypen gebaut und an die Luftstreitkräfte ausgeliefert werden.[110]

Dieser Plan konnte jedoch nicht eingehalten werden, teilten am 5. Oktober 1935 Chachanjan und Beresin, beide verantwortlich für die Bewaffnung der Roten Armee, Stalin und Molotow mit. Lediglich im Bereich der Jägerflugzeuge seien erste Schritte getan worden, bei den übrigen Flugzeugtypen sei der Plan für das Jahr 1935 offenkundig gescheitert. Von den schweren Bombern TB-3 mit M-34-R-Motoren sollten bis zum 1. Oktober 1935 150 Stück hergestellt werden, ausgeliefert wurde keines. Bis Ende September seien lediglich 15 Maschinen zusammengebaut worden, allerdings ohne Bewaffnung, Propeller und Kühler, sowie 60 Flugzeuge ohne Motoren und Bewaffnung, Propeller und Kühler. Von den TB-3-Bombern mit Motoren mit Reduziergetriebe wurden von den 23 eingeplanten nur 6 ausgeliefert. Um die Produktion von anderen Flugzeugtypen stand es ähnlich kritisch, entweder keine oder nur wenige wurden ausgeliefert.[111]

Um den Produktionsplan von Jagdflugzeugen stand es zwar besser, allerdings waren auch in diesem Bereich zahlreiche Missstände und Rückschläge zu verzeichnen. Von den Jägern I-15 wurden bis zum 1. Oktober 1935 nur 50 Exemplare ausgeliefert anstatt der geplanten 125. Die Konstruktions- und Produktionsmängel bei den ausgelieferten Maschinen, auch bei den im Jahr 1934 ausgelieferten, waren so ernsthaft, dass jegliche Flüge mit ihnen eingestellt werden mussten. Das Werk Nr. 21 hatte seine Produktion von I-16 mit Motoren der Reihe M-22 für das Jahr 1934 erst zum 1. Juli 1935 erfüllt. Für Juli und August 1935 war die Produktion von 150 Maschinen I-16 vorgesehen, fertiggestellt wurden aber nur 52 Exemplare. Was die allgemeinen Flugeigenschaften dieser Maschinen anbetraf, seien sie zufriedenstellend, hieß es im Bericht von Chachanjan und Beresin. Allerdings seien die Maschinen wegen der mangelhaften Konstruktion der Benzinleitungen brandgefährdet. Es stellte sich auch heraus, dass die I-16 im Winter eine Geschwindigkeit von nur 310 km/h erreichten anstatt der vorgesehenen 360 km/h bei 3000 m und 340 km/h bei 5000 m Flughöhe. Insgesamt war die Auslieferung von etwa 500 Jägern I-16 mit Motor M-22 für das Jahr 1935 eingeplant.[112]

Chachanjan und Beresin verwiesen darauf, dass die Werke ihre Produktionspläne für das Jahr 1935 nicht erfüllen konnten, weil sie zunächst noch ihre nicht erfüllten Produktionspläne von 1934 nachholen mussten. Beispielsweise stand das Werk Nr. 22 im September 1935 im Rückstand nicht nur mit der Produktion für das Jahr 1935, sondern es arbeitete noch den Produktionsplan für das Jahr 1934 ab. Viele Maschinen, die im Jahre 1934 ausgeliefert worden waren, wiesen so zahlreiche und grobe Defekte auf, dass die Werke im Jahr 1935 mit deren Behebung voll ausgelastet waren. Chachanjan und Beresin konstatierten in ihrem Bericht, dass die Beseitigung der Defekte in Flugzeugen, die im Jahr 1934 ausgeliefert worden waren, den gesamten Produktionsplan für 1935 in Frage stelle.[113]

Für das Jahr 1935 sei der umfassende Umrüstungsplan der Luftstreitkräfte gescheitert, stellten Chachanjan und Beresin fest.[114] So war 1935 die Produktion von 4062 Flugzeugen für die Streitkräfte eingeplant, davon 3062 der modernen Typen; die Industrie lieferte aber bis Ende 1935 nur 2529 Maschinen aus, 62 Prozent der geplanten Menge.[115] Nach Angaben der Staatskontrolle erhielten die Luftstreitkräfte im gesamten Jahre 1935 gar nur 1516 Flugzeuge, ein Jahr zuvor waren es noch 3655 und im Jahre 1933 3492 Flugzeuge gewesen.[116]

Hinzu kommt, dass sich das äußerst akute Problem der massenhaften und groben Produktionsmängel bei den ausgelieferten Flugzeugen sogar verschärfte. Boris Schaposchnikow, 1935 Kommandeur des Leningrader Kriegsbezirks, wandte sich im März 1936 an Woroschilow, um auf die Produktionsmängel der ausgelieferten Kampfflugzeuge aufmerksam zu machen. Schaposchnikow klagte, dass die Flugzeuge, die die Luftstreitkräfte des Wehrbezirkes Ende 1935 erhalten hatten, viel mehr Produktions- und Konstruktionsmängel aufwiesen, als das früher der Fall gewesen war. Die Jäger I-16 mit M-22-Motoren würden sogar eine Gefahr im Flug darstellen. Nicht besser stand es um die neuen Sturmflugzeuge SSS aus dem Werk Nr. 1. Die Flugzeuge TB-3 mit M-34-R-Motoren waren den ganzen Sommer 1935 in Reparatur gewesen, und jetzt müssten sie wieder repariert werden. Woroschilow ließ das Schreiben an Stalin, Ordschonikidse, Kaganowitsch und Meschlauk weiterleiten.[117]

In den nächsten Jahren wurde das Umrüstungsprogramm der sowjetischen Luftstreitkräfte nur schleppend umgesetzt. Am 1. Juli 1940 verfügte die sowjetische Luftwaffe über 21 377 Flugzeuge, von denen 3401 nicht einsatzfähig waren. Darunter waren unter anderen 3428 veraltete Schulungsmaschinen U-2, R-5 und R-6 in großer Anzahl, bis zu etwa 3000 Maschinen. Es überwogen aber bereits die ab 1934/35 eingeführten Bomber (TB-3: 527 Exemplare, DB-3: 981, SB: 981), Sturmflugzeuge (I-15bis: 1105 Exemplare), Jäger (I-15bis: 599 Stück, I-16: 3981, I-153: 1336).[118]

Allerdings waren diese Flugzeuge, die im Jahr 1935 noch den westlichen Maschinen den Flugeigenschaften nach etwa vergleichbar gewesen waren, zu Beginn des Zweiten Weltkrieges bereits veraltet. Die sowjetische Flugzeugindustrie konnte mit der westlichen nicht Schritt halten. Am 7. November 1940 klagte Stalin während eines Empfangs im Kreml: »Wir haben die Japaner am Chalchyn Gol besiegt. Aber unsere Flugzeuge blieben hinter den japanischen zurück, was ihre Geschwindigkeit und Flughöhe betrifft. Wir sind auf einen solchen Luftkampf, wie er zwischen Deutschland und England geführt wird, nicht vorbereitet. Es hat sich herausgestellt, dass unsere Flugzeuge nur 35 Minuten in der Luft bleiben können, die deutschen und englischen aber bis zu einigen Stunden! [...] jetzt muss man sich ernsthaft mit der Luftwaffe und der Luftabwehr beschäftigen.«[119]

Das damalige sowjetische Standardjagdflugzeug I-16, von dem die sowjetischen Streitkräfte am 1. Juni 1940 über 3891 Stück verfügten, hatte folgende Flugeigenschaften: 470 km/h Höchstgeschwindigkeit in 3000 m Höhe, 9800 m maximale Flughöhe, 700 km Reichweite und Bewaffnung 2 x 7,62-mm- und 1 x 12,7-mm-MG. Das Jagdflugzeug I-153 (1336 Stück am 1. Juni 1940), ein Doppeldecker: 427 km/h Höchstgeschwindigkeit in 5100 m Höhe, 10 600 m maximale Flughöhe, 510 km Reichweite, Bewaffnung 4 x 7,62-mm-MG. Das damalige deutsche Standardjagdflugzeug war die Messerschmitt Bf 109 E mit folgenden technischen Daten: Höchstgeschwindigkeit 570 km/h in 5000 m Höhe, Reichweite 800 km, maximale Flughöhe 10 500, Bewaffnung 2 x 7,92-mm-MG 17 und 2 x 20-mm-MG FF-Maschinenkanonen.[120]

In der Sitzung der Kommission des Hauptkriegsrates vom 4. Mai 1940 referierte zum Thema Luftwaffe der Divisionskommandeur Aleksejew, der unter anderem konstatierte: »Bei den Jagdflugzeugen sind wir stark zurückgeblieben. Wir haben eine Geschwindigkeit von 470 km/h, eine Reichweite von 560 km und eine [maximale] Flugdauer von 45–60 Minuten, das heißt zweimal weniger als im Ausland.«[121]

In der zweiten Jahreshälfte 1940 erklärte Stalin die Luftwaffe und die Flugzeugindustrie zur Chefsache, offenkundig unter dem Eindruck der Luftschlacht über England im Sommer 1940. Stalin empfing Konstrukteure und andere Fachleute und kümmerte sich auch um Details. Am 7. November 1940 klagte er vor seinen Vertrauten während eines Empfangs im Kreml: »Ich habe Konstrukteure herbestellt und sie gefragt: Kann man es so einrichten, daß unsere Flugzeuge länger in der Luft bleiben? Sie antworteten: *Das kann man, aber diesen Auftrag hat uns niemand erteilt!* Jetzt wird dieser Mangel beseitigt.«[122]

Stalin ließ sich über den Verlauf der Arbeiten an neuen Flugzeugtypen und Motoren regelmäßig unterrichten und traf persönlich Entscheidungen, an welchen davon weitergearbeitet werden sollte und welche dann in die serienmäßige Produktion gehen sollten.[123] Beispielsweise schrieb er am 5. Dezember 1940 an die Leitung des Werkes Nr. 22:

> »Uns interessiert die Produktion der Flugzeuge SB mit Motoren 105 wenig und mit Motoren 103 noch weniger. Solche Flugzeuge taugen für ernsthafte Kämpfe nicht, sie bringen unsere Piloten im ungleichen Kampf um, weil sie langsam sind. Solche Flugzeuge sind jetzt sogar zur Bürde für den Staat und zur Falle für die Piloten geworden. Uns interessieren zweimotorige Flugzeuge von geringerer Reichweite, die imstande sind, Geschwindigkeiten bis 530 km/h, 500 km/h und im extremen Fall bis 480 km/h zu erreichen, nicht aber weniger.«[124]

Im Juni 1940 verfügten die sowjetischen Luftstreitkräfte über 15 693 Kampfflugzeuge, darunter 3717 (23,7 %) Flugzeuge SB (leichte und mittlere Bomber), die im Jahre 1940 »zur Bürde für den Staat und zur Falle für die Piloten« wurden. Nicht besser stand es um die übrigen Kampfflugzeuge, mit denen damals die sowjetischen Streitkräfte ausgerüstet waren, ob I-15, I-16, I-153, DB-3 oder etwa TB-3.

Im April 1941 ließ Stalin das Politbüro eine Reihe von Beschlüssen fassen, die auf eine vollständige Umrüstung der sowjetischen Streitkräfte mit neuen Flugzeugen im Jahr 1941 hinausliefen. Zwischen dem 10. und dem 23. April 1941 ordnete das Politbüro an: Aufnahme serienmäßiger Produktion von MiG-3 (Jagdflugzeug), bis Ende 1941 (ab Mai) waren 4295 davon zu liefern; Einstellung der Produktion von Bomber DB-3 und Vorbereitung der Produktion von Il-2 (Bomber) und Er-2 (Sturmflugzeug); Aufnahme der Produktion von Jak-3 (Jagdflugzeug), bis Ende 1941 sollten 250 Stück geliefert werden; Aufnahme der Produktion von 1100 Jak-1 (Jagdflugzeug) bis Ende 1941; von den Bombern Pe-2 waren bis Ende 1941 (ab Mai) 2386 zu produzieren wie auch vom Jagdflugzeug LaGG-3 2455 Stück, ebenfalls bis 1941 (ab Mai).[125]

Ferner waren Konstruktions- und Testarbeiten an weiteren neuen Flugzeugprototypen (Bombern, Jägern, Sturmflugzeugen) aufzunehmen beziehungsweise fortzusetzen. Zugleich stellte das Politbüro jegliche Konstruktions- und Testarbeiten an insgesamt 24 verschiedenen Flugzeugprototypen ein, an denen seit 1939/40 gearbeitet worden war.[126]

Auch die Organisationsstruktur der Luftstreitkräfte sollte radikal umgebaut werden. Am 10. April 1941 ordnete Stalin die Bildung von 54 Luftwaffengarnisonen in den Grenzgebieten an, vor allem in den westlichen. Ferner waren 1941/42 539 operative Flugplätze neu zu bauen oder auszubauen, davon 255 im Jahr 1941.[127] Im Februar 1941 ließ Stalin auch neue Schulen einrichten und Schulungsprogramme ausarbeiten, um Piloten an den neuen Maschinen auszubilden.[128]

Flugzeugunfälle

Ein wichtiger und anschaulicher Gradmesser für den technischen Zustand und die Qualität der Flugzeuge wie auch des Flugpersonals stellt die Unfallstatistik dar. In den Luftstreitkräften sind die Möglichkeiten zur Vertuschung von Unfällen eher beschränkt, der Absturz einer Maschine lässt sich gegenüber vorgesetzten Stellen schlecht verbergen. Und die Zahl der Flugzeugunfälle war in den dreißiger Jahren in den sowjetischen Luftstreitkräften erschreckend hoch. Tausende Maschinen gingen dabei verloren und Hunderte Flieger kamen ums Leben.

Die hohe Anzahl der Unfälle in der sowjetischen Luftwaffe war immer ein ernsthaftes Problem, 1930 aber wurde die Lage wirklich ernst. Bei zahlreichen Unfällen gingen Dutzende von Flugzeugen verloren und Flieger kamen ums Leben, wobei die Schuld dafür teilweise aufseiten der Flieger selbst lag.[129] Der Revolutionäre Kriegsrat erließ im Sommer 1930 einen Befehl über den Kampf gegen Unfälle in der Luftwaffe, die dann auch zurückgingen und eineinhalb Jahre lang auf einem relativ niedrigen Niveau blieben. Im Frühjahr 1932 verließen jedoch Hunderte junger Absolventen die militärischen Flugschulen mit gekürzter Ausbildungsdauer, die in die schnell expandierenden Luftstreitkräfte übernommen wurden. Und die Zahl der Flugunfälle schnellte prompt wieder nach oben. Vom 1. April bis 23. Juni 1932 ereigneten sich 136 Havarien, davon 23 Katastrophen. Ein Jahr zuvor hatten sich im gleichen Zeitraum noch 89 Havarien, davon 5 Katastrophen, ereignet. Bei den Flugunfällen vom 1. April bis 23. Juni kamen 50 Flieger ums Leben und 42 Flugzeuge wurden zerstört.[130]

Die Lage war ernst, und Woroschilow referierte darüber am 3. Juli 1932 im Politbüro. Er legte einen Beschlussentwurf vor, dessen Endversion Woroschilow, Molotow und Kaganowitsch redigiert hatten. Der Beschluss wurde dann am 5. Juli 1932 von Stalin und Molotow unterzeichnet. Als Ursache für die Unfälle wurden im Beschluss folgende Faktoren verantwortlich gemacht: schlechte Militärdisziplin in der Truppe (die Hauptursache) sowie mangelhafte Ausbildung des Flugpersonals, woraus die unsachgemäße und fehlerhafte Nutzung von Ausrüstung und Maschinen resultierte. Zahlreiche für diese Missstände angeblich verantwortliche Kommandeure wurden vors Kriegsgericht gestellt. In der Politbürositzung am 3. Juli 1932 verwies man auch auf Produktionsmängel, wofür die Flugzeugindustrie verantwortlich sei.[131]

Zwei Monate später, am 16. September 1932, befasste sich das Politbüro wieder mit Flugunfällen.[132] Der Schwerpunkt lag diesmal auf den Produktions- und Konstruktionsmängeln bei den ausgelieferten Flugzeugen. Im Beschluss konstatierte das Politbüro, dass die Flugzeugindustrie Maschinen mit Produktionsmängeln ausliefere, die direkte Ursache für Flugunfälle seien. Von 80 Havarien, die sich in den Monaten Mai und Juni 1932 in den Luftstreitkräften ereignet hatten, seien 17 Prozent ausschließlich durch Produktions- und Konstruktionsmängel verursacht worden. Werke lieferten schadhafte Maschinen aus, anstatt die Produktions- und Konstruktionsfehler rechtzeitig zu beheben, rügte das Politbüro im Beschluss. Es komme gar dazu, dass diese Schäden vor der Auslieferung vertuscht würden. Beispielsweise waren die Leckstellen in den Kühlern des Flugzeugs TB-3 Nr. 2213 vor der Auslieferung mit einer Dichtungsmasse provisorisch abgedichtet worden, statt zugelötet zu werden. In Motoren von ausgelieferten Flugzeugen fand man auch Werg, Sand, Feilen und anderes. Das Politbüro ordnete daher eine Reihe von organisatorischen Maßnahmen an, um diese Missstände schnellstens zu beheben. Ferner wurde die OGPU angewiesen, die Vorfälle zu untersuchen und die Schuldigen zur Verantwortung zu ziehen. Auch die Partei hatte sich in den Werken und in der Truppe darum zu kümmern.[133]

Wie bereits dargelegt, besserte sich die Qualität der ausgelieferten Flugzeuge in den nächsten Jahren überhaupt nicht, ab 1935 verschlechterte sie sich sogar offenkundig. Auch die hohe Rate der Flugunfälle blieb bestehen. Kliment Woroschilow konstatierte in seinem Befehl vom Juni 1936, dass der Beschluss vom 5. Juli 1932 über die volle Liquidierung von Katastrophen und die Senkung der Havarien bis zum absoluten Minimum »bis heute unerfüllt bleibt«.[134] Im Jahr 1934 ereigneten sich insgesamt 384 Havarien und 64 Katastrophen, bei denen 106 Menschen ums Leben kamen. Ein Jahr später waren es 340 Havarien, 58 Katastrophen, 90 Tote und 29 Verletzte. Und Besserung war nicht in Sicht. Von Januar bis Mai 1936 ereigneten sich 107 Havarien und 25 Katastrophen, bei denen 40 Personen starben.[135]

Im Sommer 1936 sahen sich Stalin und seine Genossen wiederum veranlasst, neue Verordnungen und Beschlüsse zu erlassen und Maßnahmen anzuordnen, um die hohe Rate der Flugunfälle zu senken.[136] In der zweiten Hälfte 1936 ging die Anzahl der Unfälle vorerst zurück, im gesamten Jahr 1936 ereigneten sich insgesamt 250 Flugunfälle (208 Havarien und 42 Katastrophen) gegenüber 398 Unfällen im Vorjahr. Im Jahr 1937 begann jedoch die Unfallrate wieder zu wachsen, um in den ersten neun Monaten des Jahres 1938 in die Höhe zu schnellen.[137]

Tab. 17: Flugzeugunfälle in den Jahren 1934 bis Oktober 1938[138]

Jahr	Havarien	Katastrophen	Insgesamt
1934	384	64	448
1935	340	58	398
1936	208	42	250
1937	321	60	381
1938 (9 Monate)	364	139	503

Die Verluste für die sowjetischen Luftstreitkräfte, die durch Flugunfälle verursacht wurden, waren enorm. Weit über zweitausend Flugzeuge dürften dabei in den dreißiger Jahren verloren gegangen und um die tausend Piloten ums Leben gekommen sein. Am 29. November 1938 hielt Woroschilow eine Abschlussrede während der Sitzung des Kriegsrates beim Volkskommissar für Verteidigung, dabei ging er auch auf die Flugunfälle ein:

> »Ihr solltet nur bedenken, dass in drei Jahren [1936 bis Oktober 1938] insgesamt 1134 Flugzeuge verloren gingen. Wisst ihr, dass keines unserer Nachbarländer nur davon träumt, diese Zahl an Flugzeugen zu besitzen. In der Tat ist das eine riesige Kriegsluftflotte. Und wie viele Leute kamen dabei ums Leben? In diesem Jahr kamen 266 Menschen ums Leben. Nun, wenn ihr versucht, euch 266 Piloten vorzustellen, dann verloren wir ein ganzes Regiment von Fliegern. Hatten wir das nötig? […] Wenn ihr sagt: Wir sind mehr geflogen. Nein, das ist es nicht. Während im vergangenen Jahr auf 2000 Landungen eine Katastrophe kam, waren es in diesem Jahr 960 Landungen pro Katastrophe, das heißt die Leute haben die Hälfte gearbeitet, und Katastrophen gab es 2,5-mal mehr.«[139]

Trotz Aufrufen der obersten Staats- und Militärführung verunglückten weiterhin Hunderte von Flugzeugen. Vom 1. Januar bis

15. Mai 1939 kamen 70 Piloten in 34 Katastrophen ums Leben. Hinzu kamen 126 Havarien, bei denen 91 Flugzeuge zerschellten. Woroschilow erteilte nun am 4. Juni 1939 einen speziellen Befehl über Maßnahmen zur Verhütung von Havarien in den Luftstreitkräften der Roten Armee.[140]

Die Ursachen für die Unfälle waren nach wie vor sowohl der schlechte technische Zustand der Maschinen als auch die mangelhafte Ausbildung und Disziplin in der Truppe. Während der Sitzung des Kriegsrates beim Volkskommissar für Verteidigung vom 21. bis zum 29. November 1938 erklärte Divisionskommissar Owtschikin: »Ein hoher Prozentsatz der Unfälle in der Luftwaffe sind Folge der schwachen Ausbildung der Piloten und Piloten-Navigatoren.«[141] Leichtsinniges Draufgängertum spielte auch eine nicht unwesentliche Rolle. In der hier zitierten Sitzung des Kriegsrates erklärte Woroschilow am 29. November 1938 in Bezug auf die hohe Unfallrate in der Luftwaffe: »Unter den Fliegern haben wir viele hervorragende Männer, nicht wenige Helden, ich fürchte aber, dass wir noch mehr Prahlhänse und Wichtigtuer haben.«[142]

Der Befehl Nr. 0019 des Volkskommissars für Verteidigung vom 14. Dezember 1937 bescheinigte den Luftstreitkräften ein insgesamt niedriges Niveau der Kampfbereitschaft. Unter anderem funktioniere das Zusammenwirken mit den Bodentruppen nicht, die Treffsicherheit der Bomber sei unbefriedigend, auch das Fliegen unter erschwerten meteorologischen Bedingungen, insbesondere in Wolken und bei Nacht, würde völlig unzureichend beherrscht. Hinzu komme noch eine hohe Rate von Flugunfällen, die hauptsächlich auf Folgendes zurückzuführen sei: Schlechte Organisation von vielen Kommandeuren und politischen Kommissaren, schlechte Disziplin eines bedeutenden Teiles des Flug- und technischen Personals, ausbleibende Kontrolle durch die Kommandeure.[143]

Am 16. Mai 1939 diskutierte der Hauptkriegsrat der Roten Armee über die Unfälle in den Luftstreitkräften, auch Stalin war anwesend. In der Sitzung erklärte Marschall Budjonny: »Die Schulen bilden die Leute schlecht aus. Sie entlassen Leute, die nicht richtig ausgebildet sind, das ist Ersatz, Ausschuss, und ihr haltet sie für Flieger.«[144] Als in der Sitzung Lew Mechlis, der Chef der Hauptverwaltung der Propaganda der Roten Armee, vorschlug, zusätzliche politische Kommissare abzukommandieren, damit diese gegen die hohe Unfallrate in den Streitkräften mit politischen Mitteln (»Parteiarbeit«) kämpften, widersprach Stalin heftig:

> »Was soll hier die Parteiarbeit? Der Flieger weigert sich, die Gesetze der Physik und Meteorologie zur Kenntnis zu nehmen. Der Fall von Brajanski – er flog mit einem großen Flugzeug aus, um das Flugzeug ›Rodina‹ [das verschollen war] zu suchen. Er schaute auf den Boden und zu den Seiten schaute er nicht, im Ergebnis stießen zwei Maschinen in der Luft zusammen [...]. Die Ursache – er hat die Gesetze der Physik nicht begriffen. Oder ein nicht seltener Fall, dass sich Flieger über die schwierigen meteorologischen Verhältnisse nicht informieren. Zunächst erkundigt euch über das Wetter und dann fliegt ihr, und nicht wie ein Dummkopf. Wofür hier die Parteiarbeit? [...] Die Flugkultur ist niedrig. In den Luftstreitkräften beachtet man die Gesetze der Physik nicht, man ist nicht bereit, sich ihnen unterzuordnen, man misstraut der Technik. Und in der Luft entscheidet oft eine Sekunde über das Schicksal des Piloten.«[145]

In den nächsten Jahren ging die Zahl der Flugunfälle trotz all dieser Befehle, Anordnungen, Aufrufe nicht zurück. Im Frühjahr 1941 ereigneten sich durchschnittlich zwei bis drei Flugzeugunfälle pro Tag, klagte das ZK im Beschluss vom 9. April 1941 über Havarien und Katastrophen in den Luftstreitkräften der Roten Armee. Ferner heißt es dort, dass die Disziplin, eine häufige Ursache der Unfälle, sich überhaupt nicht gebessert habe. Schlimmer noch, die Führung der Luftstreitkräfte versuche, Unfälle vor der Regierung zu verheimlichen, auch würden die Verantwortlichen nicht bestraft.[146]

Vor dem 22. Juni 1941 waren die sowjetischen Luftstreitkräfte auf die Führung eines modernen Luftkrieges nicht vorbereitet. Und das trotz der gigantischen Pläne, enormen Anstrengungen und Mittel sowie der ungeheuerlichen Opfer.[147]

Es dürfte weiter nicht verwundern, dass in den übrigen Truppenteilen der Roten Armee ähnliche Zustände herrschten wie in den Panzerverbänden und Luftstreitkräften. Darauf weisen zahlreiche Dokumente hin, die im Rahmen dieser Untersuchung ausgewertet wurden. Es seien hier nur einige Beispiele von vielen angeführt. Als Erstes ist hier auf die chemischen Waffen einzugehen. Eine detaillierte Analyse in diesem Fall ist jedoch nicht möglich, denn die einschlägigen Archivbestände bleiben weiterhin gesperrt.[148]

Michail Tuchatschewski sah in seiner Taktik des Vernichtungskrieges den massenhaften Einsatz von Panzern, Flugzeugen und chemischen Waffen vor. Einer der Ersten, die sich für den breiten Einsatz von chemischen Waffen im künftigen Krieg aussprachen, war Leo Trotzki. Er war der Auffassung, dass im künftigen Krieg Luftwaffe und chemische Waffen die entscheidende Rolle spielen würden. Am 19. Mai 1924 führte Trotzki in einem Vortrag aus, diese modernen Waffengattungen würden den traditionellen Krieg, der sich bis dahin weitgehend auf verfeindete Armeen beschränkt hätte, beseitigen. Der moderne Krieg würde ein totaler Krieg sein, der den Unterschied zwischen Armee und Zivilbevölkerung aufheben würde: »Flugzeuggeschwader von enormer Traglast und Reichweite transportieren [chemische Waffen] in das tiefe rückwärtige Gebiet und vernichten damit nicht nur die [traditionelle] Front, [...] sondern heben auch den Unterschied zwischen der Armee und der Zivilbevölkerung auf.«[149]

Im Jahr 1925 begann man in der Sowjetunion mit der Arbeit an der Entwicklung chemischer Waffen. Bereits 1929 verfügte die Rote Armee über eine Reihe neuer Bauarten chemischer Waffen »für Verteidigung und Angriff«, wie es in einem streng geheimen Bericht Woroschilows vom Juni 1929 heißt.[150] Man stellte jedoch zugleich fest, dass der Zustand der chemischen Waffen nicht gut sei, obwohl sie eine der Hauptwaffen des künftigen Krieges seien, führte Woroschilow am 12. Januar 1933 im Plenum des Zentralkomitees aus. Bis Ende 1932 habe sich aber die Lage in dieser Hinsicht wesentlich verbessert, behauptete er. Tuchatschewski war jedoch mit dieser Einschätzung nicht einverstanden und schüttelte während Woroschilows Ausführungen den Kopf. Sergo Ordschonikidse war derjenige im Politbüro, der für die chemischen Waffen verantwortlich war.[151]

Die Ausführungen Woroschilows vom 12. Januar 1933 waren in der Tat ein klassischer Erfolgsbericht. Noch zwei Monate zuvor, am 16. November 1932, hatte derselbe Woroschilow kritisiert, dass der Stand der Kriegsvorbereitungen der chemischen Truppen nicht zufriedenstellend sei.[152]

Im zweiten Fünfjahresplan (1933–1938) waren für chemische Waffen zunächst 482,7 Millionen Rubel vorgesehen, 3,5 Prozent aller geplanten Ausgaben für Waffen und Ausrüstung (13 835 Millionen Rubel). Bald wurden jedoch die Gesamtausgaben für die Bestellung von Waffen und Ausrüstung auf 20 745 Millionen erhöht, wie viel davon für chemische Waffen, konnte nicht ermittelt werden. Was die Mengen angeht, erhielt die Rote Armee im Jahre 1933 1000 Tonnen chemische Waffen, für die Jahre 1934 bis 1937 waren weitere 8000 Tonnen eingeplant. Der Mobilisierungsplan sah die Produktion von 63 000 Tonnen chemischer Kampfstoffe jährlich vor.[153]

Im Jahr 1934 produzierten in der Sowjetunion drei Werke chemische Waffen. Das Chemiewerk Nr. 1 in Moskau stellte chemische Kampfstoffe her, das Werk Nr. 102 in Tschapejewsk produzierte Kampfstoffe und chemische Geschosse und das Stalingrader Werk chemische Minen und Bomben.[154] Wie in anderen Bereichen gab es jedoch auch hier ernsthafte Probleme mit der Qualität der gelieferten Kampfgasmunition. Im Jahr 1930 stellte man fest, dass Gummibestandteile der Geschosse aus der Produktion von 1929 ausgewechselt werden mussten, insgesamt 300 000 Stück, und dass die Kampfgasgeschosse leck waren.[155]

Artillerie

Tuchatschewski warnte vor der Überbewertung der Artillerie im künftigen Krieg, sie spielte aber in der sowjetischen Kriegsstrategie doch eine wichtige Rolle neben Panzern, Flugzeugen und chemischen Waffen. Dementsprechend groß waren auch die Pläne für ihren Ausbau.[156] Für den zweiten Fünfjahresplan (1933–1937) war die Lieferung von 28 700 Geschützen an die Rote Armee (ohne Lieferungen an die Kriegsflotte) eingeplant. Diese Pläne konnten aber nicht eingehalten werden. Besonders kritisch sah es in dieser Hinsicht in den Jahren 1932 und 1933 aus. So war 1932 die Produktion von 6078 Geschützen eingeplant, gemeldet wurde die Produktion von 1882 Geschützen, ausgeliefert wurden tatsächlich aber nur 771, ein Teil davon ohnehin mit Produktionsmängeln. Im ersten Quartal 1933 sollten 410 Geschütze produziert werden, gemeldet wurden 225 Geschütze und ausgeliefert 25.[157]

Tab. 18: Geplante und tatsächliche Lieferungen von Geschützen an die Rote Armee (ohne die Kriegsflotte) in den Jahren 1933–1939[158]

Geschütze	1933	1934	1935	1936	1937	1938	1939
geplant	5200	5600	6900	7800	8400	–	–
ausgeliefert	1797	5164	4895	6923	5368	11 534	18 269

Sehr kritisch stand es jedoch um die Qualität der ausgelieferten Geschütze. Im OGPU-Bericht vom 1. August 1933 heißt es, dass viele Geschütze in so schlechter Qualität ausgeliefert worden seien, dass ihre Einsatzdauer wesentlich eingeschränkt sei, in vielen Fällen seien sie überhaupt nicht einsatzfähig. Ähnliche Probleme gab es mit den schweren Maschinengewehren »Maxim«, den leichten Maschinengewehren »Degtjarew« und Gewehren. Selbst Bajonette wiesen zahlreiche grobe Produktionsmängel auf, die sie teilweise völlig unbrauchbar machten.[159]

Nicht besser stand es um die Artilleriegeschosse. Beispielsweise krepierten die Antipanzergeschosse 45 mm in den Geschützrohren. Bei der anschließenden Kontrolle stellte man im Jahr 1934 Produktionsmängel sowohl bei den Geschossen als auch bei den Zündern fest. Neue Zünder mussten konstruiert werden, die im Jahre 1935 jedoch noch nicht fertig waren.[160] Auch die praktische Ausbildung der Artillerietruppen ließ viel zu wünschen übrig, beschwerten sich viele Kommandeure. Es ging hierbei um die ausbleibende oder unzureichende Koordination mit Infanterie, Panzertruppen und Bombern, mangelhafte Treffsicherheit, Bedienung der Geschütze im Kampfeinsatz. Besonders kritisch stand es um die Luftabwehrartillerie. Bis zum Ausbruch des Zweiten Weltkrieges rissen Klagen darüber nicht ab.[161]

Logistik, Verpflegung und Unterkunft

Arge Missstände herrschten im Bereich der Logistik der Roten Armee. Vom 13. bis 15. Juli 1935 fand in Moskau eine Konferenz der Kommandeure der Logistiktruppen der Roten Armee statt, an der Stalin und andere Politbüromitglieder teilnahmen. In der Abendsitzung am 13. Juli ergriff Stalin das Wort und sprach von der Notwendigkeit der Selbstkritik: »Wir sollten uns selbst korrigieren – es wird zu spät sein, wenn uns der Krieg korrigiert; wenn die Kontrollergebnisse der KPK [Kommission für Parteikontrolle] und KSK [Kommission für Sowjetkontrolle] selbst nur zu 20 bis 30 Prozent stimmen, zeugen sie davon, in welch schlechtem Zustand sich die Frage der Versorgung der Armee befindet.« Das Schlusswort hielt Woroschilow, der erklärte, »dass ›wir das Examen nicht bestanden haben‹; er habe nicht erwartet, dass solche Missstände in der Roten Armee herrschen könnten«.[162]

Sehr kritisch stand es um das militärische Bauwesen. Es fehlten Kasernen, Wohnungen, Wirtschafts- und Lagergebäude und Ähnliches für die schnell wachsende Armee, und das Vorhandene war ohnehin in sehr schlechtem Zustand. Oft mussten sich die einzelnen Einheiten selbst um ihre Kasernen, Wohnungen und sonstigen Gebäude kümmern. Georgi Schukow schreibt in seinen Memoiren, dass seine Division im Jahr 1932 nach Sluzk (Weißrussland) verlegt wurde. Dort war nichts vorbereitet, und die Soldaten und Kommandeure mussten Kasernen, Ställe und andere Gebäude selbst aufbauen, wofür sie 18 Monate brauchten, anstatt sich mit Kampfausbildung zu befassen. Dies war keineswegs eine Ausnahme.[163]

Die katastrophalen Zustände im Bauwesen herrschten auch noch bei Ausbruch des Krieges und darüber hinaus. Während der Sitzung des Kriegsrates beim Volkskommissar für Verteidigung führte Woroschilow am 29. November 1938 aus:

> »Um das Bauwesen steht es bei uns schlecht. Wir sind darin im vergangenen wie auch in diesem Jahr gescheitert. Es ist einfach eine katastrophale Lage. Ist das vielleicht für uns keine Schande, wenn wir im Weißrussischen Kriegsbezirk Divisionen haben, in denen Soldaten zu dritt auf zwei Kojen schlafen; ist das vielleicht keine Schande, wenn etwa 90 000 Mann bei Stern [Kommandeur der 1. Selbständigen Armee der Roten Fahne] wie Höhlenmenschen in Urzeiten in Erdhütten leben. Und diejenigen, die in Kasernen leben, hausen unter furchtbaren Bedingungen, schlafen in Drei-Etagen-Betten. Könnt ihr euch die Luft vorstellen und überhaupt die Bedingungen, unter denen diese Leute leben; kein Licht, kein Wasser. Schreckliche Bedingungen. [...] Ich habe euch nur über Soldaten erzählt, und unter welchen Bedingungen leben die Kommandeure? Bei uns gibt es etwa 40 000 Familien von Kommandeuren, die vollkommen obdachlos sind. Ist das vielleicht in Ordnung, soll man das etwa dulden, sich vielleicht damit abfinden? Nein. Und was werdet ihr machen? Man muss den Leuten Wohnungen geben, man muss diese Wohnungen bauen. Baut sie uns. Ich spreche nicht einmal von Lagern und all dem Übrigen, das alles ist auch notwendig.«[164]

Sehr kritisch stand es um die Versorgung der Armee mit Lebensmitteln. Im Jahr 1932 sah sich die Führung der Roten Armee sogar veranlasst, bei den einzelnen Divisionen die Einrichtung von landwirtschaftlichen Betrieben zu befehlen, um die Versorgung der Soldaten und Kommandeure zu verbessern. Der Revolutionäre Kriegsrat beschloss im Jahre 1932 folgende Normen für jede Division: 400 Kühe, 3200 Schweine, 20 000 Kaninchen und die Bestellung von 1000 Hektar mit Roggen, Weizen, Obst und Gemüse. Mit der Versorgung der Tiere und Bestellung der Felder hatten sich Soldaten zu befassen, anstatt das Kriegshandwerk zu üben.[165]

Nach einigen Jahren ging man jedoch dazu über, diese Nebenwirtschaften aufzulösen. Ende 1938 gab es sie aber noch. Am 26. November 1938 führte Lew Mechlis in der Sitzung des Kriegsrates beim Volkskommissar für Verteidigung aus: »Bis heute gibt es noch viele Soldaten, die bei verschiedensten Arbeiten eingesetzt werden, die nichts mit der Kampfvorbereitung zu tun haben. Manche Bezirke liquidieren noch langsam ihre Nebenwirtschaften, insbesondere der Baikaler Kriegsbezirk. Eine der Divisionen des Baikaler Kriegsbezirkes hat bis 670 Hektar Aussaat, eine Kuhherde und 1000 Schafe.«[166]

Ausbildung, Kampfbereitschaft und Kader

Wenn man noch bedenkt, dass in der Roten Armee der kommunistischen Propaganda viel Zeit gewidmet wurde, blieb in der Tat nur wenig Zeit, um das Kriegshandwerk zu erlernen. Den Stellenwert der Propaganda in der Roten Armee veranschaulicht die Zahl der Angehörigen der politischen Verwaltung, das heißt der politischen Kommissare verschiedener Ränge. Im Jahr 1934 zählte die politische Verwaltung 15 000 Angehörige, die die damals 700 000 Soldaten im kommunistischen Sinne zu indoktrinieren hatten.[167]

Es verwundert daher nicht, dass die waffentechnische und taktische Ausbildung der Soldaten und Kommandeure auf sehr niedrigem Niveau war. Die Folgen waren verheerend für die Armee. Ein hoher Prozentsatz der technischen Ausrüstung ging durch unsachgemäße Bedienung und falschen Einsatz zu Bruch, in den mechanisierten Verbänden wurden im Jahr 1938 etwa fünf bis sieben Prozent aller Autos durch Unfälle und Pannen beschädigt.[168] Von Januar bis September 1937 starben bei Autounfällen 78 Soldaten und 695 wurden verletzt.[169]

Auch um die Kampfbereitschaft stand es schlecht. Der Kommandeur des Kiewer Kriegsbezirkes, Fedko, klagte in der Sitzung des Kriegsrates beim Volkskommissar für Verteidigung, der vom 21. bis 27. November 1937 tagte, über die Artillerie, die schlecht schieße und ihre Operationen mit Infanterie und Panzern nicht koordinieren könne. Fedko bemängelte auch die sehr schlechte Schießvorbereitung der Soldaten und Kommandeure; die früher gemeldeten sehr guten Schießresultate seien das Ergebnis von Schönfärberei gewesen, monierte Fedko. Man stelle fest, dass sogar die Kommandeure der Abteilungen, Züge und Kompanien das Gewehr nicht laden könnten. Schönfärberei, die man unbedingt bekämpfen müsse, sei in der Truppe weit verbreitet.[170]

In der oben erwähnten Sitzung des Kriegsrates verwies man auch darauf, dass Kommandeure die Technik der Funkverbindung unzureichend beherrschten und die militärische Ausrüstung und Bewaffnung nicht ausreichend bedienen könnten. Im Jahr 1937 seien viele Übungen und militärische Manöver durchgeführt worden, bei denen man folgende Mängel und Missstände festgestellt habe: Unvermögen der einzelnen Kommandeure, sich bei Kampfführung auf ihre Stäbe zu stützen; mangelnde Zusammenarbeit der Artillerie mit der Infanterie, den Panzern und der Kavallerie; unzureichende Aufklärung; schlechte Verwaltung der rückwärtigen Gebiete; mangelhafte Organisation der Reparatur der Ausrüstung und Waffentechnik im Feld; unzulängliche Organisation der Verteidigung gegen Panzer, des Luftschutzes, des chemischen Schutzes; schlechte physische, technische und ingenieurmäßige (Pioniere) Vorbereitung der Soldaten und Kommandeure.[171]

Ein Jahr später, vom 21. bis 29. November 1938, fand die nächste Sitzung des Kriegsrates beim Volkskommissar für Verteidigung statt, und die Teilnehmer waren sich einig, dass es um die Kampfbereitschaft der Roten Armee weiterhin schlecht stand. Lew Mechlis führte in seinem Referat aus: »Die Kriegsbereitschaft der Truppen der 1. und 2. Armee und des Baikaler Wehrbezirkes befindet sich auf niedrigem Niveau.« Dann appellierte er: »Der neue Weltkrieg steht vor der Tür, wir haben im Fernen Osten vorübergehend eine Pause bekommen, die wir erkämpft haben, daher sollten jetzt die Kriegsvorbereitungen an erster Stelle stehen.«[172] In der Schlussrede der Sitzung des Kriegsrates führte Woroschilow am 29. November 1938 aus:

»Einige Worte, Genossen, über Missstände, die bei uns in der Roten Armee im Bereich der außerordentlichen Ereignisse vorherrschen. Darüber haben wir bereits viel gesprochen. [...] Wir verlieren Leute, wir machen Ausrüstung kaputt. Dies bezieht sich nicht nur auf die Luftwaffe, wir verlieren Leute auch in den Panzertruppen und machen Technik kaputt. Es gibt überall viel Unfug. Das ist eine Schande für uns als Kommandeure, politische Kommissare, als Chefs der Roten Armee.«[173]

Die Rote Armee hatte in den dreißiger Jahren auch mit großen Kaderproblemen zu kämpfen, worauf bereits wiederholt eingegangen wurde. Es fehlten Panzerfahrer, Mechaniker, Funker, Piloten, technisches Flugpersonal und Kommandeure, insbesondere der mittleren und unteren Ebene. Der Mangel an Kadern und Kommandeuren blieb bis zum Ausbruch des Krieges ein großes Problem.

Die Ursachen für den Mangel lagen in erster Linie in dem massiven Ausbau der Armee, hinzu kamen noch die Säuberungen in der Armee, die in den Jahren 1937 und 1938 ihren Höhepunkt erreichten und die schwierige Lage noch verschlimmerten. Beispielsweise fehlten in der Roten Armee Ende 1937 39 100 Kommandeure (34,4 % des Sollbestandes). Von Juni bis November 1937 wurden jedoch aus den Reihen der Roten Armee 15 400 Kommandeure und Politarbeiter *(politrabotniki)* entlassen. Darüber hinaus stellten die neuen, in den dreißiger Jahren ausgebildeten Kader bereits im Jahre 1937 die Mehrheit unter den Kommandeuren der Roten Armee. In den Infanterietruppen und -formationen machten sie 60 Prozent aus, in den motorisierten Einheiten 45 und in der Luftwaffe 25 Prozent.[174]

Wenn man noch bedenkt, dass diese neuen Kommandeure in Schnellkursen und -schulen ausgebildet worden waren, dürfte die Führungsschwäche in der Roten Armee nicht überraschen. Woroschilow appellierte am 29. November 1938 in der Sitzung des Kriegsrates beim Volkskommissar für Verteidigung: »Man muss [...] unseren Leuten [Kommandeuren] organisatorische Fähigkeiten beibringen, die Arbeit klug, gut und genau zu erledigen. *Als Organisatoren sind wir noch schwach, sehr schwach.*«[175]

Vor diesem Hintergrund ist es auch nicht verwunderlich, dass die ersten Gefechte in den dreißiger Jahren, die die Rote Armee am

Chassan-See in der Region Primorje gegen japanische Einheiten führte, desaströs ausfielen. Am 26. November 1938 erklärte Lew Mechlis in der Sitzung des Kriegsrates beim NKO: »Während der Ereignisse am Chassan-See schickten die 7. mechanisierte Brigade und die 34. Infanteriedivision Schützen an die vorderste Linie, die mit ihrem Gewehr nicht schießen konnten, die sogar das Gewehrschloss nicht öffnen konnten.«[176] Drei Tage später klagte Rytschagow, Kommandeur der Lufttruppen der 1. Selbständigen Armee der Roten Fahne, in der Sitzung des Kriegsrates: »In den ersten Kämpfen [am Chassan-See] fielen sehr viele Leute. Wir verurteilen Piloten, verurteilen Panzerfahrer wegen kaputter Panzer, aber dort fielen fast zwei Regimenter an Leuten.«[177]

Stimmung und Disziplin in der Roten Armee

Wenden wir uns jetzt der allgemeinen Stimmung in den Reihen der Roten Armee zu. Wie bereits ausgeführt, herrschte dort in den zwanziger Jahren eine starke »bäuerliche Stimmung«, das heißt eine antisowjetische. In den dreißiger Jahren änderte sich in dieser Hinsicht nichts, was angesichts der Zustände in der Roten Armee und in der UdSSR, insbesondere des Terrors gegenüber Dorfbewohnern und der Zwangskollektivierung, nicht überrascht. Im Jahr 1930 warnten die Sonderabteilungen bei der Roten Armee in ihren Berichten vor dem verderblichen Einfluss der »Kulaken« in den Reihen der Roten Armee. Die OGPU hatte im Sommer 1930 eine besondere Denkschrift darüber verfasst, die Stalin und Woroschilow zugeschickt wurde.[178]

Im Klartext heißt dies, dass die Soldaten über die Massendeportationen und -verhaftungen sowie die Zwangskollektivierung sehr beunruhigt waren. Woroschilow erteilte im Februar 1930 zwar den Befehl, die Rotarmisten über die Notwendigkeit der Entkulakisierung aufzuklären, dies half jedoch offenkundig wenig. Zugleich verbot Woroschilow, Truppen der Roten Armee bei den »Entkulakisierungsmaßnahmen« einzusetzen.[179] Auch Jagoda untersagte in seinem operativen Befehl über die Liquidierung des Kulakentums vom 2. Februar 1930 den Einsatz der Truppen der Roten Armee: »Die Truppen der Roten Armee sind bei der Operation [Deportationen und Verhaftungen] unter keinen Umständen einzusetzen.«[180]

Der kommunistische Terror gegen die Dorfbewohner wirkte sich negativ auf die Stimmung unter den Soldaten und auch Kommandeuren aus. Am 22. Mai 1932 verzeichnete die politische Verwaltung der Roten Armee »eine gewisse Verschärfung der negativen Stimmung unter einem Teil der Rotarmisten und einzelnen Kommandeuren sowie eine Intensivierung der Versuche des Klassenfeindes, auf die Rote Armee von innen und von außen einzuwirken«. Diese Verschärfung sei durch die Getreidebeschaffung, das heißt die gewaltsame Getreideeintreibung vom Frühjahr 1932 und den darauffolgenden Hunger, sowie durch die Ereignisse im Fernen Osten (der japanisch-sowjetische Konflikt in China) verursacht. Vor diesem Hintergrund kritisierten viele Rotarmisten und Kommandeure und sogar einzelne Kommunisten die Politik der Partei, heißt es in dem Bericht.[181]

Der Bericht führte einige »Kulaken-Äußerungen« als Beispiel an. So erklärte ein gewisser Nowoselzew, Soldat einer Werkstatt bei den Luftstreitkräften, der an einem Kurs teilnahm: »Das unterrichtete Fach kommt nicht in meinen Kopf, weil man meinem Vater Getreide wegnimmt und die Familie hungert. Und das ist das Schicksal nicht nur meiner Familie, sondern aller Bauern. Die Bauern arbeiten nicht für sich, sondern für Fremde. Sie leben schlechter als unter den Zaren. [...] Getreide, das man von der Kolchose bekommen hatte, haben die weggenommen.« Ein anderer Soldat sagte: »Die Regierung plündert Kolchosen aus, sie fordert Brot, sie fordert Fleisch. Das Volk ist zornig. Wenn Krieg kommt, wird man Kommunisten töten.«[182]

Im Frühjahr 1933 verzeichneten Sonderabteilungen der OGPU ein Wachstum von negativen Erscheinungen in der Selbständigen Fernöstlichen Armee der Roten Fahne. Im Bericht vom 4. Mai 1933 hieß es: »Vom Dezember des letzten Jahres bis März dieses Jahres beobachtete man ein Wachstum und die Radikalisierung der negativen politischen Stimmung in der Armee.« Man habe im Dezember 2338 Fälle von Äußerungen solcher Stimmung registriert, im Januar 3082 und im Februar 3120. Die Ursachen dafür seien die Kollektivierung und Nachrichten über »Hunger in den Dörfern« gewesen. »Vor diesem Hintergrund erklärten einzelne Rotarmisten, dass sie im Falle des Krieges [...] die UdSSR nicht verteidigen wollen.« Es folgten zahlreiche Beispiele für solche Äußerungen und andere »negative Erscheinungen« wie die Bildung von »konterrevolutionären Gruppierungen« unter den Rotarmisten, von denen man in den letzten drei Monaten 24 aufgedeckt habe. Der Bericht war an Jagoda und Stalin gerichtet.[183]

Angesichts dieser Stimmung ist es nachvollziehbar, dass viele Rotarmisten desertierten. Im Jahr 1930 verzeichnete man in den Reihen der Roten Armee 1116 Fälle von Fahnenflucht, dies ergab 22,9 Fahnenflüchtige auf 10 000 Soldaten, und im Jahr 1931 1677 Fälle, 32,9 Fahnenflüchtige auf 10 000 Soldaten. Auch die Suizidrate war relativ hoch: Im Jahr 1930 kamen 9,8 und im Jahr 1931 10,4 Suizide auf 10 000 Soldaten in der Roten Armee. In den Kriegsflotte war die Suizidrate noch höher: Baltische Flotte 12,3 (1930) und 14,4 (1931), Schwarzmeerflotte 10,2 (1930) und 15,3 Suizide (1931) pro 10 000 Soldaten.[184]

Gegen diese Stimmung ging die Militärführung mit Einschüchterung, Terror und massiver und primitiver Propaganda vor. Letztere konnte jedoch wohl nur einen Teil der Soldaten »überzeugen«, am wenigstens die vom Land. In einer der üblichen Sitzungen in den dreißiger Jahren reichte Budjonny seinem Freund Woroschilow einen Zettel, auf dem er folgenden Vorfall schilderte: »E[fremowitsch] K[liment]! Im politischen Unterricht stellten Rotarmisten an einen der politischen Kommissare die Frage: ›Warum führen wir Getreide ins Ausland aus, während es bei uns mangelt. Wir haben mit eigenen Augen im Hafen von Noworosijsk gesehen, wie man Getreide auf Schiffe verladen hat.‹ Der Kommissar antwortete darauf: ›Das ist euch nur so vorgekommen.‹«[185]

Solche »Argumente« konnten Soldaten kaum für die kommunistische Politik einnehmen. Das Bild rundet das niedrige Niveau der »politischen Arbeiter«, der politischen Kommissare, ab. Viele von ihnen hatten kaum entsprechende Ausbildung, meistens sechs bis sieben Jahre Grundschule und schnelle Parteikurse.[186] Angesichts dieser Umstände überrascht die schlechte Disziplin in der Roten Armee nicht, die hohe Rate an Delikten und Verbrechen, an Fahnenfluchtfällen, Suiziden, Befehlsverweigerungen. Dies bezog sich sowohl auf Soldaten als auch auf Kommandeure. Die oberste militärische Führung klagte ständig darüber und versuchte dagegen vorzugehen, jedoch meistens vergeblich.[187]

Auch der Alkoholkonsum unter den Soldaten und insbesondere Kommandeuren hatte einen äußerst negativen Einfluss auf die Disziplin. In der Schlussrede der Sitzung des Kriegsrates beim Volkskommissar für Verteidigung, die vom 21. bis 29. November 1938 tagte, führte Woroschilow aus: »Zwei Worte über Trunkenheit. Genossen, diesen Unfug gibt es bei uns nicht das erste Jahr in unserer Armee, jedoch die Ausmaße, die die Trunkenheit im Jahr 1938 erreichte, hat es früher nicht gegeben, wie es mir scheint. Wir müssen damit Schluss machen.«[188]

Einige Wochen später, am 29. Dezember 1938, erließ Woroschilow als Volkskommissar für Verteidigung den Befehl Nr. 0219 über den Kampf gegen die Trunkenheit in der Roten Armee. Eingangs stellt er fest, dass diese in der letzten Zeit bedrohliche Dimensionen angenommen habe. Dieses Übel sei besonders unter den Kommandeuren verbreitet. Vor diesem Hintergrund verzeichnete man in neun Monaten des Jahres 1938 über 1300 abscheuliche Trunkenheitsfälle. Betrunkene Kommandeure und Rotarmisten provozierten Schlägereien, verübten Überfälle und andere Verbrechen, verursachten Unfälle, zerstörten militärische Ausrüstung. »Die Trunkenheit wurde zur echten Geißel der Armee«, konstatierte Woroschilow in dem Befehl. Ein wesentlicher Teil der Havarien, Unfälle, Katastrophen und anderer außerordentlicher Ereignisse sei direkte Folge der Trunkenheit. Vor diesem Hintergrund befahl Woroschilow, entschiedene Maßnahmen gegen die Trunkenheit in der Truppe zu ergreifen.[189]

Stalin gelang es zwar, die größte Streitmacht der Welt aufzustellen, schlagkräftig, diszipliniert und motiviert war diese Armee aber nicht. Der Krieg gegen Finnland (November 1939 bis März 1940) und die Schlachten im Sommer 1941 im deutsch-sowjetischen Krieg sind ein beredtes Zeugnis dafür. In den ersten sechs Monaten nach dem Angriff Hitlers desertierten über eine Million Rotarmisten und Tausende Kommandeure, die anderen mussten durch Sperrabteilungen, politische Kommissare und die Sonderabteilung zum Kampf für Stalin und die Partei gezwungen werden.[190]

Die Rote Armee setzte sich in den dreißiger Jahren in ihrer Masse aus unwilligen Soldaten zusammen, die dem Kommunismus gegenüber oft sehr feindlich eingestellt waren. Hinzu kamen schlecht ausgebildete Kommandeure, Flieger, Panzerfahrer, Mechaniker, politische Kommissare. Ferner verfügte die Rote Armee zwar über große Mengen an Waffen, Muniton und Ausrüstung, die aber oft genug in schlechtem technischem Zustand oder gar unbrauchbar waren. Und das wussten Stalin und seine Genossen sehr wohl.

Säuberungen – die Jagd nach Sündenböcken

In den vorangegangenen Kapiteln wurden die gigantischen Aufrüstungspläne erörtert, deren Umsetzung in der Praxis meistens scheiterte, teilweise sogar spektakulär. Diese gigantischen Pläne waren mit der damaligen sowjetischen Industrie sowie den zur Verfügung stehenden Führungs-, Fach- und Arbeitskräften nicht realisierbar. Stalin und seine Clique sahen aber die Ursachen für das Scheitern ihrer Pläne nicht in deren unrealistischen Inhalten, sondern suchten nach Sündenböcken. Für das Scheitern der Aufrüstungs- und Industrialisierungspläne von 1927/28 machten Stalin und seine Genossen in erster Linie bürgerliche Spezialisten verantwortlich, die diese Pläne vorsätzlich sabotiert hätten. Ende der zwanziger und Anfang der dreißiger Jahre wurden sie verfolgt, in KZs eingesperrt, deportiert oder erschossen. Ihre Stellen und Posten besetzten neue Kader, kommunistische Aufsteiger, Absolventen von sowjetischen Hochschulen, junge Kommunisten.

In den Jahren 1930 und 1932 wurden neue Rüstungspläne erarbeitet und beschlossen. Bald stellte sich jedoch heraus, dass auch diese Pläne nicht eingehalten werden würden, sie wurden nach unten korrigiert; zugleich suchte man wieder nach den Schuldigen. So war bereits im Sommer 1933 erkennbar, dass die Aufrüstungspläne des Jahres kläglich scheitern würden. Und prompt deckte die OGPU Anfang August 1933 in der Rüstungsindustrie eine »Spionageorganisation« auf, die für das Scheitern dieser Pläne verantwortlich gewesen sei. Dieser angeblichen Organisation, angeblich von »deutschen Nationalsozialisten« gegründet und geleitet, hätten diesmal ausschließlich neue Spezialisten angehört, insgesamt 12 Personen. Sie hatten bis zur Verhaftung im zentralen Verwaltungsapparat der Rüstungsindustrie wie auch in den einzelnen Werken gearbeitet.[1]

Die Angehörigen dieser angeblichen »Spionageorganisation« hätten zu verantworten, dass die Umstrukturierung und der Ausbau der Rüstungswerke der Gesamtsowjetischen Artillerie- und Waffenvereinigung gescheitert sei, sodass die geplanten Mengen an Waffen nicht produziert werden konnten. Ferner seien Anlagen und Ausrüstung bestellt und gekauft worden, auch im Ausland, die entweder nicht komplett oder überflüssig waren. In den Lagern fanden sich Anlagen und Ausrüstung im Wert von 11 Millionen Rubel, darunter solche aus dem Ausland im Wert von 9 Millionen Goldrubeln. Diese Maschinen und Anlagen waren unter schlechten Bedingungen gelagert worden, viele gingen dabei zu Bruch, auch Bauteile gingen verloren.[2]

Die alten Spezialisten konnten als Sündenböcke nicht mehr alleine herhalten, es gab kaum noch welche in der Wirtschafts- und Staatsverwaltung. Ab 1931 wurden sogar »reumütige« verurteilte Spezialisten befreit und in der Wirtschaft und Industrie wieder eingesetzt. Gefährdet blieben sie jedoch weiterhin.[3]

Mit Ermittlungen im wirtschaftlichen Bereich befasste sich die OGPU, die im Februar 1934 umorganisiert und in das Volkskommissariat für Innere Angelegenheiten (NKWD) eingegliedert wurde.[4] Zuständig dafür waren im OGPU/NKWD-Apparat die Abteilungen für Wirtschaft und Transport. Diese waren für die sowjetische Führung eine der wichtigsten Informationsquellen über die tatsächliche Lage in den einzelnen Wirtschaftsbereichen des Landes, vor allem über die Schwierigkeiten und Rückschläge bei der Erfüllung der Pläne, über Unfälle und Katastrophen. Man praktizierte dabei die konspirative Entsendung von operativen Mitarbeitern, die vor Ort verdeckt ermittelten.[5] Auch mit der Aburteilung der tatsächlich oder angeblich Verantwortlichen befassten sich vor Ort OGPU/NKWD-Organe, die so genannten Trojki. Sie hatten das Recht, auch Todesurteile zu fällen, die jedoch von der Zentrale bestätigt werden mussten.[6]

All diese Maßnahmen, die sich gegen Einzelne oder Gruppen richteten und abschreckend auf die anderen zu wirken hatten, halfen wenig. In der Rüstungsindustrie, ähnlich wie in allen anderen Wirtschaftsbereichen der UdSSR, herrschten aus westlicher Sicht weiterhin kaum vorstellbare Missstände. Stalin und seine Genossen waren sich dessen selbstverständlich bewusst und hielten diese Zustände für unhaltbar, denn sie machten die Umsetzung der gigantischen Rüstungspläne illusorisch. Neue, entschiedene Maßnahmen mussten ergriffen werden.

Am 29. März 1934 errichtete das Politbüro unter Vorsitz von Andrej Schdanow, einem engen Vertrauten Stalins und Experten für Propaganda und Ideologie, eine Kommission, die sich mit der Personalpolitik in den Rüstungsbetrieben zu befassen hatte. Es ging um Fragen wie die Einstellungspraxis von Arbeitern und Angestellten (»wer anstellt und wer kündigt«) und deren Einsatz in Betrieben.[7] Am 4. Mai 1934 bestätigte das Politbüro die Vorschläge der Kommission unter Schdanow zur neuen Einstellungs- und Entlassungsordnung von Arbeitskräften in den Rüstungsbetrieben und die Liste der Betriebe, in denen diese Vorschriften zu gelten hatten. In den einzelnen Betrieben waren Einstellungs- und Entlassungsabteilungen zu organisieren, die von OGPU/NKWD-Mitarbeitern zu leiten waren.[8]

Es ging darum, die Rüstungsbetriebe von »unerwünschten Elementen« zu säubern. Die Liste der Werke, in denen diese Säuberungen durchzuführen waren, beinhaltete 68 Betriebe, die Waffen, Munition und Ausrüstung für die Rote Armee herstellten.[9] Am 14. Juni 1934 erließen das NKWD und das Volkskommissariat für Schwerindustrie den Befehl Nr. 004 über den Schutz der 68 wichtigsten Betriebe der Rüstungsindustrie, in dem die unerwünschten Elemente definiert wurden. Es handelte sich dabei um Ausländer, Angehörige ehemaliger Eliten, ehemalige »Weiße«, disziplinarisch Entlassene aus anderen Betrieben und Kolchosen, Personen, die in der Vergangenheit wegen Diebstahls und »konterrevolutionärer« Aktivitäten verurteilt worden waren.[10]

Am 26. Juli 1934 erließ das NKWD den Befehl Nr. 0012 über eine besondere Überprüfung des Personalbestandes der Rüstungsbetriebe, um die »unerwünschten Elemente« zu entfernen. Die Betroffenen durften über die wahren Gründe für die Entlassung nicht unterrichtet werden, sondern sollten irgendwelche Vorwände (disziplinarische Vergehen u. Ä.) genannt bekommen. Für jede überprüfte Person wurde eine Personalakte angelegt, und allen Personen, die in den 68 Rüstungsbetrieben arbeiteten, wurden die Pässe abgenommen.[11] Damit wurden sie an die Betriebe gebunden, ähnlich wie die Bauern an die Kolchosen, und hatten faktisch den Status von Zwangsarbeitern.

Über die Ergebnisse der Überprüfung unterrichtete Jagoda Stalin regelmäßig. Am 14. Juni 1935 berichtete er, dass man von den insgesamt 70 485 Ingenieuren und Technikern, die in den 68 Rüstungsbetrieben beschäftigt waren, 44 616 überprüft habe. Dabei habe man 5416 »sozial fremde Elemente« aufgedeckt und 2580 Personen entlassen. Die Gesamtzahl der Arbeiter und Angestellten in den 68 Rüstungsbetrieben betrug 398 949, von ihnen waren 319 739 Personen überprüft worden. Dabei habe man 30 060 »sozial fremde« Personen aufgedeckt, 25 059 Personen seien entlassen worden. Ferner habe man verhindert, dass 11 497 Personen neu eingestellt wurden.[12]

Darüber hinaus, so Jagoda in dem Bericht vom 14. Juni 1935, seien eine Reihe von Werksdirektoren bestraft worden, weil sie gegen die neue Einstellungsordnung verstoßen hätten. Abschließend schlug Jagoda vor, die Liste der Betriebe, in denen diese Regelungen galten, um weitere Werke zu erweitern. Mitte 1936 wurde Jagodas Vorschlag akzeptiert und die Liste der Betriebe mit besonderer Einstellungsordnung wuchs auf über 100 Werke.[13]

Auch in anderen Bereichen ließen Stalin und seine Genossen umfassende Säuberungen durchführen. Im April 1933 ordnete Stalin eine große Säuberungsaktion in der Partei an, die zu diesem Zeitpunkt 3,2 Millionen Mitglieder zählte, und zwar zwei Millionen Vollmitglieder und 1,2 Millionen Kandidaten. In den letzten zweieinhalb Jahren hatte die Partei 1,4 Millionen neue Mitglieder aufgenommen. Allerdings sei die massenhafte Aufnahme oft oberflächlich durchgeführt worden, sodass viele unzuverlässige Elemente darunter gewesen seien, heißt es im Beschluss des Zentralkomitees über die Säuberungen.[14] Im Jahre 1933 wurden über 18 Prozent von ihnen aus der Partei ausgeschlossen, andere traten selbst aus, um der Entlassung zuvorzukommen. Und die Säuberungen waren noch lange nicht abgeschlossen, im Jahre 1935 liefen sie noch, als mehr als 43 000 Kommunisten ihre Parteiausweise verloren. 33 Prozent aller von Juli bis Dezember 1935 ausgeschlossenen Parteimitglieder seien »Spione«, »Weißgardisten« und »Trotzkisten« gewesen, behauptete Jeschow, der neue Chef des NKWD, in einem Bericht von Ende Dezember 1936 an das Zentralkomitee.[15]

Von den Säuberungen blieb auch die Rote Armee nicht verschont. Die erste große Säuberungswelle traf sie bereits in den Jahren 1929/30. Über 10 000 Kommandeure wurden aus der Armee entlassen, mehr als 2600 verhaftet. In den Jahren 1930–1932 fand dagegen die Operation »Wesna« (Frühling) statt, dabei wurden etwa 3000 Kommandeure verhaftet und verurteilt, hauptsächlich ehemalige zaristische Offiziere. Im Jahr 1933 wurden jedoch viele von ihnen aus den Gefängnissen und KZs entlassen und wieder in die Armee aufgenommen, ähnlich wie die zivilen Spezialisten.[16] Im Jahr 1934 begann die nächste Säuberungswelle, die bis Frühjahr 1937 andauerte. Bis zum 25. Mai 1937 wurden 4855 Kommandeure aus der Armee entlassen, darunter 1474 (30,4 %) aus politischen Gründen, verhaftet wurden 162 (3,3 %). Die Angaben über diese Verhaftungen sind allerdings unvollständig.[17] Diese Säuberungsoperation wurde im Mai 1937 von der dritten Welle abgelöst, die den absoluten Höhepunkt des stalinistischen Terrors in den Reihen der Roten Armee darstellte.

Doch zunächst zurück zur Rüstungsindustrie. Die Säuberungen der Jahre 1934–36 halfen kaum. Die Rüstungsbetriebe lieferten weiterhin massenhaft Waffen, Ausrüstung und Munition mit zum Teil sehr groben Produktionsmängeln und erfüllten die von Stalin und seinen Genossen beschlossenen Pläne nicht. Auch um die Mobilisierungsvorbereitungen der Rüstungsindustrie stand es nicht besser, beispielsweise in Leningrad.[18] Dies alles führte man, wie in den Jahren zuvor, auf vorsätzliche Aktivitäten angeblicher Schädlinge zurück, die man längst auch in den Reihen der Parteimitglieder und neuen Spezialisten suchte, »fand« und als »Trotzkisten« oder deutsche/polnische/japanische Spione und/oder Saboteure entlarvte.

All diese Missstände auf die alten Spezialisten und Angehörigen der alten Eliten abzuwälzen ging nicht mehr, denn von ihnen gab es kaum noch welche in den leitenden Positionen. Jetzt verdächtigte man in erster Linie ihre Söhne und andere »sozial fremde Elemente«, die sich in die Reihen der Partei, in den Staats- und Wirtschaftsapparat eingeschlichen hätten. Auch die ethnische Herkunft spielte zunehmend eine wichtige Rolle, insbesondere Personen polnischer und ab 1933 deutscher Herkunft waren davon betroffen. Die Säuberungen der Jahre 1933 bis 1936 richteten sich in erster Linie gegen diese Personengruppen. Im Sommer 1936 fand der Schauprozess gegen Kamenew und Sinowjew, zwei alte Bolschewiken und Genossen Lenins, statt, die als trotzkistische Agenten verurteilt und erschossen wurden.

Aber auch diese Säuberungen brachten nicht die erwünschten Ergebnisse. Um die Rote Armee, ob Panzerverbände, Luftwaffe, Infanterie oder die übrigen Truppenteile, stand es weiterhin sehr schlecht, ihr Zustand war geradezu katastrophal. In Erinnerung gerufen sei hier die Denkschrift von Tuchatschewski vom 9. August 1936 über den katastrophalen Zustand der Panzerverbände. Mit dieser Denkschrift besiegelte er möglicherweise sein Schicksal und auch das seiner engsten Mitarbeiter, die für die Aufrüstung der Roten Armee verantwortlich waren.

Bürgerliche Spezialisten, ehemalige zaristische Offiziere und andere gewissermaßen »klassische« konterrevolutionäre Elemente standen im Jahr 1936 als Sündenböcke nicht mehr zur Verfügung. Durch die fortlaufenden Säuberungen verringerte sich die Zahl der »antisowjetischen« und »sozial fremden« Elemente und zugleich Sündenböcke im Wirtschafts-, Staats- und Militärapparat, die Missstände nahmen aber nicht ab, sondern zu. Die Sündenböcke mussten nun innerhalb der kommunistischen Bürokratie gefunden werden, wozu auch die Militärführung gehörte.

Spätestens im September 1936 beschloss Stalin, auch den Partei- und Staatsapparat umfassend zu »säubern«. Zunächst ließ er Genrich Jagoda vom Posten des Chefs des NKWD absetzen, der für die Durchführung der bisherigen Säuberungen und Terrorwellen verantwortlich zeichnete. Am 25. September 1936 sandten Stalin und

Schdanow aus ihrem Urlaubsort ein Telegramm an Molotow und Kaganowitsch, in dem sie die Absetzung Jagodas forderten. Dieser habe sich nämlich als unfähig erwiesen, den Trotzki-Sinowjew-Block im Lande zu zerschlagen. Zum Nachfolger von Jagoda wurde am 11. Oktober 1936 Nikolai Jeschow ernannt, Stalins Vertrauter aus dem Sekretariat des Zentralkomitees. Er hatte sich bereits bei den früheren Säuberungen im Parteiapparat hervorgetan.[19]

Jeschow besetzte den NKWD-Apparat mit Funktionären aus dem ZK-Apparat und verwandelte das NKWD in ein Instrument des Sekretariats des Zentralkomitees und Stalins, das eine umfassende Säuberung des Partei-, Staats- und Wirtschaftsapparates durchführte.[20] Während Jeschow den NKWD-Apparat auf diese große Operation vorbereitete, arbeiteten Stalin und seine Genossen an Resolutionsentwürfen für Säuberungen in den einzelnen Bereichen, um sie durch das Plenum des Zentralkomitees, das vom 23. Februar bis 5. März 1937 tagte, bestätigen zu lassen. Mit der Industrie befasste sich Ordschonikidse, mit dem Transportwesen Kaganowitsch und mit dem Parteiapparat Stalin selbst. In erster Linie ging es darum, die großen Missstände in diesen Bereichen als das Werk einer angeblichen großen trotzkistischen Organisation darzustellen, die Spionage und Sabotage für Deutschland und Japan betrieben hätte. Diese Organisation habe sich aus Funktionären des Partei-, Staats- und Wirtschaftsapparates zusammengesetzt.[21]

In seinem Entwurf über Schädlingsaktivitäten in der Industrie schrieb Ordschonikidse Anfang Februar 1937, dass die Trotzkisten alle antisowjetischen Elemente gesammelt und organisiert hätten. Die Trotzkisten, wie Pjatakow, Radek, Serebrjakow, Sokolnikow und andere, wären in wichtige Wirtschaftspositionen eingedrungen, um der Schwerindustrie einen verräterischen Schlag zu versetzen. Sie waren bereits Ende 1936 verhaftet worden, und im Januar 1937 fand der Schauprozess statt. Der Schlag dieser Trotzkisten habe sich hauptsächlich gegen Betriebe gerichtet, die für die Verteidigung des Landes, ja für die gesamte sowjetische Wirtschaft von größter Bedeutung seien. Besonders betroffen seien die Steinkohleindustrie und die chemische Industrie gewesen.[22]

Es ist hierbei anzumerken, dass Missstände in diesen Bereichen nicht erfunden waren, sondern den Tatsachen entsprachen, ähnlich wie dies in der Rüstungsindustrie der Fall war. So ereigneten sich in der Steinkohleindustrie seit Jahren Brände und Explosionen unter Tage sowie andere Grubenunglücke, die auch zahlreiche Menschenopfer nach sich zogen. Betriebsstörungen waren ein Dauerzustand, viel Steinkohle ging durch Missachtung der Förderprozesse verloren, Termine bei Vorbereitungsarbeiten und beim Bau von Gruben wurden nicht eingehalten.[23]

Diese Missstände waren zum großen Teil durch die Stoßarbeiterkampagnen, durch kommunistische Wettbewerbe sowie durch Säuberungen verursacht worden. Bei Stoßarbeiterkampagnen, die ab Ende 1935 auf alle Wirtschaftsbereiche, so auch auf die Landwirtschaft, erweitert wurden, ging es um den Wettbewerb im Übertreffen der Förder- und Produktionspläne. Dabei missachtete man Sicherheitsvorschriften und vorgeschriebene Produktionsprozesse, überlastete Maschinen und Anlagen, ohne sie sachgemäß zu warten. Folge waren unzählige Unfälle und dauerhafte Betriebsstörungen sowie die Produktion von Ausschusswaren. Es kam nicht selten vor, dass man sogar Staudämme, Kraftwerke, Gebäude und Werke wegen Baumängeln unmittelbar nach ihrer Fertigstellung wieder abreißen musste.[24]

All diese Missstände wurden nun zum Ergebnis von Schädlingsaktivitäten der Trotzkisten erklärt, die man früher wegen Unachtsamkeit nicht aufgedeckt hätte, so Ordschonikidse in seinem Projektentwurf vom Februar 1937. Die häufigen Unfälle und Brände in den Kohlegruben hätten einen »objektiven Charakter«, habe man früher behauptet, Explosionen in chemischen Werken habe man mit »Materialermüdung« und mit gewöhnlichen Betriebsstörungen erklärt. Diese Sabotageakte hätte man aber in Wirklichkeit auf Anweisung der Trotzkisten-Schädlinge Pjatakow und Rataitschak verübt, das hätten die Prozesse gezeigt, so Ordschonikidse. Die Trotzkisten hätten zu verantworten, dass eine strenge Produktions- und Arbeitsdisziplin, die in der hochentwickelten Industrie entscheidend sei, nicht eingehalten würde.[25]

Ordschonikidse schlug folgende Maßnahmen vor, um die Missstände in der chemischen Industrie zu beheben: strengste Einhaltung der Produktionsdisziplin, genaueste Untersuchung von allen Unfällen, Maschinenschäden und Betriebsstörungen, strenge Bestrafung der Schuldigen, Überprüfung der Maschinen und Anlagen, Schulung der Arbeiter. Ferner sollte eine Kommission die besonders akuten Missstände in der militärisch-chemischen Produktion untersuchen, die von großer Bedeutung sei. Insgesamt schlug jedoch Ordschonikidse eher sachliche Maßnahmen vor, um die Missstände in der chemischen Industrie zu beheben, ähnlich sachliche Vorschläge machte er für die Steinkohleindustrie. Sie waren allerdings mit den Parolen von Trotzkisten-Schädlingen, die für alles Verantwortung tragen würden, versetzt.[26]

Der Entwurf von Kaganowitsch über die Missstände im Eisenbahnwesen war hingegen radikaler. Auch in diesem Bereich ereigneten sich viele Unfälle, Pläne seien nicht eingehalten worden. Kaganowitsch war aber entschieden radikaler in seinen Angriffen auf die Trotzkisten, die japanisch-deutschen sowie Spionage- und Sabotage-Organisationen angehört hätten. Er forderte eine weitgehende Säuberung des Eisenbahnwesens von trotzkistischen Schädlingen, die für all diese Missstände verantwortlich seien.[27]

Am radikalsten war jedoch Stalin selbst in seinem Entwurf über die politische Erziehung von Parteikadern und Maßnahmen zum Kampf gegen Trotzkisten und andere Doppelzüngler in den Parteiorganisationen. Die verräterischen und Spionage-Schädlingsaktivitäten der trotzkistischen »Faschisten« hätten nicht nur die Organe der Industrie, des Transportes und des NKWD betroffen, sondern auch »unsere Parteiorganisationen«. Stalin konstatierte aber auch »Unzufriedenheit und Erbitterung in einem Teil der Partei«, dies sei jedoch Folge der herzlosen Behandlung von Menschen, die in der Vergangenheit aus der Partei ausgeschlossen worden waren. Stalin forderte entschiedene und umfassende Maßnahmen, um die Parteiorganisationen von trotzkistischen Schädlingen zu »säubern«.[28]

Stalin hielt sein Referat am 3. März 1937, Dimitroff notierte in seinem Tagebuch anschließend: »Nach dem Referat wurde es leichter.«[29] Es bleibt dahingestellt, ob Stalin an die trotzkistische Verschwörung tatsächlich geglaubt hat oder nicht. Ordschonikidse glaubte wohl nicht daran und beging einige Tage vor dem Plenum, am 18. Februar 1937, Selbstmord. Mikojan, der mit ihm befreundet war, berichtet, Stalin habe Ordschonikidse wiederholt aufgefordert, sein Entwurfsprojekt über die Schädlingsaktivitäten in der Schwerindustrie zu verschärfen. Ordschonikidse habe aber an die trotzkistische Verschwörung nicht geglaubt, zumal im Herbst 1936 sein Bruder, der in Georgien einen führenden Wirtschaftsposten bekleidet hatte, als angeblicher Verschwörer verhaftet und erschossen worden war. Möglicherweise fürchtete Ordschonikidse dasselbe Schicksal wie das seines Bruders und der im Januar 1937 in Schauprozessen verurteilten angeblichen Trotzkisten.[30] Immerhin war Sergo Ordschonikidse seit 1932 der Volkskommissar für Schwerindustrie und somit für ihren Zustand verantwortlich. Moralisch-ethische Bedenken, wie Mikojan behauptet, dürften bei seinem Selbstmord keine Rolle gespielt haben, denn Ordschonikidse war ein skrupelloser Kommunist, der sich zuvor an unzähligen Massenverbrechen beteiligt hatte.

Tatsache ist, dass für die unzähligen Unfälle und Katastrophen, die enorme Verschwendung von Ressourcen, Geldmitteln und Arbeitskraft und andere Missstände meistens konkrete Menschen verantwortlich waren. In erster Linie natürlich Stalin und seine Genossen, die waren aber weder bereit, die Verantwortung dafür zu übernehmen, noch die bisherige Politik zu ändern. Stattdessen suchten sie nach Sündenböcken und setzten ihre Politik fort. Offenkundig fürchtete Stalin im Jahre 1937 auch um seine Macht, als er über »Unzufriedenheit und Erbitterung in einem Teil der Partei« schrieb. Am 11. November 1937 erklärte Stalin im Privatgespräch mit Dimitroff, dass viele Parteimitglieder die Kollektivierung nicht »verdaut« hätten, »als man die Kulaken bei lebendigem Leibe unters Messer nehmen mußte«. Sie hätten die Linie der Partei innerlich nicht akzeptiert, »sind in die *Illegalität* gegangen. Selber kraftlos, haben sie sich mit äußeren Feinden verbunden.«[31]

Ein enger Mitarbeiter Jagodas, L. Mironow, gab am 20. Juni 1937 zu Protokoll, dass Jagoda die Parteiführer und Stalin gehasst habe, und behauptete, Folgendes von Jagoda gehört zu haben: »Uns Tschekisten war mehr als allen anderen klar, dass der Unmut im Land zunimmt, dass man mit Verhaftungen allein nicht der Situation Herr werden kann [...] man musste die Politik des ZK der KPdSU(B) grundlegend ändern.«[32]

Stalin war dagegen offenkundig überzeugt, dass er mit Massenterror alle Missstände doch beheben oder wenigstens eindämmen könne, ohne die bisherige Politik der gigantischen Aufrüstung und Industrialisierung ändern zu müssen. Auf jeden Fall duldete er keine Kritik an seiner Politik. Am 11. Februar 1937 wies er Dimitroff an, die »europäischen Arbeiter« über den Konflikt mit Trotzki und den angeblichen Trotzkisten aufzuklären und dabei zu zitieren, »was Lenin über die Opposition sagte: ›Jegliche Opposition in der Partei unter Bedingungen der Sowjetmacht, die auf ihren Fehlern beharrt, gleitet ab in Weißgardistentum.‹«[33]

Im Jahr 1937 richtete Stalin den Massenterror auch gegen kommunistische Partei-, Staats- und Wirtschaftsfunktionäre sowie rote Kommandeure, denn nur noch diese bekleideten Führungspositionen im Lande. Auf dem Plenum des Zentralkomitees von Ende Februar/Anfang März 1937 ließ Stalin umfassende Säuberungen auch im Partei-, Staats- und Wirtschaftsapparat sowie in den Reihen des NKWD beschließen.

Unmittelbar nach dem Plenum beschleunigte die kommunistische Terrormaschinerie ihr Tempo. Unter den Opfern waren diesmal auch Tausende von kommunistischen Tätern, Trägern, Aufsteigern, Nutznießern des kommunistischen Systems. Der Anteil der ehemaligen Angehörigen der kommunistischen Führungsschicht blieb jedoch im Verhältnis zu den übrigen Opfern des sowjetischen Terrors der Jahre 1937/38 gering, obwohl ihre Zahl in die Zehntausende ging. Die meisten Opfer blieben nach wie vor Menschen, die dem kommunistischen System tatsächlich oder angeblich ablehnend gegenüberstanden, in erster Linie Bauern.[34]

Säuberungen in der Roten Armee in den Jahren 1937/38

Im Plenum des Zentralkomitees vom 23. Februar bis 5. März 1937 spielten die angeblichen Schädlingsaktivitäten in den Streitkräften eine untergeordnete Rolle. Als Woroschilow darauf angesprochen wurde, erklärte er: »Im Augenblick hat man zum Glück nicht so viele Feinde aufgedeckt. Ich sage ›zum Glück‹ in der Hoffnung, dass es in den Reihen der Roten Armee überhaupt nicht viele Feinde gibt.« Hierbei ist jedoch zu bemerken, dass die Liste der bis dahin verhafteten hohen Kommandeure doch recht lang war. Im Jahr 1936 verurteilten Militärtribunale 380 Kommandeure wegen »konterrevolutionärer Agitation«, und die Verhaftungen liefen Anfang 1937 weiter.[35]

Molotow war mit der Einschätzung von Woroschilow nicht einverstanden und erklärte im Plenum: »Das Verteidigungsressort ist eine sehr ernste Angelegenheit, diese Angelegenheit wird jetzt nicht behandelt, sondern ein bisschen später, und sie wird sehr intensiv untersucht. [...] Bis jetzt hat man dort nur wenige Symptome von feindlichen Aktivitäten entdeckt. [...] Ich denke aber, dass man auch dort mehr finden wird, wenn man sich damit eingehend befasst.«[36] In der Tat brauchte man auf die ersten »Ergebnisse« solcher Ermittlungen nicht lange zu warten.

Bereits am 29. März 1937 ordnete das Politbüro an, dass alle Kommandeure aus der Armee zu entlassen seien, die zuvor aus politischen Gründen aus der Partei ausgeschlossen worden waren.[37] Im März und April begannen auch Verhaftungen unter den höchsten Kommandeuren in den Kriegsbezirken Ural und Ukraine sowie in der Oblast Kalinin.[38]

Spätestens im April 1937 geriet Tuchatschewski, der die Konzeption des revolutionären Vernichtungskrieges gegen den Westen entworfen hatte, ins Visier der Ermittlungen des NKWD. Am 23. April 1937 beschloss das Politbüro, dass Tuchatschewski doch nicht als Vertreter der sowjetischen Streitkräfte zu den bevorstehenden Krönungsfeierlichkeiten von Georg VI. nach London reisen werde. Als

Vorwand gab man an, dass dem NKWD Informationen vorlägen, deutsch-polnische Terrorgruppen bereiteten einen Anschlag auf ihn vor.[39] Man befürchtete offenkundig, dass Tuchatschewski sich in den Westen absetzen könnte.

In den nächsten Tagen zog sich die Schlinge um Tuchatschewski und seine engsten Mitarbeiter immer enger. Die Ermittlungen überwachte und koordinierte Woroschilow persönlich, der am 10. Mai 1937 Stalin und Molotow den Ermittlungsbericht mit folgendem Anschreiben zuschickte: »In Erfüllung des Beschlusses des Plenums des ZK der WKP(b), entsprechend den Vorträgen der Genossen Molotow und Kaganowitsch, stelle ich ein Projekt von Maßnahmen zur Liquidierung und Vorbeugung von Schädlingsaktivitäten und Spionage in der Roten Armee vor. Ich bitte um Bestätigung.«[40]

Das Projekt umfasste 20 Seiten und wurde nur in drei Exemplaren angefertigt, je eines für Stalin, Molotow und Woroschilow. Über den Inhalt kann man nur spekulieren, denn das Dokument ist bis heute gesperrt. Es ist jedoch davon auszugehen, dass darin Tuchatschewski und seine engsten Mitarbeiter zu Hauptverantwortlichen für den desaströsen Zustand der Roten Armee erklärt wurden. Stalin wartete offenkundig bereits auf den »Ermittlungsbericht« und handelte sofort. Noch am 10. Mai wurde Tuchatschewski seines Postens als stellvertretender Volkskommissar für Verteidigung enthoben.[41] Zwei Tage später begannen Verhaftungen unter seinen engsten Mitarbeitern, er selbst wurde am 22. Mai 1937 inhaftiert. Alle Verhafteten wurden grausam gefoltert, und es überrascht kaum, dass sie »gestanden«, trotzkistische und ausländische (deutsche) Agenten gewesen zu sein und in den Reihen der Roten Armee systematisch Schädlingsaktivitäten und Zersetzungsarbeit betrieben zu haben.[42]

Am 11. Juni 1937 fand in Moskau der Schauprozess gegen Tuchatschewski und sieben weitere hohe Kommandeure der Roten Armee statt, in dem sie zum Tod durch Erschießen verurteilt wurden. Die Urteile wurden einen Tag später vollstreckt. Stalin bezeichnete die Erschossenen als die Hauptverschwörer.[43] Diese Verhaftungen und der Schauprozess vom 11. Juni 1937 markieren den Beginn einer Verhaftungswelle, die den Höhepunkt des stalinistischen Terrors in den Reihen der Roten Armee darstellte und bis Ende 1938 andauerte. Tausende Kommandeure fielen diesem Massenterror zum Opfer.

Am 31. November 1936 zählte das Korps der höheren Kommandeure (ab Kommandeur der Brigade = Brigadegeneral) aller Waffengattungen und Dienste insgesamt 1651 Mann. Nach Forschungen von Paweł Wieczorkiewicz verloren in den Jahren 1936 bis 1939 rund 87 Prozent von ihnen ihren Posten, neun begingen Selbstmord und 1433 wurden entlassen. Von den 1433 Entlassenen wurden nach heute zugänglichen Unterlagen 1179 verhaftet, 715 anschließend erschossen, 71 starben in Gefängnissen oder im Gulag. Das heißt, fast die Hälfte (48 %) der insgesamt 1651 höheren Kommandeure (Generäle) kam in den Jahren 1936–1939 ums Leben; Hunderte kamen in Gefängnisse und Konzentrationslager, viele wurden degradiert, andere quittierten »freiwillig« den Dienst, um einer Verfolgung zuvorzukommen.[44]

Der Kriegsrat beim Volkskommissar für Verteidigung setzte sich am 22. November 1934 aus 80 Mitgliedern zusammen, ein Jahr später wurde er auf 85 Mitglieder erweitert. Ab 1936 ging die Zahl der Kriegsratsmitglieder bedingt durch Repressionen zurück. Im Jahr 1937 wurden 26 von ihnen erschossen und 1938 36 weitere. Das heißt, bis Ende 1938 wurden 73 Prozent aller Kriegsratsmitglieder erschossen. Hinzu kamen noch zwei Mitglieder, die vor der Verhaftung Selbstmord begangen hatten, einer war im Gefängnis verstorben, vier weitere saßen im Gefängnis und wurden im Jahr 1939 erschossen.[45]

In den unteren Rängen wütete der stalinistische Terror verhältnismäßig weniger drastisch, obwohl die absoluten Opferzahlen viel höher waren. Nach neuesten Schätzungen belief sich die Zahl aller Offiziere der sowjetischen Streitkräfte, die in den Jahren 1935 bis 1939 von Säuberungen betroffen waren, auf 63 000. Von ihnen wurden 14 775 entweder vor oder nach der Entlassung aus dem Dienst verhaftet. Ein Teil von ihnen wurde ermordet, die anderen brachte man ins Gefängnis oder in Konzentrationslager. Nach unvollständigen Angaben belief sich die Zahl der Offiziere, die durch die sowjetische Militärjustiz zum Tode verurteilt wurden, auf 4467. Im Jahr 1938 zählte das Offizierskorps der sowjetischen Streitkräfte insgesamt 179 000 Mann.[46]

Diese Terrorwelle bedeute für das Kommandeurskorps der Roten Armee eine beispiellose personelle Katastrophe. Während des deutsch-sowjetischen Krieges 1941 bis 1945 fielen auf der sowjetischen Seite etwa 6,3 Prozent aller hohen Offiziere (Generalsränge), während der Säuberungen kamen dagegen fast 50 Prozent ums Leben.[47] General Konstantin Rokossowski, der selbst von 1938 bis 1940 in Haft gewesen war, meinte dazu: »Das ist schlimmer als Artilleriefeuer gegen die eigenen Truppen.«[48] Auf die Moral und die ohnehin schlechte Qualität des Offizierskorps hatte dieser Terror verheerende Auswirkungen.[49]

Infolge der massenhaften Entlassungen und Verhaftungen fehlten Ende 1938 80–90 000 Kommandeure. Viele der Entlassenen mussten daher wieder in die Reihen der Armee aufgenommen werden. Von den 12 000 entlassenen Leutnants und Oberleutnants wurden 2000 verhaftet, 30–35 Prozent der Entlassenen wurden aber doch wieder in die Armee aufgenommen. Um den Bedarf an Kommandeuren zu decken, wurden Kurse für Leutnants eingerichtet, die bestehenden Militärschulen und -akademien wurden ausgebaut. Im November 1938 lernten dort etwa 15 000 künftige Kommandeure. Es mangelte jedoch auch an Fachlehrkräften für all diese Bildungseinrichtungen, darunter litt gezwungenermaßen die Ausbildungsqualität.[50]

Die Säuberungen wirkten sich in der weiteren Schwächung der Disziplin in der Truppe aus. In der zweiten Hälfte 1937 vervielfachten sich die Fälle von Befehlsverweigerung, willkürlicher Entfernung, Schlafen auf dem Wachposten, Alkoholexzessen und Schlägereien zwischen den Soldaten, verbalen Streitigkeiten mit und Grobheit gegenüber den Kommandeuren. Dies resultierte aus dem Autoritätsverlust der Kommandeure, von denen viele verhaftet worden waren und jederzeit wieder verhaftet werden konnten. Unter diesen Umständen resignierten einige von ihnen, darunter auch Divisionskommandeure. Schwache Disziplin begünstigte auch die Schönfärberei über angebliche Erfolge in den Kampfvorbereitungen.[51] Im Jahr 1939 konstatierte General Georgi Schukow, als er das Kommando über den Militärbezirk Kiew übernahm, »Zerfall der Disziplin bis hin zur eigenmächtigen Aufgabe des Dienstes und Desertion«. Eine neue, verschärfte Dienstordnung musste eingeführt werden, die unter anderem körperliche Gewalt vorsah, welche die Kommandeure auch ausgiebig anwandten.[52]

Die verhafteten und erschossenen Kommandeure wurden zu den Sündenböcken für den katastrophalen Zustand der Roten Armee gemacht. In der Sitzung des Kriegsrates beim Volkskommissar für Verteidigung stellte N. Waschugin, Mitglied des Kriegsrates des Leningrader Kriegsbezirkes, am 21. November 1938 fest:

> »Die Truppen des Leningrader Kriegsbezirkes sind zur Erfüllung des Befehls des Volkskommissars für Verteidigung, den Sieg mit wenig Blutvergießen zu erringen, nicht ausreichend vorbereitet. [...] Volksfeinde, die lange Zeit im Leningrader Kriegsbezirk agierten, eingefleischte Volksfeinde behinderten mit allen möglichen Mitteln die Kriegsvorbereitungen der Truppen des Leningrader Kriegsbezirkes und versuchten, die Kriegsbereitschaft der militärischen Truppen zum Scheitern bringen.«[53]

Die Erschießung Tuchatschewskis und seiner engsten Mitarbeiter bedeutete aber keineswegs, dass die bisherige Kriegsstrategie des Angriffskrieges, dessen großer Verfechter Tuchatschewski war, aufgegeben worden wäre. Ganz im Gegenteil. Am 26. November 1938 erklärte Boris Schaposchnikow, der Generalstabschefs der Roten Armee, in der Sitzung des Kriegsrates beim Volkskommissar für Verteidigung: »Unsere Armee wird nicht als Erste überfallen, wenn sie jedoch durch einen Angriff bedroht wird, wird sie dem Gegner vernichtende Schläge versetzen. Darauf muss man sie vorbereiten.«[54]

Daraufhin warf Woroschilow ein: »Sie wird Schläge versetzen.« Schaposchnikow bejahte und fuhr fort: »Ja, genau – sie wird Schläge versetzen, und darauf muss man unsere Armee bei taktischen Übungen vorbereiten. Deswegen soll unser ganzes System der Kriegsvorbereitungen im Jahre 1939 hauptsächlich durch die Idee der Angriffsoperationen bestimmt werden und nicht durch Verteidigung.«[55] Der Angriffskrieg bestimmte die operativ-technischen Kriegsvorbereitungen der Roten Armee nicht nur 1939, sondern auch in den folgenden Jahren.[56]

Die politische Lage in Europa in den dreißiger Jahren und Stalins Kriegsvorbereitungen

Ab dem Beginn der Weltwirtschaftskrise intensivierten Stalin und seine Genossen das ehrgeizige Aufrüstungsprogramm nicht nur, sondern sie ließen es in gigantische Dimensionen ausweiten. In dieser Zeit entwickelte Tuchatschewski die Konzeption des Vernichtungskrieges gegen den Westen. Spätestens Ende 1930 eignete sich Stalin diese Strategie an und ließ sie von Tuchatschewski umsetzen. Stalin setzte darauf, dass die Weltwirtschaftskrise in den imperialistischen Krieg und in soziale und kommunistische Revolutionen in einzelnen Ländern münden würde.

In dieser Überzeugung bestärkten ihn immer wieder seine engsten Mitarbeiter, zum Beispiel Dmitri Manuilski, der Jahr für Jahr die proletarische Revolution prophezeite. Einmal soll er gar über einen Aufstand in einem Ort berichtet haben, den es nicht gab, klagte Stalin im April 1934 gegenüber Georgi Dimitroff.[1] Am 2. März 1931 schickte ein gewisser D. Bogolepow Stalin seine Thesen über die Agrarkrise im Westen, die in den letzten Jahren solch scharfe Formen angenommen hätte, dass man von einer baldigen Katastrophe sprechen könne. Zugleich beklagte Bogolepow, die kommunistischen Parteien würden die Bauernfrage vernachlässigen und unterschätzen. Man müsse Methoden ausarbeiten und ergreifen, um die Agrarkrise in eine soziale Revolution zu verwandeln, wobei die Hauptlosung der Kampagne im Westen die Kollektivierung werden sollte.[2]

Stalin nahm diese lebensfremden Ausführungen durchaus ernst, las sie aufmerksam, was aus seinen Unterstreichungen in dem Schreiben hervorgeht, und bat Manuilski um Stellungnahme.[3] Manuilski war jedoch realistischer und meinte, die Losung von der Kollektivierung sei zwar grundsätzlich richtig, sie könne aber außerhalb der Sowjetunion erst nach dem Sieg der proletarischen Revolution realisiert werden. Zurzeit sei es jedoch verfrüht und gar schädlich, diese Parole im Westen zu erheben. Dies würde sich nämlich negativ auf die Haltung der Bauern gegenüber der Revolution auswirken. Auf der gegenwärtigen Etappe sei es wichtig, die Bauern gegen das bestehende System im Westen aufzubringen, und zwar mit Parolen wie Enteignung der Großgrundbesitzer und etwa Agitation gegen die Steuern. Die bisherige Erfahrung zeige, dass diese Losungen in der aktuellen Phase richtig seien.[4]

Wie bereits dargelegt, spielte Deutschland in den Plänen Stalins und seiner Genossen für die kommunistische Revolution nach wie vor eine herausragende Rolle. Es war weiterhin der strategische Partner in wirtschaftlicher und politischer Hinsicht. Am 21. Januar 1933 erklärte Molotow in einer Rede: »Einen besonderen Platz in diesen [internationalen] Beziehungen nimmt Deutschland ein. Mit Deutschland hatten und haben wir die stärksten wirtschaftlichen Verbindungen. Dies ist kein Zufall. Es resultiert aus den Interessen der beiden Länder.«[5] Molotow war voll des Lobes für Deutschland: »Die Handelsbeziehungen zwischen der Sowjetunion und Deutschland sind ein Beispiel dafür, wie sich wirtschaftliche Beziehungen der Sowjetunion mit einem kapitalistischen Land positiv entwickeln können, wenn die Interessen der beiden Länder richtig verstanden werden, zum beiderseitigen Nutzen ihrer Völker.«[6]

Molotow führte auch Zahlen an, die seine positive Einschätzung der deutsch-sowjetischen Wirtschaftsbeziehungen stützten. Von 1926 wuchs der deutsche Export in die Sowjetunion von 266 Millionen auf 762 Millionen Mark im Jahr 1932 an. Der Anteil des deutschen Exports in die Sowjetunion am deutschen Gesamtexport stieg von 5,5 Prozent im Jahr 1926 auf 11,9 Prozent im Jahr 1932. Entscheidend war aber die Qualität des deutschen Exports. Im ersten Halbjahr 1932 exportierte Deutschland in die UdSSR 92 Prozent aller ins Ausland ausgeführten hydraulischen Pressen, 88 Prozent der Hebekräne, 80 Prozent der Dampfmaschinen, 75 Prozent der Metallbearbeitungsmaschinen und so weiter.[7] Kurzum, die Sowjetunion importierte aus Deutschland Maschinen und Anlagen zum

Aufbau der sowjetischen Maschinenbau- und Rüstungsindustrie. Somit trug die deutsche Industrie entscheidend zu deren Aufbau bei.

Diese wirtschaftliche Kooperation mit der deutschen Industrie bedeutete aber nicht, dass Stalin von den Plänen für die Sowjetisierung Deutschlands Abstand genommen hätte. Nichts dergleichen: Die Sowjetisierung Deutschlands blieb nach wie vor das strategische Ziel für Stalin. In Deutschland wurde seine Politik von der KPD umgesetzt, die er teils direkt, teils über den Kominternapparat steuerte. Die Bedeutung Deutschlands in den außenpolitischen Plänen Stalins unterstreichen die Richtlinien für die KPD bezüglich ihrer Taktik in Deutschland. So wurde zur strategischen Propagandaparole der KPD nicht etwa die kommunistische oder proletarische Revolution erklärt, wie in anderen Ländern, sondern die nationale Revolution.

Die Idee zur Parole der nationalen Revolution in Deutschland geht auf Stalin zurück. Sie wurde im Juli 1930 von Manuilski, Kuusinen und Sokolnikow ausformuliert und am 23. Juli 1930 durch das politische Sekretariat der Komintern als Bestandteil der Richtlinien für das Zentralkomitee der KPD bestätigt. Auf der Grundlage dieser Richtlinien erarbeitete das Zentralkomitee der KPD das Programm der nationalen und sozialen Befreiung des deutschen Volkes, das am 24. August 1930 in der *Roten Fahne* veröffentlicht wurde. Es ging darum, alle mit der bestehenden Lage in Deutschland Unzufriedenen für die KPD zu gewinnen, auch »die Angehörigen des Mittelstandes in den Städten, ärmere Bauern, Angestellte, Hausfrauen«.[8]

Die KPD erhob für sich den Anspruch, die einzige Verteidigerin der nationalen Interessen Deutschlands zu sein, und nicht nur der »werktätigen Massen«. Sie lehnte daher alle Reparationszahlungen ab, forderte die Wiedereingliederung der nach dem Ersten Weltkrieg verlorenen Gebiete wie auch den Schutz der deutschen Minderheiten in anderen Ländern, ausgenommen natürlich der UdSSR. Die gleichen Parolen erhob die NSDAP und gewann immer mehr Stimmen. Mit der Parole der »nationalen Revolution« hoffte Stalin, die gleiche Wählerschaft für die KPD zu gewinnen, um die auch die

NSDAP warb.[9] In der »Programmerklärung zur nationalen und sozialen Befreiung des deutschen Volkes« des Zentralkomitees der KPD vom 24. August 1930 heißt es unter anderem:

> »Die Faschisten (Nationalsozialisten) behaupten, daß sie für die nationale Befreiung des deutschen Volkes kämpfen. Sie erwecken den Anschein, als seien sie gegen den Youngplan, der den werktätigen Massen Deutschlands Not und Hunger bringt. Diese Beteuerungen der Faschisten sind bewußte Lügen. [...]. Nur wir Kommunisten kämpfen sowohl gegen den Youngplan als auch gegen den Versailler Raubfrieden, den Ausgangspunkt der Versklavung aller Werktätigen Deutschlands, ebenso wie gegen alle internationalen Verträge, Vereinbarungen und Pläne (Locarnovertrag, Dawesplan, Youngplan, deutsch-polnisches Abkommen usw.), die aus dem Versailler Friedensvertrag hervorgehen. [...] Wir werden den räuberischen Versailler ›Friedensvertrag‹ und den Youngplan, die Deutschland knechten, zerreißen, werden alle internationalen Schulden und Reparationszahlungen, die den Werktätigen Deutschlands durch die Kapitalisten auferlegt sind, annullieren. Wir Kommunisten werden uns für das volle Selbstbestimmungsrecht aller Nationen einsetzen und im Einvernehmen mit den revolutionären Arbeitern Frankreichs, Englands, Polens, Italiens, der Tschechoslowakei usw. denjenigen deutschen Gebieten, die den Wunsch danach äußern werden, die Möglichkeit des Anschlusses an Sowjetdeutschland sichern.«[10]

Die Parole von der nationalen Revolution war selbstverständlich nur eine taktische. Das eigentliche Ziel war nach wie vor ein »sowjetisches Deutschland oder freies sozialistisches Deutschland«.[11] In der oben angeführten Programmerklärung des ZK der KPD vom 24. August 1930, die auf Geheiß von Stalin formuliert wurde, heißt es auch: »Wir Kommunisten werden zwischen Sowjetdeutschland und der Union der Sozialistischen Sowjetrepubliken ein festes politisches und Wirtschaftsbündnis schließen, auf Grund dessen die Betriebe Sowjetdeutschlands Industrieprodukte für die Sowjetunion liefern werden, um dafür Lebensmittel und Rohstoffe aus der Sowjetunion zu erhalten.«[12]

Die Verwirklichung der nationalen Revolution in der Praxis hätte mit Sicherheit Konflikte mit faktisch allen Nachbarländern Deutschlands hervorgerufen oder die bestehenden noch verschärft. Mit Polen wegen Danzig, des Korridors und Oberschlesiens, mit der Tschechoslowakei wegen des Sudetenlandes, mit Frankreich wegen des Elsass und Lothringens. Ein Krieg im Zentrum Europas wäre unvermeidbar, und darauf setzten Stalin und seine Clique, als sie die Parole der nationalen Revolution für die KPD formulierten und propagieren ließen. Für diesen Krieg rüstete die Sowjetunion auch massiv auf, um zunächst mindestens Deutschland mit seiner Industrie und Arbeiterklasse sowjetisieren zu können.

Dass es Stalin bei der Ausarbeitung der Strategie der nationalen Revolution für die KPD um den Krieg ging, geht unter anderem aus dem Schreiben Stalins an Kaganowitsch vom 22. August 1932 hervor, in dem Stalin auf den Inhalt einer Resolution der Komintern einging: »Der Satz ›gegen nationale Kriege‹ ist falsch und skandalös. Wir sind nicht gegen, sondern für nationale Befreiungskriege.«[13] Dies galt selbstverständlich nicht für die Völker der Sowjetunion; deren Unabhängigkeitsbestrebungen, ob der Ukrainer, Weißrussen, Georgier, Tschetschenen oder anderer Völker, ließen Stalin und seine Genossen im Blut ersticken.

Die NSDAP war zwar für die KPD der größte Konkurrent um die Wählerstimmen, nicht aber der Hauptfeind, sondern sogar der wichtigste Verbündete bei der Zerschlagung der deutschen Demokratie. Der Hauptfeind aus Sicht Stalins und somit der KPD war die deutsche Sozialdemokratie. In der Programmerklärung vom 24. August 1930 führte das Zentralkomitee der KPD aus: »Alle Handlungen der verräterischen, korrupten Sozialdemokratie sind fortgesetzter Hoch- und Landesverrat an den Lebensinteressen der arbeitenden Massen Deutschlands.«[14] Und diese antisozialdemokratische Propaganda wurde ein Jahr später auf Anweisung aus Moskau noch verschärft. Im Bericht an Stalin vom 10. Mai 1932 heißt es dazu: »Nach der Beratung mit der russischen Delegation im November 1931, als eine Reihe von Fehlern der Führung der KPD im Umgang mit der Sozialdemokratie aufgedeckt wurde, konzentriert die Partei [KPD] ihre Agitation gegen die Sozialdemokratie als die soziale Hauptstütze der Bourgeoisie.«[15]

Welche Bedeutung die Bekämpfung der SPD durch die KPD in den Jahren 1930 bis 1933 für die innerdeutsche Politik hatte, veranschaulichen folgende Zahlen. In den Wahlen vom 14. September 1930 gewann die SPD 24,5 % der Stimmen, die KPD 13,1 % und die NSDAP 18,3 %. SPD und KPD hätten zusammen mit dem Zentrum (11,8 %) eine funktionsfähige Regierung unterstützen können. In den Wahlen vom 6. November 1932 bekam die SPD 21,6 % der Stimmen, die KPD 16,9 % und das Zentrum 11,9 % (zusammen 50,4 %) gegenüber 33,1 % Stimmen für die NSDAP.[16] Wenn die KPD die demokratischen Parteien in Deutschland unterstützt hätte, wäre Hitler voraussichtlich nie an die Macht gekommen, zumal in den nächsten Jahren die wirtschaftliche Erholung einsetzte und die Wählerstimmen für die NSDAP mit Sicherheit zurückgegangen wären.

Somit leistete Stalin mit der KPD einen wesentlichen Beitrag zur Machtergreifung Hitlers, wobei sich Stalin in Bezug auf die Nationalsozialisten absolut verkalkuliert hatte. Bereits im September 1930 hatte Trotzki vor der Unterschätzung des »Faschismus«, das heißt der Nationalsozialisten in Deutschland, gewarnt: »Die Unterschätzung des Faschismus durch die gegenwärtige Führung der Kommunistischen Partei kann die Revolution in eine noch schwerere Katastrophe führen, die viele Jahre lang nicht wieder gutzumachen ist.«[17] Aber auf Trotzki mochte im Jahre 1930 in Moskau niemand hören, im Gegenteil, das war sogar gefährlich.

Hitlers Machtergreifung

Adolf Hitler nutzte seine Chance, vielleicht die letzte, nachdem ihn im Januar 1933 Reichspräsident Hindenburg mit der Bildung der Reichsregierung beauftragt hatte. Hitler festigte seine Macht und baute sie zu einer Diktatur aus, wobei er große Unterstützung in der deutschen Bevölkerung fand. Entscheidend hierfür war die Tatsache, dass sich Deutschland 1933 wirtschaftlich sehr schnell zu erholen begann, wobei die ersten Anzeichen dafür bereits Ende 1932 sichtbar gewesen waren. Davon profitierten nachhaltig breite Schichten der Bevölkerung. Die Zahl der Arbeitslosen ging von Februar 1933 bis März 1934 um 2,6 Millionen zurück und sank in den nächsten Jahren kontinuierlich. Im Jahr 1939 herrschte in Deutschland faktisch Vollbeschäftigung. Das Bruttoinlandsprodukt erholte sich ebenfalls schnell, erreichte im Jahr 1935 den Stand von 1928 und stieg in den nächsten Jahren rasch an.[18]

Hinzu kamen noch andere innen- und außenpolitische Aspekte und Erfolge, wie der Aufbau der Wehrmacht und die Wiedereinführung der Wehrpflicht, der Einmarsch der deutschen Wehrmacht in das entmilitarisierte Ruhrgebiet. Danach folgten der Anschluss Österreichs und die Eingliederung des Sudetenlandes. Und das alles ohne Blutvergießen! Deutschland verwandelte sich unter Hitler innerhalb von wenigen Jahren wieder in eine selbstbewusste Macht und Nation.

Das waren Erfolge, von denen die vorherigen deutschen Regierungen nicht einmal hätten träumen können. »Einem Großteil der durch Inflation und Weltwirtschaftskrise traumatisierten deutschen Bevölkerung erschien […] Hitler als Retter, ja als säkularisierter ›Erlöser‹.«[19] Die Verfolgung der jüdischen Minderheit von etwa einer halben Million Menschen, der führenden deutschen Sozialdemokraten und der kommunistischen Aktivisten ging in dem allgemeinen Optimismus und Enthusiasmus über das wiedergewonnene nationale Bewusstsein unter. Zumal nicht wenige von der Ausschaltung der jüdischen Minderheit aus dem öffentlichen Leben profitieren konnten.

Im Jahr 1933 fand in Deutschland eine Revolution statt, allerdings nicht eine nationale, geschweige denn eine proletarische, sondern eine nationalsozialistische. Und diese Revolution fegte die Kommunistische Partei Deutschlands von der Bühne. Ihre Anführer landeten in Konzentrationslagern und Gefängnissen oder mussten in die Sowjetunion flüchten. Einfache Mitglieder und kommunistische Wähler schlossen sich dagegen oft genug den Nationalsozialisten an. Am 17. Mai 1944 fand im Kreml ein Gespräch zwischen Stalin, Molotow und Oskar Lange statt, einem polnischen Wirtschaftswissenschaftler deutscher Herkunft und zugleich sowjetischen Agenten.[20] Im Gespräch fragte Lange, ob Stalin meine, dass der Einfluss des Marxismus in Deutschland vollständig verschwunden sei. Darauf antwortete Stalin, »dass es in Deutschland 150–200 Tausend marxistische Kader gegeben hatte, jedoch wurden diese Leute vernichtet und die Massen, die mit ihnen gegangen waren, zerrannen, weil sie sich von der Stimmung [und nicht von der Ideologie, B. M.] hatten leiten lassen.«[21]

Es sollten aber noch Jahre vergehen, bis Stalin zu dieser Einschätzung kam. Spätestens im Frühjahr 1934 wurde Stalin offenkundig bewusst, dass die Träume von einer sozialen oder etwa kommunistischen Revolution in Deutschland mindestens für die nächsten Jahre ausgeträumt waren. Noch 1933, als es bereits zu spät war, ließ Stalin die Taktik der KPD ändern und ordnete das Zusammengehen mit der SPD gegen die Nationalsozialisten an.[22] Am 7. April 1934 erklärte er gegenüber Dimitroff, dem künftigen Chef der Komintern, dass die kommunistischen Parteien in den westlichen Ländern ihre scharfe Kritik an der parlamentarischen Demokratie einstellen sollten. Zugleich meinte er, dass in allen kapitalistischen Ländern der Faschismus siegen werde.[23]

In dem Gespräch mit Stalin erklärte Dimitroff, dass die falsche Propaganda der Grund dafür sei, dass die europäischen Arbeiter den Sozialdemokraten und gar, wie in Deutschland, den Nationalsozialisten folgten. Stalin, der diese Propaganda bestimmte, widersprach dieser Einschätzung und meinte, die Hauptursache liege in der geschichtlichen Entwicklung, in der historischen Verbindung der europäischen Massen mit der bürgerlichen Demokratie. Auch spiele die besondere Lage Europas eine wichtige Rolle. Die europäischen Länder hätten nicht ausreichend eigene Rohstoffe und seien auf Kolonien angewiesen, ohne die sie nicht existieren könnten. Die Arbeiter wüssten das und hätten Angst vor dem Verlust der Kolonien, daher gingen sie zusammen mit der Bourgeoisie. Sie seien innerlich mit »unserer« (der sowjetischen) antiimperialistischen Politik nicht einverstanden. Daher müsse ein ständiger Kampf um jeden Arbeiter geführt werden. »Wir können nicht gleich und so leicht Millionen Arbeiter in Europa gewinnen.« Dafür sei Zeit notwendig, betonte Stalin und kritisierte deswegen Manuilski, den Mann, der immer nach seinen Richtlinien agiert hatte, dass dieser die Problematik nicht verstehe.[24]

Am 24. April 1934 hatte Dimitroff eine Besprechung mit dem nun gescholtenen Manuilski und notierte anschließend: »Die größte Krise der Welt haben wir nicht ausgenützt.«[25] Einen Tag später unterhielt sich Manuilski wieder mit Dimitroff. Er erklärte, er habe viel über Dimitroffs Besprechung mit Stalin nachgedacht. Das sei kein zufälliges Gespräch gewesen, vielmehr habe es eine große politische Bedeutung, es bedeute eine Wende in der Politik der Komintern, die nur Dimitroff dank seiner großen Autorität und des direkten Drahtes zu Stalin herbeiführen könne.[26]

In den nächsten Monaten und Jahren änderten die Komintern und die kommunistischen Parteien tatsächlich ihre Propaganda, die sich nun gegen den Faschismus richtete. Sozialdemokratische und andere demokratische Parteien betrachtete man nicht mehr als die Hauptfeinde, sondern teilweise gar als Verbündete. Diese Strategie verfolgten die Komintern und die kommunistische Propaganda bis zum Sommer 1939.

Die Ereignisse in Deutschland, Hitlers Machtergreifung und seine spektakulären Erfolge, warfen alle bisherigen Überlegungen und Konzepte Stalins und seiner Genossen hinsichtlich der Revolution um. Man glaubte nicht mehr an eine baldige selbständige soziale oder kommunistische Revolution. Die im Auftrag Stalins entwickelte Konzeption der nationalen Revolution in Deutschland erwies sich ebenfalls als ein totales Fiasko. Das bedeutet aber noch lange nicht, dass Stalin und seine Genossen hinsichtlich der kommunistischen Revolution resigniert hätten. Nichts dergleichen. Jetzt aber erschien Lenins Losung von der Verbreitung der Revolution mit Waffen als der einzige realisierbare Weg. Voraussetzung dafür war der imperialistische Krieg, und diesen Krieg galt es hervorzurufen. Am 2. September 1935 schrieb Stalin an Kaganowitsch und Molotow:

»Kalinin hat berichtet, dass das Volkskommissariat für ausländische Angelegenheiten Bedenken erhebt, ob der Export von Getreide und anderen Produkten aus der UdSSR nach Italien wegen des Konflikts in Abessinien zulässig sei. Ich denke, dass die Zweifel des Volkskommissariats für ausländische Angelegenheiten von dem Unverständnis der internationalen Lage herrühren. Der Konflikt besteht nicht nur zwischen Italien und Abessinien, sondern auch zwischen Italien und Frankreich auf der einen Seite und England auf der anderen. Die alte Entente gibt es nicht mehr. Stattdessen entstehen zwei Ententen: Die Entente zwischen Italien und Frankreich einerseites und die Entente zwischen England und Deutschland andererseits. Je stärker die Rauferei zwischen ihnen wird, desto besser für die UdSSR. Wir können Getreide sowohl den einen als auch den anderen verkaufen, damit sie sich raufen können. Für uns ist nicht vorteilhaft, dass bereits jetzt die eine Seite die andere zerschlägt. Für uns ist vorteilhaft, dass die Rauferei zwischen ihnen so lange wie möglich dauert, jedoch ohne einen baldigen Sieg der einen über die anderen.«[27]

In dem Schreiben offenbarte Stalin die Grundprinzipien seiner Außenpolitik: Konflikte zwischen kapitalistischen Ländern zu schüren und anzuheizen, damit sich diese gegenseitig schwächten, zugleich die Sowjetunion für den künftigen revolutionären Krieg aufzurüsten. Den Frieden hatte aber Stalin nie im Sinne.

Als die Sowjetunion 1927/28 massiv aufzurüsten begann, war sie militärisch von keinem Nachbarn bedroht. Die Weltwirtschaftskrise veranlasste Stalin und seine Genossen, ihre Rüstungspläne zu gigantischen Dimensionen zu erweitern. Die Konzeption des Vernichtungskrieges gegen Mitteleuropa wurde entwickelt, und es wurde intensiv aufgerüstet, um diese Konzeption in die Praxis umzusetzen. Auch zu diesem Zeitpunkt drohte für die UdSSR keine Kriegsgefahr. Manche Historiker erklären die gigantischen Aufrüstungspläne von 1931/32 mit der Kriegsgefahr im Fernen Osten. Japanische Truppen marschierten im September 1931 in die Mandschurei ein und besetzten das Land, daher hätte sich die Sowjetunion durch Japan bedroht gefühlt.[28] Robert Service schreibt sogar: »Der Kreml sorgte sich, dass dies [die japanische Invasion in der Mandschurei] das Vorspiel zu einem Angriff auf die UdSSR über Sibirien sein könnte.«[29]

Diese These ist jedoch nicht zu halten. Erstens mischte Stalin in der Mandschurei von Anfang an kräftig mit. Im November 1929 ließ er sowjetische Truppen in die Mandschurei einmarschieren. Ferner ordnete Stalin an, in der Mandschurei einen Aufstand zu organisieren, Harbin, die wichtigste Stadt der nördlichen Mandschurei, zu besetzen, eine »revolutionäre Regierung« zu installieren und auch »Grundbesitzer zu massakrieren«.[30] Zweitens war, als Stalin die Konzeption des Vernichtungskrieges von Tuchatschewski um die Jahreswende 1930/31 genehmigte, noch keine Rede von einer japanischen Bedrohung im Fernen Osten. Im Sommer 1931 hielten die Sowjets in dieser Region nur 42 000 Soldaten, 353 Geschütze, 88 Flugzeuge und 16 Panzer, das heißt etwa fünf Prozent der damaligen sowjetischen Streitkräfte.[31]

Außerdem war die Konzeption des Vernichtungskrieges von Tuchatschewski im Fernen Osten schlicht unrealisierbar. Einerseits verhinderten dies die logistischen Probleme. Wie sollten die 50 000 Panzer, 40 000 Flugzeuge und mehrere Millionen Soldaten mehrere tausend Kilometer transportiert und dann versorgt werden, wenn nur die transsibirische Eisenbahnlinie zur Verfügung stand?[32] Auch war der Einsatz von Tausenden Panzern im Fernen Osten wegen der schwierigen Geländeverhältnisse (dichte Bewaldung, Berge, kaum Straßen) schlicht unmöglich.

Daher ist die These, Stalin habe die gigantische Aufrüstung angeordnet, weil er den japanischen Überfall befürchtet habe, nicht zu halten. Stalin selbst machte damals intern deutlich, dass er den Krieg mit Japan noch nicht wünschte. Am 14. September 1931 schrieb er an Kaganowitsch: »Mit Japan muss man vorsichtig sein. Man muss entschlossen und unerschütterlich an der eigenen Position festhalten, die Taktik soll jedoch elastisch und umsichtig sein. […] Die Zeit zum Angriff ist noch nicht gekommen.«[33] Eine Woche später, am 23. September 1931, schrieb Stalin an Molotow und Kaganowitsch: »Unsere militärische Einmischung [in den japanisch-chinesischen

Krieg] ist selbstverständlich ausgeschlossen, auch diplomatische Einmischung ist jetzt nicht zweckmäßig, weil sie nur Imperialisten einigen wird, während es in unserem Interesse ist, dass sie sich zanken.«[34]

Darüber hinaus schrieb Tuchatschewski in seiner Denkschrift vom 11. Januar 1930 unmissverständlich, dass sich der geplante Vernichtungskrieg gegen den Westen richte: »Das vorliegende Memorandum orientiert sich hauptsächlich gegen unsere westlichen Nachbarn und große Imperialisten Europas, die hinter deren Rücken stehen können.«[35] Das Ziel war das Zentrum Europas, Deutschland. Auf dem Weg dorthin musste Polen vernichtet werden. Dafür brauchte man allerdings keine 50 000 Panzer, 40 000 Flugzeuge und einige Millionen Soldaten. Polen besaß damals einige Hundert Panzer und Flugzeuge. Der Einmarsch in Deutschland, das war auch Stalin und Tuchatschewski klar, würde jedoch einen Krieg mindestens mit Frankreich bedeuten, das wohl weder die Sowjetisierung Deutschlands noch die Vernichtung Polens tatenlos hinnehmen würde. Auch musste man im Kreml damit rechnen, dass antikommunistische Kräfte in Deutschland, ob Nationalsozialisten, Sozialdemokraten oder Konservative, der Sowjetisierung Deutschlands erbitterten Widerstand leisten würden. Nur vor diesem Hintergrund sind die gigantischen Aufrüstungspläne von 1931/32 zu verstehen.

Nach der Machtergreifung Hitlers änderte sich die sowjetische Kriegsdoktrin nicht. Die massive Aufrüstung und die Vorbereitungen für den Angriffskrieg wurden fortgesetzt und sogar intensiviert, trotz der zahlreichen spektakulären Rückschläge, die im Kreml immer wieder Frustrationen hervorriefen. Anfang der dreißiger Jahre fand in Moskau eine der üblichen stundenlangen Regierungssitzungen statt. Auf der Tagesordnung standen die Vorbereitungen der sowjetischen Streitkräfte auf den Krieg. Anwesend waren unter anderen der Volkskommissar für Kriegswesen und Flotte, Kliment Efremowitsch Woroschilow, und der Inspekteur der Kavallerie, Semjon Budjonny. Während der Sitzung reichte Budjonny seinem Freund Kliment einen Zettel hinüber, auf dem er seinen Kommentar zu den Ausführungen über die Kriegsbereitschaft niedergeschrieben hatte: »E[fremowitsch] K[liment]. Was soll denn das? Vor drei Jahren hat man gesagt, dass wir zwei bis drei Jahre brauchen, dann überfallen wir selbst. Und jetzt bitten wir um fünf Jahre. Nach dem, was hier über unsere Bereitschaft vorgetragen wird, glaube ich, dass wir dazu mit jedem Jahr immer weniger in der Lage sein werden. S. B.«[36]

Auf die Machtergreifung Hitlers reagierte Stalin gelassen, innerhalb der Sowjetunion ließ er jedoch die ethnisch definierte Verfolgung der deutschen Minderheit beginnen. Stalin war bis zum »Röhm-Putsch« überzeugt, dass die Macht Hitlers eingeschränkt sei und ohnehin kurzlebig sein werde.[37] Der Röhm-Putsch, die Ermordung von Ernst Röhm, dem mächtigen SA-Führer, und dessen engen Mitarbeitern, soll Stalin sogar tief beeindruckt haben. Laut Mikojan habe er wiederholt erklärt: »Der [Hitler] ist ein Prachtkerl, das ist richtig – sagte Stalin –, das muss man können.«[38]

Wichtig ist, dass in den ersten Jahren nach Hitlers Machtergreifung die beiden Diktatoren die deutsch-sowjetische wirtschaftliche Zusammenarbeit fortsetzten und sogar intensivierten. Deutschland gewährte am 20. März 1935 der UdSSR sogar einen Kredit von 200 Millionen Reichsmark für den Einkauf von deutschen Maschinen und Industrieanlagen. Darum hatte sich die Sowjetunion bis zu Hitlers Machtergreifung vergeblich bemüht. Die militärische Zusammenarbeit stellte aber die sowjetische Seite bereits im Jahr 1933 ein.[39] Ausschlaggebend war wohl die Überzeugung, die deutsche Seite würde diese Zusammenarbeit zur Ausspionierung der Roten Armee und des Landes ausnutzen. Angesichts der laufenden gigantischen Rüstungsvorhaben und Rückschläge dabei überrascht diese Vorsicht nicht.

Am 17. April 1935 teilte das Politbüro den 200-Millionen-Kredit auf einzelne Ressorts auf, unter anderem 100 Millionen Mark für die Schwerindustrie, 10,64 Millionen für das Transportwesen, 10,64 Millionen für die Holzindustrie, 10 Millionen für das Volkskommissariat für Verteidigung. 53,762 Millionen sparte das Politbüro als Reserve für spätere Bestellungen auf.[40] Der Kredit erlaubte Stalin und seiner Clique, die sowjetische Rüstungsindustrie und die

Rote Armee weiter auszubauen. Es ist wohl kein Zufall, dass nur wenige Wochen nach dem Erhalt des Kredites, am 10. Mai 1935, das Politbüro den Ausbau der Roten Armee von 1 094 000 am 23. März 1935 auf 1 513 400 Mann zum 1. Januar 1938 beschloss.[41]

Hitler war jedoch vorsichtig genug und achtete darauf, die wichtigsten Rüstungsgüter nicht in die UdSSR ausführen zu lassen. Im Februar 1935, wenige Wochen vor der Unterzeichnung des Kreditvertrages, verkündete das Wirtschaftsministerium – offenkundig auf Drängen Hitlers – sein Recht, die Bestellliste für Rüstungsguter zu verändern und bestimmte spezielle Rüstungsgüter gar zu streichen. Ein Jahr später, im Januar 1936, verbot Hitler den Export von Kriegsgerät in die UdSSR. Danach schränkte Hitler den deutschen Export in die Sowjetunion und den Import aus der Sowjetunion immer mehr ein.[42]

Spätestens der Röhm-Putsch dürfte Stalin klargemacht haben, dass er sich in Bezug auf Hitler wieder einmal verkalkuliert hatte. Es war offenkundig, dass Hitler dabei war, seine Macht in Deutschland zu festigen und sie zu einer absoluten Diktatur auszubauen, die doch von längerer Dauer sein würde. Bemerkenswert ist auch, dass Stalin Hitlers Buch *Mein Kampf* offenkundig nicht ernst nahm. Am 29. März 1935 verfasste Tuchatschewski die Denkschrift »Kriegspläne Hitlers« und schickte sie Stalin zu. Stalin las sie aufmerksam, machte Anmerkungen an dem Dokument, unterstrich einzelne Sätze, ganze Passagen und Sätze ließ er streichen und fügte andere hinzu. Offenkundig beabsichtigte er, diese von ihm überarbeitete Denkschrift weiterverschicken zu lassen – ob er das getan hat, konnte hier jedoch nicht geklärt werden. Dieses Dokument, das hier zum ersten Mal angeführt wird, ist auch deshalb von großer quellenhistorischer Bedeutung, weil es erlaubt, aus den zahlreichen Anmerkungen Stalins darauf zu schließen, wie Stalin die Pläne und die künftige Politik Hitlers einschätzte.

Tuchatschewski versah seine Denkschrift mit der Überschrift: »Kriegspläne Hitlers«. Stalin strich jedoch das Wort »Hitlers« durch und fügte stattdessen »des heutigen Deutschland« hinzu, sodass die Überschrift »Kriegspläne des heutigen Deutschland« lautete. Damit wollte Stalin womöglich betonen, dass Hitlers Politik in Deutschland große Unterstützung genoss, insbesondere was die Revisionsforderungen anging. Im ersten Teil der Denkschrift, den Stalin ohne Anmerkungen zur Kenntnis nahm, verwies Tuchatschewski auf die Wiederaufrüstung Deutschlands nach Hitlers Machtergreifung und das enorme Rüstungspotential des Landes.[43]

Im zweiten Teil seiner Denkschrift ging Tuchatschewski auf die deutsche Debatte über die künftige Kriegsdoktrin in der ersten Hälfte der 1930er Jahre ein. Er verwies dabei auf Beiträge von Militärs wie Ludendorff, von Seeckt und anderen und konstatierte: »Die neue deutsche Kriegsdoktrin kristallisiert sich heraus, und sie wird jetzt mit [Kriegs-]Material gesichert.« Diese neue Strategie bestünde darin, die Streitkräfte so zu organisieren und aufzurüsten, dass sie imstande seien, die gegnerische Hauptstreitmacht zu zerschlagen und zugleich die Mobilisierung des Gegners zu desorganisieren sowie Lebenszentren seiner Macht zu vernichten. Dies sollte durch Einsatz von Panzern und Flugzeugen erreicht werden. Tuchatschewski stellte auch fest, dass Deutschland dabei sei, eine mächtige Invasionsarmee nach den Prinzipien dieser Kriegsstrategie aufzubauen.[44]

Weiter führte Tuchatschewski aus, dass die deutsche Seite bei der Aufrüstung besonderen Wert auf den Aufbau der Luftwaffe, insbesondere der Bomber, und der Luftwaffenindustrie sowie der mechanisierten Truppen setze. Panzerverbände würden auf- und ausgebaut, wobei sie mit neuesten Panzertypen beliefert würden. Er verwies auch darauf, dass die deutsche Infanterie stark motorisiert sei, mindestens 15 Infanteriedivisionen seien voll motorisiert. Ferner gebe es in Deutschland 661 000 Personenkraftwagen, 12 500 Busse, 191 000 Lastkraftwagen und 983 000 Motorräder, die man im Kriegsfall für die Bedürfnisse der Wehrmacht mobilisieren könne. Somit war die deutsche Infanterie sehr beweglich.[45]

Anschließend behandelte Tuchatschewski das Kapitel »Antisowjetische Pläne Hitlers«. Stalin ergänzte diese Überschrift zu: »Antisowjetische *und revanchistische* Pläne Hitlers«. Eingangs führte Tuchatschewski in diesem Abschnitt seiner Denkschrift ein Zitat aus dem Jahr 1924 an, veröffentlicht in *Mein Kampf*, das von der Lebensraumidee Hitlers handelt:

> »Damit ziehen wir Nationalsozialisten bewußt einen Strich unter die außenpolitische Richtung unserer Vorkriegszeit. Wir setzen dort an, wo man vor sechs Jahrhunderten endete. Wir stoppen den ewigen Germanenzug nach dem Süden und Westen Europas und weisen den Blick nach dem Land im Osten. Wir schließen endlich ab die Kolonial- und Handelspolitik der Vorkriegszeit, gehen über zur Bodenpolitik der Zukunft.
> Wenn wir aber heute von neuem Grund und Boden reden, können wir in erster Linie nur an Rußland und die ihm untertanen Randstaaten denken.
> Das Schicksal selbst scheint uns hier einen Fingerzeig geben zu wollen.«[46]

Stalin unterstrich den letzten Satz mit schwarzem Stift und merkte am Rande an: »dieses ganze Zitat kursiv«. Tuchatschewski betonte jedoch zugleich, dass Hitler zurzeit keine konkreten Schritte gegen die UdSSR unternehmen wolle. Nach Agentenberichten habe Hitler erklärt, dass sich Deutschland in Bezug auf die UdSSR für die Zukunft freie Hand lassen werde. Gegenwärtig versuche man lediglich die westlichen Grenzen der UdSSR zu schwächen und Frankreich von einem Bündnis mit der Sowjetunion abzuhalten. Tuchatschewski verwies dabei auf die öffentliche Erklärung Hitlers, dass Deutschland gegenüber Frankreich keine Revisionsforderungen erhebe und bereit sei, eine Garantie hierzu abzugeben. Denn, so Tuchatschewski, »Hitler will das Wachstum der französischen Rüstung nicht«. Stalin überarbeitete und ergänzte diesen Satz wie folgt (Kursiv-Ergänzungen von Stalin): »Hitler *lullt Frankreich ein, weil er keinen Grund für* die französische Aufrüstung *liefern* will.«[47]

Tuchatschewski führte weiterhin in seiner Denkschrift aus, dass die antisowjetische Front immer größer und stärker werde, wobei er Polen, über dessen Territorium der direkte Weg in die Sowjetunion führe, dazurechnete. Ein deutsch-polnisches Bündnis gegen die

UdSSR hielt Tuchatschewski für durchaus möglich. Diese Ausführungen strich Stalin jedoch durch, er hielt sie offenkundig für unwahrscheinlich.[48] Diesen von Stalin durchgestrichenen Ausführungen folgt eine Passage, die er sehr stark überarbeitet hat. Hier werden Tuchatschewskis Ausführungen in der von Stalin überarbeiteten Form angeführt, seine Ergänzungen werden kursiv wiedergeben:

»Selbstverständlich ist es klar, dass die imperialistischen Pläne Hitlers nicht nur eine antisowjetische Spitze haben. *Diese Spitze dient als Deckmantel, um die revanchistischen Pläne im Westen (Belgien, Frankreich) und im Süden (Posen* [sic], *Tschechoslowakei, Anschluss [Österreichs]) zu verschleiern. Trotz alledem kann man nicht bestreiten, dass Deutschland das französische Eisenerz braucht.* Deutschland benötigt auch den Ausbau seiner Flotte. Die Erfahrungen des Krieges 1914–1918 haben mit aller Deutlichkeit gezeigt, dass Deutschland ohne die Beherrschung der Häfen Belgiens und der nördlichen Häfen Frankreichs seine Seemacht nicht aufbauen kann.«[49]

Aus den oben angeführten Passagen geht unmissverständlich hervor, dass Stalin den öffentlichen Beteuerungen Hitlers, Deutschland erhebe Frankreich gegenüber keine Revisionsforderungen, keinen Glauben schenkte. Ferner hielt Stalin die antisowjetische Rhetorik Hitlers für ein Täuschungsmanöver, um unter diesem Vorwand gegen Frankreich und andere Nachbarländer aufzurüsten und die bestehenden deutschen Grenzen zu revidieren.

Die Ereignisse der nächsten Jahre schienen Stalin zu bestätigen. Vier Jahre später, am 19. März 1939, bezeichnete dieser die »Anti-Komintern«-Rethorik von Deutschland, Italien und Japan als »Maskerade«, in Wirklichkeit ging es, so Stalin, um einen »Krieg gegen die Interessen Englands, Frankreichs, der USA«. Dabei verwies Stalin darauf, dass Deutschland inzwischen Österreich und das Sudetengebiet »an sich gerissen« habe und Japan »ein gewaltiges Gebiet Chinas, Italien Abessinien«, Deutschland und Italien gemeinsam

Spanien.[50] Am 3. März 1939 hielt Andrej Schdanow, ein enger Vertrauter Stalins, eine Rede in Leningrad, in der er ausführte, Hitler wolle Krieg gegen den Westen führen und nicht gegen die UdSSR.[51] Im Sommer 1939 notierte er einige Gedanken, die offenkundig Stalin formuliert hatte, auf Notizzetteln: »Drang nach Osten – englische Erfindung. [...] Sie [die Briten] wollen den Krieg nach Osten verlagern, um die eigene Haut zu retten.«[52]

Stalin fühlte sich von Hitlers Deutschland in den dreißiger Jahren nicht bedroht, auch an Hitlers Lebensraum-Ideologie glaubte er offenkundig nicht, ähnlich wie viele andere im Westen auch. Im besten Fall ging Stalin davon aus, dass Hitler seine Lebensraum-Vision erst in ferner Zukunft realisieren könne, nachdem die Grenzen im Westen, Süden und Osten zu Gunsten Deutschlands revidiert worden waren. Im Jahre 1935 rechnete aber wohl keiner in Europa und der Welt damit, dass dies ohne Kriege zu realisieren wäre. Am 16. April 1934 führte Stalin in einer Rede aus:

> »Der Austritt Deutschlands aus dem Völkerbund [am 14. Oktober 1933] und das Revanchegespenst haben einen neuen Anstoß zur Verschärfung der Lage und zum Anwachsen der Rüstungen in Europa gegeben. [...] Wieder rücken, wie im Jahre 1914, Parteien des kriegslüsternen Imperialismus, Kriegs- und Revancheparteien, in den Vordergrund. Es geht offensichtlich einem neuen Krieg entgegen. [...] Bekanntlich wollte man während des ersten imperialistischen Krieges ebenfalls eine Großmacht, nämlich Deutschland, vernichten und auf seine Kosten Vorteile herausschlagen. Was aber ist dabei herausgekommen? Vernichtet haben sie Deutschland nicht, aber sie haben in Deutschland einen solchen Haß gegen die Sieger gesät und einen so fruchtbaren Boden für die Revanche geschaffen, daß sie bis auf den heutigen Tag jene abscheuliche Suppe nicht auslöffeln können und wohl auch nicht so bald werden auslöffeln können, die sie sich selbst eingebrockt haben. Dafür aber haben sie die Zertrümmerung des Kapitalismus in Rußland, den Sieg der proletarischen Revolution in Rußland und – folglich – die Sowjetunion bekommen. Wo ist die Garantie, daß ihnen ein zwei-

ter imperialistischer Krieg ›bessere‹ Resultate bringen wird als der erste? Wäre es nicht richtiger, das Gegenteil anzunehmen?«[53]

Nach Stalins damaliger Überzeugung war Hitler dabei, die Grundprinzipien der »nationalen Revolution«, die ja Stalin für die KPD hatte entwerfen lassen, umzusetzen. Diese bestanden ja darin, dass Deutschland durch die Revision der Grenzen einen imperialistischen Krieg oder Kriege in West- und Mitteleuropa hervorrufen würde, einen Krieg, den Stalin geradezu herbeiwünschte.

In der westlichen und russischen Forschung wird aber weiterhin die Auffassung verbreitet, die Sowjetunion mit Stalin an der Spitze hätte in den dreißiger Jahren danach gestrebt, den Frieden in Europa zu sichern und den drohenden Krieg von der Sowjetunion abzuwenden. Autoren, die diese Thesen vertreten, nehmen die offizielle sowjetische Propaganda von der angeblichen sowjetischen Friedensliebe, »die pazifistische Propaganda«, wie sie Schdanow am 6. Juni 1941 formulierte, als bare Münze und verbreiten sie auch heute noch.[54]

Die Wende – die Jahre 1938/39

Die Ereignisse in den Jahren 1938 und 1939 bestätigten die damalige Einschätzung Stalins hinsichtlich der Revisionsabsichten des nationalsozialistischen Deutschland. Daran änderte auch der Bürgerkrieg in Spanien von 1936 bis 1939 nichts. Es handelte sich ja um Ereignisse am südwestlichen Rand Europas ohne strategische Bedeutung für die Herrschaft in Europa. Stalin ließ zwar die Republikaner unterstützen, glaubte aber nicht, in Spanien sei eine proletarische Revolution durchführbar. Im Gespräch mit zwei spanischen Schriftstellern (Rafael Alberti und María Teresa León) soll Stalin am 20. März 1937 erklärt haben:

»*Das spanische Volk ist jetzt nicht in der Lage, eine proletarische Revolution durchzuführen.* – Die innere und vor allem die internationale Situation ist dafür nicht günstig. (Anders war es 1917 in

Rußland – Gebiet, Kriegszeit, Meinungsverschiedenheiten zwischen kapitalistischen Staaten, innerhalb der Bourgeoisie usw.) Die Ausrufung von Räten in Spanien würde alle kapitalistischen Staaten einen, und der Faschismus würde siegen.«[55]

Der spanische Bürgerkrieg erfüllte die Voraussetzungen für den imperialistischen Krieg nicht. Im Jahre 1938 überschlugen sich jedoch die Ereignisse und brachten schließlich ein Jahr später die im Kreml ersehnte Wende. Am 12. März 1938 marschierten die deutschen Truppen in Österreich ein und vollzogen dessen Anschluss an das Deutsche Reich ohne Blutvergießen. Damit setzte sich Hitler über das »Anschlussverbot«, das im Versailler Vertrag festgelegt worden war, hinweg. Frankreich und Großbritannien reagierten darauf mit diplomatischen Protestnoten.

Danach wandte sich Hitler dem Sudetenland zu, das mehrheitlich von Deutschen bewohnt war, die den Anschluss an Deutschland ebenfalls wünschten. Frankreich und Großbritannien hielten diese Forderungen jetzt für gerechtfertigt und hofften, durch den Anschluss des Sudetenlandes an das Deutsche Reich einen Krieg abwenden zu können, nach dem Prinzip der sogenannten Appeasement-Politik. Am 30. September 1938 unterzeichneten die Regierungschefs Großbritanniens, Frankreichs, Italiens und des Deutschen Reiches das berühmt-berüchtigte Münchener Abkommen. Dieses regelte die Eingliederung des Sudetenlandes in das Deutsche Reich, wobei sich Hitler verpflichtete, den Bestand des tschechoslowakischen Reststaates zu beachten. Die Tschechoslowakei wurde um ihre Meinung nicht gefragt und vor vollendete Tatsachen gestellt. Die tschechoslowakische Regierung verzichtete auf Widerstand und fügte sich resigniert den Abmachungen der Großmächte.

Auch der Anschluss des Sudetenlandes glückte Hitler ohne kriegerische Auseinandersetzung. Polen und Ungarn nutzten die Gelegenheit und besetzten ihrerseits Teile des tschechoslowakischen Staatsgebietes. Polen annektierte das polnischsprachige Teschener Gebiet, das die Tschechoslowakei im Jahre 1919 mit Waffengewalt besetzt und im Sommer 1920, als die bolschewistischen Truppen auf

Warschau marschierten, Polen abgepresst hatte. Ungarn gliederte Grenzgebiete und die Karpatho-Ukraine ein.

Frankreich und Großbritannien hofften dagegen, dass sie mit dem Münchener Abkommen den Frieden in Europa für Jahre gesichert hätten. Sie täuschten sich jedoch. Bereits am 24. Oktober 1938 stellte Deutschland Gebietsforderungen an Polen, die auf den ersten Blick vergleichsweise moderat erschienen. Deutschland verlangte den Anschluss der Freien Stadt Danzig und das Recht für eine exterritoriale Verbindung (Autobahn und Eisenbahnlinie) durch den »Korridor« nach Ostpreußen. Ferner forderte Hitler Polen auf, dem Anti-Komintern-Pakt (Deutschland, Italien, Japan) beizutreten. Deutschland versuchte auch, Polen für den künftigen Feldzug gegen die Sowjetunion zu gewinnen, und stellte Gebietskompensationen im Osten in Aussicht. Polen wies diese Forderungen und Vorschläge entschieden zurück. Die polnische Regierung vertrat den Standpunkt, dass es hierbei um die Unabhängigkeit des Landes ging. In den nächsten Monaten erhöhte Deutschland den Druck auf Polen, die Spannung wuchs.[56]

Die polnischen Befürchtungen wurden bald bestätigt. Am 15. März 1939 ließ Hitler den tschechoslowakischen Reststaat besetzen. Auch diesmal kam es zu keinem Blutvergießen, denn die tschechische Regierung verzichtete auf bewaffneten Widerstand, der ja keine Aussichten auf Erfolg hatte. Die Zerschlagung des tschechoslowakischen Reststaates desillusionierte endgültig die Westmächte über die Absichten Hitlers, die nun die Appeasement-Politik für gescheitert erklärten. Das war einer der entscheidenden Wendepunkte vor dem Ausbruch des Zweiten Weltkrieges.

Am 26. März 1939 machte der polnische Botschafter in Berlin auf ein deutsches Ultimatum hin noch einmal deutlich, dass Polen in der Frage der Stadt Danzig und des Korridors nicht nachgeben werde. Fünf Tage später, am 31. März, gab der britische Premierminister Chamberlain im Unterhaus die Erklärung ab, Großbritannien und Frankreich würden die Unabhängigkeit Polens politisch und militärisch garantieren. Diese Erklärung versetzte Hitler in Rage, er realisierte, dass seine bisherige Polenpolitik, die darauf abzielte, Polen zu isolieren, gescheitert war. Am 3. April erteilte Hitler der Wehrmacht den Befehl, sich auf den Krieg gegen Polen vorzubereiten (»Fall Weiß«).[57]

Davor war sich Hitler offenkundig noch nicht sicher gewesen, in welche Richtung die weitere Expansion gehen sollte. Die polnische Unnachgiebigkeit ließ ihm aber wenig Spielraum. Am 23. November 1939 sprach Hitler vor den versammelten Oberbefehlshabern: »Der Entschluß zum Einmarsch in Böhmen war gefaßt. Dann kam die Errichtung des Protektorats, und damit war die Grundlage für die Eroberung Polens gelegt, aber ich war mir zu dem Zeitpunkt noch nicht im klaren, ob ich erst gegen den Osten und dann gegen den Westen oder umgekehrt vorgehen sollte. [...] Zwangsläufig kam es erst zum Kampf gegen Polen.«[58]

Während sich die Wehrmacht auf den Angriffskrieg gegen Polen vorbereitete, starteten Großbritannien und Frankreich eine diplomatische Offensive, um eine antideutsche Front aufzubauen. Nach dem italienischen Überfall auf Albanien am 7. April dehnten Großbritannien und Frankreich ihre militärischen und politischen Garantieerklärungen auf Rumänien, Griechenland und wenig später auf die Türkei aus. Die britisch-französischen Garantieerklärungen hatten in Ostmitteleuropa eine völlig neue politische Lage geschaffen.[59]

Nicht wenige zweifelten jedoch an der Wirksamkeit der britisch-französischen Garantieerklärungen für Polen oder etwa Rumänien im Fall eines deutschen Überfalls, denn der Kräfteunterschied war so groß, dass man damals von einem raschen Sieg Deutschlands ausging, bevor die Westmächte überhaupt eingreifen konnten. Kennzeichnend ist hier die Einschätzung des sowjetischen Botschafters in London, Iwan Majski: »Was kann Großbritannien (oder sogar Großbritannien und Frankreich zusammengenommen) tatsächlich für Polen und Rumänien im Falle eines deutschen Überfalls auf diese Länder real unternehmen? Sehr wenig. Bis sich die britische Blockade gegen Deutschland zu einer ernsthaften Gefahr für Letzteres auswächst, werden Polen und Rumänien aufhören zu existieren.«[60]

Ähnlicher Auffassung waren einflussreiche britische Politiker, die darauf verwiesen, dass der einzige praktikable Weg militärischer

Hilfe für Polen nur über das sowjetische Gebiet führe. Ein Blick auf die damalige politische Karte Europas bestätigt diese Einschätzung. Im Falle eines deutschen Überfalls auf Polen brauchten die Westmächte, wenn sie ihre Garantiererklärung ernst meinten, eine wohlwollende sowjetische Neutralität oder am besten sowjetische Unterstützung für Polen.[61]

Aber auch Hitler brauchte eine wohlwollende Neutralität der Sowjetunion, das heißt die Blockierung der Militärhilfe für Polen und am besten ein sowjetisches Mitwirken am Krieg gegen Polen. Die Ursache lag nicht etwa darin, dass Hitler die polnische Armee für so gefährlich hielt. Es ging lediglich darum, Polen so schnell wie möglich zu zerschlagen, bevor Frankreich und Großbritannien militärisch eingreifen konnten. Die sowjetische Unterstützung würde der deutschen Wehrmacht einen schnellen Sieg sichern und den Rücken frei halten, falls Frankreich und Großbritannien doch militärisch eingreifen würden.

Jetzt schlug die Stunde Stalins, denn sowohl die Westmächte als auch Deutschland begannen um seine Gunst zu buhlen. Beide Seiten bemühten sich, die Sowjetunion als Bündnispartner zu gewinnen. Der Unterschied bestand jedoch darin, dass sowohl Hitler als auch Stalin einen Krieg wollten und sich die künftigen Bündnispartner nach diesen Kriterien aussuchten. Die Westmächte suchten dagegen einen neuen Weltkrieg zu verhindern, den Stalin seit Jahren geradezu herbeiwünschte. Daher hatten die Westmächte Stalin wenig anzubieten.

Im April 1939 begannen Gespräche zwischen der UdSSR einerseits und Frankreich und Großbritannien andererseits. Das Ziel der Westmächte bestand darin, einen Dreimächtepakt zu bilden, der sich in erster Linie gegen Deutschland richten würde. Ende Mai 1939 berichtete Molotow im Plenum des Zentralkomitees über die laufenden Verhandlungen: »Die Engländer haben vorgeschlagen, die Sowjetunion solle Polen, Rumänien und andere Staaten vor einem Angriff schützen, ohne dass diese irgendwelche Verpflichtungen gegenüber der Sowjetunion übernehmen. *Litwinow schlug vor, dem zuzustimmen. Wir haben abgelehnt.*«[62]

Aus diesem Grund hatte Litwinow seinen Posten als Volkskommissar für auswärtige Angelegenheiten räumen müssen, zum Nachfolger wurde Molotow ernannt. Litwinow versuchte sich anschließend zu entschuldigen, Stalin hielt aber seine Erklärung für unbefriedigend und machte »die ironische Bemerkung, Litwin[ow] als ›Spezialist‹ für internationale Fragen halte das Politbüro für nicht kompetent genug in diesen Fragen!«.[63] Die internationale Forschung deutete jahrzehntelang die Absetzung Litwinows, der jüdischer Herkunft war, als Signal an Hitler über die sowjetische Bereitschaft zu Verhandlungen mit Deutschland. Diese Einschätzung ist jedoch offenkundig falsch.[64]

Der britisch-französische Vorschlag bedeutete die Schaffung eines Bandes von Ländern entlang der westlichen und südlichen Grenzen der Sowjetunion, eines »cordon sanitaire«, der die Sowjetunion vor einem deutschen Angriff auf jeden Fall schützen würde. Wenn sich die Sowjetunion tatsächlich von Deutschland bedroht gefühlt hätte, hätte sie auf diesen Vorschlag eingehen müssen. Das Politbüro, das heißt Stalin, hatte jedoch eine andere Vorstellung von dem künftigen Pakt, wie Molotow im Plenum des Zentralkomitees berichtete:

> »Wir haben den Abschluss eines Verteidigungspaktes zwischen England, Frankreich und der Sowjetunion unter späterer Einbeziehung von Polen und Rumänien gefordert. Rumänien muss auf den Pakt mit Polen, der gegen die Sowjetunion gerichtet ist, verzichten. Ebenso Herstellung eines Paktes mit den baltischen Staaten. Die Engländer haben – nach langen Schwankungen – erklärt, sie nehmen unsere Vorschläge an, es aber so formuliert, dass der Pakt auf der Grundlage von Art. 16 des Völkerbundes geschlossen werde, was aber bedeutet, dass der Völkerbund (d. h. Staaten wie Bolivien) entscheiden muss, ob eine Aggression vorliegt und wer der Aggressor ist. Wir haben selbstverständlich abgelehnt.«[65]

Diese Ablehnung, das heißt ihre Begründung, erscheint auf den ersten Blick kaum nachvollziehbar. Sie ist jedoch plausibel, wenn man die damaligen sowjetischen Pläne für den Krieg gegen Deutschland kennt. Am 10. Juli 1939 erarbeitete Schaposchnikow, der Stabschef der Roten Armee, eine Denkschrift über die verschiedenen Varianten für den militärischen Einsatz der sowjetischen Streitkräfte im Rahmen des künftigen Paktes mit Frankreich und Großbritannien. Woroschilow leitete diese Denkschrift an Stalin weiter. Schaposchnikow sah in der Denkschrift insgesamt vier Kriegsvarianten vor: (1) Deutscher Angriff auf Frankreich und England; (2) deutscher Angriff auf Polen; (3) Ungarn, Bulgarien überfallen mit deutscher Unterstützung Rumänien; (4) Deutschland greift die Sowjetunion über das Territorium von Estland, Lettland und Finnland an.[66]

Bezeichnend ist die Kriegsstrategie in all den vier doch so unterschiedlichen Varianten, die Schaposchnikow entworfen hatte. Von etwaigen Verteidigungskämpfen ist in der Denkschrift keine Rede, sondern nur von offensiven Operationen, und zwar nach demselben Schema in allen vier verschiedenen Varianten. Danach hätten England und Frankreich innerhalb von 15 Tagen an der deutsch-französischen und der belgisch-deutschen Grenze 110 Infanteriedivisionen, 15 000 Geschütze, 6000 Panzer und 7000 Flugzeuge zu mobilisieren, die am 15. Mobilisierungstag Deutschland anzugreifen hätten. Der Hauptangriff sollte gegen das Ruhrgebiet und den Kölner Raum und weiter Richtung Magdeburg gerichtet werden. Die französische und englische Luftwaffe hätten zeitgleich die wichtigsten Industrie- und Lebenszentren Deutschlands anzugreifen, wie Kiel, Hamburg, Bremen, Berlin und andere wichtige Städte. Auch eine Seeblockade war vorgesehen.[67]

Die Sowjetunion hätte dagegen folgende Aufgabe: Ostpreußen mit 30 Prozent ihrer Streitkräfte anzugreifen und in der Ostsee gegen die deutsche Kriegsmarine und die deutschen Küsten zu kämpfen. Einen Zeitpunkt für den sowjetischen Angriff benannte Schaposchnikow nicht. Voraussetzung war jedoch, dass Großbritannien und Frankreich die Teilnahme Polens am Krieg gegen Deutschland und die polnische Erlaubnis für den Durchmarsch der sowjetischen Truppen durch polnisches Territorium sicherten. Ferner hatten die Westmächte sicherzustellen, dass auch Rumänien den sowjetischen Durchmarsch durch eigenes Territorium und die baltischen Länder den Transport von sowjetischen Truppen und Kriegsgeräten durch ihr Territorium erlaubten. In all diesen Varianten hing der sowjetische Angriff auf Ostpreußen in erster Linie jedoch von der polnischen Erlaubnis zum Durchmarsch der sowjetischen Truppen durch polnisches Territorium ab.[68]

Einen Monat später, am 11. August 1939, bereitete Schaposchnikow eine weitere Denkschrift für die Gespräche mit Frankreich und Großbritannien vor, die sich inhaltlich von der früheren Denkschrift kaum unterschied. Auch diese Denkschrift las Stalin aufmerksam, was aus seinen Anmerkungen im Dokument hervorgeht.[69] Die inhaltliche Analyse der beiden Dokumente lässt den Schluss zu, dass die Sowjetunion einen Angriffskrieg gegen Deutschland im Sinne hatte. Einen Vorwand für eine der vier verschiedenen Varianten hätte man leicht konstruieren oder provozieren können, wie das die Sowjetunion beispielsweise später tat, um den Überfall auf Finnland zu rechtfertigen, worauf noch zu kommen sein wird. Den Angriffskrieg gegen Deutschland hätten in erster Linie Frankreich, Großbritannien und Polen zu führen, die ihre Hauptkräfte in den Kampf zu werfen hätten. Die Sowjetunion wollte dagegen 30 Prozent ihrer Streitkräfte einsetzen, und zwar nur gegen Ostpreußen, das weder strategisch wichtig war noch schwierig anzugreifen wäre. Im Gegenzug wollte die Sowjetunion de facto, dass die Westmächte Polen, Rumänien und die baltischen Länder als sowjetische Einflusssphäre anerkannten.

Dieses Szenario bedeutete einen langen und verlustreichen Krieg in Mittel- und Westeuropa mit einem ungewissen Ausgang. Und das war genau das, was Stalin erreichen wollte. Andrej Schdanow hielt am 3. März 1939 in Leningrad eine Rede, in der er auf die aktuellen politischen Ereignisse und die Kriegsgefahr eingig. Er führte dabei aus, die Sowjetunion wolle die eigenen Kräfte schonen, »bis man mit Hitler und Mussolini und gleichzeitig auch mit Chamberlain abrechnen werde«.[70] Das war das Prinzip der Außenpolitik Stalins in diesen Jahren. In ähnlichem Sinne äußerte sich Stalin intern wiederholt, wie bereits dargelegt worden ist.

Am 12. August 1939 begannen in Moskau Verhandlungen der französischen, britischen und sowjetischen Militärmissionen über den künftigen Militärpakt. Während der Gespräche verlangte Woroschilow am 14. August den Durchmarsch der sowjetischen Truppen durch polnisches Territorium im Norden (Wilna) und Süden (Galizien) sowie durch Rumänien im Falle eines Krieges. Weder die französische noch die britische Mission konnten dies garantieren, obwohl sie davon ausgingen, Polen würde dies erlauben. Dabei erklärte der britische Delegationsführer, Admiral Drax, wenn Polen und Rumänien die sowjetische Militärhilfe nicht annähmen, würden sie sich schnell in deutsche Provinzen verwandeln. Woroschilow verkündete trotzdem barsch, die Verhandlungen aussetzen zu wollen, bis die Erlaubnis der polnischen Regierung vorliege.[71]

In den Monaten zuvor hatte Polen jedoch deutlich gemacht, dass es strikt ablehne, gemeinsam mit der Sowjetunion einen Krieg gegen Deutschland zu führen und die sowjetischen Truppen durch eigenes Territorium marschieren zu lassen. Die britsche und französische Seite bemühten sich nach dem 14. August noch schnell, doch noch eine Erlaubnis dafür in Warschau zu bekommen. Am 19. August erfolgte jedoch die polnische Absage.[72] Für die polnische Seite war es klar, dass der Einmarsch der sowjetischen Truppen auf polnisches Territorium dem Verlust der Unabhängigkeit gleichkäme, Polen würde zur sowjetischen Provinz werden.[73] Die späteren Ereignisse bestätigten die polnischen Befürchtungen.

Währenddessen setzten am 15. August die französische, englische und sowjetische Mission ihre Verhandlungen dennoch fort, obwohl die polnische Erlaubnis nach wie vor nicht vorlag. Die letzte reguläre Sitzung fand am 22. statt. Am 25. August wurden die Verhandlungen abgebrochen, denn am 24. hatten die Sowjetunion und Deutschland bekannt gegeben, dass sie in der Nacht zuvor einen Nichtangriffspakt abgeschlossen hatten.[74]

Der Hitler-Stalin-Pakt wird geschmiedet

Am 24. August 1939 verkündeten die deutsche und die sowjetische Regierung, dass sie in der Nacht zuvor einen Nichtangriffspakt geschlossen hatten. Über die Umstände und Beweggründe für den Hitler-Stalin-Pakt wurden bereits unzählige Arbeiten und Beiträge veröffentlicht, in denen verschiedene, sich oft widersprechende Thesen und Hypothesen, Behauptungen und Annahmen dargelegt wurden und werden. Bis heute ist man sich nicht einig, was Stalin dazu bewog, diesen Pakt abzuschließen. Nach wie vor liegt auch im Dunkeln, wie der Pakt zustande gekommen ist.[1] Die neuesten Funde in den Moskauer Archiven verschaffen jedoch auch hier mehr Klarheit.

Die internationale Forschung geht davon aus, dass die Initiative zum Pakt von deutscher Seite ausging. Die neuesten Funde in den russischen Archiven bestätigen dies. Bereits Ende Januar 1939 soll Ribbentrop geäußert haben, nachdem sich die polnische Seite wieder einmal verweigert hatte, »in die antirussische Kombination« einbezogen zu werden: »Jetzt bleibt uns nur der Ausweg, uns mit Russland zu einigen, wenn wir nicht völlig eingekreist werden sollen.« Nach der endgültigen Absage Polens am 26. April erklärte Hitler im Gespräch mit von Brauchitsch: »Wissen Sie, was mein nächster Schritt sein wird? Sie setzen sich besser, bevor ich es Ihnen sage: Ein Staatsbesuch in Moskau.« Für Hitler war klar, dass er seine Forderungen gegenüber Polen ohne Krieg nicht würde durchsetzen können. Am 23. Mai führte er vor den versammelten Wehrmachtsgenerälen aus: »An eine Wiederholung der Tschechei ist nicht zu glauben. Es wird zum Kampf kommen. Aufgabe ist es Polen zu isolieren.«[2]

Anfang Mai 1939 entstand im deutschen Außenministerium eine Analyse der sowjetischen Außenpolitik der ersten Monate des Jahres, deren Verfasser zu folgenden Schlussfolgerungen kamen: »Wenn also schon Krieg sein muss, Krieg wegen außenpolitischer Interessen, abseits aller ideologischen Fragen, warum muss es gerade ein Krieg für Polen gegen Deutschland sein, der einen ungeheuerlichen gewinnlosen Einsatz bedingt, während ein umgekehrter Krieg Deutschland gegen Polen viel risikoloser wäre und die an Polen verlorenen alten weißrussischen und ukrainischen Gebiete wieder zurückbringen kann.«[3]

Die deutsche Diplomatie bekam nun den Auftrag, die deutsch-sowjetischen Verhandlungen anzubahnen, was jedoch ein sehr heikles und schwieriges Unterfangen war, denn das Misstrauen auf beiden Seiten war sehr groß.[4] Wie schwierig es war, die Annäherung herbeizuführen, zeigen die Gespräche zwischen Mikojan und Gustav Hilger im Juni 1939. Hilger war Legationsrat der deutschen Botschaft in Moskau und kannte Mikojan seit Jahren persönlich. Auf Anweisung aus Berlin bat er um ein Gespräch mit Mikojan. Es fanden insgesamt drei Gespräche (am 2., 10. und 17. Juni) statt. Hilger versuchte Mikojan zu überzeugen, dass Deutschland ernsthaft eine Annäherung suche und freundschaftliche Beziehungen mit der Sowjetunion wünsche. Zugleich bat er um den Empfang eines deutschen Vertreters (des Diplomaten Karl Schnurre) in Moskau, der die deutsch-sowjetische Wirtschaftsverhandlungen beginnen sollte.[5]

Am 20. Juni 1939 berichtete Mikojan in einem Schreiben an Stalin über das deutsche Anliegen und die deutsche Bitte, Schnurre in Moskau zu empfangen.[6] Die Gespräche zwischen Hilger und Mikojan brachten schließlich den Durchbruch. Am 21. Juli verkündete die sowjetische Regierung die Aufnahme der deutsch-sowjetischen Handels- und Kreditverhandlungen. »Von seiten des Volkskommissariats für Außenhandel führte diese Verhandlungen der Stellvertretende Handelsvertreter in Berlin, Genosse Babarin, von deutscher Seite Herr Schnurre.«[7] Babarian war bei Gesprächen zwischen Hilger und Mikojan zugegen und protokollierte sie.

Unter dem Vorwand der Wirtschaftsgespräche liefen die streng geheim gehaltenen politischen Verhandlungen. Im deutschen Außenministerium war außer Schnurre, der die Verhandlungen führte, und dem Außenminister selbst nur noch Staatssekretär Ernst von

Weizsäcker, der Vater des späteren Bundespräsidenten Richard von Weizsäcker, eingeweiht und auch beteiligt.[8] Trotz der großen Vorsicht und strikter Geheimhaltung erzielte man bald konkrete Ergebnisse. Am 3. August einigten sich der deutsche Botschafter in Moskau, Graf von der Schulenburg, und Molotow, dass man über Einflusssphären verhandeln wolle. Nur fünf Tage später lag das deutsche Angebot vor. Die deutsche Seite signalisierte Desinteresse am Schicksal der Balten (außer Litauen), Bessarabiens und der ehemaligen russischen Gebiete Polens mit Veränderungen zugunsten Deutschlands und der Ukraine. Im Gegenzug erwartete Deutschland sowjetisches Desinteresse am Schicksal Danzigs und der früheren deutschen Gebiete Polens und Galiziens. Voraussetzung dafür war keine anglo-französisch-sowjetische militärisch-politische Übereinkunft.[9]

Stalin zögerte noch, auf deutscher Seite drängte dagegen die Zeit, denn man beabsichtigte, bereits am 25. August Polen zu überfallen. Am 15. August folgte das nächste deutsche Angebot, ein Nichtangriffspakt und die Aufteilung der Einflusssphären. Diesmal schlug Stalin zu. In den nächsten Tagen wurde in Moskau intensiv verhandelt und am Vertragsentwurf gearbeitet. Am 20. August schickte Hitler ein Telegramm an Stalin und bat um Empfang des deutschen Außenministers am 22., spätestens am 23. August in Moskau. »Der Reichsaußenminister hat umfassende Generalvollmacht zur Abfassung und Unterzeichnung des Nichtangriffspaktes und des Protokolls.« Noch in der Nacht vom 20. auf den 21. August wurde der ausgearbeitete Vertragsentwurf nach Berlin übermittelt.[10]

Am 21. August abends kam Stalins Einverständnis, und am 23. August flog Ribbentrop nach Moskau und landete dort um 13.00 Uhr Ortszeit. Die Vorverhandlungen, die auf sowjetischer Seite Stalin und Molotow führten, begannen unmittelbar nach der Landung. In der Nacht vom 23. auf den 24. August (gegen zwei Uhr) unterzeichneten Ribbentrop und Molotow die auf den Vortag datierten Verträge.[11] Der Pakt sollte zehn Jahre Gültigkeit besitzen, mit der Option, ihn um fünf Jahre zu verlängern, und er trat sofort in Kraft (Art. 7). Der historisch wichtigste Bestandteil des Pakts war ein gesondert unterzeichnetes geheimes Zusatzprotokoll, das die Abgrenzung der Interessensphären beider Staaten in Osteuropa regelte, das heißt die Annexion der unabhängigen Staaten in diesem Teil Europas. In Bezug auf Polen hieß es in Punkt 2 des Protokolls:

> »Für den Fall einer territorial-politischen Umgestaltung der zum polnischen Staate gehörenden Gebiete werden die Interessensphären Deutschlands und der UdSSR ungefähr durch die Linie der Flüsse Narew, Weichsel und San abgegrenzt.
> Die Frage, ob die beiderseitigen Interessen die Erhaltung eines unabhängigen polnischen Staates erwünscht erscheinen lassen und wie dieser Staat abzugrenzen wäre, kann endgültig erst im Laufe der weiteren politischen Entwicklung geklärt werden.
> In jedem Falle werden beide Regierungen diese Frage im Wege einer freundschaftlichen Verständigung lösen.«[12]

Ein wichtiger Bestandteil des Paktes war die deutsch-sowjetische Kreditvereinbarung, danach konnte die Sowjetunion in Deutschland Waren im Wert von 200 Millionen Reichsmark bei fünf Prozent Zinsen einkaufen, im Tausch für Rohstoffe, in erster Linie Weizen und Öl.

Der Hitler-Stalin-Pakt bedeutete die vierte Teilung Polens und Aufteilung der übrigen osteuropäischen Gebiete in Einflusszonen. Die Nachricht über den Abschluss des Paktes versetzte die übrige Welt in Schock und zerstörte mit einem Schlag die britischen und französischen Hoffnungen auf einen Sicherheitspakt mit der Sowjetunion. Allen war klar, dass der Krieg unmittelbar bevorstand, obwohl man von dem Geheimabkommen über die Teilung Polens und Osteuropas noch nichts wusste.

Die Rechnung Stalins geht auf

Die Gründe, die Stalin dazu bewogen, mit Hitler ein auf den ersten Blick so ungleiches Bündnis zu schließen, lassen sich aus seinen eigenen Äußerungen, die er gegenüber seinen engsten Vertrauten gemacht hatte, rekonstruieren. Anlässlich der Verhandlungen mit Deutschland im Sommer 1939 notierte Andrej Schdanow auf Notizzetteln Gedanken, die offenkundig Stalin formuliert hatte, darunter den folgenden: »Feinde mit ihren eigenen Händen vernichten und am Ende des Krieges stark sein.«[1] Am 7. September 1939 fand im Kreml eine Besprechung in kleinem Kreis (Stalin, Molotow, Schdanow und Dimitroff) statt, in der Stalin seine Beweggründe für den deutsch-sowjetischen Pakt erläuterte. Georgi Dimitroff fasste sie in seinem Tagebuch wie folgt zusammen:

> »Der Krieg wird zwischen zwei Gruppen von kapitalistischen Staaten geführt [...]. – Wir haben nichts dagegen, daß sie kräftig aufeinander einschlagen und sich schwächen. – Nicht schlecht, wenn Deutschland die Lage der reichsten kapitalistischen Länder (vor allem England) ins Wanken brächte. [...] Hitler selbst zerrüttet und untergräbt, ohne es zu verstehen und zu wollen, das kapitalistische System. [...] Wir können manövrieren, eine Seite gegen die andere aufbringen, damit sie sich noch stärker in die Haare kriegen. *Der Nichtangriffsvertrag hilft Deutschland in gewissem Maße. Der nächste Schritt ist der, die andere Seite anzuspornen.*«[2]

In ähnlichem Sinne hatte sich Stalin in den Jahren zuvor wiederholt geäußert. In der Besprechung vom 7. September 1939 ging er auch auf die Verhandlungen mit den Westmächten ein: »Wir haben Verträge mit den sogenannten demokratischen Staaten vorgezogen und deshalb Verhandlungen geführt. – Aber Engländer und Franzosen wollten uns als Knechte und zudem *nichts dafür bezahlen*.«[3] Damit benannte Stalin klar die Gründe für das Scheitern der Gespräche mit Frankreich und Großbritannien. Das war nicht etwa die polnische Weigerung, sowjetische Truppen auf das polnische Territorium zu lassen,[4] sondern der Umstand, dass die Westmächte Stalin nichts »bezahlen« wollten, im Klartext, ihm keine territorialen Gewinne zusicherten.

Dmitri Manuilski, ein Vertrauter Stalins, sprach noch im Juni 1939 in einer geheimen Rede in der Sitzung der Komintern über die laufenden Verhandlungen und frohlockte, dass »man uns jetzt umwirbt, ungefähr so wie früher eine reiche Moskauer Braut (Gelächter im Auditorium), aber wir kennen den Preis unserer Schönheit (Applaus), und wenn wir heiraten, dann gegen Rechnung *[po rastschetu]* (Gelächter, Applaus).«[5] Hitler zeigte sich beim Werben sehr großzügig, denn er hatte ohnehin vor, sich diese Gebiete später zu holen. Die Westmächte konnten dagegen nichts anbieten, außer der Hoffnung auf Frieden, und daran hatte Stalin nun wirklich kein Interesse.

Das oben Dargelegte zeigt deutlich, dass Stalin ein großes Interesse an einem »imperialistischen« Krieg hatte, aus dem sich die Sowjetunion nach Möglichkeit heraushalten sollte, um ihre Kräfte für das Endstadium des Krieges zu schonen und die geschwächten imperialistischen Länder anzugreifen. Andrej Schdanow führte bereits am 3. März 1939 in einer Rede, die er in Leningrad hielt, aus, die Sowjetunion wolle die eigenen Kräfte schonen, »bis man mit Hitler und Mussolini und gleichzeitig auch mit Chamberlain abrechnen werde«.[6] Und in der bereits zitierten Besprechung am 7. September 1939 im Kreml erklärte Stalin: »Unter den Bedingungen des imperialistischen Krieges steht die Frage nach der Vernichtung der Sklaverei!«[7] Unter Sklaverei verstand Stalin das kapitalistische System, das die Arbeiter versklave.

Hitler wollte dagegen Polen im Osten isolieren, um es schnell besiegen zu können, bevor die westlichen Verbündeten militärisch eingreifen konnten. Das Militärbündnis mit der Sowjetunion gegen

Polen sicherte ihm diese Option. In der Forschung ist man sich jedoch einig, dass Hitler stark hoffte, die Westmächte würden militärisch nicht eingreifen, wenn Polen schnell besiegt würde.

Am 1. September 1939 überfiel Deutschland Polen. Die deutschen Verbände wandten hier zum ersten Mal in der Praxis die Blitzkriegsstrategie an und waren dabei militärisch sehr erfolgreich, politisch hingegen weniger. Am 3. September 1939 erklärten Frankreich und Großbritannien Deutschland den Krieg. Die Hoffnung Hitlers, die Kriegshandlungen nur auf Polen zu beschränken, erfüllte sich nicht. Dagegen ging die Rechnung Stalins auf, denn der lang ersehnte »imperialistische Krieg« war ausgebrochen, der Weltkrieg war im Gange.

Nach dem deutschen Überfall auf Polen wartete Stalin noch sechzehn Tage ab, bevor er die Rote Armee am 17. September 1939 in Ostpolen einmarschieren ließ. Zu diesem Zeitpunkt war die polnische Armee faktisch bereits geschlagen, sodass nur mit geringem Widerstand zu rechnen war. Innerhalb von zwölf Tagen rückten die sowjetischen Truppen 250 bis 300 Kilometer nach Westen vor. Dabei hatten sie gegen zahlenmäßig unterlegene, bereits merklich geschwächte und oft desorientierte und demoralisierte polnische Truppen zu kämpfen. Die polnischen Verluste beliefen sich auf 6000 bis 7000 Gefallene und 10 000 Verwundete, während die Rote Armee nach offiziellen zeitgenössischen Angaben 737 Gefallene und 1862 Verwundete zu beklagen hatte.[8]

Die endgültige Aufteilung der Kriegsbeute fand am 28. September 1939 statt. An diesem Tag unterschrieben Ribbentrop und Molotow einen Grenz- und Freundschaftsvertrag, in dem die Teilung Polens vertraglich fixiert wurde. Die neue Grenze verlief entlang der Flüsse San und Bug. Das Gebiet, das der Sowjetunion zufiel, umfasste 201 000 Quadratkilometer, das heißt 51,5 Prozent des vormaligen polnischen Staatsgebiets. Auf diesem Territorium lebten etwa 13,2 Millionen Menschen. Unmittelbar nach dem Einmarsch begannen die sowjetischen Besatzer, ihre Macht im Land zu etablieren und das Land mit Terror und Gewalt zu sowjetisieren.[9]

Der leichte Sieg über Polen versetzte die politische und militärische Sowjetführung in einen Siegesrausch. Am 13. November 1939 hielt der Kommandeur der 4. Armee, Wassili Tschuikow, der spätere Held von Stalingrad, in Minsk eine Rede, die auch im Radio übertragen wurde und in der er erklärte: »Wenn die Partei den Befehl erteilt, dann machen wir es wie in dem Lied: Nach Warschau, nach Berlin.« Noch am selben Tag meldete Ponomarenko dies Stalin in einem Telegramm. Stalin notierte am Rande des Dokuments: »An Genossen Woroschilow. Tschuikow ist offenkundig ein Idiot, wenn nicht ein feindliches Element.«[10] Stalin ging es offenbar darum, die deutschen Verbündeten nicht unnötigerweise zu beunruhigen. Sie hatten ja den Krieg gegen die Westmächte zu führen.

Eine genaue Analyse des Verlaufs der militärischen Operationen der Roten Armee beim Überfall auf Polen gab jedoch keinen Anlass für den Siegesrausch, in den Tschuikow und andere verfallen waren. Polnische Verbände leisteten zwar den vordringenden sowjetischen Truppen relativ wenig Widerstand, wenn es aber zu Gefechten kam, dann sah es mit der sowjetischen Kampfstärke teilweise katastrophal aus. Beispielsweise verlief die Mobilisierung der Artillerietruppen sehr schlecht, und auch im Einsatz gab es viele Missstände, organisatorisches Chaos, zahlreiche Pannen von Traktoren, große Mengen an Artilleriemunition ließen die Truppen liegen und zogen weiter.[11] Geradezu katastrophal stand es um die Eisenbahntruppen, sie waren für den Einsatz unvorbereitet und versagten, heißt es im einschlägigen Bericht.[12]

Auch die Verbände der ersten Staffel schnitten nicht viel besser ab, sehr schlecht stand es um die Kooperation zwischen den einzelnen Truppenteilen. Bei Feuerüberfällen gerieten die vordringenden Truppen schnell in Panik.[13] Wenn es zu Kämpfen mit polnischen Verteidigern kam, verzeichneten die sowjetischen Truppen hohe Verluste an Soldaten und Kriegsmaterial. Der polnische Feldzug der Roten Armee war nach militärischen Kriterien keine Glanzleistung.[14]

Die militärische und politische Führung des Landes übersah diese Unzulänglichkeiten und geriet in einen Siegesrausch, anstatt aus den Erfahrungen der Kampagne Lehren zu ziehen. Im April 1940 führte Stalin rückblickend durchaus kritisch aus: »Uns hat die polnische Kampagne furchtbar geschadet, sie verwöhnte uns. Man schrieb ganze Artikel, hielt Reden, dass unsere Armee unbesiegbar sei, dass es keine solche Armee gebe, dass wir alles haben, dass es keine Mängel gegeben habe und keine gebe. [...] Unsere Armee hat nicht begriffen, [...] dass der Krieg gegen Polen ein militärischer Spaziergang war und kein Krieg.«[15]

Entscheidend war jedoch, dass die Sowjetunion dank des Bündnisses mit Deutschland die ostpolnischen Gebiete erobert hatte, und die nächsten Gebietsgewinne waren so gut wie sicher (baltische Länder, Bessarabien und Finnland). Hinzu kam, dass der herbeigewünschte imperialistische Krieg in West- und Mitteleuropa im Gange war, an dem sowjetische Truppen nicht beteiligt waren. Die Sowjetunion sicherte sich aber durch das wirtschaftliche Abkommen mit Deutschland die Lieferung von modernen Anlagen und Maschinen zum weiteren Auf- und Ausbau der Rüstungsindustrie. Endlich gelang es auch, eine direkte deutsch-sowjetische Grenze herzustellen, wovon bereits Lenin und Trotzki geträumt hatten, aber daran gescheitert waren.

Im Kreml herrschte im Herbst 1939 Aufbruchstimmung: Neunzehn Jahre nach dem vor Warschau gescheiterten Durchbruch nach Europa wurde endlich der Weg der »offensiven Politik« eingeschlagen, man war dabei, den Leitsatz von Lenin, die Revolution mit Waffengewalt zu verbreiten, zu realisieren. Die polnische Barriere war zerstört, und die Sowjetunion ging von der revolutionären Defensive zur Offensive über. Am 4. Juni 1941 führte Andrej Schdanow in einer Sitzung des Hauptkriegsrates rückblickend aus: »Die Kriege mit Polen und Finnland waren keine Verteidigungskriege. Wir haben den Weg der offensiven Politik eingeschlagen. [...] Wir haben begonnen, den Leitsatz von Lenin zu realisieren.« Den Leitzsatz Lenins formulierte Schdanow so: »Falls es notwendig ist, wird das siegreiche Proletariat gegen die kapitalistischen Staaten mit kriegerischen Mitteln auftreten«, um die Revolution zu verbreiten.[16]

Der Überfall auf Finnland – die Stunde der Wahrheit

Noch im Siegesrausch ließ Stalin am 30. November 1939 das militärisch in hohem Maße unterlegene Finnland angreifen. Dieses hatte sich zuvor beharrlich geweigert, Gebiete westlich von Leningrad an die Sowjetunion abzutreten. Im Kreml ging man zunächst von einem leichten Sieg und anschließender Sowjetisierung des ganzen Landes aus. Bezeichnend ist der Beginn des Krieges. Noch im September 1939 forderte Stalin von Finnland die Abtretung der Karelischen Meerenge im Austausch gegen andere karelische Gebiete. Die finnische Seite lehnte das »Angebot« ab, unter anderem weil der finnische Nachrichtendienst die Rote Armee als nicht einsatzbereit eingeschätzt hatte.[1]

Der Kreml reagierte mit erhöhtem Druck, Deutschland versuchte zu vermitteln, allerdings erfolglos. Finnland weigerte sich weiterhin nachzugeben. Ab Anfang November begann die Sowjetunion, sich auf den Angriff auf Finnland vorzubereiten. Am 26. November inszenierte die Rote Armee einen Grenzzwischenfall, Stalin nutzte dies als Vorwand, um die Beziehungen zu Finnland abzubrechen und den Nichtangriffspakt von 1931 einseitig zu kündigen. Am 30. November griffen sowjetische Truppen Finnland an, ohne eine formale Kriegserklärung abgegeben zu haben.[2]

Finnland besaß eine Armee von 160 000 Soldaten, mehr konnte das bevölkerungsarme Land nicht aufstellen. Die Armee verfügte über 100 Panzerabwehrkanonen, 100 Flugzeuge, 36 veraltete Geschütze pro Division. Die Soldaten waren aber motiviert, und die militärische Führung war ausgezeichnet. Hinzu kam, dass die finnische Seite in der richtigen Einschätzung der sowjetischen Expansions- und Kriegspläne die karelische Landenge in den Jahren zuvor durch die sogenannte Mannerheim-Linie stark befestigt hatte.[3]

Diese kleine Streitmacht wurde gleichzeitig von vier sowjetischen Armeen angegriffen: der 7. Armee mit 200 000 Soldaten und 1500 Panzern, die die Mannerheim-Linie zu durchbrechen und Helsinki zu erobern hatte; der 8. Armee mit 140 000 Soldaten und 400 Panzern, welche die finnischen Befestigungen nördlich umgehen und den finnischen Truppen in den Rücken fallen sollte; sowie der 8. und 14. Armee mit insgesamt 140 000 Mann und 150 Panzern, die nördlich der 8. Armee entlang der finnisch-sowjetischen Grenze eine Nebenfront zu bilden hatten, um finnische Kräfte zu binden. Das Kräfteverhältnis war mehr als ungleich, auf einen finnischen Soldaten kamen drei Rotarmisten, auf eine finnischen Kanone fünf sowjetische und auf einen finnischen Panzer achtzig sowjetische.[4] Es kämpfte David gegen Goliath.

Die sowjetischen Truppen erlitten jedoch zunächst eine mehr als empfindliche Schlappe dank der hervorragenden Verteidigungstaktik der finnischen Seite und der katastrophalen Kriegsführung der sowjetischen. Hinzu kam, dass die Rotarmisten zum Winterkrieg weder bekleidet noch ausgerüstet, noch ausgebildet waren. Abertausende von ihnen starben nicht nur durch finnische Kugeln und Minen oder Artilleriebeschuss, sondern auch durch Kälte und Krankheiten.[5] Am 21. Januar 1940 erhob Stalin während eines Empfangs sein Glas zu einem Trinkspruch: »Auf die Kämpfer der Roten Armee, die ungenügend vorbereitet, schlecht bekleidet und beschuht waren, die wir erst jetzt mit Kleidung und Schuhen versorgen, die für ihre Ehre kämpfen – eine allerdings angeschlagene Ehre – und für ihren Ruhm.«[6]

In Wirklichkeit kämpften die Rotarmisten in ihrer Mehrheit sehr ungern für die kommunistische Revolution in Finnland, sie waren keineswegs willige Soldaten der kommunistischen Revolution. Am 10. Mai 1940 klagte Mechlis, der Chef der politischen Verwaltung der Roten Armee, dass die Truppen wenig Verständnis für die Losung der Befreiung des finnischen Volkes aufgebracht hätten, nicht alle Rotarmisten hätten diese Losung verstanden, noch war sie ihnen nah. Daher musste die Propaganda in der Truppe geändert werden, die nun behauptete, dass mit dem Überfall auf Finnland die Sicherheit der Stadt Leningrad und der nordwestlichen Grenzen gewährleistet werden solle. Man habe den Stützpunkt vernichten müssen, den sowjetische Feinde vorbereitet hätten. »Diese Losung begriff die ganze Truppe«, behauptete Mechlis.[7] Erstaunlicherweise wird diese sowjetische Propagandaparole noch heute auch in der westlichen Forschung ernst genommen.[8]

Am 22. Dezember 1939 erstattete Gorochow, der Chef der politischen Verwaltung der 7. Armee, die den Hauptangriff führte, Bericht über den Zustand der Armee. Er beklagte die schlechte Disziplin und Ausbildung der Soldaten, ganze Einheiten verließen ihre Positionen ohne Befehl, Rotarmisten versuchten unter verschiedenen Vorwänden die Frontlinie zu verlassen. Die Aufklärung funktioniere sehr schlecht, genauso wie die Stäbe der Verbände und Truppen.[9] Am 13. und 14. April 1940 fand eine Sitzung der Kommission des Hauptkriegsrates über Kriegsideologie statt, in der Smuschkiewitsch, Chef der Hauptverwaltung der Luftwaffe, erklärte: »In der ersten Kriegsphase beobachtete man in der Roten Armee, darunter auch unter dem Flugpersonal, viel Feigheit, viel Panik. [...] Mit demokratischen Ermahnungen in Versammlungen lässt sich keine Disziplin erreichen.«[10]

Andrej Schdanow, der dem Kriegsrat der 8. Armee angehörte, notierte auf seinen Notizzetteln über den Verlauf der sowjetisch-finnischen Kämpfe unter anderem: »Panikmacher sind zu erschießen«.[11] Am 26. Januar 1940 befahl der Volkskommissar für Verteidigung die Bildung von Sperrabteilungen im Rücken der an der finnischen Front kämpfenden Armeen. Die Sperrabteilungen setzten sich aus Angehörigen der operativen Truppen des NKWD zusammen und hatten den Auftrag, Fahnenflüchtige zu liquidieren sowie die rückwärtigen Gebiete der finnischen Front von feindlichen Elementen zu säubern. In kürzester Zeit wurden 27 Sperrabteilungen zu je etwa 100 Mann aufgestellt. Die unter dem Verdacht der Fahnenflucht festgenommenen Soldaten wurden sofort vors Kriegsgericht gestellt und ohne genauere Ermittlungen erschossen.[12]

Stalin verfolgte sehr aufmerksam den Fortgang der Kämpfe, führte direkte telefonische Gespräche mit einzelnen Kommandeuren an der Front und erteilte ihnen Befehle. Am 7. Januar 1940 führte er beispielsweise zusammen mit Woroschilow ein Gespräch mit dem Kommandeur der 8. Armee, Stern. Dieser klagte im Gespräch über große Mängel im Nachschub, die durch Transportprobleme verursacht würden. Viele Lastkraftwagen frören fest, Traktoren ohne Gummireifen blieben auf den eisglatten Straßen stehen. Es fehlten Ersatzteile für Autos, deswegen seien über 1000 Autos unbenutzbar. Es mangele auch an Tankwagen, um die Autos, Flugzeuge und Panzer mit Treibstoff zu beliefern.[13] In der Nacht vom 7. auf den 8. Januar telefonierten Stalin und Woroschilow mit Lew Mechlis, dem Chef der politischen Verwaltung der Roten Armee. Mechlis berichtete über das herrschende organisatorische Chaos an der Front, über den Mangel an Granatwerfern und Granaten, von denen manche bei starkem Frost explodierten. Es fehlten auch warme Kleidung und Zelte für die Soldaten. Stalin sicherte Mechlis zu, dass dies alles bald geliefert werde und die Produktionsmängel bei den Granaten schnell behoben würden.[14]

Am 1. Februar 1940 starteten die sowjetischen Truppen erneut eine Offensive, nachdem sie neues Kriegsmaterial und frische Verbände an die Front verlegt hatten. Diesmal waren sie erfolgreicher und zwangen die finischen Truppen zum Rückzug. Am 3. März begannen die sowjetischen Verbände eine neue große Offensive, die die finnische Armee unter starken Druck setzte. Daraufhin leitete die finnische Regierung am 8. März Waffenstillstandsverhandlungen mit Moskau ein, und am 12. März endete der Krieg. Finnland musste den größten Teil von Karelien an die UdSSR abtreten, wobei etwa 450 000 Menschen ihre Heimat verloren. Der Krieg kostete 27 000 finnische Soldaten das Leben. Für ihren Sieg aber bezahlte die Sowjetunion einen sehr hohen Preis. Etwa 127 000 Soldaten waren ums Leben gekommen, etwa ein Fünftel von ihnen durch Erfrierungen und mangelnde Versorgung. Von den 3000 Flugzeugen, die im Krieg zum Einsatz kamen, gingen bis zu 40 Prozent verloren.[15]

Der Krieg gegen Finnland löste in Kreml geradezu einen Schock aus, er legte vor der ganzen Welt die mehr als mangelhafte Kriegsstärke der Roten Armee offen. Andrej Schdanow notierte auf seinen

Notizzetteln: »Wenn der Gegner größere Armee hätte, hätte er [die Rote Armee] in Stücke zerschlagen.«[16] Diese Feststellung kommt wahrscheinlich von Stalin selbst. Am 17. April 1940 hatte dieser nämlich in einer Rede unter anderem konstatiert: »Es ist gut, dass unsere Armee diese [Kriegs-]Erfahrung nicht gegen die deutsche Luftwaffe machen musste, sondern in Finnland mit Gottes Hilfe.«[17]

Stalin selbst warnte noch im Januar 1940 vor Panikmache und spielte gegenüber seinen engsten Genossen den Führer, der alles unter Kontrolle hat. Während eines Empfangs am 21. Januar 1940, den Dimitroff in seinem Tagebuch schildert, brachte Marschall Kulik »unangenehme Nachrichten« über den Kriegsverlauf. Daraufhin wandte sich Stalin an Kulik: »Sie verfallen in Panik. Ich werde Ihnen Tschelpanows Buch über die Grundlagen der Psychologie schicken. – Die griechischen Priester waren kluge Leute. Wenn sie schlechte Nachrichten erhielten, gingen sie in die Sauna, badeten, wuschen sich, bevor sie die Ereignisse einschätzten und Entscheidungen trafen.«[18]

Am 27. März 1940 stand im Plenum des Zentralkomitees der finnische Krieg zur Debatte. Marschall Woroschilow, noch Volkskommissar für Verteidigung, übte Selbstkritik: »Auf einen solchen Krieg ungenügend vorbereitet. – Eine Reihe von Kommandeuren ist untauglich. – Die Armee ist schlecht ausgerüstet. – Im Verlauf des Krieges wurden die Mängel beseitigt. – Unsere Verluste betragen 233 000 Mann, davon 52 000 Tote [tatsächlich 127 000] – Finnen – 70 000 Tote [tatsächlich 27 000] und 200 000 Verletzte.«[19] Tatsächlich zählte die ganze finnische Armee nur 160 000 Mann.

Mit den falschen Verlustzahlen versuchte Woroschilow die Dimensionen des militärischen Desasters zu kaschieren, eines Desasters, das auch ihm persönlich einen solchen Schock versetzte, dass er auf dem Plenum erklärte: »Ein Berufsheer ist erforderlich.« Dies war eine Bankrotterklärung, denn er war seit 1925 ununterbrochen Kriegsminister und für die Rote Armee verantwortlich. Ferner schlug Woroschilow in seiner Rede im Plenum vor, die Rote Armee zu vergrößern, »die Fluktuation innerhalb des Kommandeurbestandes« zu unterbinden, den Eisenbahntransport wesentlich zu verbessern, die Reserven zu erhöhen und die Mannerheim-Linie vor Ort zu studieren.[20]

Einen Tag später debattierten die ZK-Mitglieder im Plenum über den Vortrag Woroschilows, der offen angegriffen wurde, wie Dimitroff in seinem Tagebuch festhielt. Stalin nahm jedoch Woroschilow in Schutz: »Es kommt bei uns nicht oft vor, dass ein Volkskommissar so offen über seine Fehler spricht.« Ferner ging Stalin auf die Kommandeure ein. *»Von den Kommandeuren sind 60 % gut, 40 % Schlappschwänze, ohne Charakter, Feiglinge usw.* […] Alles hängt von den Kommandeuren ab. Ein guter Kommandeur kommt auch mit einer schwachen Division zurecht, ein schlechter Kommandeur kann die beste Division zersetzen. […] Wenn die Volkskommissariate besser arbeiten, werden wir die beste Armee der Welt haben.«[21]

Vom 14. bis 17. April 1940 fand eine Konferenz im Zentralkomitee statt, um die Erfahrungen aus dem finnischen Krieg zu diskutieren. Am letzten Tag, dem 17. April, hielt Stalin eine Rede dazu. Er konzentrierte sich auf die Kritik der sowjetischen Militärtaktik im Krieg gegen Finnland, die darin bestanden habe, den Gegner mit »Mützen zuschütten« zu wollen. Die Ursachen für das Debakel sah Stalin darin, dass die Rote Armee auf die Führung eines modernen Krieges (massiver Einsatz von Flugzeugen, Panzern und Artillerie) nicht vorbereitet gewesen war und sei. Die Kommandeure hielten nämlich an ihren Erfahrungen aus dem Bürgerkrieg fest, der nicht nach den Kriterien des modernen Krieges (ohne Flugzeuge, Panzer und kaum Artillerie) ausgetragen worden war. Stalin kritisierte scharf den Mangel an Granatwerfern in den Truppen, die eine wichtige Rolle im Krieg spielen würden. Er wiederholte auch seine Kritik an den Kommandeuren insgesamt. Er forderte »die Bildung eines kultivierten, qualifizierten und gebildeten Kommandeurbestandes. Solche Kommandeure gibt es bei uns nicht, wenn überhaupt, dann nur wenige.« Auch die Stäbe würden schlecht arbeiten. Nicht besser stünde es um einfache Soldaten: »Unser Soldat zeigt wenig Initiative. Er ist individuell wenig entwickelt. Er ist schlecht ausgebildet, und wenn der Mensch sein Handwerk schlecht beherrscht, wie kann er dann Initiative zeigen, deswegen ist er schlecht diszipliniert.«[22]

Nach dem Waffenstillstand mit Finnland folgte erneut eine Bestandsaufnahme, um die sich Stalin persönlich sehr intensiv kümmerte. Im Rahmen des Hauptkriegsrates wurden militärische Kommissionen und Unterkommissionen gebildet, die sich mit den einzelnen Fragestellungen befassten, mit Waffentypen (Geschütze, Panzer, Flugzeuge, Handfeuerwaffen), mit der Organisationsstruktur der gesamten Armee und der einzelnen Truppenteile, mit der Logistik, dem Eisenbahntransport, der Ausbildung, der Strategie, der Kriegsideologie, dem System der militärischen Manöver. Diese Kommissionen machten Bestandsaufnahmen in den einzelnen Bereichen und schlugen konkrete Maßnahmen vor, die dann in Form von Befehlen, Richtlinien und Beschlüssen des Volkskommissars für Verteidigung, des Hauptkriegsrates oder des Politbüros erlassen wurden.[23]

Die Ideologie des revolutionären Eroberungskrieges

Der Schock, den das Desaster im Krieg gegen Finnland Stalin und seinen Genossen versetzte, war enorm. Er war jedoch nicht groß genug, dass Stalin Abstand von »der offensiven Politik« genommen hätte, sein Wille zum revolutionären Angriffskrieg gegen den Westen blieb ungebrochen. Die von ihm nach dem Winterkrieg eingeleiteten Reformen der sowjetischen Streitkräfte belegen dies. So ordnete Stalin am 21. April 1940 hinsichtlich der Ausbildung der Kommandeure an: »Wir sollen unsere Kommandeure im Geiste der aktiven Verteidigung erziehen, die auch den Angriff beinhaltet. Diese Idee muss man unter der Losung der Sicherheit, der Verteidigung unserer Heimat, unserer Grenzen popularisieren.«[1] An die »klassische« Verteidigung dachte Stalin zu keinem Zeitpunkt, auch nicht nach dem Krieg gegen Finnland.

Eine der Kommissionen des Hauptkriegsrates befasste sich im Auftrag Stalins mit der Ausbildung der Kommandeure und der Kriegsideologie der Roten Armee. Am 10. Mai 1941 hielt Lew Mechlis, Chef der politischen Verwaltung der Roten Armee, einen Vortrag vor der Kommission des Kriegsrates und formulierte die bestehende und künftige Kriegsideologie der Roten Armee wie folgt:

> »Die Rote Armee ist wie jede andere Armee auch ein Instrument des Krieges. [...] Unser Krieg mit der kapitalistischen Welt wird ein gerechter, progressiver Krieg sein. Die Rote Armee wird aktiv operieren, die totale Zerschlagung und Vernichtung des Feindes anstreben, die militärischen Aktivitäten auf das Territorium des Gegners verlegen. Daher muss man die ganze Armee und unser ganzes Land in dem Geist erziehen, dass jeder Krieg, den die Armee des Sozialismus führt, ein progressiver Krieg sein wird, der

gerechteste Krieg von allen Kriegen, den es überhaupt gab. Dazu sagte Lenin unmissverständlich: ›Das wäre ein Krieg für den Sozialismus, für die Befreiung anderer Völker von der Bourgeoisie. Engels hatte vollkommen recht, als er im Schreiben an Kautsky am 12. September 1882 offen die Möglichkeit eines ‚Verteidigungskrieges' des bereits *siegreichen* Sozialismus einräumte. Er meinte nämlich Verteidigung des siegreichen Proletariats gegenüber der Bourgeoisie anderer Länder.‹ […]

Die Rede ist von aktiven Handlungen des siegreichen Proletariats und der Werktätigen der kapitalistischen Länder gegen die Bourgeoisie, von solchen aktiven Handlungen, in denen *die Initiative für den gerechten Krieg unser Staat und seine Arbeiter-und-Bauern-Rote-Armee ergreifen.* In diesem Geiste müssen wir unsere Rote Armee und das ganze Proletariat erziehen, damit sie wissen, dass jeder unserer Kriege, wo immer er auch geführt wird, ein progressiver und gerechter Krieg ist.«[2]

Mechlis formulierte zwar die sowjetische Kriegsideologie und die sowjetischen Kriegsziele im typischen kommunistischen Propagandajargon, doch unmissverständlich genug. Es handelte sich um die Ideologie des revolutionären Eroberungskrieges, die für die Rote Armee, ja den ganzen sowjetischen Staat galt. Und im Jahre 1940 konnte sich die Rote Armee faktisch nur noch auf den Angriffskrieg gegen Deutschland vorbereiten. Es ist dabei anzumerken, dass, als Mechlis am 10. Mai seine Rede über Kriegsideologie hielt, die Wehrmacht ihre lang erwartete Offensive gegen Frankreich eröffnete. In Moskau rechnete man damals mit einem längeren Abnutzungskrieg, der sowohl Deutschland als auch die Westmächte schwächen würde.

Die Ideologie des revolutionären Eroberungskrieges, der gerecht und progressiv sei, blieb auch in den Jahren 1940 und 1941 nicht bloß eine theoretisch-ideologische Konstruktion von lebensfremden Salonrevolutionären. Vielmehr ließ Stalin die Vorbereitungen dazu, in erster Linie die massive Aufrüstung und den Ausbau der Roten Armee, intensivieren. Er setzte dabei weiterhin auf Waffengattungen, die damals als unerlässlich zur Führung eines modernen Angriffskrieges galten, auf Panzer, Luftwaffe und die bis dahin doch vernachlässigte und unterschätzte Artillerie.

Am 28. März 1940 erklärte Stalin im Plenum des Zentralkomitees unter anderem: »Die Artillerie spielt die entscheidende Rolle, die Panzer kämpfen den Schützen den Weg frei.«[3] Wenige Wochen später, am 17. April, ließ sich Stalin im Detail über die Bedeutung der einzelnen Waffengattungen für den modernen Angriffskrieg aus. In erster Linie hob er die Rolle der Artillerie hervor, die beim Durchbruch durch stark befestigte feindliche Verteidigungslinien die entscheidende Rolle spiele. »Die Artillerie steht an der ersten Stelle«, erklärte Stalin und setzte seine Ausführungen fort: »An der zweiten Stelle – die Luftwaffe, massenhaft Luftwaffe, nicht Hunderte, sondern Tausende Flugzeuge. Wer den modernen Krieg führen will, wer im modernen Krieg siegen will, der darf nicht sagen, man solle Bomben sparen. Das ist Unsinn, Genossen, man muss auf den Gegner mehr Bomben abwerfen, um ihn zu betäuben, um seine Städte in Trümmer zu verwandeln, so erreichen wir den Sieg.«[4]

Stalin weiter: »Drittens Panzer, auch von entscheidender Bedeutung, notwendig sind massenhaft Panzer, nicht Hunderte, sondern Tausende. [...] Drittens Granatwerfer, kein moderner Krieg ohne Granatwerfer, massenhaft Granatwerfer. [...] Ferner automatische Handfeuerwaffen. [...] Infanterie, ausgerüstet mit halbautomatischen Gewehren und Maschinenpistolen – unbedingt.«[5] Ein Jahr später, am 5. Mai 1941, unterstrich Stalin während eines Empfangs im Kreml die Bedeutung der offensiven Waffengattungen:

> »Das Wichtigste ist eine gut ausgerüstete Infanterie. – Aber die Hauptrolle spielt die Artillerie (Kanonen, Panzer). – Zur Erfüllung dieser Rolle bedarf die Artillerie der Luftwaffe. – Die Luftwaffe allein entscheidet nicht über den Ausgang des Kampfes, aber im Zusammenhang mit Infanterie und Artillerie spielt sie eine außerordentlich wichtige Rolle. – [...] Die Kavallerie hat ihre Bedeutung im modernen Gefecht nicht verloren. – Sie ist besonders wichtig, um den aus seinen Stellungen vertriebenen Gegner zu verfolgen

und ihm nicht die Möglichkeit zu geben, sich in neuen Stellungen zu verschanzen.[6]

Die Reformen, die Stalin nach dem sowjetisch-finnischen Krieg in der Roten Armee einleiten ließ, waren umfassend und einschneidend, die größten seit dem Beginn der dreißiger Jahre, als er die Rote Armee zur Führung eines großen Vernichtungskrieges um- und ausbauen sowie ausrüsten ließ.

Marschall Woroschilow, einer der engsten Vertrauten Stalins, seit 1925 Volkskommissar für Kriegswesen (ab 1934 Volkskommissar für Verteidigung), musste aber seinen Posten am 8. Mai 1940 räumen. Sein Nachfolger wurde Marschall Semjon Timoschenko. Weitere personelle Veränderungen im Volkskommissariat für Verteidigung, im Hauptkriegsrat und in den Kriegsbezirken folgten. Am 15. August 1940 löste General Kirill Merezekow Boris Schaposchnikow auf dem Posten des Chefs des Generalstabes ab.[7]

Entscheidend war jedoch, dass Stalin diesmal auf Erschießungen, Schauprozesse und Inhaftierung der für das finnische Desaster tatsächlich oder vermeintlich Verantwortlichen verzichtete. Die Jagd auf Sündenböcke und Säuberungen blieben diesmal aus. Im Gegenteil, es wurden aus den Gefängnissen und Konzentrationslagern in den Jahren 1937/38 verhaftete Offiziere entlassen und in die Armee aufgenommen, allein im April 1940 etwa 4000 höhere Militärs.[8] Wie ist diese Wende in der Politik Stalins zu erklären? Bis dahin hatte Stalin auf festgestellte spektakuläre Rückschläge bei den Kriegsvorbereitungen immer mit blutigen Säuberungen und einer Jagd auf Sündenböcke reagiert. 1937/38 erreichten diese blutigen Säuberungen ihren Höhepunkt, auch in den Reihen der Roten Armee.

Entgegen Stalins Vorstellungen wirkten sich jedoch die Säuberungen auf den Zustand der Roten Armee sehr negativ aus. Abertausende erfahrene Kommandeure wurden ermordet, entlassen, eingesperrt, die Autorität der übrigen Kommandeure wurde nachhaltig untergraben.[9] Dmitri Pawlow, Chef der Verwaltung Panzerwaffen der Roten Armee, führte am 13. April 1940 in der Sitzung der Kommission des Hauptkriegsrates aus: »Es stellte sich heraus, dass es bei uns so viele Volksfeinde gibt, dass ich bezweifle, ob sie alle Feinde gewesen sind. Und hier muss man sagen, dass die Operation der Jahre 1937–1938, bis Genosse Berija kam, uns so getroffen hat, dass wir, meiner Meinung nach, vor so einem Gegner wie den Finnen knapp mit dem Schrecken davongekommen sind.«[10]

Nun machte sich Stalin daran, die von ihm untergrabene Autorität der Kommandeure wiederherzustellen. Am 7. Mai 1940 ließ er in der Roten Armee Generalsränge einführen, am 4. Juni hatten die sowjetischen Streitkräfte 982 Generäle und 74 Admiräle. Einige Monate später wurden auch Unteroffiziersgrade eingeführt.[11] In den nächsten Monaten erließ der neue Volkskommissar für Verteidigung, Marschall Timoschenko, mehrere Befehle, um die Disziplin in den Reihen der Roten Armee zu stärken.[12] Am 12. August 1940 verabschiedete das Präsidium des Obersten Sowjets einen Erlass über die Stärkung der einheitlichen Führung in der Roten Armee und der Kriegsflotte. Dieser Erlass stärkte die Stellung des Kommandeurs und schränkte zugleich die Befugnisse der politischen Kommissare ein, die am 15. August 1937 erweitert worden waren. Diese Befugnisse waren so weit gegangen, dass die politischen Kommissare sogar bereits erteilte Befehle der Kommandeure aufheben konnten, wovon sie auch nicht selten Gebrauch gemacht hatten. Von nun an waren die politischen Kommissare nur für die Propaganda und den Propagandaapparat zuständig. Eine einheitliche Kommandoführung wurde damit formal wiederhergestellt.[13]

Hitlers Siege im Westen – Stalins Dilemma

Während Stalin dabei war, die größte militärische Schlappe der Sowjetunion seit 1920 zu verarbeiten, neue Reformen einzuleiten und die Aufrüstung zu intensivieren, feierte Hitler seine größten militärischen Siege im Westen Europas. Nach dem Überfall auf Polen erklärten sowohl Frankreich als auch Großbritannien Deutschland den Krieg, wie es der Beistandspakt mit Polen vorgesehen hatte. Nach der Kriegserklärung passierte jedoch im Westen zunächst wenig, es herrschte ein seltsamer Krieg ohne militärische Kämpfe, der sogenannte »Sitzkrieg«. Auch im Winter 1939/40 tat sich an der Westfront nichts. Die Westmächte warteten den deutschen Angriff ab und wähnten sich hinter der Maginot-Linie sicher. Währenddessen bereiteten sich die deutschen Streitkräfte intensiv auf den Feldzug gegen den Westen vor, im Mai 1940 war es dann so weit.

Noch am 9. April überfielen neun deutsche Divisionen, unterstützt von der Luftwaffe und Kriegsmarine, Dänemark und Norwegen, um die Landung der alliierten Expeditionskorps in Norwegen zu verhindern. Dänemark kapitulierte sofort, Norwegen nahm den ungleichen Kampf auf. Alliierte Verbände, die nach dem deutschen Überfall doch noch in Nordnorwegen gelandet waren, unterstützten tatkräftig die norwegischen Streitkräfte. Die Kämpfe zogen sich über Wochen hin und wurden erst mit dem Abzug der alliierten Kräfte (8. Juni) beendet, am 10. Juni kapitulierte die norwegische Armee.[1]

Während die Kämpfe in Norwegen noch andauerten, eröffnete die Wehrmacht am 10. Mai 1940 die lang erwartete Westoffensive. Die deutsche Seite setzte 135 Divisionen mit knapp drei Millionen Soldaten ein. Ihnen gegenüber standen 151 alliierte Divisionen mit dreieinhalb Millionen Mann. In der Kriegsausrüstung war die alliierte Überlegenheit noch deutlicher, die alliierten Truppen verfügten nämlich über 13 947 Geschütze, 4204 Panzer und 4469 Kampfflugzeuge, die deutschen dagegen nur über 7378 Geschütze, 2439 Panzer und 3578 Kampfflugzeuge.[2]

Der deutsche Angriff ging über die Niederlande, Belgien und Luxemburg, die, obwohl neutral, von den deutschen Truppen überrannt wurden. Auf diese Weise umgingen die deutschen Verbände die stark befestigte Maginot-Linie. Nach nur 10 Tagen erreichten deutsche Panzer den Ärmelkanal. Das britische Expeditionskorps wurde mit knapper Not aus Dünkirchen evakuiert, wobei es sein gesamtes Kriegsgerät am Strand zurücklassen musste, darunter 2472 Geschütze und 63 897 Fahrzeuge. Die im Süden Frankreichs schnell aufgebauten Verteidigungslinien hielten den deutschen Angriffen auch nicht stand, und am 10. Juni erklärte Italien Frankreich den Krieg. Vier Tage später, am 14. Juni, marschierten deutsche Einheiten in Paris ein, das zur offenen Stadt erklärt und nicht verteidigt wurde. Am 20. Juni bat die französische Regierung um Waffenstillstand, der zwei Tage später unterzeichnet wurde. »Die Sensation war perfekt. Was im Ersten Weltkrieg in vier Jahren nicht gelungen war, hatte Hitlers Wehrmacht in vier Wochen erreicht. Frankreich, stärkste Militärmacht des Kontinents in den zwanziger und dreißiger Jahren, lag am Boden.«[3]

Über die Gründe für diesen sensationellen Sieg wurde viel diskutiert und geschrieben. Unbestreitbar ist aber, dass, obwohl oft genug verschwiegen, die Sowjetunion zu dem deutschen Sieg auch nicht unwesentlich beigetragen hatte. Obwohl formal neutral, unterstützte die Sowjetunion den deutschen Aufmarsch und auch den Krieg gegen den Westen mit Mineralöl- und Getreidelieferungen, die Stalin extra für den Westfeldzug genehmigte. Im Mai 1940 erhielt Deutschland von der Sowjetunion 61 000 Tonnen Erdöl und 76 000 Tonnen Getreide und im Juni 102 000 Tonnen Erdöl und 167 000 Tonnen Getreide.[4]

Der Sieg im Westen versetzte Stalin und seine Genossen nicht nur in Erstaunen. Der deutsche Militärattaché in Moskau, Köstring, schrieb am 16. Mai 1940 an den Oberquartiermeister im Generalstab des Heeres, Oberst Kurt von Tippelskirch, er habe unter den sowjetischen Militärs trotz aller »Glückwünsche, Anerkennung … doch eine merkbare Zurückhaltung« registriert. Es sei ihnen »über den Siegeslauf unserer Truppen doch die Spucke weggeblieben«.[5]

Zugleich ließ jedoch Stalin im Schatten der Ereignisse im Westen die baltischen Länder (Litauen, Lettland und Estland) und Teile Rumäniens (Bessarabien und Nordbukowina) besetzen und anschließend gewaltsam sowjetisieren, ähnlich wie zuvor die ostpolnischen Gebiete. Die Regierungen dieser Länder beugten sich den sowjetischen Kriegsdrohungen, sodass diese Eroberungen ohne Kampfhandlungen erfolgten. Deutschland unternahm gegen diese Maßnahmen nichts, denn diese Länder galten laut dem Hitler-Stalin-Pakt vom August 1939 als sowjetische Einflusssphäre. Nichtsdestoweniger war Hitler über das Vorgehen Stalins aufgebracht, insbesondere das gegen Rumänien, so war beispielsweise die Nordbukowina, die die sowjetischen Truppen ebenfalls besetzten, im Hitler-Stalin-Pakt nicht erwähnt.[6]

Rumänien hatte für die deutsche Wirtschaft eine strategische Bedeutung wegen der Ölfelder in Ploeşti. Noch am 27. Mai 1940 schloss Rumänien mit Deutschland einen Ölpakt ab. Anschließend stellte Rumänien die Öllieferungen an Großbritannien ein, bis dahin gingen fast 40 Prozent der gesamten Fördermenge an Großbritannien. Seitdem lieferte Rumänien an Deutschland monatlich 200 000 bis 300 000 Tonnen Erdöl und wurde so zur Hauptstütze der deutschen Ölversorgung.[7]

Hitlers Wendung nach Osten

Die sowjetische Expansion im Sommer 1940 führte möglicherweise dazu, dass sich Hitler nun entschloss, mit dem Überfall auf die Sowjetunion nicht mehr lange zu warten und einen konkreten Termin festzulegen. Bereits im März 1940, noch vor dem Westfeldzug, äußerte Hitler die Absicht, einen baldigen Kampf gegen den Bolschewismus zu führen. Für Hitler war der Hitler-Stalin-Pakt ein Zwischenspiel gewesen, ähnlich wie für Stalin. Das militärische Debakel der Roten Armee in Finnland bestätigte Hitler in seiner Einschätzung, dass die Sowjetunion eine leichte Beute sein würde. Am 23. Mai 1940 notierte Ernst von Weizsäcker, Staatssekretär im Außenministerium, in seinem Tagebuch zum ersten Mal Gespräche über den bevorstehenden deutschen Krieg gegen die Sowjetunion. Ende Juni 1940 notierte Halder in seinem Tagebuch, dass Hitlers »Augen stark auf den Osten gerichtet« seien.[1]

Aber auch die enorme Beute, die deutsche Truppen im Westen gemacht hatten, und das gestiegene Selbstbewusstsein infolge des geradezu sensationellen Sieges gegen Frankreich dürften bei Hitlers Entscheidung, die Sowjetunion bald anzugreifen, eine wichtige Rolle gespielt haben. So erbeuteten die deutschen Truppen in Frankreich 314 878 Gewehre, 5017 Geschütze, 3,9 Millionen Granaten und 2170 Panzer. Hinzu kamen 4260 Lokomotiven und 140 000 Waggons, große Mengen an Rohstoffen (Öl- und Benzinvorräte, Metalle), die in Frankreich, Belgien und den Niederlanden erbeutet wurden. Man darf auch die laufende Produktion der westlichen Industrie und der Landwirtschaft nicht vergessen, über die nun Deutschland verfügte.[2]

Hitler glaubte nun, es sei die Zeit gekommen, sich dem Hauptziel zuzuwenden, der Vernichtung des Bolschewismus und Eroberung des »Lebensraumes« im Osten. Zugleich hoffte er offenkundig, dass nach der Niederwerfung der Sowjetunion Großbritannien einlenken und einen Frieden mit Deutschland schließen würde. Diese Version stellte er jedenfalls seinen Generälen am 21. Juli 1940 vor. Am nächsten Tag erteilte Hitler seinen Generälen die Weisung: »Russisches Problem in Angriff nehmen. Gedankliche Vorbereitungen treffen.« Zunächst dachte er an einen Angriff auf die Sowjetunion bereits im Herbst 1940, jedoch teilte er am 31. Juli den Oberbefehlshabern seinen »bestimmten Entschluss« mit, »Rußland zu erledigen ... Mai 41. Am liebsten noch in diesem Jahre. Geht aber nicht, um Operation einheitlich durchzuführen.«[3]

Währenddessen war Stalin mit den Reformen in der Roten Armee und dem Ausbau der Rüstungsindustrie beschäftigt, um sich auf den Angriffskrieg gegen Deutschland vorzubereiten. Einen konkreten Termin für den Angriff hatte er jedoch nicht. Die wiederholten Annäherungsversuche der britischen Seite mit dem Ziel, die Sowjetunion zu einem sowjetisch-britischen Bündnis zu bewegen, wies Stalin allerdings zurück. Offenbar wollte Stalin auf keinen Fall einen vorzeitigen deutschen Überfall provozieren. Gleichzeitig weigerte er sich jedoch, mit Deutschland gemeinsam gegen Großbritannien vorzugehen, diesen Versuch unternahm Hitler ebenfalls wiederholt.[4]

Ab Sommer 1940 erhielt Stalin zahlreiche Informationen und Warnungen über die Massierung der deutschen Truppen entlang der deutsch-sowjetischen Grenze und den bevorstehenden deutschen Angriff. Diese stammten sowohl von seinen eigenen Nachrichtendiensten als auch beispielsweise von britischer Seite.[5] Trotzdem wähnte sich Stalin vor einem deutschen Überfall erst einmal sicher. Er glaubte nicht, dass sich Hitler auf einen Zweifrontenkrieg einlassen würde, denn Großbritannien blieb standfest und kämpfte weiterhin. Daher war Stalin zunächst sehr beunruhigt, als Rudolf Heß, Hitlers Stellvertreter als Parteiführer, am 10. Mai 1941 nach Schottland flog, um Großbritannien zu einem Friedensschluss mit Deutschland zu bewegen. Mikojan schrieb in seinen Erinnerungen:

> »Der Flug Heß' nach England rief bei Stalin und uns allen große Unruhe hervor, denn unsere strategische Linie beinhaltete die

Idee, je länger Hitler im Krieg im Westen gebunden ist, desto mehr Zeit haben wir, um uns auf den Krieg gegen den Faschismus vorzubereiten. Stalin und wir alle wussten, dass der Zusammenstoß unvermeidlich ist. Wir glaubten aber, dass wir auf einen Krieg [gegen Deutschland] noch nicht ausreichend vorbereitet waren, und je länger der Krieg im Westen daher dauerte, desto mehr werde Hitler geschwächt und desto mehr technische Mittel würden wir ansammeln können, um unsere Armee für den Zusammenstoß mit dem Feind unter besseren Bedingungen vorzuberei ten. Stalin glaubte, dass, solange Hitler England nicht besiegt habe oder mit England Frieden geschlossen habe, Hitler keinen Krieg gegen die Sowjetunion beginnen werde. Stalin verwies dabei auf Bismarck und andere sehr kluge und bekannte militärische und politische Persönlichkeiten Deutschlands, die [...] argumentierten, dass Deutschland an zwei Fronten nicht kämpfen dürfe, dass unter diesen Umständen Deutschland keinen Sieg erringen werde. Und Stalin hielt sehr viel von der Strategie dieser Persönlichkeiten.«[6]

Am 5. Mai 1941 hielt Stalin auf der Festsitzung der Absolventen der Militärakademie, die im Kreml stattfand, eine Rede, in der er unter anderem auf die Gründe für die deutschen Siege in Europa einging. Dabei konstatierte Stalin: »Deutschland hat aus seiner Vergangenheit gelernt. Im Jahre 1870 zerschlugen die Deutschen die Franzosen. Warum? Weil sie an einer Front kämpften. Die Deutschen erlitten die Niederlage in den Jahren 1916–1917. Warum? Weil sie an zwei Fronten kämpften.«[7]

Solange Großbritannien Krieg gegen Deutschland führte, wähnte sich Stalin vor einem deutschen Angriff sicher. Die von der deutschen Luftwaffe verlorene Luftschlacht über England im Sommer 1940, die britische Seeblockade und die britischen Aktivitäten im Mittelmeer schienen Stalin zu bestätigen. Am 25. November 1940 konstatierte Stalin im Gespräch mit Molotow und Dimitroff: »Es ist ein Fehler, anzunehmen, England sei geschlagen. Es verfügt im Mittelmeerraum über starke Streitkräfte. Es steht unmittelbar an den

Meerengen. Nach der Eroberung der griechischen Inseln hat England seine Position in dieser Region gestärkt.«[8]

Alle Warnungen und Informationen, dass Deutschland seine Truppen entlang der deutsch-sowjetischen Grenze zusammenziehe und vorhabe, die Sowjetunion zu überfallen, hielt Stalin für unglaubwürdig und für eine britische Desinformationskampagne. Mikojan erinnerte sich:

> »Stalin weigerte sich, zur Kenntnis zu nehmen, dass die [deutschen] Truppen zum Angriff auf die Sowjetunion konzentriert werden. Wir erhielten von unserem Botschafter in Berlin, Dekanosow, Meldungen, die er auf der Grundlage von Aufklärungsberichten verfasste, dass sich Deutschland zum Krieg gegen die Sowjetunion rüste, dass intensive Kriegsvorbereitungen laufen würden. Ich kann mich erinnern, dass wir eine solche Meldung im Zentralkomitee besprachen. Stalin sagte dabei, dass englische Agenten Dekanosow desinformieren, um uns irrezuführen. Dekanosow – sagte Stalin – ist nicht klug genug, um das zu begreifen.«[9]

Stalin war fest davon überzeugt, dass die britische Seite mit falschen Informationen den vorzeitigen deutsch-sowjetischen Krieg zu provozieren suche. Mikojan berichtete: »Stalin sagte lächelnd, dass es für Churchill von Vorteil wäre, dass wir in den Krieg verwickelt werden, während sich England auf seinen Inseln erholt; wir dürfen uns aber darauf nicht einlassen.«[10]

Auch den zahlreichen Berichten des eigenen Nachrichtendienstes schenkte Stalin keinen Glauben.[11] Nur fünf Tage vor dem deutschen Überfall, am 17. Juni 1941, leitete Wselowod Merkulow, Volkskommissar für Staatssicherheit, einen Aufklärungsbericht aus Berlin mit folgendem Inhalt an Stalin weiter: »Quelle, die im Stab der deutschen Luftwaffe arbeitet, meldet: Alle militärische Maßnahmen Deutschlands zur Vorbereitung des Krieges gegen die UdSSR sind bereits vollständig abgeschlossen, und den Angriff muss man jederzeit erwarten.« Auch aus dem deutschen Wirtschaftsministerium seien zuverlässige Informationen zu dem bevorstehenden Krieg gegen die Sowjetunion gekommen, stand im Bericht, an dessen Rand der genervte Stalin notierte: »An Genossen Merkulow. Sie können Ihre ›Quelle‹ aus dem Stab der deutschen Luftwaffe zum Teufel schicken. Das ist keine ›Quelle‹, sondern ein Desinformator. J[osef] St[alin].«[12]

Stalin glaubte nicht nur nicht daran, dass Hitler einen Zweifrontenkrieg wagen würde, alle Warnungen über deutsche Kriegsvorbereitungen hielt er für gezielte »Desinformation«. Er nahm auch die Ideologie Hitlers vom »Lebensraum«, die dieser in *Mein Kampf* unmissverständlich formuliert hatte, nicht ernst, wie bereits dargelegt worden ist.

Vorbereitungen auf den Angriffskrieg gegen Deutschland

Anstatt sich auf eine Verteidigung vorzubereiten und ein Bündnis gegen Deutschland zu schmieden, konzentrierte sich Stalin auf weitere Expansion und Vorbereitungen zum Angriffskrieg gegen Deutschland. Die Annexionen des Sommers 1940 hatten seine Gier nach leichten Eroberungen keineswegs gestillt. Im Sommer 1940 erhob die Sowjetunion erneut Gebietsansprüche gegenüber Rumänien und Finnland, gegen Finnland bereitete sie sogar wieder einen Krieg vor, um endlich das ganze Land zu sowjetisieren.[1] Auch Bulgarien, die Türkei und den Balkan nahm Stalin ins Visier.

Am 12. November 1940 reiste Molotow nach Berlin, um herauszufinden, welche weiteren Einflusssphären die Sowjetunion mit deutschem Segen erhalten könne. Stalin war an folgenden Ländern interessiert: Finnland, Rumänien, Bulgarien, Ungarn, Griechenland, Jugoslawien, Türkei und Iran. Diesmal konnten sich aber die beiden Seiten nicht einigen, und Molotow verließ Berlin am 14. November unverrichteter Dinge. Der Besuch Molotows in Berlin und seine Forderungen bestätigten aber Hitler in seiner Absicht, die Sowjetunion so bald wie möglich anzugreifen.[2]

Aber auch für Stalin wurde endgültig klar, dass die weitere Expansion in Europa auf deutschen Widerstand stoßen werde. Vor diesem Hintergrund ließ er konkrete Maßnahmen ergreifen, um sich explizit auf den Angriff auf Deutschland vorzubereiten. Bereits im Sommer 1940 ließ Stalin die Komintern-Linie modifizieren. Die Kommunisten in den deutsch besetzten Ländern wurden angewiesen, sich neutral zu verhalten, das heißt weder die deutschen Besatzer noch die eigenen Exilregierungen und Großbritannien zu unterstützen. Bis dahin hatten die Kommunisten in den westlichen Ländern gegen eigene Regierungen vorzugehen und Deutschland zu unterstützen, was sie auch taten.[3] Es ging so weit, dass selbst jüdische Kommunisten in den Gettos im deutsch besetzten Polen für die Zusammenarbeit mit den deutschen Besatzern auftraten, weil so die Richtlinien aus Moskau lauteten.[4] Ab Sommer 1940 verlieh jedoch die Komintern-Zentrale ihren Anweisungen eine immer schärfere antideutsche Stoßrichtung, mit Sicherheit nach Absprache mit Stalin.[5] Das Ziel war die Zersetzung der deutschen Besatzung in den betroffenen Ländern.

Am 25. November 1940 besprach Dimitroff mit Molotow die aktuellen außenpolitischen Ziele der Sowjetunion. Molotow klagte dabei über das Scheitern der Gespräche in Berlin, über die deutschen Aktivitäten in der Türkei und auf dem Balkan. Daraufhin warf Dimitroff ein: »Wir streben die Zersetzung der deutschen Okkupationstruppen in verschiedenen Ländern an, und diese Aktivitäten wollen wir, ohne es an die große Glocke zu hängen, noch verstärken. Wird das die sowjetische Politik nicht behindern?« Darauf antwortete Molotow: »Selbstverständlich muß man das tun. Wir wären keine Kommunisten, wenn wir diesen Kurs nicht einhalten würden. Nur muß es lautlos geschehen.«[6]

Nach dem Gespräch mit Molotow begab sich Dimitroff in die Komintern-Zentrale und wurde sogleich zu Stalin bestellt, wo er wieder Molotow und auch Wladimir Dekanosow, Botschafter in Berlin, antraf. Stalin schilderte im Gespräch seine Pläne gegenüber Bulgarien und der Türkei. Bulgarien wollte er einen Beistandspakt aufzwingen und von der Türkei einen Stützpunkt an den Meerengen erpressen. Stalin stellte aber auch fest: »Unsere Beziehungen zu den Deutschen sind nach außen höflich, doch gibt es zwischen uns ernst zu nehmende Reibungen.«[7]

Im August 1940 wurde in Moskau beschlossen, eine einjährige Kominternschule für leitende Parteifunktionäre verschiedener »kommunistischer Bruderparteien« einzurichten, die sich in der Sowjetunion aufhielten und die in der Zukunft in ihren Ländern eingesetzt werden sollten.[8] Die Vorbereitungen dazu zogen sich monatelang hin, erst im Frühjahr 1941 war es so weit. Am 5. Februar 1941 notierte Dimitroff in seinem Tagebuch: »Haben Schulangelegenheiten diskutiert. […] Sind übereingekommen, drei Schulungsobjekte aufzubauen: 1. eine allgemeine Parteischule (65 Teilnehmer), 2. eine spanische Schule (60 Teilnehmer plus 40 alte Schüler für einen 6-monatigen Spezialkurs, und 3. *eine deutsch-österreichische Schule (35 Teilnehmer)*. Für die anderen Nationalitäten (Bulgaren, Polen, Rumänien u. a.) soll eine individuelle Ausbildung organisiert werden.«[9]

Am 27. Februar besprach Dimitroff mit Schdanow, Andrejew und Malenkow erneut »Schulangelegenheiten«. Dimitroff notierte anschließend: »Ziel ist es, in erster Linie Kader aus den slawischen Ländern (Bulgarien, Jugoslawien, Polen, Tschechoslowakei) auszubilden. – Schwerpunkte innerhalb des Ausbildungsprogramms sind das Studium des eigenen Landes, der eigenen Partei, ihrer Probleme und die Frage, *wie man den Feind im eigenen Land schlagen kann.*« Schdanow verwies in der Diskussion auf die neue Komintern-Linie: »Der proletarische Internationalismus soll mit dem gesunden Nationalgefühl des jeweiligen Volkes verbunden werden.«[10]

Im Klartext heißt dies, dass die sowjetischen Kommunisten für ihren Angriff auf Deutschland auch die nationalen Gefühle der deutsch besetzten Länder instrumentalisieren wollten. Am 20. April 1941 bekräftigte Stalin diese Linie im Gespräch mit Dimitroff und anderen engen Vertrauten Stalins: »Sie [die kommunistischen Parteien] müssen nationale kommunistische Parteien werden mit verschiedenen Bezeichnungen – Arbeiterpartei, marxistische Partei usw. Der Name ist nicht wichtig. Wichtig ist, daß sie in ihrem Volk Fuß fassen und sich auf ihre eigenen spezifischen Aufgaben konzentrieren. […] Jetzt rücken *nationale* Aufgaben für jedes Land in den Vordergrund.«[11]

Die Absicht Stalins, Deutschland in naher Zukunft anzugreifen, belegt auch die Neuorientierung in der Polenpolitik. Am 29. Juni 1940 empfing Stalin in seinem Kremlkabinett Wanda Wasilewska, sowjetische Schriftstellerin und Kommunistin polnischer Herkunft, das Gespräch dauerte 45 Minuten. Stalin schätzte Wasilewska und besprach oft mit ihr polnische Angelegenheiten. Wasilewska behauptete in ihren Nachkriegserinnerungen, dass Stalin in dem Gespräch vom 29. Juni 1940 über das Ende der deutsch-sowjetischen Zusammenarbeit und die baldige Befreiung Warschaus gesprochen habe. Im Juli 1940 soll auch Kazimierz Bartel, ein polnischer Professor aus Lemberg und ehemaliger polnischer Premierminister, nach Moskau bestellt worden sein, wo er Gespräche geführt habe. Bartel sollte angeblich Chef der künftigen »polnischen Landesregierung« werden.[12] Bartel wurde nach dem Einmarsch der deutschen Truppen in Lemberg durch ein SS-Einsatzkommando ermordet.

Am 30. Juli 1940 wandte sich Georgi Dimitroff in der Angelegenheit der ehemaligen Mitglieder der im Jahre 1938 aufgelösten KPP, die in sowjetischen Lagern und Gefängnissen inhaftiert waren, an Malenkow. Dimitroff schrieb, dass es unter den Inhaftierten viele ehrliche und der Revolutionsbewegung treue Genossen gebe. Sie seien die Kaderreserve für die künftige Arbeit.[13] Im Sommer 1940 fand auch ein kulturpolitischer Kurswechsel in den besetzten ostpolnischen Gebieten statt. Die polnische Kultur und Sprache in den ehemaligen ostpolnischen Gebieten wurden nicht mehr grundsätzlich ausgerottet, sondern sowjetisiert, ähnlich wie die weißrussische und ukrainische.[14]

Ende 1940, nach Molotows Besuch in Berlin, fand in Minsk ein Empfang für polnische Kommunisten mittleren Ranges statt, der Gastgeber war Pantelejmon Ponomarenko, der Chef der kommunistischen Partei in Weißrussland. Nach dem Bericht von Jakub Berman, einem polnischen Kommunisten jüdischer Herkunft, der bei diesem Empfang zugegen war, erklärte Ponomarenko den versammelten Kommunisten gegenüber: »›Vor euch stehen noch große Aufgaben, der Krieg kann in die nächste Phase übergehen, die Frage Polens wird auf der Tagesordnung stehen und für die polnischen Kommunisten werden sich neue Perspektiven eröffnen.‹ In diesem Ton wurde zu uns seit der Auflösung der Partei nicht gesprochen.«[15]

Spätestens im Herbst 1940, noch vor der Reise Molotows nach Berlin, überlegte Stalin, auf sowjetischem Territorium polnische und tschechische Verbände aus polnischen und tschechischen Kriegsgefangenen aufzustellen, die im künftigen deutsch-sowjetischen Krieg gegen Deutschland kämpfen sollten. Er beauftragte Berija, sich damit zu befassen. Am 2. November 1940 erstattete Berija Stalin Bericht über die bis dahin erzielten Ergebnisse. In den NKWD-Lagern waren am 1. November 1940 noch 18 297 polnische Kriegsgefangene inhaftiert, darunter zwei Generäle, 39 Obersten und Oberstleutnants, 222 Majore und Hauptmänner, 601 Leutnants und Oberleutnants, 4022 Unteroffiziere und 13 321 Mannschaftsdienstgrade. Hinzu kamen noch 3303 Militärs, die in Litauen und Lettland interniert und später den Sowjets ausgeliefert worden waren, sowie 22 Offiziere, die in den sowjetisch besetzten ostpolnischen Gebieten als Angehörige des polnischen Widerstandes verhaftet worden waren. Die meisten von ihnen stammten aus den Gebieten, die unter deutscher Besatzung waren.[16]

Hierbei ist anzumerken, dass die meisten polnischen Offiziere, die im Herbst 1939 in sowjetische Gefangenschaft geraten waren, im April und Mai 1940 auf Befehl Stalins erschossen wurden. Insgesamt ermordeten damals die sowjetischen Kommunisten 14 587 polnische Berufs- und Reserveoffiziere und Polizisten. Hinzu kamen 7285 Personen, die nach dem Feldzug gegen Polen verhaftet worden waren und die ebenfalls erschossen wurden. Es handelte sich hierbei um Widerstandskämpfer, Offiziere, die im September 1939 nicht in sowjetische Gefangenschaft geraten waren, Gutsbesitzer, Fabrikanten, Staatsbeamte und andere »feindliche Elemente«. Die einfachen Soldaten wurden dagegen in den meisten Fällen nach Hause entlassen.[17]

Das NKWD überprüfte im Auftrag Stalins Personal- und Ermittlungsakten der noch am Leben gebliebenen inhaftierten polnischen Offiziere, führte Gespräche mit einem Teil von ihnen und selektierte 24 höhere polnische Offiziere. Darunter waren drei Generäle, ein Oberst, acht Oberstleutnants, sechs Majore und Hauptleute sowie sechs Leutnants und Oberleutnants. Sie alle erklärten den NKWD-Mitarbeitern gegenüber, offenkundig überzeugend genug, dass sie unbedingt an der Seite der Sowjetunion gegen Deutschland kämpfen wollten. Sie seien auch fest davon überzeugt gewesen, dass es zu einem deutsch-sowjetischen Krieg kommen würde. Ein Teil von ihnen habe auch beteuert, dass nur die UdSSR die polnische Frage lösen könne.[18]

Darüber hinaus wurden in die Lager, in denen polnische Soldaten und Offiziere inhaftiert waren, Gruppen von operativen NKWD-Mitarbeitern entsandt, um die Stimmung unter den Inhaftierten zu ermitteln. Dabei stellte man fest, dass die große Mehrheit von ihnen für die »Organisation polnischer Verbände« verwendet werden könne. Vor diesem Hintergrund schlug Berija vor, unter Einhaltung der größten Geheimhaltung zunächst eine polnische Division aufzustellen. Für die Auswahl der Kader sollten in einer der Sowchosen in Südosten der UdSSR Stab und Standort der künftigen Division organisiert werden. Diese Division sollte dem Generalstab der Roten Armee unterstehen, und die Sonderabteilungen des NKWD sollten für die »innere Disziplin« sorgen.

Tschechische Kriegsgefangene gab es dagegen weit weniger in sowjetischen Lagern, insgesamt 577 Tschechen und 76 Slowaken. Darunter waren 47 Offiziere, 176 Unteroffiziere und 354 Mannschaftsdienstgrade. 13 Offiziere erklärten sich bereit, gegen die Deutschen zu kämpfen, sie verstünden sich aber als tschechische Kriegsgefangene und betrachteten Beneš, den Präsidenten der tschechoslowakischen Exilregierung in London, als ihren Vorgesetzten. Notfalls seien sie jedoch bereit, Oberst Ludvig Svoboda als ihren Kommandeur zu akzeptieren. Da sich Svoboda außerhalb der sowjetischen Grenzen befinde, so Berija in seinem Bericht, »wurde er von uns aus dem Ausland beordert«.[19]

Unter den höheren polnischen Offizieren wurden letztendlich nur fünf ausgewählt und in einer Villa in Malachowka in der Nähe von Moskau untergebracht. Dort unterzog sie das NKWD einer intensiven ideologischen »Bearbeitung« bis hin zur Akzeptanz Polens als künftige sowjetische Republik. Oberst Zygmunt Berling, einem der fünf Offiziere, wurde vorgeschlagen, künftig eine polnische Panzerdivision zu kommandieren. Die Aufstellung der polnischen Division zog sich jedoch monatelang hin. Erst am 4. Juni 1941 bestätigte das Politbüro den Vorschlag des Volkskommissars für Verteidigung, die 238. Infanteriedivision in eine polnischsprachige umzuwandeln. Die 238. Division, die im mittelasiatischen Kriegsbezirk stationiert war, sollte mit Polen und Personen, die die polnische Sprache beherrschten und in der Roten Armee dienten, aufgefüllt werden. Die Stärke der Division betrug 10 298 Mann.[20] Der deutsche Überfall am 22. Juni verhinderte jedoch die Umsetzung dieser Entscheidung.

Der Umstand, dass Stalin im Herbst 1940 dabei war, polnische und tschechische Verbände aufzustellen, die an der Seite der Roten Armee gegen Deutschland kämpfen sollten, lässt sich nur als ein weiterer Beleg dafür deuten, dass Stalin bereits konkrete Maßnahmen für den künftigen Angriffskrieg gegen Deutschland ergriff. Um die Kriegsbereitschaft der sowjetischen Streitkräfte stand es im Herbst 1940 allerdings noch sehr schlecht, sodass an einen Krieg in naher Zukunft nicht zu denken war. Dies musste Stalin zum wiederholten Male mit Entsetzen und auch Wut feststellen.

Am 7. November 1940 fand nach einer Militärparade auf dem Roten Platz im Kreml ein Empfang statt, zu dem Stalin seine engsten Mitarbeiter eingeladen hatte. Zum Schluss, als bereits alle aufbrechen wollten, ergriff der offensichtlich gereizte Stalin das Wort. Er hielt eine längere Ansprache, wobei er sich in Rage redete und seine Vertrauten beschimpfte und bedrohte:

> »Die Geschichte hat uns verwöhnt. Wir haben relativ leicht zahlreiche Erfolge verbucht. Das hat bei vielen Selbstzufriedenheit hervorgerufen, eine gefährliche Selbstzufriedenheit. [...] Die Lehren des Krieges mit Finnland, die Lehren des Krieges in Europa werden nicht studiert. [...] Wenn unsere Streitkräfte, das Transportwesen usw. nicht genauso stark sind wie die unserer Gegner (und das sind alle kapitalistischen Staaten, auch jene, die sich als unsere Freunde ausgeben!), dann werden die uns auffressen. [...] Bei uns wird zur Zeit die Infanterie umstrukturiert, die Kavallerie war immer gut, jetzt muß man sich ernsthaft mit der Luftwaffe und der Luftabwehr beschäftigen. Darum kümmere ich mich nun täglich. Ich empfange Konstrukteure und andere Spezialisten. Aber ich bin der *Einzige*, der sich mit all diesen Fragen befaßt. Niemand von euch denkt auch nur im geringsten darüber nach. Ich stehe *allein* da ... Ich kann doch lernen, lesen, jeden Tag acht geben; warum könnt ihr das nicht tun? Ihr lernt nicht

gern, lebt selbstgefällig dahin. Gebt das Erbe Lenins mit beiden Händen aus.«[21]

Michail Kalinin, Politbüromitglied und Vorsitzender des Präsidiums des Obersten Sowjets, beging den Fehler, sich selbst und seine Kameraden damit entschuldigen zu wollen, dass es »irgendwie an Zeit« fehle. Diese Anmerkung versetzte Stalin geradezu in Rage: »Nein, darum geht es nicht! Die Menschen wollen ein sorgloses Leben, wollen nicht lernen und umlernen. *Ihr hört mich an, und alles bleibt beim Alten.* Aber ich werde es euch zeigen, wenn mir der Kragen platzt. – (Ihr wisst schon, wie ich das kann.) Ich werde auf die Fettwänste eindreschen, dass es nur so kracht.«[22]

Diesmal wagte niemand ein Wort zu sagen, geschweige denn zu widersprechen. Dimitroff notierte: »(Alle standen und hörten schweigend zu, offensichtlich haben sie von J[osif] W[issorionowitsch] [Stalin] solche ›Leviten‹ nicht erwartet. Woroschilow traten Tränen in die Augen. – Während seiner Rede hatte sich J. W. *besonders an Kaganowitsch und Berija* gewandt.) – Ich habe J. W. nie so gesehen und gehört wie an jenem Abend – ein denkwürdiger Abend.«[23] Woroschilow weinte, weil er womöglich fürchtete, dass Stalin diesmal ihn zum Sündenbock stempeln, foltern und ermorden lassen würde.

Der Wutausbruch Stalins lässt sich nur vor dem Hintergrund des Standes der sowjetischen Kriegsvorbereitungen begreifen, denn um diese stand es nach wie vor kritisch, und das trotz all der Reformen, Umstrukturierungen und anderen Maßnahmen, die nach dem Krieg gegen Finnland ergriffen worden waren. Wie bereits dargelegt, waren die sowjetischen Kampfflugzeuge und Panzer im Vergleich zu den westlichen veraltet. Ende 1940 und Anfang 1941 trafen Stalin und seine Genossen eine Reihe von Entscheidungen, um die serienmäßige Produktion von neuen Panzer- und Flugzeugtypen zu organisieren und aufzunehmen, um die Rote Armee mit modernen Panzern und Flugzeugen auszurüsten. Bis zum 22. Juni 1941 gelang dies aber noch nicht, wie bereits dargelegt.

In anderen Bereichen war die Lage nicht anders. Im September

1940 wurde das Volkskommissariat für Staatskontrolle unter Führung von Lew Mechlis anstelle der aufgelösten Kommission der sowjetischen Kontrolle beim Rat der Volkskommissare sowie der Militärischen Hauptkontrolle errichtet. Die Staatskontrolle ermittelte in allen wirtschaftlichen und auch militärischen Bereichen, überprüfte die Erfüllung der Pläne, die Arbeitsabläufe, untersuchte Missstände und Mängel und berichtete darüber an die Partei- und Staatsführung. Berichte der Staatskontrolle bieten ungeschönte Einblicke in den Zustand der gesamten sowjetischen Wirtschaft, darunter der Rüstungsindustrie, wie auch der Streitkräfte.

Am 20. November 1940 berichtete Mechlis Stalin über die Kontrollergebnisse in militärischen Warenlagern, wobei man zahlreiche Missstände festgestellt hatte. Das Lager Nr. 161 in Leningrad hatte eine vorgeschriebene Kapazität von 1365 Waggons an Gütern, gelagert waren 2085 Waggons. Darüber hinaus wurden 207 Waggons mit Gütern (Wäsche, Schuhe usw.) unter freiem Himmel gelagert, und das Material verrottete, da es lediglich mit Zeltplanen zugedeckt war, 351 Waggons (Trosswagen, Feldküchen, Ersatzräder u. Ä.) waren nicht einmal provisorisch vor der Witterung gesichert, und die Ladung verrottete ebenfalls. In zwei anderen Lagern stellte man ebenfalls gravierende Missstände fest. Insgesamt konstatierten die Prüfer, dass die Lagerung von militärischen Gütern äußerst, teilweise gar kriminell fahrlässig vernachlässigt werde.[24]

Eine Woche später schrieb Mechlis an Stalin und Molotow über die katastrophale Versorgung der Armee mit Schuhen. Die Industrie beliefere, so Mechlis, die Armee mit Schuhen nicht planmäßig; in den ersten drei Quartalen des Jahres 1940 wurden 900 000 Paar Militärschuhe zu wenig geliefert. Ferner seien die gelieferten Schuhe von sehr schlechter Qualität, sodass ein großer Teil von ihnen reklamiert werden musste, auch wurden anstatt der Militärstiefel Zivilschuhe ausgeliefert, die aber in der Armee nichts taugen würden.[25]

Am 31. Januar 1941 berichtete Mechlis Stalin und Molotow über die Kontrollergebnisse in sieben Infanteriedivisionen und einem Stützpunkt einer Luftwaffendivision. Im Bericht ist die Rede von der katastrophalen Versorgung der Soldaten mit Uniformen und Schuhen. Insgesamt sei die Lagerung, Ausgabe und Inventur der Uniformen, Schuhe, Wäsche, Lebensmittel, Militärausrüstung in extrem vernachlässigtem Zustand, stellte Mechlis in dem Bericht fest.[26] Beispielsweise mussten Soldaten der 43. und 123. Infanteriedivision des Leningrader Kriegsbezirkes teilweise ohne Uniformen und Schuhe auskommen, anderen wiederum wurden falsche Größen ausgegeben. Es kam dazu, dass Soldaten nicht Wache stehen konnten, weil sie barfuß waren.[27]

Am 12. Februar 1941 nahm Marschall Timoschenko, der Volkskommissar für Verteidigung, Stellung zum Bericht von Mechlis vom 31. Januar 1941 und musste zugeben: »Die militärische Wirtschaft der Roten Armee befindet sich auch jetzt in einer extrem schwierigen Lage.«[28] Im Frühjahr 1941 überprüften Beamte der Staatskontrolle die Artillerie der Kriegsflotte und stellten dabei ihren katastrophalen Zustand fest. Die Prüfungsbeamten monierten, dass neue Artilleriesysteme nicht übernommen worden seien, die Artilleriemunition sei verrostet, werde unsachgemäß unter freiem Himmel gelagert. Unfälle und Ausfälle seien überhaupt nicht oder nicht rechtzeitig gemeldet worden.[29]

Zahlreiche andere Berichte der Staatskontrolle von Ende 1940 und aus der ersten Hälfte 1941 verwiesen auf die katastrophalen Zustände im Bereich der Versorgung der Armee mit Uniformen, Lebensmitteln und Treibstoffen, im Transportbereich und anderswo. Es ist hervorzuheben, dass all diese Berichte auf dem Schreibtisch von Stalin und Molotow landeten.[30]

Trotz solcher Berichte erholte sich Stalin offenkundig allmählich von dem Stimmungstief vom November 1940. Im Frühjahr 1941 lief die Produktion neuer Panzertypen und Flugzeuge an, Armee und Rüstung wuchsen ständig, trotz der zahlreichen Rückschläge und Missstände. Außenpolitisch schien es ebenfalls nach Stalins Wunsch zu laufen. Er freute sich und genoss die leichten und die großen Gebietsgewinne der letzten eineinhalb Jahre, mit Ausnahme des finnischen Falles. Auf der anderen Seite dauerte der deutsch-britische Krieg an, ein Ende war nicht in Sicht und Deutschland war auf sowjetische Rohstofflieferungen dringend angewiesen. Vor diesem Hintergrund wähnte Stalin im Frühjahr 1941 noch ausreichend Zeit zu haben, um die größte Invasionsarmee der Weltgeschichte in Ruhe aufzubauen.

Am 4. Februar 1941 fand im Kreml ein Empfang anlässlich des 60. Geburtstages von Woroschilow statt. Anwesend waren Politbüromitglieder, hohe Militärs, Volkskommissare, darunter auch Stalin und Dimitroff. Der Letztere notierte in seinem Tagebuch:

> »Zwei-, dreimal hat Stalin einen Trinkspruch ausgebracht. – Auf die Rote Armee und die Flotte. – ›Mit unserer Außenpolitik haben wir es geschafft, die Errungenschaften des Friedens zu nutzen und auch auszubeuten (wir kaufen billig ein und verkaufen teuer!) [...] Wir haben Glück gehabt. ,Gott' hat uns geholfen. Es gab viele einfache Erfolge. Da besteht die Gefahr, von Schwindel befallen zu werden. Doch man darf nicht überheblich werden, muss hartnäckig arbeiten und lernen. – Wir haben bereits eine Armee von 4 Millionen auf die Beine gestellt, für alle Fälle.‹«[31]

Am 22. April 1941, während eines Empfangs für die Mitwirkenden an der Dekade der tadschikischen Kunst, sprach Stalin einen Toast auf Lenin und hielt eine kleine Ansprache: »Lenin hat uns alle hervorgebracht, gestählt, organisiert, bewaffnet und uns das Ziel [d. h. die Weltrevolution] gewiesen. Er hat die Partei der Bolschewiki geschaffen, die keine Schwierigkeiten fürchtet, keine Angst im Kampf kennt.«[32]

Einen Tag später, am 23. April, hatte Dimitroff eine Besprechung mit Referenten der Komintern zur internationalen Lage, in der er unter anderem erläuterte: »a) Die Ereignisse auf dem Balkan beschleunigen die Beendigung des Krieges nicht, sondern verlängern und verstärken ihn vielmehr. Der Weltkrieg ist ein langwieriger Krieg. b) Die Flamme des Krieges nähert sich immer mehr den Grenzen der Sowjetunion, die sich nach Kräften auf alle möglichen ›Überraschungen‹ vorbereiten muß. c) Die Sowjetunion bekommt in bezug auf den Westen [d. h. Deutschland] immer mehr Hände frei.«[33] Mit Sicherheit gab Dimitroff hierbei die Überlegungen und Richtlinien Stalins weiter.

Die geheime Rede Stalins vom 5. Mai 1941: »Jetzt ist die Zeit gekommen, von der Verteidigung zum Angriff überzugehen.«

Am 5. Mai fand im Kreml die in der Forschung so oft diskutierte Festsitzung der Absolventen der Militärakademie mit anschließendem Empfang statt.[34] Auf dieser Veranstaltung hielt Stalin eine Rede, die letzte vor dem deutschen Überfall auf die Sowjetunion, auch während des anschließenden Empfangs ergriff er wiederholt das Wort. Stalin sprach frei und forderte die Zuhörer auf, keine Notizen zu machen. Trotzdem wurde ein kurzes Stenogramm der Rede wie auch der Wortbeiträge während des Empfangs angefertigt (jeweils neun und drei Seiten). Auch Georgi Dimitroff fasste Stalins Rede in seinem bereits veröffentlichten Tagebuch knapp zusammen.[35]

Die knappe Zusammenfassung Dimitroffs stimmt mit dem erwähnten Stenogramm überein, stellenweise fast wortwörtlich. Ferner ging man in Moskau nach dem 5. Mai daran, die Richtlinien, die Stalin während des Empfangs laut Stenogramm formuliert hatte, tatsächlich umzusetzen, und zwar mit dem Hinweis auf die Rede Stalins vom 5. Mai. Darüber hinaus bestätigten mehrere sowjetische Offiziere, die nach dem 22. Juni 1941 in deutsche Gefangenschaft geraten waren, unabhängig voneinander, dass es eine solche Rede Stalins gab.[36] Es gibt daher keinen quellenkritischen Grund, die Authentizität des Stenogramms anzuzweifeln,[37] das dermaßen aussagekräftig ist, dass es hier ausführlicher wiedergegeben wird.

Eingangs ging Stalin in der Rede auf den Zustand der Roten Armee ein, die sich in den letzten drei bis vier Jahren grundlegend gewandelt habe. Die Rote Armee habe davor hauptsächlich aus Infanterietruppen bestanden, ausgerüstet mit einfachen Gewehren, leichten und schweren Maschinengewehren, Haubitzen und Kanonen. Flugzeuge hätten eine maximale Geschwindigkeit von 400–450 km/h und Panzer eine dünne Panzerung gehabt. »Jetzt haben wir«, so Stalin, »unsere Armee umgebaut, mit moderner Kriegstechnik ausgerüstet«. Früher hätte es 120 Divisionen (je 18–20 000 Mann) gegeben, jetzt gebe es 300 Divisionen (je 15 000 Mann), davon ein Drittel mechanisiert. Von den 100 mechanisierten Divisionen seien zwei Drittel Panzer- und ein Drittel motorisierte Divisionen. In diesem Jahr werde die Rote Armee über 500 000 Traktoren und Lastkraftwagen verfügen. »Unsere Panzer« hätten jetzt eine Panzerung, die drei- bis viermal stärker als früher sei. »Wir haben Panzer der ersten Staffel, die die Front zerreißen werden. Es gibt Panzer der zweiten und dritten Staffel – das sind Panzer zur Unterstützung der Infanterie. Die Feuerkraft der Panzer wurde erhöht.«[38]

Ferner unterstrich Stalin die Bedeutung der modernen Artillerie, die in erster Linie im Kampf gegen Befestigungen und gegnerische Panzer eingesetzt werde. »Wir haben eine ausreichende Zahl und produzieren große Mengen an Flugzeugen mit einer Höchstgeschwindigkeit von 600 bis 650 km/h.« In Wirklichkeit lief die serienmäßige Produktion von neuen Flugzeugtypen erst an. Stalin verwies auch darauf, dass es auch Motorradtruppen gebe, die es früher nicht gegeben habe, sie seien die motorisierte Kavallerie. Zugleich klagte Stalin jedoch, dass die militärischen Schulen hinter der Entwicklung der Roten Armee zurückblieben. Dies sei dadurch verursacht, dass die militärischen Schulen künftige Offiziere, wie beispielsweise Flieger, auf alten Kriegsgeräten ausbildeten.[39]

Anschließend erläuterte Stalin die Ursachen der französischen Niederlage und der deutschen Siege aus seiner Sicht. Deutschland habe nach der Niederlage im Ersten Weltkrieg nach neuen Wegen gesucht und aus der Vergangenheit gelernt, die Franzosen ruhten sich dagegen auf ihrem Sieg aus, der Erfolg sei ihnen zu Kopf gestiegen. Zugleich betonte Stalin, dass es keine unbesiegbaren Armeen gebe, auch die deutsche Armee sei nicht unbesiegbar. »Ein großer Teil der deutschen Armee verliert jetzt den Schwung, den sie zu Beginn des Krieges hatte. Außerdem machen sich in der deutschen Armee Prahlerei, Selbstzufriedenheit und Überheblichkeit breit. Das militärische Denken entwickelt sich nicht weiter, die Kriegstechnik bleibt nicht nur hinter unserer zurück, und bei der Luftwaffe ist Amerika dabei, Deutschland zu überholen.«[40]

Die bis dahin durch die deutsche Armee errungenen Siege erklärte Stalin auch mit dem Umstand, dass Deutschland den Krieg unter der Losung »Befreiung von Versailles« begonnen habe:

»Und es konnte auf das Wohlwohlen jener Völker zählen, die unter dem Versailler Vertrag litten. Aber jetzt setzt Deutschland den Krieg unter dem Banner der *Unterwerfung, der Unterdrückung anderer Völker,* unter dem Banner der *Hegemonie* fort. Das ist ein großes Minus für die deutsche Armee. Sie verfügt nicht mehr über das bisherige Wohlwollen einer Reihe von Ländern und Völkern, sondern hat im Gegenteil viele von ihr okkupierte Länder gegen sich aufgebracht. Eine Armee, die auf feindlichem Boden kämpfen muß und im Hinterland feindliche Territorien und Massen hat, ist ernsthafter Gefahren ausgesetzt.«[41]

Nach der Festsitzung fand der Empfang für die oberste Partei-, Staats- und Militärführung statt. Stalin brachte einige Toasts aus. »Er war ausgesprochen guter Laune«, notierte Dimitroff. Laut dem Stenogramm ergriff Stalin dreimal das Wort. Der dritte Wortbeitrag wird hier im vollen Wortlaut wiedergegeben:

»*Dritter Wortbeitrag von Genosse Stalin während des Empfangs.* Ein Generalmajor der Panzertruppen bringt einen Trinkspruch auf die Stalin'sche friedliche Außenpolitik aus. *Genosse Stalin* – Gestatten Sie mir eine Korrektur. Die Friedenspolitik sicherte unserem Land den Frieden. Friedenspolitik ist eine gute Sache. Wir haben bisher, bis zu dieser Zeit, die Linie der Verteidigung verfolgt – bis jetzt, bis wir unsere Armee nicht umgerüstet haben, bis wir die Armee nicht mit modernen Kriegsmitteln ausgestattet haben. Jetzt aber, da wir unsere Armee rekonstruiert, sie zu Genüge mit Technik für den modernen Kampf ausgestattet haben, da wir stark geworden sind – *Jetzt müssen wir von der Verteidigung zum Angriff übergehen.* Bei der Verteidigung unseres Landes sind wir verpflichtet, offensiv vorzugehen. Von der Verteidigung zur Kriegspolitik der Angriffsoperationen. Wir müssen unsere Ausbildung, unsere Propaganda, Agitation, unsere Presse im Geiste des Angriffs umstellen. Die Rote Armee ist eine moderne Armee und eine moderne Armee ist eine Angriffsarmee.«[42]

Dimitroff gab diesen Wortbeitrag Stalins wesentlich knapper wieder: »*Unsere Politik des Friedens und der Sicherheit ist gleichzeitig eine Politik der Kriegsvorbereitung. Es gibt keine Verteidigung ohne Angriff. Man muß die Armee im Geist des Angriffs erziehen.* Man muß sich auf den Krieg vorbereiten.«[43]

Die hier zitierten Ausführungen Stalins lassen sich nicht anders deuten als mit der Absicht, Deutschland in naher, zugleich jedoch unbestimmter Zukunft anzugreifen. Es ist dabei hervorzuheben, dass Stalin diese Ausführungen spontan machte, weil er sich offenkundig durch den Trinkspruch des Generalmajors herausgefordert sah, die These von der »friedlichen Außenpolitik« doch zu korrigieren. Offenkundig veranlasste Stalin der Trinkspruch des Generalmajors dazu, die bisherige pazifistische Propaganda in der Armee doch zu ändern, damit die Militärs nicht auf falsche Gedanken kämen. Im Propagandaapparat der Roten Armee begann man nach dem 5. Mai tatsächlich an neuen Propagandarichtlinien und -materialien auf der Grundlage der Rede Stalins vom 5. Mai zu arbeiten. Anfang Juni 1941 waren zwei Entwürfe neuer Direktiven für die politische Arbeit in den Reihen der Roten Armee erarbeitet.[44]

Am 4. Juni 1941 fand eine der Sitzungen des Hauptkriegsrates statt, in der die neuen Richtlinien für die »parteipolitische Arbeit in den Reihen der Roten Armee« diskutiert wurden. Teilgenommen haben unter anderen die Marschälle Timoschenko, Volkskommissar für Verteidigung, und Budjonny sowie Schdanow und Malenkow, Politbüromitglieder und enge Vertraute Stalins.[45] Während der Besprechung erklärte Schdanow unter anderem:

> »1.) Warum brauchen wir einen neuen Charakter der Propaganda? Es ist Krieg. Es ist zu erläutern, warum Frankreich zugrunde ging und warum Deutschland siegte. Die Legende über die Unbesiegbarkeit der deutschen Armee ist bloßzustellen. 2.) Die Macht der UdSSR ist gestiegen. […] Wir sind stärker geworden, wir können uns offensiveren Aufgaben stellen. Die Kriege mit Polen und Finnland waren keine Verteidigungskriege. Wir haben den Weg der offensiven Politik bereits eingeschlagen. 3.) Zwischen Frieden

und Krieg – ein Schritt. Und das ist es, warum unsere Propaganda nicht friedlich sein darf. Die Propaganda soll ein entsprechendes Tempo aufweisen. Wir können jetzt die politische Bildung nicht für zwei Jahre planen und ein politisches Lehrbuch haben, aus dem zwei Jahre unterrichtet werden wird. Die Armee soll jederzeit bereit sein. Daher die Aufgabe, die Propaganda so umzustellen, dass sie den neuen Zielen gerecht wird. [...] Das ist kein Übergang von einer zur anderen Politik. Bereits Lenin hat während des I. Weltkrieges im Aufsatz ›Über die Losung der Vereinigten Staaten von Europa‹ gesagt, falls es notwendig ist, wird das siegreiche Proletariat gegen die kapitalistischen Staaten auch mit kriegerischen Mitteln auftreten. Die Politik der Offensive hatten wir auch früher. Diese Politik wurde von Lenin festgelegt. Wir ändern jetzt nur die Parole. Wir haben begonnen, den Leitsatz von Lenin zu realisieren.«[46]

Malenkow bestätigte Schdanow, indem er sagte: »Wende in der Propaganda und nicht in der Politik«, und kritisierte zugleich die vorgelegten Entwürfe: »Das Dokument soll sachliche Antworten auf alle Fragen beinhalten; alle Fragen erläutern, um konkrete Hilfe für die Propaganda zu leisten. Und eure ganze Erläuterung, die ihr im Entwurf der Direktive macht, beschränkt sich auf das Zitat von Lenin, dass wir den ganzen Kapitalismus am Kragen packen werden. Das Dokument ist primitiv verfasst, als ob wir morgen Krieg führen müssten.« Schdanow pflichtete Malenkow bei: »Dann wird aber unverständlich, warum wir mit der Diplomatie manövrieren, wenn wir morgen Krieg führen wollen«, und bekräftigte die »Wende in der Propaganda und nicht in der Politik«.[47]

Der Verlauf der Diskussion über die neue Direktive, an der sich Stalins engste Mitarbeiter beteiligten, wie auch andere hier angeführte Beweise und Indizien belegen, dass sich die Sowjetunion seit Jahren auf einen ideologisch bedingten Eroberungskrieg vorbereitete. Die Äußerung Schdanows in der Besprechung ist hier eindeutig: »Die Politik der Offensive hatten wir auch früher. Diese Politik wurde von Lenin festgelegt. Wir ändern jetzt nur die Parole. Wir haben begonnen, den Leitsatz von Lenin zu realisieren«, das heißt die Verbreitung der »proletarischen Revolution« mit Waffengewalt.

Stalin glaubte längst nicht mehr, die kommunistischen Parteien im Westen würden imstande sein, die »proletarische« Revolution hervorzurufen und sie siegreich zu beenden. Die größten Chancen dafür hatten die Bolschewiken in Deutschland gesehen, und sie waren dabei wiederholt enttäuscht worden. Am 7. November 1939 führte Stalin im kleinen Kreis seiner Vertrauten (Kaganowitsch, Molotow, Mikojan, Budjonny, Kulik, Dimitroff) aus,

> »*daß die Losung von der Umwandlung des imperialistischen Krieges in einen Bürgerkrieg (im ersten imperialistischen Krieg) nur auf Rußland zutraf, wo die Arbeiter mit den Bauern verbunden waren und unter den Bedingungen des Zarismus zum Sturm gegen die Bourgeoisie antreten konnten.* – Für die europäischen Staaten war diese Losung ungeeignet; da die Arbeiter dort durch die Bourgeoisie in den Genuß einiger demokratischer Reformen kamen und sich an diese klammerten, waren sie nicht bereit zum Bürgerkrieg (Revolution) gegen die Bourgeoisie. (Man mußte an die europäischen Arbeiter anders herantreten.) – Man mußte diese Besonderheiten des europäischen Arbeiters berücksichtigen und die Frage anders stellen, andere Losungen für ihn aufstellen.«[48]

Diese Überlegungen beziehen sich zwar auf die Ereignisse am Ende des Ersten Weltkrieges und unmittelbar danach, doch sie galten für die dreißiger und den Anfang der vierziger Jahren umso mehr. Ab Anfang der dreißiger Jahre setzte Stalin faktisch nur auf die Rote Armee als Instrument zur Verbreitung der Weltrevolution. Am 21. Januar 1940 stellte Stalin in Anwesenheit seiner Vertrauten fest: *»Die Weltrevolution als einheitlicher Akt – ist Blödsinn. Sie spielt sich in unterschiedlichen Zeiten in unterschiedlichen Ländern ab. Auch die Handlungen der Roten Armee stehen mit der Weltrevolution in Beziehung.«*[49]

Es stellt sich nun die Frage, wann Stalin vorhatte, Deutschland anzugreifen, denn im Jahre 1941 kam nur Deutschland als Angriffsziel in Frage. Mit an Sicherheit grenzender Wahrscheinlichkeit war der Angriff nicht für die nächsten Monate, geschweige denn für die nächsten Wochen geplant, wie die »revisionistischen« Autoren argumentieren. Malenkow machte in der Besprechung am 4. Juni 1941 deutlich, dass der Angriff nicht »morgen« stattfinden würde, und Schdanow pflichtete ihm bei. Einen Hinweis auf den möglichen Angriffstermin findet man in Schdanows Äußerungen während derselben Sitzung, der die Umstellung der bisherigen »pazifistischen« Propaganda auf die des Angriffskrieges folgendermaßen begründete: »Propaganda soll entsprechendes Tempo haben. Wir können jetzt die politische Ausbildung nicht für zwei Jahre planen und ein politisches Lehrbuch haben, aus dem 2 Jahre unterrichtet werden wird.«[50]

Diese Sätze mögen als Hinweis gedeutet werden, dass Stalin den Angriffskrieg gegen Deutschland in zwei Jahren (1943) eingeplant hatte. Denn Schdanow und Malenkow waren enge Vertraute von Stalin und handelten bei der Erarbeitung der neuen Direktive im Auftrag von Stalin. Diese Version stützen noch andere Hinweise. Als am 7. November 1940 Stalin während des Empfangs im Kreml seine Genossen beschimpfte und klagte, dass die Rote Armee auf den Krieg nicht vorbereitet sei, habe ihn Molotow erinnert: »Wir würden erst 1943 in der Lage sein, den Deutschen ebenbürtig gegenüberzutreten.«[51] Auch Stalin selbst soll später gegenüber Molotow erklärt haben: »Erst 1943 wären wir Deutschland gewachsen.«[52]

Diese Sätze können aber lediglich als Indizien, nicht aber als Beweise für den Termin des geplanten Angriffes gedeutet werden, zumal der geplante Verlauf der Kriegsvorbereitungen eher auf Frühjahr 1942 hindeutet. Das Jahr 1941, ob Sommer oder Herbst, ist jedoch auszuschließen.

Die Behebung all der zahlreichen Mängel und Schwächen der Roten Armee, die im Jahr 1940 zum wiederholten Mal festgestellt worden waren, sowie etwa die Umstrukturierung und Umrüstung der Panzerverbände und Luftstreitkräfte erforderte enormen Aufwand. Es ist daher nicht verwunderlich, dass im Mai 1941 die Kriegsbereitschaft der Roten Armee noch nicht erreicht war. Am 8. Mai 1941 fand eine Sitzung des Hauptkriegsrates der Roten Armee statt, der dabei feststellte: »Insgesamt entspricht die Kriegsbereitschaft, obwohl sie im Vergleich zu 1940 erhöht wurde, immer noch nicht den gegenwärtigen Anforderungen, um Operationen durchführen und kämpfen zu können, sie [die Kriegsbereitschaft] charakterisiert sich durch die Nichterfüllung der Aufgaben, die im Befehl des Volkskommissars für Verteidigung Nr. 30 gestellt worden sind.«[53]

Es gibt zahlreiche andere Dokumente vom Frühjahr 1941, in denen hohe Militärführer die Parteiführung über die Schwierigkeiten bei den Kriegsvorbereitungen alarmierten. Am 15. April 1941 bemängelte der Chef des Generalstabes, General Georgi Schukow, dass die Armee mit Munition, besonders Artilleriemunition, nicht hinreichend ausgestattet sei.[54] Am selben Tag fasste der Hauptkriegsrat der Roten Armee den Beschluss, die Regierung solle dafür Sorge tragen, die Armee bis Ende 1941 ausreichend mit Munition aller Kaliber zu versorgen, damit Vorräte zur Führung eines dreimonatigen Krieges angelegt werden könnten.[55] Beispielsweise verfügten die Einheiten der Festung Brest im Juni 1941 über eine große Anzahl moderner Geschütze, die Munition dazu wurde aber vor dem 22. Juni 1941 nicht geliefert.[56]

Am 14. Mai 1941 teilte Generalleutnant Fedorenko dem Volkskommissar für Verteidigung mit, dass die motorisierten Korps wegen der ungenügenden Ausrüstung der Panzer mit Kanonen und Maschinengewehren nicht ganz kriegsbereit seien.[57] Beispielsweise war die Anfang 1941 aufgestellte und in Hajnówka bei Białystok stationierte 208. motorisierte Division im Juni 1941 nur zu 70 bis 80 Prozent bewaffnet. Das Panzerregiment 128, das zur Division gehörte, hätte 250 Panzer haben sollen, hatte aber vor dem 22. Juni 1941 keinen einzigen.[58] Und diese Verbände waren keine Ausnahme. Im Frühjahr 1941 befanden sich die großen sowjetischen Panzerverbände in der Phase einer tiefen Umstrukturierung und Umrüstung, ihre volle Kriegsbereitschaft war erst für das Frühjahr 1942 vorgesehen.[59]

Nicht anders stand es um die Luftstreitkräfte. Mit ihrer umfassenden Umstrukturierung und Umrüstung ließ Stalin, wie bereits ausführlich dargelegt, erst im Frühjahr 1941 beginnen. Und die Anfänge waren schwierig. Die Jagdgeschwader 41, 124, 126 und 129 der 8. Luftdivision, die in Weißrussland stationiert war, erhielten im Frühjahr 1941 im Rahmen der Umrüstung der Luftwaffe 240 neue Jagdflugzeuge MiG-1 und MiG-3. Bis zum 12. Juni 1941 ereigneten sich 53 »Vorfälle«, dabei wurden zehn Flugzeuge total zerstört, fünf so ernsthaft beschädigt, dass sie in Flugzeugwerken repariert werden mussten, 38 weitere benötigten große Reparaturen in Luftwaffenwerkstätten. Hinzu kam, dass wegen verschiedener Produktionsmängel, die an den Flugzeugen und Motoren festgestellt worden waren, über 100 Maschinen nicht flugfähig waren. Aus diesem Grund verfügten alle Luftgeschwader der 8. Luftdivision am 17. Juni 1941 nur über 85 bis 90 einsatzbereite Flugzeuge (anstatt der vorgesehenen 240) für 206 Flieger.[60]

Am 10./11. Juni 1941 berichteten Marschall Timoschenko, der damalige Volkskommissar für Verteidigung, und General Schukow, Chef des Generalstabes, Stalin über den unbefriedigenden Fortschritt beim Ausbau der Eisenbahnlinien, die die wichtigsten Nachschubwege für die Truppen darstellten. Sie teilten ihm mit, dass die Erfüllung der Pläne für den Ausbau von Eisenbahnlinien für das Jahr 1941 ernsthaft gefährdet sei: »Beim Ausbau der elf neuen Eisenbahnlinien im westlichen Abschnitt begannen die Arbeiten Ende April [1941], und bis heute sind sie noch nicht richtig angelaufen. Zum 1. Juni wurden auf diesen Linien nur 8 % des Jahresplanes erfüllt. […] Der Jahresplan für den Brückenausbau in diesen Abschnitten [dem westlichen und südlichen Abschnitt] wurde zum 1. Juni [1941] von 13 bis 20 % erfüllt.«[61]

Die Hauptursache für die Schwierigkeiten war laut dem Bericht ein Mangel an Baumaterial (Zement, Holz, Baueisen). Es handelte sich hierbei um den Neubau und Ausbau von Eisenbahnlinien, die bis zur deutsch-sowjetischen und rumänisch-sowjetischen Grenze sowie zur Ostsee (baltische Länder) führten. Das Politbüro ordnete diesen Ausbau am 14. Februar 1941 an, insgesamt waren dafür ab März/April 1941 57 000 Arbeiter einzusetzen.[62]

Der Neu- und Ausbau von militärischen Flugplätzen entlang der deutsch-sowjetischen Grenze ging ebenfalls schleppend voran, alarmierte Ponomarenko am 30. Mai Stalin und am 7. Juni Berija. Zwar seien inzwischen die Erdarbeiten weit fortgeschritten, die weiterführenden Arbeiten (Startbahnen, Fluganlagen usw.) könnten jedoch kaum durchgeführt werden, denn die vorgesehenen Baumaschinen seien entweder überhaupt nicht oder nur teilweise geliefert worden. Ähnlich stand es um das Baumaterial, in erster Linie um Zement zum Betonieren von Start- und Landebahnen.[63]

Am 24. März 1941 ordnete das Politbüro für das Jahr 1941 den Bau von 20 neuen und den Ausbau von 231 Flugplätzen für die Bedürfnisse der Streitkräfte an. 62 dieser Flugplätze befanden sich im Kriegsbezirk West (heutiges Weißrussland und die heutigen nordöstlichen Gebiete Polens), die meisten in einer Entfernung bis etwa 100 km von der damaligen deutsch-sowjetischen Grenze entfernt. Weitere 63 Flugplätze befanden sich im Kriegsbezirk Kiew, wobei die meisten von ihnen nah der deutsch-sowjetischen Grenze lagen. Hinzu kamen 23 Flugplätze in den baltischen Ländern, 22 im Leningrader Kriegsbezirk und 20 im Kriegsbezirk Odessa (entlang der sowjetisch-rumänischen Grenze), die übrigen in anderen Regionen der UdSSR.[64]

Der für das Jahr 1941 angeordnete Neu- und Ausbau von Eisenbahnlinien und Flugplätzen entlang der deutsch-sowjetischen Grenzen ist ein Indiz für die Vorbereitungen zum Angriffskrieg für das Jahr 1942. Ein ähnliches Indiz ist auch der Beschluss des Politbüros vom 6. Juni 1941, bis zum 1. Januar 1942 große Vorräte an Treib- und Rohstoffen, Lebensmitteln, Futter, Gebrauchsartikeln für Soldaten, Uniformen und Wäsche anzulegen. Hier einige Beispiele: An Steinkohle waren bis zum 1. Januar 1942 13,5 Millionen Tonnen als staatliche Reserve anzulegen, am 1. Januar 1941 betrug sie noch 7,6 Millionen Tonnen; Mineralölprodukte 6,5 Millionen Tonnen bis zum 1. Januar 1942 (1. Januar 1941: 1,5 Millionen Tonnen).[65]

An Getreide und Lebensmitteln für die Bedürfnisse der Roten Armee ordnete das Politbüro am 6. Juni 1941 an, bis zum 1. Januar 1942 folgende Vorräte anzulegen (in Klammern der Stand vom 1. Januar 1941): Roggen 346 800 Tonnen (273 000 t), Weizen 140 800 Tonnen (65 000 t), Mehl 738 800 Tonnen (538 800 t), Graupen 381 000 Tonnen (281 000 t), Hafer 1 181 000 Tonnen (1 216 000 t), Fleisch 51 606 Tonnen (39 406 t), Fisch 23 869 Tonnen (16 169 t). Hinzu kamen große Mengen an anderen Lebens- und Genussmitteln wie Fleischkonserven, Speck, Butter, Zucker, Tee, Kaffee usw.[66]

Parallel zu der massiven Auf- und Umrüstung, dem Aus- und Umbau der Roten Armee, dem Ausbau des Eisenbahnwesens, der massiven Aufstockung der Vorräte entwarf der Generalstab in den Jahren 1940/41 Pläne zum Angriff in westliche Richtung, das heißt auf die auf polnischem Territorium zusammengezogenen deutschen Truppen. Die letzten bekannten Pläne stammen vom Mai 1941.[67] Der gegenwärtige Stand der Forschung und die hier dargelegten Quellen zeigen aber, dass im Jahre 1941 die Rote Armee auf einen Krieg mit so einem starken Gegner, wie Deutschland es damals war, unter keinen Umständen vorbereitet war.

Hitlers Kenntnisstand über die sowjetischen Kriegsvorbereitungen – die sogenannte Präventivkriegskontroverse

Unbestreitbar ist, dass im Frühjahr 1941 Stalin dabei war, entlang der deutsch-sowjetischen Grenze die größte Invasionsarmee aller Zeiten aufzubauen, um im geeigneten Moment seinen deutschen Verbündeten zu überfallen. Diese Absicht resultierte nicht aus der Furcht, Deutschland würde die Sowjetunion bald angreifen, sondern aus der kommunistischen Ideologie der Weltrevolution. Das Ziel war, Mittel- und Westeuropa, ja ganz Europa zu sowjetisieren, die nächste und entscheidende Etappe der Weltrevolution zu realisieren. Denn ein Sieg über Deutschland wäre damals der Herrschaft über ganz Europa gleichgekommen. Der deutsche Angriff vom 22. Juni 1941 überraschte diese Invasionsarmee inmitten ihrer Vorbereitungen.

Die sowjetischen Vorbereitungen zum Angriffskrieg sind trotz allem kein Beweis für die sogenannte Präventivkriegsthese, wonach Hitler die Sowjetunion überfallen habe, um dem sowjetischen Angriff, der unmittelbar bevorgestanden hätte, zuvorzukommen.[1] In den neunziger Jahren entwickelte sich die Präventivkriegskontroverse in Deutschland »zu einer Art politisch-ideologischem Glaubenskrieg«. Ihren Anhängern wurde und wird vorgeworfen, oft genug zu Recht, sie wollten den deutschen Überfall auf die UdSSR als einen völkerrechtlich gerechtfertigten Krieg darstellen. »Um so mehr erachten anti-revisionistische Historiker es als dringend gebotenen Akt öffentlicher Aufklärung, die völlige Absurdität der Präventivkriegsthese nachzuweisen.«[2] In ihrem antirevisionistischen Eifer nehmen allerdings manche Autoren die sowjetische Propaganda von der angeblichen friedlichen Außenpolitik der Sowjetunion für bare Münze und stellen selbst den sowjetischen Angriff auf Finnland als eine defensive Maßnahme dar.[3]

Nichtsdestoweniger ist die Präventivkriegsthese nicht zu halten, trotz der Tatsache, dass sich Stalin tatsächlich auf den Überfall auf Deutschland vorbereitete. Denn erstens war die Rote Armee im Sommer 1941, wie bereits ausführlich dargelegt, unter keinen Umständen auf einen Angriffskrieg vorbereitet. Diese Tatsache ignorieren die Anhänger der Präventivkriegsthese und behaupten genau das Gegenteil, wobei sie auf die enormen Mengen an Kriegsmaterial und Truppen verweisen, die Stalin unbestreitbar entlang der deutsch-sowjetischen Grenzen in offensiver Aufstellung hatte konzentrieren lassen.[4]

Entscheidend in der ganzen Debatte ist jedoch der Umstand, dass die deutsche Seite keinerlei Kenntnis vom Stand der sowjetischen Streitkräfte, geschweige denn über den Stand der auf Hochtouren laufenden Vorbereitungen zum Angriffskrieg hatte. Somit bestand aus deutscher Sicht kein unmittelbarer Anlass zum Präventivkrieg, wie das für die polnische Armee im April 1920 der Fall gewesen war. Vielmehr unterschätzten Hitler und seine Generäle nicht nur die Kriegsstärke und das Rüstungspotential der Sowjetunion, sondern auch die Kampftüchtigkeit der Roten Armee, was angesichts der eigenen geradezu berauschenden militärischen Erfolge und der sowjetischen Misserfolge im Krieg gegen Finnland kaum verwundern sollte.

Noch Anfang Mai 1941, einige Wochen vor dem deutschen Überfall, herrschte im Oberkommando der Wehrmacht die Auffassung, dass sich die Rote Armee »nicht wesentlich gebessert« habe und über »kein gutes Führerkorps« verfüge.[5] Als sich Hitler entschloss, die Sowjetunion zu überfallen, ging er davon aus, dass die Wehrmacht die Rote Armee innerhalb weniger Wochen zerschlagen würde.[6] »Wir stehen vor einem Siegeszug ohnegleichen«, notierte Goebbels in seinem Tagebuch nach einer Unterredung mit Hitler am 16. Juni 1941, sechs Tage vor dem Überfall.[7]

In den ersten Wochen des Ostfeldzuges schienen die Erwartungen auf einen schnellen Sieg in Erfüllung zu gehen. Am 9. Juli 1941 erklärte Hitler Goebbels gegenüber, »daß der Krieg im Osten in der Hauptsache gewonnen ist. Wir werden noch eine Reihe von schweren Schlachten zu schlagen haben, aber von den bisherigen Niederlagen wird sich die Wehrmacht des Bolschewismus nicht mehr erholen können.« Bald jedoch schlug die Stimmung im Führerhauptquartier um. Goebbels trug am 1. August 1941 in sein Tagebuch ein: »Man gibt offen zu, daß man sich in der Einschätzung der sowjetischen Kampfkraft etwas geirrt hat. Die Bolschewisten zeigen doch stärkeren Widerstand, als wir vermuteten, und vor allem die materiellen Mittel, die ihnen dabei zur Verfügung stehen, sind größer, als wir angenommen haben.«[8]

Zehn Tage später, am 10. August, hielt Goebbels fest: »Es wird noch sehr harter und blutiger Auseinandersetzungen bedürfen, bis die Sowjetunion zerschmettert am Boden liegt.«[9] Im August 1941 verflog die anfängliche Siegeseuphorie im Führerhauptquartier endgültig. Hitler litt an schwerem Durchfall, den Goebbels politisch korrekt als »Ruhranfall« umschrieb, weil den Führer die militärischen Vorgänge im Osten so mitgenommen hätten, wie der Propagandaminister zu berichten wusste. Goebbels fuhr fort: »Es ist auch erklärlich, daß die militärischen Vorgänge der letzten Wochen ihn [Hitler] sehr reizbar gemacht haben. [...] Die militärischen Schwierigkeiten sind in dem Umfange von uns nicht erwartet worden. Es war eine ausgesprochen schlechte Zeit in den letzten vier Wochen.«[10] Weiterhin notierte Goebbels am 19. August 1941 in sein Tagebuch:

> »Wir haben offenbar die sowjetische Stoßkraft und vor allem die Ausrüstung der Sowjetarmee gänzlich unterschätzt. Auch nicht annähernd hatten wir ein klares Bild über das, was den Bolschewisten zur Verfügung stand. Daher kamen auch unsere Fehlurteile. Der Führer hat beispielsweise die sowjetischen Panzer auf 5000 geschätzt, während sie in Wirklichkeit an die 20000 besessen haben. Flugzeuge, glaubten wir, hätten sie um die 10000 herum; in Wirklichkeit haben sie über 20000 besessen. [...] Es ist vielleicht ganz gut gewesen, daß wir über das Potential der Bolschewisten nicht so genau im Bilde waren. Vielleicht wären wir doch davor zurückgeschreckt, die nun einmal fällig gewordene Frage des Ostens und des Bolschewismus in Angriff zu nehmen.

> [...] Der Führer ist innerlich über sich sehr ungehalten, daß er sich durch die Berichte aus der Sowjetunion so über das Potential der Bolschewiken hat täuschen lassen.[11]

Ein Jahr später, am 4. Juni 1942, unterhielt sich Hitler mit Marschall Mannerheim, dem finnischen Oberbefehlshaber, in seinem Sonderzug. Hitler besuchte Mannerheim überraschend anlässlich dessen 75. Geburtstages. Durch Zufall wurden die ersten elf Minuten dieser Unterredung aufgezeichnet, wofür ein finnischer Tonbandtechniker verantwortlich war.[12] In dem aufgezeichneten Gespräch erklärte Hitler unter anderem:

> »Wir wußten das selber auch nicht so genau, wie ungeheuerlich dieser Staat [die Sowjetunion] gerüstet war. [...] Die haben die ungeheuerste Rüstung, die Menschen denkbar ist. [...] Wenn mir jemand gesagt hätte, daß ein Staat mit 35 000 Tanks antreten kann, dann hätte ich gesagt: Sie sind wahnsinnig geworden! [...] Wenn mir ein General von mir erklärt hätte, daß hier ein Staat 35 000 Panzer besitzt, dann hätte ich gesagt: Sie, mein Herr, Sie sehen alles doppelt oder zehnfach, Sie sind wahnsinnig; Sie sehen Gespenster. Das habe ich nicht für möglich gehalten. [...] Hätt' ich's geahnt, dann wäre mir noch schwerer zu Herz gewesen, aber den Entschluß hätte ich dann erst recht gefaßt, denn es blieb ja keine andere Möglichkeit. Ich war mir schon klar schon im Winter 39 und 40, daß die Auseinandersetzung kommen mußte.«[13]

In Wirklichkeit verfügten die sowjetischen Streitkräfte im Juni 1941 über 25 508 Panzer, 18 700 Flugzeuge und 5 774 000 Soldaten.[14] Hitler und seine Generäle hatten weder eine Vorstellung über das tatsächliche Kriegspotential der Sowjetunion, noch wussten sie, dass die sowjetischen Vorbereitungen zum Angriffskrieg seit Jahren auf Hochtouren liefen. Sie waren nicht »im Bilde« und unterschätzten ihren Gegner »gänzlich«, wie es Goebbels formulierte.

Tatsache ist aber auch, dass Hitler vor dem 22. Juni 1941 von einer allgemeinen Bedrohung seitens der Sowjetunion sprach. Am 16. Juli

1941 hatte Goebbels mit Hitler eine Unterredung, anschließend notierte er in seinem Tagebuch Hitlers Argumente für den Überfall auf die Sowjetunion: »Wir müssen handeln. Moskau wird sich aus dem Krieg heraushalten, bis Europa ermüdet und ausgeblutet ist. Dann möchte Stalin handeln, Europa bolschewisieren und sein Regiment antreten. Durch diese Rechnung wird ihm ein Strich gemacht. [...] Russland würde uns angreifen, wenn wir schwach werden, und dann hätten wir den Zweifrontenkrieg, den wir durch diese Präventivaktion verhindern.«[15]

Mit dieser Einschätzung traf Hitler den Kern, die Grundprinzipien und Ziele der Außenpolitik Stalins in den betreffenden Jahren gegenüber Europa im Allgemeinen und Deutschland im Besonderen. Hier ist jedoch Bernd Wagner zuzustimmen, der in diesem Zusammenhang fragt, »wo in derartigen Äußerungen die Grenze zwischen persönlicher Überzeugung und propagandistischem Legitimationskalkül verläuft«.[16]

In dem bereits zitierten Tonbandgespräch mit Mannerheim behauptete Hitler auch, er hätte 1940/41 gefürchtet, die Sowjetunion würde Rumänien überfallen: »Weil ich immer eine Angst hatte, daß Rußland im Spätherbst plötzlich Rumänien überfällt und sich in den Besitz der Petroleumquellen setzt, und wir waren ja im Spätherbst 1940 noch nicht fertig gewesen. Wenn nun Rußland die rumänischen Petroleumquellen besetzt hätte, dann wäre ja Deutschland verloren gewesen. [...] mit sechzig russischen Divisionen war die Sache zu machen.«[17] Stalin machte gegenüber Hitler keinen Hehl daraus, dass er ganz Rumänien haben wollte.

Fakt ist auch, dass sich Deutschland in dieser Zeit in einer äußerst prekären Treibstoff-, Rohstoff- und Nahrungsmittellage befand. Besonders kritisch stand es um die Erdölvorräte, dabei war Deutschland ausschließlich auf rumänische und sowjetische Lieferungen angewiesen. Die schwierige Rohstofflage stellte gar die Konsolidierung der deutschen Macht in Europa in Frage. Ein erfolgreicher Krieg gegen die Sowjetunion würde all diese Probleme lösen, zumal Hitler vor dem 22. Juni 1941 an einem schnellen Sieg zu keinem Zeitpunkt zweifelte.[18] Nach dem Sieg gegen die Sowjetunion hätte Deutschland

Rohstoffe und Lebensmittel (Kornkammer Ukraine) im Überfluss, glaubte Hitler. Am 18. September 1941 erläuterte Hitler im kleinen Kreis seiner Vertrauten die wirtschaftlich-strategische Bedeutung der Sowjetunion für Deutschland: »Der Kampf um Hegemonie in der Welt wird für Europa durch den Besitz des russischen Raumes entschieden; er macht Europa zum blockadefestesten Ort der Welt.«[19]

Diese Überlegungen, die mit Sicherheit bei der Entscheidung Hitlers für den Angriff auf die Sowjetunion eine wichtige Rolle gespielt hatten, stehen jedoch in keinem Zusammenhang mit dem angeblichen Präventivschlag. Der deutsche Überfall auf die Sowjetunion, darüber gibt es keine Zweifel, war von langer Hand vorbereitet und in erster Linie doch ideologisch bedingt. Die militärisch-wirtschaftlichen und strategischen Gesichtspunkte erleichterten Hitler die Entscheidung für den Angriff und dienten zugleich als Vorwand. Denn Adolf Hitler war zeitlebens davon besessen, dass Geschichte den Kampf um »Lebensraum« nach den Regeln des »rassischen Determinismus« bedeutete. Bereits in den zwanziger Jahren kritisierte er die bis dahin betriebene deutsche Außenpolitik, die er als »Grenzpolitik« definierte, weil sie kurzsichtig und nicht zeitgemäß gewesen sei. Er selbst sprach sich für »Raumpolitik« aus, darunter verstand er die Eroberung von »Lebensraum« für das deutsche Volk in Osteuropa.[20]

Nach der Machtergreifung im Jahre 1933 erhob Hitler die Lebensraum-Idee zur Staatsideologie des neuen Deutschland. Am 3. Februar 1933 erklärte Hitler den deutschen Generälen den Zweck der neu aufzubauenden Wehrmacht wie folgt: »Eroberung neuen Lebensraums im Osten und dessen rücksichtslose Germanisierung.«[21] Bereits zehn Jahre früher, im Jahre 1923, hatte Hitler Folgendes dazu geschrieben:

»[…] wir Nationalsozialisten [müssen] unverrückbar an unserem außenpolitischen Ziele festhalten, nämlich dem deutschen Volk den ihm gebührenden Grund und Boden auf dieser Erde zu sichern. Und diese Aktion ist die einzige, die vor Gott und unserer deutschen Nachwelt einen Bluteinsatz gerechtfertigt erscheinen läßt. […]

Wenn wir aber heute in Europa von neuem Grund und Boden reden, können wir in erster Linie nur an Rußland und die ihm untertanen Randstaaten denken.«[22]

In einer Unterredung mit seinen engsten Mitarbeitern am 16. Juli 1941 führte Hitler aus, bei dem Krieg gegen die Sowjetunion bahne sich eine endgültige Regelung an. »Grundsätzlich kommt es [...] darauf an, den riesenhaften Kuchen handgerecht zu zerlegen, damit wir ihn erstens beherrschen, zweitens verwalten und drittens ausbeuten können. [...] Aus den neu gewonnenen Ostgebieten müssen wir einen Garten Eden machen; sie sind für uns lebenswichtig.«[23]

Es besteht kein Zweifel, dass der deutsche Überfall auf die UdSSR ideologisch bedingt war und unabhängig von den sowjetischen Vorbereitungen zum Angriffskrieg erfolgte. Die Behauptungen von der sowjetischen Bedrohung Deutschlands, die zwar real war, von der Hitler aber in Wirklichkeit keine Kenntnis hatte, dienten nur als Vorwand vor seinen Generälen und Verbündeten, um den Überfall zu rechtfertigen. Auch die sowjetische Propaganda behauptete, die Sowjetunion habe sich bedroht gefühlt und deswegen Finnland angegriffen. Auch diese Behauptungen werden noch heute als Tatsachen verbreitet. Sowohl Stalin als auch Hitler ging es lediglich darum, ihre wahren Motive für ihre Expansion vor der Öffentlichkeit zunächst zu kaschieren. Für Hitler war das der »Lebensraum« im Osten, für Stalin die Sowjetisierung Mittel- und Westeuropas.

Der deutsch-sowjetische Krieg war durch die Ideologien der beiden Systeme vorprogrammiert. Hitler sah in den sowjetischen Territorien den künftigen »Lebensraum« für das deutsche Volk, die Voraussetzung für die deutsche Weltherrschaft. Stalin dagegen betrachtete Deutschland als den Schlüssel zur Beherrschung Europas und auch der Welt. Mit dem deutschen Wirtschafts- und Menschenpotential hoffte die Sowjetunion, Europa zu beherrschen und zu sowjetisieren. Der Russlandkrieg brachte Hitler die totale Niederlage, die Sowjetunion aber konnte ihre Herrschaft und das kommunistische System bis an die Elbe ausbreiten – dazu noch mit dem Nimbus des Befreiers von der »faschistischen« Terrorherrschaft.[24]

Schlussbemerkung

Die ideologisch bedingte Expansion war nicht nur eines der Hauptmerkmale, sondern vielmehr das Hauptwesen des ersten kommunistischen Staates, den die Bolschewiken auf den Trümmern des russischen Zarenreiches errichtet hatten, und zugleich identitätsstiftende Grundlage des internationalen Kommunismus. Den Sieg der kommunistischen Revolution in Russland betrachteten die bolschewistischen Anführer als den ersten Schritt zur Weltrevolution, und sie meinten das sehr ernst. Die zentrale strategische Bedeutung in diesen Plänen kam Deutschland wegen des Wirtschafts- und Menschenpotentials wie auch der geopolitischen Lage im Zentrum Europas zu. Die führenden Bolschewiken betrachteten die Revolution in Deutschland als die unabdingbare Voraussetzung der Weltrevolution und bemühten sich sehr intensiv, diese mit allen Mitteln herbeizuführen. Sie beabsichtigten zudem, im geeigneten Moment militärisch einzugreifen.

Ab 1924 schwand jedoch in Moskau die Hoffnung auf die Revolution in Deutschland; neue Strategien und Pläne wurden entwickelt. Ab 1925 setzte sich Stalin mit der Konzeption durch, die Lenin bereits 1915 formuliert hatte: Der erste sozialistische Staat habe notfalls im Alleingang die kommunistische Revolution mit Waffengewalt zu verbreiten. Im Jahre 1927 genehmigte das Politbüro entsprechende Aufrüstungspläne, ihre Realisierung scheiterte jedoch an der unterentwickelten und rückständigen Industrie der UdSSR.

Nach dem Schwarzen Freitag, dem Beginn der Weltwirtschaftskrise (25. Oktober 1929), intensivierte Stalin, der inzwischen seine Macht zur absoluten Diktatur ausgebaut hatte, die sowjetischen Kriegsvorbereitungen, die geradezu gigantische Dimensionen annahmen. Ab 1930 wurde die gesamte sowjetische Wirtschaft und

Gesellschaft auf die Vorbereitungen zum Angriffskrieg ausgerichtet. Zugleich setzte der Massenterror gegen diejenigen ein, die diese Vorbereitungen »sabotierten« und im künftigen Krieg das eigene Hinterland gefährden könnten. In erster Linie handelte es sich dabei um die Bauern, die sich verzweifelt gegen gewaltsame Getreideeintreibungen und Zwangskollektivierung wehrten. Mit Getreideexporten wollten Stalin und seine Genossen die gigantische Aufrüstung finanzieren.

Ab 1930 erfolgte der rasante Aufbau der sowjetischen Kriegswirtschaft und der Streitkräfte, die tiefgreifend umstrukturiert und umgerüstet sowie massiv ausgebaut wurden. Moderne Technologien, Anlagen und Waffenprototypen wurden im Westen eingekauft, finanziert mit Rohstoffexport (u. a. Getreide, Holz) und sogar mit gesteigertem Wodkaverkauf innerhalb des eigenen Landes.

Stalin, seine Genossen und der gesamte kommunistische Bürokratieapparat verwandelten in den 1930er Jahren die Sowjetunion in ein gigantisches Zwangsarbeitslager, und alles nur zu dem einen Zweck, das Land auf einen langjährigen revolutionären Eroberungskrieg vorzubereiten. Die rasant steigende Masse an Kriegsmaterial und -ausrüstung ging allerdings nicht mit der entsprechenden Qualität einher. Flugzeuge und Panzer waren veraltet, wurden mit groben Produktionsmängeln ausgeliefert und waren vor allem ausgesprochen pannenanfällig, die Soldaten schlecht ernährt, bekleidet, ausgebildet, geführt und unmotiviert. Sie waren keineswegs willige Soldaten der kommunistischen Revolution. Ähnlich kritisch stand es um die Kriegswirtschaft. Unzählige Ausfälle, Pannen und Unfälle waren die Folge, die grundsätzlich als Sabotage gedeutet und geahndet wurden.

Der große Terror der dreißiger Jahre hat seine Wurzeln in den nicht wie geplant verlaufenden Kriegsvorbereitungen und den dabei erlittenen Rückschlägen. Er entwickelte Eigendynamik und erfasste nach und nach alle Sparten von Staat und Gesellschaft. Tiefgreifende Säuberungen innerhalb der Roten Armee, des Partei-, Staats-, Wirtschafts- und NKWD-Apparats folgten in den Jahren 1937 und 1938. Am meisten betroffen war jedoch nach wie vor die bäuerliche Bevölkerung, die zu Zwangsarbeitern des kommunistischen Bürokratieapparates degradiert wurde. Die dörflichen Führungsschichten (wohlhabende Bauern, Priester, religiöse und politische nicht-sowjetische Aktivisten) und die nationale Intelligenz der einzelnen Sowjetrepubliken wurden hingegen systematisch vernichtet. Sie wurden erschossen oder in Konzentrationslager eingesperrt, im besten Falle mit ihren ganzen Familien in unwirtliche Gebiete im Norden und Osten des Riesenreiches verschleppt, denn die sowjetischen Kommunisten wandten grundsätzlich Sippenhaftung an.

Die Weltwirtschaftskrise mündete nicht in einem imperialistischen Krieg, auf den Stalin und seine Genossen gehofft hatten. Im Jahre 1933 ergriff Hitler die Macht in Deutschland und zerstreute erst einmal die Hoffnungen auf die dortige kommunistische Revolution. Erst das Jahr 1939 brachte die im Kreml erhoffte außenpolitische Wende. Am 24. August 1939 wurden in Moskau der Hitler-Stalin-Pakt und die vierte Teilung Polens unterzeichnet. Der von Stalin erhoffte, prophezeite und angestrebte europäische Krieg ging endlich in Erfüllung.

Noch im Siegesrausch, der durch den Einmarsch in Ostpolen hervorgerufen worden war, zettelte Stalin den sowjetisch-finnischen Winterkrieg 1939/40 an. Der Krieg wurde zum militärischen Desaster für die Rote Armee, obwohl letztendlich Finnland nachgeben musste. Der Schock über den fatalen Zustand der eigenen Streitkräfte war groß. Stalin ließ neue und radikale Reformen, eine tiefgreifende Umstrukturierung und umfassende Umrüstung der Roten Armee beschließen und kümmerte sich persönlich darum. Spätestens ab Anfang 1941 bereiteten sich die sowjetischen Streitkräfte bereits explizit auf den Angriffskrieg gegen Deutschland vor. Der deutsche Überfall am 22. Juni 1941 überraschte Stalin und die Rote Armee inmitten dieser Vorbereitungen, ohne dass Hitler von den auf Hochtouren laufenden Kriegsvorbereitungen etwas geahnt hätte.

Die sowjetischen Niederlagen vom Sommer 1941 resultierten aus der sowjetischen militärisch-strategischen Konzeption des Angriffskrieges und den noch nicht abgeschlossenen Vorbereitungen dazu. Zugleich jedoch verdankten die Sowjetunion und die Rote

Armee ihren so teuer erkauften Sieg über Deutschland dem massiven Ausbau der Kriegsindustrie in den dreißiger und frühen vierziger Jahren.[1] Es darf auch nicht vergessen werden, dass der Massenterror der 1930er Jahre den Völkern der Sowjetunion das Rückgrat gebrochen hatte, insbesondere den Bauern. Ein antikommunistischer Aufstand im sowjetischen Hinterland, vor dem Stalin sich immer gefürchtet hatte, war im Jahr 1941 so gut wie ausgeschlossen. Der kommunistische Bürokratieapparat, die NKWD-Organe und auch die Miliz hielten die durch Massenterror traumatisierte und atomisierte Bevölkerung des Landes fest im Griff.

Die sowjetischen Kriegsvorbereitungen, die massive Aufrüstung, der Massenterror sind unzertrennlich mit der Person Stalins und mit seinem Aufstieg zum kommunistischen Diktator mit faktisch unumschränkter Machtfülle verbunden. Stalin war derjenige, der die Sowjetunion in ein riesiges Zwangsarbeitslager verwandelte, in dem die privilegierten Angehörigen des kommunistischen Bürokratieapparates (Partei-, Sowjet-, Wirtschaftsfunktionäre, Militärs und – ganz oben – NKWD-Angehörige) herrschten. Der NKWD-Apparat mit seinen Truppen und operativen Mitarbeitern sorgte für die »Sicherheit« und den Machterhalt. Stalin glich einem Sektenführer, dem Hunderttausende, ja Millionen fanatisierter Kommunisten und kommunistischer Anhänger in der Sowjetunion und auch im Ausland blindlings folgten und für den sie bereit waren, im Namen des Kommunismus die größten Massenverbrechen zu begehen und/oder gutzuheißen.[2] Bis heute verharmlosen noch lebende ehemalige stalinistisch-kommunistische Täter ihre Verbrechen und diffamieren ihre Opfer, von Reue und Reflexion keine Spur.

Stalin ist unbestreitbar eine der einflussreichsten Gestalten der Weltgeschichte im 20. Jahrhundert, er hat die Sowjetunion zur Weltmacht hochgerüstet, große Teile Europas erobert, sowjetisiert, unterworfen. Dafür bezahlten die Völker der Sowjetunion einen furchtbaren Preis. Stalin legte auch die heutigen Grenzen in Mittel- und Osteuropa fest, veranlasste die ethnische Zurückdrängung der deutschen Siedlungsgebiete um Hunderte Kilometer nach Westen und die damit verbundene Verschiebung Polens um 200 Kilometer nach Westen.[3]

Stalin mit seinen kommunistischen Gefolgsleuten war auch derjenige, der in Europa im 20. Jahrhundert die größten Massenverbrechen beging. Die Zahlen der Opfer, die der kommunistische Massenterror in den 1930er Jahren in der Sowjetunion und ab 1939 auch in den besetzten Gebieten forderte, übersteigen die des nationalsozialistischen Terrors in Europa.

Vor diesem Hintergrund verwundert es immer wieder, dass in der kollektiven Erinnerung und historischen Diskursen all diese historischen Tatsachen noch nicht verankert sind, ja teilweise geradezu ausgeblendet werden. Das vorliegende Buch hofft zumindest, die noch heute wirkende kommunistische Propaganda von der pazifistischen sowjetischen Außenpolitik der 1930er Jahre und den Mythos des unschuldigen Opfers des Zweiten Weltkrieges in Frage gestellt zu haben. Diese Aussage bezieht sich auf die herrschenden Kommunisten, nicht aber auf die Völker der Sowjetunion, die unter deren Herrschaft furchtbar gelitten haben.

ANHANG

Abkürzungen

BA-MA	Bundesarchiv-Militärarchiv, Freiburg
BSSR	Belorusskaja Sowjetskaja Sozialistitscheskaja Respublika (Weißrussische Sozialistische Sowjetrepublik)
d.	delo (Akte)
EKKI	Exekutivkomitee der Kommunistischen Internationale
f.	fond (Archivbestand)
FN	Fußnote
GARF	Gosudarstwenny Archiw Rossijskoj Federazji (Staatsarchiv der Russischen Föderation)
GPU	Glawnoje Polititscheskoje Uprawlenije (Politische Hauptverwaltung) = OGPU
GWPU	Glawnoje Wojenno-Promyschlennoje Uprawlenije (Hauptverwaltung der Rüstungsindustrie)
IfZ	Institut für Zeitgeschichte
KP(b)B	Kommunistitscheskaja partija (bolschewikow) Belorussi (Kommunistische Partei [der Bolschewiken] Weißrusslands)
KP(b)U	Kommunistitscheskaja partija (bolschewikow) Ukrainy (Kommunistische Partei [der Bolschewiken] der Ukraine)
KGB	Komitet Gosudarstwennoj Besopasnosti (Komitee der Staatssicherheit)
Komsomol	Kommunistitscheskij Sojus Moldeschi (Kommunistischer Jugendverband)
Komintern	Kommunistische Internationale
KPD	Kommunistische Partei Deutschlands
KPK	Kommission für Parteikontrolle (Komissija partijnogo kontrolja)
KPP	Kommunistische Partei Polens
KSK	Kommission für Sowjetkontrolle (Komissija sowjetskogo kontrolja)
MTC	Maschinno-Traktornaja Stanzja (Maschinen-Traktoren-Station)

NARB	Nacionalny Archiw Respublik Belarus (Nationales Staatsarchiv der Republik Weißrussland, Minsk)
NKGB	Narodny Komissariat Gosudarstwennoj Besopasnosti (Volkskommissariat für Staatssicherheit)
NKO	Narodny Komissar/Komissariat Oborony (Volkskommissar/Volkskommissariat für Verteidigung)
NKWD	Narodny Komissariat Wnutrennych Del (Volkskommissariat für Innere Angelegenheiten)
NÖP (NEP)	Neue Ökonomische Politik
OGPU	Objedinjonnoje Gossudarstwennoje Polititscheskoje Uprawlenije (Vereinigte Staatliche Politische Verwaltung) = GPU
OO	osobyl otdel (osobyje otdely), Sonderabteilung(en)
op.	opis (Bestandsverzeichnis)
Profintern	Russische Bezeichnung für die Rote Gewerkschafts-Internationale (RGI), engl.: Red International of Labour Unions (RILU)
RGASPI	Rossijskij Gosudarstwenny Archiw sozialno-polititscheskoj Istorii (Russisches Staatsarchiv für sozialpolitische Geschichte)
RGWA	Rossijskij Gosudarstwenny Wojenny Archiw (Russisches Staatliches Militärarchiv)
RKKA	Rabotsche-Krestjanskaja Krasnaja Armija (Rote Arbeiter- und Bauern-Armee)
RKP(b)	Rossijskaja Komunistitscheskaja Partija (bolschewikow) (Russische Kommunistische Partei [der Bolschewiki])
RSFSR	Rossijskaja Sowjetskaja Federatiwnaja Sozjalistitscheskaja Respublika (Russische Sozialistische Föderative Sowjetrepublik)
RS STO	Rasporjaditelnoje sassedanie STO (Verwaltende Sitzung des Rates für Arbeit und Verteidigung)
RWS	Revoluzjonny wojenny sowjet (Revolutions- und Kriegsrat)
RWSR	Revoluzjonny wojenny sowjet Respubliki (Revolutions- und Kriegsrat der Republik)
SNK, SowNarKom	Sowjet Narodnych Komissarow (Rat der Volkskommissare)
SSSR	Sojus Sowjetskich Sozialistitscheskich Respublik (UdSSR)
STO	Sowjet Truda i Oborony (Rat für Arbeit und Verteidigung)

UdSSR	Union der Sozialistischen Sowjetrepubliken
USSR	Ukrainskaja Sowetskaja Sozjalistitscheskaja Respublika (Ukrainische Sozialistische Sowjetrepublik)
VfZ	*Vierteljahrshefte für Zeitgeschichte*
v	verte (Rückseite)
WČK (WeTscheKa)	Wserossijskaja Tschreswitschainaja Komissija po borbe s Kontrrevoljuziej, spekuljaziej i sabotaschem (Außerordentliche Allrussische Kommission zur Bekämpfung von Konterrevolution, Spekulation und Sabotage, kurz Tscheka)
WKP(b)	Wsesojusnaja Kommunistitscheskaja Partija (bolschewikow) (Allsowjetische Kommunistische Partei [Bolschewiki]).
WSNCh	Wysschy Sowjet Narodnogo Chosjajstwa (Oberster Volkswirtschaftsrat)
ZAMO	Zentralny Archiw Ministerstwa Oborony (Zentralarchiv des russischen Verteidigungsministeriums)
ZIK	Zentralny ispolnitelny komitet (Zentrales Exekutivkomitee)
ZK	Zentralny Komitet (Zentralkomitee)
ZKK	Zentralnaja kontrolnaja komissja (Zentrale Parteikontrollkommission)

Anmerkungen

Einleitung

1 Vgl. bspw. Dunn, *The Soviet Economy and the Red Army*. Dunn vertritt die These, dass sich die Sowjetunion ab 1933 massiv auf die Verteidigung vorbereitet habe. Grundlage seiner Arbeit sind veröffentlichte sowjetische statistische Angaben; Musial (Hg.), *Sowjetische Partisanen in Weißrussland*, S. 16; Overy, *Russlands Krieg*, S. 67–122; Ennker, »Stalin-Regime 1939–1941«, S. 142 ff.

2 Overy, *Die Diktatoren*, S. 585.

3 Bereits im Januar 2006 erschien der Aufsatz: Musial, »›Wir werden den ganzen Kapitalismus am Kragen packen‹«, in dem ich meine ersten Forschungsergebnisse präsentierte.

4 Wegner, »Präventivkrieg 1941?«, S. 214, 219; ausführlich vgl. das Kapitel »Hitlers Kenntnisstand über sowjetische Kriegsvorbereitungen und die sogenannte Präventivkriegskontroverse« in der vorliegenden Arbeit.

5 Suworow, *Der Eisbrecher;* dem Buch folgten weitere Veröffentlichungen, in denen Suworow seine Thesen wiederholte und ausbaute: *Der Tag M* und *Stalins verhinderter Erstschlag*.

6 Z. B. *Politbjuro ZK RKP(b) – WKP(b) i Komintern* (Politbüro und Komintern); *Politbjuro ZK RKP(b) – WKP(b) i Ewropa* (Politbüro und Europa).

7 *Tragedija sowjetskoj derewnii; Sowjetskaja derewnja glasami WČK – OGPU – NKWD; Istorija stalinskogo gulaga* (Geschichte des stalinischen Gulags in 6 Bänden); *Lubjanka. Stalin i WČK – GPU – OGPU – NKWD. Janwar 1922 – dekabr 1936* (fortan: *Lubjanka. 1922–1936*); *»Zimnjaja wojna«: robota nad oschibkami, aprel-maj 1940 g; Lubjanka. Stalin i glawonoje uprawlenie gosbesopasnosti NKWD 1937–1938; Glawny wojenny sowjet RKKA. 13 marta 1938 g. – 20 ijunja 1941 g; Wojenny sowjet pri Narodnom Komissare Oborony SSSR – 1938, 1940.*

Der bolschewistische Putsch in Russland. Hauptlosung der Bolschewiki: die »Weltrevolution«

1 So bezeichnete Lenin die bolschewistische Revolution in Russland beispielsweise am 05. 12. 1919 in seiner Rede vor dem VII. Gesamtrussischen Kongress der Räte, abgedr. in: Lenin, *Werke*, Bd. 30: September 1919 – April 1920, Berlin 1961, S. 195–220, hier: S. 197; Wladislaw Subok und Konstantin Pleschakow, *Der Kreml im Kalten Krieg. Von 1945 bis zur Kubakrise*, Hildesheim 1997, S. 19 f.

2 Lenins Rede zum 3. Jahrestag der Oktoberrevolution in der Festsitzung der Moskauer Sowjets der Arbeiter-, Bauern- und Rotarmistendeputierten, des Moskauer Komitees der KPR(b) des Gewerkschaftsrats des Moskauer Gouvernements vom 06. 11. 1920, abgedr. in: Lenin, *Werke*, Bd. 31: April – Dezember 1920, Berlin 1959, S. 391–396, hier: S. 391 f.; einige Tage später, am 21. 11. 1920, erklärte Lenin: »Um zu erreichen, dass unser Sieg gesichert ist, müssen wir erreichen, dass die proletarische Revolution in allen oder zumindest in einigen wichtigen kapitalistischen Ländern siegt.« (Lenins Rede auf der Moskauer Gouvernementskonferenz der KPR(b) vom 21. 11. 1920 über die außen- und innenpolitische Lage und die Aufgaben der Partei, abgedr. in: ebd., S. 402–422, hier: S. 405); und 5 Tage später: »Doch wir haben stets gesagt, daß wir nur ein Glied in der Kette der Weltrevolution sind, und haben uns niemals die Aufgabe gestellt, ganz allein, aus eigener Kraft, zu siegen.« (Lenins Rede in der Versammlung der Zellensekretäre der Moskauer Organisation der KPR(b), abgedr. in: ebd., S. 426–429).

3 Lenins Referat auf dem I. Gesamtrussischen Kongress der werktätigen Kosaken vom 01. 03. 1920, abgedr. in: Lenin, *Werke*, Bd. 30: *September 1919 – April 1920*, S. 372–392, hier: S. 372.

4 Service, *Lenin*, S. 525 f.

5 Vgl. dazu Lenins Rede bei der Schließung des IX. Parteitages der RKP(b) am 05. 04. 1920, abgedr. in: Lenin, *Werke*, Bd. 30, S. 477–483, hier: S. 479; ähnlich Lenins Rede auf der Konferenz der Vorsitzenden der Exekutivkomitees der Kreis-, Amtsbezirks- und Dorfsowjets des Moskauer Gouvernements am 15. 10. 1920, abgedr. in: Lenin, *Werke*, Bd. 31, S. 309–325, hier: S. 313.

6 I. Lenin, *Staat und Revolution*, Teil 6, 30. 11. 1917 (Nachwort zur ersten Auflage); gedruckt nachzulesen in: Lenin, *Werke*, Bd. 25, 1972, S. 393–507; wie auch: http://www.mlwerke.de/le/le25/le25_489.htm.

7 Trotzki an Lenin, undatiert, vor dem 23. 11. 1921: RGASPI, f. 325, op. 1, d. 480, Bl. 1.

8 Lenin an Trotzki am 23. 11. 1921: ebd.

9 Firsov, »Ein Oktober, der nicht stattfand«, S. 36.

10 »Der I. Kongress der Kommunistischen Internationale«.

11 Sinowjew, »Perspektiven der proletarischen Revolution«, in: *Die Kommunistische Internationale* (1919), Nr. 1, S. 41–42, zit. nach Firsov, »Ein Oktober, der nicht stattfand«, S. 36.

12 Sinowjew: Thesen über die kommende »deutsche Revolution« und die Aufgaben der russischen Kommunisten, vorgetragen am 21. 09. 1923 auf dem Plenum des ZK und mit Abänderungen von der Kommission des Politbüros am 22. 09. 1923 gebilligt: RGASPI, f. 558, op. 11, d. 139, Bl. 22–30 v; abgedr. in deutscher Übersetzung in Auszügen in: *Deutscher Oktober 1923*, S. 151–162, hier: S. 158.

13 Geyer: »Sowjetrussland und die deutsche Arbeiterbewegung«, S. 5.

14 Lenins Referat auf dem I. Gesamtrussischen Kongress der werktätigen Kosaken vom 01. 03. 1920, abgedr. in: Lenin, *Werke*, Bd. 30, S. 372–392, hier: S. 383.

15 Lenins »Leitsätze über bürgerliche Demokratie und proletarische Diktatur«, vorgetragen am 3. Tag des I. Kongresses der Kommunistischen Internationale. Protokoll der Verhandlungen in Moskau vom 2. bis zum 6. März 1919, in: *Bibliothek der Kommunistischen Internationale*, Bd. VII, Verlag der Kommunistischen Internationale, Hamburg 1921. Digitalisierung und Bearbeitung: sinistra.net, Februar/März 2001 (sinistra.net/komintern/dok/1kdemdikld.html).

16 Vgl. dazu G. Sinowjew: Thesen über die kommende »deutsche Revolution« und die Aufgaben der russischen Kommunisten, vorgetragen am 21. 09. 1923 auf dem Plenum des ZK und mit Abänderungen von der Kommission des Politbüros am 22. 09. 1923 gebilligt: RGASPI, f. 558, op. 11, d. 139, Bl. 22–30 v; abgedr. in deutscher Übersetzung in Auszügen in: *Deutscher Oktober 1923*, S. 151–162.

17 Telegramm von Karl Liebknecht vom 04. 11. 1918 an den VI. Allrussischen Außerordentlichen Kongress der Räte: RGASPI, f. 325, op. 1, d. 50, Bl. 4.

18 Kurze Übersicht über die gegenwärtige strategisch-militärische Lage der russisch-sowjetischen Republik und die künftigen Aufgaben der Roten Armee vom 23. 02. 1919, Hauptkommandierender der bewaffneten Kräfte der Republik: RGASPI, f. 325, op. 1, d. 409, Bl. 1–11, hier: Bl. 3 v f.

19 Entwurf der Note der sowjetischen Delegation in Großbritannien, Kamenew, an den Premierminister Großbritanniens Lloyd George über die Bedingungen für den Waffenstillstand mit Polen vom 08. 08. 1920: RGASPI, f. 5, op. 1, d. 2002, Bl. 1 f.

20 Kurze Übersicht über die gegenwärtige strategisch-militärische Lage der russisch-sowjetischen Republik und die künftigen Aufgaben der Roten Armee vom 23. 02. 1919, der Hauptkommandierende der be-

waffneten Kräfte der Republik: RGASPI, f. 325, op. 1, d. 409, Bl. 1–11, hier: Bl. 4.

21 Bericht über Lage an den Fronten am 17. 04. 1919 vom 18. 04. 1919: RGASPI, f. 325, op. 1, d. 50, Bl. 120–123 v, hier: Bl. 123.

22 Bericht über die Aufgabe von Wilna im Auftrag der Allrussischen Außerordentlichen Kommission für den Kampf gegen Konterrevolution und Spekulation (Tscheka) vom 19. 06. 1919, verfasst von Michin: RGASPI, f. 17, op. 109, d. 59, Bl. 1–38, hier: Bl. 10.

23 Davies, *White Eagle, Red Star*, S. 19–61; Stalin an Lenin über die Lage an der Westfront am 11. 08. 1919, abgedr. in: Stalin, *Werke*, Bd. 4, Berlin 1951, S. 153 f.

24 Davies, *White Eagle, Red Star*, S. 19–61; Ziemke, *Red Army*, S. 101–116; Albert, *Najnowsza Historia Polski*, S. 57 ff.

25 Ziemke, *Red Army*, S. 101–116.

26 »Strategische Lage«, Auszug aus einem Bericht für den Monat November 1919: RGASPI, f. 325, op. 1, d. 50, Bl. 22.

27 Rede Lenins vom 05. 12. 1919 vor den Delegierten des VII. Gesamtrussischen Kongresses der Räte, abgedr. in: Lenin, *Werke*, Bd. 30, S. 195–220, hier: S. 195 f., 213 f. (Hervorhebung im Original).

28 Bericht Lenins über die Arbeit des Gesamtrussischen Zentralexekutivkomitees und des Rats der Volkskommissare auf der ersten Tagung des Gesamtrussischen ZEK der VII. Wahlperiode, 02. 02. 1920, abgedr. in: ebd., Bl. 305–327, Zitat S. 306.

29 Lenins Referat auf dem I. Gesamtrussischen Kongress der werktätigen Kosaken vom 01. 03. 1920, abgedr. in: ebd., S. 372–392, hier: S. 391.

30 Lenins Rede auf dem Verbandstag der Arbeiter und Angestellten der Lederindustrie vom 02. 10. 1920, in: Lenin, *Werke*, Bd. 31, S. 291–306, hier: S. 293, 295.

31 Lenins Rede bei der Eröffnung des IX. Parteitages der RKP(b) am 29. 03. 1920, abgedr. in: Lenin, *Werke*, Bd. 30, S. 433 f.

32 Lenin – Bericht des Zentralkomitees vom 29. 03. 1920, gehalten während des IX. Parteitages der RKP(b), abgedr. in: ebd., S. 435–454, hier: S. 444.

Der polnisch-sowjetische Krieg im Jahre 1920 – gescheiterter Durchbruch nach Europa

1 Davies, *White Eagle*, S. 60 (Karten mit Frontverlauf).

2 Protokoll und Vorträge der Beratung der Mitarbeiter der Agenturaufklärung, einberufen durch die Registrationsverwaltung am 08. 12. 1919: RGASPI, f. 17, op. 109, d. 64, Bl. 2–6 v. Im Protokoll wer-

den folgende Punkte genannt, welche die militärische Aufklärung zu berücksichtigen habe: »1.) Die Kriegspolitik und Haltung [Polens] gegenüber Sowjetrussland, 2.) Politik gegenüber den Weißen (Denikin, Judenitsch), 3.) gegenüber Deutschland, Tschechoslowakei usw., 4.) Zusammensetzung der Armee, Bewaffnung, der Feld-, Reservetruppen usw., 5.) die Menschenressourcen, wie verläuft die Mobilisierung, das System der Mobilisierung, bereits mobilisierte Jahrgänge, Maßnahmen zur Anwerbung von Freiwilligen, 6.) Gruppierung der Streitkräfte im Kriegsgebiet und im Inneren des Landes. In diesem Zusammenhang besonders wichtig ist die Ermittlung der Truppenverlegung von einer Front zur anderen«.

3 Julian Marchlewski, geboren 1866 in Leslau (Włocławek), war Mitbegründer des marxistischen Spartakusbundes, des Vorläufers der KPD. 1918 wurde er aus Deutschland ausgewiesen und agierte in Moskau, um ein Jahr später illegal nach Deutschland zurückzukehren, wo er in die Zentrale der KPD einstieg. Von 1922 bis zu seinem Tode im Jahre 1925 war er der erste Vorsitzende der Internationalen Roten Hilfe, einer »Wohlfahrtsorganisation« der kommunistischen Parteien in den Ländern Europas und der übrigen Welt.

4 Marchlewski an das ZK der RKP(b) am 24. 12. 1919: RGASPI, f. 63, op. 1, d. 186, Bl. 1 ff.

5 Ebd.

6 Nowak, »Rok 1920«.

7 Protokoll Nr. 90 der Sitzung des Revolutions- und Kriegsrates der Republik (fortan RWSR), 05. 01. 1920, abgedr. in: *Rewwojensowjet Respubliki*, S. 13–20, hier: S. 16; Protokoll Nr. 93 der Sitzung des RWSR, 27. 01. 1920, abgedr. in: ebd., S. 27–29, hier: S. 27.

8 Polnisches Büro an das ZK der RKP(b) vom 17. 02. 1920: RGASPI, f. 17, op. 109, d. 74, Bl. 9 f.

9 Lenins Antwort auf die Fragen des Korrespondenten der amerikanischen Zeitung *New York Evening Journal* vom 18. 02. 1920, abgedr. in: Lenin, *Werke*, Bd. 30, S. 357 ff.

10 Chiffriertes Telegramm Trotzkis aus dem Zug an Lenin, abgeschickt am 27. 02. 1920, empfangen am 28. 02. 1920: RGASPI, f. 17, op. 109, d. 79, Bl. 12.

11 Sitzungsprotokoll des Politbüros des ZK der RKP(b) vom 28. 02. 1920 (Punkt 22): RGASPI, f. 17, op. 3, d. 63, Bl. 1–5, hier: Bl. 4 f. Anwesend waren: Lenin, Kamenew, Krestinski, Kalinin, Bucharin, Serebrjakow, Lugowinow, Ischtschenko, Schmidt, Winokurow, Rosengolz.

12 Lenins Referat auf dem I. Gesamtrussischen Kongress der werktätigen Kosaken vom 01. 03. 1920, abgedr. in: Lenin, *Werke*, Bd. 30, S. 372–392, hier: S. 387.

13 Chiffriertes Telegramm Trotzkis an Lenin vom 01. 03. 1920: RGASPI, f. 17, op. 109, d. 79, Bl. 13.

14 Lenins Rede in der Sitzung des Moskauer Sowjets der Arbeiter- und Rotarmistendeputierten, 06. 03. 1920, abgedr. in: Lenin, *Werke*, Bd. 30, S. 402–408, hier: S. 403.

15 Protokoll Nr. 101 der Sitzung des RWSR, 08. 03. 1920, abgedr. in: *Rewwojensowjet Respubliki*, S. 48–51, hier: S. 49; Protokoll Nr. 102 der Sitzung des RWSR, 15. 03. 1920, abgedr. in: ebd., S. 53–59, hier: S. 54 f.

16 Chiffriertes Telegramm, Unszlicht an Lenin am 12. 03. 1920: RGASPI, f. 17, op. 109, d. 79, Bl. 14.

17 Sitzungsprotokoll des Politbüros des ZK der RKP vom 17. 03. 1920 (Punkt 6): RGASPI, f. 17, op. 3, d. 66, Bl. 1 ff.

18 Bericht über die Tätigkeit der Militärischen Organisation im Ausland beim Revolutionskriegsrat der Westfront vom 09. 07. 1920, Unszlicht: RGASPI, f. 17, op. 109, d. 101, Bl. 20–25.

19 Protokoll Nr. 103 der Sitzung des RWSR vom 19. 03. 1920, abgedr. in: *Rewwojensowjet Respubliki*, S. 59–63, hier: S. 59, 61.

20 Protokoll Nr. 104 der Sitzung des RWSR vom 26. 03. 1920, abgedr. in: *Rewwojensowjet Respubliki*, S. 64–69.

21 Protokoll Nr. 105 der Sitzung des RWSR vom 08. 04. 1920, abgedr. in: ebd., S. 69–74, hier: S. 71.

22 Telegramm von Trotzki an Dserschinski vom 13. 10. 1918: RGASPI, f. 17, op. 109, d. 21, Bl. 16.

23 Bericht der Politischen Verwaltung der Republik, undatiert (nach dem 01. 10. 1919): RGASPI, f. 5, op. 1, d. 2529, Bl. 21–35, hier: Bl. 23 f.

24 Wachstum der Roten Armee von November 1918 bis Dezember 1919, Tabelle, undatiert (Dezember 1919): RGASPI, f. 325, op. 1, d. 50, Bl. 117.

25 Protokoll Nr. 49 der Politbürositzung vom 08. 03. 1920 (Punkt 19b): RGASPI, f. 17, op. 3, d. 65, Bl. 1–4, hier: Bl. 3.

26 Bericht über die Tätigkeit der Militärischen Organisation im Ausland beim Revolutionskriegsrat der Westfront vom 09. 07. 1920, Unszlicht: RGASPI, f. 17, op. 109, d. 101, Bl. 20–25.

27 Protokoll der Politbürositzung vom 08. 03. 1920 (Punkt 18, 19): RGASPI, f. 17, op. 3, d. 65, Bl. 1–4.

28 Spätestens Anfang Mai 1920 schlug Sowjetrussland Litauen vor, die polnischen Nordostgebiete untereinander aufzuteilen. Im Gegenzug hätte sich Litauen am Krieg gegen Polen beteiligen müssen. Sowjetrussland war bereit, Wilna, das Wilnagebiet, die Bezirke Lida, Oszmiana und Teile des Bezirkes Grodno an Litauen abzutreten. In diesen Gebieten überwog die polnische Bevölkerung, Litauer lebten dort

nur wenige. Litauen verlangte noch dazu die Bezirke Mołodeczno und Wilejka und den ganzen Bezirk Grodno. Vgl. Bericht von Joffe an Trotzki über den Verlauf der Gespräche mit litauischer Delegation, 15. 05. 1920: RGASPI, f. 325, op. 2, d. 26, Bl. 73; chiffriertes Telegramm Trotzkis an Tschitscherin vom 08. 05. 1920 (Kopie): RGASPI, f. 17, op. 3, d. 76, Bl. 3.

29 Koenen, *Der Russland-Komplex*, S. 294.

30 Gruppierung der Streitkräfte der Roten Armee und des Gegners an der polnischen Front nach den Angaben vom 16. 04. 1920 (Karte): RGASPI, f. 5, op. 1, d. 3018, Bl. 1. Bisher gab es keine zuverlässigen Angaben über die sowjetischen Kräfte an der polnischen Front, vgl. dazu Davies, *White Eagle*, S. 105 f.

31 Telegramm Trotzkis an PUR (Politische Verwaltung der Republik), ZK der RKP und MK (Moskauer Komitee) der RKP vom 23. 04. 1920: RGASPI, f. 17, op. 109, d. 79, Bl. 19.

32 Nowik, *Zanim złamano »Enigmę«*, S. 34–39; Davies, *White Eagle*, S. XV-XVIII.

33 Nowik, *Zanim złamano »Enigmę«*, S. 359–510.

34 Ebd., S. 511–664.

35 Ebd., S. 671 f.

36 Ebd., S. 734–739; Davies, *White Eagle*, S. 105–129.

37 Nowik, *Zanim złamano »Enigmę«*, S. 738 f., 766 f.

38 Ebd., S. 767–799.

39 Telegramm Trotzkis vom Panzerzug an Tschitscherin (Volkskommissar für Außenpolitik) vom 10. 08. 1920: RGASPI, f. 17, op. 3, d. 76, Bl. 3.

40 Joffe an Trotzki über den Verlauf der Gespräche mit litauischer Delegation am 15. 05. 1920: RGASPI, f. 325, op. 2, d. 26, Bl. 73.

41 Anruf Trotzkis vom Panzerzug aus an ZK der RKP(b) am 09. 05. 1920: RGASPI, f. 17, op. 109, d. 79, Bl. 39.

42 Chiffriertes Telegramm Trotzkis an das ZK vom 10. 05. 1920: RGASPI, f. 17, op. 109, d. 79, Bl. 41.

43 Anruf Trotzkis an das ZK am 15. 05. 1920: RGASPI, f. 17, op. 109, d. 79, Bl. 60.

44 Schreiben an Lenin, Trotzki, Kamenew vom 05. 05. 1920, Verfasser unleserlich: RGASPI, f. 17, op. 109, d. 79, Bl. 62.

45 Drei Telegramme von Danilow an die Tscheka-Zentrale in Moskau vom 16. 05. 1920: RGASPI, f. 17, op. 109, d. 79, Bl. 61.

46 Albert, *Najnowsza historia Polski*, S. 64 f.

47 Nowik, *Zanim złamano »Enigmę«*, S. 767–842, 911–914; Davies, *White Eagle*, S. 141.

48 Chiffriertes Telegramm Stalins an Politbüro der ZK der RKP, Kopie

an Lenin und Trotzki, vom 29. 06. 1920: RGASPI, f. 325, op. 1, d. 479, Bl. 200.

49 Sergej Kamenew (1881–1936), Regimentskommandeur im Ersten Weltkrieg, Kommandeur der Ostfront im Bürgerkrieg (1918/19), 1920–1924 Oberkommandierender der Streitkräfte der Russischen Sowjetrepublik.

50 Telegramm von Sergej Kamenew, Oberkommandierender der Roten Armee, an das Kommando der Südwestfront vom 29. 06. 1920: RGASPI, f. 325, op. 1, d. 479, Bl. 199.

51 Ziemke, *Red Army*, S. 122–126; Davies, *White Eagle*, S. 130–157.

52 Telegramm von Jegorow, Kommandeur der Südwestfront, an das Oberkommando vom 11. 07. 1920: RGASPI, f. 325, op. 1, d. 479, Bl. 234.

53 Ziemke, *Red Army*, S. 118, 124.

54 Chiffriertes Telegramm Trotzkis an Stalin und Smilga, Kopien an Rakowski, Skljanski, Oberkommando, ZK vom 17. 07. 1920: RGASPI, f. 325, op. 1, d. 479, Bl. 361 f. (Hervorhebung B. M.).

55 Protokoll der Politbürositzung Nr. 29 vom 23. 07. 1920, Punkt 2: RGASPI, f. 17, op. 3, d. 96, Bl. 1 f.; Albert, *Najnowsza historia Polski*, S. 66 f.

56 Davies, *White Eagle*, S. 134–195; Albert, *Najnowsza Historia Polski*, S. 64 ff.

57 Zitiert nach: »Das Wunder an der Weichsel«, *Der Standard* vom 10./11. 02. 2001 (http://derstandard.at/?url=/?id=474592).

58 Volkskommissariat für Außenpolitik (Tschitscherin) an das Politbüro des ZK der RKP am 30. 07. 1920: RGASPI, f. 17, op. 3, d. 99, Bl. 3; Manche Bedingungen für die Gespräche über Waffenstillstand zwischen RFSR und Polen beschlossen durch RWSR, undatiert (vor dem 30. 07. 1920, Ergänzung von Tschitscherin am 30. oder 31. 07. 1920: RGASPI, f. 17, op. 3, d. 99, Bl. 4–11. Das Politbüro bestätigte diese Bedingungen am 31. 07. 1920: Protokoll Nr. 32 der Politbürositzung vom 31. 07. 1920 (Punkt 8): RGASPI, f. 17, op. 3, d. 99, Bl. 1 f.

59 Zitiert nach Koenen, *Der Russland-Komplex*, S. 283; Koenen datierte versehentlich diese Aussage auf September 1920, in Wirklichkeit machte Lenin sie am 19. Juli 1920 (E-Mail-Mitteilung von Gerd Koenen an Bogdan Musial vom 30. 03. 2007).

60 Protokoll Nr. 32 der Politbürositzung vom 31. 07. 1920 (Punkt 6): RGASPI, f. 17, op. 3, d. 99, Bl. 1 f.

61 Tschitscherin an Joffe am 05. 08. 1920: RGASPI, f. 5, op. 1, d. 2000, Bl. 3.

62 Koenen, *Der Russland-Komplex*, S. 285, 290–294.

63 Zitiert nach ebd., S. 290.

64 Mehr dazu ebd., S. 290 f.

65 Zitiert nach ebd., S. 285.

66 Telegramm Nr. 745, Trotzki an Tschitscherin, Kopie an Krestjanski und Sinowjew, undatiert, vor dem 10. 08. 1920: RGASPI, f. 17, op. 109, d. 74, Bl. 32.

67 Davies, *White Eagle*, S. 182–186; Albrecht, *Najnowsza historia Polski*, S. 69.

68 Sitzungsprotokoll Nr. 36 des Politbüros des ZK der RKP(b) vom 13. 08. 1920 (Punkt Nr. 3): RGASPI, f. 17, op. 3, d. 102, Bl. 1 ff.

69 Sitzungsprotokoll Nr. 35 des Politbüros des ZK der RKP vom 10. 08. 1920 (Punkt Nr. 4): RGASPI, f. 17, op. 3, d. 101, Bl. 1 f.

70 Chiffriertes Funkschreiben von Smilga an Lenin und Trotzki vom 12. 08. 1920: RGASPI, f. 5, op. 1, d. 2429, Bl. 51.

71 Chiffriertes Funkschreiben von Unszlicht an das ZK der RKP und Trotzki vom 13. 08. 1920: RGASPI, f. 17, op. 109, d. 79, Bl. 133.

72 Chiffriertes Funkschreiben von Unszlicht, Mitglied des Revolutionären Kriegsrates der Westfront, vom 18. 08. 1920: ebd., Bl. 137.

73 Lenins Rede auf der IX. Gesamtrussischen Konferenz der KPR(b), 22. 09. 1920, in: Lenin, *Werke*, Bd. 31, S. 264–268.

74 Chiffriertes Funkschreiben von Smilga an Lenin und Trotzki vom 12. 08. 1920: RGASPI, f. 5, op. 1, d. 2429, Bl. 51.

75 Bericht von Juri Pjatakow vom 04. 09. 1920 über die Niederlage vor Warschau und die Gründe dafür an das ZK der RKP, Kopie an Lenin und Trotzki: RGASPI, f. 17, op. 109, d. 79, Bl. 161–167, Zitat Bl. 163 v; Smilga an Lenin (Fernschreiben) am 19. 08. 1920: RGASPI, f. 5, op. 1, d. 2429, Bl. 52. In dem Fernschreiben führte Smilga aus, dass es doch Hoffnung auf eine (wenn auch nicht gute) Revolution in Polen gebe. Der Zustand der Truppen sei dagegen so, dass ein Angriff an allen Fronten nicht mehr möglich sei. Der Misserfolg sei aber nicht durch frische polnische Kräfte, sondern durch das Fehlen von Munition und der Etappe bedingt gewesen.

76 Funkschreiben des Kommandeurs der Westfront, Tuchatschewski, an den Oberkommandierenden, Kopie an Kommando der Südwestfront, vom 08. 08. 1920 (Kopie): RGASPI, f. 325, op. 1, d. 479, Bl. 348.

77 Fernschreiben an Kommando der 12., 14. Armee und der 1. Reiterarmee vom 13. 08. 1920 (Kopie): ebd., Bl. 356; Kommandeur der Südwestfront, Jegorow, an Kommandeur der 12. Armee am 12. 08. 1920, Fernschreiben (Kopie): ebd., Bl. 355.

78 Stenogramm des Telefongesprächs zwischen Kamenew, Stalin, Jegorow (Kommandeur der Südwestfront) und Bersin (Mitglied des revolutionären Kriegsrates der Südwestfront) vom 14. 08. 1920 (Kopie): RGASPI, f. 558, op. 11, d. 445, Bl. 8 f.; vgl. auch Davies, *White Eagle*, S. 213 ff.; Ziemke, *Red Army*, S. 126 f.

79 Ausführlich Davies, *White Eagle*, S. 188–225; auch Ziemke, *Red Army*, S. 128 f.
80 Sitzungsprotokoll Nr. 37 des Politbüros des ZK der RKP vom 19. 08. 1920: RGASPI, f. 17, op. 3, d. 103, Bl. 1 f.
81 Ziemke, *Red Army*, S. 126 f.
82 Sitzungsprotokoll Nr. 37 des Politbüros des ZK der RKP vom 19. 08. 1920: RGASPI, f. 17, op. 3, d. 103, Bl. 1 f.
83 Chiffriertes Fernschreiben von Smilga an Lenin und Trotzki vom 20. 08. 1920: RGASPI, f. 17, op. 109, d. 79, Bl. 139.
84 Sitzungsprotokoll Nr. 39 des Politbüros des ZK der RKP vom 26. 08. 1920: RGASPI, f. 17, op. 3, d. 105, Bl. 1.
85 Sitzungsprotokoll Nr. 40 des Politbüros des ZK der RKP vom 01. 09. 1920 (Punkte 6, 7, 12, 19, 24): RGASPI, f. 17, op. 3, d. 106, Bl. 1–5.
86 Ebd.
87 Ebd.
88 Nowik, *Zanim złamano »Enigmę«*; »Bolszewik złamany«, Interview mit Grzegorz Nowik in: *Gazeta Wyborcza* vom 07. 08. 2006.
89 Bericht von Juri Pjatakow 04. 09. 1920 über die Niederlage vor Warschau und die Gründe dafür an das ZK der RKP, Kopie an Lenin und Trotzki: RGASPI, f. 17, op. 109, d. 79, Bl. 161–167.
90 Anlage 1 zum Bericht von Juri Pjatakow 04. 09. 1920: ebd., Bl. 168.
91 Meldung über die Verluste unter den Kommunisten der 16. Armee vom 15. 08. bis zum 10. 09. 1920, undatiert: ebd., Bl. 174.
92 Bericht des ehemaligen Chefs der politischen Verwaltung der 27. Division vom 15. 09. 1920 an Trotzki und das ZK der RKP: ebd., Bl. 186 ff., hier: Bl. 187.
93 Ebd.
94 Davies, *White Eagle*, S. 226–233.
95 Friedensvertrag zwischen Russland und der Ukraine auf der einen Seite und Polen auf der anderen Seite, unterzeichnet am 18. 03. 1921 in Riga: RGASPI, f. 5, op. 1, d. 2036, Bl. 1–51; Albrecht, *Najnowsza Historia Polski*, S. 71 f.
96 Tabelle: Reduzierung der Roten Armee vom Dezember 1920 bis Dezember 1921, ohne Truppen für besondere Verwendung, Truppen der Tscheka und der Kriegsflotte, undatiert (Dezember 1921): RGASPI, f. 325, op. 1, d. 72, Bl. 143.
97 Lenins Rede auf der IX. Gesamtrussischen Konferenz der KPR(b), 22. 09. 1920, in: Lenin, *Werke*, Bd. 31, S. 264–268 (Hervorhebung B. M.).
98 Lenins Rede auf dem Verbandstag der Arbeiter und Angestellten der Lederindustrie vom 02. 10. 1920, in: ebd., S. 291–306, hier: S. 295 ff. (Hervorhebung B. M.)

99 Vgl. z. B. Lenins Rede auf der Konferenz der Vorsitzenden der Exekutivkomitees der Kreis-, Amtsbezirks- und Dorfsowjets des Moskauer Gouvernements am 15. 10. 1920, abgedr. in: Lenin, *Werke*, Bd. 31, S. 309–325, hier: S. 318.

100 Lenins Rede auf der Moskauer Gouvernementskonferenz der KPR(b) vom 21. 11. 1920 über »Unsere außen- und innenpolitische Lage und die Aufgaben der Partei«, abgedr. in: ebd., S. 402–422, hier: S. 405, 407 f.

101 Stalins Referat über die nationalen Momente im Partei- und Staatsaufbau vom 23. 04. 1923, gehalten am 23. 04. 1923 während des XII. Parteitages des RKP(b), 17.–25. 04. 1923, veröff. in: J. W. Stalin, *Werke*. Bd. 5 (1921–1923), Berlin 1952, S. 125–137, hier: S. 125.

102 Vortrag des Genossen Manuilski über die Nationalitätenfrage während des Kongresses der KPP am 30. 01. 1925: RGASPI, f. 523, op. 1, d. 72, Bl. 24–62, hier: Bl. 49, 53 (Hervorhebung B. M.).

103 Interview mit Roman Werfel, polnisch-jüdischer Kommunist, von 1983, in: Torańska, *Oni*, S. 272–311, hier: S. 286.

104 *Prawda* Nr. 56, 15. 03. 1923, abgedr. in: Stalin, *Sotschinenija*, Bd. 5, *1921–1923*, Moskau 1947, S. 160–180, hier: S. 167; der Artikel ist übersetzt und abgedr. in: J. W. Stalin, *Werke*. Bd. 5 (1921–1923), Berlin 1952, S. 90–99, hier: S. 93 (Hervorhebung B.M.).

105 Vortrag des Genossen Manuilski über die Nationalitätenfrage während des Kongresses der KPP am 31. 01. 1925: RGASPI, f. 523, op. 1, d. 72, Bl. 24–62, hier: Bl. 52 f.

106 Ebd., Bl. 51.

107 Aufklärungsbericht: Polen – Ausbildung und taktische Vorbereitung der Armee zum 01. 01. 1922, Materialien der strategischen Aufklärung, Verwaltung Aufklärung des Stabes der Roten Armee: RGASPI, f. 5, op. 1, d. 2508, Bl. 1–114 v.

108 Grigori Sinowjew: Thesen über die kommende »deutsche Revolution« und die Aufgaben der russischen Kommunisten, vorgetragen am 21. 09. 1923 auf dem Plenum des ZK und mit Abänderungen von der Kommission des Politbüros am 22. 09. 1923 gebilligt: RGASPI, f. 558, op.11, d. 139, Bl. 22–30 v, hier: Bl. 25 v (Hervorhebung B. M.). Dieses sehr wichtige Dokument wurde in Auszügen in deutscher Übersetzung bereits veröff. (*Deutscher Oktober 1923*, S. 151–162), die zitierte Passage wurde dort aber ausgelassen; in vollständiger Originalfassung abgedr. in: *Politbjuro i Komintern*, S. 185–203, hier: S. 191.

109 Lenins Rede auf dem Verbandstag der Arbeiter und Angestellten der Lederindustrie vom 02. 10. 1920, in: Lenin, *Werke*, Bd. 31, S. 291–306, hier: S. 293, 302 f.

110 Lenins Referat über die Konzessionen, gehalten in der Sitzung der KPR(b)-Fraktion des VIII. Sowjetkongresses am 21. 12. 1920, abgedr. in: ebd., S. 459–482, hier: S. 471 f.

111 Lenins Rede in der Aktivversammlung der Moskauer Organisation der KPR(b) am 06. 12. 1920, abgedr. in: ebd., S. 434–454, hier: S. 445 f.

112 Lenins Referat über die Konzessionen, gehalten in der Sitzung der KPR(b)-Fraktion des VIII. Sowjetkongresses am 21. 12. 1920, abgedr. in: ebd., S. 459–482, hier: S. 471.

113 Lenins Rede zum 3. Jahrestag der Oktoberrevolution in der Festsitzung der Moskauer Sowjets der Arbeiter-, Bauern- und Rotarmistendeputierten, des Moskauer Komitees der KPR(b) des Gewerkschaftsrats des Moskauer Gouvernements vom 06. 11. 1920, abgedr. in: ebd., S. 391–396, hier: S. 393.

114 Rede Stalins in der Sitzung der polnischen Kommission der Komintern »Über die kommunistische Partei Polens« vom 03. 07. 1924, abgedr. in: Stalin, *Werke*, Bd. 6 (1924), S. 139–142, hier: S. 140.

115 Viktor Kopp, Vertreter der Russischen Sozialistischen Föderativen Sowjet-Republik für Kriegsgefangenen-Angelegenheiten, an Trotzki am 06. 11. 1920: RGASPI, f. 325, op. 2, d. 45, Bl. 6–7 v.

116 Ebd.

117 Mehr dazu vgl. u. a. Koenen, *Der Russland-Komplex*, S. 294–298; Gorlov, »Geheimsache Moskau-Berlin«, S. 133–169; Zeidler, *Reichswehr und Rote Armee.*

Das Gebot des wirtschaftlichen Wiederaufbaus

1 Lenins Rede auf dem Verbandstag der Arbeiter und Angestellten der Lederindustrie vom 02. 10. 1920, in: Lenin, *Werke*, Bd. 31, Berlin 1959, S. 291–306, hier: S. 302.

2 Lenins Rede in der Aktivversammlung der Moskauer Organisation der KPR(b) am 06. 12. 1920, abgedr. in: ebd., S. 434–454, hier: S. 449 f.

3 Ziemke, *Red Army*, S. 135.

4 Ebd., S. 130–135.

5 Rede Trotzkis auf der 9. Rätekonferenz: RGASPI, f. 325, op. 1, d. 72, Bl. 17–56, hier: Bl. 17.

6 Tabelle: Reduzierung der Roten Armee von Dezember 1920 bis Dezember 1921, ohne Truppen für Besondere Verwendung, Truppen der Tscheka und der Kriegsflotte, undatiert (Dezember 1921): ebd., Bl. 143.

7 Bericht von Schtrodach, Stabsangehöriger der 15. Armee, vom 17. 11. 1920 über den Stand der Roten Armee: RGASPI, f. 17, op. 109, d. 128, Bl. 1–2 v.

8 Tabelle: Reduzierung der Roten Armee von Dezember 1920 bis Dezember 1921, der Truppen für besondere Verwendung, Truppen der Tscheka und der Flotte, undatiert (Dezember 1921): RGASPI, f. 325, op. 1, d. 72, Bl. 143.

9 Lenins Referat über die Konzessionen, gehalten in der Sitzung der KPR(b)-Fraktion des VIII. Sowjetkongresses am 21. 12. 1920, abgedr. in: Lenin, *Werke*, Bd. 31, S. 459–482, hier: S. 476.

10 Lenins Rede in der Aktivversammlung der Moskauer Organisation der KPR(b) am 06. 12. 1920, abgedr. in: ebd., S. 434–454, hier: S. 450, 454.

11 Lenins Bericht über die Tätigkeit des Rates der Volkskommissare, gehalten am 22. 12. 1920, abgedr. in: ebd., S. 483–515, hier: S. 513 (Hervorhebung im Original).

12 Lenins Referat über die Konzessionen, gehalten in der Sitzung der KPR(b)-Fraktion des VIII. Sowjetkongresses am 21. 12. 1920, abgedr. in: ebd., S. 459–482, hier: S. 476.

13 Ausführlich: ebd., S. 459–482.

14 Ju. P. Bokarew, »NEP kak samoorganisujuschtschajsja i samorasruschajuschtschajsja sistema«, in: *NEP: Ekonomitscheskie, polititscheskie i soziokulturnye aspekty*, S. 121–133, hier: S. 123 f.

15 Ju. Muchin, »Sowjetskaja awiapromyschlennost w gody NEPA – ›Gadkij Utenok‹ ›Oboronki‹«, in: ebd., S. 202–223, hier: S. 204.

16 Samuelson, *Krasnyj Koloss*, S. 43 f.

17 Denkschrift Trotzkis, »Thesen über Industrialisierung«, vom 16. 02. 1923: RGASPI, f. 325, op. 1, d. 509, Bl. 70–86, hier: Bl. 71, 75.

18 Stellungnahme von Dserschinski vom 04. 03. 1923 zu Thesen Trotzkis über Industrialisierung vom 16. 02. 1923, 04. 03. 1923: RGASPI, f. 325, op. 1, d. 511, Bl. 15–20, hier: Bl. 15.

19 Ebd., hier: Bl. 16.

20 Beschluss des Politbüros vom 25. 02. 1930 über den Umgang mit Konzessionären, Anlage Nr. 2 zum Sitzungsprotokoll Nr. 118 des Politbüros vom 25. 02. 1930, Punkt 14: RGASPI, f. 17, op. 162, d. 8, Bl. 81 f., 92 f.

21 Auszug aus dem Bericht des Kreiskomitees der Partei in Pugatschew, Gouvernement Samara, vom 18. 01. 1921, abgedr. in: *Krestjanskoje dwischenie w Powolschije*, S. 627.

22 Vgl. dazu zahlreiche ähnliche Dokumente für das Wolgagebiet (ebd.) und für das gesamte Sowjetrussland in: *Sowjetskaja derewnija glasami WČK-OGPU-NKWD*.

23 B. Orlow, »NEP v regionalnom rakurse: ot usrednennych ozenok k mnogoobrasiju«, in: *NEP: Ekonomitscheskie, polititscheskie i sociokulturnye aspekty*, S. 33–54; Werth, »Ein Staat gegen sein Volk«, S. 136–141.

24 Lenins Rede über das Genossenschaftswesen, Teil II vom 06. 01. 1923, abgedr. in: Lenin, *Werke*, Bd. 33, S. 458–461, hier: S. 458.

25 Lenin über die NÖP in der Sitzung der VII. Moskauer Gouvernements-Parteikonferenz, 29. 10. 1921, abgedr. in: ebd., S. 63–98, Zitat S. 95.

26 N. Suworowa, »NEP: Ekonomitscheskie problemy«, in: *NEP: Ekonomitscheskie, polititscheskie i soziokulturnye aspekty*, S. 96–120; Bokarew, »NEP kak samoorganizujuschtschajsja i samorazruschajuschtschajsja sistema«, in: ebd., S. 121–133 (die Wachstumszahlen S. 127).

Der antikommunistische Widerstand in den ersten Jahren nach dem Bürgerkrieg

1 Lenins Rede »Fünf Jahre russische Revolution und die Perspektiven der Weltrevolution«, Referat auf dem IV. Kongress der Komintern, 13. 11. 1922, abgedr. in: Lenin, *Werke*, Bd. 33, S. 404–418, hier: S. 407.

2 Lenins Schlusswort auf der Konferenz der Vorsitzenden der Exekutivkomitees der Kreis-, Amtsbezirks- und Dorfsowjets des Moskauer Gouvernements, 15. 10. 1920, abgedr. in: Lenin, *Werke*, Bd. 31, S. 326–330, hier: S. 329.

3 Fernschreiben von Frunse an Lenin vom 07. 02. 1921 über den Durchbruch im Kampf gegen das ukrainische Banditentum, abgedr. in: *Nestor Machno*, S. 585 f.

4 Protokoll Nr. 1 der Sitzung der Kommission zum Kampf mit Banditentum in der Ukraine vom 29. 12. 1920: RGASPI, f. 76, op. 3, d. 70, Bl. 32; Verfügung über das Kommando über alle bewaffneten Kräfte in der Ukraine und Bevollmächtigten der RWSR in der Ukraine vom 29. 12. 1920: ebd., Bl. 33; Chiffriertes Telegramm an den Kommandierenden der Truppen in der Ukraine, Genosse Frunse, von Sklajanski, S. Kamenew, Lebedew, Dserschinski vom 04. 01. 1921: ebd., Bl. 36; Bericht des RWSR vom 23. 08. 1921 über den Stand der Roten Armee: RGASPI, f. 17, op. 109, d. 128, Bl. 12–13 v (hier: die Angaben über die eingesetzten Rotarmisten).

5 Fernschreiben von Frunse an Lenin vom 07. 02. 1921 über den Durchbruch im Kampf gegen das ukrainische Banditentum, abgedr. in: *Nestor Machno*, S. 585 f.

6 Vgl. dazu beispielsweise zahlreiche Dokumente und Berichte für das Jahr 1921 in der Dokumentensammlung: *Nestor Machno*.

7 Werth, »Ein Staat gegen sein Volk«, S. 125.

8 Ebd., S. 126 f. (Zitat nach ebd., S. 126).

9 Ebd., S. 126 f., 133.

10 Ebd., S. 133 f.

11 Tuchatschewski an Lenin am 16. 07. 1921, Bericht über das Banditentum im Gouvernement Tambow: RGASPI, f. 325, op. 1, d. 482, Bl. 219–221.

12 Beispielsweise im Gouvernement Tjumen (Westsibirien) gab es im Februar/März 1921 über 40 000 Aufständische. *Sa Sowjety bes komunistow. Krestjanskoje wosstanie w Tjumenskoj gubernii 1921. Sbornik dokumentow*, Nowosibirsk 2000, S. 17.

13 Vgl. dazu Werth, »Ein Staat gegen sein Volk«, S. 124–135; zahlreiche Dokumente zur Bekämpfung des »Banditentums« im Jahre 1921 im östlichen Wolgagebiet im Sammelband »Krestjanskoje dwischenie w Powolsche« und für ganz Sowjetrussland im Sammelband »Sowjetskaja derewnja, Bd. 1.

14 Werth, »Ein Staat gegen sein Volk«, S. 128–131.

15 Ebd.

16 Bericht des RWSR vom 23. 08. 1921 über den Stand der Roten Armee: RGASPI, f. 17, op. 109, d. 128, Bl. 12–13 v.

17 Beschluss über die Abteilungen für besondere Verwendung der RFSR, Entscheidung des ZK der RKP vom 24. 03. 1921: RGASPI, f. 17, op. 87, d. 30, Bl. 13 f.

18 Zweiwöchentlicher Lagebericht Nr. 5 der Verwaltung Aufklärung des Stabes der Roten Armee über die Aktivitäten der russischen Weißgardisten im Ausland und an der inneren Front vom 01. 09. 1921: RGASPI, f. 17, op. 87, d. 332, Bl. 18–33, hier: Bl. 22 v.

19 Ebd., Bl. 18–33.

20 Zweiwöchentlicher Lagebericht Nr. 8 der Verwaltung Aufklärung des Stabes der Roten Armee über die Aktivitäten der russischen Weißgardisten im Ausland und an der inneren Front vom 01. 11. 1921: ebd., Bl. 96–111 v.

21 Rede Trotzkis auf der 9. Sowjetkonferenz vom 27. 12. 1921: RGASPI, f. 325, op. 1, d. 72, Bl. 17–56, hier: Bl. 33.

22 Wöchentlicher Operativ- und Aufklärungsbericht des Stabes der Roten Armee für die Zeit vom 30. 12. 1921 bis 05. 01. 1922, 06. 01. 1922: RGASPI, f. 17, op. 87, d. 338, Bl. 1–4; Wöchentlicher Operativ- und Aufklärungsbericht des Stabes der Roten Armee für die Zeit vom 06. bis 12. 01. 1922, 14. 01. 1922: ebd., Bl. 7 ff.; Wöchentlicher Operativ- und Aufklärungsbericht des Stabes der Roten Armee für die

Zeit vom 13. bis 19. 01. 1922, 21. 12. 1922: ebd., Bl. 12 ff.; vgl. auch weitere Berichte für die Monate Februar und März 1922: ebd.

23 Wöchentlicher Operativ- und Aufklärungsbericht des Stabes der Roten Armee für die Zeit vom 24. 03. bis 30. 03. 1922, 01. 04. 1922: ebd., Bl. 51–54; vgl. die Berichte für die Monate Januar bis April 1922: ebd.

24 Verzeichnis der Städte, Kreise, Gouvernements, Oblasten und autonomen Republiken, in denen am 05. 08. 1922 Kriegszustand galt, 11. 08. 1922: RGASPI, f. 17, op. 87, d. 169, Bl. 1 ff.; Verzeichnis der Städte, Kreise, Gouvernements, Oblasten und autonomen Republiken, in denen am 15. 10. 1922 Kriegszustand galt: ebd., Bl. 11 f.; Verzeichnis der Städte, Kreise, Gouvernements, Oblasten und autonomen Republiken, in denen am 15. 12. 1922 Kriegszustand galt: ebd., Bl. 14 f.

25 Aus dem Bericht der Abteilung Information der OGPU über antisowjetische Erscheinungen auf dem Lande in den Jahren 1925–1927, undatiert, nach dem 01. 03. 1928, abgedr. in: *Sowjetskaja derewnja*, Bd. 2, S. 626–641, hier: S. 626.

Die Stabilisierung der sowjetischen Herrschaft

1 Lenins Rede »Fünf Jahre russische Revolution und die Perspektiven der Weltrevolution« vom 13. 11. 1922, abgedr. in: Lenin, *Werke* Bd. 33, S. 404–418, hier: S. 410.

2 Lenin am 6. März 1922: »Was sind unsere Sitzungen und Kommissionen? Sehr häufig bloße Spielerei [...] Unser schlimmster Feind ist der Bürokrat, der Kommunist, der auf einem verantwortlichen (und auch auf einem nichtverantwortlichen) Sowjetposten sitzt und allgemeine Achtung als gewissenhafter Mensch genießt. [...] Er hat es nicht gelernt, den Schlendrian zu bekämpfen, er versteht es nicht, ihn zu bekämpfen, er bemäntelt ihn. *Dieses Feindes müssen wir uns entledigen, und mit Hilfe aller klassenbewußten Arbeiter und Bauern werden wir ihm zu Leibe rücken.* [...] All diejenigen, die sich nur mit diesen Kommissionen, Beratungen und Besprechungen abgeben, aber nicht die einfachste praktische Arbeit leisten, sollen sich lieber auf das propagandistische und agitatorische und jedes andere nützliche Arbeitsgebiet werfen.« Rede über die internationale und innere Lage der Sowjetrepublik vom 06. 03. 1922, abgedr. in: Lenin, *Werke*, Bd. 33, S. 197–212, hier: S. 210 ff. (Hervorhebung im Original); Lenin über den Staatsapparat: »Lieber weniger, aber besser« am 02. 03. 1923, abgedr. in: ebd., S. 474–490 (»Mit dem Staatsapparat steht es bei uns der-

art traurig, um nicht zu sagen abscheulich, daß wir uns zunächst gründlich überlegen müssen, wie wir seine Mängel bekämpfen sollen«, ebd., S. 474); am 17. 10. 1921 sprach Lenin in einer Rede von drei Hauptfeinden der NÖP: dem kommunistischen Hochmut, d. h. der Neigung, über Dekrete zu regieren, dem Analphabetentum und der Bestechlichkeit: Lenins Rede über die Neue Ökonomische Politik vom 17. 10. 1921, abgedr. in: ebd., S. 40–60, hier: S. 58 f.

3 Lenins Rede »Fünf Jahre russische Revolution und die Perspektiven der Weltrevolution« vom 13. 11. 1922, abgedr. in: ebd., S. 404–418, hier: S. 411 f.

Die Rote Armee nach 1920

1 Bericht des RWSR vom 23. 08. 1921 über den Stand der Roten Armee: RGASPI, f. 17, op. 109, d. 128, Bl. 12–13 v.

2 Tabelle: Reduzierung der Roten Armee von Dezember 1920 bis Dezember 1921, ohne Truppen für Besondere Verwendung, Truppen der Tscheka und der Flotte, undatiert (Dezember 1921): RGASPI, f. 325, op. 1, d. 72, Bl. 143.

3 Auskunft über die Stärke der Roten Armee am 01. 12. 1921 vom 26. 12. 1921: ebd., Bl. 147.

4 Auszug aus dem Sitzungsprotokoll Nr. 328 des Rates für Arbeit und Verteidigung vom 28. 06. 1922: RGASPI, f. 76, op. 3, d. 306, Bl. 84.

5 Auszug aus dem Protokoll Nr. 5 der Sitzung des Plenums des ZK der WKP vom 08. 08. 1922: RGASPI, f. 82, op. 1, d. 799, Bl. 7.

6 Bericht über den Zustand der Armee, undatiert, am Rande (handschriftlich) Datum 05. 05. [1923], Verfasser unbekannt: RGASPI, f. 76, op. 2, d. 17, Bl. 23–38 v.

7 Auszug aus dem Sitzungsprotokoll Nr. 328 des Rates für Arbeit und Verteidigung vom 28. 06. 1922: RGASPI, f. 76, op. 3, d. 306, Bl. 84.

8 Auszug aus dem Beschluss des Rates für Arbeit und Verteidigung, 27. 09. 1922: ebd., Bl. 87.

9 Stellungnahme von Danilow (Chef der Sonderabteilungen bei der Roten Armee) vom 28. 04. 1924 gegenüber den Mitgliedern des ZK der RKP(b) zum Vortrag von Gusew über den Zustand der Roten Armee vom 03. 02. 1924: RGASPI, f. 82, op. 2, d. 799, Bl. 15–25 (»Die Armee wurde eilig und nicht nach militärischen Erwägungen reduziert, sondern nach finanziellen Gesichtspunkten sowie nach denen der Versorgung mit Lebensmitteln«, ebd., Bl. 17).

10 Trotzki über den Zustand der Roten Armee, undatiert, nach dem 03. 02. 1924: RGASPI, f. 325, op. 1, d. 522, Bl. 22–25.

11 Auskunft über die Streitkräfte ausländischer Staaten vom 26.07. 1924, Chef der Abteilung für Information und Statistik der Roten Armee: RGASPI, f. 325, op. 1, d. 524, Bl. 20.
12 Ebd.
13 Ebd.
14 Bericht über den Zustand der Armee, undatiert, am Rande handschriftlich Datum 05.05.[1923], Verfasser unbekannt: RGASPI, f. 76, op. 2, d. 17, Bl. 23–38 v, hier: Bl. 27–30.
15 Bericht über die Defekte in der Roten Armee, die sich direkt auf ihre Kriegsbereitschaft auswirken, nach dem Stand vom 01.04.1923, am 17.05.1923 verfasst vom Chef der I. Abteilung der OO der GPU, Lawrowski, am 17.05.1923: RGASPI, f. 76, op. 2, d. 17, Bl. 48–68, hier: Bl. 50.
16 Ebd., hier: Bl. 50 ff., 60 ff.
17 Ebd., Bl. 52 f.
18 Bericht über den Zustand der Armee, undatiert, am Rande handschriftlich Datum 05.05.[1923], Verfasser unbekannt: RGASPI, f. 76, op. 2, d. 17, Bl. 23–38 v.
19 Bericht über die Defekte in der Roten Armee, die sich direkt auf ihre Kriegsbereitschaft auswirken, nach dem Stand vom 01.04.1923, 17.05.1923 verfasst vom Chef der I. Abteilung der OO der GPU, Lawrowski, am 17.05.1923: RGASPI, f. 76, op. 2, d. 17, Bl. 48–68, hier: Bl. 54.
20 Bericht der politischen Verwaltung des Revolutionären Kriegsrates der Republik Nr. 17 vom 03.08.1922: RGASPI, f. 17, op. 87, d. 334, Bl. 22–23 v, hier: Bl. 22 v.
21 Bericht der politischen Verwaltung des Revolutionären Kriegsrates der Republik Nr. 22 vom 24.08.1922: ebd., Bl. 36–37 v, hier: Bl. 36 v.
22 Bericht der politischen Verwaltung des Revolutionären Kriegsrates der Republik Nr. 24 vom 30.08.1922: ebd., Bl. 40–41 v, hier: Bl. 40.
23 Bericht über den Zustand der Armee, undatiert, am Rande handschriftlich Datum 05.05.[1923], Verfasser unbekannt: RGASPI, f. 76, op. 2, d. 17, Bl. 23–38 v.
24 Schreiben von Woroschilow, Muralow, Laschkewitsch u.a. an die Mitglieder des ZK der RKP(b) und des ZKK über den katastrophalen Zustand der Kasernen und die fatale Versorgung mit Brennstoffen bei der Roten Armee vom 02.07.1923: RGASPI, f. 82, op. 2, d. 799, Bl. 13 f.
25 Bericht der politischen Verwaltung des Revolutionären Kriegsrates der UdSSR für den Monat Februar 1924, undatiert (am Rande das Datum 17.03.1924): RGASPI, f. 17, op. 87, d. 346, Bl. 100 ff.
26 Bericht des Chefs der OO der GPU, Jagoda, über die Mängel in der

Roten Armee und militärischen Behörden, 22. Mai 1923: RGASPI, f. 76, op. 2, d. 17, Bl. 86–96 (Hervorhebung im Original).

27 Bericht über die Defekte in der Roten Armee, die sich direkt auf ihre Kriegsbereitschaft auswirken, nach dem Stand vom 01. 04. 1923, 17. 05. 1923 verfasst vom Chef der I. Abteilung der OO der GPU, Lawrowski, am 17. 05. 1923: RGASPI, f. 76, op. 2, d. 17, Bl. 48–68, hier: Bl. 64 f.

28 Bericht der politischen Verwaltung des Revolutionären Kriegsrates der UdSSR für den Monat Februar 1924, am Rande das Datum 17. 03. 1924: RGASPI, f. 17, op. 87, d. 346, Bl. 100 ff.

29 Ebd., hier: Bl. 102.

30 GPU-Lagebericht über die politische Stimmung in der UdSSR im Monat Dezember 1924, Jagoda, Prokofjew: RGASPI, f. 17, op. 87, d. 181, Bl. 2–8 v, hier: Bl. 6 v f.

31 Vgl. dazu GPU-Berichte über die politische Lage in der UdSSR für das Jahr 1925: RGASPI, f. 17, op. 87, d. 182, 183.

32 Lagebericht der politischen Verwaltung der RKKA (Rote Armee) und RKKF (Rote Flotte) für den Monat Mai 1924: RGASPI, f. 17, op. 87, d. 346, Bl. 1–2 v.

33 Lagebericht der politischen Verwaltung des Revolutionären Kriegsrates der UdSSR für den Monat April 1924: ebd., Bl. 36 ff.

34 Bericht der politischen Verwaltung des Revolutionären Kriegsrates der UdSSR Nr. 214 vom 29. 02. 1924: ebd., Bl. 103–105 v, hier: Bl. 104.

35 Bericht der OGPU über die politische Lage in der UdSSR für Oktober 1925: RGASPI, f. 17, op. 87, d. 183, Bl. 32–67, hier: Bl. 38 v.

36 Bericht der politischen Verwaltung des Revolutionären Kriegsrates der UdSSR Nr. 214 vom 29. 02. 1924: RGASPI, f. 17, op. 87, d. 346, Bl. 103–105 v, hier: Bl. 104 v.

37 Bericht der politischen Verwaltung des Revolutionären Kriegsrates der UdSSR Nr. 212 vom 25. 02. 1924: ebd., Bl. 110–112, hier: Bl. 110.

38 Tabelle: Nationale Zusammensetzung der Truppen der Roten Armee im November 1921: RGASPI, f. 17, op. 87, d. 330, Bl. 4.

39 Bericht der politischen Verwaltung des Revolutionären Kriegsrates der UdSSR für den Monat Februar 1924, am Rande das Datum 17. 03. 1924: RGASPI, f. 17, op. 87, d. 346, Bl. 100 ff., hier: Bl. 102.

40 Vgl. *ZK RKP(b) – WKP(b) i nationalny wopros*, Buch 1, *1918–1933 gg*, S. 402 (FN 2).

41 Bericht der politischen Verwaltung des Revolutionären Kriegsrates der UdSSR Nr. 210 vom 19. 02. 1924: RGASPI, f. 17, op. 87, d. 346, Bl. 116–117 v, hier: Bl. 116 v f.

42 Lagebericht der politischen Verwaltung der RKKA (Rote Armee) und RKKF (Rote Flotte) für den Monat Mai 1924: RGASPI, f. 17, op. 87, d. 346, Bl. 1–2 v, hier: Bl. 1 v.

43 Bericht der politischen Verwaltung des RWS der UdSSR Nr. 233 vom 10. 05. 1924: RGASPI, f. 17, op. 87, d. 346, Bl. 26 ff., hier: Bl. 26.

44 Denkschrift von Tuchatschewski an das ZK der RKP vom 23. 01. 1924: RGASPI, f. 558, op. 11, d. 446, Bl. 2–4 v (Hervorhebungen im Original).

45 Ebd.

46 Trotzki über den Zustand der Roten Armee, undatiert, nach dem 03. 02. 1924: RGASPI, f. 325, op. 1, d. 522, Bl. 22–25, hier: Bl. 22 (Hervorhebung im Original). In der zaristischen Armee und auch in der Roten Armee nahmen die demobilisierten Soldaten ihre Uniformen mit.

47 Auszug aus dem Sitzungsprotokoll des Plenums des ZK der RKP Nr. 17 vom 30. 03. 1923: RGASPI, f. 76, op. 2, d. 17, Bl. 1.

48 Auszug aus dem Sitzungsprotokoll des Politbüros des ZK der RKP vom 03. 05. 1923: ebd., Bl. 22.

49 Stellungnahme von Danilow vom 28. 04. 1924 gegenüber den Mitgliedern des ZK der RKP(b) zum Vortrag von Gusew über den Zustand der Roten Armee vom 03. 02. 1924: RGASPI, f. 82, op. 2, d. 799, Bl. 15–25.

50 Sitzungsprotokoll Nr. 2 der Kommission zur Erarbeitung von Maßnahmen, notwendig zur Genesung und Stärkung der Armee vom 19. 02. 1924, protokolliert von Trotzki: RGASPI, f. 325, op. 1, d. 522, Bl. 8 f.

51 Denkschrift des Chefs des OGPU, Felix Dserschinski, über die wirtschaftliche Lage an das Politbüro des ZK der RKP(b) vom 09. 07. 1924, abgedr. in: *Sowjetskaja derewnja*, Bd. 2, S. 223–227, hier: S. 226.

52 Beschluss des Revolutionären Kriegsrates der UdSSR vom 17. 08. 1924: RGASPI, f. 325, op. 1, d. 99, Bl. 5 f.

53 Michail Frunse, Chef des Stabes der Roten Armee, an den Vorsitzenden des RVS der UdSSR, Trotzki, am 05. 07. 1924: RGASPI, f. 325, op. 1, d. 524, Bl. 8–9 v.

54 Stellungnahme Tuchatschewskis vom 19. 06. 1930 zu der Kritik des Stabes der RKKA seiner Denkschrift vom 08. 03. 1930 über Reorganisierung der Roten Armee, an Stalin, Kopie an Woroschilow: RGASPI, f. 558, op. 11, d. 446, Bl. 6–11 v, hier: Bl. 10 v. Dabei behauptet Tuchatschewski, dass er diesen Vorschlag (Reduzierung der Roten Armee auf 90 Divisionen) unterbreitet hätte.

55 Materialien zur Frage der Probemobilmachung im Jahre 1925, undatiert (Ende 1925 bzw. Anfang 1926): RGASPI, f. 76, op. 2, d. 182, Bl. 104–110.

56 Ebd.

57 Protokoll der operativen Konferenz der bevollmächtigten Vertreter vom 08.07.1926: RGASPI, f. 76, op. 3, d. 364, Bl. 64–69.
58 Ebd.
59 Ebd.
60 Ebd.
61 Aus dem Bericht der Geheimen Abteilung der OGPU »Antisowjetische Bewegung auf dem Lande«, Oktober 1928, veröff. in: *Sowjetskaja derewnja*, S. 780–817, hier: S. 812 ff.
62 Denkschrift über Kriegsindustrie und die Landesverteidigung, Smirnow, Mitglied der ZK-Kommission für Landesverteidigung, undatiert, Anfang Juni 1923. RGASPI, f. 76, op. 2, d. 17, Bl. 98 f.
63 Ebd.
64 Anlage »Handfeuerwaffen« zur Denkschrift von Smirnow von Anfang Juni 1923: ebd., Bl. 99–104.
65 Ebd.
66 Anlage »Schuss-Munition für Handfeuerwaffen« zur Denkschrift von Smirnow von Anfang Juni 1923: ebd., Bl. 105–108.
67 Anlage »Geschütze« zur Denkschrift von Smirnow von Anfang Juni 1923: ebd., Bl. 109–115.
68 Anlage »Sprengstoffe und die zugehörigen Ausrüstungselemente« zur Denkschrift von Smirnow von Anfang Juni 1923: ebd., Bl. 116 f.
69 Anlage »Flugzeuge und Motoren« zur Denkschrift von Smirnow von Anfang Juni 1923: ebd., Bl. 118–121.
70 Anlage »Flotte« und Tabelle »Fünfjähriger Produktionsplan der Rüstungsindustrie 1923–1928« zur Denkschrift von Smirnow von Anfang Juni 1923: ebd., Bl. 122–125.
71 Tabelle »Fünfjähriger Produktionsplan der Rüstungsindustrie 1923–1928« zur Denkschrift von Smirnow von Anfang Juni 1923: ebd., Bl. 125.
72 Beschluss des Revolutionären Kriegsrates der UdSSR vom 17.08.1924: RGASPI, f. 325, op. 1, d. 99, Bl. 5 f.
73 Zusammenfassung des Vortrages von Trotzki »Unsere militärischen Aufgaben«, gehalten in der Militärakademie der Roten Armee am 07.05.1924: RGASPI, f. 325, op. 1, d. 87, Bl. 10–18, hier: Bl. 11, 13.
74 Vgl. z. B. Ziemke, *Red Army*, S. 149 ff.
75 Vortrag Trotzkis auf dem Jahreskongress der »Gesellschaft der Freunde der chemischen Verteidigung« am 19.05.1924: RGASPI, f. 325, op. 1, d. 92, Bl. 1–23, hier: Bl. 8 f.
76 Denkschrift des Vorsitzenden des Rates des Verbandes der chemischen Industrie, Unterschrift unleserlich, undatiert (1925): RGASPI, f. 76, op. 2, d. 203, Bl. 2–8, hier: Bl. 3.

77 Dserschinski an Krawal und Stern am 28. 05. 1926: RGASPI, f. 76, op. 2, d. 182, Bl. 99.

78 Dserschinski an Politbüro der ZK der RKP(b), Kopie an Frunse, 08. 03. 1925: ebd., Bl. 64. Dserschinski wandte sich in dem Schreiben gegen das Projekt des Beschlusses über die Kommission für Verteidigung beim Politbüro der ZK der RKP(b) (verschickt am 4. März 1925, Nr. 4328). Denn, so Dserschinski, das sei keine Parteikommission, sondern eine reine Sowjetkommission – ein neuer konspirativer STO [Rat für Arbeit und Verteidigung] mit größten Vollmachten. Dieses Projekt übergebe die Rechte von Politbüro und STO an die Kommission. Das werde nicht funktionieren, in der Praxis (bei der Geheimhaltung des Organs) größte Verwirrung stiften und die solide Bearbeitung der Fragen verhindern. Trotzdem wurde die Kommission errichtet, die umgehend ihre Arbeit aufnahm. Am 05. 07. 1926 fand die 13. Sitzung dieser Kommission statt, die sich wie folgt zusammensetzte: Rykow (Vorsitz), Dserschinski, Woroschilow, Kusnezow, Unszlicht, Bubnow, Rudsutak. Protokoll Nr. 13 der Kommission des Genossen Rykow beim Politbüro des ZK der WKP(b) vom 05. 07. 1926: ebd., Bl. 175 f. Dass es sich bei der Rykow-Kommission um die geheime Kommission für Verteidigung handelte, geht u. a. aus den darauf folgenden Berichten (ebd., Bl. 176–188) hervor.

79 Bericht über den Zustand der Rüstungsindustrie, undatiert (Ende Juni/Anfang Juli 1926), Verfasser unleserlich: RGASPI, f. 76, op. 2, d. 182, Bl. 176–188.

80 Projekt des Beschlusses der Kommission für Verteidigung vom 05. 07. 1926: ebd., Bl. 210–214.

81 Ebd.

82 Auszug aus dem Sitzungsprotokoll Nr. 39 des Politbüros vom 08. 07. 1926: ebd., Bl. 229.

Der Rote Oktober 1923 in Deutschland und die Bolschewiken

1 Lenins Rede in der Festsitzung des Moskauer Sowjets zum Jahrestag der Gründung der III. Internationale am 06. 03. 1920, abgedr. in: Lenin, *Werke*, Bd. 30, S. 409–417, Zitat S. 416 f. (Hervorhebung B. M.).

2 Lenins Referat über die Konzessionen, gehalten in der Sitzung der KPR(b)-Fraktion des VIII. Sowjetkongresses am 21. 12. 1920, abgedr. in: Lenin, *Werke*, Bd. 31, S. 459–482, hier: S. 469.

3 Stalin, »Oktoberrevolution und die Taktik der russischen Kommunis-

ten«, Vorwort zu dem Buch *Auf dem Weg zum Oktober*, 17. 12. 1924, abgedr. in: Stalin, *Werke*, Bd. 6 (1924), S. 185–206, hier: S. 204.

4 Stalins Rede »Politischer Rechenschaftsbericht des Zentralkomitees« am 03. 12. 1927 während des XV. Parteitages der WKP(b) vom 02.–19. 12. 1927, abgedr. in: Stalin, *Werke*, Bd. 10, S. 134–173, hier: S. 136 f., 140.

5 Vgl. z. B. Schwabe, »Der Weg der Republik«, S. 95–133.

6 G. Sinowjew: Thesen über die kommende »deutsche Revolution« und die Aufgaben der russischen Kommunisten, vorgetragen am 21. 09. 1923 im Plenum des ZK und mit Abänderungen von der Kommission des Politbüros am 22. 09. 1923 gebilligt. RGASPI, f. 558, op 11, d 139, Bl. 22–30 v, sowie: RGASPI, f. 17, op. 2, d. 101, Bl. 5–13; abgedr. in deutscher Übersetzung in Auszügen in: *Deutscher Oktober 1923*, S. 151–162, hier: S. 159.

7 Zitiert nach Firsov, »Ein Oktober, der nicht stattfand«, S. 38 f.

8 Ebd., S. 40; Auszug aus dem Protokoll Nr. 27 der Politbürositzung vom 22. 08. 1923, abgedr. in: *Deutscher Oktober 1923*, S. 130 f.

9 Protokoll Nr. 27 der Politbürositzung vom 22. 08. 1923: RGASPI, f. 17, op. 162, d. 1, Bl. 4 f.; Auszug aus dem Protokoll Nr. 27 der Politbürositzung vom 22. 08. 1923, abgedr. in: *Deutscher Oktober 1923*, S. 130 f.

10 Bessedowsky, *Im Dienste der* Sowjets, S. 151 f. Die Ausführungen Bessedowskys, der sich zu diesem Zeitpunkt in Moskau aufhielt, bevor er im September 1923 als sowjetischer Gesandter nach Warschau reiste, werden weitgehend durch die Protokolle des Politbüros bestätigt. Insbesondere handelt es sich dabei um Protokolle der Politbürositzungen Nr. 29 vom 30. 08. 1923, Nr. 31 vom 06. 09. 1923, Nr. 33 vom 18. 09. 1923: RGASPI, f. 17, op. 162, d. 1, Bl. 7–9, 12.

11 Protokoll Nr. 30 des Präsidiums vom 23. 08. 1923, abgedr. in: *Deutscher Oktober 1923*, S. 132 f.; Firsov, »Ein Oktober, der nicht stattfand«.

12 Aus dem stenografischen Protokoll der geheimen Moskauer Konferenz der russischen Mitglieder der Exekutive mit der Delegation der KPD, der KP Frankreichs und der KP der Tschechoslowakei, Moskau, 25. 09. 1923, abgedr. in: *Deutscher Oktober 1923*, S. 162–178, hier: S. 163.

13 G. Sinowjew: Thesen über die kommende »deutsche Revolution« und die Aufgaben der russischen Kommunisten, vorgetragen am 21. 09. 1923 im Plenum des ZK und mit Abänderungen von der Kommission des Politbüros am 22. 09. 1923 gebilligt: RGASPI, f. 558, op.11, d. 139, Bl. 22–30 v, sowie: RGASPI, f. 17, op. 2, d. 101, Bl. 5–13 (Hervorhebung B. M.); abgedr. in deutscher Übersetzung in Auszügen in: *Deutscher Oktober 1923*, S. 151–162.

14 Schreiben Stalins an August Talheimer, 20. 09. 1923: RGASPI, f. 558, op. 11, d. 139, Bl. 18; abgedr. als Faksimile in: *Deutscher Oktober 1923*, S. 212.

15 Georgij Čičerin (Tschitscherin), Grigorij Zinov'ev (Sinowjew), Lev Trockij (Trotzki), Nikolaj Bucharin, Karl Radek, Iosif Stalin: »Konspekt der Debatte des Politbüros des ZK der RKP(b) über die ›deutsche Revolution‹«, Moskau, 21. 08. 1923, mitgeschrieben von Bažanov (Baschanow), abgedr. in: *Deutscher Oktober 1923*, S. 116–128, hier: S. 123 f.

16 Firsov, »Ein Oktober, der nicht stattfand«.

17 Iosif Stalin, »Anmerkungen zum Charakter und zu den Perspektiven der deutschen Revolution«, 19. 08. 1923, abgedr. in: *Deutscher Oktober 1923*, S. 110–112, hier: S. 112.

18 Čičerin/Zinov'ev/Trockij/Bucharin/Radek/Stalin, a. a. O. (Anm. 15), S. 124.

19 Am 03. 03. 1921 schlossen Polen und Rumänien in Bukarest ein Militärbündnis, das gegen Sowjetrussland gerichtet war. Im Falle eines Überfalls auf eines der beiden Länder durch das bolschewistische Russland war der Bündnispartner zu militärischer Hilfe verpflichtet.

20 Notiz von Gusew an Sinowjew von 1923 (ohne genaue Datumsangabe): RGASPI, f. 558, op. 11, d. 139, Bl. 32.

21 Kommentar von Stalin auf den Vorschlag von Gusew, undatiert: ebd., Bl. 33 v.

22 Sitzungsprotokoll Nr. 45 des Politbüros des ZK der RKP(b) vom 13. 11. 1923: RGASPI, f. 17, op. 162, d. 1, Bl. 28; am 18. 10. 1923 bildete das Politbüro eine Kommission, die sich mit dieser Frage befasste und die am 13. 11. 1923 beschlossenen Maßnahmen ausarbeitete. Die Kommission setzte sich aus Tschitscherin, Frunse, Unszlicht und Skripink zusammen: Sitzungsprotokoll Nr. 40 des Politbüros vom 18. 10. 1923: RGASPI, f. 17, op. 3, d. 388, Bl. 1–7, hier: Bl. 2.

23 Bessedowsky, *Im Dienste der Sowjets*, S. 171 ff.

24 Iosif Stalin, »Anmerkungen zum Charakter und zu den Perspektiven der deutschen Revolution, 20. 08. 1923, abgedr. in: *Deutscher Oktober 1923*, S. 110 ff., hier: S. 112.

25 Trotzki an Mitglieder des Politbüros und des Präsidiums der ZKK über die polnische Frage am 03. 10. 1923: RGASPI, f. 325, op. 1, d. 518, Bl. 68 ff.

26 Sitzungsprotokoll Nr. 384 des Politbüros vom 03. 10. 1923, Punkt 29d: RGASPI, f. 17, op. 3, d. 385, Bl. 1–8, hier: Bl. 7.

27 Kopp, »Bericht über die polnische Frage« an das Politbüro des ZK der RKP vom 09. 10. 1923: RGASPI, f. 325, op. 2, d. 52, Bl. 34 f.; Aktenvermerk von Kopp über das Gespräch mit Knoll (an Mitglieder des

Kollegiums des Volkskommissariats für ausländische Angelegenheiten, Genossen Obolenski und Mitglieder des Politbüros) vom 13.10.1923: RGASPI, f. 325, op. 2, d. 52, Bl. 42.

28 Protokoll Nr. 40 der Politbürositzung vom 18.10.1923: RGASPI, f. 17, op. 3, d. 388, Bl. 1–7, hier: Bl. 2.

29 Bessedowsky, *Im Dienste der Sowjets*, S. 171 ff.

30 Ebd.

31 Trotzki an Tschitscherin, Kopie an Stalin, am 02.11.1923: RGASPI, f. 325, op. 1, d. 520, Bl. 4.

32 Bessedowsky, *Im Dienste der Sowjets*, S. 169–175.

33 Vgl. u. a. Schwabe, »Der Weg der Republik«.

34 Firsov, »Ein Oktober, der nicht stattfand«, S. 48 ff.; *Deutscher Oktober 1923*, S. 234–237.

35 Bericht über den »Hamburger Aufstand« des militärischen Leiters bei der Zentrale der KPD, Valdemar Roze, vom 26.10.1923, abgedr. in: *Deutscher Oktober 1923*, S. 247–251, hier: S. 250.

36 Firsov, »Ein Oktober, der nicht stattfand«, S. 52 f.

37 Leo Trotzki, »Die Wendung der Komintern und die Lage in Deutschland«, 26.09.1930, veröff. im Internet: http://www.mlwerke.de/tr/1930/300926 a.htm.

38 Firsov, »Ein Oktober, der nicht stattfand«, S. 54–57; vgl. dazu auch die Stellungnahme Stalins vom 15.01.1924: »Die deutsche Revolution und die Fehler des Genossen Radek. Aus dem Bericht auf dem Plenum des ZK der RKP(b), 15.01.1924« sowie »Resolutionsentwurf des Plenums des ZK der RKP(b) zur ›Deutschen Frage‹« vom 15.01.1924, abgedr. in: *Deutscher Oktober 1923*, S. 443–451.

Die ideologisch-politische Krise nach dem Scheitern der deutschen Revolution und die Suche nach neuen Wegen

1 Zitiert nach: *Deutscher Oktober 1923*, S. 104.

2 Rede Trotzkis vom 29.07.1924, »Fragen des Bürgerkrieges«, während der Sitzung des Vorstandes der Gesellschaft für militärische Studien (als Broschüre herausgegeben): RGASPI, f. 325, op. 1, d. 278, Bl. 27–48, hier: Bl. 36.

3 Rede Stalins in der Sitzung der polnischen Kommission der Komintern, »Über die kommunistische Partei Polens«, vom 03.07.1924, abgedr. in: Stalin, *Werke*, Bd. 6 (1924), S. 139–142, hier: S. 140.

4 Stalin, »Zur internationalen Lage und zu den Aufgaben der kommunistischen Parteien«, *Prawda* vom 22.03.1925 (Nr. 66); abgedr. in: Stalin, *Werke*, Bd. 7, S. 34 ff.

5 Bessedowsky, *Im Dienste der Sowjets*, S. 180 f.
6 Rede Trotzkis vom 07. 05. 1924 vor den Hörern der Akademie der Roten Armee: RGASPI, f. 325, op. 1, d. 87, Bl. 10–36.
7 Stalin, »Oktoberrevolution und die Taktik der russischen Kommunisten«, Vorwort zu dem Buch *Auf dem Weg zum Oktober*, 17. 12. 1924, abgedr. in: Stalin, *Werke*, Bd. 6 (1924), S. 185–206 hier: S. 205 (Hervorhebung B. M.).
8 Ebd., S. 205.
9 Ebd., S. 204 f.
10 Lenin, »Lieber weniger, aber besser« am 02. 03. 1923, abgedr. in: Lenin, *Werke*, Bd. 33, S. 474–490, S. 486.
11 Stalins Rede »Politischer Rechenschaftsbericht des Zentralkomitees«, gehalten am 18. 12. 1925 auf dem XIV. Parteitag der WKP(b) vom 18. bis 31. 12. 1925, in Stalin, *Werke*, Bd. 7 (1925), S. 134–172, hier: S. 137.
12 Stalin, »Zur internationalen Lage und zu den Aufgaben der kommunistischen Parteien«, *Prawda* vom 22. 03. 1925 (Nr. 66); abgedr. in: Stalin, *Werke*, Bd. 7, S. 34 ff., hier: S. 34.
13 Chang/Halliday, *Mao*.

Polen – das Experimentierfeld der revolutionären Irredenta

1 Vortrag Trotzkis auf der III. Moskauer Konferenz des Allrussischen Verbandes der Metallarbeiter vom 19. 10. 1923: RGASPI, f. 325, op. 2, d. 80, Bl. 87–92, hier: Bl. 91 (Hervorhebung B. M.)
2 Vgl. dazu u. a. Michalka, »Deutsche Außenpolitik 1920–1933«, S. 311 f.
3 Zitiert nach Dębski, *Między Berlinem a Moskwą*, S. 59, FN 11.
4 Schreiben von P. Lapitschinski an Dserschinski vom 11. 08. 1924: RGASPI, f. 76, op. 3, d. 339, Bl. 1 f.
5 Protokoll Nr. 20 der Politbürositzung vom 28. 08. 1924: RGASPI, f. 17, op. 162, d. 2, Bl. 30 f.
6 Protokoll Nr. 43 der Politbürositzung vom 03. 01. 1925: ebd., Bl. 54 f.
7 Dies geht u. a. aus dem Schriftwechsel zwischen Manuilski und Stalin in den zwanziger Jahren zu Nationalitätenfragen hervor: RGASPI, f. 558, op. 11, d. 763.
8 Vortrag von Dmitri Manuilski über die Nationalitätenfrage während des Kongresses der KPP am 30. 01. 1925: RGASPI, f 523, op. 1, d. 72, Bl. 24–62, hier: Bl. 49, 52, 53, 55 (Hervorhebung B. M.).

9 An der Abstimmung, die über die staatliche Zugehörigkeit ganz Oberschlesiens entscheiden sollte, beteiligten sich 1,2 Millionen Stimmberechtigte. Bei einer Wahlbeteilung von 98 % votierten 59,8 % für Deutschland und 40,4 % für Polen. Insbesondere im Industrierevier stimmte die Mehrheit für Polen. Trotz der gewonnenen Abstimmung ging ganz Oberschlesien nicht an Deutschland, sondern wurde auf der Botschafterkonferenz in Paris am 20. Oktober 1921 zwischen Polen und Deutschland aufgeteilt. Die Grenzen wurden zwischen den mehrheitlich polnischen und mehrheitlich deutschen Gemeinden gezogen. Damit fielen etwa 90 % der oberschlesischen Kohlevorkommen sowie die Zink-, Blei- und Silberhütten an Polen. Vgl. dazu u. a. Kazimierz Popiołek, *Historia Śląska. Od pradziejów do 1945 roku*, Kattowitz 1984; Karl C. von Loesch, *Wie Ostgebiete des Reiches verlorengingen* (Teil 3): www.wintersonnenwende.com/scriptorium/deutsch/archiv/korridor/dk10.html

10 Vortrag von Dmitri Manuilski über die Nationalitätenfrage während des Kongresses der KPP am 30.01.1925: RGASPI, f 523, op. 1, d. 72, Bl. 24–62, hier: Bl. 58.

11 G. Sinowjew: Thesen über die kommende »deutsche Revolution« und die Aufgaben der russischen Kommunisten, vorgetragen am 21.09.1923 im Plenum des ZK und mit Abänderungen von der Kommission des Politbüros am 22.09.1923 gebilligt: RGASPI, f. 558, op.11, d. 139, Bl. 22–30 v, hier: Bl. 25 v.

12 Albert, *Najnowsza Historia Polski*, S. 155–165.

13 Auszug aus dem Politbüroprotokoll Nr. 17 vom 25.03.1926: RGASPI, f. 76, op. 2, d. 58, Bl. 2.

14 Protokoll der Sitzung der polnischen Kommission des Politbüros der WKP(b) vom 30.03.1926: ebd., Bl. 3.

15 Dserschinski an Bogucki am 17.04.1926: ebd., Bl. 4.

16 Dienstliche Mitteilung des Sekretariats des Vorsitzenden der Komintern, Genossen Sinowjew an Genosse Towstuch vom 19.05.1926: RGASPI, f. 76, op. 3, d. 364, Bl. 39–41, hier: Bl. 39.

17 Vgl. u. a. Albert, *Najnowsza Historia Polski*, S. 162–168.

18 Vgl. Stalin, »Die Internationale Lage und die Verteidigung der UdSSR, Rede am 01.08.1927 während des vereinigten Plenums des ZK und der ZKK der WKP(b) vom 29.07. bis 09.08.1927, abgedr. in: Stalin, *Werke*, Bd. 10, S. 8–35, hier: S. 8.

19 Protokoll Nr. 27 der Politbürositzung vom 20.05.1926: RGASPI, f. 17, op. 162, d. 3, Bl. 74 f.

20 Beispielsweise bezeichnete Grover C. Furr im Jahre 1982 Piłsudski als »prewar fascist dictator of Poland« (Grover C. Furr, »The AFT, The CIA, and Solidarnosc«, in: *Comment* [Montclair State College, NJ],

vol. 1, no. 2 (Frühjahr 1982), S. 31–34, hier: S. 32, auch: http://www.chss.montclair.edu/english/furr/furraft82.pdf); Alex Ravda, »Review of Native Fascism in the Successor States, 1918–1945, by Peter F. Sugar«, *The American Political Science Review*, vol. 70, no. 3 (Sept. 1976), S. 1002 f.; Beth A. Griech-Polelle, eine amerikanische Historikerin, schrieb im Jahre 2007: »In 1936, Europe was a land of upheavel and displacement, grappling with economic depression and a fear of fleeing foreigners. Many Germans, Austrians, and Italians fled Hitler and Mussolini, Romanians hid from the Iron Guard, Poles feared their military dictator, General Pilsudski, and Hungarians suffered under Admiral Horthy's oppressive rule.« Beth A. Griech-Polelle, »The Impact of the Spanish Civil War upon Roman Catholic Clergy in Nazi Germany«, in: *Antisemitism, Christian Ambivalence, and the Holocaust*, hg. von Kevin P. Spicer, Bloomington/Ind. 2007, S. 121–135, hier: S. 121. Hierbei ist noch anzumerken, dass Piłsudski im Mai 1935 verstorben war, sodass er 1936 als »military dictator« keine Menschen mehr hatte verfolgen können. Dagegen ist von dem kommunistischen Terror in der UdSSR, der Millionen von Opfer forderte, keine Rede in dem Beitrag.

21 Unmittelbar nach dem 20. Mai 1926 befasste sich das Politbüro wiederholt mit den polnischen Angelegenheiten. Vgl. dazu die Sitzungsprotokolle des Politbüros Nr. 28 vom 27. 05. 1926 und Nr. vom 31. 05. 1926, RGASPI, f. 17, op. 162, d. 3

22 Vgl. u. a. Albert, *Najnowsza Historia Polski*, S. 168–179.

23 Dserschinski an Jagoda am 25. 06. 1926: RGASPI, f 76, op. 3, d. 364, Bl. 55–56 v, hier: Bl. 55.

24 Die Behauptung, Polen habe in den Jahren 1926 und danach einen Krieg vorbereit, entbehrt jeglicher Grundlage. Wenn es Beweise dafür gegeben hätte, wären sie von sowjetischen Historikern und Parteihistorikern im kommunistischen Polen nach 1945 mit Sicherheit veröffentlicht worden, um Piłsudskis Regierung zu diskreditieren. Die polnischen Zwischenkriegsregierungen und insbesondere die angeblich »faschistische« Regierung von Piłsudski waren die beliebten »Forschungsobjekte« von kommunistischen Parteihistorikern wie beispielsweise von Jerzy Tomaszewski oder etwa Andrzej Garlicki. Auch hatte Polen seit dem Frieden in Riga im Jahre 1921 keine Gebietsansprüche gegenüber der Sowjetunion erhoben, im Gegensatz zur Sowjetunion.

1 Stalin, »Rechenschaftsbericht des ZK«, gehalten am 18. 12. 1925 auf dem XIV. Parteitag der WKP(b) vom 18. bis 31. 12. 1925, veröff. in: Stalin, *Werke*, Bd. 7 (1925), S. 134–172, hier: S. 136.

2 Vgl. u. a. Melvin P. Leffler, »1921–1932: Expansionist Impulses and Domestic Constraints«, in: *Economics and World Power. An Assessment of American Diplomacy since 1789*, hg. von William H. Becker und Samuel F. Wells, Jr., New York 1984, S. 225–276.

3 Stalin, »Rechenschaftsbericht des ZK«, gehalten am 18. 12. 1925 auf dem XIV. Parteitag der WKP(b) vom 18. bis 31. 12. 1925, veröff. in: Stalin, *Werke*, Bd. 7 (1925), S. 134–172, hier: S. 137.

4 Lenin, »Lieber weniger, aber besser« am 02. 03. 1923, abgedr. in: Lenin, *Werke*, Bd. 33, S. 474–490, S. 485 ff.

5 Ebd., S. 485.

6 Vortrag Trotzkis auf der III. Moskauer Konferenz des Allrussischen Verbandes der Metallarbeiter vom 19. 10. 1923: RGASPI, f. 325, op. 2, d. 80, Bl. 87–92, hier: Bl. 91.

7 Vortrag von Trotzki auf der Konferenz der Metallarbeiter des Moskauer Gouvernements vom 05. 07. 1923: ebd., Bl. 47–64, hier: Bl. 54.

8 Stalin, »Rechenschaftsbericht des ZK«, gehalten am 18. 12. 1925 auf dem XIV. Parteitag der WKP(b) vom 18. bis 31. 12. 1925, in Stalin, *Werke*, Bd. 7 (1925), S. 134–172, hier: S. 158.

9 Stalin, »An der Getreidefront«. Aus einer Unterredung mit Studenten des Instituts der Roten Professur, der Kommunistischen Akademie und der Swerdlow-Universität am 28. Mai 1928, abgedr. in: Stalin, *Werke*, Bd. 11, S. 49–56, hier: S. 49.

10 Vor dem Krieg produzierte die russische Landwirtschaft etwa 5 Milliarden Pud Getreide, setzte davon außerhalb der Dörfer 1,3 Milliarden ab. Die Hälfte von 5 Milliarden Pud fielen auf Gutsbesitzer und Großbauern, der Rest auf Mittel- und Kleinbauern. Von den 1,3 Milliarden Pud außerhalb des Dorfes abgesetzten Getreides kamen jedoch 47 % auf Gutsbesitzer, 34 % auf Großbauern und nur 14,7 % auf Mittel- und Kleinbauern. Im Jahre 1926/27 betrug die Getreideproduktion in der Sowjetunion 4,749 Milliarden Pud Getreide, davon wurden außerhalb des Dorfes aber nur 630 Millionen Pud abgesetzt, d. h. die Hälfte der Vorkriegsmenge. Gutsbesitzer gab es nicht mehr, dafür gab es aber Sowchosen und Kolchosen, die aber nur 80 Millionen Pud Getreide produzierten, davon setzten sie 37,8 Millionen außerhalb des Dorfes ab. Großbauern produzierten dagegen 617 Millionen Pud, davon setzten sie 20 Millionen ab. Die Mittel- und

Kleinbauern produzierten 4,052 Milliarden Pud Getreide, sie setzten aber außerhalb des Dorfes nur 466,2 Millionen, d. h. 11,2 % der Gesamtproduktion, ab. (Stalin, »An der Getreidefront«. Aus einer Unterredung mit Studenten des Instituts der Roten Professur, der Kommunistischen Akademie und der Swerdlow-Universität am 28. Mai 1928, abgedr. in: Stalin, *Werke*, Bd. 11, S. 49–56, hier: S. 51.)

11 Ebd., S. 50 (Hervorhebung B. M.).

12 Stalins Rede »Politischer Rechenschaftsbericht des Zentralkomitees«, gehalten am 03. 12. 1927 während des XV. Parteitags der WKP(b) vom 02. bis 19. 12. 1927, abgedr. in: Stalin, *Werke*, Bd. 10, S. 134–173, hier: S. 150.

13 Denkschrift über die Ergebnisse der Industrialisierung und die Thesen des ZK über den Fünfjahresplan, unterschrieben von 14 Anhängern der innerparteilichen Opposition (L. Emeljanow u. a.), 04. 11. 1927: RGASPI, f. 84, op. 2, d. 35, Bl. 6–53, hier: Bl. 31.

14 »Politik der Getreidebeschaffung im Kontext der allgemeinen wirtschaftlichen Lage«, Thesen des Vortrages von Mikojan, einstimmig gebilligt durch die Kommission des Politbüros, undatiert, vor dem 30. 06. 1928: RGASPI, f. 84, op. 2, d. 6, Bl. 43–51, hier: Bl. 45.

15 Bruttoproduktion der Landwirtschaft und Industrie in den Jahren 1913–1926/27: RGASPI, f. 74, op. 2, d. 142, Bl. 234; Stalin »Rechenschaftsbericht des ZK«, gehalten am 18. 12. 1925 auf dem XIV. Parteitag der WKP(b) vom 18. bis 31. 12. 1925, in Stalin, *Werke*, Bd. 7 (1925), S. 134–172, hier: S. 156; Stalins Rede: »Politischer Rechenschaftsbericht des Zentralkomitees«, gehalten am 03. 12. 1927 während des XV. Parteitags der WKP(b) vom 02. bis 19. 12. 1927, abgedr. in: Stalin, *Werke*, Bd. 10, S. 134–173, hier: S. 145.

16 Stalins Rede: »Politischer Rechenschaftsbericht des Zentralkomitees«, gehalten am 03. 12. 1927 während des XV. Parteitags der WKP(b) vom 02. bis 19. 12. 1927, abgedr. in: Stalin, *Werke*, Bd. 10, S. 134–173, hier: S. 145 f.

17 Vortrag von Trotzki auf der Konferenz der Metallarbeiter des Moskauer Gouvernements vom 05. 07. 1923: RGASPI, f. 324, op. 2, d. 80, Bl. 47–64, hier: Bl. 54 f.

18 Dserschinski an Stalin am 03. 12. 1925, am Rande des Schreibens Notiz: »Nicht abgeschickt, 6.XII«: RGASPI, f. 76, op. 2, d. 270, Bl. 6–10.

19 Ebd.

20 Ebd.

21 Dserschinski an Kuibyschew am 03. 07. 1926: RGASPI, f. 76, op. 2, d. 270, Bl. 31 ff.

22 Notizzettel von Felix Dserschinski an »W. W.« (offenkundig Wale-

rian Wladimirowitsch Kuibyschew), undatiert (vor dem 20. 07. 1926): RGASPI, f. 76, op. 2, d. 270, Bl. 63 f.

23 *Felix Dzierżyński. Biographie*, S. 454 ff., 552.

24 Vgl. dazu zahlreiche Dokumente wie beispielsweise Sitzungsprotokolle des Politbüros (RGASPI, f. 17, op.3) oder etwa zahlreiche Dokumente zur Preispolitik im Jahre 1928 in RGASPI, f. 84, op. 2, d. 6 (Bestand Mikojan).

25 Stalin, Rede »Über den Zusammenschluss der Arbeiter und Bauern und über die Sowjetwirtschaften« vom 11. 07. 1928 während des Plenums des ZK der WKP(b) vom 4. bis 12. 07. 1928, abgedr. in: Stalin, *Werke*, Bd. 11, S. 101–104, hier: S. 101.

26 Tabelle in der Denkschrift des Chefs des OGPU, Felix Dserschinski, über die wirtschaftliche Lage des Landes an das Politbüro des ZK der RKP(b) vom 09. 07. 1924, abgedr. in: *Sowjetskaja derewnja*, Bd. 2, S. 223–227.

27 »Bucharin im Kampf gegen den oppositionellen Block«, Materialien verbreitet durch die innerparteiliche Opposition in Moskau und im Moskauer Kreis, undatiert, nach dem 24. 07. 1926: RGASPI, f. 84, op. 2, d. 25, Bl. 180–210, hier: Bl. 188 f.

28 Denkschrift über die Ergebnisse der Industrialisierung und die Thesen des ZK über den Fünfjahresplan, unterschrieben von 14 Anhängern der innerparteilichen Opposition (L. Emeljanow u. a.), 04. 11. 1927: RGASPI, f. 84, op. 2, d. 35, Bl. 6–29, hier: Bl. 7 f.

29 Vgl. z. B.: Aus dem Bericht Nr. 34 der Informationsabteilung der OGPU für die Zeit vom 23. 10. bis 25. 11. 1925, abgedr. in: *Sowjetskaja derewnja*, Bd. 2, S. 358–365; Aus dem Lagebericht der Gouvernementsabteilung des OGPU Tula über den Verlauf der Getreidebeschaffung und den Warenmarkt vom 10. 01. 1928, abgedr. in: ebd., S. 643–647; Materialien der innerparteilichen Opposition »Bucharin im Kampf gegen die Opposition«, die nach dem 24. Juli 1926 in Moskau und Moskauer Kreis verbreitet wurden: RGASPI, f. 84, op. 2, d. 25, Bl. 185–210 (über Warenhunger auf Bl. 189 f.).

30 Vgl. dazu Margolina, *Wodka*.

31 Trotzki über Stalin an das Politbüro am 28. 01. 1923: RGASPI, f. 325, op. 1, d. 508, Bl. 27.

32 Bericht der OGPU-Abteilung des Gouvernements Pskow zum 02. 09. 1924, 15. 09. 1924, abgedr. in: *Sowjetskaja derewnja*, Bd. 2, S. 246–248.

33 Ebd., S. 247.

34 Schlusswort Lenins zum Referat über die Naturalsteuer, gehalten am 27. 05. 1921 während der X. Gesamtrussischen Konferenz der RKP(b), 26.–28. 05. 1921, abgedr. in: Lenin, *Werke*, Bd. 32, S. 438–453, hier: S. 447.

35 Lenins Schlusswort zum politischen Bericht des ZK der RKP(b), gehalten am 28. 03. 1922 während des XI. Parteitages der RKP(b), 27. 03.–02. 04. 1922, abgedr. in: Lenin, *Werke* Bd. 33, S. 296–312, hier: S. 298.

36 Trotzki an Pjatakow am 23. 07. 1923: RGASPI, f. 325, op. 1, d. 518, Bl. 10 f.

37 Trotzki an Semeschko am 13. 08. 1923: ebd., Bl. 31 f.

38 Ebd.

39 Trotzki an Pjatakow am 23. 07. 1923: ebd., Bl. 10 f.

40 Trotzki an Serebrjakow am 23. 07. 1923: ebd., Bl. 16.

41 Trotzki an Rykow am 26. 07. 1923: ebd., Bl. 15.

42 Sitzungsprotokoll Nr. 53 des Politbüros des ZK der RKP(b) vom 19. 03. 1925 (Punkt 9): RGASPI, f. 17, op. 162, d. 2, Bl. 89 f.

43 Kritik der Opposition an dem Fünfjahresplan vom 10. 11. 1927, unterzeichnet von Bakajew, Ewdochimow, Peterson, Sinowjew, Kamenew, Muralow, Rakowski, Smilga, Trotzki: RGASPI, f. 84, op. 2, d. 35, Bl. 53–102, hier: Bl. 98.

44 Stalin: Politischer Rechenschaftsbericht des ZK, 18. 12. 1925, vorgetragen auf dem XIV. Parteitag der WKP(b), 18.–31. 12. 1925, abgedr. in: Stalin, *Werke*, Bd. 7 (1925), S. 134–172, hier: S. 170.

45 Die internationale Wirtschaftskonferenz in Genua fand vom 10. April bis 19. Mai 1922 statt. An der Konferenz nahmen auf der einen Seite England, Frankreich, Italien, Japan und andere Staaten und auf der anderen Seite Sowjetrußland teil. Die Vertreter der kapitalistischen Länder forderten von der Sowjetdelegation die Bezahlung aller Kriegs- und Vorkriegsschulden, die Rückgabe des nationalisierten Eigentums an die ausländischen Besitzer u. a. Die Sowjetdelegation lehnte die Ansprüche ab.

46 Stalins Brief an Schinkewitsch vom 20. 03. 1927, abgedr. in: Stalin, *Werke*, Bd. 9, S. 99.

47 Stalins Rede »Politischer Rechenschaftsbericht des Zentralkomitees« am 03. 12. 1927 während des XV. Parteitags der WKP(b) vom 02. bis 19. 12. 1927, abgedr. in: Stalin, *Werke*, Bd. 10, S. 125–173, hier: S. 154; *Prawda* Nr. 279 und 282 am 06. und 09. 12. 1927.

48 Kritik der Opposition am Fünfjahresplan vom 10. 11. 1927, unterzeichnet von Bakajew, Ewdochimow, Peterson, Sinowjew, Kamenew, Muralow, Rakowski, Smilga, Trotzki: RGASPI, f. 84, op. 2, d. 35, Bl. 53–102, hier: Bl. 73.

49 Stalin an Molotow, 01. 09. 1930, veröff. in: Stalin, *Briefe an Molotow*, S. 226 f. (Hervorhebung im Original).

50 Beschluss des Politbüros vom 15. 09. 1930, Sitzungsprotokoll Nr. 8: RGASPI, f. 17, op. 162, d. 9, Bl. 31; veröff. auch in: Stalin, *Briefe an*

Molotow, S. 227. Dort ist allerdings das Datum des Politbürobeschlusses irrtümlich mit dem 15. 12. 1930 angegeben, korrekt ist dagegen der 15. 09. 1930.

51 Beschluss über das Brennen von Spiritus, bestätigt durch das Politbüro am 30. 10. 1930: RGASPI, f. 17, op. 162, d. 9, Bl. 65 f.

52 Sitzungsprotokoll Nr. 15 des Politbüros des ZK der WKP(b) vom 15. 11. 1930, Punkt 11/17: RGASPI, f. 17, op. 162, d. 9, Bl. 68–72.

53 Bericht der OGPU-Gouvernementsabteilung Pensa vom 16. 09. 1924, veröff. in: *Sowjetskaja derewnja*, Bd. 2, S. 245 f.

54 Bericht der OGPU-Abteilung des Gouvernements Pskow zum 02. 09. 1924, 15. 09. 1924, abgedr. in: ebd., S. 246 ff.

55 Bericht Nr. 3 der Informationsabteilung der OGPU über die wirtschaftliche Differenzierung und die politische Lage im Dorf für die Zeit vom 24. bis 31. 01. 1925, veröff. in: ebd., S. 271–287, hier: S. 286 f.

56 Getreidebeschaffungspolitik im Zusammenhang mit der allgemeinen wirtschaftlichen Lage. Thesen des Vortrages von Genosse Mikojan, von der Politbürokommission einstimmig gebilligt, undatiert (vor dem 30. 06. 1928): RGASPI, f. 84, op. 2, d. 6, Bl. 43–51, hier: Bl. 50.

57 Stalin, »Die ersten Ergebnisse der Beschaffungskampagne und die weiteren Aufgaben der Partei«, An alle Organisationen der WKP(b) am 13. 02. 1928, abgedr. in: Stalin, *Werke*, Bd. 11, S. 13–17, hier: S. 15.

58 Bericht der OGPU über die politische Lage in der UdSSR für Oktober 1925: RGASPI, f. 17, op. 87, d. 183, Bl. 32–67, hier: Bl. 35 v.

59 Kritik der Opposition am Fünfjahresplan vom 10. 11. 1927, unterzeichnet von Bakajew, Ewdochimow, Peterson, Sinowjew, Kamenew, Muralow, Rakowski, Smilga, Trotzki: RGASPI, f. 84, op. 2, d. 35, Bl. 53–102, hier: Bl. 98.

60 Lew Trotzki, »Die Lage der Arbeiterklasse«, nicht veröff. Manuskript, Juni 1927: RGASPI, f. 325, op. 1, d. 590, Bl. 1–72, hier: Bl. 68, 70.

61 »Bucharin im Kampf gegen den oppositionellen Block«, Materialien verbreitet durch die innerparteiliche Opposition in Moskau und im Moskauer Kreis, undatiert, nach dem 24. 07. 1926: RGASPI, f. 84, op. 2, d. 25, Bl. 180–210, hier: Bl. 188, 204. Die Gesamtzahl der Arbeiter und Angestellten belief sich dagegen 1923/24 auf 6 326 000 ohne Eisenbahner und Binnenschiffer, 1924/25 auf 7 257 000, um 1925/26 auf 8 592 000 zu steigen. Angaben nach P. N. Awdejew, *Trudowye konflikty w SSSR*, Moskau 1928, S. 68 (RGASPI, f. 613, op. 3, d. 93, Bl. 67–100, hier: S. 86).

62 *Wsesojusnaja perepis naselenija 1937 goda*, S. 42–53.

63 Lew Trotzki, »Die Lage der Arbeiterklasse«, a. a. O. (vgl. Anm. 60), Bl. 1–72.

64 Ebd., Bl. 4 (Hervorhebung im Original).

65 Ebd., Bl. 8.

66 Ebd., Bl. 12 f., 48 f.

67 Ebd., Bl. 10 ff., 50.

68 Denkschrift über Ergebnisse der Industrialisierung und die Thesen des ZK über den Fünfjahresplan, unterschrieben von 14 Anhängern der innerparteilichen Opposition (L. Emeljanow u. a.) vom 04. 11. 1927: RGASPI, f. 84, op. 2, d. 35, Bl. 6–53, hier: Bl. 10 f.; Lew Trotzki »Die Lage der Arbeiterklasse«, a. a. O. (vgl. Anm. 60), Bl. 9, 18–22.

69 Bericht der OGPU über die politische Lage im April 1925, Juni 1925: RGASPI, f. 17, op. 87, d. 182, Bl. 1–12

70 Vgl. RGASPI, f. 17, op. 87, d. 181, 182, 183; Simonov, »›Strengthen the defence‹«. Simonow geht auch auf die Haltung der Arbeiter ein, die nach dem von ihm ausgewerteten OGPU-Lagebericht antisowjetisch eingestellt gewesen seien. Sie klagten, ihnen gehe es schlechter als in der Zarenzeit.

71 Lew Trotzki, »Die Lage der Arbeiterklasse«, a. a. O. (vgl. Anm. 60), Bl. 18.

72 Ebd., Bl. 18 f.; P. N. Awdejew, *Trudowye konflikty w SSSR*, Moskau 1928, S. 68 (RGASPI, f. 613, op. 3, d. 93, Bl. 67–100, hier: Bl. 85–96).

73 Aus dem Bericht der Informationsabteilung der OGPU über antisowjetische Erscheinungen im Dorf in den Jahren 1925–1927, undatiert, nach dem 01. 03. 1928, veröff. in: *Sowjetskaja derewnja*, Bd. 2, S. 626–641.

74 Ebd., S. 626.

75 Ebd., S. 626 f.

76 Ebd., S. 628 f.

77 Simonov, »›Strengthen the defence‹«.

78 Aus dem Bericht der Informationsabteilung der OGPU über antisowjetische Erscheinungen im Dorf in den Jahren 1925–1927, a. a. O., S. 626–641, hier: S. 628 f.

79 Ebd., S. 629 f.; Aus dem Bericht der Geheimabteilung der OGPU »Antisowjetische Bewegung im Dorf« vom Oktober 1928, abgedr. in: *Sowjetskaja derewnja*, Bd. 2, S. 780–817, hier: S. 806 f.

80 Aus dem Bericht der Geheimabteilung der OGPU »Antisowjetische Bewegung im Dorf« vom Oktober 1928, a. a. O., S. 786.

81 Aus dem Bericht der Informationsabteilung der OGPU über antisowjetische Erscheinungen im Dorf in den Jahren 1925–1927, a. a. O., S. 630 f.

82 Ebd.

83 Ebd., S. 632 f.; Aus dem Bericht der Geheimabteilung der OGPU

»Antisowjetische Bewegung im Dorf« vom Oktober 1928, a. a. O., S. 785–794.

84 Aus dem Bericht der Informationsabteilung der OGPU über antisowjetische Erscheinungen im Dorf in den Jahren 1925–1927, a. a. O., S. 633 f.

85 Ebd., S. 637, 640; Aus dem Bericht der Geheimabteilung der OGPU »Antisowjetische Bewegung im Dorf« vom Oktober 1928, a. a. O., S. 790, 809.

86 Aus dem Bericht der Informationsabteilung der OGPU über antisowjetische Erscheinungen im Dorf in den Jahren 1925–1927, a. a. O., S. 636 ff.; Aus dem Bericht der Geheimabteilung der OGPU »Antisowjetische Bewegung im Dorf« vom Oktober 1928, a. a. O., S. 808 f.

87 Aus dem Bericht der Geheimabteilung der OGPU »Antisowjetische Bewegung im Dorf« vom Oktober 1928, a. a. O., S. 812; vgl. auch Aus dem Bericht der Informationsabteilung der OGPU über antisowjetische Erscheinungen im Dorf in den Jahren 1925–1927, a.a.O, S. 640 f.

88 Aus dem Bericht der Geheimabteilung der OGPU »Antisowjetische Bewegung im Dorf« vom Oktober 1928, a. a. O., S. 810 f.; Aus dem Bericht der Informationsabteilung der OGPU über antisowjetische Erscheinungen im Dorf in den Jahren 1925–1927, a. a. O., S. 638 ff.

89 Ebd.

90 Aus dem Bericht der Geheimabteilung der OGPU »Antisowjetische Bewegung im Dorf« vom Oktober 1928, a. a. O., S. 811 f.; Aus dem Bericht der Informationsabteilung der OGPU über antisowjetische Erscheinungen im Dorf in den Jahren 1925–1927, a. a. O., S. 639 f.

91 Aus dem Beschluss des Revolutionären Kriegsrates der UdSSR »Über den politisch-moralischen Zustand der Roten Armee« vom 27. 06. 1928, unterzeichnet von Worschilow und Lutunowski, abgedr. in: *Reforma v Krasnoj Armii*, Buch 2, S. 223–231, hier: S. 224.

92 Vgl. u. a. Aus dem Bericht der Geheimen Abteilung der OGPU »Antisowjetische Bewegung auf dem Lande«, Oktober 1928, a. a. O., S. 812 ff. (mit zahlreichen Beispielen).

93 Stalins Rede »Über die Industrialisierung und das Getreideproblem« am 09. 07. 1928 während des Plenums des ZK der WKP(b) vom 04. bis 12. 07. 1928, abgedr. in: Stalin, *Werke*, Bd. 11, S. 86–100, hier: S. 95 (Hervorhebung B. M.).

94 Bessedowsky, *Den Klauen der Tscheka entronnen*, S. 178.

95 Ebd.

96 Aus dem Bericht der Informationsabteilung der OGPU über antisowjetische Erscheinungen im Dorf in den Jahren 1925–1927, a. a. O., S. 629.

97 Nationalitätenzusammensetzung der UdSSR nach der Volkszählung von 1937 (auch mit Angaben für das Jahr 1926), veröff. in: *Wsesojusnaja perepis naselenija 1937 goda*, S. 86 f.

98 Service, *Lenin*, S. 583 ff.; Service, *Stalin*, S. 207–218.

99 Service, *Stalin*, S. 216 f.

100 Stalins Thesen über das nationale Moment im Aufbau der Partei und des Staates, undatiert, verschickt an Trotzki am 17. 03. 1923: RGASPI, f. 325, op. 1, d. 511, Bl. 90–99.

101 Ebd.

102 Ebd.

103 Trotzki an Mitglieder des Politbüros am 10. 06. 1923: RGASPI, f. 325, op. 1, d. 513, Bl. 112.

104 Der Chef des Stabes der Roten Armee an den Vorsitzenden des RWS der UdSSR am 05. 07. 1924: RGASPI, f. 325, op. 1, d. 524, Bl. 8–9 v, hier: Bl. 9 v.

105 Übersicht der Hauptverwaltung der RKKA über den Stand der Roten Armee in den Jahren 1927/28, vom 30./31. 10. 1928, abgedr. in: *Reforma v Krasnoj Armii*, Buch 2, S. 261–318, hier: S. 277. Darunter waren u. a. ukrainische, weißrussische, georgische, armenische, aserbaidschanische, usbekische, turkmenische, kasachische Verbände. Ein Jahr zuvor, 1927, zählten die nationalen Verbände insgesamt 29 489 Mann bei vorgesehenen 56 043 Mann. Bericht des stellv. Stabschefs der RKKA, Pugatschew, vom 30. 04. 1927 über nationale Formationen in der RKKA, abgedr. in: ebd., S. 63–70.

106 Beschluss des Politbüros des ZK der WKP(b) über den Stand der Verteidigung der UdSSR vom 15. 07. 1928, Anlage Nr. 1, zum Sitzungsprotokoll Nr. 89 des Politbüros vom 18. 07. 1929: RGASPI, f. 17, op. 162, d. 7, Bl. 101 ff., hier: Bl. 103 (dort heißt es, dass die Kampfkraft der nationalen Formationen zu erhöhen sei, wobei ihre Stärke auf dem gegenwärtigen Niveau bleiben sollte); am 25. 11. 1938 führte Lew Mechlis in der Sitzung des Kriegsrates beim Volkskommissar für Verteidigung an: »Liquidierung der nationalen Formationen ist gut verlaufen. Die Nationalen brauchen Hilfe beim Erlernen der russischen Sprache. Es gibt noch Reste von nationalen Formationen (34. Infanteriedivision – georgische Artillerieabteilung, 92. Infanteriedivision – armenische Abteilung, 57. Korps – Autobataillon). In manchen Truppen […] erfolgt die Formierung von Abteilungen nach nationalen Merkmalen. Das ist falsch.« (Protokoll der Vormittagssitzung des Kriegsrates, abgedr. in: *Wojenny sowjet pri Narodnom Komissare Oborony SSSR – 1938, 1940*, S. 158–167, hier: S. 166.

107 Manuilski an Stalin am 04. 09. 1922: RGASPI, f. 558, op. 11, d. 763, Bl. 1 ff.

108 Aus dem Bericht der Geheimabteilung der OGPU »Antisowjetische Bewegung im Dorf« vom Oktober 1928, abgedr. in: *Sowjetskaja derewnja* Bd. 2, S. 780–817, hier: S. 814 f.

109 Ebd., S. 815.

110 Ebd., S. 816.

111 Ebd., S. 816.

112 Ebd., S. 816 f.

113 Aus dem Bericht der Informationsabteilung der OGPU über antisowjetische Erscheinungen im Dorf in den Jahren 1925–1927, undatiert, nach dem 01. 03. 1928, veröff. in: *Sowjetskaja derewnja,* Bd. 2, S. 626–641, hier: S. 628

114 Über die Stimmung in der Tataren-Republik vgl. Beschluss des Büros des Tatarischen Oblastkomitees über die islamisch-religiöse Bewegung, 10. 08. 1926, abgedr. in: *ZK RKP(b) – WKP(b) i nationalny wopros,* S. 417–421. In dem Beschluss heißt es u. a.: »Die Frage der religiösen Bewegung unter dem tatarischen Teil der Bevölkerung beurteilend, konstatiert das Oblastkomitee der Tataren-Republik ein starkes Wachstum dieser Bewegung im letzten Jahr und stellt fest: a) Die Erstarkung der religiösen Bewegung ist eine der Folgen des stattfindenden Wachstums der Aktivitäten der nationalen Bourgeoisie unter den Bedingungen des NÖP (NÖP-Elemente in der Stadt und Kulaken im Dorf). Diese unterstützen intensiv moralisch und materiell die islamischen Geistlichen, die eine breite religiöse Kampagne unter den breiten Schichten der arbeitenden Tataren betreiben, insbesondere in den Dörfern.« Religiöse Schulen bei Moscheen seien die Hauptgrundlage und legale Basis der religiösen Bewegung. Russisch-orthodoxe Geistliche fordern ähnliche Rechte wie islamische, sie fordern dabei die russischen Gläubigen auf, diese Rechte auch einzufordern. Die religiöse Bewegung richtet sich gegen die Partei. Über die Lage im Nordkaukasus vgl. Bericht des Chefs der Informationsabteilung der OGPU an ZK der WKP(b) vom April 1928, veröff. in: ebd., S. 541–561; über die Lage in Usbekistan vgl. Bericht des OGPU an ZK der WKP(b) über politische Stimmung in Usbekistan vom 31. 05. 1928, veröff. in: ebd., S. 574–592.

115 Bericht über Maßnahmen im Kampf gegen Antisemitismus vom 26. 08. 1926, S. M. Dimantstejn, Unterabteilung Nationale Minderheiten, Abteilung für Agitation und Propaganda des ZK der WKP(b), abgedr. in: ebd., S. 425 ff.

»Der Sozialismus in einem Land«: *Neue Strategie für die Weltrevolution*

1 Rede Stalins »Zu den Ergebnissen der Arbeiten der XIV. Konferenz der KPR(b)«, gehalten vor dem Aktiv der Moskauer Organisation der KPR(b) am 9. Mai 1925, veröff. in: Stalin, *Werke*, Bd. 7, S. 52–72, hier: S. 52 f.

2 Stalin, »Die Internationale Lage und die Verteidigung der UdSSR, Rede am 01. 07. 1927 während des vereinigten Plenums des ZK und der ZKK der WKP(b) vom 29. 07. bis 09. 08. 1927, abgedr. in: Stalin, *Werke*, Bd. 10, S. 8–35, hier: S. 8.

3 Mikojans Notiz vom 17. 08. 1926 über das Gespräch mit Kamenew (Abschrift in Mikojans Memoiren): RGASPI, f. 84, op. 3, d. 116, Bl. 156 (»My idem k katastrofitscheskoj raswwjaske revoljuzji«).

4 Ausführlich, Service, *Lenin*, S. 562–618.

5 Vgl. dazu u. a. Service, *Stalin*, S. 196–206, 219–229; Erinnerungen von Mikojan, Manuskript, aufgezeichnet in den 1960er Jahren: RGASPI, f. 84, op. 3, d. 116, Bl. 1–265, hier: Bl. 109.

6 Service, *Stalin*, S. 235 f.

7 Dimitroff, *Tagebücher*, S. 161–193 (Eintrag vom 07. 11. 1937).

8 Artikel von Isaak Don Lewin vom 06. 09. 1924, »Bolschewistische politische Maschinerie«, über die Übernahme der Macht durch die Trojka nach dem Tode von Lenin, Übersetzung: RGASPI, f. 82, op. 2, d. 1498, Bl. 9–14.

9 Vgl. u. a. Service, *Stalin*, S. 230–241, 253–264.

10 Erinnerungen von Mikojan, Manuskript, aufgezeichnet in den 1960er Jahren: RGASPI, f. 84, op. 3, d. 116, Bl. 1–265, hier: Bl. 112.

11 Bessedowsky, *Im Dienste der Sowjets*, S. 180 f.

12 Trotzki, »Die Lage der Arbeiterklasse«, nicht veröff. Manuskript, Juni 1927: RGASPI, f. 325, op. 1, d. 590, Bl. 1–72, hier: Bl. 70 f.

13 Stalin, Oktoberrevolution und die Taktik der russischen Kommunisten, im Vorwort zu seinem Buch »Auf dem Weg zum Oktober«, 17. 12. 1924, abgedr. in: Stalin, *Werke*, Bd. 6 (1924), S. 185–206, hier: S. 204.

14 Stalin, Schlusswort zu dem Referat »Über die sozialdemokratische Abweichung in unserer Partei«, 03. 11. 1926, in: Stalin, *Werke*, Bd. 8 (1926), S. 155–184, hier: S. 164.

15 Erinnerungen von Mikojan, Manuskript, aufgezeichnet in den 1960er Jahren: RGASPI, f. 84, op. 3, d. 116, Bl. 1–265, hier: Bl. 112.

16 »Über die Losung der Vereinigten Staaten von Europa«, abgedr. u. a. in: Lenin, *Werke*, Bd. 21, S. 342–346. Der Beitrag erschien am 23. 08. 1915 in *Sozial-Demokrat* Nr. 44 (Hervorhebung B. M.).

17 So bezeichnete Stalin diese Losung am 03. 11. 1926 in seinem Schlusswort zu dem Referat »Über die sozialdemokratische Abweichung in unserer Partei« (01. 11. 1926), gehalten am 03. 11. 1926, veröff. in: Stalin, *Werke*, Bd. 8, S. 155–184, hier: S. 165.

18 Musial, »›… Kapitalismus am Kragen packen‹«, S. 58 ff.

19 Beispielsweise im Beitrag »Zu den Fragen des Leninismus« vom 25. 01. 1926, veröff. in: Stalin, *Werke* Bd. 8, S. 13–52, hier: S. 41 f. (Stalin führt hierbei auch die Passage über das Auftreten mit Waffengewalt an); am 3. 11. 1926 polemisierte Stalin mit Trotzki und Kamenew heftig, die argumentierten, Lenin habe nicht Russland, sondern eines der kapitalistischen Länder gemeint, als er von der Möglichkeit des Aufbaus des Sozialismus in einem Lande geschrieben habe. Vgl. Stalins Schlusswort zu dem Referat »Über die sozialdemokratische Abweichung in unserer Partei« (01. 11. 1926), gehalten am 03. 11. 1926, veröff. in: ebd., S. 155–184; am 7. 11. 1926 widersprach Stalin vehement der Behauptung Trotzkis, die Frage des Aufbaus des Sozialismus hätten Stalin und Bucharin erst im Jahre 1925 aufgeworfen. Dabei verwies er wieder auf Lenins Artikel von 1915 und führte ihn an, zusammen mit der Passage über das Auftreten mit Waffengewalt gegen kapitalistische Länder. Vgl. Stalin »Noch einmal über die sozialdemokratische Abweichung in unserer Partei«. Referat gehalten am 07. 11. 1926, in: Stalin, *Werke*, Bd. 9, S. 8–36, hier: S. 20–25; am 13. 12. 1926 polemisierte Stalin wiederum mit Trotzki, dem er in den Mund legte, Trotzki habe die These vom Aufbau des Sozialismus als »Stalins Theorie« bezeichnet, obwohl es sich in Wirklichkeit um die Losung Lenins handele. Vgl. Stalins Schlusswort während des VII. erweiterten Plenums des EKKI, 22. 11.–16. 12. 1926, am 13. 12. 1926, in: ebd., S. 37–79, hier: S. 62–67.

20 Stalins Referat auf der XV. Unionskonferenz der WKP(b) »Über die sozialdemokratische Abweichung in unserer Partei«, gehalten am 01. 11. 1926, veröff. in: Stalin, *Werke*, Bd. 8, S. 123–154, hier: S. 133 f.

21 Resolution des XV. Parteikongresses über die Opposition in der WKP(b) und über den Aufbau des Sozialismus in einem Land, verschickt auf Anweisung Stalins an die Mitglieder und Kandidaten des ZK und Mitglieder des ZKK am 07. 08. 1927: RGASPI, f. 84, op. 2, d. 32, Bl. 89–105, hier: Bl. 91 f.

22 Ebd., Bl. 92 f.

23 Ebd., Bl. 96.

24 Vgl. dazu Beispiele in McDermott, *Stalin*, S. 60; auch Robert Service lehnt diese These entschieden ab (Service, *Stalin*, S. 405).

25 Stalins Rede zum Tode Lenins auf dem II. Sowjetkongress der UdSSR

am 26. 01. 1924, abgedr. in: Stalin, *Werke*, Bd. 6, S. 28–30 (Hervorhebung im Original).

26 Ebd.

27 Baberowski, *Der rote Terror*, S. 92.

28 Eintrag vom 7. 11. 1940, Dimitroff, *Tagebücher*, S. 315 ff.

29 Eintrag vom 04. 02. 1941, Dimitroff, *Tagebücher*, S. 340 ff., hier: S. 342.

30 Erinnerungen von Mikojan, Manuskript, aufgezeichnet in den 1960er Jahren: RGASPI, f. 84, op. 3, d. 116, Bl. 1–265, hier: Bl. 208.

Vorbereitungen für den revolutionären Krieg: Das Komitee für Verteidigung

1 Ken, *Mobilisazionnoje planirowanie*, S. 156 f.

2 Der Archivbestand des Komitee für Verteidigung beim Rat der Volkskommissare der UdSSR ist erst seit 2004 zugänglich (GARF, f. 8418). Ein nicht unwesentlicher Teil der Dokumente aus diesem Bestand bleibt jedoch weiterhin unter Verschluss. Vor 2004 bekamen nur vereinzelte Wissenschaftler eine begrenzte Zugangsgenehmigung für diesen Bestand.

3 Dserschinski an Politbüro der ZK der RKP(b), Kopie an Frunse, 08. 03. 1925: RGASPI, f. 76, op. 2, d. 182, Bl. 64. Dserschinski wandte sich in dem Schreiben gegen das Projekt des Beschlusses über die Kommission für Verteidigung beim Politbüro des ZK der RKP(b) (verschickt am 4. März 1925, Nr. 4328). Denn, so Dserschinski, das sei keine Parteikommission, sondern eine reine Sowjetkommission – ein neuer konspirativer STO [Rat für Arbeit und Verteidigung] für Verteidigung mit größten Vollmachten. Dieses Projekt übergebe die Rechte von Politbüro und STO an die Kommission. Das werde nicht funktionieren, in der Praxis (bei der Geheimhaltung des Organs) größte Verwirrung stiften und die solide Bearbeitung der Fragen verhindern. Trotzdem wurde die Kommission eingerichtet. In der Akte RGASPI, f. 76, op. 2, d. 182 befinden sich mehrere Schreiben und Berichte, die an die Kommission gerichtet bzw. durch die Kommission verfasst wurden. Am 08. 07. 1926 fand deren 13 Sitzung statt, die sich wie folgt zusammensetzte: Rykow (Vorsitz), Dserschinski, Woroschilow, Kusnezow, Unszlicht, Bubnow, Rudsutak. Protokoll Nr. 13 der Kommission des Genossen Rykow beim Politbüro des ZK der WKP(b) vom 05. 07. 1926: RGASPI, f. 76, op. 2, d. 182, Bl. 175 f. Dass es sich bei der Rykow-Kommission um die geheime Kommission für Verteidigung handelt, geht u. a. aus den darauf folgenden Berichten (ebd., Bl. 176–188) hervor.

4 Zitiert nach Ken, *Mobilisazionnoje planirowanie*, S. 21.

5 Sitzungsprotokoll Nr. 78 des Politbüros vom 13. 01. 1927: RGASPI, f. 17, op. 162, d. 4, Bl. 42–46, hier: Bl. 42; Samuelson, *Krasny koloss*, S. 51.

6 Samuelson, *Krasny koloss*, S. 51 f., 251. Diese Kommission setzte sich u. a. aus Rykow, seinem Stellvertreter Zjurup, Woroschilow, Unszlicht, Ordschonikidse, Kuibyschew, Krschischanowski, Rudsutak, Brjuchanow, Menschinski und Mikojan zusammen.

7 Dies geht aus den Unterlagen des Verteidigungskomitees hervor, die im GARF, f. 8418, aufbewahrt werden.

8 Sitzungsprotokoll Nr. 81 des Politbüros vom 17. 03. 1927: RGASPI, f. 17, op. 162, d. 4, Bl. 80 ff., hier: Bl. 80.

9 Sitzungsprotokoll Nr. 94 des Politbüros vom 07. 04. 1927 (Punkt 1): RGASPI, f. 17, op. 162, d. 4, Bl. 97–101, hier: Bl. 97.

10 Sitzungsprotokoll Nr. 100 des Politbüros vom 05. 05. 1927 (Punkt 1): ebd., Bl. 123 ff.; das genehmigte Projekt ist weiterhin gesperrt, genauso wie Punkt 1 des Sitzungsprotokolls. Punkt 1 und Punkt 1 g aus der Anlage (Projekt) wurden jedoch im Jahre 2003, offenkundig »versehentlich«, veröffentlicht in: *Lubljanka, 1922–1936*, S. 129.

11 Samuelson, *Krasny koloss*, S. 52.

12 Ebd., S. 54.

13 Ebd.

14 Ebd., S. 54 ff.

15 Bericht über die grundlegenden Maßnahmen der Führung für die Vorbereitung des Landes auf die Verteidigung, vorgetragen in der Politbürositzung am 15. 07. 1929: GARF, f. 8418, op. 18, d. 26, Bl. 55–61.

16 Aus dem Bericht des stellv. Chefs der Hauptverwaltung RKKA, Levitschew, über die Ergebnisse der Umorganisierung der Roten Armee vom 03. 05. 1927, abgedr. in: *Reforma w Krasnoj Armii*, Buch 2, S. 71–80; aus dem Bericht des stellv. Chefs der Hauptverwaltung der RKKA, Lewitschew, über den Stand der RKKA (Heer und Luftwaffe) vom August 1927, abgedr. in: ebd., S. 99–116; Denkschrift des Volkskommissars für Verteidigung und Flotte, Woroschilow, an RS STO vom 10. 04. 1928: ebd., S. 198–201 (2,6 Millionen Soldaten im Mobilisierungsfall nach Entscheidung der politischen Führung von 1927); Samuelson, *Krasny koloss*, S. 85; Ken, *Mobilisazionnoje planirowanie*, S. 456 (Tabelle 4 A).

17 Swirin, *Bronja krepka*, S. 34–64.

18 Stenografischer Bericht des Plenums des ZK und ZKK der WKP(b) vom 07. bis 12. 01. 1933: RGASPI, f. 17, op. 2, d. 514 (Teil 1), Bl. 1–70, hier: Bl. 62–66.

19 Bericht über die grundlegenden Maßnahmen der Führung für die

Vorbereitung des Landes für die Verteidigung, vorgetragen in der Politbürositzung am 15. 07. 1929: GARF, f. 8418, op. 18, d. 26, Bl. 55–61.
20 Ken, *Mobilisazionnoje planirowanie*, S. 26 ff.; Sitzungsprotokoll Nr. 118 des Politbüros des ZK der WKP(b) vom 21. 07. 1927, Punkt 3: RGASPI, f. 17, op. 162, d. 5, Bl. 72 f.
21 Auszug aus dem Sitzungsprotokoll Nr. 6 (Punkt 34) des Rates der Volkskommissare der BSSR vom 21. 03. 1928: GARF, f. 8418, op. 18, d. 16, Bl. 47 f.
22 Sitzungsprotokoll Nr. 1 des Politbüros des ZK der WKP(b) vom 07. 01. 1926, Punkt 9: RGASPI, f. 17, op. 162, d. 3, Bl. 1 ff.
23 Sitzungsprotokoll Nr. 117 des Politbüros des ZK der WKP(b) vom 14. 07. 1927, Punkt Nr. 4: RGASPI, f. 17, op. 162, d. 5, Bl. 67–71.
24 Sitzungsprotokoll Nr. 133 des Politbüros des ZK der WKP(b) vom 03. 11. 1927, Punkt 2: ebd., Bl. 123.
25 Sitzungsprotokoll Nr. 136 des Politbüros des ZK der WKP(b) vom 17. 11. 1927, Punkt 1: ebd., Bl. 125 ff.
26 Sitzungsprotokoll Nr. 138 des Politbüros des ZK der WKP(b) vom 30. 11. 1927, Sitzung am 28. 11. 1927, Punkt 22: ebd., Bl. 130 f.
27 Stalin, *Werke* Bd. 10, S. 193 (FN 75).
28 Stalins Rede: »Politischer Rechenschaftsbericht des Zentralkomitees« am 03. 12. 1927 während des XV. Parteitags der WKP(b) vom 02.–19. 12. 1927, abgedr. in: ebd, S. 134–173, hier: S. 136.
29 Stalin, »Über die Ergebnisse des Juliplenums des ZK der WKP(b)«, Referat in der Versammlung des Aktivs der Leningrader Organisation der WKP(b) am 13. 07. 1928, abgedr. in: Stalin, *Werke*, Bd. 11, S. 105–115, hier: S. 106.
30 Simonov, »Strengthen the defense of the ›land of Soviets‹, S. 1355 f.
31 Ebd., S. 1355.
32 Notiz von Stalin von 1923 in Antwort auf den Vorschlag von Sergej Gusew, im Falle einer Revolution in Deutschland Polen in der heutigen Westukraine anzugreifen, um von dort Richtung Tschechoslowakei vorzustoßen: RGASPI, f. 558, op. 11, d. 129, Bl. 32.
33 Stalin an Molotow am 01. 09. 1930, veröff. in: Stalin, *Briefe an Molotow*, S. 226 f. (Hervorhebung im Original).
34 Dserschinski an Stalin am 11. 07. 1926: RGASPI, f. 76, op. 3, d. 364, Bl. 58; abgedr. in: *Lubjanka. 1922–1936*, S. 118.
35 Ebd.
36 Resolutionsprojekt der Kommission des vereinigten Plenums des ZK und der ZKK über die Verletzung der Parteidisziplin durch die Genossen Sinowjew und Trotzki vom 08. 08. 1927: RGASPI, f. 84, op. 2, d. 32, Bl. 120–128, hier: Bl. 125.
37 Stalin, »Die Internationale Lage und die Verteidigung der UdSSR«,

Rede am 01.08.1927 während des vereinigten Plenums des ZK und der ZKK der WKP(b) vom 29.07. bis 09.08.1927, abgedr. in: Stalin, *Werke*, Bd. 10, S. 8–35, hier: S. 34 f.

38 Stalin an Kaganowitsch am 11.08.1932: RGASPI, f. 81, op. 3, d. 99, Bl. 144–151; abgedr. in: *Stalin i Kaganowitsch. Perepiska*, S. 273 ff.

39 Stalins Notizen über Gegenwartsthemen, 28.07.1927, abgedr. in: Stalin, *Werke*, Bd. 9, S. 163–181, hier: S. 163, 166; *Prawda*, Nr. 169 vom 28.07.1927.

40 Stalins Artikel »Der neue Feldzug der Entente gegen Russland«, *Prawda* vom 25. und 25.05.1920, veröff. in: Stalin, *Werke*, Bd. 4, S. 179–183, hier: S. 180.

41 Stalins »Politischer Rechenschaftsbericht des Zentralkomitees« am 03.12.1927 während des XV. Parteitags der WKP(b) vom 02. bis 19.12.1927, abgedr. in: Stalin, *Werke*, Bd. 10, S. 134–173, hier: S. 140.

42 Stalin, »Über die Arbeiten des vereinigten Aprilplenums des ZK und der ZKK«, Referat in der Versammlung des Aktivs der Moskauer Organisation der WKP(b) am 13.04.1928, abgedr. in: Stalin, *Werke*, Bd. 11, S. 22–39, hier: S. 32.

43 Ebd., S. 33–36.

44 Stalin an Mitglieder des Politbüros des ZK am 20.06.1928, Antwort an Frumkin (anlässlich des Briefes Frumkins vom 15.06.1928), abgedr. in: Stalin, *Werke*, Bd. 11, S. 66–70, hier: S. 66.

45 Ebd.

46 Stalin, »Die trotzkistische Opposition früher und jetzt«, Rede in der Sitzung des vereinigten Plenums des ZK und der ZKK der WKP(b) am 23.10.1927, abgedr. in: Stalin, *Werke*, Bd. 10, S. 88–103, hier: S. 100.

47 Stalins Rede »Über die Industrialisierung und das Getreideproblem« am 09.07.1928 während des Plenums des ZK der WKP(b) vom 4. bis 12.07.1928, abgedr. in: Stalin, *Werke*, Bd. 11, S. 86–100, hier: S. 95.

48 Stalin, »Die Internationale Lage und die Verteidigung der UdSSR«, Rede am 01.08.1927 während des vereinigten Plenums des ZK und der ZKK der WKP(b) vom 29.07. bis 09.08.1927, abgedr. in: Stalin, *Werke*, Bd. 10, S. 8–35, hier: S. 27 f.; Auszüge aus dieser Rede wurden veröff. in: Stalin, *Werke*, Bd. 4, S. 142.

49 Auskunft der Verwaltung für Bestand und Militärdienst der Hauptverwaltung der RKKA über die soziale Zusammensetzung der Roten Armee am 01.04.1926, vom 19.02.1927, abgedr. in: *Reforma w Krasnoj Armii*, S. 49 f.

Das Scheitern der Kriegsvorbereitungspläne von 1927 und neue Pläne

1 Tabelle: Bewaffnung und Munitionsvorräte der Länder Polen, Rumänien, Finnland, Estland und Lettland, als Anlage zur Denkschrift von Tuchatschewski über die Rekonstruktion der Roten Armee vom 11. 01. 1930: RGASPI, f. 558, op. 11, d. 447, Bl. 57.

2 Denkschrift von Tuchatschewski, Chef des Stabes der Roten Armee, über den Stand und Pläne der Mobilmachung der Volkswirtschaft, undatiert (1926): RGASPI, f. 76, op. 2, d. 182, Bl. 157–169; Samuelson, *Krasny koloss*, S. 67–75.

3 Ken, *Mobilisazionnoje planirowanie*, S. 26 ff.

4 Sitzungsprotokoll Nr. 91 des Politbüros des ZK der WKP(b) vom 27. 06. 1927, Punkt 5: RGASPI, f. 17, op. 162, d. 5, Bl. 52 f.

5 Sitzungsprotokoll Nr. 119 des Politbüros des ZK der WKP(b) vom 11. 07. 1927, Punkt 54: ebd., Bl. 74–79.

6 Rykow an Molotow am 15. 07. 1927: RGASPI, f. 82, op. 2, d. 799, Bl. 32 f.

7 Rykow an Molotow am 15. 07. 1927 und die beigefügte Instruktion für die Mitglieder des speziellen Instituts (undatiert): RGASPI, f. 82, op. 2, d. 799, Bl. 32 ff.; Postinow, Chef der Verwaltung der Mobilmachungsplanung, an Molotow, Bevollmächtigter der RS STO für die Maschinenbauwerke »Komintern«: ebd., Bl. 39 f.

8 Rat der Arbeit und Verteidigung, Rykow, Bericht über die Ergebnisse der Arbeit der zu der Gruppe der Leningrader Werke delegierten Genossen vom 09. 02. 1928: RGASPI, f. 82, op. 2, d. 799, Bl. 42 ff.

9 Das Projekt der RS STO über Einrichtung einer Kommission zur Überprüfung der Kriegsvorbereitungen, März 1929: GARF, f. 8418, op. 3, d. 30, Bl. 78 f.; Politische Verwaltung der RKKA, Sekretariat, an Sekretär der RS STO, Appoga, am 29. 04. 1929: ebd., Bl. 80; Politische Verwaltung der RKKA, Chef der 3. Abteilung, Rybakow, an Bubnow, Chef der Politischen Verwaltung der RKKA, am 27. 04. 1929: ebd., Bl. 81.

10 Das Politbüro befasste sich mit dem Stand der Kriegsvorbereitungen in der ersten Julihälfte sehr intensiv. Die unten zitierten Beschlüsse fassen die Ergebnisse dieser Diskussionen zusammen. Ausführlich dazu Samuelson, *Krasny koloss*, S. 97–104.

11 Beschluss des Politbüros des ZK der WKP(b) vom 15. 07. 1929 über die Rüstungsindustrie, Anlage Nr. 2 zum Sitzungsprotokoll Nr. 89 des Politbüros: RGASPI, f. 17, op. 162, d. 7, Bl. 113–121.

12 Ebd.

13 Ebd.

14 Ebd.

15 Woroschilow an Stalin am 13. 07. 1929: RGASPI, f. 17, op. 166, d. 319, Bl. 20.

16 Sitzungsprotokoll Nr. 89 des Politbüros des ZK der WKP(b) vom 18. 07. 1929, Punkt 22: RGASPI, f. 17, op. 162, d. 7, Bl. 97–100; Bericht/Thesen über grundlegende Maßnahmen der Führung für die Vorbereitung des Landes für die Verteidigung, vorgetragen in der Politbürositzung vom 15. 07. 1929: GARF, f. 8418, op. 18, d. 26, Bl. 55–61.

17 Beschluss des Politbüros des ZK der WKP(b) über den Stand der Verteidigung der UdSSR vom 15. 07. 1928, Anlage Nr. 1, zum Sitzungsprotokoll Nr. 89 des Politbüros vom 18. 07. 1929: RGASPI, f. 17, op. 162, d. 7, Bl. 101–112, hier: Bl. 102.

18 Ebd.

19 Ebd., Bl. 103.

20 Ebd., Bl. 104 f.

21 Litunowski an Woroschilow, undatiert, Sommer 1929: RGASPI, f. 74, op. 2, d. 101, Bl. 107 f.

22 Beschluss des Politbüros des ZK der WKP(b) über den Stand der Verteidigung der UdSSR vom 15. 07. 1928: RGASPI, f. 17, op. 162, d. 7, Bl. 101–112, hier: Bl. 105.

23 Ebd.

24 Litunowski an Woroschilow am 10. 08. 1929: RGASPI, f. 74, op. 2, d. 101, Bl. 105–106 v, hier: Bl. 105 v.

25 Beschluss des Politbüros des ZK der WKP(b) über den Stand der Verteidigung der UdSSR vom 15. 07. 1928: RGASPI, f. 17, op. 162, d. 7, Bl. 101–112, hier: Bl. 106 f.

26 Ebd., Bl. 107.

27 Ebd., Bl. 108–111.

»Stärkung des eigenen Hinterlandes«: Jagd auf Schädlinge, Saboteure, Spione und konterrevolutionäre Elemente

1 Baberowski, *Der rote Terror*, S. 114.

2 Ebd., S. 112–116.

3 Sitzungsprotokoll Nr. 89 des Politbüros vom 03. 03. 1927, Punkt 3: RGASPI, f. 17, op. 162, d. 4, Bl. 70–74.

4 Sitzungsprotokoll Nr. 93 des Politbüros vom 31. 03. 1927, Punkt 3: ebd., Bl. 89–93.

5 Beschluss des Politbüros des ZK der WKP(b) vom 31. 03. 1927 über

die Maßnahmen zum Kampf gegen Sabotage, Brände, Explosionen, Havarien und andere schädliche Akte: ebd., Bl. 94 ff.

6 Ebd.

7 Stalins Chiffriertelegramm an Molotow vom 08. 06. 1927: RGASPI, f. 558, op. 11, d. 71, Bl. 2 f.; abgedr. in: *Lubjanka. 1922–1936*, S. 133.

8 Sitzungsprotokoll Nr. 109 des Politbüros des ZK der WKP(b) vom 08. 06. 1927, Punkt 1: RGASPI, f. 17, op. 162, d. 5, Bl. 35; abgedr. auch in: *Lubjanka. 1922–1936*, S. 133 f. Politbüromitglieder ordneten an diesem Tag auch einen besseren Schutz von zentralen Behörden und einzelnen führenden Genossen an.

9 Sitzungsprotokoll Nr. 91 des Politbüros des ZK der WKP(b) vom 27. 06. 1927, Punkt 5: RGASPI, f. 17, op. 162, d. 5, Bl. 52 f.

10 Sonderbericht von Jagoda (OGPU) an Stalin über »Schädlingsorganisation« im System Donugla (Donezkohlerevier) vom 12. 03. 1928, abgedr. in: *Lubjanka. 1922–1936*, S. 148–152.

11 Am 02. 03. 1928 berief das Politbüro eine Kommission ein, die sich mit der Schachty-Affäre zu befassen hatte. Die Kommission setzte sich aus Stalin, Ordschonikidse, Molotow, Kuibyschew und Rykow zusammen (Sitzungsprotokoll Nr. 14 des Politbüros vom 08. 03. 1928, Punkt 12: RGASPI, f. 17, op. 162, op. 6, Bl. 36 ff.); Stalins Referat »Über die Arbeiten des vereinigten Aprilplenums des ZK und der ZKK«, gehalten am 13. 04. 1928 in der Versammlung des Aktivs der Moskauer Organisation der WKP(b), abgedr. in: Stalin, *Werke*, Bd. 11, S. 22–39; über die propagandistische Ausschlachtung der Schachty-Affäre vgl. Baberowski, *Der rote Terror*, S. 121 f.

12 Vgl. dazu Schreiben Stalins an Mitglieder und Kandidaten des Politbüros vom 12. 05. 1928 über eine Gruppe von Spezialisten in der Rüstungsindustrie, abgedr. in: *Lubjanka 1922–1936*, S. 187; Bericht von Jagoda an Stalin, Ordschonikidse, Woroschilow und Rykow über die Angelegenheit von Michailow vom 08. 05. 1928 (Michailow leitete bis Ende 1926 die Hauptverwaltung der Rüstungsindustrie), abgedr. in: ebd., S. 161 ff.; Beschluss des Politbüros über den Bericht der OGPU bezüglich der Schädlingsarbeit im Transportwesen vom 14. 06. 1928: RGASPI, f. 17, op. 162, d. 6, Bl. 105.

13 Stalin an Mitglieder und Kandidaten des Politbüros, Sekretäre des ZK der WKP(b) und Mitglieder des Präsidiums des ZKK über Bericht des OGPU über Schädlingsaktivitäten im Eisenbahntransportwesen am 16. 06. 1928, abgedr. in: *Lubjanka 1922–1936*, S. 166; als Anlage beigefügt Bericht Nr. 2 der OGPU (Jagoda, Blagnonrawow) an Stalin über das System der Schädlingsaktivitäten konterrevolutionärer Organisationen im Eisenbahntransport und deren Folgen, undatiert (vor dem 16. 06. 1928), abgedr. in: ebd., S. 166–171.

14 Werth, »Ein Staat gegen sein Volk«, S. 162.

15 Auszug aus dem Beschluss des Politbüros über den Arbeitseinsatz von kriminellen Häftlingen vom 27.06.1929, abgedr. in: *Gulag. 1918–1960*, S. 62; Projekt der Kommission des Politbüros über die Übergabe der zum Freiheitsentzug von drei Jahren und länger Verurteilten in die Lager der OGPU und über die Organisierung von neuen Konzentrationslagern. Anlage Nr. 3 zum Punkt 11 des Sitzungsprotokolls Nr. 86 des Politbüros, abgedr. in: ebd., S. 63; Beschluss des Rates der Volkskommissare der UdSSR über den Arbeitseinsatz der kriminellen Häftlinge, abgedr. in: ebd., S. 64 f.

Die »Befriedung« des Dorfes und die Finanzierung der Kriegsvorbereitungen und der Industrialisierung

1 Stalin, »Über die wirtschaftliche Lage der Sowjetunion und die Politik der Partei«, Referat über die Arbeit des Plenums des ZK der WKP(b) vor dem Aktiv der Leningrader Organisation, 13.04.1926, in: Stalin, *Werke*, Bd. 8 (1926), S. 67–81, hier: S. 69.

2 Ebd., S. 69 f.

3 Ebd., S. 70.

4 Bericht Mikojans an das Politbüro über Kreditverhandlungen mit Deutschland vom 16.04.1929: RGASPI, f. 84, op. 2, d. 10, Bl. 101–109.

5 Erinnerungen von Mikojan, Manuskript, aufgezeichnet in den 1960er Jahren: RGASPI, f. 84, op. 3, d. 116, Bl. 1–265, hier: Bl. 128 f.

6 Der korrigierte Plan für Import und Export für das Jahr 1928/29, Leschawa, Rat für Ökonomie, an Rykow, vom 26.03.1929 mit Anlagen: RGASPI, f. 84, op. 2, d. 10, Bl. 71–80 v.

7 Bericht von Mikojan an Molotow über den Export- und Importplan für das Haushaltsjahr 1930/31 vom 19.08.1930 mit Anlagen: RGASPI, f. 84, op. 2, d. 15, Bl. 83–90.

8 »Politik der Getreidebeschaffung im Kontext der allgemeinen wirtschaftlichen Lage«, Thesen des Vortrages von Mikojan, einstimmig gebilligt durch die Kommission des Politbüros, vor dem 30.06.1928: RGASPI, f. 84, op. 2, d. 6, Bl. 44–51, hier: Bl. 44; Stalin ließ diese Denkschrift an Mitglieder und Kandidaten des Politbüros, Mitglieder der ZKK und ausgewählte ZK-Mitglieder verschicken (Begleitschreiben für diese Denkschrift vom 30.06.1928: ebd., Bl. 43).

9 Ebd., Bl. 45 ff.

10 Stalins Rede »Politischer Rechenschaftsbericht des Zentralkomitees« am 03.12.1927 während des XV. Parteitags der WKP(b) vom 02. bis 19.12.1927, abgedr. in: Stalin, *Werke*, Bd. 10, S. 134–173, hier: S. 150.

11 »Politik der Getreidebeschaffung im Kontext der allgemeinen wirtschaftlichen Lage«, Thesen des Vortrags von Mikojan, einstimmig gebilligt durch die Kommission des Politbüros, vor dem 30. 06. 1928: RGASPI, f. 84, op. 2, d. 6, Bl. 43–51, hier: Bl. 47; Werth, »Ein Staat gegen sein Volk«, S. 160. Drei Jahre später behauptete Stalin jedoch, dass diese Krise durch das Eingehen der Wintersaaten verursacht gewesen sei: »Auffallend ist hierbei die Tatsache des Rückgangs der Getreideanbauflächen im Jahre 1927/28. Dieser Rückgang erklärt sich nicht durch einen Verfall der Getreidewirtschaft, wie die Ignoranten im Lager der Rechtsopportunisten schwätzten, sondern durch das Eingehen der Wintersaaten auf einer Fläche von 7 700 000 Hektar (20 Prozent der gesamten Wintersaaten der UdSSR).« (Stalins politischer Rechenschaftsbericht des ZK an den XVI. Parteitag, 27. 06. 1930, abgedr. in: Stalin, *Werke*, Bd. 11, S. 125–188, hier: S. 142.)

12 Werth, »Ein Staat gegen sein Volk«, S. 160 f.; Lynne, *Peasant Rebels under Stalin*, S. 21–24.

13 Stalins Referat »Über die Ergebnisse des Juliplenums des ZK der WKP(b)«, gehalten in der Versammlung des Aktivs der Leningrader Organisation der WKP(b) am 13. 07. 1928, abgedr. in: Stalin, *Werke*, Bd. 11, S. 105–115, hier: S. 109.

14 Stalin, »Über die Getreidebeschaffung und die Entwicklungsperspektiven der Landwirtschaft«, aus Reden in verschiedenen Bezirken Sibiriens im Januar 1928 (Kurze Niederschrift), abgedr. in: ebd., S. 8–12.

15 Am 13. 04. 1928 erklärte Stalin in einer Rede: »[...] alles daransetzen, um im Dorf Großwirtschaften vom Typ der Kollektivwirtschaften und Sowjetwirtschaften zu entwickeln, und dabei bemüht sein, sie zu Getreidefabriken für das ganze Land zu machen, die auf der Grundlage der modernen Wissenschaft organisiert sind.« (»Über die Arbeiten des vereinigten Aprilplenums des ZK und der ZKK«, Stalins Referat in der Versammlung des Aktivs der Moskauer Organisation der WKP(b) am 13. 04. 1928, abgedr. in: ebd., S. 22–39.

16 Stalins Rede »Über das Programm der Komintern« vom 05. 07. 1928 während des Plenums des ZK der WKP(b) vom 4. bis 12. 07. 1928, abgedr. in: ebd., S. 101–104, hier: S. 102 f.

17 Rede Stalins am 05. 07. 1928 »Über das Programm der Kommintern«, abgedr. in: ebd., S. 78–85, hier: S. 80.

18 Vgl. *Kak lomali NEP*.

19 Ebd., Bd. 1, S. 5–14 (Einführung von W. P. Danilow).

20 Stalins Rede »Politischer Rechenschaftsbericht des Zentralkomitees« am 03. 12. 1927 während des XV. Parteitags der WKP(b) vom 02. bis 19. 12. 1927, abgedr. in: Stalin, *Werke*, Bd. 10, S. 134–173, hier: S. 151.

21 Fitzpatrick, *Stalinskije Krestjane*, S. 56 f.

22 Ebd., S. 56.

23 Mitteilung des Volkskommissariats für Landwirtschaft über den Stand der Kollektivierung in den Oblasten und Regionen der UdSSR am 15. 12. 1929, undatiert (nach dem 15. 12. 1929), abgedr. in: *Tragedija sowjetskoj derewnii*, Bd. 2, *Nojabr 1929 – Dekabr 1930*, Moskau 2000, S. 52–60.

24 Aus dem Bericht der geheim-operativen Abteilung der OGPU »Vorläufige Ergebnisse des Kampfes gegen die Konterrevolution im Dorf im Jahre 1929« vom 15. 01. 1930, veröff. in: *Sowjetskaja derewnja*, Bd. 2, S. 1016–1021; Angaben für das Jahr 1929 aus dem Bericht der OGPU über konterrevolutionäre Aktivitäten der Kulaken für die Zeit vom 01. 01. bis 01. 05. 1930, undatiert, veröff. in: *Sowjetskaja derewnja*, Bd. 3, Teil 1, S. 327–332, hier: S. 329.

25 Die Zahl der 63 Massenkundgebungen bezieht sich auf die Jahre 1926 und 1927.

26 Aus dem Bericht ... (vgl. Anm. 24), a. a. O.

27 Ebd., Bd. 2, S. 1016–1021.

Die Weltwirtschaftskrise und Stalins Kriegsvorbereitungen

1 Stalin, Rede über »Die Internationale Lage und die Verteidigung der UdSSR«, gehalten am 01. 08. 1927 im vereinigten Plenum des ZK und der ZKK der WKP(b) vom 29. 07. bis 09. 08. 1927, abgedruckt in: Stalin, *Werke*, Bd. 10, S. 8–35, hier S. 9.

2 Purman an das Politbüro des ZK der WKP(b) am 14. 01. 1929: RGASPI, f. 82, op. 2, d. 799, Bl. 74.

3 Woroschilow an Molotow am 31. 01. 1929: ebd., Bl. 72; Mogilny im Auftrag Molotows an Woroschilow am 15. 01. 1929: ebd., Bl. 73.

4 Sitzungsprotokoll Nr. 105 des Politbüros des ZK der WKP(b) vom 25. 10. 1929, Punkt 9: RGASPI, f. 17, op. 162, d. 7, Bl. 185–188, hier Bl. 185.

5 Stalins Brief an Molotow vom 07. 10. 1929, veröff. in: Stalin, *Briefe an Molotow*, S. 198 f. (Hervorhebung im Original).

6 Stalins Rede »Politischer Rechenschaftsbericht des Zentralkomitees« am 03. 12. 1927 während des XV. Parteitags der WKP(b) vom 02. bis 19. 12. 1927, abgedruckt in: Stalin, *Werke*, Bd. 10, S. 134–173, hier S. 136 f., 140; *Prawda* Nr. 279 und 282 vom 06. und 09. 12. 1927.

7 Am 19. 12. 1928 erklärte Stalin in der Sitzung des Präsidiums des EKKI: »Die Komintern geht davon aus, dass die gegenwärtige kapitalistische Stabilisierung eine zeitweilige, unbeständige, labile, mor-

sche Stabilisierung ist, die im Laufe der weiteren Entwicklung der kapitalistischen Krise immer stärker erschüttert werden wird.« (Stalin, Rede »Über die rechte Gefahr in der Deutschen Kommunistischen Partei« in der Sitzung des Präsidiums des EKKI am 19. 12. 1928, abgedruckt in: Stalin, *Werke*, Bd. 11, S. 156–163, hier S. 156); zwei Wochen zuvor erklärte Stalin: »Aus der Stabilisierung erwächst ein neuer revolutionärer Aufschwung.« (Stalins Rede »Politischer Rechenschaftsbericht des Zentralkomitees« am 03. 12. 1927 während des XV. Parteitags der WKP(b) vom 02. bis 19. 12. 1927, abgedruckt in: Stalin, *Werke*, Bd. 10, S. 134–173, hier S. 141). Die Stellungnahme der Komintern zu der künftigen kapitalistischen Krise geht auf Stalin zurück. Vgl. dazu u. a. Schreiben Stalins an Bucharin, Rykow, Molotow über das Projekt des Kominternprogramms vom 24. 03. 1928: RGASPI, f. 558, op. 11, d. 136, Bl. 8 ff.; veröff. in: *Politbjuro i Komintern*, S. 515 f.

8 Stalin, »Die trotzkistische Opposition früher und jetzt«, Rede in der Sitzung des vereinigten Plenums des ZK und der ZKK der WKP(b) am 23. 10. 1927, abgedruckt in: Stalin, *Werke*, Bd. 10, S. 88–103, hier S. 101.

9 Stalins Rede »Politischer Rechenschaftsbericht des Zentralkomitees« am 03. 12. 1927 während des XV. Parteitags der WKP(b) vom 02. bis 19. 12. 1927, abgedruckt in: ebd., S. 134–173, hier S. 142.

10 Sitzungsprotokoll Nr. 113 des Politbüros des ZK der WKP(b) vom 15. 01. 1930, Punkt 50: RGASPI, f. 17, op. 162, Bl. 39–42, hier Bl. 41 (Das Politbüro wies das Oberste Gericht an, gegen Bessedowsky nur Anklage wegen Betrugs und Veruntreuung zu erheben. Der Verrat war also nicht zu behandeln.)

11 Bessedowsky, *Den Klauen der Tscheka entronnen*, S. 259 ff.

12 Am 7. April 1934 klagte Stalin in einem Gespräch mit Dimitroff und Molotow, dass Manuilski für jedes Jahr die proletarische Revolution prophezeie, die jedoch nicht komme. Vgl. Dimitroff, *Tagebücher*, S. 98 (Eintrag vom 07. 04. 1934).

13 Möller, *Europa zwischen den Weltkriegen*, S. 83.

14 Ebd., S. 82.

15 *Die Weimarer Republik*, S. 637.

16 Vgl. z. B. Funke, »Republik im Untergang«, S. 505–531.

17 Pjatnizki an Stalin am 26. 10. 1929, veröff. in: *Politbjuro i Komintern*, S. 615 f.

18 *Politbjuro i Komintern*, S. 615 f.

19 Ebd., S. 620.

20 Sitzungsprotokoll Nr. 112 des Politbüros der ZK der WKP(b) vom 05. 01. 1930, Punkt 54: RGASPI, f. 17, op. 3, d. 771, Bl. 1–11, hier Bl. 9.

21 Vgl. dazu zahlreiche Dokumente in: *Politbjuro i Komintern*, wie beispielsweise das Protokoll Nr. 3 der Sitzung des Büros der Delegierten der WKP(b) und EKKI vom 18. 07. 1930 über die Thesen für den geplanten V. Kongress des Profintern, auf dem u. a. die Frage zu diskutieren war, »wie man Streiks organisieren soll« (ebd., S. 626–629).

22 Stalins politischer Rechenschaftsbericht des ZK an den XVI. Parteitag der WKP(b) vom 27. 06. 1930 über »Die wachsende Krise des Weltkapitalismus und die außenpolitische Stellung der UdSSR«, veröff. in: Stalin, *Werke*, Bd. 12, S. 125–188, hier S. 125, 127.

23 Ebd., hier S. 130–133.

24 Ebd.

25 Sekretär der RS STO, Appoga, an Schaposchnikow, Stabschef der RKKA, am 05. 11. 1929: GARF, f. 8418, op. 3, d. 30, Bl. 84 f.

26 Beschluss des Politbüros über die Mobilmachungsbereitschaft der Industrie vom 15. 01. 1930: RGASPI, f. 17, op. 162, d. 8, Bl. 43–46; in Punkt 11 stellte das Politbüro u. a. fest, dass die Beschlüsse der Staatsführung von Juli 1929 hinsichtlich der Rüstungsindustrie zum großen Teil nicht erfüllt worden seien.

27 Sitzungsprotokoll Nr. 107 des Politbüros des ZK der WKP(b) vom 25. 11. 1929, Punkt 25: ebd., Bl. 4–7.

28 Sitzungsprotokoll Nr. 108 des Politbüros des ZK der WKP(b) vom 05. 12. 1929, Punkt 11: ebd., Bl. 13–17.

29 Der Beschluss des Politbüros vom 05. 12. 1929 über die Erfüllung des Panzer- und Traktorenprogrammes: ebd., Bl. 18 f.

30 Ebd.

31 Sitzungsprotokoll Nr. 123 des Politbüros des ZK der WKP(b) vom 15. 04. 1930, Punkt 30: RGASPI, f. 17, op. 162, d. 8, Bl. 133; Auszug aus dem Sitzungsprotokoll Nr. 123 des Politbüros vom 15. 04. 1930: ebd., Bl. 134; Sitzungsprotokoll Nr. 14 des Politbüros des ZK der WKP(b) vom 05. 11. 1930, Punkt 8: RGASPI, f. 17, op. 162, d. 9, Bl. 57–60; Beschluss des Politbüros vom 05. 11. 1930 über Panzerproduktion: ebd., Bl. 61; Swirin, *Bronja krepka*, S. 162–210.

32 Sitzungsprotokoll Nr. 108 des Politbüros des ZK der WKP(b) vom 05. 12. 1929, Punkt 37, 53: RGASPI, f. 17, op. 162, d. 8, Bl. 13–17.

33 Beschluss der RS STO vom 11. 12. 1929 über Mittelzuteilung für Verteidigungszwecke für das Jahr 1929/30: GARF, f. 8418, op. 3, d. 173, Bl. 2–8.

34 Beschluss der RS STO vom 01. 03. 1930: ebd., Bl. 1.

35 Sitzungsprotokoll Nr. 109 des Politbüros des ZK der WKP(b) vom 15. 12. 1929, Punkt 49: RGASPI, f. 17, op. 162, d. 8, Bl. 22 f.

36 Sitzungsprotokoll Nr. 110 des Politbüros des ZK der WKP(b) vom

20. 12. 1929, Punkte 8, 15: ebd., Bl. 26 f.; Mikojans Mitteilung an Stalin vom 14. 11. 1930: RGASPI, f. 84, op. 2, d. 15, Bl. 165 ff.

37 Sitzungsprotokoll Nr. 113 des Politbüros des ZK der WKP(b) vom 15. 01. 1930, Punkt 52: RGASPI, f. 17, op. 162, d. 8, Bl. 39–42; Richtlinien für Ossinski zur Führung der Verhandlungen: ebd., Bl. 48.

38 Sitzungsprotokoll Nr. 114 des Politbüros des ZK der WKP(b) vom 20. 01. 1930, Punkt 4: ebd., Bl. 49 f.

39 Sitzungsprotokoll Nr. 112 des Politbüros des ZK der WKP(b) vom 05. 01. 1930, Punkt 30: ebd., Bl. 29–32.

40 Sitzungsprotokoll Nr. 113 des Politbüros des ZK der WKP(b) vom 15. 01. 1930, Punkte 1, 11: ebd., Bl. 39–42.

41 Beschluss des Politbüros über die Mobilmachungsbereitschaft der Industrie, bestätigt durch das Politbüro am 15. 01. 1930: ebd., Bl. 43–46.

42 Ebd.

43 Ebd.

44 Sitzungsprotokoll Nr. 113 des Politbüros des ZK der WKP(b) vom 15. 01. 1930, Punkt 11: RGASPI, f. 17, op. 162, d. 8, Bl. 39–42.

45 Sitzungsprotokoll Nr. 2 des Revolutionären Kriegsrates der UdSSR vom 23. 01. 1930: GARF, f. 8418, op. 16, d. 11, Bl. 1–5.

46 Bericht über die Luftwaffe an Ordschonikidse, undatiert, vor dem 05. 03. 1930: GARF, f. 8418, op. 18, d. 26, Bl. 2–16.

47 Ebd.

48 Beschluss des ZK der WKP(b) über die Frage der Luftfahrtindustrie, bestätigt durch das Politbüro am 05. 03. 1930: RGASPI, f. 17, op. 162, d. 8, Bl. 106 ff.; Sitzungsprotokoll Nr. 117 des Politbüros des ZK der WKP(b) vom 05. 03. 1930, Punkt 2 a: ebd., Bl. 103 ff.

49 Sitzungsprotokoll Nr. 115 des Politbüros des ZK der WKP(b) vom 25. 01. 1930, Punkt 5: RGASPI, f. 17, op. 162, d. 8, Bl. 51–55; Beschluss des STO über den Export-Import-Plan für das zweite Quartal 1929/30, bestätigt durch das Politbüro am 25. 01. 1930: ebd., Bl. 56 f.

50 Sitzungsprotokoll Nr. 115 des Politbüros des ZK der WKP(b) vom 25. 01. 1930, Punkt 33: RGASPI, f. 17, op. 162, d. 8, Bl. 51–55; Beschluss des Politbüros über die Bestellungen in Amerika vom 25. 01. 1930: ebd., Bl. 58.

51 Direktive für Bogdanow (er sollte diesbezügliche Verhandlungen in den USA führen), bestätigt vom Politbüro am 30. 01. 1930: ebd., Bl. 70–73.

52 Sitzungsprotokoll Nr. 117 des Politbüros vom 15. 02. 1930, Punkt 12: RGASPI, f. 17, op. 162, d. 8, Bl. 76–80; Protokoll des Gesprächs zwischen Anastas Mikojan und dem deutschen Botschafter Dirksen vom 15. 12. 1929: RGASPI, f. 84, op. 2, d. 14, Bl. 27–33; Begleitschreiben von Mikojan an Stalin und Litwinow vom 03. 01. 1930: ebd., Bl. 27.

53 Sitzungsprotokoll Nr. 118 des Politbüros des ZK der WKP(b) vom 25. 02. 1930, Punkt 4: RGASPI, f. 17, op. 162, d. 8, Bl. 81–84.
54 Anlage Nr. 1 zum Sitzungsprotokoll Nr. 118 des Politbüros »Über den Fortgang der Liquidierung der Schädlingstätigkeit in Betrieben der Rüstungsindustrie«, bestätigt vom Politbüro am 25. 02. 1930: RGASPI, f. 17, op. 162, d. 8, Bl. 85–91, hier Bl. 85 f. (Hervorhebung im Original).
55 Ebd., Bl. 86 (Hervorhebung im Original).
56 Ebd., Bl. 86 f.
57 Bericht über die Luftwaffe an Ordschonikidse, undatiert, vor dem 05. 03. 1930: GARF, f. 8418, op. 18, d. 26, Bl. 2–16, hier Bl. 3 f.
58 Beschluss des ZK der WKP(b) über die Frage der Luftfahrtindustrie, bestätigt durch das Politbüro am 05. 03. 1930: RGASPI, f 17, op. 162, d. 8, Bl. 106 ff.
59 Beispielsweise genehmigte das Politbüro am 25. 05. 1930 der OGPU die Erschießung von angeblichen Schädlingen im Straßenbauwesen, der Forst- und Papierindustrie sowie dem Post- und Fernmeldewesen: Sitzungsprotokoll Nr. 127 des Politbüros des ZK der WKP(b) vom 25. 05. 1930, Punkt 9, 11 ff.: ebd., Bl. 157 ff.
60 Anlage Nr. 1 zum Sitzungsprotokoll Nr. 118 des Politbüros »Über den Fortgang der Liquidierung der Schädlingstätigkeit in Betrieben der Rüstungsindustrie«, bestätigt vom Politbüro am 25. 02. 1930: ebd., Bl. 85–91, hier Bl. 86 f.
61 Shurawljow, *Das Moskauer Elektrokombinat*; Erler, *Terror gegen deutsche Polit- und Wirtschaftsemigranten*.
62 Litunowski an Woroschilow am 11. 08. 1930: RGASPI, f. 74, op. 2, d. 101, Bl. 126–139, hier Bl. 134 f.
63 Sitzungsprotokoll Nr. 54 des Politbüros des ZK der WKP(b) vom 05. 08. 1931, Punkt 3: RGASPI, f. 17, op. 162, d. 10, Bl. 138–142 (es ging hierbei um den Einsatz von verurteilten Spezialisten in Bunt- und Goldmetallurgie und im Transportwesen, die OGPU hatte den Auftrag, dies zu regeln); am 15. 09. 1930 beschloss das Politbüro den Einsatz von verurteilten Spezialisten im Eisenbahnwesen, womit sich auch die OGPU zu befassen hatte (Sitzungsprotokoll Nr. 62 des Politbüros des ZK der WKP(b) vom 15. 09. 1931, Punkt 1: ebd., d. 11, Bl. 7 f.).
64 Bericht I. A. Akulow an Stalin über die Übergabe von durch OGPU verurteilten Spezialisten an wirtschaftliche Organe vom 26. 11. 1931, veröff. in: *Lubljanka 1922–1936*, S. 287 f.
65 Lenins Rede in der Sitzung des Moskauer Sowjets der Arbeiter- und Rotarmistendeputierten vom 06. 03. 1920, abgedr. in: Lenin, *Werke*, Bd. 30, S. 402–408, hier S. 405.

66 Aus dem Sitzungsprotokoll Nr. 108 des Politbüros vom 05. 12. 1929: RGASPI, f. 17, op. 3, d. 1876, Bl. 8, abgedr. in: *Tragedija sowjetskoj derewnii*, Bd. 2, S. 35; Aus dem Protokoll Nr. 66 der vereinigten Sitzung des Präsidiums des Exekutivkomitees der Wolgaregion und der Kommission des stellv. Vorsitzenden des SNK der RSFSR, Ryskulow, über die Kollektivierung in der Wolgaregion vom 24./25. 11. 1929, abgedr. in: ebd., S. 33 ff.

67 Stalins Brief an Molotow vom 05. 12. 1929, veröff. in: Stalin, Briefe an Molotow, S. 199 f.

68 Entwurf des Beschlusses des ZK der WKP(b) über das Tempo des Kolchosaufbaus vom 18. 12. 1929, abgedr. in: *Tragedija sowjetskoj derewnii*, Bd. 2, S. 61–66; Mitteilung Jakowlews an Politbüro über die Arbeit der Kommission vom 22. 12. 1929, abgedr. in: ebd., S. 75; Stalins Brief an Molotow vom 25. 12. 1929: veröff. in: Stalin, *Briefe an Molotow*, S. 201 f.

69 Telegramm von Molotow an Stalin, undatiert, spätestens vom 01. 01. 1930, veröff. in: *Tragedija sowjetskoj derewnii*, Bd. 2, S. 76; Stalins Telegramm an Molotow vom 01. 01. 1930, veröff. in: ebd., S. 76.

70 Telegramm Stalins an den Sekretär des Komitees der Region Untere Wolga, Scheboldajew vom 04. 01. 1930, abgedr. in: ebd., S. 84.

71 Sitzungsprotokoll Nr. 112 des Politbüros des ZK der WKP(b) vom 05. 01. 1930, Punkt 13: RGASPI, f. 17, op. 3, d. 771, Bl. 1–11, hier Bl. 3; veröff. in: *Tragedija sowjetskoj derewnii*, Bd. 2, S. 84.

72 Beschluss des Politbüros über das Tempo der Kollektivierung und der staatlichen Hilfe für den Kolchosausbau vom 05.1930: RGASPI, f. 17, op. 3, d. 771, Bl. 21 ff.; *Tragedija sowjetskoj derewnii*, Bd. 2, S. 85 f.

73 Denkschrift der Unterkommission unter Vorsitz von K. Bauman über Kulaken in den Rayons der vollständigen Kollektivierung, undatiert, vor dem 15. 12. 1929, abgedr. in: *Tragedija sowjetskoj derewnii*, Bd. 2, S. 37–40.

74 Ebd.; Bericht von M. Chatajewitsch über die Arbeit der Kommission (von Jakowlew) vom 21. 12. 1929, abgedr. in: ebd., S. 67–74; Tabelle der Sonderabteilung der OGPU über Entkulakisierung und Aussiedlung der Entkulakisierten vom 01. 01. 1930 bis 01. 07. 1931, vom 15. 07. 1931, veröff. in: *Sowjetskaja derewnja*, Bd. 3, Buch 1, S. 716 f.

75 Entwurf des Beschlusses des ZK der WKP(b) über das Tempo des Kolchosaufbaus vom 18. 12. 1929, abgedr. in: *Tragedija sowjetskoj derewnii*, Bd. 2, S. 61–66.

76 Schreiben des stellvertretenden Vorsitzenden der OGPU G. Jagoda an leitende Mitarbeiter der OGPU vom 11. 01. 1930, abgedr. in: ebd., S. 103 f.

77 Ebd. (Hervorhebung, B. M.).

78 Ebd.
79 Ebd.
80 Direktive der OGPU an alle Stellen der OGPU vom 11.01.1930, abgedr. in: *Tragedija sowjetskoj derewnii*, Bd. 2, S. 104 f.
81 Sitzungsprotokoll Nr. 113 des Politbüros des ZK der WKP(b) vom 15.01.1930, Punkt 16: RGASPI, f. 17, op. 3, d. 772, Bl. 3; auch in: *Tragedija sowjetskoj derewnii*, Bd. 2, S. 116.
82 Sitzungsprotokoll Nr. 116 des Politbüros des ZK der WKP(b) vom 30.01.1930, Punkt 36: RGASPI, f. 17, op. 162, d. 8, Bl. 59–61. Die Vorbereitungsphase des Beschlusses (erste Entwürfe, Vorschläge) ist gut dokumentiert in dem Quellenband: *Tragedija sowjetskoj derewnii*, Bd. 2, S. 117–126.
83 Beschluss des Politbüros des ZK der WKP(b) vom 30.01.1930 »über Maßnahmen zur Liquidierung der Kulakenwirtschaften in den Rayons der vollständigen Kollektivierung«: RGASPI, f. 17, op. 162, d. 8, Bl. 64–69; abgedr. in: *Tragedija sowjetskoj derewnii*, Bd. 2, S. 126–130.
84 Ebd.
85 Ebd.
86 Jagodas Befehl über Maßnahmen zur Liquidierung des Kulakentums als Klasse vom 02.02.1930: *Tragedija sowjetskoj derewnii*, Bd. 2, S. 163–167; vgl. zahlreiche einschlägige und zeitgenössische Dokumente dazu, veröff. in: ebd., S. 105–204.
87 Service, *Stalin*, S. 286; der Begriff »25 000er« kommt von der Zahl der Arbeiter, die eigens dafür zu mobilisieren waren (Entwurf des Beschlusses des ZK der WKP(b) über das Tempo des Kolchosaufbaus vom 18.12.1929, abgedr. in: *Tragedija sowjetskoj derewnii*, Bd. 2, S. 61–66, hier S. 64; Bericht von M. Chatajewitsch über die Arbeit der Kommission (von Jakowlew) vom 21.12.1929, abgedr. in: ebd., S. 67–74, hier S. 71; Reese, *Stalin's Reluctant Soldiers*, S. 92.
88 Bericht Abteilung Information der OGPU über die Lage und die Stimmung der »25 000er« im Dorf zum 21.02.1931, vom 26.02.1931, veröff. in: *Sowjetskaja derewnja*, Bd. 3, Buch 1, S. 626–636.
89 Der berüchtigte Verbannungsort auf den Solowetski-Inseln im Weißen Meer, das erste Gulaglager. Vgl. Applebaum, *Der Gulag*, S. 81–94.
90 Bericht der Abteilung Information der OGPU, undatiert, nach dem 05.01.1930, abgedr. in: *Tragedija sowjetskoj derewnii*, Bd. 2, S. 99 f.
91 Ebd.
92 Bericht der OGPU über konterrevolutionäre Aktivitäten der Kulaken für die Zeit vom 01.01. bis 01.05.1930, undatiert, veröff. in: *Sowjetskaja derewnja*, Bd. 3, Buch 1, S. 327–332, hier S. 327.

93 Ebd.
94 Ebd.
95 Bericht von Jagoda an Stalin über Übertreibungen bei Kollektivierung und Entkulakisierung vom 07.03.1930 mit dazugehörigen Anlagen, veröff. in: *Tragedija sowjetskoj derewnii*, Bd. 2, S. 292–302, hier S. 302.
96 Bericht des Chefs der operativen Gruppe der bevollmächtigten Vertreter der OGPU, Pusinski, über die Ergebnisse der Aussiedlung der Kulaken der zweiten Kategorie vom 06.05.1930, veröff. in: *Istorija stalinskogo gulaga*, Bd. 5, S. 107–124.
97 Ebd.
98 Bericht der OGPU über die Ergebnisse der Aussiedlung der Kulaken der zweiten Kategorie vom 09.02.1931, veröff. in: ebd., S. 136–140.
99 Bericht des Chefs ... (vgl. Anm. 96), a. a. O., hier S. 121 ff.
100 Auszug aus einem Brief in einer Übersicht der Informationsabteilung der OGPU über Schreiben der Kulaken, die aus der Nordregion verschickt werden, undatiert, nach dem 01.07.1930, veröff. in: *Tragedija sowjetskoj derewni*, Bd. 2, S. 521–523.
101 Ebd.
102 Sondermeldung von Jagoda an Stalin über den Abschluss der Operation zur Aussiedlung der Kulaken vom 15.10.1931, veröff. in: *Lubljanka, 1922–1936*, S. 267.
103 Schreiben von Tomatschew an Lebed, undatiert (zwischen dem 15. und 21.04.1930), veröff. in: *Istorija stalinskogo gulaga*, Bd. 5, S. 103–107; Begleitschreiben von Lebed an Stalin vom 21.04.1930, veröff. in: ebd., S. 103.
104 Bericht der OGPU über die Ergebnisse der Aussiedlung und Ansiedlung von Kulaken der zweiten Kategorie vom 09.02.1931, veröff. in: *Istorija stalinskogo gulaga*, Bd. 5, S. 136–140; Werth, »Ein Staat gegen sein Volk«, S. 174 f.
105 OGPU-Bericht über die inneren Umsiedlungen der Kulaken der dritten Kategorie vom 09.02.1931, veröff. in: *Sowjetskaja derewnja, 1932–1934*, Bd. 3, Buch 1, S. 613–620.
106 Tabelle: Zahl der Flüchtlings-Kulaken der zweiten Kategorie, 07.02.1931, veröff. in: ebd., S. 612, sowie *Istorija stalinskogo gulaga*, Bd. 5, S. 135; Anfang 1932 gab es nach OGPU-Angaben 456 Siedlungen mit Kulaken der dritten Kategorie, in denen 28356 Familien (117048 Personen) lebten (Tabelle: Verzeichnis der Siedlungen von Kulaken der dritten Kategorie nach Angaben vom 05.03.1932 durch die geheim-politische Abteilung der OGPU, veröff. in: *Sowjetskaja derewnja, 1932–1934*, Bd. 3, Buch 2, S. 56).
107 Bericht der Sonderabteilung der OGPU über den Fortgang der Ope-

ration zur Aussiedlung der Kulaken vom 17. 11. 1930, veröff. in: *Sowjetskaja derewnja*, Bd. 3, Buch 1, S. 519–527; Auskunft der Abteilung Zentrale Registrierung der OGPU über die Anzahl der durch die OGPU verhafteten Personen der ersten Kategorie im Rahmen der »Kulakenoperation«, undatiert, nach dem 01. 10. 1930, veröff. in: ebd., S. 484. Von den 140 724 Personen, die von Januar bis zum 15. April 1930 verhaftet worden waren, wurden 50 920 in Konzentrationslagern eingesperrt, 17 632 deportiert, 9333 befreit, 2877 erhielten Bewährungsstrafen, zum Schicksal der übrigen 59 962 lagen im Oktober 1930 keine Informationen vor (ebd.).

108 Telegramm Nr. 13422 der Führung (Jagoda und Ewdokimow) der OGPU an alle lokalen OGPU-Organe vom 25. 11. 1930, veröff. in: *Sowjetskaja derewnja*, Bd. 3, Buch 1, S. 509.

109 Bericht der OGPU über Charakter und Dynamik der massenhaften antisowjetischen Erscheinungen auf dem Dorf vom 01. 01. bis 01. 10. 1931, vom 13. 10. 1931, veröff. in: ebd., S. 774–779.

110 Materialien zur Frage der Kulaken-Konterrevolution zum 01. 02. Z1931, undatiert (nach dem 01. 02. 1931), veröff. in: ebd., S. 589–595.

111 Auszug aus dem Beschluss des Politbüros des ZK der WKP(b) vom 15. 03. 1931, veröff. in: *Lubjanka 1922–1936*, S. 264; Sitzungsprotokoll Nr. 30 des Politbüros des ZK der WKP(b) vom 25. 03. 1931, Punkt 31/44: RGASPI, f. 17, op. 162, d. 9, Bl. 172–175; Über Kulaken. Sitzungsprotokoll der Kommission von Genosse Andrejew, 18. 03. 1931: ebd., Bl. 176 ff.; veröff. auch in: *Lubjanka 1922–1936*, S. 264 ff.

112 Sondermeldung Jagodas an Stalin vom 15. 10. 1931, veröff. in: *Lubjanka 1922–1936*, S. 267.

113 Tabelle der Sonderabteilung der OGPU über die Zahl der ausgesiedelten Kulaken im Jahr 1930/31, undatiert, nach dem 30. 09. 1931, veröff. in: *Sowjetskaja derewnja*, Bd. 3, Buch 1, S. 771; Tabelle der Sonderabteilung der OGPU über die Zahl der innerhalb der Oblasten umgesiedelten Kulaken, undatiert, nach dem 30. 09. 1931, veröff. in: ebd., S. 771.

114 Protokoll der Politbürokommission für Sondersiedler vom 26. 01. 1932, bestätigt durch das Politbüro am 28. 01. 1932: RGASPI, f. 17, op. 162, d. 11, Bl. 167 ff.

115 Beschluss des Politbüros über den wirtschaftlichen Aufbau der Sondersiedler in der Region Norymsk vom 23. 12. 1931: RGASPI, f. 17, op. 162, d. 11, Bl. 103–106; Protokoll der Politbürokommission für Sondersiedler vom 26. 01. 1932, bestätigt durch das Politbüro am 28. 01. 1932: ebd., Bl. 167 ff.

116 Anfrage des Chefs der geheim-politischen Abteilung der OGPU, Moltschanow, an den stellvertretenden Vorsitzenden der OGPU, Akulow vom 27.1932, veröff. in: *Sowjetskaja derewnja*, Bd. 3, Buch 2, S. 53; Auskunft der geheim-politischen Abteilung der OGPU über die erfassten Kulakenwirtschaften zum 25. 01. 1932, veröff. in: ebd., S. 54; Auskunft der geheim-politischen Abteilung der OGPU über die erfassten Kulakenwirtschaften zum 10. 03. 1932, veröff. in: ebd., S. 58.

117 Sitzungsprotokoll der Kommission des ZK der WKP(b) für Sonderaussiedler vom 10. 04. 1932, bestätigt durch das Politbüro am 13. 04. 1932: RGASPI, f. 17, op. 162, d. 12, Bl. 104–107.

118 Sitzungsprotokoll der Kommission des ZK der WKP(b) für Sonderaussiedler vom 26. 04. 1932, bestätigt durch das Politbüro am 04. 05. 1932: ebd., Bl. 126 f.; Operatives Verzeichnis der geheim-politischen Abteilung der OGPU zur Umsiedlung von Kulakenwirtschaften im Jahre 1932, April 1932, veröff. in: *Sowjetskaja derewnja*, Bd. 3, Buch 2, S. 98 f.

119 Sitzungsprotokoll Nr. 100 des Politbüros des ZK der WKP(b) vom 16. 05. 1932, Punkt 14: RGASPI, f. 17, op. 162, d. 12, Bl. 132–137.

120 Auskunft der geheim-politischen Abteilung der OGPU über die Anzahl der ausgesiedelten konterrevolutionären Kulakenelemente vom Oktober 1932 bis Mai 1933, 21. 04. 1933, veröff. in: *Sowjetskaja derewnja*, Bd. 3, Buch 2, S. 389.

121 *Istorija stalinskogo gulaga. Naselenie gulaga*, S. 35, 573 (FN 7); Denkschrift des Volkskommissars für Innere Angelegenheiten der RSFSR, W. N. Tolmatschew an das Politbüro des ZK der WKP(b) vom 01. 07. 1929, veröff. in: ebd., S. 61 f.; Applebaum, *Der Gulag*, S. 57–78.

122 Beschluss des Politbüros des ZK der WKP(b) vom 30. 01. 1930 »über Maßnahmen zur Liquidierung der Kulakenwirtschaften in den Rayons der vollständigen Kollektivierung«: RGASPI, f. 17, op. 162, d. 8, Bl. 64–69.

123 *Istorija stalinskogo gulaga, Naselenie gulaga*, S. 35.

124 Ebd., S. 35; Tabelle der Hauptverwaltung der Lager (Gulag) über die Zahl der Häftlinge in der UdSSR, undatiert, 1935, veröff. in: *Istorija stalinskogo gulaga. Naselenie gulaga*, S. 68 f. Am 08. 05. 1933 ordneten Stalin und Molotow an, die Zahl der Gefängnisinsassen von 800 000 auf 400 000 zu reduzieren (Instruktion an alle Partei- und Sowjetfunktionäre sowie alle Organe der GPU und Gerichte und Staatsanwaltschaft vom 08. 05. 1933, unterzeichnet von Stalin (ZK) und Molotow (SNK): RGASPI, f. 17, op. 3, d. 922, Bl. 58 f.).

125 Stenografischer Bericht des Plenums des ZK und ZKK der WKP(b)

vom 07. bis 12. 01. 1933, die 8. Sitzung am 11. 01. 1933: RGASPI, f. 17, op. 2, d. 514 (Teil 2), Bl. 4v-6.

126 Instruktion an alle Partei- und Sowjetfunktionäre sowie alle Organe der GPU und Gerichte und Staatsanwaltschaft vom 08. 05. 1933, unterzeichnet von Stalin (ZK) und Molotow (SNK): RGASPI, f. 17, op. 3, d. 922, Bl. 58 f.

127 Ebd.

128 Orientierungsplan der OGPU für die Aussiedlung von Kulaken vom 12. 05. 1933, veröff. in: *Sowjetskaja derewnja*, Bd. 3, Buch 2, S. 419 f.; Bericht der OGPU über die Aussiedlung von 2000 Kulakenfamilien aus der USSR vom 08. 06. 1933, veröff. in: ebd., S. 424 f.; Meldung der geheim-politischen Abteilung der OGPU über den Verlauf der Kulakenaussiedlung zum 05. 07. 1933, undatiert, veröff. in: ebd., S. 435.

129 Bericht des NKWD über die Aussiedlung von Kulaken und antisowjetischen Elementen in der ersten Hälfte 1935 vom 15. 07. 1935, veröff. in: *Tragedija sowjetskoj derewnii*, Bd. 4, S. 550 f.

130 Fitzpatrick, *Stalinskije Krestjane*, S. 91–95, 221–222; vgl. dazu zahlreiche Dokumente in: *Lubjanka 1922–1936*, *Sowjetskaja derewnja*, Bd. 3, Buch 2; *Tragedija sowjetskoj derewnii*, Bd. 4, 5, 6.

131 Beschluss Nr. 579 des Zentralen Exekutivkomitees der UdSSR vom 27. 05. 1934, zitiert in: *Istorija stalinskogo gulaga*, Bd. 5, S. 734, FN 64.

132 Jagoda an Stalin am 17. 01. 1935, veröff. in: *Istorija stalinskogo gulaga*, Bd. 5, S. 209 f.; Rundschreiben des NKWD der USSR Nr. 36 vom 15. 03. 1935, veröff. in: ebd., S. 210 f.

133 Protokoll Nr. 51, Beschlüsse des Politbüros des ZK der WKP(b) vom 20. 06. bis 31. 07. 1937, Punkt 94: RGASPI, f. 17, op. 162, d. 21, Bl. 86–119, hier Bl. 89.

134 Beschluss vom 09. 07. 1937, Punkt 187: ebd., Bl. 95; Beschluss vom 10. 07. 1937, Punkt 199, 206: ebd., Bl. 96 ff.; Beschluss vom 11. 07. 1937, Punkt 212: ebd., Bl. 99.

135 Begleitschreiben von Frinowski an das Politbüro mit dem operativen Befehl NKWD Nr. 00447, veröff. in: *Lubjanka 1937–1938*, S. 273–281.

136 Bericht des NKWD der UdSSR über Verhaftete und Abgeurteilte auf der Grundlage des operativen Befehls des NKWD der UdSSR Nr. 00447 vom 30. 07. 1937, undatiert, nach dem 01. 01. 1938, veröff. in: *Tragedija sowjetskoj derewnii*, Bd. 5, Buch 1, S. 387–393.

137 Protokoll Nr. 57, Entscheidungen des Politbüros vom 25. 01. bis 09. 02. 1938, Punkt 48 (31. 01. 1938): RGASPI, f. 17, op. 162, d. 22, Bl. 112–120, hier Bl. 113.

138 Protokoll Nr. 58, Entscheidungen des Politbüros vom 11. 02. bis 23. 02. 1938, Punkt 67 (17. 02. 1938): ebd., Bl. 124–133, hier Bl. 127.

139 Werth, »Ein Staat gegen sein Volk«, S. 213.

140 Stalins Rechenschaftsbericht an den XVII. Parteitag über die Arbeit des ZK der WKP(b), gehalten am 26. 01. 1934, veröff. in: Stalin, *Werke*, Bd. 13, S. 164–211, hier S. 184.

141 Auskunft des Staatsplanes der UdSSR über die Entwicklung der Kollektivierung 1933–1934 vom 14. 11. 1934, veröff. in: *Tragedija sowjetskoj derewnii*, Bd. 4, S. 300 ff.; *Wsesojusnaja perepis naselenja 1937 goda*, S. 5.

142 Zelenin, *Stalinskaja »revoluzija swerchu«*, S. 188 f.

143 Soziale Zusammensetzung der Bevölkerung der UdSSR im Jahre 1937, veröff. in: *Wessojusnaja perepis*, S. 124 f.

144 Die Entscheidung des Politbüros vom 15. 11. 1932 sowie die Ausführungsbestimmungen sind veröffentlicht in: *Istorija stalinskogo gulaga. Massovye repressii v SSSR*, S. 149, 650 f.; Sitzungsprotokoll Nr. 126 des Politbüros des ZK der WKP(b) vom 16. 12. 1932: RGASPI, f. 17, op. 3, d. 911, Bl. 2; Beschluss des ZIK und SNK SSSR über die Einführung des Passsystems, bestätigt durch das Politbüro am 16. 12. 1932: ebd., Bl. 16 ff.; veröff. in: *ZK RKP(b) – WKP(b) i nationalny wopros*, S. 699 ff.; ausführlich dazu Fitzpatrick, *Stalinskije Krestjane*, S. 108–119.

145 Sowchosbauern, die als Landarbeiter in staatlichen landwirtschaftlichen Großbetrieben beschäftigt waren, erhielten dagegen Pässe. Vgl. ebd.

146 Denkschrift »Zurück zum Parteiprogramm, zur sowjetischen Verfassung, zum Leninismus (unsere Aufgaben)«, undatiert, 1932, Verfasser unbekannt, veröff. in: *Lubjanka 1922–1936*, S. 327–334, hier S. 331; Begleitschreiben von Balizki (OGPU) an Stalin für Denkschrift als Anlage vom 11. 10. 1932, veröff. in: ebd., S. 326.

147 Robert Conquest war der erste westliche Forscher, der sich mit dieser Frage ausführlich befasste. 1986 veröffentlichte er in New York die viel beachtete und verdienstvolle Monografie: *Harvest of Sorrow. Soviet Collectivization and the Terror-Famine*.

148 Stalin an Molotow, undatiert, nicht vor dem 23. 08. 1930, veröff. in: Stalin, *Briefe an Molotow*, S. 220 f. (Hervorhebung im Original).

149 Stalin an Molotow am 24. 08. 1930, veröff. in: ebd., S. 222 f.

150 Sitzungsprotokoll Nr. 6 des Politbüros des ZK der WKP(b) vom 05. 09. 1930, Punkt 11/17: RGASPI, f. 17, op. 162, d. 9, Bl. 21 f.

151 Schreiben von Mikojan an Stalin über den Verwendungsplan für Getreidekulturen im Jahr 1930/31 vom 23. 11. 1930: RGASPI, f. 84, op. 2, d. 15, Bl. 179–182.

152 Anlage Nr. 1 zum Schreiben von Mikojan an Stalin über den Verwendungsplan für Getreidekulturen im Jahr 1930/31 vom 23. 11. 1930: ebd., Bl. 183.

153 Mitteilung von Mikojan über den Verlauf der Getreidebeschaffungskampagne vom 23. 11. 1930: ebd., Bl. 168–175.

154 Bericht von Rosenholz über die wirtschaftliche Stellung der UdSSR in England, Italien und Deutschland vom 04. 11. 1930: ebd., Bl. 154–158; Mikojan an Molotow über den geplanten Export und Import im Jahr 1930/31 mit Anlagen am 19. 08. 1930: ebd., Bl. 83–90.

155 Mikojan an Molotow über den geplanten Export und Import im Jahre 1930/31 mit Anlagen am 19. 08. 1930: ebd., Bl. 83–90; Importplan für das Jahr 1932 mit Angaben zum Import im Jahre 1931, verfasst von Kuibyschew, 28. 11. 1931: RGASPI, f. 17, op. 162, d. 11, Bl. 87–93.

156 Ebd.; Sitzungsprotokoll Nr. 79 des Politbüros vom 08. 12. 1931, Beschluss vom 29. 11. 1931: ebd., Bl. 80–84.

157 Direktiven für Gespräche in Deutschland über die Erweiterung des sowjetischen Exports, bestätigt durch das Politbüro am 15. 10. 1931: ebd., Bl. 28 f.

158 Kaganowitsch an Stalin am 06. 09. 1931, veröff. in: *Stalin i Kaganowitsch*, S. 83–86.

159 Sitzungsprotokoll Nr. 61 des Politbüros des ZK der WKP(b) vom 10. 09. 1931, Punkt 40/5: RGASPI, f. 17, op. 162, d. 11, Bl. 1–5.

160 Kaganowitsch an Stalin am 16. 09. 1931, veröff. in: *Stalin i Kaganowitsch*, S. 105 ff.; Kaganowitsch an Stalin am 26. 09. 1931: ebd., S. 119 f.; Kaganowitsch an Stalin am 05. 10. 1931: ebd., S. 127 f.

161 Protokoll der Besprechung zur Frage der Getreidebeschaffung mit Teilnahme von Genosse Molotow am 29. 12. 1931, verfasst von Friedman: RGASPI, f. 82, op. 2, d. 137, Bl. 21–24; ähnlich war es in den Jahren zuvor, vgl. dazu: Mitteilung von Mikojan über den Verlauf der Getreidebeschaffungskampagne vom 23. 11. 1930 (Tabelle): RGASPI, f. 84, op. 2, d. 15, Bl. 168–175, hier Bl. 173.

162 Sitzungsprotokoll Nr. 77 des Politbüros des ZK der WKP(b) vom 25. 11. 1931, Punkt 54/33: RGASPI, f. 17, op. 162, d. 11, Bl. 68.

163 Sitzungsprotokoll Nr. 78 des Politbüros des ZK der WKP(b) vom 01. 12. 1931, Punkt 25: ebd., Bl. 69–74; Sitzungsprotokoll Nr. 81 des Politbüros des ZK der WKP(b) vom 23. 12. 1931, Punkt 11: ebd., Bl. 99–102.

164 Beschluss des Politbüros vom 16. 01. 1932 über den Export-, Devisen- und Importplan für das Jahr 1932: ebd., d. 11, Bl. 131–154; Sitzungsprotokoll Nr. 86 des Politbüros des ZK der WKP(b) vom 28. 01. 1932, Punkt 12, 24: ebd., Bl. 159–163; Beschluss über den Ex-

port- und Importplan für das 1. Quartal 1932, bestätigt durch das Politbüro am 28. 01. 1932: ebd., Bl. 164 f.; Versorgungsplan mit Weizen für die erste Jahreshälfte 1932, bestätigt durch das Politbüro am 28. 01. 1932: ebd., Bl. 172.

165 Protokoll der Besprechung zur Frage der Getreidebeschaffung mit Teilnahme von Genosse Molotow am 29. 12. 1931, verfasst von Friedman: RGASPI, f. 82, op. 2, d. 137, Bl. 21–24.

166 Das Reiseprogramm des Genossen Molotow in die Ukraine wegen Getreidebeschaffung vom 28. 12. 1931 bis 03. 01. 1932: ebd., Bl. 1; Beschluss des Politbüros des ZK der KP(b)U vom 29. 12. 1931 über Maßnahmen zur Intensivierung der Getreidebeschaffung: ebd., Bl. 4–7.

167 Beschluss des ZK der KP(b)U über die Getreidebeschaffung mit den Eintreibungsplänen für die jeweilige operative Gruppe, undatiert (29. 12. 1931): ebd., Bl. 8–20.

168 Telegramm von Stroganow an Molotow vom 31. 12. 1931: ebd., Bl. 114.

169 Stenogramm der Konferenz über Getreide am 02. 01. 1932: RGASPI, f. 82, op. 2, d. 137, Bl. 49–92, Zitat Bl. 50 f., 64, 91 f.

170 Sonderbericht der geheim-politischen Abteilung der OGPU über negative Erscheinungen und die politische Lage in einzelnen Gebieten der UdSSR, undatiert, nach dem 01. 04. 1932, veröff. in: *Sowjetskaja derewnja*, Bd. 3, Buch 2, S. 64–91, hier S. 64.

171 Ebd., S. 65 f.

172 Ebd., S. 64–91.

173 Sitzungsprotokoll Nr. 93 des Politbüros des ZK der WKP(b) vom 23. 03. 1932, Punkt 38/1, 41/4: RGASPI, f. 17, op. 162, d. 12, Bl. 30 f.

174 Sitzungsprotokoll Nr. 94 des Politbüros des ZK der WKP(b) vom 01. 04. 1932, Punkt 55/18: ebd., Bl. 32–40; Sitzungsprotokoll Nr. 95 vom 08. 04. 1932, Punkt 41/6, 45/10: ebd., Bl. 81–86; Sitzungsprotokoll Nr. 97 vom 23. 04. 1932, Punkt 29/6: ebd., Bl. 107–110; Sitzungsprotokoll Nr. 98 vom 04. 05. 1932, Punkt 33/9: ebd., Bl. 113–117.

175 Am 20. März genehmigte das Politbüro 2500 Tonnen Hafer für die untere Wolgaregion, am 26. März 270 000 Pud Gerste und 130 000 Pud Weizen für Sowchosen und Kolchosen im Nordkaukasus und Baschkirien; am 1. April 2000 Tonnen Hirse, 1500 Tonnen Leinsamen, 7500 Tonnen Hafer für Tatarische Republik; am 5. April 27 800 Doppelzentner Weizen und 300 000 Pud Hirse für Baschkirien; am 21. April 16 000 Tonnen Roggen und Weizen sowie 8000 Tonnen Hirse für Kolchosen in Westsibirien; am 3. Mai 500 Tonnen Gerste und 530 Tonnen Buchweizen für die BSSR. All diese Zuteilungen

waren als »Saatdarlehen«, die dem sowjetischen Staat aus der Ernte 1932 zu erstatten waren, genehmigt: (unteres Wolgagebiet) Sitzungsprotokoll Nr. 93 des Politbüros des ZK der WKP(b) vom 23. 03. 1932, Punkt 44/7: RGASPI, f. 17, op. 162, d. 12, Bl. 30 f.; (Nordkaukasus, Baschkirien, Tatarische Republik) Sitzungsprotokoll Nr. 94 vom 01. 04. 1932, Punkt 41/4, 32: ebd., Bl. 32–40; (Baschkirien) Sitzungsprotokoll Nr. 95 vom 08. 04. 1932, Punkt 41/6, 46/11: ebd., Bl. 81–86; (Ural) Sitzungsprotokoll Nr. 96 vom 16. 04. 1932, Punkt 34/3: ebd., Bl. 92–97; (Westsibirien) Sitzungsprotokoll Nr. 97 vom 23. 04. 1932, Punkt 37/14: ebd., Bl. 107–110; (BSSR) Sitzungsprotokoll Nr. 98 vom 04. 05. 1932, Punkt 39/15: ebd., Bl. 113–117.

176 Aus dem Sonderbericht der geheim-politischen Abteilung der OGPU über die Frühjahrsbestellungskampagne vom 28. 04. 1932, veröff. in: *Sowjetskaja derewnja*, Bd. 3, Buch 2, S. 101–104.

177 Sitzungsprotokoll Nr. 102 des Politbüros des ZK der WKP(b) vom 01. 06. 1932, Punkt 58/1: RGASPI, f. 17, op. 162, d. 12, Bl. 151–156.

178 Stalin an Kaganowitsch am 15. 06. 1932, veröff. in: *Stalin i Kaganowitsch*, S. 168 ff.

179 Beschluss des Politbüros des ZK der WKP(b) vom 16. 03. 1932 über den Export-Import- und Devisenplan für März 1932: RGASPI, f. 17, op. 162, d. 12, Bl. 11–16.

180 Export-Import- und Devisenplan für das 2. Quartal 1932, bestätigt durch das Politbüro am 01. 04. 1932: ebd., Bl. 41–64; Exportplan für das 3. Quartal 1932, bestätigt durch das Politbüro am 17. 06. 1932: ebd., Bl. 198 ff.; Sitzungsprotokoll Nr. 113 des Politbüros des ZK der WKP(b) vom 25. 08. 1932, Punkt 47/4: RGASPI, f 17, op. 162, d. 13, Bl. 75–80.

181 Verwendungsplan der Getreidekulturen für das Jahr 1932/33, bestätigt durch das Politbüro am 09. 12. 1932: RGASPI, f. 17, op. 162, d. 14, Bl. 34; Sitzungsprotokoll Nr. 125 des Politbüros des ZK der WKP(b) vom 10. 12. 1932, Punkt 56/50: ebd., Bl. 24–29.

182 Verwendungsplan der Getreidekulturen der Ernte von 1933, bestätigt durch das Politbüro am 07. 08. 1933: RGASPI, f. 17, op. 162, d. 15, Bl. 38; Sitzungsprotokoll Nr. 151 des Politbüros des ZK der WKP(b) vom 20. 12. 1933, Punkt 100/75: ebd., Bl. 151–157.

183 Stalin an Molotow am 19. 07. 1932, veröff. in: Stalin, *Briefe an Molotow*, S. 248 f.; auch FN 3 dazu: ebd., S. 249; Stalin an Molotow und Kaganowitsch am 01. 07. 1932, veröff. in: Stalin i Kaganowitsch, S. 205; Stalin an Kaganowitsch und Molotow am 18. 06. 1932, veröff. in: ebd., S. 179 f.; Kaganowitsch an Stalin am 28. 06. 1932, ver-

öff. in: ebd., S. 201; Kaganowitsch an Stalin am 01. 07. 1932, veröff. in: ebd., S. 207 f.

184 Werth, »Ein Staat gegen sein Volk«, S. 181 f.

185 Beschluss des Politbüros über Getreidebeschaffung in der Ukraine, Nordkaukasus und in der Westoblast vom 14. 12. 1932: RGASPI, f. 17, op. 3, d. 911, Bl. 11, 42 f.; veröff. in: *ZK RKP(b) – WKP(b) i nationalny wopros*, S. 696 ff.

186 Vgl. dazu bspw. zahlreiche OGPU-Berichte, veröff. in: *Sowjetskaja derewnja*, Bd. 3, Buch 2, S. 293–301 (Bericht vom 01. 03. 1933), S. 305–308 (Bericht vom 05. 03. 1933), S. 334–338 (Bericht vom 09. 03. und 14. 03. 1933), S. 354–363 (Bericht vom 28. 03. 1933).

187 Bericht der geheim-politischen Abteilung der OGPU über die Versorgungsnotlage in einer Reihe von Rayons in der Ukraine vom 23. 06. 1933, veröff. in: ebd., S. 427 ff.

188 Ebd.

189 Ebd.

190 Conquest, *Harvest of Sorrow*, S. 304 f.

191 Werth, »Ein Staat gegen sein Volk«, S. 185.

192 Tabelle nach: Eberhard, *Przemiany*, S. 132.

193 Der erste Fünfjahresplan sah hingegen das Wachstum der Bevölkerung der UdSSR bis Ende 1932 auf 165,7 Millionen vor, um 14,1 Millionen in fünf Jahren, im Durchschnitt 2,8 Millionen pro Jahr (Bevölkerung der UdSSR, Auszug aus den Unterlagen des Staatsplanes der UdSSR über die Erfüllung des ersten Fünfjahresplanes, undatiert: RGASPI, f. 82, op. 2, d. 258, Bl. 54). Möglicherweise handelte es sich hierbei um eine Anfang der dreißiger Jahre korrigierte Wachstumsrate, um diese Bevölkerungskatastrophe wenigstens teilweise statistisch zu kaschieren.

194 Eberhard, *Przemiany*, S. 131 f.

195 Stalins Rechenschaftsbericht an den XVII. Parteitag über die Arbeit des ZK der WKP(b), gehalten am 26. 01. 1934, veröff. in: Stalin, *Werke*, Bd. 13, S. 164–211, hier S. 191.

196 Anfang Juni 1929 berichtete die OGPU über die Hungersnot in den russischen Provinzen, der BSSR, der USSR und dem Wolgagebiet, vgl. Bericht der Abteilung Information OGPU über die Versorgungslage auf dem Lande nach Angaben vom 01. 06. 1929, veröff. in: *Sowjetskaja derewnja*, Bd. 2, S. 875–887.

197 Eberhard, *Przemiany*, S. 132 f.

198 Vgl. dazu u. a. den Bericht auf der Grundlage der stellvertretenden Leiter für politische Angelegenheiten der MTC (Maschinen-Traktoren-Stationen) vom 15. 07. 1934, veröff. in: *Sowjetskaja derewnja*, Bd. 3, Buch 2, S. 586–589.

199 Golotik/Minajew, *Naselenie i Wlast*, S. 49
200 Protokoll Nr. 43 des Politbüros des ZK der WKP(b), Beschlüsse vom 02. 09. bis 11. 10. 1936, Punkt Nr. 226: RGASPI, f. 17, op. 162, d. 20, Bl. 66–97, hier Bl. 81.
201 Protokoll Nr. 49, Entscheidungen des Politbüros des ZK der WKP(b) vom 17. 04. bis 15. 06. 1937, Punkt 234, 251: RGASPI, f. 17, op. 162, d. 21, Bl. 26–63, hier Bl. 41 f.
202 Analyse der Bevölkerungsbewegung zwischen den Volkszählungen vom 17. 12. 1926 und vom 06. 01. 1937 des stellv. Chefs der Abteilung Bevölkerung und Gesundheit, Kurman, vom 14. 03. 1937, veröff. in: *Wsesojusnaja perepis*, S. 285–288.
203 Baberowski, *Der rote Terror*, S. 200; von 1930 bis 1936 wurden etwas mehr als 40 000 Todesstrafen in Fällen verhängt, die von der Staatssicherheit vor Gericht gebracht wurden (Overy, *Die Diktatoren*, S. 267).
204 Golotik/Minajew, *Naselenie i Wlast*, S. 65–68.
205 Eberhard, *Przemiany*, S. 133.
206 Bevölkerungszahlen in der UdSSR zum 17. 12. 1926 und 06. 01. 1937, ohne Datum, vor dem 14. 03. 1937, veröff. in: *Wsesojusnaja perepis*, S. 42–47; Bericht der geheim-politischen Abteilung der GPU der USSR über den Verlauf der Umsiedlung von Kolchosbauern aus RSFSR und BSSR vom 03. 01. 1934, veröff. in: *Sowjetskaja derewnja*, Bd. 3, Buch 2, S. 500–504.
207 Nationalzugehörigkeit in der Sowjetunion nach Materialien der Volkszählungen von 1926 und 1937, undatiert, veröff. in: *Wsesojusnaja perepis*, S. 110 f.; Eberhard, *Przemiany*, S. 90.
208 Eberhard, *Przemiany*, S. 142 f.
209 Stalin an Kaganowitsch und Molotow am 11. 08. 1932, veröff. in: *Stalin i Kaganowitsch*, S. 273 ff.
210 Service, *Stalin*, S. 388.
211 Dimitroff, *Tagebücher*, S. 259 (Eintrag vom 28. 05. 1939).
212 Fitzpatrick, *Stalinskije Krestjane*, S. 96.
213 Vgl. z. B. Service, *Stalin*, S. 330 f.; Baberowski, *Der Rote Terror*, S. 134 f.
214 Beschluss des Politbüros über Kollektivierung und Kampf gegen Kulakentum in den nationalen wirtschaftlich zurückgebliebenen Regionen vom 20. 02. 1930: RGASPI, f. 17, op. 162, d. 8, Bl. 94–101.
215 Ausführlich dazu Iwanow, *Pierwszy Naród Ukarany*.
216 Baberowski, *Der rote Terror*, S. 196 f.
217 Beschluss des Politbüros über die polnischen Siedlungen in den Grenzoblasten vom 05. 03. 1930: RGASPI, f. 17, op. 162, d. 8, Bl.

109 f.; Sitzungsprotokoll Nr. 117 des Politbüros des ZK der WKP(b) vom 05. 03. 1930, Punkt 5: ebd., Bl. 103 ff.

218 Ebd.

219 Ebd.

220 Beschluss des Politbüros über Maßnahmen zur kulturellen und wirtschaftlichen Entwicklung der Grenzgebiete im Jahr 1929/30, undatiert (20. 04. 1930): RGASPI, f. 17, op. 162, d. 8, Bl. 141 f.; Sitzungsprotokoll Nr. 124 des Politbüros des ZK der WKP(b) vom 25. 04. 1930, Punkt 80: ebd., Bl. 136–139.

221 Sitzungsprotokoll Nr. 120 des Politbüros des ZK der WKP(b) vom 15. 03. 1930, Punkt 72 »Über die Ukraine und Weißrussland«: ebd., Bl. 111–115; veröff. auch in: *Lubjanka 1922–1936*, S. 235 f.

222 Aus dem Bericht der operativen Gruppe der OGPU über die Arbeitsergebnisse bei der Aussiedlung von Kulaken der 2. Kategorie vom 06. 05. 1930, veröff. in: *Tragedija sowjetskoj derewni*, Bd. 2, S. 409–432, hier S. 413, 423 f.; nach einem OGPU-Bericht vom 17. 09. 1930 wurden aus der BSSR im Rahmen der Polenaktion 3309 Personen verschleppt, veröff. in: ebd., S. 702–709, hier S. 706.

223 Sitzungsprotokoll Nr. 14 des Politbüros des ZK der WKP(b) vom 05. 11. 1930, Punkt 9/11: RGASPI, f. 17, op. 162, d. 9, Bl. 57–60; veröff. in: *Lubjanka 1922–1936*, S. 257.

224 Beschluss des Politbüros über die politische und wirtschaftliche Lage in den Grenzgebieten der USSR und BSSR vom 01. 12. 1931: RGASPI, f. 17, op. 162, d. 11, Bl. 76–79; Sitzungsprotokoll Nr. 78 des Politbüros des ZK der WKP(b) vom 01. 12. 1931, Punkt 60/32: ebd., Bl. 69–74.

225 Bericht von Prokofjew an Stalin über die Ergebnisse der Aktion zur Säuberung der westlichen Grenze vom 08. 08. 1933, veröff. in: *Lubjanka, 1922–1936*, S. 460–463; Balizki an Stalin über den Verlauf der Ermittlungen über die Polnische Militärorganisation vom 08. 08. 1933, veröff. in: ebd., S. 460; Telegrafische Mitteilung von Sakowski an Stalin über die Polnische Militärorganisation vom 04. 10. 1933, veröff. in: ebd., S. 467 f.

226 Bericht von S. Kosior an Stalin über die Festigung der Grenzgebiete vom 23. 12. 1934, veröff. in: *Lubjanka, 1922–1936*, S. 582 ff.

227 Bericht des NKWD über die Aussiedlung von Kulaken und antisowjetischen Elementen in der ersten Hälfte 1935 vom 15. 07. 1935, veröff. in: *Tragedija sowjetskoj derewnii*, Bd. 4, S. 550 f.

228 Protokoll Nr. 39, Beschlüsse des Politbüros des ZK der WKP(b) vom 22. 04. bis 20. 05. 1936, Punkt 57 (28. 05. 1926): RGASPI, f. 17, op. 162, d. 19, Bl. 153–173, Bl. 159; Beschluss über die Aussiedlung aus der USSR in die Oblast Karaganda, Kasachstan, von 15 000 polni-

schen und deutschen Wirtschaften: ebd., Bl. 174 ff.; Eberhard, *Przemiany*, S. 145, schreibt von 36 045 Polen, die im Jahre 1936 aus der Ukraine verschleppt wurden. Um diese Verschleppung und die Ansiedlung in Kasachstan zu finanzieren, wies das Politbüro 23 Millionen Rubel an. Diese Mittel waren jedoch zu knapp, und NKWD und Parteiführung in Karaganda baten das Politbüro um zusätzliche Mittel. Dieses lehnte jedoch die Bitte am 4. September 1936 ab und verpflichtete das NKWD, den Aussiedlungsplan von deutschen und polnischen Wirtschaften (Familien) hinsichtlich der Anzahl von Deportierten als auch der dafür angewiesenen Mittel einzuhalten. Vgl. Protokoll Nr. 43 des Politbüros des ZK der WKP(b), Beschlüsse vom 02.09. bis 11.10.1936, Punkt Nr. 18: RGASPI, f. 17, op. 162, d. 20, Bl. 66–97, hier Bl. 66.

229 Baberowski, *Der rote Terror*, S. 198; Jeschow an Stalin am 27.07.1937, veröff. in: *Lubjanka, 1937–1938*, S. 270; der operative Befehl Nr. 00439 des Volkskommissars für Innere Angelegenheiten der UdSSR vom 25.07.1937, veröff. in: ebd., S. 271 f.

230 Nationalzugehörigkeit in der Sowjetunion nach Materialien der Volkszählungen von 1926 und 1937, undatiert, veröff. in: *Wsesojusnaja perepis*, S. 110 f.

231 Geheimes Schreiben von Jeschow an die Volkskommissare für Innere Angelegenheiten in den Sowjetrepubliken und an die Chefs der Verwaltungen der NKWD in autonomen Republiken, Oblasten und Regionen vom 11.08.1937 über die Aktivitäten der faschistisch-aufständischen, Spionage-, Sabotage-, Zersetzungs- und terroristischen Aktivitäten der polnischen Abwehr in der UdSSR, veröff. in: *Lubjanka, 1937–1938*, S. 303–321.

232 Jeschow an Stalin am 14.09.1937, veröff. in: *Lubjanka, 1937–1938*, S. 352–359.

233 Vgl. beispielsweise Berichte vom 19.09.1937 (ebd., S. 373 ff.) und vom 22.03.1938 (ebd., S. 500–503).

234 Vgl. Pietrow, »Polska operacja NKWD«; Aleksander Gurjanov, »Sowiecke represje wobec Polaków i obywateli polskich w latach 1936–1956 w świetle danych sowieckich«, in: *Europa Nieprowincjonalna. Przemiany na ziemiach wschodnich dawnej Rzeczpospolitej (Białourś, Litwa, Łotwa, Ukraina, wschodnie pogranicze III Rzeczpospolitej Polskiej w latach 1772–1999)*, hg. von Krzysztof Jasiewicz, Warschau, London 1999, S. 972–982.

235 Eberhard, *Przemiany*, S. 144.

236 Ebd., S. 145 ff.

237 Ponomarenko an Stalin am 03.08.1938: GARF, f. 8418, op. 22, d. 561, Bl. 15–20.

238 Kiselew, Vorsitzender des Rates der Volkskommissare der BSSR, an Molotow am 18. 08. 1938: GARF, f. 8418, op. 22, d. 561, Bl. 12 f.; noch im November 1938 war nicht entschieden, ob diese Familien deportiert werden sollten oder nicht: Notiz vom 22. 11. 1938: ebd., Bl. 10; Jeschow verwies in diesem Zusammenhang in einem Schreiben an Molotow vom 27. 10. 1938 auf Schwierigkeiten bei Massendeportationen, die verhindert hätten, dass die März-Entscheidung des Politbüros über die Deportation von feindlichen Elementen aus den ukrainischen Grenzgebieten noch nicht umgesetzt werden konnte: ebd., Bl. 13 f.

239 Bericht über die Lage im Bereich der Sich.-Div. 221 vom 19. 09. 1941: Bundesarchiv-Militärarchiv Freiburg (fortan BA-MA), RH 24–221/84 (ohne Paginierung).

240 Für diese Informationen danke ich Andrej Zamojski, der sich seit Jahren mit der Geschichte der Kollektivierung in Weißrussland in den dreißiger Jahren befasst.

241 Baberowski, *Der rote Terror*, S. 197–200.

242 Eberhard, *Przemiany*, S. 145 f.

Aufbau der Rüstungsindustrie und Ausbau der Roten Armee 1930–1941: gigantische Pläne und spektakuläre Rückschläge

1 Tabelle nach Meltjuchow, *Upuschtschenny schans Stalina*, S. 358 f.

2 Tabelle nach ebd., S. 598 ff.; Samuelson, *Krasny Koloss*, S. 160 (Panzerproduktion im Jahre 1932).

3 Tabelle nach Samuelson, *Krasny Koloss*, S. 207.

4 Ken, *Mobilisazionnoje planirowanie*, S. 456 (Tabelle 4 A).

5 Ebd., S. 457 f.

6 Samuelson, *Krasny Koloss*, S. 160, 202, 207.

7 Tuchatschewski an Stalin am 30. 12. 1930: RGASPI, f. 558, op. 11, d. 446, Bl. 66–71.

8 Denkschrift von Tuchatschewski über Lufttransport vom 17. 08. 1929: ebd., Bl. 26–29.

9 Schreiben von Tuchatschewski an Antonow vom 23. 08. 1929: ebd., Bl. 31 f.

10 Denkschrift von Tuchatschewski über die Rekonstruktion des Eisenbahnwesens, gerichtet an Woroschilow, Volkskommissar für Kriegswesen und Flotte, vom 19. 10. 1929: ebd., Bl. 47–57 v.

11 Denkschrift von Tuchatschewski über die Rekonstruktion der Roten Armee vom 11. 01. 1930, an Woroschilow: ebd., Bl. 12–18 v, hier Bl.

12; dasselbe Dokument allerdings mit Anlagen in: RGASPI, f. 558, op. 11, d. 447, Bl. 33–53.

12 Denkschrift von Tuchatschewski, Kommandeur des Leningrader Wehrbezirkes, über die Rekonstruktion der Roten Armee vom 11. 01. 1930, an Woroschilow: RGASPI, f. 558, op. 11, d. 446, Bl. 13–18 v, hier Bl. 12 v, 14.

13 Ebd., Bl. 16 v f.

14 Ebd., Bl. 18 f.; Stellungnahme von Schaposchnikow zur Denkschrift von Tuchatschewski (11. 01. 1930) vom 13. 02. 1930: RGASPI, f. 558, op. 11, d. 447, Bl. 19–32, hier Bl. 21.

15 Samuelson, *Krasny Koloss*, S. 120.

16 Stellungnahme von Schaposchnikow zur Denkschrift von Tuchatschewski (11. 01. 1930) vom 13. 02. 1930: RGASPI, f. 558, op. 11, d. 447, Bl. 19–32, hier Bl. 21.

17 Ziemke, *Red Army*, S. 165.

18 Stellungnahme von Schaposchnikow zur Denkschrift von Tuchatschewski (11. 01. 1930) vom 13. 02. 1930: RGASPI, f. 558, op. 11, d. 447, Bl. 19–32.

19 Stellungnahme des Generalstabes der Roten Armee (undatiert, vor dem 05. 03. 1930) zur Denkschrift von Tuchatschewski vom 11. 01. 1930: ebd., Bl. 10–18.

20 Woroschilow an Stalin am 05. 03. 1930: ebd., Bl. 9.

21 Stalin an Woroschilow am 23. 03. 1930: ebd., Bl. 8 (Hervorhebung im Original).

22 Denkschrift von Tuchatschewski über die Mobilisierung der Industrie vom 23. 02. 1930: RGASPI, f. 558, op. 11, d. 446, Bl. 58–63 v.

23 Denkschrift von Tuchatschewski, Kommandeur des Leningrader Wehrbezirkes, über die Produktion von Geschützen und Geschossen vom 08. 03. 1930, an Woroschilow, Schaposchnikow: ebd., Bl. 19–25.

24 Denkschrift von Tuchatschewski über Pioniertruppen vom 16. 03. 1930: ebd., Bl. 34–43.

25 Denkschrift von Tuchatschewski über provisorische Autostraßen aus vorgefertigten Elementen vom 26. 05. 1930: ebd., Bl. 44–46 v.

26 Stellungnahme von Tuchatschewski vom 19. 06. 1930 zu der Kritik des Stabes der RKKA an seiner Denkschrift vom 08. 03. 1930 über Reorganisierung der Roten Armee, an Stalin, Kopie an Woroschilow: ebd., Bl. 6–11 v.

27 Ebd.

28 Tuchatschewski an Stalin am 30. 12. 1930: ebd., Bl. 66–71.

29 Stellungnahme Tuchatschewskis vom 19. 06. 1930 zu der Kritik des Stabes der RKKA an seiner Denkschrift vom 08. 03. 1930 über Re-

organisierung der Roten Armee, an Stalin, Kopie an Woroschilow: ebd., Bl. 6–11 v.

30 Protokoll der Politbürokommission des ZK der WKP(b) vom 29. 11. 1930, bestätigt durch das Politbüro am 30. 11. 1930: RGASPI, f. 17, op. 162, d. 9, Bl. 84, 88–92.

31 Beschluss des Politbüros über das Panzerprogramm vom 20. 02. 1931: ebd., Bl. 151–156.

32 Tuchatschewski an Stalin am 30. 12. 1930: RGASPI, f. 558, op. 11, d. 446, Bl. 66–71.

33 Ken, *Mobilisazionnoje planirowanie*, S. 171.

34 Stalin an Tuchatschewski am 07. 05. 1932, Kopie an Woroschilow: RGASPI, f. 558, op. 11, d. 447, Bl. 2 f.

35 Ebd.

36 Beschluss des Politbüros über das Panzerprogramm vom 20. 02. 1931: RGASPI, f. 17, op. 162, d. 9, Bl. 151–156.

37 Tuchatschewski an Stalin am 30. 12. 1930: RGASPI, f. 558, op. 11, d. 446, Bl. 66–71.

38 Ebd.

39 Ebd.

40 Samuelson, *Krasny Koloss*, S. 136.

41 Beschluss über Panzerprogramm, angenommen durch das Politbüro am 20. 02. 1931: RGASPI, f. 17, op. 166, d. 387, Bl. 34–77.

42 Ebd.

43 Beschluss des Politbüros über Kommandeurbestand der Roten Armee vom 25. 02. 1931: RGASPI, f. 17, op. 166, d. 387, Bl. 4–7.

44 Beschluss des ZK der WKP(b) über Kommandeurs- und politischen Bestand der Roten Armee vom 05. 07. 1931: RGASPI, f. 17, op. 162, d. 10, Bl. 72 ff.

45 Swirin, *Bronja krepka*, S. 138 f.

46 Samuelson, *Krasny Koloss*, S. 154 f.

47 Ebd., S. 156.

48 Ebd., S. 156 f., 186 ff.

49 Bericht von Woroschilow über die Ergebnisse der Kriegsvorbereitungen der Roten Armee in den Jahren 1931–1932 vom 16. 11. 1932: GARF, 8418, op. 6, d. 168, Bl. 26–42, hier Bl. 26 f.

50 Ebd., Bl. 28.

51 Ebd., Bl. 29 ff.

52 Ebd., Bl. 33 ff.

53 Ebd., Bl. 36 f.

54 Ebd., Bl. 40 f.

55 Samuelson, *Krasny Koloss*, S. 157–161.

56 Tabelle nach ebd., S. 160.

57 Ebd., S. 159, 162.
58 Ebd., S. 158–161.
59 Ebd., S. 207.
60 Ebd., S. 166.
61 Tabelle nach Meltjuchow, *Upuschtschenny schans Stalina*, S. 601.
62 Woroschilow an Stalin, Ordschonikidse und Kaganowitsch am 02. 08. 1936: GARF, f. 8418, op. 11, d. 46, Bl. 8–12, hier Bl. 8.
63 Sonderbericht der OGPU über die Auslieferung von defekten Waffen an die Rote Armee und über die Arbeit der Apparate für militärische Abnahme und technische Kontrolle in Betrieben vom 01. 08. 1933, unterzeichnet von Jagoda und Mironow: GARF, f. 8418, op. 8, d. 175, Bl. 34–40, hier Bl. 35 f.
64 Ebd.
65 Beschluss des Rates für Arbeit und Verteidigung über Organisation der Abnahme der militärischen Produktion vom November 1933, unterzeichnet von Molotow und Basilewitsch: GARF, f. 8418, op. 8, d. 175, Bl. 87–90.
66 Chalepski an Kuibyschew am 01. 12. 1933: GARF, f. 8418, op. 9, d. 42, Bl. 19 f.
67 Golodel (Vorsitzender des Rates der Volkskommissare der BSSR) und G. Gontscharow (Konsultant für das Kriegswesen des Rates der Volkskommissare der BSSR) an Molotow am 16. 03. 1935: GARF, f. 8418, op. 9, d. 42, Bl. 141 f.
68 Bericht über die Ursachen für die Nichterfüllung der Pläne für Generalüberholung von Kampfmaschinen im ersten Halbjahr 1935 vom 19. 07. 1935: GARF, f. 8418, op. 9, d. 42, Bl. 210 ff.
69 Chalepski an Ruchimowitsch (stellv. Volkskommissar für Schwerindustrie), 01. 11. 1936: GARF, f. 8418, op. 11, d. 46, Bl. 56 f.
70 Am 07. 09. 1936 wies das Politbüro das Volkskommissariat für Außenhandel an, zusätzlich zu den Importplänen für die Bedürfnisse der Schwerindustrie Kugellager im Wert von 2 383 000 Rubel zu importieren. Protokoll Nr. 43 des Politbüros des ZK der WKP(b), Beschlüsse vom 02. 09. bis 11. 10. 1936, Punkt 77: RGASPI, f. 17, op. 162, d. 20, Bl. 66–97, hier Bl. 70.
71 Bericht über die Generalüberholung von Kampfmaschinen in Industriebetrieben im 1. Halbjahr 1936 vom 14. 07. 1936, unterzeichnet von Olschanski: GARF, f. 8418, op. 11, d. 45, Bl. 12–15. Im ersten Halbjahr 1936 konnte der Plan für Reparaturen wie folgt umgesetzt werden: Panzer BT zu 84 %, T-26 zu 106,2 %, T-27 zu 96,2 %, T-37 zu 66,7 %, Motoren für T-26 zu 13,3 % und M-5 zu 64,1 % (ebd.).
72 Bericht über Generalüberholung von Kampfmaschinen in Industrie-

betrieben im 1. Quartal 1936 vom 14. 04. 1936: GARF, f. 8418, op. 11, d. 45, Bl. 29 ff.

73 Vgl. diesbezügliche Beschlüsse und Anordnungen des Ökonomischen Rates vom 07. 04. 1939, 13. 05. 1939, 04. 07. 1939: GARF, f. 8418, op. 23, d. 515, Bl. 1 ff., 26 ff., 30 f.

74 Woroschilow an Stalin, Ordschonikidse und Kaganowitsch am 02. 08. 1936: GARF, f. 8418, op. 11, d. 46, Bl. 8–12, hier Bl. 8.

75 Ebd.

76 Tuchatschewski an Stalin am 09. 07. 1936: ebd., Bl. 22 f.

77 Ebd.

78 Ebd.

79 Beschluss des Komitee für Verteidigung über die Exploitationsnormen der Panzer und die Bildung des Parks von Panzern für Schulungszwecke vom 01. 08. 1937, unterzeichnet von Molotow und Basilewitsch: GARF, f. 8418, op. 12, d. 93, Bl. 1; Woroschilow an Molotow am 05. 07. 1937: GARF, f. 8418, op. 12, d. 93, Bl. 5 f.

80 Bericht von Pawlow in der Sitzung des Hauptkriegsrates vom Frühjahr 1938, veröff. in: *Glawny wojenny sowjet RKKA*, S. 47 f. (FN 2).

81 Stenogramm der Referate und Auftritte der Teilnehmer der Sitzung des Kriegsrates beim NKO SSSR, Abendsitzung am 21. 11. 1937, veröff. in: *Wojenny sowjet, 1937*, S. 24–86, hier S. 51.

82 Stenogramm der Referate und Auftritte der Teilnehmer der Sitzung des Kriegsrates beim NKO SSSR, Abendsitzung am 22. 11. 1937, Vortrag von Gorodowikow, veröff. in: ebd., S. 144–211, hier S. 167.

83 Schlusswort von Woroschilow in der Sitzung des Kriegsrates beim NKO SSSR vom 21. bis 27. 11. 1937, 27. 11. 1937: *Wojenny sowjet 1937*, S. 308–328, hier S. 313 f.

84 Sitzungsprotokoll Nr. 4 des Hauptkriegsrates der RKKA vom 20. 04. 1938, veröff. in: *Glawny wojenny sowjet RKKA*, S. 36–41.

85 Ebd.

86 Swirin, *Bronewoj schtschit Stalina*, S. 102–105, 148–158; *Armija Pobedy*, S. 325–328, 341–348; Meltjuchow, *Upuschtschenny schans Stalina*, S. 601.

87 Ebd.

88 Protokoll Nr. 30, Entscheidungen des Politbüros des ZK der WKP(b) vom 02. bis 09. 04. 1941, Entscheidung vom 07. 04. 1941, Punkt 87: RGASPI, f. 17, op. 162, d. 33, Bl. 99–122, hier Bl. 103–107.

89 Beschluss des Politbüros vom 15. 03. 1941 über die Produktion der Panzer »KW« für das Jahr 1941 (Punkt 236): RGASPI, f. 17, op. 162, d. 32, Bl. 129–138.

90 Beschluss des ZK der WKP(b) über die Produktion der Panzer T-34

im Jahre 1941 vom 05. 05. 1941, unterzeichnet von Stalin und Molotow: RGASPI, f. 17, op. 162, d. 34, Bl. 179–188.

91 Beschluss des SNK der UdSSR über den militärischen Belieferungsplan für NKO, Kriegsflotte und NKWD für das 2. Quartal 1941, bestätigt durch das Politbüro am 12. 04. 1941: RGASPI, f. 17, op. 162, d. 34, Bl. 44–52; Beschluss des ZK der WKP(b) über die Produktion der Panzer T-50 im Werk Nr. 174 vom 16. 04. 1941: ebd., Bl. 57–64; *Armija Pobedy*, S. 311–314 (Parameter der T-40 und T-50);

92 Dantschenko an Molotow am 03. 08. 1940: RGASPI, f. 82, op. 2, d. 572, Bl. 8 ff.

93 Meltjuchow, *Upuschtschenny schans Stalina*, S. 601.

94 Denkschrift von Rydakow an Stalin, Molotow, Woroschilow und Schdanow über Panzerproduktion und Notwendigkeit der Errichtung des Volkskommissariats für Panzer-Traktor-Produktion vom 09. 12. 1940: RGASPI, f. 82, op. 2, d. 572, Bl. 14 ff.; eine Panzerbrigade verlor während der Kämpfe im finnisch-sowjetischen Krieg 96 Panzer T-28 von insgesamt 145 (*Armija Pobedy*, S. 322).

95 Bericht über die Luftwaffe an Ordschonikidse, undatiert, vor dem 05. 03. 1930: GARF, f. 8418, op. 18, d. 26, Bl. 2–16.

96 Bystrowa, *Sowjetski wojenno-promyschlenny kompleks*, S. 91–101.

97 Samuelson, *Krasny Koloss*, S. 186 f.

98 Stenografischer Bericht des Plenums des ZK und der ZKK der WKP(b) vom 07. bis 12. 01. 1933: RGASPI, f. 17, op. 2, d. 514 (Teil 1), Bl. 3–9 v, 62–66.

99 Konkrete Zahlen von Flugzeugen, über die die sowjetische Luftwaffe im Januar 1933 verfügte, liegen dem Verfasser nicht vor. Es sei jedoch daran erinnert, dass in den Jahren 1930 bis 1932 die sowjetische Industrie über 5100 Flugzeuge hergestellt haben soll (Meltjuchow, *Upuschtschenny schans Stalina*, S. 600).

100 Chef der Hauptverwaltung für Flugzeugindustrie, Korolew, an den STO am 25. 09. 1933: GARF, f. 8418, op. 8, d. 64, Bl. 27–30.

101 Bericht der OGPU über die Erfüllung des Programmes für die Produktion von Flugzeugen und Motoren für 9 Monate des Jahres 1933 vom 09. 10. 1933: ebd., Bl. 69–79.

102 Auszug aus dem Sitzungsprotokoll Nr. 14 des Komitees für Verteidigung der UdSSR vom 09. 10. 1933: ebd., Bl. 23 f.

103 Beschluss Nr. 103 des STO über Maßnahmen zur Umsetzung des Luftwaffenprogramms für das Jahr 1933 vom 25. 10. 1933, unterzeichnet von Molotow (Vorsitzender des STO) und Basilewitsch (für den Sekretär des STO): ebd., Bl. 2–7.

104 Ebd.

105 Ebd.

106 Stalin an Mitglieder des Komitees für Verteidigung sowie Genossen Tuchatschewski, Alksin, N. Kuibyschew, Chachanjan am 16.06. 1934: RGASPI, f. 82, op. 2, d. 820, Bl. 6.

107 Denkschrift von Kurtschewski an Stalin und Ordschonikidse vom 09.06.1934: ebd., Bl. 6–9.

108 Ebd.

109 Bericht von Koroljow, Chef der Hauptverwaltung der Flugzeugindustrie, über die Arbeiten bei der Umbewaffnung der Luftstreitkräfte der Roten Armee vom 14.10.1935: GARF, f. 8418, op. 10, d. 31, Bl. 38–57, hier Bl. 52. R-5 war ein Doppeldecker sowjetischer Konstruktion (1928), bewaffnet mit drei leichten MG Kaliber 7,62 mm, Reichweite 800 km, Geschwindigkeit 225 km/h auf 3700 m Höhe, maximale Flughöhe 5940 m, bis 500 kg Nutzlast (Bomben). Von 1931 bis 1937 war R-5 das Hauptkampfflugzeug der sowjetischen Streitkräfte. Von 1931 bis 1937 wurden davon etwa 7000 Exemplare produziert. Der Doppeldecker U-2 sowjetischer Konstruktion (1927) war bewaffnet mit einem MG Kaliber 7,62 mm, hatte eine Reichweite von 450 km, eine Nutzlast von 350 kg, eine maximale Geschwindigkeit von 134 km/h und eine maximale Flughöhe von 1500 m. Beide Flugzeugtypen flogen noch im Zweiten Weltkrieg und darüber hinaus. Vgl. *Armija Pobedy*, S. 436–440; der Jäger I-5 war ebenfalls ein Doppeldecker, produziert ab 1930, maximale Geschwindigkeit 280 km/h, maximale Flughöhe 7500 m, Reichweite 620 km, Bewaffnung zwei MG Kaliber 7,62 mm (I. Kolesnikow, *Inizjativa w wozduschnom boju*, in: http://www.mkmagazin.almanacwhf.ru/avia/i_5.htm). Für das Jahr 1933 war die Produktion von 1675 Flugzeugen R-5 und 1280 U-2 eingeplant (Koroljow an STO, 25.09.1933 [Eingangsstempel]: GARF, f. 8418, op. 8, d. 64, Bl. 27–30).

110 Bericht von Koroljow, Chef der Hauptverwaltung der Flugzeugindustrie, über die Arbeiten bei der Umbewaffnung der Luftstreitkräfte der Roten Armee vom 14.10.1935: GARF, f. 8418, op. 10, d. 31, Bl. 38–57.

111 Bericht über die Umsetzung des Planes für die Produktion von modernen Flugzeugen und Motoren vom 05.10.1935, verfasst von Chachanjan (Leiter der Kriegskontrolle der KSK) und Beresin (stellv. Leiter Kriegsflotte-Gruppe KPK) an Stalin und Molotow: GARF, 8418, op. 10, d. 31, Bl. 13–24.

112 Ebd.

113 Ebd., hier Bl. 14.

114 Ebd., hier Bl. 19.

115 Bericht von Koroljow, Chef der Hauptverwaltung der Flugzeugin-

dustrie, über die Arbeiten bei der Umbewaffnung der Luftstreitkräfte der Roten Armee vom 14.10.1935: GARF, f. 8418, op. 10, d. 31, Bl. 38–57, hier Bl. 52; Meltjuchow, *Upuschtschenny schans Stalina*, S. 600.

116 Samuelson, *Krasny koloss*, S. 207.

117 Schaposchnikow an Woroschilow, März 1936: GARF, f. 8418, op. 10, d. 31, Bl. 179 ff.

118 Meltjuchov, *Upuschtschenny schans Stalina*, S. 600.

119 Dimitroff, *Tagebücher*, S. 315 ff. (Eintragung vom 7.11.1940).

120 *Armija Pobedy*, S. 421–424; W. Radinger und W. Schick, *Messerschmitt Me 109, alle Varianten von Bf 109 A bis 109 E*, München 1997.

121 Sitzungsprotokoll Nr. 1 der Kommission des Hauptkriegsrates vom 04.05.1940, veröff. in: »*Simnjaja vojna*«, S. 215–221, hier S. 216.

122 Dimitroff, *Tagebücher*, S. 315 ff. (Eintragung vom 7.11.1940) (Hervorhebung im Original).

123 In der Akte RGASPI, f. 558, op. 11, d. 151 befinden sich mehrere Dokumente hierzu aus dem Jahre 1940, die an Stalin adressiert oder von ihm verfasst waren.

124 Stalin und Molotow an die Leitung des Werkes Nr. 22 am 02.12.1940: RGASPI, f. 558, op. 11, d. 151, Bl. 15. Stalin verfasste persönlich dieses Schreiben, das später abgetippt und auch von Molotow unterschrieben wurde (ebd.: Bl. 16).

125 Protokoll Nr. 31, Entscheidungen des Politbüros des ZK der WKP(b) von 10.04. bis 26.04.1941: RGASPI, f. 17, op. 162, d. 34, Bl. 1–38, hier Bl. 1 ff., 12–21; Beschluss des ZK der WKP(b) vom 19.04.1941 (Bomber Pe-2): ebd., Bl. 81–88; Beschluss des ZK der WKP(b) vom 23.04.1941 (LaGG-3): ebd., Bl. 135–138.

126 Protokoll Nr. 31, Entscheidungen des Politbüros des ZK der WKP(b) von 10.04. bis 26.04.1941: ebd., Bl. 12–21; Protokoll Nr. 32, Entscheidungen des Politbüros des ZK der WKP(b) vom 28.04. bis 14.05.1941: ebd., Bl. 145–158, hier Bl. 145 f., 151–153.

127 Protokoll Nr. 31, Entscheidungen des Politbüros des ZK der WKP(b) vom 10.04. bis 26.04.1941: ebd., Bl. 1–38, hier Bl. 33 f.; Beschluss des SNK und ZK über Reorganisierung der rückwärtigen Gebiete der Luftstreitkräfte vom 10.04.1941: ebd., Bl. 39 ff.

128 Vgl. den umfangreichen Schriftwechsel zu dieser Frage vom Februar 1941 mit persönlichen Anmerkungen und Notizen von Stalin: RGASPI, f. 558, op. 11, d. 439.

129 Litunowski an Woroschilow am 11.08.1930: RGASPI, f. 74, op. 2, d. 101, Bl. 126–139, hier Bl. 130 ff.

130 Beschluss des ZK der WKP(b) und SowNarKom der UdSSR über »Unfälle in den Truppen der Luftstreitkräfte der Roten Armee« vom 05. 07. 1932: RGASPI, f. 17, op. 162, d. 13, Bl. 18–36.

131 Ebd.; Sitzungsprotokoll Nr. 107 des Politbüros vom 10. 07. 1932, Punkt 3: ebd., Bl. 11–15.

132 Sitzungsprotokoll Nr. 116 des Politbüros des ZK der WKP(b) vom 16. 09. 1932, Punkt 60: ebd., Bl. 96–102.

133 Beschluss des ZK der WKP(b) über Havarien in den Lufttruppen der Roten Armee, undatiert (16. 09. 1932): ebd., Bl. 103–111.

134 Befehl des Volkskommissars für Verteidigung der UdSSR, Woroschilow, vom Juni 1936: GARF, f. 8418, op. 11, d. 60, Bl. 11–22, hier Bl. 11.

135 Bericht des NKWD über die Havarien in den Lufttruppen der Roten Armee für die Jahre 1934 – Mai 1936, Kommissar der Staatssicherheit 2. Ranges, Gaj, undatiert (Eingangsstempel vom 07. 06. 1936): GARF, f. 8418, op. 11, d. 60, Bl. 93–119.

136 Am 27. 07. 1936 erließ Molotow als Vorsitzender der STO einen Beschluss über Maßnahmen zum Kampf gegen Havarien in den Luftstreitkräften der Roten Armee: ebd., Bl. 7–10; am 13. 08. 1936 erließ der STO einen Beschluss über Havarien in den Luftstreitkräften im Fernen Osten: ebd., Bl. 1–5.

137 Schlussrede von Woroschilow vom 29. 11. 1938 während der alljährlichen Sitzung des Kriegsrates beim Volkskommissar für Verteidigung (21.–29. 11. 1938), veröff. in: *Wojenny sowjet, 1938, 1940*, S. 235–264, hier S. 252 ff.

138 Ebd. (Angaben für die Jahre 1936 bis Oktober 1938); Bericht des NKWD über die Havarien in den Lufttruppen … (vgl. Anm. 135) (Angaben für die Jahre 1934 und 1935).

139 Schlussrede Woroschilows vom 29. 11. 1938 während der alljährlichen Sitzung des Kriegsrates beim Volkskommissar für Verteidigung (21.–29. 11. 1938), veröff. in: *Wojenny sowjet, 1938, 1940*, S. 235–264, hier S. 254 f.

140 Befehl Nr. 070 des Volkskommissars für Verteidigung über Maßnahmen zur Verhütung von Havarien in den Luftstreitkräften der Roten Armee vom 04. 06. 1939, veröff. in: *Prikasy NKO SSSR, 1937–1941*, S. 102–110.

141 Protokoll der Sitzung des Kriegsrates, verfasst vom Oberst W. Kondaschow am 01. 12. 1938, veröff. in: *Wojenny sowjet, 1938, 1940*, S. 168–205, hier S. 176.

142 Schlussrede Woroschilows vom 29. 11. 1938 während der alljährlichen Sitzung des Kriegsrates beim NKO (21. bis 29. 11. 1938), veröff. in: ebd., S. 253.

143 Befehl Nr. 0109 des NKO der UdSSR vom 14. 12. 1937, veröff. in: *Wojenny sowjet, 1937*, S. 329–340, hier S. 333.

144 Sitzungsprotokoll des Hauptkriegsrates der Roten Armee vom 16. bis 17. 05. 1939, 16. 05. 1939, veröff. in: *Glawny wojenny sowjet*, S. 202–216, hier S. 204.

145 Ebd., S. 206.

146 Beschluss des ZK der WKP(b) und SNK der UdSSR »Über Havarien und Katastrophen in den Luftstreitkräften der Roten Armee« vom 09. 04. 1941: RGASPI, f. 17, op. 163, d. 1308, Bl. 208 ff.; veröff. in: *Lubjanka, 1939–1946*, S. 261 f.

147 Die Kapitalinvestitionen im Bereich der Luftfahrtindustrie machten etwa ein Drittel aller Investitionen im Rüstungsbereich aus, im Jahr 1936: 499 Millionen von insgesamt 1,6 Milliarden Rubel, 1937: 721,8 Millionen von insgesamt 2,2 Milliarden Rubel, 1938: 1,49 von 2,78 Milliarden Rubel, für die nächsten Jahre waren folgende Ausgaben geplant: im Jahr 1939: 1,85 von insgesamt 5,9745 Milliarden Rubel; 1940: 1,6 von 5 Milliarden Rubel; 1941: 1,2 von 4 Milliarden Rubel; Samuelson, *Krasny Koloss*, S. 220 f. (Tabellen 8.5 und 8.6).

148 Es handelt sich hier u. a. um den Bestand des Komitees für Verteidigung im GARF (f. 8418). Alle Akten in diesem Bestand, die sich auf chemische Waffen beziehen, bleiben gesperrt.

149 Vortrag Trotzkis auf dem Jahreskongress der »Gesellschaft der Freunde der chemischen Verteidigung« am 19. 05. 1924: RGASPI, f. 325, op. 1, d. 92, Bl. 1–23, hier Bl. 8 f. Auch Stalin wusste früh die Bedeutung der chemischen Waffen zu schätzen. Im März 1923 ließ er sich über die Strategie und Taktik der russischen Kommunisten aus und schrieb dabei: »Die Organisationsformen der Armeen, die Truppenarten und Waffengattungen werden gewöhnlich den Formen und Methoden der Kriegsführung angepasst. […] Im Bewegungskrieg wird der Erfolg häufig durch den Masseneinsatz von Kavallerie entschieden. Im Stellungskrieg dagegen spielt die Kavallerie entweder überhaupt keine oder nur eine untergeordnete Rolle: schwere Artillerie und Flieger, Giftgase und Tanks entscheiden alles.« (»Zur Frage der Strategie und Taktik der russischen Kommunisten«, veröff. in *Prawda* am 14. 03. 1923, abgedruckt in: Stalin, *Werke*, Bd. 5, S. 90–99, hier S. 94.)

150 Bericht über Stand und Perspektiven der Entwicklung der Streitkräfte der UdSSR vom Mai 1927 bis Juni 1929, undatiert (Juni 1929), Woroschilow schickte diesen Bericht an Rudsutak: GARF, f. 8418, op. 18, d. 26, Bl. 144–210, hier Bl. 207.

151 Stenografischer Bericht des Plenums von ZK und ZKK der WKP(b)

vom 07. bis 12. 01. 1933: RGASPI, f. 17, op. 2, d. 514 (Teil 1), Bl. 3–9 v, 62–66, hier Bl. 63 v.

152 Bericht von Woroschilow über die Ergebnisse der Kriegsvorbereitungen der Roten Armee in den Jahren 1931–1932 vom 16. 11. 1932: GARF, 8418, op. 6, d. 168, Bl. 26–42, hier Bl. 36.

153 Samuelson, *Krasny Koloss*, S. 202 ff.; Bystrowa, *Sowjetski wojenno-promyschlenny kompleks*, S. 122.

154 Verzeichnis der Rüstungsbetriebe mit der besonderen Einstellungsordnung der Arbeitskräfte, bestätigt durch das Politbüro am 04. 05. 1934: RGASPI, f. 17, op. 162, d. 16, Bl. 51–54.

155 Litunowski an Woroschilow am 11. 08. 1930: RGASPI, f. 74, op. 2, d. 101, Bl. 126–139, hier Bl. 128 f.

156 Bystrowa, *Sowjetski wojenno-promyschlenny kompleks*, S. 115–118.

157 Bericht von Jagoda und Mironow an Stalin über die »Spionageorganisation« in der Artillerie- und Waffenindustrie vom 07. 08. 1933, veröff. in: *Lubjanka, 1922–1936*, S. 454 ff.

158 Tabelle nach Samuelson, *Krasny Koloss*, S. 202, 207, 221.

159 Sonderbericht der OGPU über die Auslieferung von defekten Waffen an die Rote Armee und über die Arbeit der Apparate für militärische Abnahme und der technischen Kontrolle in Betrieben vom 01. 08. 1933, unterzeichnet von Jagoda und Mironow: GARF, f. 8418, op. 8, d. 175, Bl. 34–40.

160 Bericht von Tuchatschewski an Woroschilow über die Antipanzergeschosse 45 mm vom 26. 07. 1935: RGASPI, f. 558, op. 11, d. 447, Bl. 147–150.

161 Befehl Nr. 113 des NKO über Kampf- und politische Vorbereitung der Truppe für das Schulungsjahr 1939 vom 11. 12. 1938, veröff. in: *Wojenny sowjet 1938, 1940*, S. 295–318, hier S. 309 f.; Stenogramm der Referate und Auftritte der Teilnehmer der Sitzung des Kriegsrates beim NKO SSSR, Abendsitzung am 21. 11. 1937 (Vortrag von Fedko), veröff. in: *Wojenny sowjet 1937*, S. 24–86, hier S. 48–56; Vortrag von Sedjakin in der Sitzung des Kriegsrates beim NKO der UdSSR am 22. 11. 1937, veröff. in: ebd., S. 171.

162 Schreiben von M. Galaktinow an Molotow über Konferenz der leitenden Mitarbeiter der Logistiktruppen der Roten Armee vom 17. 07. 1935: RGASPI, f. 82, op. 2, d. 800, Bl. 1 f.

163 Reese, *Stalin's Reluctant Soldiers*, S. 41–46.

164 Schlussrede Woroschilows vom 29. 11. 1938 während der alljährlichen Sitzung des Kriegsrates beim Volkskommissar für Verteidigung (21. bis 29. 11. 1938), veröff. in: *Wojenny sowjet, 1938, 1940*, S. 235–264, hier S. 260 f.

165 Reese, *Stalin's Reluctant Soldiers*, S. 49–51.
166 Protokoll der Morgensitzung am 26. 11. 1938, veröff. in: *Wojenny sowjet, 1938, 1940*, S. 158–167, hier S. 164 f.
167 Reese, *Stalin's Reluctant Soldiers*, S. 71–74.
168 Simin, Mitglied des Kriegsrates des Nordkaukasischen Wehrbezirkes, in der Sitzung des Kriegsrates beim NKO der UdSSR vom 21. bis 29. 11. 1938, veröff. in: *Wojenny sowjet, 1938, 1940*, S. 197. Die Autounfallrate in der Artillerie betrug 11,2 %, in der Kavallerie 6,1 %, in der Infanterie 5,2 %, bei der Panzertruppe 5 %, bei der Kriegsflotte 4,4 % und bei der Luftwaffe 2 % (ebd.).
169 Bokis, Chef der Verwaltung für Autos und Panzer der Roten Armee, in der Sitzung des Kriegsrates beim NKO der UdSSR vom 21. bis 27. 11. 1937, veröff. in: *Wojenny sowjet, 1937*, S. 177.
170 Stenogramm der Referate und Auftritte der Teilnehmer der Sitzung des Kriegsrates beim NKO SSSR, Abendsitzung am 21. 11. 1937, veröff. in: ebd., S. 24–86, hier S. 48–56.
171 *Wojenny sowjet, 1937*, S. 5 ff.
172 Protokoll der Morgensitzung vom 26. 11. 1938, veröff. in: *Wojenny sowjet, 1938, 1940*, S. 158–167, hier S. 164 f.
173 Schlussrede Woroschilows vom 29. 11. 1938 während der alljährlichen Sitzung des Kriegsrates beim Volkskommissar für Verteidigung (21. bis 29. 11. 1938), veröff. in: *Wojenny sowjet, 1938, 1940*, S. 235–264, hier S. 258 f.
174 *Wojenny sowjet 1937*, S. 4, 8.
175 Schlussrede Woroschilows vom 29. 11. 1938 während der Sitzung des Kriegsrates beim Volkskommissar für Verteidigung (21. bis 29. 11. 1938), veröff. in: *Wojenny sowjet, 1938, 1940*, S. 235–264, hier S. 262 (Hervorhebung B. M.).
176 Protokoll der Morgensitzung des Kriegsrates beim NKO vom 26. 11. 1938, veröff. in: ebd., S. 158–167, hier S. 164.
177 Zwischenwort von Rogatschew während der Schlussrede Woroschilows vom 29. 11. 1938 in der Sitzung des Kriegsrates beim NKO (21. bis 29. 11. 1938), veröff. in: ebd., S. 235–264, hier S. 257.
178 Litunowski an Woroschilow am 28. 08. 1930: RGASPI, f. 74, op. 2, d. 101, Bl. 159 f.
179 RWS der Kaukasischen Armee der Roten Fahne an den Vorsitzenden des RWS der UdSSR am 01. 04. 1930: RGASPI, f. 74, op. 2, d. 95, Bl. 36–37 v.
180 Jagodas Befehl über Maßnahmen zur Liquidierung des Kulakentums als Klasse vom 02. 02. 1930: *Tragedija sowjetskoj derewnii*, Bd. 2, S. 163–167, hier S. 166.
181 Informationsbericht der politischen Verwaltung der RKKA über die

politische Stimmung in der Roten Armee vom 22.05.1932: RGASPI, f. 82, op. 2, d. 799, Bl. 75–79.

182 Ebd., hier Bl. 76.

183 Bericht von H. I. Dobrodizki über negative Erscheinungen in der Selbständigen Fernöstlichen Armee der Roten Fahne vom 04.05.1933 an Jagoda und Stalin, veröff. in: *Lubjanka, 1922–1936*, S. 429–435.

184 Bericht über besondere Ereignisse in der Kriegsflotte vom 29.07.1932: RGASPI, f. 82, op. 2, d. 799, Bl. 84–87.

185 Budjonny an Woroschilow, undatiert: RGASPI, f. 74, op. 2, d. 97, Bl. 157.

186 Stenogramm der Abendsitzung des Kriegsrates beim NKO der UdSSR vom 21.11.1938, hier Ausführungen von A. I. Saprosches, Divisionskommissar und Mitglied des Kriegsrates des Moskauer Wehrbezirkes, veröff. in: *Wojenny sowjet, 1938, 1940*, S. 33–89, hier: S. 50; Stenogramm der Morgensitzung des Kriegsrates beim NKO der UdSSR vom 26.11.1938, hier Ausführungen von Lew Mechlis, veröff. in: ebd., S. 158–167, hier S. 164.

187 Reese, *Stalin's Reluctant Soldiers*, S. 56–52; in der Sitzung des Kriegsrates beim NKO der UdSSR vom 21. bis 29.11.1938 klagten die Delegierten über die schlechte Disziplin, außergewöhnliche Ereignisse und amoralische Erscheinungen in den Reihen der Roten Armee. Woroschilow reagierte auf einzelne Beiträge wiederholt mit den Worten: »Schimpf und Schande«, in: *Wojenny sowjet, 1938, 1940*, S. 196–200.

188 Schlussrede Woroschilows vom 29.11.1938 während der alljährlichen Sitzung des Kriegsrates beim Volkskommissar für Verteidigung (21.–29.11.1938), veröff. in: *Wojenny sowjet, 1938, 1940*, S. 235–264, hier S. 258 f.

189 Befehl Nr. 0219 des Volkskommissars für Verteidigung über den Kampf gegen die Trunkenheit in der Roten Armee vom 28.12.1938, veröff. in: *Prikasy NKO SSSR, 1937–1941*, S. 84 f.

190 Bogdan Musial, »Erbarmungslose Abrechnung mit Deserteuren«, in: *Frankfurter Allgemeine Zeitung* vom 11.08.2003; ders., *Sowjetische Partisanen 1941–1944. Mythos und Wirklichkeit*, erscheint 2008 im Schöningh Verlag, Paderborn (Kapitel: »Der Zusammenbruch der West-Front in Weißrussland im Sommer 1941«).

1 Bericht von Jagoda und Mironow an Stalin über die »Spionageorganisation« in der Artillerie- und Waffenindustrie vom 07. 08. 1933, veröff. in: *Lubjanka, 1922–1936*, S. 454 ff.

2 Ebd.

3 Beispielsweise verhaftete die OGPU im März 1933 16 leitende Mitarbeiter der Erdölindustrie, denen man Mitgliedschaft in einer konterrevolutionären, Spionage- und Schädlingsorganisation anlastete. Die Verhafteten gehörten teilweise der alten Führungsschicht an, andere waren angeblich Söhne von zaristischen Offizieren, »wohlhabenden Kosaken«, darunter war auch ein ehemaliges Bund-Mitglied (Bericht Jagodas an Stalin über Verhaftung von Spezialisten in der Erdölindustrie vom 16. 03. 1933, veröff. in: *Lubjanka, 1922–1936*, S. 414 f.).

4 Sitzungsprotokoll Nr. 1 des Politbüros des ZK der WKP(b) vom 20. 02. 1934, Punkt 4: RGASPI, f. 17, op. 3, d. 939, Bl. 1–22, hier Bl. 2.

5 *Lubjanka, 1922–1936* (FN 128). Im Sommer 1936 wurde beispielsweise eine Gruppe von operativen Mitarbeitern der Abteilung Wirtschaft des NKWD nach Woronesch entsandt, um in sechs Rüstungsbetrieben verdeckt zu ermitteln (ebd.).

6 Denkschrift von I. A. Akulow an Stalin und Kaganowitsch über Reorganisation der OGPU und Einrichtung des NKWD der UdSSR vom 22. 02. 1934, veröff. in: *Lubjanka, 1922–1936*, S. 487 ff. Akulow plädierte in der Denkschrift dafür, die Befugnisse von OGPU/NKWD im Bereich der Aburteilungen einzuschränken, und zwar auf 3 oder 5 Jahre Aussiedlung. Andere Urteile, insbesondere Todesurteile, hätten nur Gerichte fällen können. Der Grund lag darin, dass die OGPU-Trojki in der Vergangenheit viele Todesurteile gefällt hätten, die dann nicht bestätigt werden konnten.

7 Sitzungsprotokoll Nr. 4 des Politbüros des ZK der WKP(b) vom 29. 03. 1934, Punkt 6: RGASPI, f. 17, op. 162, d. 16, Bl. 25–29.

8 Sitzungsprotokoll Nr. 6 des Politbüros des ZK der WKP(b) vom 04. 05. 1934, Punkt 2: ebd., Bl. 45–50.

9 Verzeichnis der Rüstungsbetriebe mit der besonderen Einstellungsordnung der Arbeitskräfte, bestätigt durch das Politbüro am 04. 05. 1934: ebd., Bl. 51–54.

10 Der Befehl Nr. 004 ist in Auszügen veröff. in: *Lubjanka, 1922–1936*, S. 814 f. (FN 133).

11 Der Befehl Nr. 0012 und der Bericht Jagodas vom 14. 06. 1935 sind in Auszügen veröff. in: *Lubjanka, 1922–1936*, S. 815 f. (FN 135).

12 Ebd.

13 Ebd.
14 Beschluss des ZK und ZKK der WKP(b) über die Säuberung der Partei vom 28. 04. 1933: RGASPI, f. 17, op. 3, d. 922, Bl. 50–55.
15 Baberowski, *Der rote Terror*, S. 156–160.
16 Abramow, *Smersch*, S. 45–58.
17 Ausführlich Wieczorkiewicz, *Łańcuch Śmierci*, S. 31–69 (Zahlen S. 69).
18 Stenogramm der Rede Schdanows auf der Konferenz des Leningrader Oblastkomitees der Partei am 25. 12. 1936: RGASPI, f. 77, op. 1, d. 634, Bl. 1–4.
19 Stalin, Schdanow an Kaganowitsch und Molotow am 25. 09. 1936, veröff. in: *Stalin i Kaganowitsch*, S. 682 f.; der Beschluss des Politbüros vom 11. 10. 1936, veröff. in: *Lubjanka, 1922–1936*, S. 767; in der Dokumentensammlung *Lubjanka, 1922–1936* sind mehrere Dokumente veröffentlicht, die belegen, dass Jeschow an den früheren Säuberungen führend beteiligt war; Baberowski, *Der rote Terror*, S. 164 f.
20 Baberowski, *Der rote Terror*, S. 165.
21 Die Projektentwürfe von Ordschonikidse, Kaganowitsch und Stalin vom Anfang Februar 1937: RGASPI, f. 84, op. 2, d. 46.
22 Projektentwurf über Schädlingsaktivitäten in der Industrie von Ordschonikidse, undatiert (Anfang Februar 1937): RGASPI, f. 84, op. 2, d. 46, Bl. 42–59.
23 Ebd.
24 Werth, »Ein Staat gegen sein Volk«, S. 204; Baberowski, *Der rote Terror*, S. 130 ff., 183–186.
25 Projektentwurf über Schädlingsaktivitäten in der Industrie von Ordschonikidse, undatiert (Anfang Februar 1937): RGASPI, f. 84, op. 2, d. 46, Bl. 42–59, hier Bl. 46.
26 Ebd., Bl. 48–57.
27 Kaganowitsch über Lehren aus den Schädlingsaktivitäten, Sabotage und Spionage der trotzkistisch-japanisch-deutschen und Sabotage- und Spionageorganisationen im Eisenbahntransport, undatiert (Anfang Februar 1937): ebd., Bl. 60–77.
28 Entwurfsprojekt Stalins über die politische Erziehung der Parteikader und Maßnahmen zum Kampf gegen Trotzkisten und andere Doppelzüngler in Parteiorganisationen, undatiert (Anfang Februar 1937): ebd., Bl. 126–143.
29 Dimitroff, *Tagebücher*, S. 152 (Eintrag vom 03. 03. 1937).
30 Erinnerungen von Mikojan, Manuskript, aufgezeichnet in den 1960er Jahren: RGASPI, f. 84, op. 3, d. 116, Bl. 1–265, hier Bl. 49–104; ausführlich über das Verhältnis zwischen Ordschonikidse und Stalin Chlewnjuk, *Das Politbüro*, S. 221–245.

31 Dimitroff, *Tagebücher*, S. 165 f. (Eintrag vom 11.11.1937).
32 Petrow, »Die Kaderpolitik des NKWD«, S. 21.
33 Dimitroff, *Tagebücher*, S. 149 (Eintrag vom 11.02.1937).
34 Vgl. u. a. Baberowski, *Der rote Terror*, S. 183–204; Werth, »Ein Staat gegen sein Volk«, S. 206–225; Service, *Stalin*, S. 367–378.
35 Wieczorkiewicz, *Łańcuch Śmierci*, S. 61 f. (Zitat S. 62).
36 Zitiert nach ebd.
37 Protokoll Nr. 47, Entscheidungen des Politbüros des ZK der WKP(b) vom 19.03. bis 07.04.1937, Punkt 102: RGASPI, f. 17, op. 162, d. 21, Bl. 1–15, hier Bl. 9.
38 Wieczorkiewicz, *Łańcuch Śmierci*, S. 63–69; Bericht von Jeschow an Politburomitglieder vom 27.04.1937, veröff. in: *Lubjanka, 1937–1938*, S. 135.
39 Protokoll Nr. 49, Entscheidungen des Politbüros des ZK der WKP(b) vom 17.04. bis 15.06.1937, Punkt 37: RGASPI, f. 17, op. 162, d. 21, Bl. 26–63, hier Bl. 29.
40 Volkskommissar für Verteidigung, Woroschilow, an Genossen Stalin (Politbüro des ZK der WKP(b)) und Molotow (SNK der UdSSR) am 10.05.1937: RGASPI, f. 82, op. 2, d. 800, Bl. 27.
41 Befehl Nr. 85 des NKO der UdSSR vom 11.05.1937 über Mitteilung des Beschlusses des Präsidiums des ZIK der UdSSR über die Enthebung M. N. Tuchatschewskis von dem Posten des stellvertretenden Volkskommissars für Verteidigung vom 10.05.1937, veröff. in: *Prikasy NKO, 1937–1941*, S. 12.
42 Wieczorkiewicz, *Łańcuch Śmierci*, S. 70–74.
43 Ebd.; *Wojenny sowjet, 1938, 1940*, S. 3.
44 Wieczorkiewicz, *Łańcuch Śmierci*, S. 892 f.
45 *Wojenny sowjet*, 1938, 1940, S. 3 f.
46 Wieczorkiewicz, *Łańcuch Śmierci*, S. 908 f. Zur Debatte über die Opferzahlen des stalinistischen Terrors in den sowjetischen Streitkräften vgl. ebd., S. 897–921; Overy, *Russlands Krieg*, S. 61.
47 Wieczorkiewicz, *Łańcuch Śmierci*, S. 1078 f.
48 Overy, *Russlands Krieg*, S. 61.
49 Wieczorkiewicz, *Łańcuch Śmierci*, S. 1077–1092.
50 Bericht von Schtschadenko, stellv. Volkskommissar für Verteidigung, in der Sitzung des Kriegsrates beim NKO der UdSSR am 25.11.1938, Protokoll der Abendsitzung, veröff. in: *Wojenny sowjet, 1938, 1940*, S. 149–157, hier S. 155 ff.
51 *Wojenny sowjet, 1937*, S. 8 f.
52 Wieczorkiewicz, *Łańcuch Śmierci*, S. 1070 f.; vgl. auch Stocker, »Tönerner Koloß ohne Kopf«.
53 Protokoll der Abendsitzung des Kriegsrates beim NKO der UdSSR

vom 21. 11. 1938, veröff. in: *Wojenny sowjet, 1938, 1940*, S. 33–89, hier S. 60.

54 Protokoll der Vormittagssitzung des Kriegsrates, veröff. in: ebd., S. 158–167, hier S. 160.

55 Ebd.

56 Einführung, *Wojenny sowjet, 1938, 1940*, S. 6.

Die politische Lage in Europa in den dreissiger Jahren und Stalins Kriegsvorbereitungen

1 Dimitroff, *Tagebücher*, S. 98 (Eintrag vom 07. 04. 1934).

2 Bogolepow an Stalin am 02. 03. 1931: RGASPI, f. 558, op. 11, d. 763, Bl. 65–69.

3 Am Rande des Schreibens von Bogolepow schrieb Stalin: »Genosse Manuilski! Könnten Sie das Schreiben von Genossen Bogolepow durchlesen und Stellung dazu nehmen? J. Stalin«: ebd.

4 Manuilski an Stalin am 19. 03. 1931: ebd., Bl. 70 f.

5 Manuskript des Referats Molotows über die Ergebnisse des Fünfjahresplans, gehalten am 21. 01. 1933 in der 3. Sitzung des Zentralen Vollzugskomitees der UdSSR (mit Anmerkungen von Molotow und Stalin): RGASPI, f. 82, op. 2, d. 257, Bl. 1–61, hier Bl. 52.

6 Manuskript der Rede Molotows, »Die wichtigsten Aspekte der internationalen Lage der UdSSR im Jahre 1932«, (undatiert) Januar 1933: RGASPI, f. 82, op. 2, d. 258, Bl. 131–153, hier Bl. 145.

7 Ebd., Bl. 145 f.

8 Sitzungsprotokoll Nr. 3 des Delegiertenbüros der WKP(b) und EKKI vom 18. 07. 1930, veröff. in: *Politbjuro i Komintern*, S. 626–629 (auch FN 2, S. 628 f.); Bericht von Knorin, Manuilski und Pjatnizki an Stalin und Molotow über politische Richtlinien der EKKI für die KPD im Jahre 1931 vom 28. 10. 1931, veröff. in: ebd., S. 647–652 (Zitat S. 648).

9 Wie Anm. 8.

10 Ernst Thälmann: »Programmerklärung zur nationalen und sozialen Befreiung des deutschen Volkes«, Proklamation des ZK der KPD vom 24. 08. 1930, in: *Die Rote Fahne* vom 24. 08. 1930.

11 Pjatnizki an Stalin am 10. 05. 1932 über die Lage in der KPD und die Richtlinien für die bevorstehende Beratung mit deutschen Genossen (beigefügt als Anlage), veröff. in: *Politbjuro i Komintern*, S. 655–660, hier S. 659.

12 Ernst Thälmann: »Programmerklärung zur nationalen und sozialen Befreiung des deutschen Volkes«, Proklamation des ZK der KPD vom 24. 08. 1930, in: *Die Rote Fahne* vom 24. 08. 1930.

13 Stalin an Kaganowitsch am 22. 08. 1932, abgedruckt in: *Stalin i Kaganowitsch*, S. 295.

14 Ernst Thälmann, a. a. O. (vgl. Anm. 12).

15 Pjatnizki an Stalin, a. a. O. (vgl. Anm. 11), hier S. 657.

16 Ergebnisse der Wahlen im Reich 1919–1933, veröff. u. a. in: *Die Weimarer Republik 1918–1933*, S. 628 f.

17 Leo Trotzki, »Die Wendung der Komintern und die Lage in Deutschland«, 26. 09. 1930, veröff. im Internet: http://www.mlwerke.de/tr/1930/300926 a.htm.

18 Tooze, *Ökonomie der Zerstörung*, S. 59–92.

19 Möller, *Europa zwischen den Weltkriegen*, S. 91.

20 Sławomir Cenckiewicz, »Oskar Lange po stronie Sowietów«, *Rzeczpospolita* vom 16./17. 12. 2006; Wieczorkiewicz, *Historia polityczna Polski*, S. 381.

21 Protokoll des Gesprächs zwischen Stalin, Molotow und Oskar Lange vom 17. 05. 1944, angefertigt von Pawlow: RGASPI, f. 558, op. 11, d. 354, Bl. 58–69. Drei Monate später, am 9. August 1944, erklärte Stalin gegenüber Stanisław Mikołajczyk, dem damaligen Premier der polnischen Exilregierung in London: »Der Kommunismus passt zu Deutschland wie ein Sattel zu einer Kuh.« (Protokoll des Gesprächs zwischen Stalin und den Mitgliedern der polnischen Regierungsdelegation mit Mikołajczyk an der Spitze am 09. 08. 1944, protokolliert von Pawlow, abgedruckt in: *Sowjetskij faktor*, Bd. 1, S. 84–89, hier S. 87).

22 Stalin an das ZK der WKP(b), Kaganowitsch und Molotow am 26. 10. 1933, veröff. in: *Stalin i Kaganowitsch*, S. 405 f.

23 Dimitroff, *Tagebücher*, S. 97 f. (Eintrag vom 07. 04. 1934).

24 Ebd.

25 Ebd., S. 102 (Eintrag vom 24. 04. 1934).

26 Ebd., S. 102 f. (Eintrag vom 25. 04. 1934).

27 Stalin an Kaganowitsch und Molotow am 02. 09. 1935: RGASPI, f. 558, op. 11, d. 89, Bl. 2 f.; veröff. in: *Stalin i Kaganowitsch*, S. 545.

28 Vgl. z. B. Bystrowa, *Sowjetski wojenno-promyschlenny kompleks*, S. 68.

29 Service, *Stalin*, S. 409.

30 Chang/Halliday, *Mao*, S. 101 f., 136.

31 Ken, *Mobilisazionnoje planirowanie*, S. 203 f.

32 Anfang Oktober 1944 erklärte Stalin im Gespräch mit polnischen Kommunisten: »Kuropotkin [der russische Befehlshaber im russisch-japanischen Krieg von 1904/05] verlor den Krieg gegen Japan, weil er keinen Nachschub hatte. Er bat den Zaren um die Erhöhung der Transportzüge von 4 auf 7 pro Tag auf der Ostlinie [transsibirische

Eisenbahn]. Der Zar war nicht imstande, dies zu tun. Die Sowjetunion baute die neuen, die zweiten Gleise und legte im Plan 35 Züge pro Tag fest. Es stellte sich jedoch heraus, dass der Plan so schlecht ausgearbeitet worden war, dass nur 17 Züge pro Tag fahren können. Andere Bestandteile [außer Gleise], die mit dem Bahntransport zusammenhängen, waren bei den Planungen nicht ausreichend berücksichtigt worden, und deswegen konnte der Transportplan nicht erfüllt werden.« (Sitzungsprotokoll des Zentralkomitees der PPR vom 22. 10. 1944: Archiwum Akt Nowych, (Warschau), PPR 295/V-1, Bl. 23–31, hier Bl. 27).

33 Stalin an Kaganowitsch am 14. 09. 1931, veröff. in: *Stalin i Kaganowitsch*, S. 103 f.

34 Stalin an Molotow und Kaganowitsch am 23. 09. 1931, veröff. in: ebd., S. 116 f.

35 Denkschrift von Tuchatschewski, Kommandeur des Leningrader Wehrbezirks, über die Rekonstruktion der Roten Armee vom 11. 01. 1930, an Woroschilow: RGASPI, f. 558, op. 11, d. 446, Bl. 12–18 v, hier Bl. 13 v.

36 Notizzettel Semjon Budjonny an Kliment Woroschilow, ohne Datum, vermutlich 1933: RGASPI, f. 74, op. 2, d. 97, Bl. 145.

37 Vgl. dazu zuletzt Slutsch, »Stalin und Hitler 1933–1941«.

38 Erinnerungen von Mikojan, Manuskript, aufgezeichnet in den 1960er Jahren: RGASPI, f. 84, op. 3, d. 116, Bl. 1–265, hier Bl. 256.

39 *Politbjuro i Ewropa*, S. 315 f.; Auszug aus dem Protokoll des Politbüros vom 15. 06. 1930, veröff. in: ebd., S. 225; Slutsch, »Stalin und Hitler 1933–1941«.

40 Sitzungsprotokoll Nr. 25 des Politbüros des ZK der WKP(b) vom 13. 05. 1935, Punkt 4: RGASPI, f. 17, op. 162, d. 18, Bl. 18–25, hier Bl. 18; Anlage zu Punkt 4 der Politbüroentscheidung 17. 04. 1935 (Verzeichnis der Bestellungen für einzelne Ressorts): ebd., Bl. 26–34.

41 Sitzungsprotokoll Nr. 25 des Politbüros des ZK der WKP(b) vom 13. 05. 1935, Punkt 102: ebd., Bl. 24; Anlage zu Punkt 104 der Politbüroentscheidung vom 10. 05. 1935 (Organisatorische Maßnahmen und Wachstum der Roten Armee in den Jahren 1936 und 1937): ebd., Bl. 35–37.

42 Slutsch, »Stalin und Hitler 1933–1941«.

43 Denkschrift von Tuchatschewski, »Kriegspläne Hitlers«, vom 29. 03. 1935: RGASPI, f. 558, op. 11, d. 447, Bl. 130–145.

44 Ebd.

45 Ebd., Bl. 134–139.

46 Ebd., Bl. 139 f.; Zitat im Original: Adolf Hitler, *Mein Kampf*, München 1942, S. 742.

47 Ebd., Bl. 140 f.
48 Ebd., Bl. 143.
49 Ebd.
50 Stalins Rede »Die internationale Lage der Sowjetunion« am 10. 03. 1939 während des XVIII. Parteitages, veröff. in: Stalin, *Werke*, Bd. 14, S. 97–104, hier S. 101.
51 O'Sullivan, *Stalins »Cordon sanitaire«*, S. 67.
52 Notizzettel von Andrej Schdanow, undatiert (vermutlich August 1939): RGASPI, f. 77, op. 1, d. 896, Bl. 2; O'Sullivan, *Stalins »Cordon sanitaire«*, S. 78.
53 Stalins Rechenschaftsbericht an den XVII. Parteitag über die Arbeit des ZK der WKP(b) vom 16. 04. 1934, veröff. in: Stalin, *Werke*, Bd. 13, Bl. 165–211, hier: S. 168 ff.
54 Vgl. u. a. Pietrow-Ennker, »Mit den Wölfen heulen ...« Stalinistische Außen- und Deutschlandpolitik 1939–1941, in: dies. (Hg.), *Präventivkrieg?*, S. 77–94; oder Juri Gorkov, »22. Juni 1941: Verteidigung oder Angriff? Recherchen in russischen Zentralarchiven«, in: ebd., S. 190–207.
55 Dimitroff, *Tagebücher*, S. 155 (Eintrag vom 20. 03. 1937).
56 Fleischhauer, *Der Pakt*, S. 76–80; Dębski, *Między Berlinem a Moskwą*, S. 67–71.
57 Fleischhauer, *Der Pakt*, S. 127 ff.; Weisung »Fall Weiß« vom 03. 04. 1939, abgedruckt in: *Hitlers Weisungen*, S. 17 ff.
58 Besprechung beim Führer am 23. 11. 1939. Anwesend: alle Oberbefehlshaber, veröff. in: Jacobsen, *Der Weg zur Teilung der Welt*.
59 Vgl. u. a. Fleischhauer, *Der Pakt*, S. 128 ff.
60 Zitiert nach ebd., S. 131.
61 Ebd., S. 131 ff.
62 Dimitroff, *Tagebücher*, S. 259 f. (Eintrag vom 28. 05. 1939, Hervorhebung im Original).
63 Ebd., S. 260.
64 Vgl. dazu Fleischhauer, *Der Pakt*, S. 160–166; O'Sullivan, *Stalins »Cordon sanitaire«*, S. 70 ff.
65 Dimitroff, *Tagebücher*, S. 259 f. (Eintrag vom 28. 05. 1939).
66 Denkschrift von Schaposchnikow vom 10. 07. 1939: RGASPI, f. 558, op. 11, d. 220, Bl. 3–9.
67 Ebd.
68 Ebd.
69 Denkschrift von Schaposchnikow vom 11. 08. 1939: ebd., Bl. 10–20.
70 O'Sullivan, *Stalins »Cordon sanitaire«*, S. 67.
71 Protokoll der Sitzung der Militärmissionen Englands, Frankreichs und der UdSSR vom 14. 08. 1939: RGASPI, f. 558, op. 11, d. 220, Bl. 51–65.

72 Fleischhauer, Der Pakt, S. 187 f., 331.

73 Der Generalinspekteur der polnischen Streitkräfte Marschall Rydz-Śmigły soll gegenüber dem französischen Botschafter in Warschau am 20. August 1939 erklärt haben: »Mit den Deutschen riskieren wir, unsere Freiheit zu verlieren, mit den Russen verlieren wir unsere Seele.« Zitiert nach Fleischhauer, *Der Pakt*, S. 339.

74 Vgl. die sowjetischen Protokolle dieser Verhandlungen: RGASPI, f. 558, op. 11, d. 220, Bl. 21–138.

Der Hitler-Stalin-Pakt wird geschmiedet

1 Ausführlich schildert die verschiedenen Thesen, Hypothesen, Behauptungen und Annahmen Fleischhauer, *Der Pakt*, S. 9–35; vgl. auch O'Sullivan, *Stalins »Cordon sanitaire«*, S. 25–36.

2 Zitiert nach Fleischhauer, *Der Pakt*, S. 98, 129, 199 f.

3 Bericht »Russlands Neuorientierung«, undatiert (zwischen 05. und 10. 05. 1939), Politische Abteilung V, Russland, zitiert nach: Dębski, *Między Berlinem a Moskwą*, S. 82.

4 In der Forschung wird über mehrere deutsche Versuche zur Anbahnung der deutsch-sowjetischen wirtschaftlichen und politischen Verhandlungen berichtet, die gescheitert seien. Ausführlich Fleischhauer, *Der Pakt*, S. 100–217.

5 Protokolle der Gespräche zwischen Mikojan und Hilger in Anwesenheit von Babarin am 02., 10. und 17. 06. 1939: RGASPI, f. 84, op. 1, d. 146, Bl. 1–9; Fleischhauer schildert diese Verhandlungen aus deutscher Sicht (*Der Pakt*, S. 260 ff.).

6 Mikojan an Stalin am 20. 06. 1939: RGASPI, f. 84, op. 1, d. 146, Bl. 10.

7 Zitiert nach Fleischhauer, *Der Pakt*, S. 264.

8 Ebd., S. 264–275.

9 Ebd., S. 290–292; O'Sullivan, *Stalins »Cordon sanitaire«*, S. 75 f.

10 Ausführlich über die Verhandlungen Fleischhauer, *Der Pakt*, S. 314–342 (Zitat S. 342).

11 Ausführlich schildert den Verlauf der Verhandlungen Fleischhauer, ebd., S. 336–403.

12 Geheimes Zusatzprotokoll zum Nichtangriffsvertrag vom 23. August 1939, in: *Sowjetstern und Hakenkreuz*, S. 232.

1 Notizzettel von Andrej Schdanow, undatiert (vermutlich August 1939): RGASPI, f. 77, op. 1, d. 896, Bl. 2; vgl. auch O'Sullivan, *Stalins »Cordon sanitaire«*, S. 78 f., der diesen Satz wie folgt übersetzt: »Den Feind mit fremden Händen vernichten und am Ende des Krieges stark sein.«

2 Eintragung vom 7. 9. 1939, in: Dimitroff, *Tagebücher*, S. 273 f. (Hervorhebung im Original).

3 Ebd. (Hervorhebung B. M.).

4 Davon geht Fleischhauer, *Der Pakt*, S. 331 aus.

5 Zitiert nach O'Sullivan, *Stalins »Cordon sanitaire«*, S. 75.

6 Ebd., S. 67.

7 Dimitroff, *Tagebücher*, S. 273 f. (Eintrag vom 07. 09. 1939).

8 Kriegsverluste der Truppen der weißrussischen und ukrainischen Fronten während der Operation vom 17. 09. bis 01. 10. 1939, Oberst Bytschkow, Abteilung rückwärtige Gebiete der operativen Verwaltung des Generalstabes der Roten Armee, 20. 10. 1939: ZAMO, f. 13, op. 137145, d. 30, Bl. 379; Musial, *»Konterrevolutionäre Elemente«*, S. 25; Grzelak, *Kresy w czerwieni*, S. 480 f.

9 Musial, *»Konterrevolutionäre Elemente«*, S. 25–97.

10 Telegramm von Ponomarenko an Stalin vom 13. 11. 1939: RGASPI, f. 558, op. 11, d. 66, Bl. 13.

11 Bericht über den Einsatz der rückwärtigen Artillerieverbände im polnischen Feldzug vom 03. 11. 1939: ZAMO, f. 81, op. 28329, d. 5748, Bl. 179–189.

12 Bericht über den Einsatz der Eisenbahntruppen im polnischen Feldzug, Mitglied des Kriegsrates der weißrussischen Front, Smokatschew, vom 19. 10. 1939: ZAMO, f. 32, op. 65584, d. 12, Bl. 177–180.

13 Bericht über den Einsatz der Südgruppe der ukrainischen Front bei der Zerschlagung der polnischen Truppen und Befreiung der Westukraine, I. W. Tjulenew, Kommandeur der 12. Armee, 14. 10. 1939: RGWA, f. 35084, op. 1, d. 188, Bl. 302–310.

14 Ausführlich auf der Grundlage der sowjetischen zeitgenössischen Quellen Grzelak, *Kresy w czerwieni*, S. 228–481.

15 Stalins Rede während der Konferenz des ZK des WKP(b) über die Erfahrungen der Kämpfe mit Finnland (14.–17. 04. 1940), am 17. 04. 1940: RGASPI, f. 17, op. 165, d. 77, Bl. 178–212; veröff. in: *»Simnjaja wojna«*, S. 31–42.

16 Zitiert nach Musial, »›... Kapitalismus am Kragen packen‹«, S. 59.

1 van Dyke, *The Soviet Invasion of Finland*, S. 19 f.
2 Ebd., S. 20–27, 42.
3 Trotter, *A Frozen Hill*, S. 47; Upton, *Finland 1939–40*, S. 51–67.
4 van Dyke, *The Soviet Invasion of Finland*, S. 42–53.
5 Ausführlich van Dyke, *The Soviet Invasion of Finland*.
6 Dimitroff, *Tagebücher*, S. 289 f. (Eintrag vom 21. 01. 1940).
7 Vortrag des Chefs der politischen Verwaltung der Roten Armee, Lew Mechlis, über die Kriegsideologie vom 10. 05. 1940: RGWA, f. 9, op. 36, d. 4252, Bl. 114a-195; veröff. in: »*Simnjaja wojna*«, S. 329–343, hier S. 335.
8 Beispielsweise schreibt Sally W. Stoecker über die Motive Stalins für den Krieg gegen Finnland: »Im Falle Finnlands war es Stalins Absicht, das Land vom deutschen Zugriff fernzuhalten, weil er Deutschland mißtraute. 1938 leitete Stalin Gespräche mit der finnischen Regierung mit dem Ziel ein, eine Garantie zu bekommen, daß Deutschland finnisches Gebiet nicht als Sprungbrett für einen Angriff gegen die UdSSR nutzen dürfe.« (Stoecker, *Tönerner Koloß*, S. 150.)
9 Bericht der politischen Verwaltung der 7. Armee für den 21. 12. 1939 vom 22. 12. 1939, Gorochow: RGASPI, f. 77, op. 4, d. 45, Bl. 49–57.
10 Sitzungsprotokoll der Kommission des Hauptkriegsrates über die Frage der Kriegsideologie am 13. und 14. 04. 1940, veröff. in: »*Simnjaja wojna*«, S. 344–389, hier S. 368.
11 Notizzettel von Andrej Schdanow aus der Zeit der finnischen Kampagne: RGASPI, f. 77, op. 3, d. 162, Bl. 91, 295.
12 Wesołowski, »›Sztrafniki‹«, S. 109–127, hier S. 111 f.
13 Telefonisches Gespräch von Stalin und Woroschilow mit Kommandeur der 8. Armee, Stern, am 07. 01. 1940: RGASPI, f. 558, op. 11, d. 445, Bl. 12–17.
14 Telefonisches Gespräch von Stalin und Woroschilow mit Mechlis in der Nacht vom 07. auf den 08. 01. 1940: ebd., Bl. 17 ff.
15 van Dyke, *The Soviet Invasion of Finland*; Dimitroff, *Tagebücher*, S. 296 (Eintrag vom 28. 03. 1940).
16 Notizzettel von Andrej Schdanow aus der Zeit der finnischen Kampagne: RGASPI, f. 77, op. 3, d. 163, Bl. 264.
17 Stalins Rede während der Konferenz des ZK des WKP(b) über die Erfahrungen der Kämpfe mit Finnland (14.–17. 04. 1940), am 17. 04. 1940: RGASPI, f. 17, op. 165, d. 77, Bl. 178–212; veröff. in: »*Simnjaja wojna*«, S. 31–42.
18 Dimitroff, *Tagebücher*, S. 290 (Eintrag vom 21. 01. 1940).
19 Ebd., S. 295 f. (Eintrag vom 27. 3. 1940).

20 Ebd.
21 Ebd., S. 296 f. (Eintrag vom 28.03.1940) (Hervorhebung im Original).
22 Stalins Rede während der Konferenz des ZK des WKP(b) über die Erfahrungen der Kämpfe mit Finnland (14.–17.04.1940), am 17.04.1940: RGASPI, f. 17, op. 165, d. 77, Bl. 178–212; veröff. in: *»Simnjaja wojna«*, S. 31–42.
23 Vgl. dazu Dokumente hierfür: zahlreiche Beschlüsse des Politbüros vom März bis Juli 1940: RGASPI, f. 17, op. 162, d. 27, 28; Vorschläge und Sitzungen der einzelnen Kommissionen, Sitzungen des Hauptkriegsrates hierzu, einschlägige Befehle des Volkskommissars für Verteidigung vom April bis Juli 1940, veröff. in: *»Simnjaja wojna«*; Befehle des Volkskommissars für Verteidigung, veröff. in: *Prikasy NKO, 1937–1941*.

Die Ideologie des revolutionären Eroberungskrieges

1 Aufzeichnung der Anordnungen von Genossen Stalin in der Sitzung der Kommission des Hauptkriegsrates im Kreml vom 21.04.1940: RGWA, f. 4, op. 14, d. 2768, Bl. 64 f.; veröff. in: *»Simnjaja wojna«*, S. 154.
2 Vortrag des Chef der politischen Verwaltung der Roten Armee, Lew Mechlis, über die Kriegsideologie vom 10.05.1940, veröff. in: *»Simnjaja wojna«*, S. 329–343, hier S. 331 f. (Hervorhebung B. M.).
3 Dimitroff, *Tagebücher*, S. 296 f. (Eintrag vom 28.03.1940).
4 Stalins Rede während der Konferenz des ZK des WKP(b) über die Erfahrungen der Kämpfe mit Finnland (14.–17.04.1940), am 17.04.1940: RGASPI, f. 17, op. 165, d. 77, Bl. 178–212; veröff. in: *»Simnjaja wojna«*, S. 31–42, hier S. 36 ff.
5 Ebd.
6 Dimitroff, *Tagebücher*, S. 381 f. (Eintrag vom 05.05.1941).
7 *Komandny i natschalstwujuschtschi*, S. 73–109.
8 Fleischhauer, *Diplomatischer Widerstand*, S. 146.
9 Vgl. dazu Wieczorkiewicz, *Łańcuch Śmierci*, S. 1070–1079.
10 Sitzungsprotokoll der Kommission des Hauptkriegsrates über die Frage der Kriegsideologie am 13. und 14.04.1940, veröff. in: *»Simnjaja wojna«*, S. 344–389, hier S. 346.
11 Befehl Nr. 112 des NKO über die Einführung der höheren militärischen Ränge in der Roten Armee vom 08.05.1940, veröff. in: *Prikasy NKO, 1937–1941*, S. 133 f.; Befehl Nr. 391 des NKO über die Einführung von militärischen Dienstgraden für Mannschaftsgrade und den

unteren Kommandeursbestand der Roten Armee vom 02. 11. 1940, veröff. in: ebd., S. 188 f.; Timoschenko an Molotow über Einführung von Unteroffiziersgraden am 22. 07. 1940 und Erlassentwurf dazu: RGASPI, f. 82, op. 2, d. 801, Bl. 108 f.; Ziemke, *Red Army*, S. 237.

12 Am 13. 07. 1940 erließ Timoschenko eine Verordnung über Strafbataillone (Disziplinarbataillone) für Soldaten und untere Kommandeure, die von Militärgerichten zu Haftstrafen von 6 Monaten bis 2 Jahre verurteilt wurden (Befehl Nr. 214 des NKO vom 15. 07. 1940, veröff. in: *Prikasy NKO 1937–1941*, S. 157); am 12. 10. 1940 erließ Timoschenko den Befehl zur Umsetzung der Disziplinierungsvorschriften der Roten Armee (Befehl Nr. 356 des NKO vom 12. 10. 1940, veröff. in: ebd., S. 180–183); vgl. auch Wesołowski, »Sztrafniki«, S. 112 ff.

13 Befehl des NKO Nr. 262 vom 14. 08. 1940 über die Bekanntmachung des Erlasses des Obersten Sowjets der UdSSR »Über die Stärkung der einheitlichen Führung in der Roten Armee und Kriegsflotte vom 12. 08. 1940, veröff. in: ebd., S. 163.

Hitlers Siege im Westen – Stalins Dilemma

1 Vgl. u. a. Müller, *Der letzte deutsche Krieg*, S. 40–43.
2 Müller, Der letzte deutsche Krieg, S. 46.
3 Ebd., S. 44–55, Zitat S. 52.
4 Fleischhauer, *Diplomatischer Widerstand*, S. 151 f., 198 f.
5 Zitiert nach ebd., S. 154.
6 Ebd., S. 161–190.
7 Tooze, *Ökonomie der Zerstörung*, S. 443.

Hitlers Wendung nach Osten

1 Fleischhauer, *Diplomatischer Widerstand*, S. 190 ff.
2 Tooze, *Ökonomie der Zerstörung*, S. 445 ff.
3 Zitiert nach Fleischhauer, *Diplomatischer Widerstand*, S. 192 ff.; Müller, *Der letzte deutsche Krieg*, S. 76–81.
4 O'Sullivan, *Stalins »Cordon sanitaire«*, S. 114–117; Fleischhauer, *Diplomatischer Widerstand*, S. 156 ff.
5 Vgl. dazu beispielsweise O'Sullivan, *Stalins »Cordon sanitaire«*, S. 114–127.
6 Erinnerungen von Mikojan, Manuskript, aufgezeichnet in den 1960er Jahren: RGASPI, f. 84, op. 3, d. 116, Bl. 1–265, hier Bl. 202.

7 Kurze Zusammenfassung des Auftritts von Genosse Stalin während der Festsitzung der Absolventen der Militärakademie im Kreml am 05.05.1941: RGASPI, f. 558, op. 1, d. 3808, Bl. 1–9, hier Bl. 6; vgl. dazu u. a. Sebag Montefiore, *Stalin*, S. 397 f.
8 Dimitroff, *Tagebücher*, S. 320 f. (Eintrag vom 24.11.1940).
9 Erinnerungen von Mikojan, Manuskript, a. a. O., hier Bl. 203.
10 Ebd.
11 Ausführlich Besymenski, *Stalin und Hitler*, S. 398–420.
12 Merkulow an Stalin am 17.06.1941, veröff. in: *Lubjanka 1939–1946*, S. 286 f.

Vorbereitungen auf den Angriffskrieg gegen Deutschland

1 Besymenski, »Molotows Berlin-Besuch«, S. 122.
2 Fleischhauer, *Diplomatischer Widerstand*, S. 230–257; O'Sullivan, *Stalins »Cordon sanitaire«*, S. 86–89; Besymenski, »Molotows Berlin-Besuch«.
3 O'Sullivan, *Stalins »Cordon sanitaire«*, S. 85 f.
4 Hausner, *Justice at Jerusalem*, S. 184.
5 O'Sullivan, *Stalins »Cordon sanitaire«*, S. 85 f.
6 Dimitroff, *Tagebücher*, S. 320 f. (Eintrag vom 24.11.1940).
7 Ebd.
8 Schreiben Dimitroffs an das Sekretariat des ZK der WKP(b), A. A. Andrejew, vom 30.08.1940, veröff. in: *Politbjuro i Komintern*, S. 788 f.
9 Dimitroff, *Tagebücher*, S. 342 (Eintrag vom 05.02.1941) (Hervorhebung B. M.).
10 Ebd., S. 351 f. (Eintrag vom 27.02.1941) (Hervorhebung, B. M.).
11 Ebd., S. 374 f. (Eintrag vom 20.04.1941) (Hervorhebung im Original).
12 Dębski, *Między Berlinem a Moskwą*, S. 384 f.
13 Dimitroff an Malenkow am 30.07.1940, veröff. in: *Komintern i wtoraja mirowaja wojna*, Bd. 1, S. 399 f.
14 Dębski, *Między Berlinem a Moskwą*, S. 385 f.
15 Torańska, *Oni*, S. 22.
16 Berija an Stalin am 02.11.1940, veröff. in: *Lubjanka 1939–1946*, S. 191 ff.; Sokolow, »Pochwalnoje slowo Wiktoru Suworowu«, S. 24–27.
17 Vgl. Musial, *Konterrevolutionäre Elemente*, S. 34 ff. Insgesamt gerieten im Herbst 1939 etwa 250 000 polnische Soldaten und Offiziere in sowjetische Kriegsgefangenschaft (ebd.).
18 Berija an Stalin am 02.11.1940, veröff. in: *Lubjanka 1939–1946*, S. 191 ff.

19 Ebd.
20 Protokoll Nr. 33, Entscheidungen des Politbüros des ZK der WKP(b) vom 15. 05. bis 12. 06. 1941, Punkt 183: RGASPI, f. 17, op. 162, d. 35, Bl. 1–29, Bl. 13; Wieczorkiewicz, *Historia polityczna Polski*, S. 203–206; Sokolow, »Pochwalnoje slowo Wiktoru Suworowu«.
21 Dimitroff, *Tagebücher*, S. 315 ff. (Eintrag vom 07. 11. 1940) (Hervorhebung im Original).
22 Ebd.
23 Ebd. (Hervorhebung im Original).
24 Mechlis an Stalin und Molotow über die Kontrollergebnisse in den Lagern Nr. 161, 162 und 397 des Volkskommissariats für Verteidigung vom 20. 11. 1940: RGASPI, f. 84, op. 1, d. 81, Bl. 1–19.
25 Protokoll der Konferenz bei der Hauptverwaltung des Volkskommissariats für Leichtindustrie vom 10. 10. 1940: ebd., Bl. 26 f.; Mechlis an Stalin und Molotow über die Lieferung von ungeeigneten Schuhen an die Armee, 28. 11. 1940: ebd., Bl. 20–25.
26 Bericht des Volkskommissars für Staatskontrolle, Mechlis, an Stalin und Molotow über Kontrolle der Aufbewahrung, Inventur und Ausgabe der materiellen und finanziellen Güter in sieben Infanteriedivisionen und einem Luftwaffenstützpunkt der Roten Armee vom 31. 01. 1941: RGASPI, f. 82, op. 2, d. 803, Bl. 10–67.
27 Chef der Verwaltung für Granatwerferwaffensysteme, Oberst Borissow, an Volkskommissar für Staatskontrolle, Mechlis, am 27. 12. 1940: RGASPI, f. 82, op. 2, d. 809, Bl. 19 f.
28 Stellungnahme des Volkskommissars für Verteidigung, Timoschenko, zum Bericht des Volkskommissars für Staatskontrolle, Mechlis, an das ZK der WKP(b) und SNK der UdSSR vom 01. 2. 1941, 12. 02. 1941: RGASPI, f. 82, op. 1, d. 803, Bl. 68–80, Zitat Bl. 68.
29 Ergebnisse der Revision der Verwaltung für Artilleriewesen und der Lagerung von Munition in Artillerielagern, auf Kriegsschiffen und in Truppen der Kriegsflotte, Volkskommissar für staatliche Kontrolle, Mechlis, an Stalin und Molotow, 11. 04. 1941: RGASPI, f. 82, op. 2, d. 809, Bl. 29–73.
30 Zahlreiche Berichte der Staatskontrolle vom Herbst 1940 und Frühjahr 1941 finden sich u. a. in: RGASPI, f. 84, op. 1, d. 81.
31 Dimitroff, *Tagebücher*, S. 341 f. (Eintrag vom 04. 02. 1941).
32 Ebd., S. 375 f. (Eintrag vom 22. 04. 1941).
33 Ebd., S. 376 f. (Eintrag vom 23. 04. 1941).
34 Vgl. bspw. Besymenski, »Tschto sche skasal Stalin 5 maja 1941«; Neweschin, »Retsch Stalina 5 maja 1941«; Joachim Hoffmann, *Stalins Vernichtungskrieg*, S. 34–38; Bonwetsch, »Die Forschungskontroverse«; Service, *Stalin*, S. 434 ff.

35 Besymenski, »Tschto sche skasal Stalin«; ders., *Stalin und Hitler*, S. 373–397; Dimitroff, *Tagebücher*, S. 380 f. (Eintrag vom 05. 05. 1941).

36 Besymenski, *Stalin und Hitler*, S. 378; Neweschin, »Politiko-ideologitscheskie kampanii Kremlja«, S. 316 f.; Hoffmann, *Stalins Vernichtungskrieg*, S. 36 ff.

37 Vgl. bspw. Bonwetsch, »Die Forschungskontroverse«, S. 176 f.

38 Kurze Zusammenfassung des Auftritts von Genossen Stalin während der Festsitzung der Absolventen der Militärakademie im Kreml am 05. 05. 1941, aufgezeichnet von K. Semenow: RGASPI, f. 558, op. 1, d. 3808, Bl. 1–9; Semenow war Mitarbeiter des Volkskommissariats für Verteidigung (Neweschin, »Retsch Stalina 5 maja 1941«).

39 Ebd.

40 Ebd., Bl. 5–8.

41 Dimitroff, *Tagebücher*, S. 380 f. (Eintrag vom 05. 05. 1941). Diesen Abschnitt der Rede Stalins gab Dimitroff detaillierter wieder.

42 Auftritte des Genossen Stalin während des Empfangs am 05. 05. 1941 (kurzes Stenogramm, aufgezeichnet von K. Semenow): RGASPI, f. 558, op. 1, d. 3808, Bl. 10 ff. (Unterstreichung im Original, kursiv B. M.).

43 Dimitroff, *Tagebücher*, S. 382 (Eintrag vom 05. 05. 1941, Hervorhebung im Original).

44 Neweschin, »Politiko-ideologitscheskie kampanii Kremlja«, S. 317–324.

45 Anstehende Aufgaben hinsichtlich der parteipolitischen Arbeit in der Roten Armee: (Kurzes Besprechungsprotokoll des Entwurfs der Direktive des Hauptkriegsrates der Roten Armee vom 04. 06. 1941), abgedruckt in: *Glawny wojenny sowjet RKKA*, S. 490 f.; in deutscher Übersetzung in: Musial, »... Kapitalismus am Kragen packen«, S. 58 ff.

46 Ebd.

47 Ebd.

48 Dimitroff, *Tagebücher*, S. 281 (Eintrag vom 07. 11. 1939, Hervorhebung im Original).

49 Ebd., S. 289 (Eintrag vom 21. 01. 1940, Hervorhebung im Original).

50 Musial, »... Kapitalismus am Kragen packen«, S. 59.

51 Zitiert nach Service, *Stalin*, S. 433.

52 Zitiert nach Sebag Montefiore, *Stalin*, S. 397.

53 Sitzungsprotokoll Nr. 3 des Hauptkriegsrates der Roten Armee vom 8. Mai 1941, abgedruckt in: *Glawny wojenny sowjet RKKA*, S. 303–307, hier: S. 304. Der Befehl Nr. 30 des NKO über die Kampf- und politische Vorbereitung und Ausbildung der Armee für das Jahr 1941 wurde am 21. 01. 1941 erlassen, veröff. in: *Prikasy 1937–1941*, S. 206–224.

54 Sitzungsprotokoll Nr. 1 des Hauptkriegsrates der Roten Armee vom

15. April 1941, abgedruckt in: *Glawny wojenny sowjet RKKA*, S. 296 f.

55 Beschluss Nr. 1 des Hauptkriegsrates der Roten Armee vom 15. April 1941, abgedruckt in: ebd., S. 298.

56 Sekretär des Oblastkomitees Brest, T. Novikova, an das ZK KP(b)B am 19. 07. 1941: RGASPI, f. 17, op. 88, d. 480, Bl. 27–33.

57 Meltjuchow, *Upuschtschenny schans Stalina* S. 348.

58 Protokoll des Gesprächs mit Oberst Nitschiporowitsch, dem (ehemaligen) Kommandeur der 208. motorisierten Division, vom 15. 09. 1942: NARB, f. 3500, op. 4, d. 89, Bl. 3–16.

59 Vgl. das Unterkapitel »Das Panzerbauprogramm und der Aufbau der Panzerverbände« in diesem Buch; aber auch Irinarchow, *Sapadny osoby*, S. 62 ff., 69–79; Stoecker, *Tönerner Koloß*, S. 166.

60 Bericht des Chefs der 3. Abteilung der Sonderkriegsbezirks West (Weißrussland), Begma an Ponomarenko, Sekretär des ZK der KP(b)B, über Produktionsmängel bei den Flugzeugen MiG-1 und MiG-3 vom 17. 06. 1941: NARB, f. 4p, op. 21, d. 2470, Bl. 1–7.

61 Bericht des Volkskommissars für Verteidigung der UdSSR, S. K. Timoschenko, und des Chefs des Generalstabes der Roten Armee, G. K. Schukow, an Stalin vom 10./11. Juni 1941, abgedruckt in: *Glawny wojenny sowjet RKKA*, S. 491 ff.

62 Protokoll Nr. 27, Entscheidungen des Politbüros vom 05. 02. bis 22. 02. 1941, hier Beschluss des Politbüros vom 14. 02. 1941, verkündet als Beschluss des ZK der WKP(b) und SNK UdSSR »Über den Aufbauplan der Eisenbahnlinien in Südwesten, Westen und Nordwesten der UdSSR vom 14. 02. 1941, Punkt 75: RGASPI, f. 17, op. 162, op. 32, Bl. 58–67.

63 Ponomarenko an Stalin am 30. 05. 1941: NARB, f. 4p, op. 21, d. 2333, Bl. 68–77; Ponomarenko an Berija am 07. 06. 1941: ebd., d. 2336, Bl. 92 ff.; beide Dokumente veröff. in: *Nakanune*, S. 371 f., 375 ff.

64 Beschluss des Politbüros vom 24. 03. 1941 über Maßnahmen zum Bau von 251 Flugplätzen für das Volkskommissariat für Verteidigung im Jahr 1941 (Punkt 171): RGASPI, f. 17, op. 162, d. 33, Bl. 11–20; Verzeichnis der Flugplätze, auf denen im Jahre 1941 betonierte Start- und Landebahnen zu bauen sind: ebd., Bl. 42–50.

65 Plan der Aufstockung der staatlichen Reserven an Steinkohle für das Jahr 1941, Anlage Nr. 3 zum Beschluss des Politbüros vom 06. 06. 1941: RGASPI, f. 17, op. 162, d. 35, Bl. 104–109; Plan der Aufstockung der staatlichen Reserven an Mineralölprodukten, Anlage Nr. 4 zum Beschluss des Politbüros vom 06. 06. 1941: ebd., Bl. 110.

66 Plan der Aufstockung der Mobilisationsreserven der Roten Armee und der Kriegsflotte an Getreide, Getreide- und Lebensmittelpro-

dukten sowie Genussartikeln, Anlage 7 zum Beschluss des Politbüros vom 06.06.1941: RGASPI, f. 17, op. 162, d. 35, Bl. 129 ff.

67 Ausführlich über die Pläne und über die Debatte darüber Meltjuchov, *Upuschtschenny schans Stalina*, S. 370–414, Roberts, *Stalin's Wars*, S. 70–81.

Hitlers Kenntnisstand über die sowjetischen Kriegsvorbereitungen – die sogenannte Präventivkriegskontroverse

1 Über die Kontroverse um den sogenannten Präventivkrieg wurden inzwischen zahlreiche Arbeiten und Beiträge veröffentlicht, vgl. u. a. *Der deutsche Angriff auf die Sowjetunion 1941*; Pietrov-Ennker (Hg.), *Präventivkrieg?*; Wegner, »Präventivkrieg 1941?«; Rainer F. Schmidt, »Appeasement oder Angriff«.

2 Wegner, »Präventivkrieg 1941?«, S. 214.

3 Beispielsweise schreibt Sally W. Stoecker über die Motive Stalins für den Krieg gegen Finnland: »Im Falle Finnlands war es Stalins Absicht, das Land vom deutschen Zugriff fernzuhalten.« (Stoecker, *Tönerner Koloß*, S. 150); ähnlich Juri Gorkow: »Bei ihren Verteidigungsmaßnahmen ließ sich die sowjetische Regierung von den Beschlüssen des 18. Parteitags der Kommunistischen Partei der Sowjetunion vom März 1939 leiten, mit friedlichen Mitteln den Krieg zu verhindern oder zumindest dessen Beginn möglichst lange hinauszuzögern« (Gorkow, »22. Juni 1941«, S. 190).

4 Beispielsweise Hoffmann, *Stalins Vernichtungskrieg*, S. 29 ff.; Scheil, *1940/41*, S. 257–262; Magenheimer, *Entscheidungskampf 1941*, S. 77–82, 90–118.

5 *Kriegstagebuch des Oberkommandos der Wehrmacht 1940–1945*, Bd. 1/II, S. 393 (Eintrag vom 08.05.1941).

6 Ausführlich dazu zuletzt Arnold, *Die Wehrmacht und die Besatzungspolitik*, S. 62–74.

7 *Die Tagebücher von Joseph Goebbels: Sämtliche Fragmente*, Bd. 4, S. 695.

8 *Die Tagebücher von Joseph Goebbels*, Teil II, *Diktate 1941–1945*, Bd. I, S. 35, 161.

9 Ebd., S. 208.

10 Eintragung vom 19. August 1941, in: ebd., S. 258.

11 Eintragung vom 19. August 1941, in: ebd., S. 259 ff.

12 Wegner, »Hitlers Besuch in Finnland«.

13 Ebd., S. 130 ff.

14 Meltjuchow, *Upuschtschenny schans Stalina*, S. 446, 601.
15 *Die Tagebücher von Joseph Goebbels: Sämtliche Fragmente*, Bd. 4, S. 695.
16 Wegner, *Präventivkrieg 1941*, S. 216.
17 Wegner, *Hitlers Besuch in Finnland*, S. 134.
18 Müller, *Der letzte deutsche Krieg*, S. 81–90.
19 Hitler, *Monologe im Führerhauptquartier*, S. 62.
20 Vgl. dazu Hitler, *Mein Kampf*, S. 741 ff.; *Hitlers zweites Buch*, S. 78 f., 163.
21 Aufzeichnungen von Gen. d. Inf. a. D. Liebemann, in: *VfZ*, 2 (1954), S. 435.
22 Hitler, *Mein Kampf*, S. 739, 742.
23 Aufzeichnungen Bormanns über ein Gespräch Hitlers mit seinen Mitarbeitern über die Ziele im Krieg gegen die UdSSR, 16. Juli 1941, abgedruckt u. a. in: *Vom Generalplan Ost zum Generalsiedlungsplan*, S. 61–64.
24 Vgl. dazu Subok/Pleschakow, *Der Kreml im Kalten Krieg*; zur Debatte darüber vgl. Gibianskij, »Osteuropa«.

Schlussbemerkung

1 Im Jahre 1941 lieferte die sowjetische Industrie insgesamt 6662 Panzer aus, die meisten von ihnen waren bereits die modernen Panzer KW (1038 Stück von Juli bis Dezember) und T-34 (1898 Stück von Juli bis Dezember); ein Jahr später waren es bereits insgesamt 24 446 Panzer. Die deutsche Industrie stellte dagegen im Jahre 1941 3790 Panzer her und ein Jahr später 6180: Malyschew an Stalin am 04. 01. 1942 über Panzerproduktion im Jahre 1941: RGASPI, f. 82, op. 2, d. 572, Bl. 19–24; Davies, *Europe at War*, S. 33 f.
2 Subok/Pleschakow, *Der Kreml im Kalten Krieg*, S. 33 (»Die Sowjets verkündeten ein neues Morgenrot für ihr eigenes Land und die ganze Welt. Lenin war ein neuer Messias und Stalin sein Musterschüler.«).
3 B. Musial, »Die Rechnung Stalins ging auf«, *Frankfurter Allgemeine Zeitung* vom 10. 03. 2007, S. 6.

Quellen und Bibliografie

Ungedruckte Quellen

Russische Föderation

Russisches Archiv für Sozial- und Politikgeschichte in Moskau (RGASPI) u. a.:

Geheimprotokolle des Politbüros des ZK der WKP(b) (f. 17, op. 162, 163)
Protokolle des Politbüros des ZK der WKP(b) (f. 17, op. 3)
Dokumente der Parteiführung zu Verteidigungsfragen der Republik 1917–1922 (f. 17, op. 109)
Lageberichte der GPU und militärischen Stellen (f. 17, op. 87)
Parteikontrolle (f. 613)
Sekretariat Lenin (f. 5)
Lasar Kaganowitsch (f. 81)
Georgi Malenkow (f. 83)
Wjatscheslaw Molotow (f. 82)
Aleksandr Schtscherbakow (f. 88)
Stalin (f. 558)
Kliment Woroschilow (f. 74)
Andrej Schdanow (f. 77)
Felix Dserschinski (f. 76)
Lew Trotzki (f. 325)
Anastas Mikojan (f. 84)
Dmitri Manuilski (f. 523)
Komintern (f. 485)

Staatsarchiv der Russischen Föderation (GARF):

Komitee für Verteidigung (f. 8418)
Volkskommissariat für Staatskontrolle (f. 8300)

Zentralarchiv des russischen Verteidigungsministeriums (ZAMO):

Berichte über die polnische Kampagne

Russisches Staatliches Militärarchiv (RGWA) u. a.:
Sitzungsprotokolle der Hauptkriegsrates

Republik Weißrussland

Nationales Staatsarchiv der Republik Weißrussland in Minsk (NARB):
ZK der KP(b)B (f. 4)

Auswahlbibliografie

Abramow, Wadim, *Smersch. Sowjetskaja wojennaja kontrraswedka protiw raswedku Tretego Rejcha*, Moskwa 2005

Albert, Andrzej (= Wojciech Roszkowski), *Najnowsza Historia Polski, 1918–1980*, Warschau ^{2}1989

Applebaum, Anne, *Der Gulag*, Berlin 2003

Armija Pobedy w Welikoi Otetschestwennoi Woine 1941–1945, Moskau/Minsk 2005

Arnold, Klaus Jochen, *Die Wehrmacht und die Besatzungspolitik in den besetzten Gebieten der Sowjetunion. Kriegführung und Radikalisierung im »Unternehmen Barbarossa«*, Berlin 2005

Baberowski, Jörg, *Der rote Terror. Die Geschichte des Stalinismus*, München 2003

Bessedowski, Grigori, *Im Dienste der Sowjets. Erinnerungen*, Leipzig 1930

–, *Den Klauen der Tscheka entronnen. Erinnerungen*, Leipzig, Zürich 1930

Besymenski, Lew, *Stalin und Hitler. Das Pokerspiel der Diktatoren*, Berlin 2002

–, »Wjatscheslaw Molotows Berlin-Besuch vom November 1940 im Licht neuer Dokumente«, in: Pietrov-Ennker, *Präventivkrieg?*, S. 113–127

–, »Tschto sche skasal Stalin 5 maja 1941 goda?« in: *Nowoje Wremija*, 1991 (Nr. 19), S. 36–40

Bonwetsch, Bernd, »Die Forschungskontroverse über die Kriegsvorbereitungen der Roten Armee 1941«, in: Pietrow-Ennker, *Präventivkrieg?*, S. 170–189

Bystrowa, I. W., *Sowjetski wojenno-promyschlenny kompleks: problemy stanowlenia i raswitja (1930–1980-e gody)*, Moskau 2006

Chang, Jung, und Jon Halliday, *Mao. Das Leben eines Mannes, das Schicksal eines Volkes*, München 2005

Chlewnjuk, Oleg W., *Das Politbüro. Mechanismen der Macht in der Sowjetunion der dreißiger Jahre*, Hamburg 1998

Chiari, Bernhard, »›Nationale Renaissance‹, Belorussifizierung und Sowjetisierung: Erziehungs- und Bildungspolitik in Weißrussland 1922–1944«, in: *Jahrbücher für Geschichte Osteuropas*, 42 (1994), 4, S. 521–540

Conquest, Robert, *Harvest of Sorrow. Soviet Collectivization and the Terror-Famine*, New York 1986

Davies, Norman, *White Eagle, Red Star. The Polish-Soviet War 1919–1920 and the »Miracle on the Vistula«*, London 2003

–, *Europe at War 1939–1945. No Simple Victory*, London 2006

Dębski, Sławomir, *Między Berlinem a Moskwą. Stosunki niemiecko-sowieckie 1939–1941*, Warschau 2003

Der deutsche Angriff auf die Sowjetunion 1941. Die Kontroverse um die Präventivkriegsthese, hg. von Gerd R. Ueberschär und Lev A. Bezymenskij, Darmstadt 1998

Deutscher Oktober 1923. Ein Revolutionsplan und sein Scheitern, hg. von Bernhard H. Bayerlein, Leonid G. Babičenko, Fridrich I. Frisov und Alexander Ju. Vatlin, Berlin 2003

Dimitroff, Georgi, *Tagebücher 1933–1943*, hg. von Bernhard H. Bayerlein, Berlin 2000

Dunn, Walter S., *The Soviet Economy and the Red Army, 1930–1945*, Westport, Conn., 1995

Dyke, Carl van, *The Soviet Invasion of Finland 1939–1940*, London, Portland/Or., 1997

Eberhard, Piotr, *Przemiany narodowościowe na Ukrainie XX wieku*, Warschau 1994

Economics and World Power. An Assessment of American Diplomacy since 1789, hg. von William H. Becker und Samuel F. Wells, Jr., New York 1984

Ennker, Benno, »Stalin-Regime 1939–1941: Politische Lähmung im Angesicht der kommenden Katastrophe«, in: Bianka Pietrow-Ennker (Hg.), *Präventivkrieg?*, S. 131–145

Peter Erler, *Terror gegen deutsche Polit- und Wirtschaftsemigranten*, in: Wladislaw Hedeler (Hg.), *Stalinistischer Terror 1934–41*, Berlin 2002, S. 239–258.

Europa Nieprowincjonalna. Przemiany na ziemiach wschodnich dawnej Rzeczpospolitej (Białoruś, Litwa, Łotwa, Ukraina, wschodnie pogranicze III Rzeczpospolitej Polskiej w latach 1772–1999), hg. von Krzysztof Jasiewicz, Warschau, London 1999

Feliks Dzierżyński. Biographie, Autorenkollektiv unter Leitung von S. S. Chromov, Berlin 1981

Firsov, Fridrich I., »Ein Oktober, der nicht stattfand. Die revolutionären Pläne der RKP(b) und der Komintern«, in: *Deutscher Oktober 1923*, S. 35–58
Fitzpatrick, Sheila, *Stalinskije Krestjane. Sozialnaja istorija Sowjetskoj Rossiji w 30-e gody: Derewnja*, Moskau 2001
Fleischhauer, Ingeborg, *Der Pakt. Hitler, Stalin und die Initiative der deutschen Diplomatie 1938–1939*, Berlin, Frankfurt/Main 1990
–, *Diplomatischer Widerstand gegen »Unternehmen Barbarossa«. Die Friedensbemühungen der Deutschen Botschaft Moskau 1939–1941*, Berlin, Frankfurt/Main 1991
Funke, Manfred, »Republik im Untergang. Die Zerstörung des Parlamentarismus als Vorbereitung der Diktatur«, in: *Die Weimarer Republik*, S. 505–531
Vom Generalplan Ost zum Generalsiedlungsplan, hg. von Czesław Madajczyk, München u. a. 1994
Geyer, Dietrich: »Sowjetrussland und die deutsche Arbeiterbewegung«, in: *Vierteljahrshefte für Zeitgeschichte* XXIV (1976), Nr. 1, S. 2–37
Gibianskij, Leonid, »Osteuropa: Sicherheitszone der UdSSR, sowjetisiertes Protektorat des Kreml oder Sozialismus ›ohne Diktatur des Proletariats‹? Zu den Diskussionen über Stalins Osteuropa-Politik am Ende des Zweiten Weltkrieges und am Anfang des Kalten Krieges«, *Forum für osteuropäische Ideen- und Zeitgeschichte*, 8. Jg. 2004, H. 2, S. 113–137
Glawny wojenny sowjet RKKA. 13 marta 1938 g. – 20 ijunja 1941 g. Dokumenty i materialy, Moskau 2004
Golotik, S. I., und W. W. Minajew, *Naselenie i Wlast. Otscherki demografitscheskoj istorii SSSR 1930-ch godow*, Moskau 2004
Gorkow, Juri: »22. Juni 1941: Verteidigung oder Angriff? Recherchen in den russischen Zentralarchiven«, in: Pietrow-Ennker (Hg.): *Präventivkrieg 1941?*, S. 190–207
Gorlov, Sergej, »Geheimsache Moskau–Berlin. Die militärische Zusammenarbeit zwischen der Sowjetunion und dem Deutschen Reich 1920–1933«, *VfZ* 44 (1996), S. 133–169
Grzelak, Czesław K., *Kresy w czerwieni. Agresja Związku Sowieckiego na Polskę w 1939 roku*, Warschau 2001
Gulag. 1918–1960. Dokumenty, hg. von A. I. Kukurin und N. W. Petrow, Moskau 2002
Handbuch der Geschichte Weißrusslands, hg. von Dietrich Beyrau und Rainer Lindner, Göttingen 2001
Hausner, Gideon, *Justice at Jerusalem*, New York 1966
Historische Debatten und Kontroversen im 19. und 20. Jahrhundert, hg. von Jürgen Elvert und Susanne Krauß, Wiesbaden 2003

Hitler, Adolf, *Mein Kampf*, München 1942
–, *Monologe im Führerhauptquartier 1941–1944*, aufgezeichnet von Heinrich Heim, hg. von Werner Jochmann, München 2000
Hitlers Weisungen für die Kriegführung 1939–1945, hg. von Walther Hubatsch, Bonn 1983
Hitlers zweites Buch. Ein Dokument aus dem Jahre 1928, eingeleitet und kommentiert von Gerhard L. Weinberg, Stuttgart 1961
Hoffmann, Joachim, *Stalins Vernichtungskrieg 1941–1945, Planung, Ausführung und Dokumentation*, 5., überarb. u. erg. Neuaufl., München 1999
Irinarchow, R. S., *Sapadnyj osobyj*, Minsk 2002
Istorija stalinskogo gulaga. Massowye repressii w SSSR, Bd. 1, hg. von Ju. N. Afanasew, P. Gregori u. a., Moskau 2004
Istorija stalinskogo gulaga. Naselenie gulaga: tschislennost i uslowija soderschanija, Bd. 4, hg. von A. B. Besobrodow, B. M. Chrustalew, Moskau 2004
Istorija stalinskogo gulaga. Konez 1920-ch – perwaja polowina 1950-ch godow, Bd. 5, *Spezpreselenzy w SSSR*, hg. von T. B. Zarewskaja-Djakina, Moskau 2004
Iwanow, Mikołai, *Pierwszy Naród Ukarany. Polacy w Związku Radzieckim. 1921–1939*, Warschau/Breslau 1991
Jacobsen, Hans Adolf, *Der Weg zur Teilung der Welt*, Koblenz, Bonn 1997
Kak lomali NEP. Stenogramy plenumow ZK WKP(b) 1928–1929, 5 Bde., hg. von W. P. Danilow, O. W. Chlewniuk, A. Ju. Watlin, Moskau 2000
Kazlou, L., und A. Ciau, *Belarus na siami rubiaschach*, Minsk 1993
Ken, Oleg N., *Mobilisazionnoje planirowanie i polititscheskie reschenia. Konez 1920 – seredina 1930-ch gg*, St. Petersburg 2002
Koenen, Gerd, *Der Russland-Kompex. Die Deutschen und der Osten 1900–1945*, München 2005
Komandny i natschalstwujuschtschi sostaw Krasnoi Armii w 1940–1941 gg. Struktura i kadry zentralnogo apparata NKO SSSR, wojennych okrugow i obschtschewojskowych armij. Dokumenty i materialy, Moskau 2005
Komintern i wtoraja mirowaja woina, hg. von N. S. Lebedewa und M. M. Narski, Moskau 1994
»Der I. Kongress der Kommunistischen Internationale. Protokoll der Verhandlungen in Moskau vom 2. bis zum 6. März 1919«, *Bibliothek der Kommunistischen Internationale*, Bd. VII, Verlag der Kommunistischen Internationale, Hamburg 1921. Digitalisierung und Bearbeitung: sinistra.net Februar/März 2001
Kostyrtschenko, G. W., *Tajnaja politika Stalina. Wlast i antisemitism*, Moskau 2003

Krestjanskoje Dwischenie w Powolschje: 1919–1922. Dokumenty i materialy, hg. von W. Danilowa und T. Schanina, Moskau 2002

Kriegstagebuch des Oberkommandos der Wehrmacht, 1940–1945, Bd. 1/II: *1. August 1940 bis 31. Dezember 1941*, hg. von Hans-Adolf Jacobsen u. a., München 1982

Lenin, W. I., *Werke*, 42 Bände, Berlin 1962

Lubjanka. Stalin i WČK – GPU – OGPU – NKWD. Janwar 1922 – dekabr 1936. Dokumenty, hg. von W. N. Chaustow, W. P. Naumow und N. S. Plotnikowa, Moskau 2003

Lubjanka. Stalin i glawonoje uprawlenie gosbesopasnosti NKWD 1937–1938 [Lubjanka. Stalin und die Hauptverwaltung der Staatssicherheit NKWD 1937–1938], hg. von W. N. Chaustow, W. P. Naumow und N. S. Plotnikowa, Moskau 2004

Lubjanka. Stalin i NKWD-NKGB-GUKR »Smersch« 1939 – mart 1946. Dokumenty, hg. von W. H. Chaustow, W. P. Naumov und N. S. Plotnikowa, Moskau 2006

Lynne, Viola, *Peasant Rebels under Stalin, Collectivisation and the Culture of Peasant Resistance*, New York, Oxford 1996

Magenheimer, Heinz, *Entscheidungskampf 1941. Sowjetische Kriegsvorbereitungen, Aufmarsch, Zusammenstoß*, Bielefeld 2000

Margolina, Sonja, *Wodka. Trinken und Macht in Russland*, Berlin 2004

–, *Das Ende der Lügen. Rußland und die Juden im 20. Jahrhundert*, Berlin 1992

McDermott, Kevin, *Stalin. Revolutionary in an Era of War*, New York 2006

Meltjuchow, Michail, *Upuschtschenny schans Stalina. Sowjetski sojus i borba sa Ewropu: 1939–1941*, Moskau 2000

Merridale, Catherine, *Iwans Krieg. Die Rote Armee 1939–1945*, Frankfurt/Main 2006

Michalka, Wolfgang, »Deutsche Außenpolitik 1920–1933«, in: *Die Weimarer Republik*, S. 303–326

Möller, Horst, *Europa zwischen den Weltkriegen*, München 1998

Müller, Rolf-Dieter, *Der letzte deutsche Krieg 1939–1945*, Stuttgart 2005

Musial, Bogdan, *»Konterrevolutionäre Elemente sind zu erschießen«. Die Brutalisierung des deutsch-sowjetischen Krieges im Sommer 1941*, München 2000

– (Hg.), *Sowjetische Partisanen in Weißrussland. Innenansichten aus dem Gebiet Baranoviči 1941–1944. Eine Dokumentation*, München 2004

–, »›Wir werden den ganzen Kapitalismus am Kragen packen‹. Sowjetische Vorbereitungen zum Angriffskrieg in den dreißiger und Anfang der vierziger Jahre«, *Zeitschrift für Geschichtswissenschaft* 2006/1, S. 45–65

Nakanune. Sapadny osoby wojenny okrug (konez 1939 g. – 1941 g.). Dokumenty i materialy, Minsk 2007
NEP: Ekonomitscheskie, polititscheskie i soziokulturnye aspekty, hg. von A. S. Senjawski, W. B. Schiromskaja, S. W. Schurawlew u. a., Moskau 2006
Nestor Machno. Krestjanskoje Dwischenie na Ukrainie 1918–1921. Dokumenty i Materialy, hg. von W. Danilowa und T. Schanina, Moskau 2006
Neweschin, Wladimir, »Retsch Stalina 5 maja 1941 goda i apologija nastupatelnoj wojny«, *Omtetschestwennaja istorija*, 1995 (Nr. 2), S. 54–69
–, »Politiko-ideologitscheskie kampanii Kremlja (1939–1941 gg)«, in: *Meschdunarodny krisis 1939–1941 gg.: Ot sowjetsko-germanskich gogoworow 1939 goda do napadenija Germanii na SSSR*, Moskau 2006, S. 307–325
Nowak, Andrzej, »Rok 1920: pierwszy plan ofensywy sowieckiej przeciw Polsce«, *Niepodległość* 1997 (49), S. 7–19
Nowik, Grzegorz, *Zanim złamano »Enigmę«. Polski radiowywiad podczas wojny z bolszewicką Rosją 1918–1920*, Warschau 2005
O'Sullivan, Donald, *Stalins »Cordon sanitaire«. Die sowjetische Osteuropapolitik und die Reaktionen des Westens 1939–1949*, Paderborn 2003
Overy, Richard, *Russlands Krieg 1941–1945*, Reinbek 2003
–, *Die Diktatoren. Hitlers Deutschland, Stalins Russland*, München 2005
Pietrow, N. W., und K. W. Skorokin, *Kto rukowodil NKWD 1934–1941. Sprawotschnik*, Moskau 1999
Pietrow, Nikita, »Die Kaderpolitik des NKWD während der Massenrepressalien 1936–39«, in: Wladislaw Hedeler (Hg.), *Stalinistischer Terror 1934–41. Eine Forschungsbilanz*, Berlin 2002, S. 11–32.
–, »Polska operacja NKWD«, *Karta* 1993 (11), S. 24–44
Pietrow-Ennker, Bianka (Hg.), *Präventivkrieg? Der deutsche Angriff auf die Sowjetunion*, Frankfurt/Main 2000
Politbjuro ZK RKP(b) – WKP(b) i Ewropa. Reschenija »osoboj papki« 1923–1939, hg. von G. Adibekow u. a., Moskau 2001
Politbjuro ZK RKP(b) – WKP(b) i Komintern. 1919–1943. Dokumenty, hg. von G. M. Adibekow u. a., Moskau 2004
Prikasy Narodnogo Komissara Oborony SSSR: 1937–21 ijunja 1941 g. T. 13 (2–1), Moskau 1994
Protko, Tatjana S., *Stanowlenie sowjetskoj totalitarnoj sistemy w Belarussi (1917–1944 gg.)*, Minsk 2002
Reese, Roger R., *Stalin's reluctant soldiers. A social history of the Red Army, 1925–1941*, Lawrence/Kans. 1996
Reforma w Krasnoj Armii. Dokumenty i materialy 1923–1928 gg., Buch 1 und 2, Moskau 2006

Rewwojensowjet Respubliki. Protokoly 1920–1923. Sbornik dokumentow, Moskau 2000
Roberts, Geoffrey, *Stalin's Wars. From World War to Cold War*, 1939–1953, New Haven/Conn., London 2006
Samuelson, Lennart, *Krasny koloss. Stanowlenie wojenno-promyschlennogo kompleksa SSSR. 1921–1941*, Moskau 2001
Scheil, Stefan, *1940/41. Die Eskalation des Zweiten Weltkrieges*, München 2005
Schmidt, Rainer F., »›Appeasement oder Angriff‹. Eine kritische Bestandsaufnahme der sog. ›Präventivkriegsdebatte‹ über den 22. Juni 1941«, in: *Historische Debatten und Kontroversen im 19. und 20. Jahrhundert*, S. 220–233
Schwabe, Klaus, »Der Weg der Republik vom Kapp-Putsch 1920 bis zum Scheitern des Kabinetts Müller 1930«, in: *Die Weimarer Republik 1918–1933*, S. 95–133
Sebag Montefiore, Simon, *Stalin. Am Hof des roten Zaren*, Frankfurt/Main 2005
Service, Robert, *Lenin. Eine Biographie*, München 2000
–, *Stalin. A Biography*, London 2004
Shurawljow, Sergej, »Das Moskauer Elektrokombinat. Arbeit und Alltag deutscher Wirtschaftsemigranten«, in: Wladislaw Hedeler (Hg.), *Stalinistischer Terror 1934–41*, Berlin 2002, S. 229–238.
»Simnjaja wojna«: robota nad oschibkami, aprel-maj 1940 g. Materialy komissi Glawnogo wojennogo sowjeta Krasnoj Armii po obobschtscheniju opyta finskoj kampanii, Moskau 2004
Simonov, N. S., »›Strengthen the defence of the land of Soviets‹: The 1927 ›war alarm‹ and its consequences«, *Europe-Asia Studies*, December 1996, vol. 48, S. 1355–1364
Slutsch, Sergej, »Stalin und Hitler 1933–1941. Kalküle und Fehlkalkulationen des Kreml«, in: Jürgen Zarusky (Hg.), *Stalin und die Deutschen*, München 2006
Sokolow, Boris, »Pochwalnoje slowo Wiktoru Suworowu i epitafija katynskim poljakom«, in: *Gotovil li Stalin nastupatelnuju wojnu protiw Gitlera? Nesaplanirowannaja diskussija. Sbornik materialow*, hg. von G. A. Borbjugajew und W. A. Neweschin, Moskau 1995, S. 24–27
Sowjetskaja derewnja glasami WČK – OGPU – NKWD. Dokumenty i materialy, Bd. 1–3: *1918–1939*, Moskau 2000–2005
Sowjetskij faktor w wostotschnoj Ewrope 1944–1953, Bd. 1: 1944–1948, hg. von T. W. Wolkotina u. a., Moskau 1999
Sowjetstern und Hakenkreuz 1938–1941. Dokumente zu den deutsch-sowjetischen Beziehungen, hg. von Kurt Pätzold und Günter Rosenfeld, Berlin 1990

Stalin i Kaganowitsch. Perepiska. 1931–1936 gg., hg. von Oleg Chlewnjuk, R. U. Dewis, L. P. Koschelewa, E. A. Ris, L. A. Rogowaja, Moskau 2001
Stalin, J. W., *Briefe an Molotow, 1925–1936*, hg. von Lars T. Lih, Oleg Naumow und Oleg Chlewnjuk, Berlin 1996
–, *Werke*, 13 Bde., Berlin 1954
Stalinistischer Terror 1934–41. Eine Forschungsbilanz, hg. von Wladislaw Hedeler, Berlin 2002
Stoecker, Sally W., »Tönerner Koloß ohne Kopf. Stalinismus und Rote Armee«, in: Pietrov-Ennker (Hg.), *Präventivkrieg? Der deutsche Angriff auf die Sowjetunion*, S. 148–169.
Subok, Wladislaw, und Konstantin Pleschakow, *Der Kreml im Kalten Krieg. Von 1945 bis zur Kubakrise*, Hildesheim 1997
Suworow, Viktor, *Der Eisbrecher. Hitler in Stalins Kalkül*, Stuttgart 1989
–, *Der Tag M*, Stuttgart 1995
–, *Stalins verhinderter Erstschlag. Hitler erstickt die Weltrevolution*, Selent 2000
Swirin, Michail, *Bronja krepka. Istorija sowjetskogo tanka 1919–1937*, Moskau 2005
–, *Bronjewoj schtschit Stalina. Istorija sowjetskogo tanka 1937–1943*, Moskau 2006
Die Tagebücher von Joseph Goebbels. Sämtliche Fragmente, hg. von Elke Fröhlich, 4 Bde., München 1987
–, Teil II, *Diktate 1941–1945*, hg. v. Elke Fröhlich, München u. a. 1995
Tooze, Adam, *Ökonomie der Zerstörung. Die Geschichte der Wirtschaft im Nationalsozialismus*, München 2007
Torańska, Teresa, *Oni*, London 1985
Tragedija sowjetskoj derewnii. Kolektiwisazja i raskulatschiwanie. Dokumenty i materialy. 1927–1939, Bd. 1–5, Moskau 2000–2002
Trotter, William, *A Frozen Hill*, Chapel Hill/N. C. 1991
Upton, Anthony, *Finland 1939–40*, Newark/N. J. 1979
Wegner, Bernd, »Hitlers Besuch in Finnland. Das geheime Tonprotokoll seiner Unterredung mit Mannerheim am 4. Juni 1942«, *VfZ* 1993 (43), S. 117–137
–, »Präventivkrieg 1941? Zur Kontroverse um ein militärhistorisches Scheinproblem«, in: *Historische Debatten und Kontroversen im 19. und 20. Jahrhundert*, S. 206–219
Die Weimarer Republik 1918–1933. Politik, Wirtschaft, Gesellschaft, hg. von K.-D. Bracher, M. Funke und H.-A. Jacobsen, Bonn 1987
Werth, Nicolas, »Ein Staat gegen sein Volk. Gewalt, Unterdrückung und Terror in der Sowjetunion«, in: *Das Schwarzbuch des Kommunismus. Unterdrückung, Verbrechen und Terror*, hg. von Stéphane Courtois u. a., München 1998, S. 45–295

Wesołowski, Tomasz, »›Sztrafniki‹ – Jednostki karne Armii Czerwonej w latach 1940–1945«, in: *Studia Podlaskie*, Białystok 2000 (Band X), S. 109–127

Wieczorkiewicz, Paweł, *Łańcuch Śmierci. Czystka w Armii Czerwonej 1937–1939*, Warschau 2001

–, *Historia polityczna Polski 1939–1945*, Warschau 2006

Wojenny sowjet pri Narodnom Kommissare Oborony SSSR. Nojabr 1937 g. Dokumenty i materialy, hg. von I. I. Basik, W. L. Woronzow u. a., Moskau 2006

Wojenny sowjet pri Narodnom Komissare Oborony SSSR – 1938, 1940. Dokumenty i materialy, Moskau 2006.

Wsesojusnaja perepis naselenija 1937 goda: Obschtschie itogi. Sbornik dokumentow i materialow, Moskau 2007.

Za Sowjety bes komunistow. Krestjanskoje wosstanie w Tjumenskoj gubernii 1921. Sbornik dokumentow, Nowosibirsk 2000

Zeidler, Manfred, *Reichswehr und Rote Armee 1920–1933*, München 1994

Zelenin, I. E., *Stalinskaja »revolucija sverchu« posle »welikogo pereloma«. 1930–1939. Politika, ossuschtschestwlenie, resultaty*, Moskau 2006

Ziemke, Earl F., *The Red Army 1918–1941: From vanguard of world revolution to U. S. ally*, London, New York 2004

ZK RKP(b) – WKP(b) i nationalny wopros, Buch 1, *1918–1933 gg*, hg. von L. S. Gatagowa, L. P. Koschelewa, L. A. Rogowaja, Moskau 2005

Personenregister

* Vornamen konnten nicht ermittelt werden

Jörg Friedrich
Yalu

An den Ufern des Dritten Weltkriegs
www.list-taschenbuch.de
ISBN 978-3-548-60857-0

Der Historiker Jörg Friedrich wagt einen neuen, verstörenden Blick auf das dramatische Jahrzehnt 1945 bis 1955. Nur fünf Jahre nach dem Ende des Zweiten Weltkriegs sind die beiden Sieger USA und Sowjetunion Todfeinde geworden. Sie türmen Nuklearwaffen auf, die den Erdball in Brand setzen können. Stalin lotst die Westmächte in einen Krieg mit dem kommunistischen China. In Korea, am Grenzfluss zu China, dem Yalu, steht die Menschheit dann am Rande des atomaren Weltkriegs. Eindringlich schildert Friedrich dieses weitgehend vergessene Kapitel unserer jüngsten Zeitgeschichte, ein Untergangsszenario von beklemmender Aktualität.

»Das Buch ist nicht nur eine komplexe historische Darstellung; es ist auch, und vor allem, ein sprachliches Ereignis.« *Neue Zürcher Zeitung*

List Taschenbuch

L389

Ingeborg Jacobs
Freiwild

Das Schicksal deutscher Frauen 1945

www.list-taschenbuch.de
ISBN 978-3-548-60926-3

Als die Rote Armee 1945 zum Endsieg über Hitlers Reich antrat, waren die Frauen Freiwild der russischen Soldaten. Mehr als hunderttausend wurden allein in Berlin vergewaltigt, insgesamt waren es circa zwei Millionen. Die Autorin hat zahlreiche Interviews mit Betroffenen geführt und liefert erstmals ein Gesamtbild jenes schrecklichen Geschehens, eines der großen Tabus der deutschen Nachkriegsgesellschaft.

»Einblick in ein Trauma, das bis heute nicht bewältigt ist.« *Die Welt*

List Taschenbuch

L388